新版 中世武家不動産訴訟法の研究

石井良助著

高志書院刊

凡　例

㈠　本書は、石井良助著『中世武家不動産訴訟法の研究』（弘文堂書房、昭和十三年刊）初版本を底本とする。

㈡　新版の刊行にあたっては、次の方針にしたがって編集した。

1、旧仮名遣い・旧字を、新仮名遣い・新字に改め、常用漢字を用いた。

2、地の文の「然り」「就て」「而て」「以て」「蓋し」「即ち」「之」などの表記は、「しかり」「ついて」「しかして」「もって」「けだし」「すなわち」「これ」などと、漢字を開いた。

3、底本の明らかな誤字・誤植は訂正した。

4、補註番号は、和数字を算用数字に改めた。

5、史料名称のうち、大日本古文書・吾妻鏡・萩藩閥閲録・新編常陸国誌などの刊本は『　』に括り、刊本引用の史料名称は「　」に括った。それ以外の史料名称は『　』で括った。

6、地の文は、読みやすさを配慮して、適宜、改行を増やし、また句点を新たに付したところもある。

7、地の文の大字は採らなかった（壱・弐・参・肆・伍・陸・柒・捌・玖・拾・廿など）。

㈢　史料引用については、次の方針にしたがって編集した。

1、史料の字句は、旧字を新字に改めた。

2、底本の史料引用のうち、「　」に括る追い込み体裁を二字下げ引用に改めた箇所がある。

3、史料の字句は、底本を尊重し、刊本・原本との校合は行わなかった。

4、読者の便をはかるため、掲載史料のうち法制史料については佐藤進一・池内義資編『中世法制史料集』第一・二巻（岩波書店）の条文番号、平安・鎌倉期の文書については竹内理三編『平安遺文』『鎌倉遺文』（東京堂出版）の文書番号、室町期の東寺百合文書については京都府立総合資料館の目録番号を［　］内に付記した。

5、掲載史料の年月日が明らかに誤っていると判断される場合、気づいた範囲で※を付し、巻末の校訂注で訂正を行った。

新版 中世武家不動産訴訟法の研究

序

本書は中世、すなわち鎌倉・室町両時代の幕府不動産訴訟法を叙述したものである。

書中、第一篇鎌倉幕府不動産訴訟法および結言の一部はかつて『法学協会雑誌』(自第四九巻第一二号至第五〇巻第三号)に「所務沙汰の研究」と題して載せた論文に大増訂を加えたものであるが、そのほかの部分は今回始めて発表するものである。

中世法において、不動産訴訟法の占むる地位については、本書の内容が自ら語るところであるから、あえてここには叙説しない。

本研究の成りしは、恩師中田薫先生の御懇篤なる御指導と御教訓との賜である。自分を導きて、拙きものにもせよ、この研究の結果を得しめられた先生の深き学恩に対しては、感謝の言葉を見出し得ない。今本書を先生の机下に捧呈するのは、ひとえに、厚き師恩に対する感謝の微意に出づるのであるが、ただ研究の未熟にして、累を先生に及ぼさんことは自分の最もおそれるところである。

昭和十三年十一月

東京帝国大学法学部研究室において

石井 良助

目　次

序　言

一　本稿は中世すなわち鎌倉・室町両幕府不動産訴訟法を研究するを目的とする。

中世ことに室町時代の武家法を研究するにあたっては、これを幕府法と守護国主の分国法とに区別することが必要であるが、本稿はそのうち、幕府不動産訴訟法を記述するを主眼とするのである。(1) 不動産訴訟の意義については後述するが、一言もってこれをいえば、所領の上に行使される不動産物権（中世の意味の）の存在、不存在および効力に関し、あるいは不動産物権の外的表現なる知行（占有）の保持、および回収を目的として提起する訴訟である。(2)

（1）中世の法制は、これを大別して、公家法・武家法（幕府法および分国法）および本所法の三大系統となすことができる（中田博士の説）。本文に記したごとく、本稿はそのうち幕府法のみを記述するのである。ただし、幕府法の説明に便宜なる限り、公家法・本所法および分国法をも随時参照した。第二篇註（1）参照。

（2）第一篇第一項および第二項。「所務沙汰」の語は、これを現代語に翻訳すれば、不動産訴訟という語が最もこれに近いであろう。なお、第二篇第二項参照。

二　本稿本論は、これを二篇に分かち、第一篇において鎌倉幕府不動産訴訟法を、しかして第二篇において室町幕府不動産訴訟法を記述する。しかし本論に入る前にあらかじめ、わが中世武家不動産訴訟法において、いわゆる自力救済および起訴自由の制度は、いかなる程度にまで認められていたかを述べておくのが適当であると思うので、まずこれについて一言しておきたいと思う。

三　不動産物権（中世の意味の）、またはその外的表現なる知行（占有）が侵害をこうむった場合に、これを除去する手段としては、二個の方法が存する。その一は、当該不動産物権の権利者または該物権の存在する所領の知行人が自力によって、これを除去する場合で、すなわち自力救済の方法である。その二は、裁判所にこれが除去を請求する場合で、すなわち訴の方法である。

現代の法制においては、一般的に私人はその権利を実現するがためには、原則として国家の公権的制度に拠るべきものとして、自力救済は一般に禁止し、同時に他面において原告が所定の方式を守り、訴を提起するときは、裁判所は請求の理由ありや否やを調査し、判決をなす義務を負うにいたるという意味における訴の自由を認めているのであって、この自力救済の原則的禁止と訴の自由とは近代民事訴訟法の枢軸をなすものということができる。しからば、わが中世武家不動産訴訟法において、この点はいかがであったかというに、自力救済禁止の制度は存したが、[3]上記の意味の訴の自由にいたっては、これを認めていなかったのである。[4]

（3）　第一篇註(159)および第二篇註(227)ならびに(345)参照。そのほか、自力救済禁止に関する史料としては、『小早川家文書之二』四九五号、応安二年六月十七日幕府御教書に「小早川駿河入道普浩申、安芸国造杲保事、普浩為拝領知行之地之処、押寄彼要害、致合戦、濫妨所務云々、太招其咎歟、所詮不日退彼在所、宜被仰上裁哉、若無承引者、縦雖帯本訴之理、任御事書之旨、可有付沙汰之状、依仰執達如件」、『建内記』永享元年七月十一日の条に、「豊田中坊与井戸確執事、〔中略〕凡不及訴訟之題目、不経是非之判断、猥及兵乱之企、自由之所行不可然者哉」などとあるを参照。なお、中世における知行の不可侵性および自力救済の禁止については、拙稿「中世知行考」(『中田先生還暦祝賀法制史論集』所収)八一頁以下に詳論しておいたから参照されたい。

(4) 第一篇註(79)および第二篇註(35)参照。

第一篇　鎌倉幕府不動産訴訟法

緒　言

一　鎌倉時代の武家訴訟法は、少なくとも建長元年引付設置以後の完成時代においては、所務沙汰・雑務沙汰および検断沙汰の三系統にわかれている。所務・雑務および検断なる三種の名称は、元来、平安朝時代、庄園内部における庄務の分類を指称する語であったが[1]、鎌倉幕府はこれを採って、もって自己の訴訟法の体系の各系統を指称する名称となしたのである。武家訴訟法上の名目としては、だいたい所務および雑務の両沙汰[2]は、現在の民事訴訟に、検断沙汰[3]は刑事訴訟に相当する[4]。以下に鎌倉幕府不動産訴訟法として叙説するところは、すなわち所務沙汰の訴訟手続きである。

（1）中田博士「王朝時代の庄園に関する研究」（『法制史論集』第二巻、九五頁）。

（2）『沙汰未練書』によれば、雑務沙汰は「利銭、出挙、替銭、替米、年記、諸負物、諸借物、諸預物、放券、沽却田畠、奴婢、雑人、勾引以下事」に関する訴訟である。

（3）『沙汰未練書』によれば、検断沙汰は「謀叛、夜討、強盗、窃盗、山賊、海賊、殺害、刃傷、放火、打擲、蹂躙、大袋、昼強盗、（但追捕狼藉者、所務也）、追落、路次狼藉者（於路次奪人物事也）、女捕、苅田、苅畠以下事」に関する訴訟である。

（4）中田博士は前掲論文において「所務とは年貢田畠の事に関する訴訟を云ひ、雑務とは民事の訴訟事件を云ひ、検断とは司法警察及び刑事訴訟事件を云ふものなり」といっておられる。

二　元来、所務とは、所領の管理あるいは収益の事務を意味したものであるから、所務沙汰とはこれらの事項に関する訴訟を総括したものであることは疑いないが、しかしここにこれを概念的に定義することは甚だ困難である。『沙汰未練書』(5)には「所務沙汰トハ　所領之田畠下地相論事也」と記載してあるが、これだけでは意味も曖昧であり、かつ所務沙汰の定義としては狭きに失する感がある。したがって、ここにはただ、所務沙汰に属する各種の事項中、主要なるものを列挙するにとどめておきたいと思う。私の解するところによれば、所務沙汰とは所領の上に行使される不動産物権（中世の意味の）の存在、不存在および効力に関し、あるいは不動産物権の外的表現である知行の保持(6)または回収を目的として提起される訴訟(7)(8)である。けだし、当時所領なるものが、ひとり私法上、経済上においてのみならず、政治上・公法上・財政上にも重要な意味を有していたので、(9)これに関する訴訟を雑務沙汰より分離して、特別に慎重なる手続きに従わしめる必要があったのであろう。

（5）『沙汰未練書』（また「沙汰未練抄」ともいう）は、鎌倉時代に武家において用いられた法律語を解釈・説明し、かつ訴訟文書の文例をあげた法律書であって、その奥書に「以前条々、関東六波羅御沙汰之次第、就令見聞、私記之」とあり、また「自他調練人者、皆以所知也、一向未練若輩者、以是可心得歟」とあるがごとく、関東・六波羅の沙汰（主として訴訟手続き）に習熟せぬ者（未練輩）の手ほどきのために著作されたものである。私の考証によると、本書は元応元年五月五日以後、元亨二年以前になったものである。したがって、以下に『沙汰未練書』によって記述するところは、だいたいこの時期の訴訟手続きに関するのである。本書の考証に関する詳細は拙稿「中世の訴訟法史料二種に就て」（『法学協会雑誌』四九巻八号）参照。

（6）中世の意味の不動産物権および知行については、中田博士前掲論文（同上一八七頁以下および二四四頁以下）、「知行論」（同上第四号論文）および拙稿「中世知行考」（『中田先生還暦祝賀法制史論集』所収）参照。

（7）所務沙汰では所領の押領および押妨に関する訴訟がかなり多かった（そのほかに境界確定に関する、いわゆる堺論ももちろんあった）。ここに押領とは知行の略奪、押妨とは知行の妨害をいう。前者については知行の回収、後者については保持の訴が提起される。なお、前註所引拙稿第六節参照。

（8）そのほか註（3）所引『沙汰未練書』の文によると、追捕狼藉に関する訴訟も所務沙汰に属する。なお『武家年代記』に「延慶三□□二評云、刈田狼藉事、於向後者、付検断沙汰、厳密加制止、可注申子細之由、可被相触守護人也」、「正和四、路次狼藉事、於検断可有沙汰之旨、六廿三日自評被仰出之」とあるによれば、右の日付以前においては、苅田狼藉および路次狼藉は、おそらくいずれも所務沙汰に属せしめられていたのであろうと推察される。註（5）所引拙稿一〇六頁参照。

（9）所領が中世封建制度の経済的基礎をなしていたことがその根本的理由であろう。

第一章　訴訟当事者

三　当時、原告を「訴人」、被告を「論人」、訴人および論人を併称して「訴論人[10]」、あるいは「訴訟人[11]」といった。訴人あるいは論人が互いに訴訟の相手方を呼ぶときには「敵[12]」、「敵人[13]」、「敵仁[14]」、「敵方[15]」などといい、現在の訴訟の相手方を「当敵[16]」、過去の訴訟の相手方を「故敵[17]」あるいは「古敵[18]」と称した。

(10)『沙汰未練書』に「一　訴人者　人ヲ訴ルヲ云也、一　論人者　人ニ陳ルヲ云也、以之謂訴論人也」と見ゆ。
(11)『吾妻鏡』寛元五年十二月十二日の条。もっとも、訴人のみを「訴訟人」と称した場合もある。
(12)『春日神社文書』第一、三五〇号、多武峰解状〔鎌三八六五〕。
(13)『福智院文書』寛喜二年八月日紀高綱陳状（『大日本史料』—以下史料と略称す—五之五、五五九頁）〔鎌四〇一六〕、『新編追加』第二五八条〔鎌追一六八条〕、『東大寺文書』（第三回採訪—以下単に(三)あるいは㈢と略称す。第一、第二、第四回いずれもこれに准ず）九、応長元年十一月日備前国野田庄官右衛門尉保広申状〔鎌二四四八〇〕等。
(14)前註所引『東大寺文書』。
(15)前註所引『東大寺文書』および『東寺百合文書』ケ四十三之四十七、嘉暦四年七月五日早部氏女代覚賢請文端裏書

〔鎌三〇六五二〕等。

(16)「国分寺文書」（『薩藩旧記』所収、以下同じ）元亨三年十一月日薩摩国国分寺次郎友貞庭中状〔鎌二八六〇四〕および『東大寺文書』（三）三、伊賀国得枝名一分地頭御家人服部孫五郎入道申状〔鎌三〇一三〇ヵ〕。

(17) 前註所引「国分寺文書」。

(18)『正閏史料外篇』三、山内縫殿家蔵、正中二年六月十二日関東下知状〔鎌二九一三三〕。

四　(一)　当事者能力

御家人が幕府訴訟法上の当事者能力を有していたことはいうまでもない。御家人の郎等（従僕）および雑人（奴婢）もまた、これを有していたが[19]、おそらく彼らが出訴するためには、主人の挙状を得ることが要件とされていたのであろう[20]。武家領内の凡下（平民）なども、後述のごとく、諸国は地頭の挙状、鎌倉中は地主の挙状をもって出訴し得た[21]。

本所は元来、朝廷のもとに武家と対等の地位に立つものである。されば本所は武家に対して、地頭御家人の押領、あるいは押妨の停止を交渉し得るものであって[22]、もし武家がこの交渉に応じないならば、武家を相手取って朝廷に訴うべきものであった[23]。この意味において、当初、本所は武家裁判所における当事者能力を有しなかったのであるが、朝廷の権威が衰え、幕府の権力の増大するとともに、本所は地頭御家人などを相手取って、武家裁判所に訴えるようになった。すなわち、武家裁判所における当事者能力を取得するにいたったのである[24]。本所領の庄官百姓らは身分上、本所に従属するものであるから、武家裁判所における当事者能力は、これを有せぬのであるが、『御成敗式目』第六条後段の規定によって、本所の挙状すなわち推薦状をそえることを要件として、すなわち本所を経由することを要件として、武家裁判所における当事者能力を付与されたのである[25]。

幕府はある場合には、一定の条件のもとに、前記御家人以下の者の当事者能力を剝奪することができた。(26)

(19)　宝治元年十二月十二日に幕府は訴論人参候の場所として、「侍客人座」「郎等広庇」「雑人大庭」の三箇所を定めた（『吾妻鏡』同日の条）。この場合、郎等および雑人はいずれも「訴論人」として取り扱われているのであるから、これらの者が幕府裁判所において訴訟当事者たり得たことは疑いないといえる。他面において、郎等（＝郎従）および所従（＝雑人）が所領を自己の名において知行し得たことは、(i)郎従に地頭が所領を給与し、あるいは(ii)所従に(a)所領を譲与し、(b)また所領を宛行ったことのあるによって知り得る。

(i)の例証としては、牧博士『日本封建制度成立史』二二八頁以下所掲諸例のほか、『柞原八幡宮文書』二、嘉禄二年八月十八日関東下知状〔鎌三五一五〕に「一　押取神人等給田、宛行所従事、〔中略―引用文中の〔　〕内は著者の加註、以下同じ〕、一　押取最勝講並仁王講田、宛給郎従事」とあるをあげることができる。

(ii)の(a)については、『吉田文書』一、寿永二年五月二十日僧印教譲状〔平四〇九〇〕「処分与田地事、合壱段者、〔中略〕、右件田地元者、興福寺住僧印教之先師相伝領掌之田地也、而年来所従五福法師本券相具足、永代処分与了」のほか、中田博士『法制史論集』第一巻一七〇頁註(九)を、同(b)については『塩釜神社文書』嘉禄三年三月二日関東下知状〔鎌三五八三〕に「陸奥国鹽竈社、右一禰宜職事、右利恒則為充給所職於利恒下人房冠者真―〔永字有憚〕、為留守家元被追却之由訴之」、『狩野亨吉蒐集文書』一八、建長元年七月二十日関東下知状〔鎌七〇九二〕に「右如源尊申者、件□□〔破損〕尊相伝也、而所従延友下作之間、延友宛給延友下人」、『東寺百合文書』テ三十七之三十八、〔建治元年〕若狭国太良庄内末武相伝名主中原氏女申状〔鎌一一九九二〕に「令拝領知行之処、去年春之比、不被糺是非、宛給預所下人」および前掲『柞原八幡宮文書』のほか、牧博士上掲著書二三五頁註二五所掲二例を参照。

これらの諸例は、必ずしも地頭御家人の所従に所領を宛行った場合のみに関しているわけではないが、これらの事例より推して、地頭御家人の所従に所領を宛行うことが必ずしも稀でなかったことを知り得る。

さて、これらの郎従、あるいは所従は、幕府法上、もとより自己に宛行われた所領につき、主人たる地頭御家人を相手取り、訴を提起することはできなかった（第二一項）が、第三者がこれを侵害したときには、（主人が訴えることがあったかも知れぬが、そのほか）郎従所従もまた自己の名において裁判所の保護を求めることができたに違いないと考える。

『宗像神社文書』二、貞応二年九月十三日関東下知状〔鎌三一五四〕に「氏経〔訴人〕相伝下人宗真男乍為当社無職之身、号神人、着束帯立大庭、去年十月之頃、伺氏経忌之隙、訴申日、可召決之由被仰下之間、其後暗跡逐電畢、是則不帯一紙証文、謀計之所致也」とあるが、もし下人が幕府裁判所において当事者能力を有しなかったものであるならば、かかる訴訟の起こるわけもなく、また仮に宗真が下人の身分を偽って訴えたのであるならば、氏経は宗真が「不帯一紙証文」などということよりは、むしろ宗真は下人であるから、その訴は当事者能力を欠くということをもって応酬したであろう。彼がこの挙に出なかったことは、すなわち下人もまた幕府裁判所に訴え得るものであったことを暗示するものというべきである。

なお、前記『吾妻鏡』宝治元年十二月十二日の条所載の「雑人大庭」の雑人の語を私は上来奴婢（＝所従）の意に解してきたが、この語は時としては凡下（＝平民）をも含む意味に使用されたことがある（第四二項所引宝治二年五月二十日法令〔鎌追二六二条〕および註（104）参照）。「雑人大庭」の場合の雑人もその割注に「不応召外、相模武蔵雑人等不可参入南坪」とあるによると、あるいは「凡下下人大庭」の意味であるかも知れない。しかりとすれば、この一句は平民当事者能力の史料として利用すべきものとなるであろう。

（20）けだし、地頭御家人の郎等、雑人は、直接に幕府に従属するものではなくして、地頭御家人を通じて、間接にこれに従属するものだからである。地頭御家人の郎等雑人と幕府とのこの関係は、本所領内の者と幕府との関係、すなわち本所領内の者は本所を通じて（すなわち本所の挙状を得て）、はじめて幕府裁判所に訴え得るという関係と類似したところがある。ただし、本所領内の者は、幕府に身分的に従属しているものではないから、この点において、御家人の郎従雑人と、本所領内の者とは対幕府の関係において格段の相違が存することを注意しなければならぬ。なお、註(43)所引『沙汰未練書』を参照。

(21)　第一九項参照。

(22)　『吾妻鏡』元暦元年十一月二十三日の条に園城寺牒が載っているが、それには「園城寺牒　右兵衛佐家衙　応被以平家領没官地寄進当寺、紹隆当寺仏法事」とある。牒は、僧綱と諸司との間において、移（所管被管の関係なき八省以下内外諸司互通の公文書）に代わって用いられた文書の様式であるから、この場合、園城寺は源頼朝をもって少なくとも自己と同等の地位以上に見ていなかったことは確かである。

そのほか、同書文治二年正月九日の条に

高野山衆徒、依有訴申旨、北条殿令加下知給上、為止寺領狼藉、被差遣雑色云々、

下　紀伊国高野山御庄々

可早令停止兵粮米並地頭等事

右件御庄々彼御山被仰下也、仍為令致其制止、雑色守清所下遣也、於自今以後者、可令停止旁狼藉也、且御庄々折紙遣之、敢勿違失、故下〔下略〕、

同三月二日の条に

故前宰相光能卿後室比丘尼阿光去月進使者於関東、家領丹波国栗村庄為武士被成妨由訴申之、仍早可停止濫吹之趣被仰云々、

下　丹波国栗村庄

可令停止武士狼藉、如元為崇徳院御領備進年貢、随領家進止事、

右件庄、可為　崇徳院御領之由、所被下　院宣也、而在京武士寄事於兵粮米催、暗以押領、於今者、早如元、為彼御領、随領家進止、可令備進年貢所当之状如件、以下〔下略〕、

同六月十七日の条に

梶原刑部丞朝景自京都進使者、執申内大臣家訴事、是家領等為武士被押妨事也、所謂越前国北条殿眼代越後介高成妨国務、般若野庄藤内朝宗、瀬高庄藤内遠景、大嶋庄土肥次郎実平、三上庄佐々木三郎秀綱、各或三年、或一両年、煩所務、抑乃貢云々、二品殊令驚給、速可止妨之由、面々可被仰含之由云々、

建久五年十二月十日の条に、

越前国志比庄為比企藤内朝宗被押領之由、有領家之訴〔中略〕、被尋朝宗之処、陳謝不押領之由、召其請文、被遣本所云々

などとあるがごとき、いずれも本所より武家に対して狼藉人の処分方を交渉したものであって、狼藉人を相手取って武家裁判所に訴えたのではないのである。

(23)　この場合には朝廷で裁判されるわけであるが、実際においては朝廷には武士の狼藉を鎮めるだけの武力がないこと、そのほかの政治的理由によって、この種の訴が提起されても、自ら裁判されることはなく、申状を武家方に送り、適当な処置を講ずるよう命ぜられる例であった。その実例は『吾妻鏡』に多く見えているが、一例として、文治三年三月十九日の条をあげておこう。

依被重上宮太子聖跡、法隆寺領地頭金子十郎妨事、可停止之趣、去年下知給之処、猶不静謐之由、寺家帯　院宣、就訴申、遣雑色里久、可止鵤庄押領之由及沙汰、件庄事、太子殊依執思食、有被載趣、二品専所聞食驚也、

下　播磨国鵤庄住人

可令停止金子十郎妨、一向従領家所勘事、

右件庄、可令停止金子十郎妨之由、去年依　院宣令下知畢、而金子十郎入置代官、令押領庄之由、重所被仰也、甚以不当之所行也、自今以後、早可令停止其妨、若猶不用者、為召誡其沙汰人、所下遣使者里久也、早可令停廃彼妨之状如件、

文治三年三月十九日

(24) ただし、論所が関東御領であるか、あるいは論人が関東進止の者でなければ、幕府はその訴を受理しなかった。これらのことの詳細は別の研究にゆずる。

(25) 註(99)(100)(206)(249)(252)(254)および(22)を参照。

(26) 『新編追加』第一二条［鎌追一一三条］、諸社神人狼藉事の条に「凡三ヶ度相触之後、不叙用者、可令注進給、依他事雖訴訟出来、永不可有御沙汰也」とあるは、この意味であると考える。この法令の日付を同書は延応元年四月十四日に『吾妻鏡』は同月二十四日に作るが、おそらく後者のほうが正しいのであろう。

五 (二) 訴訟能力　成人男女子はともに訴訟能力を有した(27)。妻が訴訟行為をなすには夫の許可を必要とせるや否や不明であるが、実際においては、夫が妻の代官として訴訟行為をなす例であったようである(28)。当時「童形」とよばれた未成年者(29)は、単独に訴訟行為をなし得ず(30)、親族の補助を得るか(31)、あるいは代理人によってのみ(32)訴訟し得たらしい。

(27) 成人男子が訴訟能力を有したことは疑いない。成人女子もこれを有したことは『松浦文書』二、暦仁二年正月二十七日六波羅書状［鎌五三七五］に「肥前国御家人山代三郎固後家与女子相論固遺財所領事」、『狩野亨吉蒐集文書』一八、

正元二年三月十二日六波羅下知状〔鎌八四八七〕に「周防国与田保公文職源氏女与地頭武者二郎朝貞相論田畠三町三反事、右対決之処、如氏女申者」、『東寺百合文書』マ二十一之三十八、文永七年八月状〔鎌一〇六八五〕に「若狭国御家人時国女子中原氏重陳申、中原氏女在家人辻太郎入道女子重申状無其謂末武名間子細事」などとあるによってわかる。ただし、問答の場合には、「申口」を使用することがあったであろう。註(31)および(60)所引『伊達家文書』を参照。

(28) たとえば『深堀記録証文』三、元応元年後七月二十二日鎮西下知状〔鎌二七一二〇〕に「平氏女帯清光正安四年二月二日譲状、以夫景氏、為代官訴申」、『色部文書』正中二年七月七日関東下知状〔鎌二九一四七〕に「大津弥次郎重胤与和田左衛門四郎茂長女子平氏代夫政世相論、越後国奥山庄内鍬柄村事」とあるがごとし。

(29) 童形は元服によって「成人」(成年)となる。元服の年齢は階級により、また時代により異なったであろうから、一概にはいえぬであろうが、ふつうの武士にあっては、だいたい十五歳くらいであったろう。『深堀記録証文』三、延慶四年五月十八日平時行和与状〔鎌二四二九三〕に「於長淵庄者、吉鶴丸成人十五年以前者、時行可令領知、十六歳以後、時行不相綺彼地、吉鶴丸可令知行」とあるは、その一例である。

(30) 未成年者は、単独に訴訟行為をなし得ずと明言した史料はみあたらないが、次註以下所引諸文書の記載、および「又続宝簡集」一一二八号、阿氏河庄雑掌陳状案(『高野山文書之五』六七七頁)〔鎌九八二八〕に、「米持王童形也、非奉行之仁者、云御所中、云他所、如此雑務争可致其沙汰哉」とあるによって、これを推知し得る。

(31) たとえば『詫磨文書』二、嘉暦二年九月二十日鎮西下知状〔鎌二九九七二〕は、「筑前国志登社雑掌成朝与吉富名地頭詫磨一房丸相論年貢以下事」に関するが、その本文に「右、就雑掌之訴、被裁許之処、去月十七日両方和与訖、如一房丸並母堂藤原氏連署状者、〔中略〕爰一房丸幼稚之間、母堂藤原氏所加判形也」とあるがごとし。

この場合には、母が代官でなく、またほかに代官もなかったことは明瞭であるが、幼稚な一房丸ではおそらく引付之座において独力で問答することは困難であったろうから、母がこれを補佐して問答せしめ、あるいは事実上、一房丸に代わって自分が問答したものと考えざるを得ない。かかる場合にこの母堂の地位を「申口」と称した。

申口という言葉は、たとえば悪口の申口（悪口を吐いた者という意味）というようなふうに使用された言葉であるが、引付問答の場合にも「申口」があったことは、『伊達家文書之一』二一号、永仁五年九月十三日関東下知状〔鎌一九四五〇〕に「心阿〔氏女の兄〕為氏女申口、遂問答」とあるによって知られるから、右の場合、母堂をもって「申口」に比定して差し支えあるまいと考えるのである。「新編禰寝氏世録正統系図」寛喜元年十一月十一日北条朝時御教書（史料五之五、三三一頁）〔鎌三八九三〕に「清綱〔論人〕幼稚之間、一腹舎兄伴太郎兼親雖可値問注、俄見所労、暫遅々」とあるもまた、兄が弟の「申口」になったという意味であると思う。

（32）たとえば「鹿島文書」正安元年十二月二十七日関東下知状（『新編常陸国誌』下巻、一二五三頁）〔鎌二〇三四九〕に

右訴陳之趣雖多、所詮、彼所者右大将家御時、元暦元年被寄進当社以降、至則長伝領無相違、仍則長於当郷南方並塩浜者、譲嫡子幹則、至北方相賀村者、譲三男季則（則朝亡父）畢、以大禰宜職及行方郡内勘納十二郷用重名等、所宛賜次男則重（実則父、則氏祖父）也、爰幹則無男子者、季則可知行彼分之由、載幹則譲状早〔畢の誤〕、幹則不生男子間、季則可相伝之処、為名主等被押領之刻、季則他界、則朝雖可経訴訟、依為幼少、於南方之沙汰者、申付実則（則氏亡父）、至北方者、所申付季則弟僧厳如也、厳如死去之後、南北共申付実則畢、仍預置次第証文於実則之処、宛于実則身、掠給御下知之由、則朝〔訴人〕雖申之、如則氏〔論人〕所進亡父実則給正応三年御下知案者、実則相副代代御下文以下証文等、得亡父則重譲状之間、云所職、云所領、相伝之条勿論歟云々〔中略〕実則為則朝代官之条無支証、

とあるは、則朝は自己相伝の所領を名主等のために押領されたので、自ら訴訟をなすべきであったが、幼少であったから、南方は実則を、北方は僧厳如を代官として訴訟していたところ、中途で厳如が死去したので、南北ともに実則に申し付けたのである。

しかるに実則は代官の身を忘れて、自己の身に宛てて判決を得たので、則朝はこれを不当であると申し立てたのに対し、論人則氏は父実則は則朝の代官にあらざる旨を証明し得たというのであるが、則朝の訴の理由はすなわち、実則は幼少である自分の代官として沙汰したのであって、自己の身に宛て判決を受けたことは不当であるということに存するのである。

なお、『東大寺文書』(三)一、元亨二年十一月日播磨国大部庄公文孫九郎久忠後家性阿重陳状〔鎌二八二六七〕によると、性阿はその息女赤女のために、自己の名において訴えていることを参照。

六　㈢　訴訟代理

当時代理人を「代官」、本人を「正員」と称した。しかして所領関係の代官はその権限の性質ないし広狭によって、これに「所務代官」(また「所領代官」ともいう)、「沙汰代官」および「平代官」の三種の区別が存した。所務代官は所務すなわち年貢徴収およびこれに関連するいっさいの事務につき、正員を代理する代官であり[33]、沙汰代官は「沙汰」すなわち訴訟事務の代官であり[34]、しかして平代官は所務代官と沙汰代官との権限を併有する代官であったのである[35]。通常、たんに代官というときには、おそらく、平代官の意味であることが多かったのであろう。

本所の代官はとくにこれを「雑掌[36]」と呼ぶ慣例であった。雑掌にもやはり「所務雑掌[37]」(また「庄務雑掌」ともいう)、「沙汰雑掌[38]」および「平雑掌[39]」の三種の別があり、その区別の標準はふつうの代官と同様であったが、所務雑掌は通例これを「預所」と呼ぶ慣わしであったから[40]、たんに雑掌といえば、沙汰雑掌あるいは平雑掌を意味したのである[41][42]。

上述諸種の代官のうち、正員の訴訟につき代理権を有したのは、いうまでもなくふつうの代官にあっては、沙沙汰代官と平代官と、雑掌にあっては沙汰雑掌と平雑掌とであった。所務代官と所務雑掌とは、正員の私法上の代理権を有するにすぎなかったのである。(43)

(33) 所務代官の語は註(40)所引『沙汰未練書』、『東大寺文書』(三)九、元亨二年十月日東大寺衆徒申状〔鎌二八二二二〕および『山田氏文書』正安二年七月二日鎮西下知状〔鎌二〇四七六〕などに見ゆ。「所領代官」の語は『史淵』第十輯長沼賢海氏論文一二頁所引文書〔鎌二七五五九〕に「深叔父有河三郎兵衛入道□円海者、披所領代官也」と見ゆ。またこれを「地頭代官」ともいった。『東大寺文書』(四)二七、(元亨三年)播磨国大部庄公文孫九郎久忠後家性阿重陳状に「次秀宗為心観代官事、一紙内有二人代官、此則覚源者為地頭代官故、日下加叙判《ママ》」とあるがごとし。これは「地頭所務代官」の略語である。『正閏史料外篇』三、山内縫殿家蔵、正安二年五月二十三日六波羅下知状〔鎌二〇四四八ヵ〕に「地頭所務代」の語見ゆ。

なお、これらの文書にみえる「地頭」という語は、地頭職の意味の地頭ではない。『兵範記』仁安元年十月二十五日の条に「御禊点地也、辰許向河原、先是行事検非違使源為経、志中原章貞臨地頭、令択二条以北」、『三国地誌』巻百九、正治元年十一月日東大寺三綱大師等重解状〔鎌一〇八八〕に「一決若難切者、其時被実検地頭之所」とある地頭で、地の頭(ほとり)という意味である。『吾妻鏡』元暦元年十一月二十三日の条所掲園城寺牒に「即於当寺之頭《ホトリ》、自獲義仲之首」とあるを参照。

これによって所務代官は、通常在庄する例であったことがわかる。このことについては、なお次註および前記元亨二年『東大寺文書』に「長尾備前房(中略)為所務代官、令在庄」とあるを参照。

(34) 沙汰代官の語は、前註所引長沼氏論文所掲文書〔鎌二七五五九〕に「深叔父四郎入道者、披扶持也、彼子息源二郎者、披沙汰代官也」と見ゆ。これをまた「訴訟之代官」ともいった。前註所引元亨三年『東大寺文書』に引き続き「秀宗者心観子息為六郎殿舎兄之間、且為散母儀之憤、且刑〔ママ〕舎弟之怨、為訴訟之代官、被訴申故、載其文章、而状袖被加叙〔ママ〕判了」とあるもの、これである。同一人が同時に一方において「所領代官」あるいは「地頭代官」を有し、他方においては「沙汰代官」あるいは「訴訟之代官」を有するということは、両者の職分が必然的に別箇のものであることを知らしめるに足る。すなわち、前者は所領内部の事務すなわち庄務（そのうち最も重要なのは所務―年貢徴収事務―であるから、中世においては庄務という言葉と所務という言葉は、ほとんど同義に使用された。註（1）所引中田博士論文参照）に関する代官であり、後者は所領と外部との交渉（いわゆる「沙汰」、そのうち訴訟が最も重要なものであったろう）に関する代官である。

　沙汰という言葉は、種々な意味を有する言葉であったが、そのなかで「訴訟」という意味は最も重要なものであった。『新編追加』第九〇条〔鎌追七二〇条〕に「如式目者、奴婢雑人事、無其沙汰、過十ヶ年者、不論是非、不及改沙汰云々者、被押取質之後、不経訴訟、不及其弁、過十ヶ年者、件質人可為物主之進退也」とあるは、すなわち沙汰という言葉を訴訟という意味に用いた適例である。沙汰という言葉には訴訟という意味があったから、「沙汰之法」という言葉は訴訟法という意味に用いられた。もっともこの語はむしろ裁判法と訳すほうが適当なこともある。

(35)「平代官」の語は史料にはいまだみあたらないが、後述「平雑掌」の例より推して、かりに所務代官と沙汰代官との両者の権限を併有する代官、すなわちふつうにいわゆる「代官」をかく名づけることとする。

(36) 元来、雑掌とは諸官衙の雑務を行う者の称呼（たとえば『朝野群載』巻二九に「加賀国雑掌」、『延喜式』巻一八に「諸国四度使雑掌」、同書巻二五に「朝集税帳雑掌」とある）であった。中世においても「国雑掌」あるいは「国衙雑掌」という言葉は存した。『市河文書』二、元亨四年九月日文書に「信濃国雑掌」、『東大寺文書』（四）一八、年号不詳訴状に「国衙雑掌」と見ゆるが、これら中世の国衙は実質上、本所と同一地位にあったのである。そのことは、右『東大寺文書』に「一　与田保本所、非国衙条々事」とあることによって推察される。したがって、国衙雑掌もまた本所雑掌にほかならなかったのである。

（37）所務雑掌は庄家にあって、いわゆる所務をつかさどっていたものである。そのことは所務雑掌という名義よりしても当然知り得ることであるが、また「又続宝簡集」一四四四号、阿氏河庄相論沙汰文書案、建治元年十一月二十七日宗親（論人）請文案（『高野山文書之六』五一八頁）〔鎌一二一三六〕に、「但、去廿五日参対雑掌〔訴人〕者非所務之仁候、被召上所務雑掌従蓮候者、可遂問答候、凡従蓮在国シテ、頻張行濫務、与恥辱於地頭妻子候之上、差違ヘ天申下召文、令成煩候之条、奸謀之構、可足御還迹候哉、庄務雑掌之外、不能参決之由、平均之承及候」とあるによってもまた知り得るところである。されば『色部文書』元亨三年十月日和田又四郎章連申状〔鎌二八五七〇〕に見える「在国代官」とは、すなわち所務雑掌の意味であると解せられるのである。

なお、右『高野山文書』の最後の文章によると、訴訟につき、裁判所に出頭するのは庄務雑掌に限られていたようにみえるが、これは書き方が不十分なので、右の訴訟においては雑掌は地頭の狼藉を訴えた（「又続宝簡集」一一五四、一一五五号参照）のであるが、狼藉の訴ならば、被害者である所務雑掌が出頭すべきで、狼藉と関係のない沙汰雑掌は出頭すべきではないというのが、この文書の意味である。

地頭の説の当否は別として、狼藉のごときことに関する訴訟においては、加害者ならびに被害者が正当な訴訟当事者でそのほかの者が当事者たるべきではないというのが当時の法制であったのである。「宝簡集」四〇二号、弘長三年八月十八日六波羅召文御教書〔鎌八九七八〕に、「品川馬允為清申、紀伊国名手庄沙汰人百姓等狼藉由事、重解状具書如此、々事為対決、度々下召文之処、如去七月十二日請文者、下司公文改補之間、依為前官、不及申子細之由令申云々、狼藉之条、何依得替可遁問注哉」とあるはその意味である。

地頭はこの原則を援用して、被害者と称する所務雑掌の出頭を求めたものと解すべきである。宗親請文に対する雑掌重申状（『高野山文書之六』五一九頁）〔鎌一二〇四六〕に「抑宗親謀陳状云、去廿五日参対雑掌者非所務雑掌、被召出所務雑掌、可遂問答云々、此条不足言申状也、宗親致条々非法悪行、剰抑留御年貢、令追出雑掌之条、為希代無双狼藉之間、雖非所務、帯令旨並領家御挙状、致其沙汰者也、且為傍例、争可申子細哉」とあるは、これに対して年貢抑留の点に重きをおいて、本所の沙汰雑掌（沙汰の語はなきも、前後の関係より見て沙汰雑掌なりと信ず）が本所挙状を帯びて訴えるのは傍例であると主張しているのである。

してみれば、右の宗親請文の記事もまた、所務雑掌が年貢徴収のための代官であり、訴訟のための代官でないという私の説の妨げにはならないのである。「宝簡集」一五〇号、嘉元四年九月七日関東下知状〔鎌二二七二二〕に、「一 地頭押作平民名、不弁年貢事、（中略）彼下地者為地頭進止内否不審之上、地頭不押作平民下地之由論申之間、可差申坪々之旨、於引付之座尋問之処、非庄務雑掌之間、不存知之旨、雑掌令申畢」とあるがごときも、私の叙上の説明によってのみ理会し得るものと信ずる。

私の解するところによれば、「又続宝簡集」二八二号、正応二年九月三日※阿波国宍咋庄雑掌定範契状請文（『高野山文書之二』四四五頁）〔鎌一七一三七〕は所務雑掌の請文であり、註(42)所引『東寺文書』に「雑掌致庄務」とあり、「又続宝簡集」一一五五号、建治二年六月日阿氏河庄雑掌訴状案（『高野山文書之五』七一七頁）〔鎌一二三六九〕に「自去年一向打止雑掌之所務」とある雑掌は、いずれも所務雑掌（もっともこの中のあるものは平雑掌かもしれないが）であると考える。

沙汰雑掌が本所に在住したに反して、預所（所務雑掌）は庄園に常住する例であった。さればこれを「地下預所」とも呼んだこと、『東寺百合文書』と一〇一号、延慶三年九月日東寺領平野殿庄預所平光清重陳状〔鎌二四〇七九〕に見ゆ。

(38)「沙汰雑掌」の語は、「国分寺文書」元亨三年九月十六日鎮西下知状〔鎌二八五二七〕に「於下地者、可依相論落居之旨、雑掌申之上、不及子細、至于年貢者、可被渡沙汰雑掌也」と見ゆ。

沙汰雑掌が沙汰すなわち訴訟の代理をその権限とする代官であることは、その語義よりも知れるが、なお室町初期のものなるも、『東寺百合文書』暦応二年四月二十七日僧道善請文（史料六之五、九〇六頁）〔ホ二〇号〕に「請申　東寺御領丹後国大内庄沙汰雑掌職事、右庄雑掌職者、為供僧中御計、以当庄年貢之内、毎年弐拾五石（寺家斗定）為雑掌得分、所被仰付道善也、公家武家方々之沙汰更不可致緩怠、縦雖非当庄事、自余寺領已下沙汰毎年可抽奉公之忠節〔以下、不忠私曲の場合のことを叙す〕」とあるは、その明証である。

『東大寺文書』建長六年十月三十日関東御教書（編年文書所収）〔鎌七八一六〕に「京都雑掌」とあるは、「沙汰雑掌」の別名であろう。沙汰雑掌は本所に常住していたのであるから、在庄代官たる庄務雑掌のごとく、庄務ないし庄園の事情に通じているわけではない。

さればこそ、『春日神社文書』第二、七九九号、嘉元元年惣領中分条々雑掌注進〔鎌二一六四七〕に「地頭重代在庄の身也、雑掌は庄家のやう不知案内也」という文句もあったのであろう。なお註（40）所引年号不詳十二月九日『東寺百合古文書』〔鎌二六八八三〕および前註所引嘉元四年「宝簡集」を参照。

（39）「平雑掌」という言葉は、「又続宝簡集」一四三九号年号および氏名不詳書状（『高野山文書之六』五一〇頁）に「〔前欠〕領の紀伊国木本とやらんか当時雑掌なく候なり、それを御縁者ニテも候なれ□〔ハカ〕、御口入候て、うけさせられ候か、又平雑〔掌の字脱か〕ニテモ候へ、給候ハヽ、一向沙汰仕候なんと申候」とある。「平雑」は平雑掌の掌の文字を書き落としたものであると信ずる。

（40）『沙汰未練書』に「一　預所トハ　本所御領所務代官也」とあるはその証拠である。なお、このことについては、『東寺文書（閣本）』二、延慶※二年五月日平野殿御庄百姓申状〔鎌二四〇〇二〕に「一　御年貢半分立用事、預所殿御陳状云、〔中略〕此条無謂申状也、〔中略〕将又公物半分百姓半分出合用途、当雑掌南都之大衆仁被引進之上者、任先例可立用半分之条勿論也」、『東寺百合文書』と一〇一号、延慶三年九月日大和平野殿庄預所光清重陳状案〔鎌二四〇七九〕に「一就興福寺土打、雑掌被取用途由事、〔中略〕而為止土打之役、雖経入用途、即請取、令交替于百姓等之間、即乍令領状、何預所可令紀返之由可掠申哉」とあるがごとく、雑掌と預所とを同視せる史料が存するとともに、他面において、『東寺百合古文書』一〇六、年号不詳十二月九日東寺公文僧祐証請文〔鎌二六八八三〕に「抑預所頼有者、正和五年他界、当京都沙汰雑掌者非預所候」とあるがごとく、預所と沙汰雑掌とは別物なりとする史料の存することをも参考すべきである。

(41) ことに沙汰雑掌を意味することが多かったであろう。それは『沙汰未練書』に雑掌を定義して「一　雑掌トハ　本所沙汰代官也」と記してあるによって知れるのである。

(42) 以上のほか、雑掌は任期により、分かちて「一代之雑掌」、「巡年之雑掌」および無年紀の雑掌の三種となし得る。一代の雑掌とは、たとえば『東寺文書』楽之部一之八、弘安十年十二月十日関東下知状〔鎌一六四一四〕に「一代之雑掌」とあるもので、その者一代の間は改替されぬもの。巡年の雑掌とは『香取文書纂』一、神庫所蔵文書、弘安九年六月日庁宣〔鎌一五九三二〕に「雑掌者又為巡年之役人」とあるもので、一定の年月を経るときは順次に改替されるもの。無年紀の雑掌とは、年紀の定なくして、非違あるときはただちに改替されるものである。無年紀の雑掌が最も多かったろうと思われる。そのほか、現任の雑掌を「当雑掌」、前任の雑掌を「前雑掌」、新任の雑掌を「新雑掌」などと称したが、場合に応じて、当・前・新などの語を役名の上に冠することは雑掌に限ったことではない。

(43) ただし、『沙汰未練書』に「一　地頭御家人ノ外ハ、不可及直訴、名主庄官以下者、帯在所地頭挙状、可訴訟也、但於西国所務代官者、雖不帯挙状、及直訴也」とあるから、西国の所務代官は正員の挙状(代理権授与通知状の意、前段にいわゆる「在所地頭挙状」の挙状は推薦状の意である)がなくても、当然、正員に代理して訴訟行為をなすことができたのである。

すなわち、西国の所務代官は平代官あるいは平雑掌と同一の権限を有したのである。『東寺百合文書』と一一五号、暦応三年正月二十三日祐舜請文〔と七八号〕に「請申　東寺領伊予国弓削嶋鯨方所務条々〔中略〕一　京都沙汰〔沙汰は訴訟のこと〕事、任先規、為預所役、殊可抽忠節者也」とあるがごときは、その意味である。

『長隆寺文書』貞永元年七月二十七日六波羅下知状〔鎌四三四九〕に「伊予国御家人国重申、同国忽那嶋地頭職並松吉名事、右当嶋下司国重巧新儀、押領松吉名之由、以雑掌解、自領家、依彼訴仰下〔中略〕者、為下司職押領松吉名田事、頗為預所之虚訴歟」とあるも、雑掌と預所とは同一人であるから、前と同例と解される。『新編追加』第二四九条〔鎌追二五〇条〕に「一　西国守護人奉行事、於鎮西者、〔中略〕其外西国者」とあるから、伊予国は西国の一部であったと察せられるのである。

七　訴訟代理人はふつうの代官たると雑掌たるとを問わず、裁判所に対して自己の代理権の存在を、代官職もしくは雑掌職の補任状(44)、あるいは挙状(45)(本人より裁判所に宛てた代理権授与通知状)によって証明しなければならなかったのであろうが、その実例の残れるものの乏しいのは、おそらく裁判所に代理権の存在が明瞭である場合が多かったためであろうか。

訴訟代理権を有せざる自称代官の訴は、もとより裁判所がこれを受理することはなかった(46)。したがって、相手方の訴訟代理権の有無について疑問をいだく訴訟当事者は、相手方に対して、補任状あるいは挙状の提出を命ぜられんことを裁判所に請求することができたのである(47)。

(44)　訴訟代理人が代官職あるいは雑掌職の補任状によって自己の訴訟代理権の存在を証明し得たことは、『比志島文書』三、嘉暦二年七月日陳状〔鎌二九九〇九〕に「今乍号雑掌、不備進補任状並宛文等、〔中略〕此条背先規、□□国不披見補任状、以胸臆掠申之上者、不可依訴人掠訴、早以奸訴之篇、為被棄置濫訴、粗披陳言上如件」とあるによって知り得る。

(45)　代理権授与通知状の意味の挙状（挙状にはほかに推薦状の意味がある。詳細は第一九項および註(97)を参照）様式の典型は『沙汰未練書』に

一　挙状書様事

何国何所某申、何々事、以代官某令言上候、以此旨可有申御沙汰候哉トモ、又可有御披露候哉トモ、恐々謹言、

何　月　日　　某　裏判

進上　御奉行所（挙状ニハ年号不書之）

とある。この種の挙状はすなわち『都甲文書』乾、永仁七年六月二日鎮西下知状〔鎌二〇〇七三〕に「如執進惟重〔論人〕代惟宗、今年正月十五日請文者、惟遠背祖父□、寄事於徳政、依致押妨、番訴陳之刻、惟重他行之間、惟宗帯挙状、可明申之由載之」、『中尊寺経蔵文書』二、嘉元三年三月日重訴状に「同状云、毛越寺者、於寺社奉行及訴陳畢、件沢八幡宮同前依自身訴訟無理、不帯挙状、及他寺他社訴訟之条背副〔制〕法」、『深堀記録証文』二、八月十一日沙弥寂然請文〔鎌九七五〇〕に「深堀左衛門入道蓮上子息時光申問注由事、以時光可令遂其節之旨、蓮上相副打越請文、不進覧挙状」とある文の挙状と同種のもので、正員より代官への当該訴訟代理権授与の事実を裁判所に通知する文書である。上記挙状はいずれもそれだけが独立の一の文書として裁判所に提出されたものであるが、論人は時としては（否むしろこのほうがふつうであったかもしれない）問状（あるいは催促状）に対する請文の中に代理権授与通知を含ましめたことがある。『沙汰未練書』に

一　請文書様事

何国何所某申、何所々領田畠等事、何月何日御教書案トモ、又御奉書案トモ、並何月日御使催促状トモ、又御施行トモ、何月何日到来、謹トモ、畏トモ、下預訖トモ、拝見仕タトモ、抑何々事、任被仰下旨、以参上トモ、以代官トモ可令言上候、以此旨トモ、以此趣トモ、可有洩御披露候、（某トモ、但某字普通ニハ不書也）恐惶謹言、

何月何日（請文二八年号不記之、但依事書也）

某請文裏判某

とあるはこの種の請文の文例である。その実例は、『東寺百合古文書』六八、文永六年七月十一日沙弥定蓮請文案〔鎌一〇四五七〕に「去五日御教書並准后御教書及雑掌訴状具書等謹下預候了、抑就太良保雑掌解被仰下候大番役雑事等事、進上代官陳状仕候、以此旨可有御披露候覧、恐惶謹言」、『同文書』四七、嘉暦四年四月二十七日散位伊時請文案に「常陸国信太庄雑掌定祐申塙郷以下年貢之由事、以代官紹真、可明申候、以此旨可有御披露候、恐惶謹言」とある。

なお、挙状の作成については『大石寺文書』正和五年三月十六日沙弥大行状に

いなかにてはきよ《挙》状と御けうそ《教書》の御うけなんとかきて候は、わろく候、かまくらにて人にかかせて、ふきやう所へあけ給へとて、しらかみのおくに大行かはんをしてたひてのほせて候ひしか、心もとなく候、〔鎌二五七六七〕

とあるを参照すべきである。一種の白紙委任状であるが、かかる方法も行われていたのであろう。

次に、『東寺百合古文書』六八〔お九号〕に

東寺領若狭国太良庄地頭代令濫妨領家所務、致条々非法間事、頼尊故障之間、以康家、為雑掌致其沙汰候、可有心得候、条々恐惶謹言、

十一月卅日　法印定厳

謹上　右馬権頭殿

という文書が載っているが、これはすなわち雑掌変更届である。雑掌の変更については、なお『中尊寺経蔵文書』一、嘉元三年三月日重訴状に「同状云、賛《替》代官面、可遁自科哉云々、（取詮）此条雑掌敵方引汲分令露顕之時、差改代官、令言上子細之条為古今例上者、宜仰上裁」とあるを参照。

また、論人が所労の故をもって召文に応じて裁判所に出頭しあたわざる旨を陳上したような場合には、裁判所側よ

り進んで代官を出頭せしむべき旨を命じたことがある。「水引権執印文書」(『薩藩旧記』所収、以下同じ)弘長三年九月三日関東御教書〔鎌八九八六〕に「鹿児島中務次郎康邦申、薩摩国鹿児島郡司並弁済使両職事、為有其沙汰、可令召進矢上左衛門尉盛澄後家之由被仰下之処、注進状披露了、所詮、其身為所労者、来月十日以前、差進代官、□□□〔可明申〕之由可令下知也」とあるがごとし。

けだし、『東大寺文書』(四)一一、弘安二年五月日東大寺学侶等重申状〔鎌一三六〇六〕に、「件子細越訴之趣委申開之間、早企参洛、可明申之由乍賜召文、捧自由奸陳、于今不参洛、縦雖持病更発、以代官明申之者、傍例也」とあるがごとく、論人所労の場合には、代官を出頭せしめるのが、定法だったからであろう。

本人が老耄して、自ら出頭しあたわざる場合、たとえば、『東寺百合文書』エ一之九、弘安十年五月十一日地頭下知状〔鎌一六二五七〕に「助国〔訴人〕者老耄也、我等三人令上洛、可致訴訟」、『諸家文書纂』所収「野上文書」元応二年八月二十八日関東下知状〔鎌二七三八七〕に「浄妙〔論人〕老耄之間、公賢〔浄妙子息〕令進請文候、所詮、企参上、可明申」とあるがごとき場合も、おそらく本人が病気の場合に準じて取り扱われたのであろう。

(46)「又続宝簡集」一一二八号、阿氏河庄雑掌陳状案(『高野山文書之五』六七七頁)〔鎌九八二八〕に「凡代官職之輩已願得替、任自由雖出書状、不帯正員下知者、何可令叙用哉」とあるはおそらく、この意味に解して差し支えないであろう。そのほか註(44)所引『比志島文書』を参照。

(47)たとえば、註(36)所引『東大寺文書』に「一　与田保本所非国衙条々事、右当国々衙之地、本所者、造東大寺料国也、与田保本所者、東大寺三面僧坊衆供料庄也、〔中略〕然間三面僧坊衆雑掌性宣僧都以下輩、依企条々奸訴、所申成如□□□御教書者、周防国与田保雑掌中年貢未□□〔?〕云々、(□〔取〕詮)、此条不出帯雑掌挙状之間、可被召出之由、光朝依令□〔申カ〕、雑掌所進与田保本所東南院大僧正□□〔以下欠〕」とあるがごとし。

八　訴訟代理人の行為がその代理権の範囲において、直接本人につき効果を生じたことはいうまでもない。(48)『御成敗式目』第一四条は代官の行為に対する主人(正員)の責任を各種の場合を分かちて規定しているが、そのうち、訴訟法上とくに注意すべきは、代官が本所の訴訟により、もしくは訴人の解状により、関東より召され、六波羅より催告されるとき、参決を遂げず、なお張行したならば、主人の所領を没収すべく、ただし事体により軽重あるべき旨を定めていることである。(49)

(48) 代理権の授与されていない事項については、もとより代官は本人を代理し得べきではない。『深堀記録証文』一、正嘉二年十二月二十六日彼杵惣地頭代後家尼請文〔鎌八三三五〕に「深堀左衛門尉為掠惣地頭分、巧新儀、還被濫妨之由、就代々之訴訟、雖明申其子細、不陳詞事行、而猶可止彼戸町並楹浦沙汰之由御下知畏入候、雖然是為代官之身、不能申上左右候、偏可令触申此子細於正地頭所候」とあるが、これはすなわち当該訴訟について代官が代理権を有せざるため、陳状を提出し得ざる旨を述べたものにほかならない。

(49) 『御成敗式目』第一四条は、代官の罪過につき、本人が責任を負うべきことを定めているのであるが、これは他面よりいえば、本人が責任を負う場合を限定しているものともいえる。しかるに、『沙汰未練書』に「於所務代官之科者、正員雖不存知之、懸其科之法也」とあるは、正員の責任の範囲を拡大して、一般的に代官の行為につき正員が責任を負うべき旨を記したものである。なお、右『沙汰未練書』の文章に所務代官とあるから、所務代官以外の代官はこの規定の適用外にあるようにみえるが、右の文章は所務代官だけを問題にしていたから、かく書いたので、ほかの代官を除外する意味ではあるまいと考える。

九　㈣　口　入　口入とは取引の媒介周旋のことであった(50)から、訴訟上の「口入」もまた訴訟当事者一方の親

縁者が裁判所に対して、裁判上特別の取り計らいを求める行為を意味したものと解する。(51)
『御成敗式目』第三〇条は、問注を遂げる輩、すなわち訴論人が、御成敗を待たずして、権門の書状を執り進めること、すなわち権門の口入に預かることを禁じ、弘安七年八月十七日には幕府はこの規定を受けて、しかるがごとき輩あらば、頭人以下引付衆がその者の交名を注進すべしと命じ、同九年八月にはあるいは権門の威を募り、あるいは縁者の由を称し、口入をいたす輩は召し仕うべからずと令じ、また同十年五月二十七日には祖父母兄弟夫婦子孫以外の者の口入を禁止し、この規定違反の場合には当該訴訟を棄て置くことに定めた。(52)

(50) 中田博士「我古法に於ける保証及び連帯債務」（『国家学会雑誌』三九巻四号、一頁）。

(51) この「口入」を「付縁致訴訟」とか、「執沙汰」とかなどとも称した。註(65)所引『東寺百合文書』〔鎌一〇六八五〕に「付縁、致訴訟者、執申本人之訴訟事也」、『正閏史料外篇』三、三浦又右衛門蔵、文保元年十月六日平重連契状〔鎌二六三九〇〕に「及上訴之処、重連無力之間、兄如円房被執沙汰之」とあるがごとし。

不当な第三者の口入という意味を示すためには、「付強縁」「属強縁」あるいは「強属所縁」などという文句を用いた。『集古文書』二六、宝治二年十二月五日関東下知状〔鎌七〇一五〕に「而今聖鑑法師構謀書、付強縁、神社仏寺権門勢家百姓等私領俄号隆池院庄領」、「宮寺縁事抄」天福元年五月日石清水八幡宮寺所司等申状（『石清水文書之五』五九〇頁）〔鎌四五一二〕に「狼藉之堂衆結構之土民等、無御沙汰之間、所召置武家之百姓等不顧自科、属強縁、可被放免之由令申之」、『近江蒲生郡志』巻三、二三二頁所引「蒲生文書」元亨四年八月一日藤原頼秀譲状〔鎌二八七九〇〕に「右所職名田者（中略）次、同下司名内同畑一所者、故親父小次郎左衛門尉殿（秀氏）之時、御領家祐宗法印御房御下知、当知行候了、而本主兵衛太夫定俊強属所縁、歎申之間、以和談之儀、雖去渡」とあるがごとし。

強縁の意義については、なお「壬生文書」建保四年八月十三日小野供御人等起請文案（史料四之十四、二五〇頁）〔鎌二二五七」に「請申　起請文事、右起請文者、身ニ各有訴訟時、任御下知之旨、不可付申強縁権門也」とあるを参照。室町時代のものなるも、『祇園執行日記』貞和六年十月十三日の条に「行八木彦三郎許、見参、越前保事、所務ヲ中ニ置了、強縁状ヲ取テ可給云々」とある。この「強縁状」は強縁を求める状であるか、あるいは強縁を求められた者が書き出す一種の口入状であるか、文面からは判明せぬが、おそらく後の意味であったろう。

(52) 以上、『貞応弘安式目』付内外致沙汰口入事［鎌追五五一条］、口入事及び諸人訴訟口入事の条［鎌追六〇八・六一〇条］。ただし最後の条文の日付は『武家年代記』による。

一〇　以上は訴訟当事者を能力の点から観察したのであるが、次にはこれを数の点から研究することとし、場合を分かちて、共同訴訟、訴訟参加および訴訟告知の三となすが、当時、当事者の数に関する法律関係はかなり不正確であったため、ただかかる場合も存したということだけを記述し得るにとどまるのは遺憾である。

(一)　**共同訴訟**　共同訴訟すなわち当事者の複数は、無制限に認められていたようである。当事者が比較的少数の場合には、全員の氏名を訴訟文書に記載することもあったが(53)、その多数の場合には「河内国通法寺住僧等」のごとく、包括的に記載する例であった(54)。裁判所は必要な場合には共同訴訟を分離することができた(55)。

(53)「鹿島文書」嘉元四年十二月二十日関東下知状［鎌二二八〇〇］に「鹿島社大禰宜能親代長円与常陸国行方郡大崎郷内吉河孫四郎春幹、成井村地頭三郎太郎入道良円、大崎彦太郎助幹、相賀郷地頭平氏、山田郷地頭牛熊丸、行方余一太郎幹貫、小幡郷地頭六郎太郎幹―(知字有憚)、四六村地頭輔行、行幹、行時等相論当社供料米以下事」とあるがごときは、比較的多数の当事者を一々下知状に列挙せる例である。

(54)『通法寺及び壺井八幡神社文書』正応五年八月二日六波羅下知状［鎌一七九七四ヵ］。もっとも、共同訴訟の場合において当事者を各別に記載するか、包括的に記載するかということは、必ずしも当事者の多数なりや少数なりやという、量の点のみならず、はたしてそれらの多数の当事者が一の団体をなして、その組成員が個性を喪失しているものと認めらるべきや否やという質のことも考慮されたに違いないと考える。百姓等とか、住僧等とか、包括的に書く場合にはおそらくそれらが一の団体をなしている点に重きをおいたのであろう。

(55)『東寺百合文書』ノ九之十七、延慶二年五月二十七日六波羅下知状案〔鎌二三六九三〕によれば、この事件の論人は数輩あったが、三箇度召文の後、日限の召文を遣わしたところ、参洛を企て、陳状を捧げたのは、交名輩のうち三人だけであった。裁判所はこの三人は各別の沙汰あるべきものとし、爾余の輩をすべて召符違背の咎に処しているがごときは、その一例である。

一一　(二)　**訴訟参加**　当時、訴訟参加に相当する言葉はなかったが、これに比当すべき制度、すなわちいわゆる補助参加(56)、権利者参加(57)に類似するものがあったようである。

訴訟参加の訴は、裁判所において訴人に利益なしと認めたときには、これを棄却する法であった(58)。

参加の効力にいたっては、判然としたことはわからないが、参加人は自己の利益の保持に必要な限度において、ある種の訴訟行為をなし得たであろうと思われ、また被参加人と相手方との訴訟につき下された判決の既判力も、ある程度まで参加人に及んだものと察せられる(59)。

(56)『東寺百合文書』六〇、嘉暦元年十一月十二日六波羅下知状〔鎌二九六五二〕は越前国志比庄に関するものであるが、その要領を述べると、訴人東寺の申すところでは、当庄はもと最勝光院領(本家)であったが、正中元年に東寺に寄付されて、東寺が本家になった。ところが、爾来領家弾正親王家では呉綿以下の寺用を本家に弁済せぬので、東寺では奏請して、地頭より寺家(東寺)へ寺用を直納(領家を経ずに)すべき旨の綸旨を賜わり、その旨を地頭方に伝達したが、地頭がこれを叙用せぬので、本訴に及んだのである。

これに対して地頭代の申すところは、当庄呉綿以下を寺家へ直納すべき由の綸旨を下されたが、当庄は往古より地頭請所として領家方に(所当公事を)進めているので、(領家より本家へ弁済していた)本家役の員数がわからぬから、綸旨を叙用できぬのである。領家方へ進めていた員数でよければ、御成敗にしたがい沙汰をいたし(すなわち、直納いたし)ましょうというのである。

そこでこの本家と地頭との訴訟に領家が参加して、当庄領家職は入道弾正親王家御分であり、本家役は領家の沙汰として、寺家に運上し来たったところ、先例に背いて地頭が本家へ直納すべき由申すは、いわれないと申し立てたもののごとくである。

この事件では、領家は地頭を補助するために本家・地頭間の訴に参加したのではなく、むしろ地頭の申し分に反対したのであるから、この参加は補助参加よりもむしろいわゆる独立当事者参加(民訴七一条)に近いものというべきであろう。しかし、かかる参加の存在していた以上、補助参加の制度もまた存在したであろうと推定するのは必ずしも誤謬ではあるまい。

この『東寺百合古文書』の事例とほぼ同様な実例が、『真壁長岡文書』(元徳四年)真壁弥太郎入道道法後家尼妙心代頼円申状に見えている。訴人妙心の亡父道法は、かねて両子息幹政および宣政などに所領を譲り分かち、そのいずれか一方が男子なくして死去したときには、その者の所領は他方の者が知行すべく、ただし妙心が一期の間は該所領を知行すべき旨の置文を書いて、死去した。そこで爾後、論所は妙心が知行していたのであるが、幹政が男子なくして死去するにおよび、その後家本照は亡父(すなわち道法)の譲ありと号し、安堵外題を掠め、基連を奉行として、不知行之仁宣政を相手取り、右所領の返還を訴えたので、去年元徳三年に両使に仰せて、該所領を本照に沙汰付くべき旨の御教書が下されたのである。そこで妙心が異議の訴に及んだのである。

訴状に「所詮、如基連返答者、属賦令申寄者、可被経一具沙汰云々、然者、早被賦一所、任本主道法素意、御成敗を蒙之後、被糺返本照抑留証文等、欲被処奸訴之咎」とあるによれば、妙心の訴は本照対宣政の訴訟に賦り寄せられて、一具の沙汰を経べきものとなっている。しからば、妙心は本照対宣政の訴訟に参加したものといって差し支えないであろう。

(57) 当時行われたこの種の参加は主として「同心表裏沙汰」「内通表裏沙汰」「表裏沙汰」「内通相論」などと呼ばれた、いわゆる馴れ合い訴訟に、自分こそは係争所領の正当なる知行人たる旨を主張して参加する場合である。たとえば、「国分寺文書」〔鎌二八四一三〕によると、同寺の預所は本所より補任される例であったが、前預所国分次郎友貞は年々乃貢を対捍し、本所の命に背いたので、所職を改易され、元亨二年正月にその兄友任が預所に補任された。ところが、友貞が寺家(領家)に敵対し、住民の舎屋を焼き、刃傷狼藉におよんだので、友任は守護方に訴え出たところ、友貞は反対に友任にこそ追捕放火以下の狼藉ありと称し、かつ守護方を忌避して、鎮西探題府へ訴え出て、しかも国分寺領をもって御家人領なりと主張したので、天満宮安楽寺(本所)の雑掌祐舜が友貞を相手取って、右訴訟に参加におよんだのである。

彼のいうところは、天満宮御領は一向不輪の神領であって、甲乙人等の訴訟あるときは、安楽寺に訴えるのが先規故実である、ことに友貞・友任両人は「表者、雖有相論之宿意、裏者、為眼前之兄弟之間、付旁疑殆多之」きうえは、下地相論においては当宮御領の法に任せて、寺家で沙汰をいたしたいから、友貞の訴状を当寺雑掌方にまわしてくれというのである。

結局、安楽寺の主張するところは、本所・武家間の裁判の管轄に関するが、その主張の当否は寺領が武家進止たりや、一円不輪の神領たりや否やにかかる。友貞が友任との訴訟において、国分寺領を武家進止として、御家人所領であると主張したのに対し、雑掌が一円不輸の神領なる旨を主張して、この訴訟に参加したのは、すなわち権利者参加であると見ることを得ないであろうか。

なお、この事件は、論人友任が友貞と自己との訴訟は雑掌沙汰落居によるべき旨の請文を裁判所に提出し、裁判所もこれを承認したので、問題は国分寺領が一円不輸の神領なりや、はたまた武家進止地なりや否やの問題を中心として、安楽寺と友貞との訴訟に移ったのであるが、その後、両者は和与すべき旨の綸旨が下り、両者は和与して結末がついた。

前註所引『真壁長岡文書』の事例も、参加人妙心が自己が本照対宣政訴訟の論所の正当なる知行人たる旨を主張しているることをもってみると、あるいはこれを権利者参加と見たほうが適当かもしれない。ただし、馴れ合い訴訟に参加したものであるか否かは疑問である。

(58)　たとえば、『河上山古文書』三、正和四年六月二日鎮西下知状〔鎌二五五二六〕によると、正応六年六月十六日関東下知状において、河上山造営は一国平均の役として、平均に沙汰し、神事勤仕承伏の輩は子細におよばないが、自由対捍の輩は催勤すべき旨が定められている。ところが、論人春王丸は、塔婆免殖木田を知行しながら、課役沙汰をせぬので、河上社雑掌が訴えたのである。春王丸はこの役は祖父以来三代不輸の旨を答弁した。ここで国衙の雑掌が参加したらしく、その解状には、牛鼻地頭春王丸が馬上検注を打止め、官物を抑留する由を申し立てている。おそらく雑掌は、これによって春王丸の悪人なることを証明せんとしたのであろうが、かかる事実は当相論に何の関係もないことであるから、裁判所はその参加の訴を棄却したのである（「非当相論潤色之間、不及沙汰」）。

(59)　註(56)所引『東寺百合古文書』参照。

一二　㈢　訴訟告知

訴訟「告知」の制度も存在した。その効果として、告知を受けた者が、適当の機会に当該訴訟に参加しないときは、爾後の訴訟（訴訟の目的物を同じうする）において不利益をこうむることがあった。[60]そのほかの点は一切不明であるが、この告知の制は遺跡相論のごとく、特別の利害関係人の存する訴訟にだけ適用されたものであろうと思う。[61]

（60）『伊達家文書之一』二二号、永仁五年九月十三日関東下知状〔鎌一九四五〇〕に「次、時長〔論人〕所帯状事、為謀書之由、兄心阿訴訟之時、藤原氏〔訴人〕同可申子細之処、心阿訴訟事、不存知之旨氏女申之、而心阿為氏女申口、遂問答之間、氏女帯譲状事、存知否尋問之処、兼日存知畢云々、爰氏女者、相嫁心阿子息之間、遺領相論事、尤可令告知之処、無其儀之間、彼相論之時、氏女無訴訟企之条、勿論也、心阿被棄置訴訟後、令構結《ママ》歟、非無其疑」とあるのが訴訟「告知」に関して私の求め得た唯一の史料である。

この文の意味はあまり明瞭でないが、事案は氏女（藤原氏）は父円心より譲状を得て、伊達郡内桑折郷田在家を知行していたところ、兄時長が氏女の得た譲状を謀書なりと称し、氏女を追い出したから、氏女よりその旨を幕府へ訴えでたのであって、右の文章は該訴訟判決の一節である。

自分の解するところでは、この文章の意味は次のごとくである。すなわち、この訴訟において、氏女もまた時長所帯の状をもって謀書たる旨を申し立てたらしいのであるが、現在、氏女の申口（申口については註（31）を参照）となっている氏女の兄心阿と時長とが、やはり以前に遺跡相論をしたことがあり、そのときにも時長所帯状（譲状であろう）の真偽が問題となったらしいのである。ところで、氏女は心阿の子息に嫁しており（かつ氏女が時長所帯の状と矛盾する譲状を有することを心阿は知っていたので）、氏女は該相論に特別の利害関係を有していたわけであるから、心阿は当然、訴訟の趣を氏女に告知すべきであった。しかるに、告知せずして、自己の訴が敗訴になってから、はじめて告知し、しかして氏女が時長に対し訴を提起したのは、心阿と氏女との間に何らかの通謀があるかららしい。したがって、氏女が時長所帯の状を謀書なりと主張することも必ずしも信用しがたいという意味と思うのである。

ところで、この議論の中心をなしているのは、「氏女者、相嫁心阿子息之間、遺領相論事、尤可令告知之処、無其儀之間、彼相論之時、氏女無訴訟企之条勿論也」という文句であることはいうまでもないが、この文言の意味を一般化してみると、遺領相論のときには、その趣を所定範囲の親族に告知すべし、しかして告知を受けた者は（申し分があるならば）、訴を提起（して該訴訟に参加）すべしということになるのである。

（61）　ここに注意すべきは、『新編追加』第三三六［鎌追参九一条］および三三七［鎌追参九二条］の両条であって、これらの規定によると、当初は遺跡相論において訴訟に関係しない子息は遺跡の配分にあずかることを得ぬ定めであったが、永仁四年頃より訴訟に関係せずとも配分にあずかり得ることに改まったのである。これを訴訟告知の制と照らしあわせてみると、永仁四年以前には、本文に記述したような訴訟告知の制が行われており、告知を受けたにもかかわらず、遺跡相論に参加しない子息は、配分にあずからしめぬ法であったのを、この頃に告知制を廃止し、したがって、遺跡相論に参加すると否とを問わず、すべての子息をして配分にあずからしめる制に改めたものと解し得るのである。前記第三三七条に「近年被改後悔法之間、皆預御配分者也」とある後悔法とはおそらく訴訟告知の法をその効果より観察した言葉であると察せられるのである。

一三　最後に訴訟当事者適格について述べよう。具体的に、ある訴訟の正当なる当事者として自己の名において訴訟を実行するがためには、当事者と該訴訟の目的物との間に一定の実体法上の関係がなければならぬ。これが当事者適格の問題である。

所務沙汰(62)は、前述のごとく、所領に関する訴訟であるが、鎌倉時代には所領はしばしば職の名をもって示されていたから、所務沙汰の当事者は訴訟の目的物たる職と一定の関係に立たねばならないと言い得る。この関係は、これを二に分かちて考えることを要する。その一は、職の知行人が自己の名において知行する物権またはその行使(知行)そのものについて訴え、または訴えられる場合で、その二はある事務を行うがために一定の職に補任された者が、その事務について訴え、または訴えられる場合である。後者は代理の問題に関するから、当事者適格としては、前者の関係のみを考察すれば足りる。[63]

先に記述したごとく、所務沙汰に属する訴訟は、知行の回収(押領の場合)および保持(押妨の場合)に関するものと、不動産物権の存在および効力に関するものとに大別し得る。[64] 訴訟当事者と目的物との関係も、右の各場合につき、別々に考察されねばならぬ。

⑴　知行の回収および保持

(甲)　回収　知行回収の訴の場合には、訴人たり得る者は、自己の職の知行が何らかの理由によって、他人に略奪された旨を主張する者であり、[65] 論人たり得る者は該職の当知行人[66](略奪者たると否とを問わぬ)である。[67] したがって、すでに他人に田地の避状を与えた者が、該田地につき、押領の由をもって訴え、[68] 遺領相論において後家分なき後家を押領の由をもって訴えるがごときは、[69] いずれも当事者適格の要件を欠く訴である。

(乙)　保持　知行保持の訴の場合には、訴人たり得る者は、論所の当知行人であり、[70] 論人たり得る者は論所の知行に妨害を加えた者である。

⑵　不動産物権の存在および効力

(甲)　存在　この場合には、訴人たり得る者は当該不動産物権の不知行人であり、論人たり得る者はその当知行人である。[71]

(乙)　効力　この場合には、当該所当(所課)公事(夫役)の徴収権者(正確にいえば、該所当公事徴収権の存在する所領の知行人)、あるいはその負担者(正確にいえば、該所当公事負担所領の知行人)だけが、これに関する訴訟の訴人あるいは論人たり得た。(72)(73)

(62) 牧博士『日本封建制度成立史』一九一、一九二頁。もっともこれは通例の場合であって、職の名をもって呼ばれない所領もかなり存在した。

(63) 後者は庄官職あるいはこれに準ずべきものについての訴に関する。庄官などの職務を妨害することは庄官職(庄官の給田あるいは給名など)の知行の侵害にはならないが、庄官などを設置した本所所領の知行の侵害となる。この場合に知行の回収または保持の訴につき、当事者適格を有するのは、本所であって、庄官などが訴え得るとすれば、それは本所の代官としての資格においてだけである。庄官が他人の所領の知行を侵害した場合も同様で、庄官などが職務の執行として侵害したのであるなら、知行の回収または保持の訴につき、論人たる当事者適格を有するのは本所であって、庄官などではない。

『正閏史料外篇』三、山内縫殿家蔵、正中※二年五月二十三日六波羅下知状〔鎌二〇四四八〕に「右、当庄者、為平家没収之跡、地頭一円進止之地也、而秀信為名主之身、押領田所職、致追捕狼藉之旨、道義〔訴人代官〕等就訴申、有其沙汰之処〔中略〕於秀信〔論人〕者□〔為〕了信之代官、致所務之上者、対了信、可訴申歟」とあるは、すなわちこの法理にもとづいて書かれた文章である。

(64) 第二項参照。

(65) 第一七項所載本解状参照。なお、『東寺百合文書』マ二十一之三十八、文永七年八月日若狭国御家人時国女子中原氏重陳状〔鎌一〇六八五〕に「一　同状云、末武名屋敷ヲ永仁仁令沽却云々、此条無跡方虚言也、非藤原氏〔訴人〕知行之

地之上者、不可及口入哉」とあるが、最後の文言の意味は、藤原氏に後述の「口入人」たる資格がないということではなく、論所は藤原氏知行地たりしわけではないから、その沽却に関しては藤原氏に訴を提起する当事者適格がないということである。（なお、註(68)所引山内縫殿家蔵文書を参照）。

(66)『都甲文書』坤、豊後国都甲庄地頭職相伝系図〔鎌二二九一六〕に「惟遠（法名妙仙、自惟親手、地頭職譲得、当知行、今論人）」とあるがごとし。この地頭職相伝系図の次に「右、如円然訴訟者、当職者、自祖母道忍之手、円位〔道忍の子、円然の父〕譲得之、自円位之手、円然伝得之由掠申之、如妙仏陳者、道忍者一期領主也、随而道忍他界以後惟親〔道忍の子、妙仏の父〕知行三十八年、惟親以後妙仏知行十三ヶ年、父子二代知行五十一年之後、致訴訟之上者、非沙汰之限〔下略〕」と記してあることによって、この訴訟が知行の回収を目的とするものであることを知り得るのである。

なお、『深堀記録証文』三、文保二年四月二十三日平時清請文〔鎌二六六四七〕に「深堀孫五郎清光息女平氏申、筑前長淵庄内田地屋敷等事、如所下賜候本解状者、氏女弟吉鶴丸与時行賜和与御下知、押領了云々、此条於清光跡者、如氏女自称、時行与吉鶴丸雖番訴陳、以和与儀、一旦令知行計候、凡閣未来領主舎弟吉鶴丸、懸時清（本名時行）訴申候条無其謂候」とあり、同文書元応元年後七月二十二日鎮西下知状〔鎌二七二二〇〕にはこの文書の要旨を掲げて、次に「就之、対吉鶴丸、有其沙汰之処」と書いてあるが、その意味は他人の知行地を二人にて押領し、しかも二人は馴れ合い訴訟をして、和与下知を賜って、一方が当知行人、他方が未来領主となったような場合には、被押領者はその二人のうち、当知行人たる一期領主に対してではなく、未来領主に対して訴を提起すべしということである。この理論はおそらく、時清は吉鶴丸との和与契約にもとづいて一旦知行するばかりであるから、押領の訴のごとく、本権の有無を争うような訴は、未来領主に対してこれを提起すべきであるという考えにもとづくものででもあろうか。

(67)『比志島文書』一、正和元年六月十日僧栄秀請文〔鎌二四六一一〕に「就比志島孫太郎忠範掠訴、被成下候去三月一日御教書案同四月廿四日使節御催促状謹拝見仕候畢、抑、前田並馬越田地屋敷事、於馬越田薗者令沽却于河田右衛門太

郎佐清畢、至于前田者、守護方押領候間、当時所及訴訟候也、其子細当知行人等可明申候」とあるがごとし。

すなわち、この事件において、比志島忠範は栄秀を相手取り、前田並馬越田地屋敷に関して、裁判所（鎮西府？）に訴えでたのであるが、論人栄秀はこの請文において、論所のうち、馬越田薗はすでに河田佐清に沽却したので同人が知行人であり、また前田は守護方より押領されているので、やはり守護が知行人である、さればこれらの子細はすべて当知行人たる河田佐清や守護が明け申すべきものであるから、自己の関知するところでない旨を述べたものである。これによって知り得るところは、知行回収の訴の論人たる適格を有する者は、訴提起時における論所の当知行人であって、論所略奪者自身ではないということである。

もとより略奪者が略奪後、訴提起のときまで依然、論所の知行を継続していれば、彼が論人たる適格を有することはいうまでもないが、右期間中に論所の知行が略奪者の手より、その意思にもとづいて（たとえば譲与・売却のごとき場合）、あるいはその意思に背いて（押領の場合）、第三者の手に移ったときには、論人適格を有するのは、その第三者であって、略奪者ではないのである。

(68)『正閏史料外篇』三、山内縫殿家蔵、正安二年五月二十三日六波羅下知状〔鎌二〇四四八〕に「至了信者、乍出避状、為前司之身、峰春田両村猶以非口入限」とあるは、この意味であろう。註(65)所引『東寺百合文書』〔鎌一〇六八五〕に「一　同状云、譲与三鴨馬四郎為国事者就強縁致沙汰事也云々、此条無謂申状也、付縁致訴訟云者、執申本人之訴訟事也、既与譲状於為国上者、藤原氏者他人也、以何可致沙汰哉」とあるも、この例としてあげるべきもののように見えるが、この文章の意味は、氏女が論所を三鴨為国に譲与したのは強縁によって沙汰をせんがためであるとの相手方の主張に対し、縁につき訴訟をいたすとは本人の訴訟を他人が執申（周旋）することである。すでに為国に論所を与えた以上は、自分は論所に無関係なのであるから、なんで縁につき沙汰する（為国が自分—氏女—のために計る）ことがあろうかと反駁した意味のものであるから、全然別のことに関するのである。

(69)『田代文書』二、正応四年六月八日関東下知状〔鎌一七六二七〕に「右、継母尼令押領之由、信行訴申之間、被尋下之処、如尼阿心〔継母〕請文者、禅法遺領者雖令配分子息等、依無後家分、阿心不能弁申云々、仍信行与幸信所及訴陳状也」とあるがごとし。そのほか『正閏史料外篇』三補遺、文永九年十二月二十六日関東下知状〔鎌一一一六七〕に「一　敬蓮女子受得所領事、〔中略〕通時可宛給彼所領云々、如通―〔義〕申者、非通義所領之間、不及申子細」とあるをも参照。

(70) たとえば、「又続宝簡集」一一二五号、建治二年六月五日阿氏河庄雑掌申状案(『高野山文書之五』六七三頁)〔鎌一二三五四〕に「次、於庄家押妨者、任傍例賞知行、先可停止地頭妨由、欲蒙御下知」とあるがごとし。知行の押妨の場合には、訴人は当知行(妨害はされてはいるが、全然奪われたわけではない)の効力として、知行保持の訴により、その妨害を排除し得るのであって、論人(すなわち妨害人)は、これに不服の場合には、当知行人を論人として、改めて押領の訴を提起すべきものである。

この間の事情は、『正閏史料外篇』二、小野貞右衛門蔵、建治三年正月二十三日鎮西下知状〔鎌一二六五〇〕に「右、両方申旨子細雖多、所詮、件田畠山野依為成吉名内、令領知之処、紀返当知行後、有子細者、可経訴訟之旨被仰合之候、既返与氏久〔訴人〕畢」とあるによって知り得るであろう。

なお、右『高野山文書』に見える「賞」という言葉の原義は、「有力視す」ということであるが、転じて「優先的に効力を認める」という意味に使用されるにいたった中世の法律語である。たとえば、『沙汰未練書』他人和与の条に「於父祖譲状者、以後日譲状賞之」、『東寺文書』楽之部一之八、弘安十年十二月十日関東下知状案〔鎌一六四一四〕に「次、於引付之座、問答両方之時被賞仁治御下知、於為請所者、任久安六年定案目録、可致沙汰之由、雑掌令申」、『伺事記録』天文十三年五月三日幕府奉行人意見状に「久安六年陰陽博士定職証人大膳大夫在盛請文与奥山田郷在之、更無御稲文章、難被賞之」とあるがごとし。この語は、また「賞翫」と熟することもある。註(66)所引『深堀記録証文』〔鎌二六六四七〕に「所詮、被棄捐□〔吉〕鶴丸所帯之徳治二年十月廿二日譲状、可被賞翫氏女帯持之正□四年二月譲状」

とあるがごとし。なお拙稿「中世知行考」（『中田先生還暦祝賀法制史論集』所収）四五頁以下、九三頁以下参照。

(71)　堺相論の場合がこれに属する。『間藤文書』嘉暦三年六月十八日下知状〔鎌三〇二八九〕は、堺相論に関するが、これに「正応御沙汰之時〔正応にも堺相論があったのであろう〕者、西畑者訴人、寺僧者論人之条所見也、然者件論所彼時当知行者寺僧也、件堺今更不及改沙汰者、尤可被付寺家〔＝寺僧〕」とあるは、すなわちこの種の相論における論人が論所の当知行人たることを示す明証である。

(72)　所当の催促は、その徴収権者よりなさるべきことは、本所裁判所の事件ではあるが、『東寺百合文書』と九九号、大和国平野殿雑掌平光清陳状〔鎌二三九五二〕に「次、同状云、御年貢雖致沙汰、被相貽〔御年貢を相貽すとは百姓が弁済した年貢を雑掌が自分の手もとに留め置き、本所に送らぬことをいう〕之間、百姓無面目云々、此条比興申状也、相貽御年貢者、自上可有御沙汰者也、百姓等不可及口入哉」とあり、またその催促が所当負担所領知行人に対してなされるべきことは、「権執印文書」（『薩藩旧記』所収、以下同じ）延慶二年十二月十二日鎮西下知状〔鎌二三八三五〕に「〔薩摩脱か〕国八幡新田宮雑掌申、同国宮里郷鶴王丸名□〔々カ〕主草道太□正平法師〔法名道恵、今者死去〕子息七郎正時抑留当宮免田壱町弐□□神用米事、〔中略〕如浄重〔使節〕等執進同五月廿日同四年道恵両通請文者、無対捍儀之処、近年当名損亡之間、雖□家明申畢、所詮、於道恵知行分五段所当米者、可致其□〔弁か〕也、而道恵死去之間、今年八月三日以重雄並渋谷弥平、催促之処、如為重執進同九月廿五日正時請文者、鶴王丸名道恵之時、伊集院野田淡路房兼祐武光日向入道法忍□恵等令知行之間、不能陳申云々」とあるによって知り得る。

本所に対し、所当賦課に関する異議の訴を提起し得る者は、当該所当負担所領の知行人であることは、『住心院文書』文永元年十月二十五日関東下知状〔鎌九一六九〕に「一　配分天役米事、右如隆寛等申者、云寺僧、云百姓、難堪次第也、初度段別三十文、第二度五十文、第三度七十文、今度百文也、今年又供僧講衆等被宛之云々、如栄賢申者、宛百姓分事、不能衆徒訴訟」、『神護寺文書』八、応長二年三月日播磨国福井庄東保宿院村地頭代澄心重陳状〔鎌二四五五〇〕に「一　同状云、地頭加徴者守内検得田、取来者先例也、而地頭等不除内検損田、宛下地責取之条不便次第也云々、此条〔中略〕任先例致其沙汰之上者、一切無土民之煩、若有新儀之時者、可為百姓等訴訟、雑掌口入永可令停止者哉」とある。

公事賦課に関する異議の訴の訴人は、該公事負担者（正確にいえば該公事負担所領の知行人）たることは、『別符氏文書』元応元年七月十二日関東下知状（『歴史地理』五四巻三号、二八七頁所掲）〔鎌二七〇九二〕に「如重光〔論人〕同〔正和〕五年四月十九日請文者、幸時申東光寺修理事、西別符郷者母堂尼崇恵相伝知行之間、重光不能陳答、対当領主可申子細」、『東寺百合古文書』一八〇、元徳三年十二月十五日藤原忠益和与状〔鎌三一五六二〕に「次、庶子等分者、出徴符之上者、云年々対捍之篇、云向後現米之段、各別被訴申之、可為上裁之間、忠益〔論人〕不可相綺、面々可明申子細者也矣」。これはすなわち惣領は通常年貢の弁済、公事の勤仕に関しては本所に対して庶子の分についても責任を負うものであり、したがって、これに関する訴訟については当事者適格を有するわけであるが、この場合には庶子各別に本所より徴符が出されているから、庶子等が本所に対して直接にこれらに関する責任を負うのであり、したがって惣領は当事者適格を有せぬという意味である。

『市河文書』三、正慶元年十二月二十三日関東下知状〔鎌三一九三〇〕に「右、得分物事、栄忍与中野次郎幸重依致相論、可糺返之由、弘安七年十二月廿五日正和二年三月三日栄忍預裁許畢、無沙汰而幸重死去、仰子息孫太郎秀幸、度々加催促之処、如正中二年三月請文者、於亡父幸重跡所領者、不残段歩、一円譲給母堂円阿云々、就之嘉暦四年六月十四日以来雖仰円阿」と見ゆ。

（73）　当事者適格の要件の欠缺せる訴に対しては、論人が本案の答弁を拒絶し得たことは註（66）所引『深堀記録証文』以下前掲諸文書によって知り得る。

第二章　訴訟手続き

一四　以下、所務沙汰の手続きを詳述するに先だち、訴訟全体の概略を一瞥しておくのが便宜であるから左に略述する。

訴を提起せんとする者は、訴状に具書（証拠書類）をそえて賦奉行に提出する（訴の提起）。賦奉行はこれを受け取ると、次第を逐うて一方引付に賦る。訴状の賦を受けた引付は、ただちに論人に対して問状を発する。問状を発することによって訴は裁判所に繫属するのである（訴の繫属）。

論人は問状を受け取ると、陳状（答弁書）を裁判所に提出し、かくして裁判所を経由して、訴論人は訴状陳状を交換すること三度に及ぶことができるので、これを三問三答の訴陳を番うという（書面審理＝書面弁論）。三問三答にて訴陳の理非が明白になるときは、裁判所はただちに判決を下し、しからざるときは訴論人を引付之座に呼び出して対決を行う（口頭弁論）。一定回数の召文（召喚状）が発せられて、しかも裁判所に出頭しないときには、その者の敗訴となる。

判決の草案はまず引付会議で作られ、評定会議で拘束力を加えられ、担当引付の頭人の手より勝訴人に手交される。訴訟はふつうの判決のほか、なお和解および訴の取り下げによっても終了する。救済手続きとしては、本案判決の過誤に対しては、覆勘および越訴があり、手続きの過誤に対しては庭中があった。証拠方法としては、証文が最も重んぜられ、証人、起請文がこれに次いで用いられた。挙証責任は訴人が負担していた。

第一節　訴の提起

一五　所務沙汰の訴を提起するには、訴状ならびに具書を調えて、関東ならば「所務賦[74]」、六波羅ならば「諸亭之賦[75]」、鎮西ならば「守護」、「鎮西談議所[76]」あるいは九州探題府の「賦方[77]」にこれを提出するのであるが[78]、これが受理されるためには、訴は種々の形式的・実質的要件を具備していなければならなかったのである[79]。

(74)『沙汰未練書』に「一 所務沙汰トハ〈中略〉於関東、六波羅引付、有其沙汰、所務相論事出来者、先調訴状具書、所務賦可上之」とある。なお、同書「雑務沙汰トハ」の条に「関東御分国雑務事者、於問注所有其沙汰、又引付所務賦事、於問注所在之」とあるごとく、所務賦は問注所の一部局であったのである。

(75) 前註所引『沙汰未練書』〈初の方〉によると、六波羅にも関東と同じく問注所の一部局として「所務賦」という役所があって、所務沙汰の訴を受け付けたようであるが、これは筆の省略であって、関東の所務賦に相当する役所を六波羅では「諸亭之賦」といったのである。すなわち、「南禅寺文書」徳治三年五月二日六波羅下知状〈『石川県史』第一篇附録三五号文書〉〔鎌二三二四九〕に「当国司兵部卿挙状事、属諸亭之賦、帯三社神主等解、実有所捧申状也」とあるもの、これである。この六波羅には問注所の一部局としての所務賦がなくして、独立の諸亭之賦があるということは、また六波羅には問注所がなかったという中田博士の説〈『法学協会雑誌』三〇巻一〇号、一一六頁以下〉と相照応する。

なんとなれば、関東問注所の管轄事務は『沙汰未練書』によると、(1)関東御分国の雑務沙汰、(2)所務沙汰訴状の賦〈所務賦において〉、(3)将軍家諸色御公事支配〈政所と分掌して〉の三であるが、そのうち、将軍家諸色公事支配は関東特有の事務であろうから、これを除外してみると、関東御分国の雑務沙汰の裁判と所務沙汰訴状の賦とだけがその管轄事務であるといわねばならぬ。ところが、六波羅では雑務沙汰の裁判は引付方が管轄し(『沙汰未練書』)、所務賦は諸亭之賦で行ったのであるから、それ以外に特別に問注所という役所を設置する必要はなかったわけだからである。なお、『建治三年記』十二月十九日の条〔鎌一二九三九〕に「一　諸亭事　因幡守可奉行」とあるが、この「諸亭」は諸亭之賦の意であると解する。

(76) 鎮西では守護あるいは鎮西談議所で所務沙汰の第一審をつかさどったことがあるのである。鎮西談議所については、相田二郎氏「異国警固番役の研究」(『歴史地理』五八巻五号、四一六頁以下)参照。

(77) 『山田氏文書』正慶元年十二月十日鎮西下知状〔鎌三一九一八〕に「元徳元年十一月以後、十二月十一日覚信捧訴状於賦方、同十六日申給御教書訖」とある。

(78) なお、所務沙汰と密接な関係があるらしく思われるものに、「寺社沙汰」というものがあり、引付のほかに「寺社賦」ならびに「頭人」が設けられていたが、その手続きは引付沙汰と同じである(『沙汰未練書』寺社沙汰の条)から、以下に記述するところによって、寺社沙汰の訴訟手続きをも知ることができる。

「寺社賦」の語は、註(75)所引「南禅寺文書」に「不帯本所挙状、就寺社之賦、致直訴」、「寺社奉行」(寺社頭人と同義ならん)の語は『中尊寺経蔵文書』二、嘉元三年三月日訴状に「同状云、毛越寺者於寺社奉行、及訴陳畢」と見ゆ。

(79) 第二三項において記すように、訴は下記訴訟条件のほか、実体法上、一応の理由がなければ裁判所に繫属しなかったのであるから、この意味において所務沙汰では今日の意味におけるがごとき起訴の自由は認められていなかったのである。

一六　(一)　形式的要件

（1）**管轄**　受訴裁判所は提起された訴につき、事物および土地の管轄を有しておらねばならぬ。数個の訴を併合して一箇の訴状にて訴える場合、すなわちいわゆる訴の客観的併合の場合には、土地の管轄については、その中の一につき、管轄を有すれば、裁判所はこれを受理したようである。これに反して事物の管轄については、裁判所の取り扱い方はかなり厳格であったようであり、かつ時代によってその取り扱い方が異なっていたように考えられる。すなわち、鎌倉中期においては、たとえば検断沙汰の訴を、所務沙汰の訴と併合して、後者の手続きによって訴えても、裁判所は特別に分離の手続きをなさず、終局判決において、始めて検断沙汰のほうは侍所にて沙汰あるべき旨を宣言するにとどまったが[80]、末期になると、検断沙汰の訴と所務沙汰の訴とは手続きの当初より分離して裁判することになったようである[81]。

これに対して、いわゆる審級の管轄は厳密に守られたのであって、越訴の手続きによるべき訴を、引付の手続きにて提起するときは、その訴は常に本案の審理に入らずして、却下されたのである[82]。

（80）たとえば、「鹿島文書」永仁六年二月三日関東下知状（『新編常陸国誌』下巻、一二五三頁）〔鎌一九五九七〕に「次、狼藉事、於守護方、有其沙汰云々、其上者不及異議者」、同文書正安元年十二月二十七日関東下知状（同上、一二五五頁）〔鎌二〇三四九〕に「然則、於当郷下地並塩浜者、停止則朝〔訴人〕押領、任正応三年御下知状、実則〔論人父〕跡之輩可令領知、次、則朝令夜討実則否事、於侍所有其沙汰之上、不及引付勘録」とあるがごとし。

もっとも、前者は狼藉のことは守護方で沙汰あるうえは引付では沙汰せずというのであり、後者は夜討のことは侍所で沙汰あるうえは引付勘録におよばずというのであるから、いずれも反対解釈として、守護所あるいは侍所で沙汰せぬときは、引付でも勘録することを意味するようにも見えるが、今の場合、検断沙汰に属する事項を手続きの初めにおいて分離せざりしことを知り得れば足るのである。

(81)　たとえば、古本末吉検見崎氏蔵(『薩藩旧記』所収、以下同じ)正中二年六月二十日関東御教書〔鎌二九一三八〕は鎮西探題に宛てられたものであるが、これによると大隅国肝付郡弁済使五郎太郎兼尚は、所職名田および父尊阿殺害のことを同一訴状に併合して訴えたのである。右の関東御教書はすなわちこの訴について、田地押領および余田については、厳密に沙汰あらんために、注進状を進むべき由を鎮西探題に命じたものであるが、その中において尊阿殺害のことについては、「於殺害段者、各別所有其沙汰也」とて、この手続きから分離すべき旨を宣言しているのである。これによって知り得るところは、鎌倉時代末期においては訴の客観的併合の場合には、併合せられるべき訴の各につき、受訴裁判所が事物の管轄を有さねばならぬことが明瞭に意識されていたということである。

(82)　たとえば、『東寺百合文書』は四四号、正応二年八月日若狭国太良庄雑掌尼浄妙重申状〔鎌一七一二五〕に「一　公文並薬師堂免田畠等地頭宛催所役事、同状云、寛元被成地頭得理御下知之由、自称之上者、非指越訴、今更不可及改沙汰云々、此条、於公文職者可為越訴之由申立上者、相副代々領家御補任状等、可為別訴訟之間不及子細矣」、『山田氏文書』正安二年七月二日鎮西下知状〔鎌二〇四七六〕に「一　上別府為永吉地頭、令進止否事、〔中略〕、当別府於永吉地頭、令進止者、先相論之時尤可申子細之処、依無其儀、山田上別府西村下地可為郡司進止之由被載之間、宜為越訴歟、仍地頭訴訟不及沙汰焉」、『熊谷文書』三一号、嘉元二年五月一日関東下知状〔鎌二一八二〇〕に「〔前略〕任惣領支配、可致其沙汰之由、去弘安三年二月廿三日景長〔論人〕亡父仏念預裁許畢、直高依令違背彼御下知、於公方、再三有御沙汰、同六年七月廿六日被成下所領注進御教書畢、仍云直高、云直光〔論人〕、多年弁来之処、今非越訴於引付訴申之条無謂旨、景長陳之」、「宝簡集」九七号、正和四年十一月二十三日関東下知状〔鎌二五六六二〕に「覚道閣当郷下知状、非ズシテ二越訴之篇一、傍郷下地事、地頭称蒙裁許、致直訴之条無其謂之間、所被棄置覚道濫訴也」(返り点および送り仮名は著者の付したもの)とあるがごとし。

一七　(2)　訴人は訴提起の手続きとして、訴状に具書をそえて管轄裁判所の賦奉行方に提出しなければならぬが、特定の場合には、これに挙状をも添付する必要があった。

(甲)　**訴状の様式**　訴提起のための訴状は、また「申状」、「解状」もしくは「目安」などとも呼ばれ、第二回目以後の重訴状、三訴状などに対する意味において「本解状」と称せられた(83)。

本解状の様式は別に法定されていなかったから、種々の様式のものがあり得たわけであるが、結局多くのものは『沙汰未練書』に例示されたごとき書式(知行回収の訴の場合である)を基礎としてこれを変形したものにほかならなかった。すなわち同書本解状書様事の条に

何国何所地頭某代某謹言上

欲早任傍例急速被経御沙汰、同国トモ何所トモ某人令押領所領田畠等罪科難遁候子細事

副進

一通　証文等案

右所領田畠等者、某重代相伝之地也、而某人恣令押領条無謂之次第也、早被召上某、被糺明真偽、任相伝道理、将蒙御成敗矣、依粗言上如件、

縦令以是為土代、理非分明ニ可書之、本解状外、二問三問状者、重言上ト可書之、謹ノ字不可書之、

とあるものこれである(84)。申状に対して「副申状」というものもあったが(85)、その性質は明らかでない。

通例、右のごとき解状形式の訴状をもって訴えたのであるが、ときには「書状」をもって訴えた場合もあった(86)。解状形式の訴状には宛名すなわち受訴裁判所の名は書かぬ例であった(87)。

(83) 解状(一般に下より上に奉る文書をいう)と目安(箇条書きにして見るに便ならしめてある文書というのが原義である)とは、文書の様式から、訴状と申状とはその内容からきた名称である。

(84) もっとも二問状、三問状に謹の字を書くべからずということは一応の標準で、この文字を書き加えた重訴状もかなり多い。註(5)所引拙稿一一六頁参照。なお、厳密にいえば第二度・第三度(以下同じ)の問状は、それぞれ重訴状、三訴状などと呼ばねばならぬわけであるが、実際には第三度以後の訴状にも書出しは「重言上」などと書く例であったから、これらをも通常、重訴状あるいは重申状などと呼ぶ例であった。

(85) 『相良家文書之一』四六号、年月不詳相良頼賢申状案〔鎌二八七八三〕。

(86) 『沙汰未練書』に「一　書状トハ　折紙書小申状也、訴状与書状書様各別也」とあるものこれである。書状は消息と同義であるから、消息体の訴状が「書状」なのである。たとえば、「又続宝簡集」一一三号の

今朝他行仕候之処、数多神部等乱入覚慶之宿所、而家主責出尼公、擬令住宅破損候之間、為全住宅、雖種々歎申、敢無承引、号祗候料而責取五結之銭貨候了、此事、一昨日(二日)為被止如此強々譴責、以訴状具書等、止群責、可注申勤否之由、被仰下候了、而不申彼御請、剰差遣三十余人之神部等、被過法之譴責候之条、頗非沙汰之法候者哉、所詮、早於彼神部等者、為向後之誡、被処罪科、可被紀返銭貨之由、可被仰下候、恐惶謹言、

六月四日　　覚慶

宮内左衛門尉

とある文書は、すなわち書状様式の訴状である。書状様式の文書は訴状として用いるほか、訴訟法上種々の場合に使用された。註(194)(196)(218)および(265)など参照。

(87) 解状のごとき公文書系統の対公文書には、一般に宛名を記載せぬ例であったのである。これに反して、私文書系統の対公文書には宛名を記すほうがふつうであった。前註所引「又続宝簡集」を参照。なお、具書については証拠法の

節を参照。

一八　(乙)　**訴状の内容**　訴状の内容は場合により異なるわけであるが、請求の内容を(1)不動産物権の存在、不存在、(2)不動産物権の効力、(3)知行の保持および(4)知行の回収に関するもの、この四態様に大別し得ることは既述のごとくである。しかし、この四態様を基礎として、請求の趣旨をも含む当事者の弁論の大要を記述することは後節(第三〇項)にゆずり、ここには請求の併合および訴状の記載事項について叙説するにとどめる。

請求の併合としては単純併合と選択的併合との両種が存在した。単純併合とは、数個の請求について、併位的に成敗を求める場合であり、[88]選択的併合とは両様の請求のうち、一方のみの成敗を求める場合である。[89]

訴状の記載事項としては、論人をして適当なる答弁をなさしめるために、訴の主旨を明瞭に記述しておかねばならなかった。換言すれば、論人は訴訟の目的物たる土地または所当(所課)を特定するに足るだけの記載を要求することができたのであり、もし訴状がこの要件を欠くときには、論人は本案に関する答弁を拒否し得たのである。

すなわち、訴訟の目的物が土地のときには、論所の里坪、在所名字および員数を記載する例であった。[90]もっとも、この里坪ならびに在所名字の両者は必ずしもこれを併記するを必要としない。その場所を特定し得る以上、里坪を記載するのみをもって足りたのである。[91]訴訟の目的物が所当の場合には、少なくとも論物の員数を記載することを要した。[92]

なお、当事者が特定されねばならぬことはいうまでもないが、[93]事実上、その者を特定し得れば足るのであって、必ずしも実名を書記せずともよろしく、[94]また共同訴訟の場合にも、必ずしも全員を列挙するを要せず、[95]論人がすでに死亡して、しかもその相続人が不明のときには、その論人の「跡」を相手取って訴えることができたのである(96)。

(88) 目安すなわち箇条書きに記した訴状の請求は、いずれもこの種のものであると見てよい。そのほか知行の回収と押領物の糺返とを求める訴のごときも、これに属する。

(89) たとえば、『東寺百合古文書』一、嘉禎四年十月十九日六波羅下知状〔鎌五三二五〕に「一 地頭名所当年々未進事、〔中略〕、所詮、任文治御下文、被付地頭職於社家歟、将又弁済所当負累、興行闕乏神事、停止新儀非法、被休庄家鬱訴歟、両様付一方欲蒙御成敗云々」、『熊谷家文書』一九号、文永元年五月二十七日関東下知状〔鎌九〇九九〕に「直時以当庄相分于参分者、祐直撰取壱分歟、又祐直相分者、直時撰取弐分歟、両様之間就一方被仰下者、不可有向後違乱云々」、『東寺文書』楽之部一之八、弘安十年十二月十日関東下知状〔鎌一六四一四〕に「一 請所事、右、六波羅注進訴陳状具書子細雖多、所詮、自仁治三年、至文永二年、雑掌致庄務之条、百姓散用之状顕然也、而地頭昇蓮（基員亡父）相語一代之雑掌、所請申也、為私請所之上者、被顚倒之、且任旧例、被避付地頭職於寺家歟、将又被中分下地由、雑掌訴申之」、『吉田文書』三、応長元年十二月日三昧田御領百姓鶴松丸陳状に「所詮、奈良田二段如元可被返付之歟、五貫文用途可被召歟、両様就于一方、欲蒙御成敗矣」とあるがごとし。最後のものは反訴の性質を有するものである。
なお、この選択的併合の請求は単純併合の請求の中の一についても行われ得たこと、前記『東寺文書』の例の示すごとくである。

(90) 「鹿嶋　書※」一（『賜盧文庫文書』所収）、正和元年七月二十三日関東下知状〔鎌二四六二五〕に「一、行定以定田等引籠得永名否事、〔中略〕預所之外、若引籠定田等於得永名内者、云田畠里坪、云在所名字員数、貞致可載度々之訴状歟」とある。

(91)『東大寺文書』㈢一、応長元年九月日沙弥道願陳状〔鎌二四四三八〕に「次、不弁所当米、百姓被改作手職之時、禁他人□付他作人之由、此条又以不存知候、所詮、何御領何里坪候哉、速経給天可明申候、尤道願者不存知候」、『河上山古文書』八、元亨三年十一月二十九日鎮西下知状〔鎌二八六〇二〕に「如雑掌所進安元二年神領注文者、件田地為社領之由所見也、而彼田地事、載里坪於本解之処、不差申在所旨陳答之条、頗背理致歟」とあるがごとし。
なお、『河上山古文書』八、元亨三年五月十六日鎮西下知状〔鎌二八四〇二〕に「如執進去年七月十一日長政請文者、如雑掌解者、乍知行河上宮最勝講免向嶋内三丁、不弁神用云々、何田地事哉、不備進坪付之間、不存知訴訟之趣、召給本解、可明申云々者、正義名内明覚町壱丁、葺斗町壱町、河太郎町壱町、已上参町之由、載訴状之処、不差申坪々之旨、長政載請文之条為奸曲」とあるを参照。

(92)たとえば、『香宗我部家伝証文』嘉暦二年十二月十六日六波羅下知状〔鎌三〇一〇二〕に「抑留神用米事、不載員数於本解状之間、不及沙汰」とあるがごとし。

(93)「又続宝簡集」一四三六号、年号不詳三月十四日阿氏河庄公文所注進状(『高野山文書之六』五〇七頁)に「次、無訴人之名字云々、公文所尋明子細、注進了、何難之有哉、就之被下御教書之上、条々尤可弁申之処、先度者不進陳状、今度者不申出対之左右」とあるによれば、いうまでもないことであるが、訴人が不明のときには、論人は本案の答弁を拒否し得たのである。

(94)たとえば、「又続宝簡集」一一四四号、阿氏河庄地頭湯浅宗親陳状案(『高野山文書之五』七〇〇頁)〔鎌一二一八三〕に「当国阿弖川庄給主按察阿闍梨(不知実名)非啻違背本所代々御契状」とあるがごとし。

(95)註(54)参照。かかる場合には、交名が注進されることがあった。ことに濫妨狼藉人の場合にその例が多い。たとえば、『東寺百合文書』と八一号、永仁六年六月日東寺御領大和国平野殿庄雑掌聖賢重申状〔鎌一九七三二〕に「欲早任先傍例、仰廉直奉行人、以厳制御使等可被召誡置当庄押領悪党人惣追捕使願妙父子下司清重以下交名人等於武家由、重

被申下厳密綸旨」、『正閏史料外篇』三、三井善兵衛家蔵、元徳元年二月日長門国有光名大河内村一分地頭三井孫五郎資基重申状に「右、狼藉人等事、〔中略〕早重被成下御教書、被召出交名人等」とあるがごとし。

なお、寺用抑留に関する東寺領大和国平野殿庄押領悪党人等の交名注進状が、『東寺百合文書』と八五号、大和平野殿庄文書案(『東寺文書之三』五七三頁)〔鎌一九六二〇〕の中に見えている。

(96)　たとえば『二階堂文書』一、嘉元三年六月日薩摩国阿多郡南方地頭鮫島總次郎光家法師訴状〔鎌二二二五七〕に「隠岐三郎右衛門入道々忍、近年給分外令押領之間、擬訴申之処、令死去之上者、被相懸彼跡、任御下知以下証文、被止件押領」とあるがごとし。

一九　(丙)　挙状　ここにいわゆる「挙状」(97)とは、第四項において説明した地頭御家人の郎等以下の者が、自己の名において武家裁判所へ出訴する要件として、訴状にそえて提出しなければならない主人などの推薦状の意である。この意味の挙状を分かちて三とする。その一は主人の挙状、その二は本所の挙状、しかしてその三は地頭あるいは地主の挙状である。

主人の挙状の必要な場合は、地頭御家人の郎等あるいは雑人が出訴する場合である。これらの者が武家裁判所に出訴するがためには、主人の挙状をそえねばならぬことについては史料の徴すべきものがいまだみあたらないのであるが、註(20)において記述した理由によって、しばらくかく解しておく。

本所の挙状(98)の必要な場合は、すなわち『御成敗式目』第六条に諸国庄園ならびに神社仏寺領(の者)(99)は、本所の挙状をもって訴訟をなすべき旨を定めている(100)(101)のがそれで、本所の挙状を帯びないときには、これらの者の訴を「越訴」あるいは「直訴」と称し(102)、裁判所はこれを受理しなかったのである(103)。

地頭あるいは地主の挙状が必要な場合は、すなわち『吾妻鏡』建長二年四月二十九日の条に、雑人訴訟のこと、諸国は在所地頭の挙状を帯び、鎌倉中は地主の吹挙につき、子細を申すべく、その儀なくんば「直訴」を用うべからざる由、問注所・政所に仰せ遣わされた旨を載せているのがそれである。(104)(105)

いずれの場合でも、訴が必要な挙状を欠くときには、それは本案の審理に入らずして却下されたのであろう。(106)

(97)　挙状という言葉の原義は、もとより吹挙状ということであるから、この語は広く推薦状の意味(広義)に使用されているが、訴訟法上の用語としては、分化して、二箇の特種な意味に使用されている。その一は代理権授与通知状の意である(註(45)参照)。その二は本項本文において記したような、自己名義出訴要件として裁判所に提出さるべき主人などの推薦状(狭義)の義である。第一の意味における挙状は、訴訟代理権の授与に関するものであるに反し、第二の意味における挙状は訴訟当事者能力の補充ないし付与に関するものであるから、ともに広義における推薦状であるには違いないが、両者は厳重に区別されなければならないのである。

(98)　ここにいわゆる本所なる語は、最広義において使用されたのであって、朝廷をも含むものと解される。註(101)所引『武雄神社文書』参照。

(99)　本所領内の者は元来、領外の者とは直接に交渉し得ぬのであって、これがためには必ず本所を経由せねばならぬのである。しかして、この場合、本所の名義でほかの本所と交渉してもらうことも、もちろんあったのであるが、時としては本所領の者も自己の名義をもって自己の権利にもとづき、他領の者と直接に交渉するのが便宜であることもあったに違いない。かかる場合に本所の挙状を申し受けたのである。

(100)　幕府宛本所挙状を請求した一例をあげると、「鹿島文書」文保二年十一月日関白前左大臣家政所下文(『新編常陸国誌』下巻、一二五九頁)〔鎌二六八六四〕に「以小牧村、去乾元二年六月自本所、称給之、謀作御下文、押領之間、貞親同御代賜御挙状、進上関東」とある。

挙状の様式は伊勢大神宮関係の文書の様式を集載した『公文所初心抄』に

太神宮領其国其御名——領主某——申、某——非分違乱事、当宮禰宜解状一通訴状無解状之時如此、(副本解具書)謹進上之、子細載于状候、以此旨
可有申御沙汰候哉、恐惶謹言、
　　月　日　　　　　　神祇大副大中臣(判状)
　進上　相模守殿

——————

進六波羅挙状
太神宮領——領主——申、濫妨狼藉由事、訴状一通(副具書)進覧之由子細載于状候、恐々謹言(神宮解状到来之時
可書載其由也)、
　　月　日　　　　　　神祇権大副判
　謹上　越後守殿

とあるによって、これを知り得る。『東寺百合文書』エ十四之十六に

東寺供僧領伊予国弓削嶋雑掌申、当嶋地頭小宮兵衛二郎入道並に三郎次郎等致条々非法候由事、訴状二通(副具
書)令進上之候、子細見于状候歟、任道理尋御成敗候者、可宜候哉、恐々謹言、
　　正応二年
　　五月廿六日　　　　　法印厳盛
　謹上　越後守殿　　　　　　　　　　［鎌一七〇一六］

とあるは、その一実例である。『同文書』エ二五之三一に見える

東寺領若狭国太良庄雑掌重申状進覧之、子細見状歟、所詮訴陳不可事行候、守護代並寺僧等差日限被召上、不日
遂対決、可蒙御成敗之由、当寺十八口供僧等一円令申候也、恐々謹言、

〔文永九〕七月十八日　　　　　　　　　　　　法　印　〔鎌一一〇六六〕

謹上　左近大夫将監殿

という文書は、これによく似ているが、この文書はむしろ「口入状」（第九項）もしくは「強縁状」（註(51)）の一種であると解すべきである。

(101)『武雄神社文書』三、延慶二年六月日肥前国武雄神社大宮司藤原国門申状〔鎌二三七二一〕に「仍御沙汰参差之次第申入越訴頭人陸奥守殿（于時上野介殿）御手方之刻、所申有其謂、宜任諸社傍例、令帯本所挙状之由依被仰出、経奏聞、永仁四年被成綸旨於関東」とあるは、この規定適用の一例である。なお註(106)所引「南禅寺文書」を参照。

(102) 越訴と称した例は越訴の条参照。直訴と称した例は註(106)所引「南禅寺文書」参照。

(103) たとえば「宝簡集」五六号、嘉禎元年十月二十八日関東御教書。

(104)『吾妻鏡』同日の条。なお『沙汰未練書』に「一　地頭御家人之外、不可有直訴、名主庄官以下者、帯在所地頭挙状、及訴訟也」とあるは、同一事を記したものであろうと思うが、しかりとすれば、『吾妻鏡』右の条にいわゆる「雑人」とは名主庄官以下の者を意味するものといわねばならない（註(19)末段参照）。なお『吾妻鏡』に鎌倉の地主の場合には、在所の地頭の「挙状」と区別してとくに「吹挙」と書いてあるによれば、挙状を要せず、口頭にて推薦するをもって足りたのであろうか。

(105)「又続宝簡集」一四三五号（『高野山文書之六』五〇五頁）年号不詳（ただし正応六年（すなわち永仁元年五月二十五日以前のものであることについては註(418)を参照）阿氏河庄条々事書案〔鎌一一九八九〕に「一　百姓等条々訴訟事、如訴状者、条々大略為道理歟、但地頭致非法之時、就百姓解、雑掌執申之、雑掌致非法之時、地頭又執申之条、傍例也」とあるが、これは地頭職が補任されている本所領内の百姓が、幕府裁判所に訴えるときに、場合に応じて、本文に記述した本所（その代理人が雑掌）あるいは地頭の挙状が必要な旨を「傍例」として記したものである。

(106)　註(75)所引「南禅寺文書」〔鎌二三二四九〕に「不帯本所挙状、就寺社之賦、致直訴、〔中略〕当国白山上中下三社訴訟事、就本所挙状、有其沙汰之条勿論也、〔中略〕次、当国司兵部卿挙状事、属諸亭之賦、帯三社神主等解、実有重所捧中状也、如彼状者、子細同前、始則実有称高兼代官、属寺社雖致直訴、不帯本所挙状者、難及沙汰之旨、察形勢歟之間、変其儀、今又号国領、帯国司挙状並社解、以同篇令申子細歟、〔中略〕旁以不能許容焉」とあるがごとし。

二〇　(二)　**実質的要件**　(1)　**武家裁判権の存在**　すなわち、訴訟物が武家裁判所において裁判し得ないものである場合には、裁判所は実質上の権利関係につき、判断を加えることなく、訴人が武家裁判所の権利保護を要求する権利なき旨を宣言するのである。これは武家裁判権の限界、すなわち武家裁判所と朝廷および本所裁判所との管轄という複雑な問題であるから、その詳細は別の研究にゆずり、ここには提起された訴につき、武家裁判権が存在することを要すというにとどめる。

二一　(2)　**当事者**　訴訟当事者については、当事者能力、訴訟能力、訴訟代理および当事者適格などを考慮せねばならぬが、これらの問題はすでに研究したところであるから、これを省略し、ここには訴人と論人との間に特定の関係が存在するときには、裁判所はその訴を許容しなかったことを記述する。これを親族関係および主従関係の二に分ける。

(甲)　**親族関係**　鎌倉時代における親族関係による訴訟の禁止は、子より実父母[107]および実祖父母[108]を訴える場合に限られていた。[109][110] おそらく鎌倉時代初期よりこの禁止は存したのであろうが、それが成文法の形をとったのは、延応二年五月四日であった。[111]

(乙)　主従関係　主従間の訴訟は、宝治元年十一月二十七日以後は理非を論ぜず、これを許容しないことに定まり、(112)爾後、同趣旨の法令が繰り返し発布されている。(113)

(107)　実例は植木氏の『御成敗式目研究』三六二頁以下にも二三あげてあるが、たとえば『大友文書』一、延応元年十二月九日関東下知状〔鎌五五〇五〕に「道西令勘堂家近〔ママ〕、雖分譲通綱、等〔ママ〕西存生之時者、父子相論之間、可為道西進止之由御成敗畢」、『相良家文書之一』一一号、建長元年七月十三日関東下知状〔鎌七〇九一〕に「一　田壱町弐段事、〔中略〕所詮、母子敵対事、御式目分明也」、『東寺百合古文書』一八二、建治三年七月日若狭国太良庄内末武名相伝名主中原氏訴状に「母子敵対之輩被行重科之条定法也」、『同文書』三一、若狭国御家人鳥羽右衛門尉国茂陳状〔鎌一二七九二〕〔鎌一二七九〇〕に「於母子敵対之事者、沙汰出来之時被召所領、被行重科之条定法也」、『正閏史料外篇』三、安養寺蔵、正和元年十一月三日地頭長義下知状に「長門国富安内中畑野田安養寺院主職屯田畠事、右当寺者、円快師資相承之処也、而子息円生捜取次第文書、押領之、致父子敵対之間、先代既被止当職相伝畢」とあるがごとし。

現存の父母を訴える場合のみならず、死去せる父母の意思（「素意」）に背いて訴えることも「告言」と称して処罰する例であった。たとえば、『正閏史料外篇』三、河野六郎家蔵、文永九年十二月二十六日関東下知状〔鎌一一一六七〕に「一　文永四年八月十日譲状事、〔中略〕縦雖有前非、為其子、不可訴之、而通時〔訴人〕破譲状〔通時の亡父、敬蓮の譲状〕及濫訴之条、告言之科無所于遁」、『相良家文書之一』三六号、正安四年六月日肥後国多良木村地頭代申状案〔鎌二一一三二〕に「先年頼包等企濫訴〔中略〕、相互存和談儀之処、就和与状号不給御下知状、弥云押領、云濫妨、云対捍、並之令張行之条、且背上蓮之譲、且軽其素意既以告言也」とあるがごとし。

しかし、親子間の訴の禁止は、実親子間に限り、継親子間の訴訟は禁止されていなかったのである。その例は『松浦文書』一、寛元二年四月二十三日関東下知状〔鎌六三〇八〕、「鹿島文書」弘長元年十二月二十二日関東御教書〔鎌八

七五二〕、ならびに同三年三月十三日関東下知状〔鎌八九三九〕、『新編追加』第一三五条〔鎌追参七九条〕、註(69)所引『田代文書』〔鎌一七六二七〕、「汲古北徴録」元亨二年五月二十三日下知状(『石川県史』第一篇附録二八八号)〔鎌二八〇二九〕、『熊谷文書』四六号、嘉暦三年七月二十三日関東下知状〔鎌三〇三二二〕などに見えている。

いわんや、嫁姑間の訴訟は許されていた。たとえば、『正閏史料外篇』三所収山内縫殿家蔵、正中二年六月十三日※関東下知状〔鎌二九一三三〕によれば、この訴は「山内三郎左衛門尉通藤子息三郎右衛門尉通俊後家尼性忍与通藤後家尼真如相論、通藤遺領備後国津田郷下地頭職以下事」であったのである。

(108) たとえば『東大寺文書』(三)二、元亨二年十一月日播磨国大部庄公文尼覚性重訴状〔鎌二八二六七〕に「欲捧孫女赤女陣《ママ》状上者、被紕返所盗取実検目録取帳並代々御下文以下文書等、至其身者、被行祖母敵対告言謀略等重科」とあるがごとし。

もっとも、この訴訟では、祖母が訴人で、孫女が論人であるが、『同文書』(一)四、元亨三年三月日の孫女方の陳状〔鎌二八三六九〕には「抑為称祖母敵対、員外政尊構出謀書、就彼状、被経御沙汰者也、無誤孫女還被処反座告言之条、尤不便次第也、訴論肝要実在此篇、尤可被究淵底也」とあって、この訴は実は訴外の政尊(覚性の聟)が訴訟上、有利な地位を得んがために覚性の名義をかりたので、真実の訴人は祖母でないということを主張し、このことをもって訴論の肝要なりとまで重視しているのであり、これは反面において、祖母が真実の当事者であったならば、この訴訟における自己の行為が祖母敵対になるということを自認したものにほかならない。

しかして、覚性が氏女の行為をもって祖母敵対なりと主張したのは、『同文書』元亨三年※三月日性阿(氏女母)重陳状〔鎌二七九六六〕に「至久忠(性阿夫)跡者、後家性阿令管領、可譲于女子之由、令遺言之間、令進覧陳状之処、祖母敵対之条構申之条、全不存知次第也、所詮、早被停政尊員外非分之濫訴」とあるによれば、祖母の訴に対して陳状を提出したことによるらしいのである。しかりとすれば、子孫は実父母・実祖父母の訴に対しては、陳状を進めることすらも法律上、敵対と見られたのであって、したがって註(11)所引法令の文面よりいえば、父母・祖父母に対して訴を提起することが禁止されるにとどまったが、事実上は父母・祖父母の訴に対しては防禦の手段はなかったのである。

もっとも、この祖父母に対する訴の禁止は、実祖父母との間の訴に限られていたので、外祖父母ならびに外戚養祖父母との訴訟は許されていたのである。『市河文書』一、弘安元年九月七日関東下知状〔鎌一三一七〇〕に「外祖父母猶以不憚敵対歟、況外戚養祖父母不可有其難」とあるがごとし。

(109)　この父母・祖父母との訴訟の禁止は、前々註ならびに前註所引の諸実例および註(11)所引法令の文面にも明瞭であるように、父母ならびに祖父母に対する相論を禁じたもので、父母・祖父母より子孫を訴えることを禁止する趣意ではない。しかしながら、かくしては子孫の所領に対する幕府の保護において、甚だしく欠くるところがあるといわねばならぬ。もとより親が子に処分した所領は、何時たりとも親はこれを取り返すことができ(『御成敗式目』第一八、二〇および二六条)、かつ、処分行為自体が原則として父母の恣意に任されていたのであるから、かかる父母・祖父母より譲与された所領につき、子孫より父母・祖父母を相手取って訴えることは法律上、実益がない。
しかしながら、そのほかの原因によって、子孫の取得した所領を、父母・祖父母が押領し、しかもこれに対して告言の罪軽からざるのゆえをもって、子孫などに何の保護をも与えないということは、適当でないといわねばならぬ。幕府もこの点を顧慮したものと見え、年代は不明であるが、祖父母(父母も同様であろうか)がゆえなく子孫の領内を管領したならば(子孫の訴がなくとも、糺問的に(inquisitorisch))尋明して、その沙汰あるべき旨を定めた。『新編追加』第三四八条〔鎌追六一七条〕は、かかる意味に解すべきものと思う。

ただ、不審なのは、『志賀文書』建武四年七月二十一日沙弥孔釈状に「右、以去正和元年六月廿九日、相副次第証文等、志賀次郎朝郷(今者法名円浄)譲与当名於子息(童名又鶴丸、今者宣元)之間、当知行之処、背譲状、致押妨之間、番訴陳状畢、円浄謀陳依為非拠、去正慶元年十二月廿五日宣元預御下知畢、仍令当知行之処、円浄悔先非、被致種々

懇望之間、以別儀孔釈相計之、以彼名田内屋敷（注文在別紙）、所避与円浄之也」とあることである。

すなわち、この文によると、父の譲りを受けた子が、父が譲状に背いて押妨した旨を訴えて、訴陳をつがえたところ、訴人たる子の勝訴に帰しているのである。上述の法制からは出てこない結論であるが、あるいは鎌倉最末期においては、父母・祖父母との訴の禁止は解除されていたのかもしれない。

親族間の訴訟の禁止は、これのごとく、父母・祖父母と実子孫（養子は一般に実子孫と同様に取り扱われた）との間の訴のみであって、そのほかの親族間の訴訟は禁止されていなかった。もっとも、兄弟間の訴訟については、建仁二年五月三日に是非を論ぜず、和解せしめるようにとの指令がでている（『吾妻鏡』同日の条）が、訴訟を禁止する趣旨ではない。そのほか親族間の訴訟の実例は少なくないが、わずらわしいからすべて省略する。

(110)　親子間の相論の禁止は、闘訟律の規定に由来する。『春日神社文書』第一、二二七号、年号不詳（源平時代）五月一日長者宣案〔平六四二四〕に「藤原顕子申、僧尋秀沽却璉城寺仏聖灯油田事、如状者、母子相論歟、所為已背憲章、且可令停止件沽却給、若又有由緒者、可申仔細歟」とあるをも参照。

なお、武家法にても次に記述する延応二年の立法以前に親に対する訴訟の禁止されていたことは註(107)所引『大友文書』にいうところの父子相論は少なくとも延応元年以前であることによって明らかである。

(111)　この法令は諸書に見えているが、その最初のものは延応二年（仁治元年）五月四日付のもので、このときに祖父に対する相論が禁止され（『吾妻鏡』および『北条九代記』同日の条、なお、『北条九代記』には同年四月四日にもこのことに関して発令があったように記してあるが、おそらく衍であろう）。

ついで同十四日に信濃落合尼と子息との相論を機縁として、禁止の範囲を拡張して、祖父母および父母に対する相論とし、かつ敵対に及ばば、重科に処すべき旨を定めたものと解する（『吾妻鏡』同日の条。『新編追加』第三四七〔鎌追一四三条〕、三五〇条〔鎌追一五九条〕、『御成敗式目追加』祖父母並父母相論事の条〔鎌追一四三条〕、および『新式目』敵対于祖父並父母云々致相論事の条〔鎌追一四三条〕。なお、『新編追加』第三五〇条に「去五月十四日重被定置」とあるを注意）。

(112)　『吾妻鏡』同日の条。

(113)　宝治二年五月十五日（『吾妻鏡』）。同七月二十九日（『新編追加』第三四九条〔鎌追二六五条〕および『御成敗式目追加』主従対論事の条〔鎌追二六五条〕）。正嘉二年十二月十日（『吾妻鏡』）。

第二節　訴の繫属

二二　訴提起の手続きとして、訴人は前述のごとく、訴状ならびに具書を所務賦あるいは諸亭之賦に提出する。(114)所務賦および諸亭之賦には「賦奉行」があって、(115)提出された訴状・具書を受け取り、「賦双紙」に沙汰の篇目を書き付け、(116)訴状に銘を加えて、(117)次第を逐うて引付に賦る(118)のである。(119)

引付では、「其手」(当該引付)の「開闔」(120)が訴状・具書と賦双紙とを受け取り、引付の座において、「孔子」(鬮)をもって引付右筆中より「奉行」を選定する。(121)「奉行」が定まると、問状が発せられる。(122)もっとも、論人が当参、すなわち裁判所の所在地にあるときには、召文の書下が下されるのである。(123)『沙汰未練書』はこれをもって「訴訟之初」としている。すなわち、訴はここに始めて裁判所に繫属するにいたるのである。

(114)　以下に記述するところは、主として関東および六波羅の手続きであるが、鎮西にもこの両者とほぼ同様の職員(たとえば評定衆、引付衆)をそなえていたのであり、その手続きもこれと大差のあるべきはずはないから、鎮西訴訟文書を参照した場合がすこぶる多い。逆に以下の記載をもって鎮西訴訟手続きをも推知し得るものと考える。

(115)　もっとも、遺跡相論の場合に限って安堵奉行が賦った。そのことは『新編追加』第三三五条〔鎌追四五六条〕、および『貞応弘安式目』安堵奉行人事の条〔鎌追五五五条〕に見える。右『新編追加』第三三五条発布の日付は流布本には欠けているが、『武家名目抄』(たとえば職名部十二上賦別奉行の項)所引のものには延応四三十六とある。延応は引付設置以前であり、かつ延応四年という年号はないから、おそらく正応四三十六の誤りであろう。なお『新編追加』第三三九条〔鎌追六一四条〕を参照。

(116) 賦双紙に沙汰の篇目を書き付くとは、おそらく賦双紙に境相論・遺跡相論などの篇目を書き入れることであろう。なお「賦双紙」の双紙とは、折紙のことであろう。室町中期のものであるが、『武政軌範』引付内談篇賦事の条に「至賦式日、令持参申状具書於管領、渡于賦奉行、請取之、則伺申、無証文以下之相違者、加訴状銘、相副吹挙之折紙、遣引付之開闔、則伺申頭人、寄人賦之」とあるを参照。

賦双紙はまた「賦状」ともいった。賦状の文句については『東大寺文書』㈢一二、弘安五年十月日東大寺衆徒等申状に副進文書として「一通　備後民部大夫賦状案(可被申沙汰由載之)」とあり、本文に「依之経　奏聞、自　公家欲被仰下之処、先直可触訴武家之由被仰下畢、子細見　院宣、然間任傍例、以備後民部卿大夫訴之処、可被申沙汰之由、去九月一日賦状分明也」とあるを参照。

(117) 訴状に銘を加うとは、賦奉行が訴状に賦の年月日と自己の姓名とを書き加えることであろう。『金沢文庫所蔵文書』年月日不詳上野国村上住人某申状〔鎌二八六三〇〕の端に「銘云常阝□」と見えるのは銘の実例であろうが、惜しいことに大部分破損している。『東寺百合文書』に四十六之四十八、嘉暦二年四月日玉熊丸代宗康申状〔鎌二九八三二〕には端に「奉行官人対馬判官重行裏書銘」、同嘉暦二年六月七日成尋請文〔鎌二九八五九〕の端にも「重行封裏」と朱書してあるが、この両者の銘がはたして右賦奉行の銘と同一物であるかは疑問である。けだし、成尋請文に銘を加えているところをもって見ると、重行は賦奉行らしくないからである。賦奉行の銘と推定しておそらく誤りないと思うものに、『相馬文書』一、元亨元年十二月十七日相馬孫五郎重胤訴状〔鎌二七九一八〕の終わりに書き加えてある

元亨元十二十七賦上之(被賦一番)奉行人壱岐前司政有(五大堂)
頭人赤橋武蔵守殿

がある。『武家名目抄』十二上賦別奉行の項按文には、訴状に銘を加えるとは、年月日と自己の姓名とを訴状の裏に書き付けることであると説明してあるが、上記銘書の実例のいずれからも、それが訴状の裏に書き付けられたものであるということは窺知し得ない。さればこの点は疑問として、後考を俟つこととする。

(118) 次第を逐うて引付に賦るとは、引付は数番あったから、その番数の順に賦ることをいうのであろう。ただし、和与状棄破の場合の訴訟は当該和与状を取り扱った引付に賦られたものらしい。すなわち、「府中税所文書」正安六年※四月十三日左衛門尉宗茂和与状(『新編常陸国誌』下巻、一五一三頁)〔鎌二一〇九八〕に「右、誠信遺領相論之処、正安元年六月廿一日相互止方方訴訟、令和与、両方預御下知畢、而親幹令自破彼和与状、不打渡中塩橋田在家(公田参町)之由、於本引付宗茂訴申」とあるがごとし。

なお、『新編追加』第三一八条〔鎌追六四〇条〕によれば、惣領主に罪科があり、別人をもって改補するときに、庶子の所領は御下文を給わらずと称し、知行の実否を顧みずして、いままで新給人に付せられていたが、爾今各別領知が分明ならば、安堵御下文を帯びずとも、本引付において重ねて沙汰あり、返付すべき由を定めた(この法令の日付は『北条九代記』には永仁元年五月二十日、『武家年代記』には同二十五日とあるが、『松浦文書』一、永仁六年五月二十六日鎮西下知状〔鎌一九六九四〕に「如同(正応)六年(=永仁元年)五月廿五日関東御事書者、惣領罪科之時、雖不帯安堵御下文、各別証拠分明者難被混領云々」とあるによって、二十五日のほうが正しいことがわかる)が、その後六月に、五方引付を改めて、三方引付となしたことについての経過規定が載っている。またこの『新編追加』第三一八条〔鎌追六四〇条〕が正応六年六月以後、十月以前になったものであることは、本条と『北条九代記』とを比較研究することによって知り得る。

(119) 問注所より訴状を引付に「賦出」すことについては、『多賀神社文書』嘉暦元年十二月二十三日関東下知状〔鎌二九六九八〕に「右如元亨二年十一月十六日六波羅注進状者、基綱等与定頼相論馬上役事、申入本所、召出定頼、番訴陳畢、而当社者為得宗領之由基綱等申之、訴陳具書等相副目録、進上候云々、就之自得宗方被与奪問注所之間、所賦出引付也。」とあるを参照。

(120) 開闔は、一方引付の事務長であって、右筆中の宿老をもってこれにあてた。このことは、室町時代引付開闔の制（第二篇註(147)を参照）より逆推し得るのである。しかるに『沙汰未練書』「所務沙汰トハ」の条には「開闔又執筆者奉行中宿老、引付細々事記録仁也、又公文トモ云也」とあり、開闔と右筆（また「執筆」あるいは「公文」ともいう）とを同視しているが、この文章には錯簡の疑いがある。すなわち、この文章は元来「開闔者奉行中宿老、又執筆者、引付細々事記録仁也、又公文トモ云也」ではなかったかと想像されるのであるが、この考証は別の研究にゆずることとする。

(121) ここに「奉行」とは、いわゆる「本奉行」の意であると解する。本奉行は主任奉行の意であるが、現に当該訴訟を担当しているというところから、また「当奉行」とも呼ばれた（後述参照）。彼の職務は「執筆奉行」として裁判所で作成する訴訟関係文書の起草、清書および交付、「問注奉行」として訴訟当事者ならびに証人などの尋問と、その調書作成（いわゆる「問注」）その他、訴訟手続きの進行に関するいっさいの事務をつかさどるものである。それは「国分寺文書」によって次に記述する大保六郎入道の本奉行としての活動を研究することによって知り得るところである。

本奉行は「公文」の中より選定される。一方引付構成員の一たる「右筆」は、また「公文」「執筆」などとも呼ばれていたが、一方引付に若干名の公文のいる場合に、その中より当該事件担当の者一名を選び出すのであるが、これがすなわち『沙汰未練書』にいわゆる「以孔子定奉行」めることなのである。そのことは、「国分寺文書」に

私注文国分寺相論之事
奉行立野殿許ニ上ル、
同日(廿日)御評定日被賦二番御手之間、今日者、公文斎藤右衛門尉規雄他行ニヨテ、権公文大保六郎入道ト奈古三郎入道、以上二人出仕之間、任孔子、大保殿奉行人定畢、仍被書御教書、同廿一日被下畢〔下略〕、

とあるによって知れるのである（この文にいわゆる「権公文」は、すなわち副公文の意である。関東あるいは六波羅に権公文が存したか否かは不明である）。

右は本奉行選定の方法である。その任命は其手（当該）引付頭人署名の「差符」をもってする。「又続宝簡集」一四四四号、阿氏河庄相論沙汰文書案中［鎌一二一三二］に見える「寂楽寺領紀伊国阿氏川庄上村雑掌与地頭相論条々非法事、可被奉行之由候也、仍執達如件、建治元年十一月廿四日義宗　兵藤図書入道殿、周東太郎兵衛入道殿」（『高野山文書之六』五一六頁）は、すなわち六波羅差符の実例である（義宗は一方引付の頭人であろう。この差符によって、兵藤図書入道は右事件の本奉行に定められたのである。周東太郎兵衛入道は該引付の合奉行である）。

以上は本奉行について、記述したのであるが、訴訟関係奉行としては、そのほかに「合奉行」が存したことを忘れてはならぬ。本奉行の職務が事件の主任奉行として、その審理をつかさどるものであるのに対し、合奉行の職務は訴訟手続きに非違なからんがために、これを監査することである。合奉行を一に「聞奉行」とも呼んだのは、このゆえである（『沙汰未練書』評定沙汰の条に「合奉行一人、又聞奉行トモ云」と見ゆ。なお、「国分寺文書」元亨三年五月九日大保六郎入道書下を参照）。

さて、本奉行と合奉行とは、右のごとくその職務を異にするが、両者の差違はそれのみにとどまらない。すなわち、本奉行は前記のごとく、一方引付の公文中より選ばれたある事件の担当奉行という意味であり、別に、「本奉行」という役人が常置されていたわけではなかったのに反し、「合奉行」は常置の官職であるという相違があったのである。されば官制上、合奉行と対比さるべき者は本奉行ではなくして、公文（執筆）であったのである。これらの事情については『建治三年記』八月二十三日の条に「次、山名二郎太郎直康、飯泉兵衛二郎祐光、岩間左衛門太郎行重可勤合奉行役之由可召仰云々〔この文章の前に、一番・二番および三番引付頭人補任の記事あり。さればおそらく、山名直康は一番引付の、飯泉祐光は二番引付の、しかして岩間行重は三番引付の合奉行に補任されたのであろう〕」、同書九月六日の条に「五番執筆合奉行交名付城務〔五番引付頭人藤原泰盛〕」とあるを参照。

なお本奉行という言葉は「当奉行」（『金沢文庫所蔵文書』徳治二年五月日常陸大掾次郎平経幹申状〔鎌二三九七七〕に「為但馬外記大夫政有当奉行、相論最中也」と見ゆ）に対する意味において、先奉行を指したことがあるから、注意を要する。本奉行が元来は「奉行」と呼ばれるべきものであることについては、「又続宝簡集」一九七二号、太田貞宗所務和与引付頭人以下注文（『高野山文書之八』六三五頁）〔鎌二〇八〇九〕を参照。

(122) 以上、本文は『沙汰未練書』所務沙汰の条。ただし、鎮西探題府では正安二年に問状の発行を停止し、召文は御使催促ともに三ヶ度たるべき旨、定められた（『新式目』召文事の条〔鎌追六八八条〕）。

(123) 『沙汰未練書』奉行書下日数事の条。詳細は註(237)を参照。なお『庭訓往来』に問注所沙汰についてではあるが、「奉行人得差符方与奪、当参仁者、成書下、下国之時者、下奉書」とあるのは、おそらく鎌倉時代の法制を伝えたものであろう。

二三　訴状ならびに具書が所務賦あるいは諸亭之賦に提出されると、賦奉行は前述の手続きを経て、引付にこれを賦るわけであるが、その前に賦奉行は訴状ならびに具書につき、それが所定の要件を具備するや否やを審査するのであって、その要件が欠けているときには、これを賦ることができなかったのである。(124)

要件としては、先に訴提起の要件として述べた諸点が顧慮されたことはいうまでもないと思うが、そのほか当時の法令に見えるものが二ある。

(1)　その一は、『御成敗式目』第五一条の規定するところで、訴状につき問状を下されるは定例であるが、問状をもって狼藉をする者が多い(125)ので、訴状において申すところが顕然の僻事たらば、訴状を給うことをいっさい停止すべき旨を定めているのが、これである。もっとも、本条には訴状を賦るべからずとは記してないが、それはおそらく当時はまだ賦の制度が成立していないためで、法律上、訴繫属の要件という観点よりすれば、問状を与えないことと、訴状を賦らないこととは同一視得べきものであるから、ここに掲げることにした。すなわち、裁判所に繫属するためには、訴は一応、理由あるものでなければならないのである。

(2) その二は、『新式目』諸人訴訟問状事の条〔鎌追六四一条〕の規定で(126)、これによれば幕府は正応三年九月十九日に、もし訴に理由がないならば、これを引付に賦るべからざる旨を問注所に命じ、同時に(問注所より引付に賦ってきた訴は、一応の理由を具備していることは明らかなのであるから)、問注所の賦を受けたなら、即時に問状御教書をなすべき旨を、五方引付の奉行人に命じている。これけだし、前記『御成敗式目』第五一条の規定の趣旨を存し、賦制の長所を利用して、その方法を改めた立法である(127)。

(124) 賦奉行が一般的に訴状・具書の要件を審査するということは、当時の史料にはみあたらないが、賦制度の意義を合理的に考え、また註(116)所引の『武政軌範』に「至賦式日、令持参申状具書於管領、渡于賦奉行、請取之、則伺申、無証文以下之相違者〔中略〕、遣引付之開闔」とあるより逆推して疑いないことと考える。

(125) 問状御教書をもって濫妨した実例は、『御成敗式目』制定以前には『深堀記録証文』二、寛喜二年四月十二日六波羅下知状〔鎌三九七七〕に「政綱申給六波羅問状、無左右押領之条、甚自由也」、以後には『長隆寺文書』天福元年十二月十日関東下知状〔鎌四五八六〕に「今年国重押領松重名、不済年貢之由、就領家訴訟、駿河守、掃部助下遣問状歟、而以彼状為雑掌被濫妨当名云々」、『久米田寺文書』宝治二年※五月二十五日関東下知状〔鎌七〇一五〕に「次、給問状、押取所当、致狼藉由事」とあるがごとし。

(126)　本条、続群書類従本・史籍集覧本、いずれも理会しがたし。『武家名目抄』所引による。ただし、同本に「凡」とあるは「歟」の誤りである。註(5)所引拙稿一一八頁参照。

(127)　もっとも、問注所をして賦をなす前に一応、訴訟物たる法律関係を審査せしめる制度は、以前より存したのであるが、この頃になり問状を発するのが遅れがちになったので、注意的に本条を制定したものと見るべきであろう。

二四　前記のごとく、訴が提起され、裁判所より問状あるいは召文が発せられると、訴は裁判所に繋属したわけであるが、訴の繋属は訴訟法上、実体法上一定の効果を生ずる。

(一)　訴訟法上の効果

(1)　一事両様[128]の訴提起の禁止

ある訴訟の繋属中は、訴人よりさらに同一事件につき訴えること、[129]すなわち「一事両様」の訴を提起することは禁止された。一事両様の訴はまた「一時同訴」とも呼ばれた。[130]「一事」すなわち訴の同一性は、訴人・論人および在所の同一をもって認定されたのである。[131]

一事両様の訴提起の効果は二方面において生ずる。その一は訴人に対するもので、彼は一事両様の咎に処せられる。[132]その二は当該訴訟について生ずるもので、賦奉行はこれを賦るにおよばず、これを却下するのである。ただし誤って後訴が賦られた場合には、その訴は先訴がすでに繋属せる部局へ併合審理されるのである。[133]

以上は、訴人が一事両様の訴を提起した場合であるが、訴訟繋属中に論人が「一事」の要件をそなえた訴を別箇に提起しても、これを一事両様と呼ぶことはなかったらしく、したがって、その効果としては、ただ、後訴が先訴のすでに繋属せる部局へ併合審理される、すなわち「賦寄」せられるにとどまったようである。[134]

(128)　『沙汰未練書』に「一事両様トハ　事与詞違目也」とあるが、ここにいわゆる一事両様はこの意味ではない。

(129) 受訴裁判所は必ずしも、同一であることを要しなかったらしい。たとえば関東の一番引付に繫属せる事件につき、二番引付にさらに一事の訴を提起するような場合のほか、関東にてすでに繫属した事件につき、さらに六波羅に一事の訴を提起するような場合にも、やはり「一事両様」となったものと思われる。

　このことについては確証はないが、『神戸市史資料』第一、一五四頁所引、『東大寺文書』嘉暦三年二月日雑掌解状に

　右、去年十月五日如被経御評定、去元亨年中於当関務者、以南都西南院大納言得業房、立後証、避渡量海上人之間、達愁訴之程、□為加築嶋修持、依令借季頭銭、被下使者神人明円共致関務、且営築嶋、且令糺返借物之処、律明房得照円以下悪党人等語、擬悔返之間、捧西南院所見状並論衆事書、因　公家武家所進弁状以下避状等、依訴申、被経御評定、被召出件文書正文与律明房、可有御糺明之由被仰出之間、自此方度々被下召文之処、不出対、剰於使庁致一事両様奸訴之刻、被究訴陳、被召決之処、〔中略〕爰去年十二月十日件律明房背公家武家御沙汰、相語兵庫守護使左衛門三郎並少納言五師等、押取糺返升米間、且云召文違背、云一事両様奸訴、且又云謀略之篇、被停止押妨、任公方御沙汰之旨可被召進之旨、先於北方、就与奪御沙汰、依訴申、被成御書下、〔鎌三〇一六四〕

とあって、公家武家両方に訴えることが一事両様と称されていたことによって推知し得る。かくのごとき場合、一事両様の訴の提起者はその咎に処せられたのであろうが、はたしてこの場合にも「賦寄」の手続きがとられたか否かは疑問である。

(130) 『深堀記録証文』三、正和三年三月日肥前国戸町浦内野母地頭深堀平五郎仲家重陳状に「時行孫房丸同家一味之父子也、全不各別、〔中略〕時行仮子息孫房丸之名字、号訴人之由、一時同訴之上者、不各別之条顕然也、云両様、云奸訴、罪科重畳畢」とある「一時同訴」を、『同文書』正和二年十一月日肥前国彼杵庄戸町浦惣領深堀孫房丸重申状〔鎌二五〇五四〕に「次、一事両様由事、孫房丸於何御引付、致沙汰、属何御奉行、企訴訟哉、眼前之奸謀也、争可称一事

両様哉」と「一事両様」と呼んでいることによって知り得る。

(131) たとえば「宝簡集」四二五号、嘉元二年十月日金剛峯寺衆徒申状案(『高野山文書之一』四五七頁)〔鎌二二〇二二〕に「浄智等属于五番御手奉行津戸入道尊円而、如訴申乾元二年閏四月申状者、当庄地頭職者、被成右大将家代々御下文之処、高野山金剛峯寺衆徒致違乱狼藉云々、又同人属于一番御手奉行飯尾六郎頼定、如訴申嘉元二年六月申状者、当庄地頭職者、帯右大将家代々御下文、相伝無相違、而金剛峯寺衆徒致濫妨狼藉云々、此条、云訴人、云論人、云在所、為一事之処、奉掠　上而、任雅意致一事両様訴訟」とあるがごとし。

なお、この嘉元二年の高野山衆徒申状案は数種作られたものと見えて、このほかに「又続宝簡集」九七七号〔鎌二二〇二五〕および一四五五号〔鎌二二〇一七〕があり、いずれも同趣旨であるが、庭中状たりや否やの点、語句および別筆の日付などがいずれも異なる。

(132) 前註所引文書および「吉田社文書」正安四年六月二十四日平幹盛重陳状(『新編常陸国誌』下巻、一三四六頁)〔鎌二一一一四〕に「一事両様之咎又以難遁」、前々註所引正和二年十一月『深堀記録証文』に「三問三答継訴陳之処、今不相待彼落居、属時行替面於子息孫房丸、致奸訴之条、云一事両様、云死骸敵対、相兼其咎畢」とあるがごとし。

なお、「宝簡集」一五〇号、嘉元四年九月七日関東下知状(『高野山文書之一』一七八頁)〔鎌二二七二二〕に「当相論者走湯山造営奉行可致沙汰之処、隠密先日沙汰篇、於引付申子細之条、雑掌難遁一事両様咎之由、信連雖申之、先日沙汰次第載雑掌訴状之上、経評定、与奪所務一具之間、非雑掌之奸曲、仍非沙汰之限」とあるによれば、訴状に先日沙汰の次第を明示すれば、その咎を免れ得たのであるが、けだし当然であろう。この咎の刑の種類・分量などにいたっては伝わるところがない。

(133) たとえば「又続宝簡集」一四五五号、嘉元二年十月日高野山衆徒申状案(『高野山文書之六』五三六頁)〔鎌二二〇一七〕に「此条、云訴人、云論人、云在所、為一事之上者、任被定置之旨、被寄御沙汰於一所」とあるがごとし。賦寄は本奉行および合奉行の連署状をもってする。

「又続宝簡集」一一四八号に

紀伊国阿氏川庄地頭浄智与高野山寺僧相論当庄事、就賦申沙汰候之処、当庄事、浄智ニ先立為御奉行訴申候云々、

仍一具可渡進之由候也、恐々謹言、

（嘉元二）十月十四日　頼定在判

盛久在判

出羽入道殿　〔鎌二二〇一六〕

とあるは、すなわち右、嘉元二年『高野山文書』の場合の賦寄状である。

（134）たとえば「国分寺文書」元亨三年七月日薩摩国御家人国分次郎友貞庭中状〔鎌二八四五九〕に「右、当寺領事、於二番御引付、為御奉行人大保六郎入道興道、自去年于今御沙汰最中也、而論人彦次郎友成申成　綸旨院宣、被与奪一番御引付云々、所詮渡二番御引付、於一所、為被羅〔経の誤〕御沙汰」、『吉川家文書之二』一一二九号、正中二年八月※二十七日三隅兼員代明仁尼良海代道正連署和与状〔鎌二九一八九〕に「右、良海則件永安別符以下所々者〔中略〕任譲状良海欲令知行之処、兼員濫妨狼藉、奪取得分物之上者、仰御使、可被沙汰于良海之由、五番御手為雑賀民部六郎奉行、訴之、兼員亦先立四番御手属伊地知右近将監、曾祖父三隅左衛門尉兼信以来迄于兼員、数代相伝当知行、于今無相違之処、姉尼良海為庶子之身、濫妨所務、致種々悪行狼藉之上者、被停止非分濫妨、任代々御下文御下知並相伝之理、於永安別符以下所々惣領職者、兼員知行無相違、可預御裁計〔許〕由、捧亡父兼栄法名祐賀譲状、訴之、然間被寄一所、雖被経御沙汰」、『熊谷家文書』四六号、嘉暦三年七月二十三日関東下知状〔鎌三〇三二二〕に「将又真継〔論人、直経継母〕若得此状者、直継〔真継実子、直経異母兄〕死去之、則木田見・金光寺・三入所領等、直経〔訴人〕当知行也、争不経訴訟、就直経元亨二年十二月十七日本解状、及四ヶ年、令難渋陳状、正中二年二月十七日始属賦、以見存虎一、無体之由掠

申之、直経押領彼所々之由、捧訴状、被賦寄之後、同年四月九日可進初答状哉」とあるがごとし。

二五　(2)　**訴拡張の禁止**　訴の客観的範囲は、その繫属とともに、本解状の内容にしたがって確定するものであって、[135]その以後の拡張はこれを許さないのである。[136]

(135) もっとも、後述のごとく訴の全部的および部分的取り下げは許可されているのである。

(136) たとえば『円覚寺文書』一、正応三年九月十二日六波羅下知状〔鎌一七四四六〕に「次、検注事、雑掌〔訴人〕書混二問申状之処、不載本解之間、可為各別沙汰之由、寂入〔論人〕令申之刻、雑掌令承伏畢、此上不及子細」とあるがごとし。いわんや論人において、訴状に載せてない事項について陳答におよぶも無効である。『北里文書』元亨四年十月二日下知状〔鎌二八八四二〕に「満願寺住侶兵部卿律師隆済申当寺文書事、〔中略〕次、供僧職事、雖載隆賢〔論人〕請文一篇、可為各別訴訟間、不及沙汰」とあるはその意味である。訴の繫属により、その内容が確定されたことについては、なお『新編追加』第八七条〔鎌追二九九条〕に「一　質人事、人倫売買之御制以前、致訴訟、於給問状者、任証文、可流質人也」とあるを参照。

二六　(3)　**当事者の確定**　訴訟当事者は訴の繫属とともに確定するのであって、その以後の変更は、死亡などの特別原因あるとき以外には、これを許さぬのである。[137]

(137) 註(13)所引『福智院文書』〔鎌四〇一六〕に「何況如此訴訟之習、敵人者只一人也、前後更無相替、而此訴状者、敵人毎度相替了、〔中略〕推之、此事無道理之間、令載名号於訴状之条、其仁為痛之間、毎度相替歟、此条皆〔背の誤〕常法了」とあるがごとし。

二七　(二)　実体法上の効果　(1)　訴訟目的物(論所論物)処分の制限　訴が裁判所に繋属するとともに、訴訟目的物の処分はある程度の制限を受けた。この制度は当時、訴繋属の効果として最も重要視されたものと見えて、これをもって「相論未断之法」と称していた。[138]精密にいうときには、これに二種の区別が存する。その一は通常の場合で、訴繋属時の当知行人をして依然論所の知行を継続せしめるが、しかもその処分を制限する場合であり、その二は論所論物を全然訴論人の支配より奪い取る場合である。

(甲)　所務沙汰においては、訴が裁判所に繋属した後においても、特別の命令のない限り、論所は訴繋属時の当知行人をしてその知行を継続せしめるのを原則とした。[139]かかる場合には、訴論人はただ判決を待つべきであるから、当知行人は論所を沽却することを得ず、[141]論所の知行人にあらざる訴論人が訴訟をしながら、判決以前に所当を責め取るがごときは、もとより許されない。[142]堺相論などの場合において、もし作毛を苅り取るがごとき必要を生じたならば、両方の使者立ち会いのうえ、これを行うべきである。[143]したがってまた一方の使者をもって論所に牓示を打つがごときことは禁止されていた。[144]ようするに相論未断の間は、訴論人のいずれを、是とも非とも定めるわけにはいかぬから、[145]訴訟の目的物の処分を制限せざるを得なかったのである。[146]

(乙)　第二の場合は、主として論所よりの収益たる所当に関するもので、裁判所よりとくにこれを「中に置く」旨の命令が出された場合である。[147]この「中に置く」というのは、当事者双方に対して、論所の所務に関与することを禁止することを意味する。[148]したがって、論所の作稲のごときは、双方当事者立ち会いのうえ、これを苅り取って庫倉に納め、双方が封印を加える法(「苅置作稲於中」)である。[149]ただし、この作稲は裁判所が自ら保管するのか、あるいは裁判所はたんに中に置くことを命令するだけで、受寄者の選択は全然彼らに委第三者に寄託するのか、したのか、これらの点は史料不十分のため判明しない。(150) この「苅置作稲於中」く場合に、当事者が庫倉を切り破り、論物を運び去ったときには、彼は「押取狼藉」の咎に処せられたらしい。(151)

以上、(甲)(乙)いずれの場合においても、「相論未断之法」に違背することを「中間狼藉」と称し、その咎に処する例であった。(152)(153)

(138)「又続宝簡集」一一三号、年月日不詳金剛峯寺衆徒陳状案(『高野山文書之四』二四七頁)〔鎌五九一二〕に「若可苅作毛者、准相論未断之法、可用両方使者、不然者、可相待　聖断哉」とある。事案は公家裁判所に関するが、武家法でも同様であったと考えてよろしいであろう。

(139) たとえば『禰寝文書』元(建永頃)二月九日関東下知状に「両方之理非糺決以前之〔ママ〕、清重法師〔論人〕可領知之由所候也」、『宗像神社文書』一、建長五年五月三日六波羅探題北条長時書状〔鎌七五五一〕に「宗像六郎氏業与三原左衛門尉種延相論宗像社領築前国小呂嶋事、〔中略〕如種延申者謝国明遺跡事、後家尼与種延相論、御成敗未断之間、当時不及遂其節、所詮任先例、被致沙汰事者不及支申云々者、種延承伏之上者、任先例致其沙汰、可相待関東御成敗左右之由可相触于氏業」、『勝尾寺文書』第一、一七号(永仁の押紙あり)十一月十四日葛野又次郎書状に「就高山地頭職事、浄土□□〔寺殿カ〕より御申子細候間、所務□□置之由、先度雖被仰候、勝尾寺より御奉書□□以証文被申、所詮御沙汰落居間、任当知行□□〔之旨カ〕勝尾寺へ所務候様、□可被仰付候」、『東大寺文書』㈢三、延慶二年十一月日大仏殿御灯聖道戒重陳状案に「就中、万陣〔訴人〕乍中訴訟、不仰上裁、私仁令抑留所当米、致濫妨之条、狼藉之輩不可不被禁止之上、所詮以二問二答訴陳状、可蒙御成敗之状、更雖不可有予儀、若猶可為御糺明者、任通例、相論未断之程、先被停止万陣私抑留、就当知行之視〔＝支〕証、収納所当米、挑厳重之証明、於根源之是非者、究淵底、欲蒙御成敗」(これは本所裁判所の事件)とあるがごとし。

『春日神社文書』第一、三三三号、仁治二年五月二十五日庄官等宛六波羅御教書案〔鎌五八七二〕に「安嘉門院領大和国野辺庄雑掌折紙遣之、子細載状、所詮、前預所観蓮房並同定使信盛等濫妨事、已遂対決畢、可令進上申詞記於関東也、是非定被仰下歟、但於庄務者、相従当預所下知、任先例、致其沙汰、可相待関東御成敗之状如件」とあるは、この場合すなわち、訴の提起につき、論人をして一応、当知行を継続せしめる場合に庄官などに宛てて、その趣旨をもって庄務を沙汰すべき旨を命じたものである。

訴繋属時の論所の当知行人は、訴が占有回収の訴なりや、保持の訴なりやによって異なる。前者の場合には論人、後者の場合には、訴人が当知行人である。不動産物権の存在、不存在および効力に関する訴においては、各箇の場合にいずれが当知行人であるかを定めねばならない。

(140) たとえば『春日神社文書』第二、六三四号、嘉禄三年八月二十四日六波羅御教書〔鎌三六五四〕に「大和国八条庄地頭代訴申、良賢順現等狼藉事、如状者、為彼等、焼失地頭政所、黙〔点〕定田畠云々、事実者、甚狼藉也、早被召出件輩等、可遂対決之由、申上殿下畢、且停止彼等狼藉、可令地頭代安堵」、『同文書』第一、二二四号、※(寛喜三年)十月二十五日六波羅書状〔鎌五二〇〇〕に「大和国野辺庄間事、(中略)所詮、遂問注、進上申詞記並結解状等於関東候了、任道理被仰下候歟、其間、止当時之濫妨、可相待御成敗之由可被仰下候乎、以此旨可令披露給候」、『賀茂別雷神社文書』一、嘉禎三年九月十五日六波羅御教書〔鎌五一七七〕に「然者、早今月中両方企参洛、可遂其節也、其間、相互止新儀之濫妨、可令相待問注左右」とあるがごとし。

『東寺百合文書』と四三号、正応二年二月二十七日都維那法師円喜書状案〔鎌一六九〇二〕に「当寺領平野殿庄内山事、昨日(廿六日夕)御教書到来、仍今日披覧、諸僧欲申子細候之処、指違入数十人於庄内、又欲截取山木候之条、未曾有之狼藉候、先被申院家、先未断之間、可被止私狼藉之由可被申候」(これは本所裁判所の事件)とあるも同義の意味であろう。

(141) たとえば「又続宝簡集」一一五六号、文永六年三月日湯浅入道智眼申状案(『高野山文書之五』七二〇頁)〔鎌一〇四〇九〕に「任快以押領地、相論未断之間、任自由令沽却于他人之条、太其理不可然者也」とあるがごとし。なお「田中家文書」三一九号、弘安八年十一月十三日宣旨(『石清水文書之一』五四頁)〔鎌一五七三二〕では、相論未断の地を寺社ならびに権門に寄付すること(いわゆる「寄沙汰」)を禁止しているが、この禁止の目的は訴訟において寺社権門の威をかりることを防止するにあったのであろう。

(142)『久米田寺文書』宝治二年十二月五日関東下知状〔鎌七〇一五〕に「不遂問注以前、〔論人地頭が〕責取地頭米之条、以外之次第也」、「台明寺文書」(『薩藩旧記』所収、以下同じ)永仁七年卯月二十一日将軍家御祈禱所大隅国台明寺衆徒等陳状〔鎌二〇〇四五〕に「乍致訴訟、無御成敗已前、〔訴人が〕張責取所当米之間、衆徒等雖令愁鬱、討〔社の誤〕家御沙汰最中之上者、謹奉待上裁之処、返致濫妨狼藉之由、訴申之」とあるがごとし。註(139)所引『東大寺文書』もまたこの適例である。

なお、右『久米田寺文書』の文章は、問注最中は所当米を責め取るも可という意味ではない。問注以後も沙汰未断以前は不可、いわんや問注以前においておや、というのである。この沙汰未断の法は平安朝時代の制を継受したものであることは、『春日神社文書』第一、二二七号、長者宣案〔源平時代〕〔平六四二四〕に「八条院重々申給須恵庄事、沙汰未断之間、停止苅取夏物之由、可令下知給」とあるにより知らる。

(143) 註(138)参照。

(144) 本所裁判所の事件なるも、『東大寺文書』正治二年四月十八日東大寺申状(史料四之六、二六七頁)〔鎌一一三二〕に「此事、已召両方陳状、及御沙汰之後、不相待御成敗、以一方使、恣令打牓示之条、誠是日本第一之濫吹、古今難有之狼藉也」と見ゆ。

(145)『山田氏文書』正安二年七月二日鎮西下知状〔鎌二〇四七六〕に「然者彼生口、在所又雖及相論、未断之間難被是非」

とあるを参照。

(146) 上記すなわち(甲)の沙汰未断の法を一言にしていうと、訴繋属のときの論所当知行人は、そのまま知行を継続することができ、したがって所当を収めることも、ある条件のもとに許されていたが、論所の処分は禁ぜられ、他方当事者はいっさい論所論物に関与することを禁止されていたということになる。

(147) たとえば「権執印文書」文永四年十一月七日八幡新田宮権執印僧永慶重訴状〔鎌九七九六〕に「御成敗以前者、可苅置作稲於中之由被下〔七月三日付〕御教書之処、〔中略〕苅取作稲之条、無其理之至顕然」、『東寺百合文書』と八〇号、永仁六年二月二十九日安芸新勅旨田公文職安堵下文案〔鎌一九六一〇〕に「右、件所職者依為重代之職、所被補任之実也、但清基称有光念之譲、訴申子細之間、雖被仰付清基、光清之継母抑留道仏之重代相伝文書手継等、賜与清基之由鬱訴之間、被尋下庄家之之《ママ》由、令申之間(委旨収今起請文)、置所職於中間、有所存者、企上洛、可令明申歟之旨下知」とあるがごとし。

　もっとも後者は本所裁判所の事件であり、しかも所職を中に置いたもので、やや性質を異にし、前者ははたして領家への訴訟であるか、武家への訴訟であるか不明であるが、いずれにしても、これをもって武家の制度を推定しても大過ないものと信ずる。

(148) したがって室町時代においては、これを「置所務於中」と称する例であった。もっとも鎌倉時代においても公家裁判所においてはこの文言の使用されたことは、『徳禅寺文書』(嘉暦二年)四月十三日綸旨〔鎌二九八〇八〕に「蓮花王院領若狭国名田庄内知見村事、難渋及度々之間、所被置所務於中也」とあるによって知れる。

(149) 『志賀文書』正安二年三月二十五日鎮西下知状〔鎌二〇四一一〕に「質券売買地事、本主可領知之由被下関東御事書之間、致其沙汰之処、売地等事、関東御教書到来之程者、可置当作毛於中之由被載博多御施行、〔中略〕凡当寺分早田弐段作稲(員数五十九把)事、任博多御施行等、苅置于中、両方付合封、相待上裁之処、善阿〔論人〕未断以前、竊切破庫

倉、運取畢」とあるが私の知る唯一の例である。前々註所引「権執印文書」の場合には、作稲を中に置くべき由の御教書が出たのは七月三日であり、まだ収穫前であるから、作稲はこれを庫倉に納めるの手続きをとらず、たんに両当事者の支配より離して、第三者の手に移したにすぎなかったのであろうが、『志賀文書』の場合には、御教書の下されたときがすでに収穫可能の時期であったので、これを苅り取らしめ、庫倉に納めしめたのではなかろうか。前者の場合といえども、これを苅り取るにつき、裁判所の許可を要する点において、たんに両当事者の使者を立ち会わすをもって足る(甲)の場合と異なると考える。

(150)　室町時代の制度より逆推すると、第三者に寄託する制であったといえようが、この事実を示す直接の証拠はない。

(151)　前々註所引『志賀文書』の後に続いて、「争可遁押取狼藉之罪科哉」とある。なお「権執印文書」文永四年十一月七日八幡新田宮権執印僧永慶重申状〔鎌九七九六〕に「御成敗以前者、可苅置作稲於中由被下御教書之処、無其理之間、忝違背　領家御下知、不令進証文、剰苅取作稲之条無其理之至顕然、則依御教書違背実、為向後傍輩、於氏女者、被行罪科」とあるを参照。これは次に述べる「中間狼藉」の咎の特殊な場合である。

(152)　『東大寺文書』(四)二十四、正安元年九月十一日法印定快挙状〔鎌二〇二二四〕に「東大寺領播磨国大部庄地頭致中間狼藉由事、申状(副具書)如此」、『神護寺文書』八、応長二年三月日播磨国福井庄東保宿院村地頭代澄心重陳状〔鎌二四五五〇〕に「其上御沙汰未断最中任雅意、奪地頭所務之条、中間狼藉争無御炳誡哉」とあるがごとし。

(153)　裁判所が具体的の訴に接して、いかなる標準によって、第一の場合(甲)と第二の場合(乙)とを区別したかについては、明証はないが、(本所、裁判所のものではあるが)『参軍要略抄』下、建永元年五月二十日政所下文〔鎌一六一九〕に「可早任先度御教書、致沙汰、田地耕作事、右、長岡庄与堺相論□御沙汰未断之間、当時勧農最中也、先就旧作、堀尾庄民等、可令耕作、被決両方之後、可被仰下」とあるによると、勧農(植え付けのこと、勧農については註(245)参照)時の訴訟の際には、第一の場合(甲)によらしめる例であったらしいことが推知される。仮定を出すことが許されるならば、あるいは収穫時の訴訟の場合には所当を一方が奪い取るというおそれがあるから、所務を中に置かしめ、そのほかの場合には、かかる憂いがないから、訴提起時の知行人をして知行（この場合、知行は耕作と同意義である）を継続せしめたのではなかろうか。

二八　(2)　年紀（取得時効）の中断　不動産物権の取得時効すなわち「年紀」（「年序」ともいう）は、不知行によって中断されたことはいうまでもないが、また訴の提起(154)によってもこれを中断し得たのである。(155)

(154) ただし、訴を提起しても、該訴がなんらかの事由によって、裁判所に繋属しない場合には、もとより年紀中断の効力を生じなかったであろう。

(155) たとえば『市河文書』二、正慶元年十二月二十七日関東下知状〔鎌三一九四〇〕に「彼御年貢者、公田所役也、至三ヶ所在家者、非公田之間、不弁年貢、随助房〔訴人〕亡父栄忍不及訴訟、経四十余年畢、馳過年紀〔紀の誤〕之間不可及御沙汰」とあるが、これは訴訟を経ずして二十ヶ年以上を経過せる以上、『御成敗式目』第八条の規定による押領人の「年紀」は完成しているのであるから、いまさら改沙汰に及ばぬという意味で、その反面においては、二十年内に訴を提起すれば「年紀」を中断し得ることを示しているのである。しかのみならず、不動産物権以外については、『新編追加』第五六条（『貞応弘安式目』にも見ゆ）〔鎌追五五九条〕に「雑人利銭負物事、（弘安七、八、十七）不経訴訟、過十箇年者、任式目不及沙汰」とあり、また『御成敗式目』第四一条は奴婢雑人につき、右大将家のときの例により、「無其沙汰」十箇年を過ぎたならば、理非を論ぜず、改沙汰に及ばぬ旨を定めているが、ここに「無其沙汰」とは『新編追加』第九〇条〔鎌追七二〇条〕によると、「不経訴訟」ということと同意義である。しかりとすれば、この点から類推しても、不動産物権の取得時効について、訴訟による中断が存在したであろうことを知り得るのである。

第三節　訴の審理

第一款　総　説

二九　訴提起以後の審理手続き発展の概略はすでに第一四項において記述しておいたから、ここには繰り返さない。

さて、本節第二款以下には裁判所と訴訟当事者との関係において、裁判所はいかにして判決のための資料を得、当事者はいかにして裁判所をして、自己の主張（事実上および法律上の）の正当なる所以を認めしめたかということを中心として、訴訟手続きの発展を叙説するのであるが、当事者の弁論(156)は、訴人・論人のいずれたるを問わず、訴人の本解状を基礎として、互いに相手方の弁論に対して行われるもので、相手方主張の理由なきを論じて、自己に有利な裁判所の判決を請うのである。しかして、所務沙汰訴訟の審理手続きを理会するがためには、当事者弁論の要領および性質をも了知しておくのが便宜でもあり、また必要でもあるから、以下にまずこれを記述する。しかしてその順序は第一に当事者の弁論について記し、次に訴訟手続きは裁判所・当事者いずれの行為が主となって、これを発展せしめたかの問題に及ぶこととする。

(156) 本節にいわゆる「弁論」は書面弁論（裁判所の側よりいえば書面審理）および口頭弁論の両者を含む。

三〇　㈠　当事者弁論の大要　屢述のごとく、所務沙汰は不動産物権の存在・不存在ならびに効力、および不動産物権行使の外的標識たる知行の回収ならびに保持を目的とする訴訟であるから、当事者弁論の要領もまた、右の各場合に分かちて考察されなければならぬ。

(1)　不動産物権の存在・不存在および効力　これに関する訴は次に記述する知行（わが固有法上の占有）の訴に対する意味において純然たる本権の訴であるということができる。したがって、当事者の相論は知行の問題と関係なく、[157] 権利取得の原因たる権原（Rechtstitel）を争うのである。ゆえに訴人は自己の権原に関する主張を正当ならしめる証文を提出して本権を有する旨、あるいは本権の一定の効力を主張し、論人はまた自己に有利な証文を提出して、これに反駁を加えるので、その結果、いずれも相手方提出の証文をもって偽書謀書なりと主張しあうに至ることが多いのである。

(2)　知行の回収および保持

(甲)　知行の回収　この訴の場合には訴人は自己が当該所領の知行を取得した原因を証明し、論人がこれを押領したのはいわれなきをもって、これが知行を停止せしめ、自己をして知行せしめられんことを請うのである。これに対して論人は、訴人にはその主張するがごとき知行の取得原因なく、反して自己がこれを有する旨を主張するのであり、結局多くはいずれも相手方提出の証文をもって偽書謀書なりと主張するに至ること、(1)の場合と異なることはない。[158]

ただ、(1)の場合には、問題は終始本権ありやなしや、もしありとせば、その効力如何ということに存するに反し、この場合においては論人の知行は、はたして訴人より奪取したるものなりや否やに存するとの相違がある。しかして訴人はこれが知行を回復するためには常に本権にさかのぼり、自己が本権を有する旨を主張し、かつ証明しなければならないのである。

けだし、当時、他人の意思に反してその知行を正当(合法的)に取得するがためには、官憲的の手続きによらなければならなかったのであるが[159]、いったん官憲的手続きによらずして押領された以上、これを回復するために被押領者は自己救済の手段をとることを得ず、たとえ裁判の手続きによる場合においても、古き知行を理由として知行の回復を求めることはできなかったのであって、必ず本権にまでさかのぼり、本権の存在を理由としなければならなかったのである。

この本権の存在を訴の理由としなければならなかった点において、この訴はたんに当知行の事実を立証し得れば当知行の効力として本権とは無関係に知行に対する妨害を排除し得た占有保持の訴と区別することができるのである。

(乙)　知行の保持　この訴の場合には訴人は自己が論所の当知行を有する旨および論人がこれを妨害する旨を立証すれば足る。論人はもとより訴人が当知行人なりや否やを争うことができるが、それは事実問題であるから、何らかの方法により当知行人たることさえ証明し得れば、訴人は知行の効力として、裁判所に訴えてこれに対する妨害を排除し得たのである[160][161]。すなわち、この場合には知行が本権より分離して保護されたのである[162]。知行保持の訴による知行妨害の排除に不服な論人は訴人を相手取って、押領の訴を提起し得たことは既述のごとくである。

以上は所務沙汰弁論の典型を記述したにすぎないのであるから、実際にはこれらの弁論は種々に変化しており、また各種の訴が組み合わされていることが多い。しかしこの典型からして、われわれは次のことを知り得る。

(1)　弁論をなすにあたって証拠を使用し得たこと。(163)

(2)　弁論に対する反対弁論は任意にこれをなし得たこと。(164)

(3)　反証を出し得たこと。(165)

さて、以上にあげた弁論の各種の典型は、いずれも訴論人において相手方の主張を争う場合であったが、ときとしては裁判上相手方の主張を承認(自白)することがあった。(166)当時これを「承伏」「不論申(167)」「不及子細(168)」「無異議(169)」「自称(170)」などと称した。(171)

自白はこれを明示の自白(172)と黙示の自白とに分かつことができる。前者の場合には相手方の主張は裁判所により当然真実と認められる。(173)黙示の自白はさらにこれを二に分けることができる。その一はたんに反対陳述におよばぬがゆえに、自白したものとみなされた場合であり、(174)その二は自己の言に矛盾あるがゆえに自白したものとみなされた場合である。(175)(176)

(157)　もっとも年紀相論のごとき場合には、知行が考慮されることはいうまでもないが、それは知行そのものが独立に顧慮されるのではなくて、権原としての年紀の成立要件として観察されるのである。

(158)　上述弁論の内容は『沙汰未練書』所載の訴状および陳状の雛形(第一七項および第三五項に引用す)を研究することによって容易に知り得るところである。

(159)　『古蹟文徴』一、嘉禄元年十二月十五日関東下知状〔鎌三四三九〕に「土佐国御家人片山小大夫実時申、為僧顕快、被押領片山御領公文職由事、訴状遣之、子細見状、実時所帯之元久元年将軍家御下知状中、被載此職畢、顕快有由緒者、申事由、可蒙裁断之処、無音押領之条何様事哉、早召決両方、可令進上申詞起〔記〕并証文之状、依仰下知如件」、『柞原八幡宮文書』二、嘉禄二年八月十八日関東下知状〔鎌三五一五〕に「一　押取神人等給田、宛行所従事、〔中略〕縦有罪科者、相触社家、可糺断之処、無左右点定給田、宛行所従条、頗非沙汰之法、早返与本主、有由緒者、可蒙上裁」、『小早川家文書之一』一一五号、文永三年四月九日関東下知状〔鎌九五二二〕に「比曽三千支事、〔中略〕本仏〔論人〕令押取彼比曽之条、重兼〔論人代〕承伏之上勿論歟、有子細者、可言上事由之処、私抑留之条甚自由也、早可令糺返之矣」などとあるがごとし。

これらの例に見えるように、たとえ由緒(権原)があっても、他人知行の所領を私に押領することは、法律上、許容されていないのであって、これが占有を回収するには必ず上裁を経て公の手続きによらなければならなかったのである。されば、『狩野亨吉蒐集文書』一八、建長元年七月二十日関東下知状〔鎌七〇九二〕に「一　榎田五反并小□□田一反事、〔中略〕如同所進国宣(不記□月)者、榎田五反被押領朝兼由事、如申状者、源尊相伝之処、□□〔朝兼〕無由緒令押領」、『東寺百合古文書』一八三、文永七年五月二十六日若狭国御家人沙弥乗蓮息女藤原氏申状〔鎌一〇六三二〕に「欲被早如元糺返同国太良御庄内末武名為同御家人脇袋兵衛尉範継妻女、無故被押領無謂子細状等」とある「無由緒」とか「無故」とかいう文句は、『御成敗式目』第四三条に「構無実掠領事」とある「構無実」と同じく修辞的理由によって付加されたものであって、法律上の意味は有せぬものと解するほうが適当ではないかと思われる(すなわち、これらの文句をもって刑法第一三〇条に「故ナク人ノ住居又ハ人ノ看守スル邸宅、建造物若クハ艦船ニ侵入シ」とある「故ナク」と同一の意味しか有せぬものと考えるのである)。なお序言註(3)参照。

(160)　以上、本文は註(70)参照。

(161)　上述した「当知行」の効力と同様の効力を有したものに「外題安堵」がある。すなわち、『色部文書』元亨二年七

月七日関東下知状〔鎌二八〇九〇〕に「右、当庄内所々者、祖父和田左衛門四郎茂長所領也、永仁三年七月廿日就譲与亡父弥四郎兼連嘉元元年十月五日賜御外題畢、兼連徳治三年八月十三日譲給章連之間、元応二年六月十六日預御外題、二代知行無相違之処、同八月十八日伯母平氏（河村太郎次郎入道浄阿妻）率多勢、刈取田畠作毛、致追捕狼藉畢、任安堵外題法、仰御使、被沙汰付下地、可被糺返得分物之旨訴申之間、同十月十八日任御外題、先沙汰付于章連、於理非者、追可有糺明之由、仰加地前司有綱、大見肥後彦三郎家長等畢」、『萩藩閥閲録』一二一之四、周布吉兵衛蔵、元徳二年六月二十三日六波羅御教書に「石見国周布郷惣領地頭周布彦次郎兼宗代頼重申、舎兄孫三郎兼光打入惣領分、構城墎、致乱妨以下狼藉由事、重訴状具書如此、兼光就差進代官行秀、其沙汰畢、所詮河上孫三郎入道相共被成下外題安堵守西信去元亨三年六月七日譲状、先撤城墎、可沙汰付惣領分地頭職於兼宗、於理非者、究訴陳状之後、可有左右」とあるもの、これである。

外題安堵法とは、延慶二年五月二十七日〔鎌追七一二条〕に制定された「成安堵御下文所領事、右背御下文、恣押領之条、甚以奸濫也、然者、至所領者、任御下文外題安堵、可沙汰付、至相論者、就理非、可被御成敗、自今以後、若背此制法者、可被収公所領、無所帯者、可被処流刑矣」（『北条九代記』および『武家年代記』上）という法令を指すのである。

すなわち、外題安堵を受けた所領に関して、訴訟が起こったときには、訴の理非をさしおいて、ひとまず安堵を受けた者の知行を全うせしめんとする制度である。この規定は知行の押妨の場合のみならず、その押領の場合にも適用されたのであろうから、安堵の効力は当知行の効力より強大であったといわなければならない。なお、外題安堵については註(6)所引拙稿一〇四頁註(五)参照。

(162)　知行は「不動産物権を有すとの主張にもとづく該物権の行使」を意味するのであるから、知行が本権の観念より全然離れて、保護されるということはありえないが、知行保持の訴の場合には、訴人は自己が不動産物権を有することを裁判所に確信せしめずとも、該物権を有する旨を主張し（裁判所を一応納得せしめ）て、その行使事実を証明さえすれば、妨礙を排除し得たのであるから、この意味において、知行が本権より分離して保護されたものといって差し支えないと考える。なお、この詳細は註(70)所引拙稿参照。

(163) これは現今の法制上はむしろ当然のことであるが、古代法ではしからず、弁論手続きと証拠手続きとを全然分離せしめる制度も存在したのである。

(164) すなわち後述のごとく、所務沙汰の審理手続きは三問三答の訴陳をつがえる書面審理手続き、および当事者を対決せしめる口頭弁論手続きの二の手続きよりなっているのであるから、訴論人をして思うがままに弁論せしめて遺憾なしということができるのであろう。

(165) 第七九項参照。

(166) 自白は口頭弁論のときまで、これをなすことができた。『大友文書』二、文保二年十二月十三※日関東下知状〔鎌二六八八八〕に「一　地頭知行分拾弐町壱段年貢事、〔中略〕当庄下方公田者、為七十壱町弐反余之条、両方無異論、此内拾弐町壱段者地頭知行之由、於引付之座雑掌〔訴人〕申之処、上円〔論人〕令承伏畢」とあるがごとし。註(172)所引嘉暦二年「宝簡集」も参照。

(167) 訴訟上「承伏」の実例はきわめて多い。本項の諸註にも多く見えていることであるから、例証をあげることはこれを省略し、訴訟手続き上の承伏の例として註(136)所引の『円覚寺文書』を指摘しておくにとどめる。

「不論申」の例は、たとえば、『室園文書』宝治二年九月十三日関東下知状〔鎌六九九八〕に「一　地頭屋敷給田事、〔中略〕為新儀訴訟之由、足阿〔論人〕令申之処、泰房〔訴人〕不論申歟、仍非沙汰之限乎」、『中尊寺経蔵文書』一、文永九年六月二十三日関東下知状〔鎌一一〇五二〕に「一　院主職事、〔中略〕於引付之座尋問之処、雑掌不論申歟、然者、如元可返付于院主焉」、『正閏史料外篇』二、小野貞右衛門家蔵、建治三年正月二十三日鎮西下知状〔鎌一二六五〇〕に「右、

両方申旨子細雖多、〔中略〕従承久以来氏久等父祖知行之条不論申歟、年記既経数十年畢、非沙汰限」などとあるがごとし。

(168)『佐賀文書纂』所収「大川文書」仁治二年八月二十二日関東下知状〔鎌五九一八〕に「如行友申者、〔中略〕次浄心取道宗、行元、行村連署、正治二年譲与伊福於道行事、不及子細」、『大友文書』二、文保二年十二月十二日関東下知状〔鎌二六八八八〕に「一 平民在家糸綿事、右百姓所直進也、而地頭打止之由、雑掌申之処、直納事者不及子細、但地頭打止之条不実之旨、上円称之」とあるがごとし。

(169) 前註所引「大川文書」に「如行友〔訴人〕申者、□□二年浄心譲与大河伊福於西念之条無異儀」とあるがごとし。

(170) たとえば『阿蘇家文書』上、三三号、仁治三年十一月十日北条経時雑掌奉書〔鎌六一三六〕に「阿蘇大宮司太郎惟忠申、□□〔亡父〕惟義遺領間事、故入道殿御□〔時〕次男亀熊丸任惟義之譲状、去□□〔文暦〕二年八月廿七日成賜安堵御下文□〔畢〕、随又惟忠者、蒙惟義勘当□□〔之由〕令自称之間、今更非沙汰之限」、註(145)所引『山田氏文書』〔鎌二〇四七六〕に「一 白苧事、右白苧於春毛者、為領家得分之由、郡司〔論人〕申之処、非領家得分、郡司令取之由、地頭〔訴人〕雖申之、為領家進物之由、郡司自称之上者、地頭不及相綺」、『集古文書』二八所収、所蔵不詳、正和元年七月七日六波羅下知状〔鎌二四六二二〕に「御公事以下事者〔中略〕円性〔論人〕等勤仕所役之条、経範〔訴人〕自称之間、可謂承伏歟」、『深堀記録証文』三、正和二年十一月日肥前国彼杵庄戸町浦惣領深堀孫房丸重申状〔鎌二五〇五四〕に「右、当浦惣領事、〔中略〕此条背譲状押妨之段自称承伏畢」とあるがごとし。

(171) 上記諸例は、いずれもいわゆる事実の自白に関するが、そのほかいわゆる権利自白、すなわち認諾の制も存した。たとえば『宗像神社文書』二、文永四年十月二十五日六波羅下知状〔鎌九七八六〕に「一 蛭田村事、右対決之処、子細雖多、所詮、当村天永以後為宗像社領之条無異儀歟」とあるがごとし。そのほか、占有(知行)回収の訴などにおいて、論人が論所論物に「不相綺」と返答する場合があったが、この場合には論人は形式的には訴人の「押領」の主張を争うわけではあるが、実質的には訴人が本権を有することを承認することになるから、「不相綺」は「認諾」と同様の取り扱いを受けた。

『東寺百合古文書』六四、永仁四年十二月二十日関東下知状〔鎌一九二二六〕に「一　公文職事、右当職者、領家進止之処、号一分方公文、宛行于所従源三郎等之旨、教念雖申之、無実証歟、自元不相綺之旨、茂広陳之者、可為領家進止」、『相馬文書』一、永仁五年六月七日関東下知状〔鎌一九三八九〕に「胤□〔氏〕押領重胤分、刈取作稲之由、頼俊〔重胤代官〕依訴申、度々下召符之□□年四月二日請文者、不相綺云々、如重胤重訴状者、不相綺□〔上〕者、可預裁許云々」、『東寺百合古文書』八六、正和二年八月七日六波羅下知状〔鎌二四九四二〕に「如教真〔論人〕同三日請文者、教真者都不相綺候云々（自余略之）者、教真不相綺之旨唯勝〔訴人〕所申非無其謂」とあるがごとし。

『大友文書』二、元亨三年九月二十九日鎮西下知状〔鎌二八五三九〕に「右、就訴状為糺明、今年六月廿六日、七月廿日仰野介左衛門大夫章綱、被召論人之処、如章綱執進孫房丸同八月十七日請文者、自親父種延存日迄、孫房丸知行当年、致弁、所帯返抄也、宜遂結解云々、此上不及子細、遂結解、有未進者、宜究済」とあるもまた、本権の存在はこれを承認しているのであるから、「不相綺」と同様な意味において、認諾と効果を同じくするものというべきであろう。なお、当時、認諾も自白〔狭義〕も区別せず、両者とも「承伏」などの言葉をもって表現していたので、以下においては両者を区別せずに説明する。

(172)　たとえば『宗像神社文書』一、建長五年五月三日六波羅御教書〔鎌七五五二〕に「如種延〔論人〕申者、謝国明遺跡事、後家尼与種延致相論、御成敗未断之間、当時不及遂其節、所詮、任先例被致沙汰事者、不及支申云々者、種延任先例致其沙汰、可相待関東御成敗左右」、「宝簡集」三一〇号、徳治二年十二月二十四日六波羅下知状〔鎌二三一二二〕に「右、就学侶等之訴、有其沙汰之処、如去月廿二日助顕〔論人〕状者、年貢未進事、於員数者、雖参差之子細候、未進之条者勿論候、仍可遂結解云々者、助顕出承伏状之上者、任申請可被遂結解之由、可預裁許之旨、学侶等所申有其謂歟」、

「宝簡集」九九号、嘉暦二年六月二十七日六波羅下知状〔鎌二九八七三〕に「右、就訴陳召出両方於引付之座、相尋之処、〔中略〕追出預所之条、覚源論申之、可被補穏便預所之由載陳状之間、不追出雑掌之上者、可有御沙汰之由、覚源於引付之座承諾、然者、可沙汰居雑掌於庄家」とあるがごとし。

(173) 註(159)所引『狩野亨吉蒐集文書』〔鎌七〇九二〕に「在家十五宇外田畠事、〔中略〕在家人等於令耕作屋敷外田畠者、争可対捍公事之由、源尊承伏之上、為勿論歟矣」、『中尊寺経蔵文書』一、文永九年六月二十三日関東下知状〔鎌一一〇五二〕に「一　白山宮別当職事、〔中略〕次、同社領弐箇所〔瓱尻小前沢〕事為当社別当分之条、雑掌〔論人〕承伏之上者、不及異議」、『円覚寺文書』一、正応三年九月十二日六波羅下知状〔鎌一七四四六〕に「次、検注事、雑掌書混二問申状之処、不載本解状之間、可為各別沙汰之由、寂入令申之刻、雑掌令承伏畢、此上不及子細」とあるがごとし。なお、註(159)所引『小早川家文書』をも参照。

(174) 註(145)所引『山田氏文書』〔鎌二〇四七六〕に「一　桑下地利物并直人等得分事、〔中略〕宗久〔訴人〕於蓮実状者、雖論申、至直心状者、無異論之間、承伏之」、『正閏史料外篇』二、山内縫殿家蔵、文永四年十月十七日関東下知状〔鎌九七八八〕に「一　備後国地毘庄内四ヶ所〔中略〕次、同庄内上原村事、深念西妙寛喜仁治譲状外不帯証文之由、俊―〔訴人〕雖申之、引隠各別譲状之旨時通〔論人〕等令申之上、俊―多年知行之条、云俊―、云時通等、不論申歟其上不及子細歟」、『東大寺文書』(三)一、元亨二年十一月日播磨国大部庄公文孫九郎久忠後家性阿重陳状に「彼和与状并代々御下知等令備進之処、不論申上者、皆以承伏也」とあるがごとし。

(175) 「宝簡集」一五〇号、嘉元四年九月七日関東下知状〔鎌二二七二二〕に「一　百姓分年貢事、〔中略〕年々算勘之後、令棄破返抄者、可帯皆納請取之処、無其儀之上、捨返抄之条無証拠歟、為一庄例者、地頭難所持之処、令帯返抄之間、非無矯飾歟、其上雑掌不出返抄之旨、載百姓解畢、未進之条可謂承伏歟」とあるがごとし。

右は自己の言論に矛盾あるがために、相手方の主張を承認したものとみなされた場合であるが、一般的にいって矛盾の言論は無理の証拠と見られたのである。『正閏史料外篇』三、正安二年五月二十三日六波羅下知状〔鎌二〇四四八〕に「秀信〔論人〕始者自身知行之由申之、後亦為了信代官之旨変申畢、〔中略〕地頭進止之由広氏等〔訴人〕所申旁不乖理致歟」とあるがごとし。

(176)　訴の全部を論人が承諾するときには裁判所はそれ以上の審理手続きにおよばずして、ただちに判決を下す法であった。たとえば『正閏史料外篇』二、弘長三年七月二十日関東下知状〔鎌八九七二〕に「熊谷左衛門三郎祐直与舎見〔兄〕図書助直時相論安芸国三入庄倉敷参分壱事、右、擬召決之処、於三分一者、祐真〔ママ〕可相綺之由直時令契約之後、知行無相違之旨、直時去五月進請文畢、此上勿論、早任彼状祐直可致沙汰也者、依将軍家仰下知如件」、『北里文書』元亨四年十月二十日下知状〔鎌二八八四二〕に「満願寺住僧兵部卿律師隆済申、当寺文書事、右当寺北坊以下隆経進止所領所職等去正和三年四月一日隆済所宛給也、爰寺家文書悉可付渡之処、大輔阿闍梨隆賢拘惜之条無謂之由訴申之間、仰于綿貫二郎左衛門入道契実、可尋注進之旨、去年九月七日遣奉書之処、如執進今年二月廿九日隆賢請文者、去与役僧職於隆賢者、可勘渡件文書云々、承伏之上、不及異儀、於文書者任目録員数、可付渡隆済、次供僧職事、雖載隆賢請文一篇、可為各別訴訟間、不及沙汰者、仍下知如件」とあるがごとし。

三一　(二)　訴訟手続きの進行に関する主義　当事者と裁判所との機能が訴訟手続きを進行せしめるうえに、いかなる程度にまで発現するかを、両者の関係より考察して、われわれは当事者追行主義(Parteibetrieb)と職権追行主義(Offizialbetrieb)とを分かつことができるが、私の解するところによれば、所務沙汰の訴訟手続きは当事者追行主義をもって主調としていたようである。(177)

なんとなれば、(1)訴訟の開始については、常に訴人の訴状提出がなければならず、裁判所は自ら進んでこれを開始し得なかった。(178)

⑵審理手続きの進行については、㈹当事者は三問三答以前において、一問答あるいは二問答の訴陳をもってただちに対決に移らんことを請求できたが、裁判所はだいたいこの請求にしたがったようである。[179] ㈺論人が陳状を提出しない場合に、裁判所の出す催促の書下[180]およびさらにその違背に対して発する召文[181]のごときは、いずれも訴人の請求によって出された。

⑶訴訟の終了[182]については、㈹召文三箇度違背の場合にも裁判所は必ずしもただちに他方当事者勝訴の判決を言い渡すわけではなく、その者より相手方の召文違背の咎をあげ、その篇をもって沙汰あらんことの請求があって、はじめてこれを言い渡すを常とした。[183] ㈺訴論人は和与（和解）状を作成し、裁判所よりこれに対する下知状を受け、これをもって訴訟を終結せしめることができたが、この下知状には裁判所は当事者において和与する上は、異議におよばない旨を付記する例であった。[184] 訴人はまたいつでも訴を取り下げることによって訴訟を終結せしめることができた。[185][186][187]

（177） 当事者追行主義は、これを後述の弁論主義（Verhandlungsmaxime）と混同せざらんことを要する。なんとなれば、前者は訴訟手続きの進行（Fortsetzung des Verfahrens）に関するもので、後者は訴訟資料（Prozessstoff）の蒐集および利用に関するものだからである。Heilfron-Pick, Lehrbuch des Zivilprozess-rechts, Bd. 13 Aufl. S. 441. 弁論主義と職権追行主義とが両立し得るものであることは、両者がドイツ普通法で相ならんで行われていたことによって知れる。Engelmann, Der Civil-prozess, Allgemeiner Theil : S. 179.

（178） 『御成敗式目』第五一条に「就訴状、被下問状者、定例也」とあるによれば、問状は訴状につき下されるのが常例であったことがわかるが、その反対に問状は訴状（の提出）がなければ下されぬものであったことも、この条文の反対解釈および当時の実状によって、これを知ることができる。なお、註(109)において記述したところによると、親が子の財産を押領したような場合には裁判所が職権をもってこれを審判したことがあったのであるが、かくのごときはきわめてまれな例外であったというべきである。

(179) 第三七項参照。

(180) 註(218)参照。

(181) 『御成敗式目』第三五条に「就訴状遣召文事、及三箇度、猶不参決者、訴人有理者、直可被裁許」とあるがごとし。この文には「就訴状遣召文」とあるが、訴の提起あるときは通例、問状を発するのであるから、ここに「訴状」とある語は「訴訟」と同義で「就訴状」とは訴人の請求によりてという意味であろうと考える。いずれにしても通例訴状がなければ、召文の発せられなかったことは確かである。さればこそ、『東寺百合文書』と八五号、大和平野殿庄雑掌聖賢申状案〔鎌一九六五二〕に「副進」として「一通　可被召交名人傍例召符案(但交名人注文并傍例召符案文外具書等御不審之時御引付可持参者也)」をあげて、本文に「且任注文是非、先被召交名人者、傍例也、仍傍例之召符案備進之、所詮、任先傍例、被成直召符文章、可召取進悪党人等之由、為被仰下厳制之御使、仍言上如件」と記し、自分提出の傍例召符案のごとく、召符の文章を書き直されんことを裁判所に求めるようなこともあり得たのである。

(182) 以下に記すがごとき特別の訴訟終了でなくして、三問三答の訴陳をつがえた後、理非につき判決を下される場合には、少なくとも、引付問答後は、当事者の請求がなくとも、裁判所は進んで所定の手続きを行い、判決を下したものと思われる。なお、第三八項の場合は当事者追行主義に対する一の明白な例外である。

(183) 第四三項。　(184) 第六九項。　(185) 第七二項。

(186) このほか、証拠資料の蒐集については弁論主義の行われていたこと、後述のごとくである。

(187) 当事者追行主義と併行していかなる程度にまで裁判所の訴訟指揮が行われたかは、すこぶる興味ある問題であるが、ここにまとめて記述するだけの史料がないので、随所に分説するにとどめた。

第二款　書面審理

三二　ここに書面審理とは、訴訟当事者をして訴陳状を交換せしめることによって、裁判所が当該訴訟に関する事実上、および法律上の判断を得る手続きをいうのである。三問三答にして理非すでに顕然たるため、対決におよばずして、ただちに判決する場合に[188]、三問三答の訴陳状の交換が書面審理たる性質を有することはいうまでもないが、しからざる場合、すなわち対決のある場合といえども、訴陳状をもってたんなる準備書面とのみ見ることを得ないのである。けだし、先に記述したごとく、訴の客観的範囲は本解状以後、これを拡張することを得ず[189]、新しき証拠方法は二問状までにこれを提出することを要し[190]、しかして、対決のときには、先に交換せる訴陳状を読み合わせたのであって[191]、訴の内容は訴陳状によって確定されたものだからである。

(188)　第三八項参照。　(189)　第二五項参照。
(190)　第八二項参照。　(191)　第四八項参照。

三三　前述の手続きにしたがい、訴状が賦奉行より一方引付に賦られて、該引付において当該訴訟担当の奉行、すなわち本奉行が治定すると、ここに問状が発せられる[192][193]。

問状の様式は、探題消息[194]、御教書[195]、奉書[196]、あるいは書下[197][198]である。問状の内容は、某が何々のことを訴え出たので、その訴状・具書を送るから、(そのことにつき)明め申せ、弁じ申せ、注し申せ、あるいは陳状(もしくは請文)

を進めよというのであって、この「明申」「弁申[199]」「注申[200]」「進陳状[201]（請文）」という文句が問状の必要にしてかつ十分な（実質的）要素であったのである。[202] ときとしては問状に明め申すべき期限を付記することがあった。日限の召文に対して、これを「日限問状」と称し得るであろう。[203]

(192) 提起された訴につき、受訴裁判所は通例以下に記述するように、問状（論人当参のときは召文）を発するのであるが、ときとしてはまずほかの官庁宛ての御教書を発し、これをして当該事件を調査せしめ、あるいは一応の裁判をなすべきことを命ずることがあった。けだし、論地が遠隔なこと、そのほかの理由により、かかる方法をとるほうが便宜であると考えられたためであろう。

たとえば、『政所惣検校益永家職掌証文写並諸事』嘉禎二年九月五日鎮西奉行宛六波羅御教書〔鎌五〇三三〕に「宇佐外宮嗣輔申豊前国下毛庄封秣糸永名太田壱町事、訴状折紙（副具書）如此、如状者、賜関東貞永天福両度御下知状云々、任状可有御沙汰歟、若又有子細者、可注給候哉、仍執達如件」、『春日神社文書』第一、一一号、仁治三年三月二十六日六波羅探題宛関東御教書〔鎌六〇〇五〕に「紀伊国日前国懸国造宣親与興福寺住侶信暁相論神宮寺別当職事、両方申状（副具書）遣之、早召決彼是、可被注進之状、依仰執達如件」、『柞原八幡宮文書』二、建長六年十月七日六波羅探題宛関東御教書〔鎌七八〇九〕に「豊後国一宮賀来社神官等申、宇佐宮造営役事、解状（副具書）遣之、如状者、彼宮造営之時者、当社同造替之間、先例不致其勤之処、守護人宛催云々、早尋究先例之勤否、所申無相違者、可停止彼催促之由、可令加下知之状、依仰執達如件」、「又続宝簡集」一二二号、正嘉元年九月二十七日六波羅探題宛関東御教書〔鎌八一五二〕に「紀伊国丹生屋村地頭品河左衛門尉清尚申、同国名手庄沙汰人百姓等致度々狼藉之由事、訴状（副具書）如此、早可令尋成敗給、若又有子細者、可被注申候」、『東大寺文書』永仁二年七月二十九日※長門探題宛関東御教書（編年文書所収）〔鎌一八六〇五〕に「造東大寺大勧進良観上人申、周防国諸郷保所務事、訴状（副具書）如此、地頭等致濫妨云々、且守代々御下知、且任例先可相従国衙由事、加下知、有子細者、可被注申之状、依仰執達如件」、『阿蘇文書』二、正安二年正月二十日鎮西探題宛関東御教書〔鎌二〇三六二〕に「肥後国阿蘇大宮司惟国申、上分稲事、訴状(副具書)如此、如状者、為一国平均所役之処、近年地頭御家人等対捍云々、事実者、不穏便、任先例可致其沙汰之旨相触之、若有子細者可被尋注進之状、依仰執達如件」などとあるがごとし。

この場合には受託裁判所は命を奉じて、訴論人を審問して、あるいは判決を下し、あるいは問注記もしくは両当事者の訴陳状・具書などを相具して、受訴裁判所に委細を注進するわけであるが、この問題の詳細は別の研究にゆずることとする。

(193) しかし、場合によっては、問状を遣わす前に、裁判所より訴人請求の趣旨を論人に示して、これを尋問したことがあった。これを「尋下」と称したが、このときには論人の請求があってはじめて裁判所より問状を交付したらしい。『正閏史料外篇』三、宗像氏雄家蔵、延慶三年十二月六日鎮西下知状〔鎌二四一三二〕に「右、名主刑部律師琳海正応四年以後不従地頭所務、抑留得分之由、氏盛就訴申、度々雖尋下、琳海無音之間、以多久太郎宗経、山城弥五郎入道妙喜、重加催促之処、如宗経等執進琳海去年五月八日請文者、給本解状、可明申云々」、『東寺百合古文書』四七、元徳元年十一月七日関東下知状〔鎌三〇七七三〕に「一 当庄内木郷一方分役事、定祐依訴申、尋下之処、下給本解、可遂結解之旨、守政代利澄就捧状、去六月九日雖被下彼状、依不進陳状、同七月四日加催促之上、八月四日以使者重相触訖」とあるがごとし。この場合においても、訴訟は問状の発行によって開始したものと見るべきであろう。

(194) 六波羅探題、鎮西探題のほか、幕府両執権をも探題と称することがある。『沙汰未練書』「御下知被成事」の条に「探題者、関東者両所、京都者両六波羅殿云也」とあるがごとし。本文にいわゆる探題消息の探題は、関東・京都および鎮西の探題を指称するのである。探題消息体の問状は、本所が論人たる場合に限り、発せられたように思われる。『東大寺文書』㈣一二一に

美濃国茜部庄地頭代迎蓮申、当庄損亡事、申状(副具書)進上候、子細載状候、以此旨、可有御披露候、恐惶謹言、

(永仁六)九月卅日　　右近将監宗方

謹上　中納言法印御房　　前上野介宗宣

［鎌一九八一七］

『桂文書』一に

若狭御家人等申、末武名主職事、重訴状(副具書)如此、先度雖触申、未承左右候、何様事候哉、恐々謹言、

七月十二日　　左近将監(花押)

謹上　卿法印御房

とあるがごときはその実例である。ただし、これらはいずれも六波羅消息体問状も存したのであろうと信ずるが、いまだその実例に逢着せざるため、これを挙示し得ないのは遺憾である。関東および鎮西探題の消息体問状

(195)『沙汰未練書』には御教書を定義して「一　御教書トハ　関東ニハ両所御判、京都ニハ両六波羅殿御判ノ成ヲ云也」と記しているが、かなり漠然とした書き方である。鎌倉時代の武家文書にして、御教書といわれたものに三種ある。その一は「関東御教書」で両執権が加判するもの、その二は「六波羅御教書」で両六波羅探題が加判するもの、しかしてその三は「鎮西御教書」で鎮西探題が加判するもの、これである。その様式は三者を通じてだいたい同一で、事書がなく、留書が「依仰執達如件」であり、かつ宛所の記載があるのがその特徴である。『池田文書』一に

右大将家法華堂一和尚大弐僧都成信跡供僧職事、大進僧都頼元申状遣之、早可令弁申之状、依仰執達如件、

永仁六年九月七日　　陸奥守(花押)

相模守(花押)

宰相律師御房

［鎌一九七九八］

とあるが、これはすなわち関東問状御教書である。御教書の留書は「依仰執達如件」がふつうであること、前述のご

とくであるが、ときには「之状如件」の留書であることもある。たとえば註(200)所引『阿蘇家文書』のごとし(このことは奉書、書下についても同様である)。

なお、第二三項において記したように、『新式目』訴訟問状事の条〔鎌追六四一条〕に「即時可成御教書之旨、可被仰引付」とある御教書は、問状御教書の意味である。しかるに塙氏はこの法令の意味を「按、訟訴〔ママ〕問状とは訴人ある時、問注所の賦奉行より訴状を引付の方に賦し、引付頭人より奉書を訴人にあたえ、論人をして返答をいたさしむる奉書のことなり、ただし訴訟の旨趣道理にかなわざるものは、問状を与えずして、沙汰に及ばれざるの御教書を訴人に給うべしとなり」(『武家名目抄』職名部九、問注所執事の項按文)と解し、この御教書を沙汰に及ばれざるの御教書といっているが、かく解してはこの条文の前後両段の意味を連絡せしめることは困難である。けだし、賦奉行より引付に賦らないものにつき、引付奉行人は御教書を発しようがないからである。

該条文の意味は、第二三項にて述べたように、理由のないことの顕然な訴訟は、すでに賦奉行のもとで最初から引付に賦らぬのであるから、引付に賦られた訴はすべて一応、理由ありと認定されたものであり、したがって、その点の調査に隙取らずに、引付は問注所より賦を受けたなら、ただちに問状御教書を発すべしということである。

(196)「奉書」とは『沙汰未練書』に「一　奉書トハ　諸方頭人奉行奉書也」とあるがごとく、様式は御教書と同様であるが、ただその差出書が引付頭人の加署にかかる場合をいうのである。問状奉書の例は六波羅のものなるも、「田中家文書」二一五号(『石清水文書之一』四一三頁)に

八幡宮領淡路国鳥飼別宮雑掌申、所務事、別当法印状(副解状具書)如此候、□□入者、守新補率法之由雖載、猶以両様兼帯云々、不日可被明申之状如件、

文永七年八月十三日　散位(花押)

地頭殿　〔鎌一〇六六九〕

とあるをあげることができる。散位は誰であるか判明しないが、おそらく引付頭人であったろうと察せられる。同じく引付頭人署名の問状でも、『賜蘆文書』二六所収「鹿島文書」一に載せてある

磯部禰宜行重申、神事対捍事、申状如此、早可被明申候也、恐々謹言、

弘安四年十二月廿二日　　〔五番引付頭人、藤原泰盛〕

秋田城介〔花押〕

〔鎌一四五二一〕

のごときは、消息〔書状〕様式の問状であって、奉書ではない。この種のものは奉書よりも鄭重な場合に使用されたこと、おそらく問状御教書と探題消息様式の問状との関係と同一であったろうと考えられる。

なお、奉書については、『新式目』〔鎌追五七五条〕に「一　引付頭人可下奉書」とあるを参照すべきである。

(197) 書下とは、『沙汰未練書』に「一　書下トハ　執筆奉行人奉書也」とあるがごとく、奉書と同形式で、ただ署名者が引付頭人ではなくして、本奉行(ある場合には合奉行もともに)である文書をいうのである。『大石寺文書』に

富士上方上野郷一分給主新田五郎後家尼蓮阿申所当米以下公事事、訴状如此、子細見状、早可被弁申之由候也、

仍執達如件、

徳治二年二月十七日　　僧〔花押〕

左衛門尉〔花押〕

南条七郎二郎殿

〔鎌二二八六〇〕

とあるがごときは、おそらくその例と考えてよろしいであろうと思う。

(198) 上述様式の差違は、問状の宛所(必ずしも論人であるとは限らない。第三四項参照)の身分上の差違(本所であるか、地頭であるか、凡下であるか、などという)によって左右されたものと思われる。

(199) 「明申」および「弁申」の実例は本項諸註所引文書を参照。「明申」の一変形とも見るべきものに「致明沙汰」とい

う文句があった。『保阪潤治所蔵文書』二に

法金剛院領甲斐国稲積庄年貢事、御室御消息(副導御上人状)遣之、無殊子細者、早可令致明沙汰状、依仰執達如件、

正応四年十月五日　　陸奥守(花押)

相模守(花押)

地頭中　　〔鎌一七七二二〕

とあるがごとし。

(200)『阿蘇家文書』上、三八号、宝治三年※三月三日地頭代宛六波羅御教書〔鎌六九四六〕に「肥後国守富庄雑掌申、当庄下司実村代官隠置御年貢於当社由事、禅定殿下御教書(□訴状)如此、子細見状、早可注申之状□件」とある。

(201)「進請文」の例は『東寺百合古文書』六、嘉暦四年六月二十八日六波羅御教書〔イ二八ノ五号〕に「摂津国垂水庄雑掌行胤申、八木八郎左衛門入道信家(今者死去)息女日下部氏女押領当庄事、申状具書如此、不日可被執進請文也」と見ゆ。この種の文言は問状が論人ではなく、論人進止者に宛てられた場合に使用されたのであろう。

「進陳状」の例は、『東大寺文書』(編年文書所収)〔鎌二三九四二〕に「東大寺学侶等申、寺領美濃国茜部庄年貢事、重訴状如此、早可令進陳状様〔ママ〕候、仍執達如件、徳治二年四月十七日　気道判、源知判　地頭殿」とある。もっとも、これは再訴状に対する問状であるが、本解状に副えられた問状にも「進陳状」という文言は使用され得たであろうと推察する。註(473)所引「宝簡集」参照。

(202)ふつうの問状は上記諸例のような内容を有しており、訴人請求の趣旨のごときは、添送の訴状・具書にゆずり、問状にはこれを載せぬのであるが、ときには『宗像神社文書』二に

筑前国宗像社雑掌申、西郷沙汰人押領本木保内入免田拾町並小武畠等由事、解状遣之、如状者、去々年可遂問注

之由被載御教書之処、庄官等為下作人之間、依不帯証文、借請藤原三氏等文書等、擬逢問注之処、彼三子等所寄進文書於社家也云々者、早可被弁申之状、依仰執達如件、

文暦二年九月十九日　武蔵守在御判
相模守在御判

下野入道殿　〔鎌四八二一〕

とある文書のごとく、訴人請求の要領を記載したものもある。しかしこの種のものはあまりみあたらない。

ここに注意すべきは、鎌倉時代に問状と呼ばれた文書に二種存したことである。その一は訴の提起あるに際し、裁判所より論人に対して、明め申せ、陳じ申せ、などと命ずるもの、すなわち本款の主題たる問状であるが、その二は『沙汰未練書』安堵事の条に「於関東有其沙汰、奉行人三方也、随思々申之、先本御下文並手継譲状先祖相伝系図等如此具書調、本奉行所可上之、所申無子細者、其国守護或一門親類等以奉行奉書被尋当知行有無也（是問状奉書云）」とある「問状奉書」で、安堵訴訟に際し、幕府より当該所領所在地の守護あるいは一門親類などに奉行奉書をもって当知行の実否を尋問する文書である。『山田氏文書』所収の

大隅式部孫五郎入道々慶子息清三郎丸申、薩摩国谷山郷山田上別府両村地頭職安堵事、申状（副具書）如此、早云当知行之実否、云支申仁之有無、載起請之詞、可被注申也、仍執達如件、

嘉暦四年五月廿三日　修理亮〔花押〕

嶋津三郎兵衛尉殿　〔鎌三〇六〇九〕

はすなわち第二の意味の問状（鎮西御教書の）である。室町時代においてもこの両種の問状は依然存続したが、そのほかに第三種の問状奉書が生じた（第二篇第六一項参照）。右三種の問状はこれを混同してはならぬ。萩野博士が「鎌倉時代の裁判手続」（『法制論纂』一〇六頁）において、問状御教書の例として挙示された「野上文書」および『東寺文書』

のうち、「野上文書」のほうは引例として適当であるが、『東寺文書』にいたっては、上述第三種の問状奉書であって、鎌倉時代の問状の例としてあげるには不適当である。なお、問状という言葉は、ある場合には訴状のことを意味した（第三七項参照）から、注意を要する。

（203）　本解状にそえて出す最初の問状にも日限を付し得たか否かは不明であるが、重訴状にそえる問状にはこれを付し得たことは『二階堂文書』一に

薩摩国阿多郡南方地頭鮫島太郎入道蓮覚申、令押留南方内田畠在家以下所々由事、重訴状（副具書）如此、来月五日以前可被明申、令違期者、殊可有其沙汰也、仍執達如件、

嘉元三年九月十二日　　上総介（花押）

隠岐三郎右衛門入道殿跡　　〔鎌二二三二三〕

とあるによって知れる。この文書に「令違期者、殊可有其沙汰」というのは、訴人勝訴の判決を与える意と解されぬこともないが、また召喚の手続き（ことに使節による）に及ぶべしとの意に取れぬこともない。ほかにこれを解決すべき史料がみあたらないから、いずれとも決しがたい。

三四　問状は当事者すなわち訴人が自ら、あるいは使者をもって論人のもとに送達する制であった（当事者送達主義）[204]。しかして問状とともに訴状・具書・挙状など訴提起のとき、裁判所に提出された文書類は、すべてその原本が論人のもとに送達されたのである。[205]

問状はふつう論人自身に宛てられたが、論人が他人の進止に服する者である場合には、進止者たる地頭、本所、守護あるいは正員（論人が代官である場合）に宛てられたのである。[206]

かく当事者送達主義をとった結果として、論人方では訴人の訴状送達によってのみ、自己に対して訴が提起されたことを知り得たのであるから、彼は裁判所の催促状に対して、いまだ本解状を受け取らない旨を答え、もって本案に関する答弁の責任を免れることができたのである。(207)

(204)　このことは註(125)に記述したように訴人が問状をもって狼藉を行ったこと、および本項後段に記すごとく、論人がいまだ本解状を受け取らないということをもって、本案答弁拒否の理由としたことによって知り得る。ことに『比志島文書』三、嘉暦元年十月日薩摩国比志嶋孫太郎入道仏念代義範申状〔鎌二九六三八〕に「号入来院地頭代貞雄、対于仏念申成御教書由、雖承及、不付本解状並御教書、令隠密上者、任□□被成下返御教書、被究明掠訴、欲蒙御成敗、童鬼太郎男平三郎並次郎検校所当米由事」とあるに対して、裁判所は同月二十五日※に入来院地頭代に宛て、「薩摩国比志嶋孫太郎入道仏念代義範申、所当米事、申状乍為訴人、不終沙汰篇云々、来月五日以前可被明〔沙汰篇を終えざる理由を〕之状如件」という鎮西御教書〔鎌二九六三九〕を発したが、両者を対照してみれば「不付本解状並御教書」ことがすなわち、「不終沙汰篇」ことであることがわかる。すなわち、この史料によってわれわれは本解状ならびに問状、御教書を論人に交付することは訴人の義務とされていたことを知るのである。

そのほか「又続宝簡集」一四九五号、文永四年十二月日阿氐河庄雑掌陳状案(『高野山文書之六』五九四頁)〔鎌九八二六〕に「乍掠申十一月廿日之御問状、月迫十八日進上領家之条、謀計結構之至、無比類之者歟、(中略)是併構種々虚誕、掠申之間、依難番相論、乍下給御教書、即不付進之、相計不可有御物沙汰之時節、令披露者也」、『東大寺文書』(四)十三、(文永六年)東大寺領美濃国茜部庄預所大法師賢舜重申状〔鎌一〇五一六〕に「寺家領所在欲庄務之処、一向募武威、不叙用寺家之使者之間、始而訴申武家了、仍申下六波羅殿御教書之処、于寺家使者(小綱慶尊)申云、当庄者正員地頭殿出羽守令請借上而、所知行来也、今行村庄務即此故也、其上一向寺家進退御庄也、全不可有武家御口入、然者今更非可賜武家御問状之処、武家御教書者、謀書歟、仍不能御返事云々、爰使者慶尊申云、寺家進止之条勿論也、然而日比不拘寺家所勘而被妨預所知行之刻、非武家御教書者、不可用之旨、度々被申之間、所申下御問状也、今申状相違之由返答之処、終以不申武家之散状」、『正閏史料外篇』四、熊谷帯刀家蔵、年号不詳（正中頃か）十一月七日宣時請文［鎌二九二四五］に「美濃国鵜飼西庄地頭泰高申、用水事、去年就地頭代光綱申状、御催促之間、即召進代官於京都候之処、不進本解状、無音之間、及両度申付進御教書候了、而猶以不参対云々、爰如今度御教書並催促状者、訴状所進之由雖被載之、又以不付候」、「山田譜」（『薩藩旧記』所収、以下同じ）元徳二年十一月日谷山五郎入道覚信代教信重申状［鎌三一二八九］に「次、掠給御教書、両年不付之由事、即雖付之、不及陳答之間、申付度々御教書畢」、『東寺百合文書』セ一之二十、元徳二年九月八日地頭代豪円請文［鎌三一二〇二］に「最勝光院領遠江国村櫛庄雑掌定祐申、西郷大村櫛村去年分年貢未進由事、八月四日御教書今月七日到来、謹拝見仕候畢、抑如訴状者、両度被仰下云々、今度御使御教書外、全以不令到来候」などとあるがごとき、いずれも、訴人が問状を送達するという前提のもとにはじめてよくその意味を理解し得るのである。

(205)　本解状に限らず、すべての訴陳状・具書などは、裁判所に提出されたものそれ自身が相手方に送達されるのであって、裁判所にはその写を取っておくにすぎない。それは問状には「訴状具書如此」と記してあり、三問三答の訴陳を究めた後は、訴陳状の正文を奉行所に返進する例であったこと（第四六項）によって推知される。

(206)　地頭（代）宛ての例は、『東大寺文書』㈡一、正安元年六月一日鳥見庄地頭代宛奉行書下［鎌二〇一三四］に「東大寺三綱等申、三ヶ庄用水事、重申状具書如此、早可被進陳状之由候也」とあり、同六月二日鳥見庄地頭代請文［鎌二〇一三七］に「東大寺三綱等申、三ヶ庄要用事、百姓解謹下候畢、交名内下司実真、深慶者成地頭敵対、致種々狼藉候之間、当時於五番御手、番訴陳候上者不能私催促候、於自余之交名人等者、不日可明申之由可加下知候」とあるがごとし。

守護（代）宛ての例は、『東寺百合文書』ア二十一之三十五、正応二年八月十五日守護代宛六波羅御教書［鎌一七一〇

七」に「東寺領若狭国太良庄雑掌浄妙申、同国上下宮社禰宜光景並税所代光範等宛行造営用途於当庄、攻入数十人使者、致呵責由事、執行法印状(副訴状具書)如此、早可明申之旨可相触彼等状如件」とあるがごとし。そのほか註(200)所引『阿蘇家文書』参照。

上掲諸例において、問状が地頭あるいは守護自身に宛てられず、地頭代あるいは守護代に宛てられたのは、正員が不在であるか、あるいは彼らに敬意を表するためかのいずれかの理由に出づるものであろう。代官問状が正員(本人)に宛てられたことについては註(214)を参照。

(207) たとえば『諸家文書纂』所収「野上文書」元応二年二月二十八日野上太郎左衛門尉資盛代信貞申状〔鎌二七三八七〕に「彼田地事、今度催促之外、不存知之、不付本解、申成使節之条奸謀也」、『詫磨文書』二、元徳二年六月五日鎮西下知状〔鎌三一〇五六〕に「如執進去四月六日親基請文者、不付本解状之間、巨細不存知候、早下給之、可令明申云々」とあるがごとし。

二度三度の御教書についてもまったく同様である。たとえば「又続宝簡集」一四八二号、永仁二年正月日高野山衆徒陳状案(『高野山文書之七』二頁)〔鎌一八四六六〕に「初度御教書者、正応五年三月十六日御教書也、同年八月六日到来、経数ヶ月、雖令到来、即八月十二日進請文畢、今於二ヶ度之御教書者、全不令到来、掠置両度之御教書、不及請文陳状之由申条、造意之企奸曲也」とあるがごとし。

したがって、論人の異議により、訴人が再び本解状を書き進めた例がある。たとえば『深堀記録証文』三、正和元年八月日肥前国彼杵庄内戸町浦地頭深堀孫房丸申状〔鎌二四六四七〕に「不仕本解由申間、正和二八一重書上」と註してあり、「台明寺文書」元応元年閏七月日大隅国台明寺雑掌澄海重申状〔鎌二七一一八〕に「当国目代々官甲斐阿闍梨盛範追捕当寺領止上村百姓等住宅、致打擲以下狼藉間、就訴申、雖被成御教書、顧無理、至于両年、不及陳状、剰不受取本解状由掠申間、重雖書上」とあるがごとし。なお、註(204)所引『東寺百合文書』を参照。

三五　問状を受け取った論人は陳状あるいは請文を、論人の進止者たる地頭・本所、あるいは守護などは請文を裁判所に提出しなければならぬ。

論人が陳状を提出するのは、すなわち訴人の訴に対してこれに応訴し、かつ反駁を加えんとする場合である。

陳状の様式は『沙汰未練書』に

一　何国何所地頭某代某謹陳申トモ、又弁申トモ、欲早被棄捐無窮濫訴、任御下文手継証文等旨、頂裁許、

当国何所々領田畠等事、

副　進

一通　御下文案

一巻　手継証文等案

右如某偽訴状者、件所領田畠等者、某重代相伝之所領也、而某恣令押領之条無謂云々、所詮此之条無跡方不実也、於彼所領田畠等者、任御下文手継証文等旨、代々相伝知行無相違之処、押領之由掠申候条奸謀也、以前条々、雖多子細、皆以為枝葉之間、取要、大概支論言上、

以如此草案、自余之趣相論之色目委細可書之、初陳状如件、二答三答状重弁申ト書ヘシ、

とある。[208] 論人が請文[209]を用いる場合はだいたい(1)相手方の訴に訴訟条件が欠けているために本案答弁を拒否するとき、[210] (2)問状を受けて自ら裁判所に出頭し、または代官を出頭せしめんとするとき、[211] (3)相手方の主張を認諾するとき、[212] この三箇の場合である。[213]

問状の宛所たる論人の進止者が裁判所に提出する請文には二種ある。その一は論人が問状につき、陳状あるいは請文を提出した場合に、これを裁判所に「執進」めるものであり、(214)その二は論人が陳状も請文も進めぬ場合に、その旨を裁判所に報知するものである。(215)(216)

もし問状を受け取った論人が陳状も奉らず、また請文にも及ばないときには、訴人は論人に対して陳状を提出すべき旨の命あらんことを裁判所に請求し得る。この請求状を「催促書状」と称する。(217)『沙汰未練書』に

一　催促書状書様事

何国何所某申、何々事、乍請取本解状、于今無音之上者、以御書下被召出陳状、急速可被経御沙汰之由、

折々以此旨、可有御披露候哉、恐惶謹言、

何　月　日　　　　某裏判

御奉行所、子細同前、

とあるもの、これである。この場合、裁判所は論人に対して、陳状を提出すべき旨の「催促状」を下すのである。(218)

(208) ときには起請文をそえた陳状を奉ったことがある。『三国地誌』巻之百、長谷部利長陳状に「一々子細披陳如斯、但為致〔ママ〕虚言之御不審、制〔副〕起請文、言上如件」とあるはその例である。

(209) 『沙汰未練書』に「一　請文トハ　就御教書奉書等、左右ヲ申状也、又散状トモ云也」とある。

(210) 『河上山古文書』八、元亨三年五月十六日鎮西下知状〔鎌二八四〇二〕に「執進去年七月十一日長政請文者、如雑掌解者、乍知行河上宮最勝講免向嶋内三丁、不弁神用云々、何田事哉、不備進坪付之間、不存知訴訟之趣、召本解、可明申云々」とあるは、すなわちその例である。そのほか、註(204)所引諸例を参照。

「入来永利氏文書」（『薩藩旧記』所収、以下同じ）元応二年九月二日地頭代暁道請文〔鎌二七五六五〕に「永利如性掠申、薩摩郡内山田村与田崎名堺事、訴状具書等謹下賜候畢、此条当名下地以下事、名主善法与暁道番于訴陳数問答、已被逢御引付候上者、是非治定之後、可被経御沙汰哉候覧、以此旨可有御披露候」とあるが、これは論所に関する訴訟がすでに裁判所に繋属しているので、その事件の落着まで沙汰をやめてほしいという意味の請文であるから、やはりこの部類に入れて差し支えないと思う。

(211)『東大寺文書』(四)一三、「東大寺領美乃国茜部庄雑掌申、年貢以下非法事、別当僧正御文（副解状具書）遣之、早可令弁申之状如件」という文永四年七月二十六日付六波羅問状御教書〔鎌九七四二〕に対して、論人が提出した「七月廿六日御教書今月十一日到来、謹以拝見仕了、抑当別当御房御文並文書等下給候了、条々早々企参上、可弁申之旨、内々御心得候天可有御披露候、行村　恐惶謹言、　八月十二日　左衛門尉行村」という請文〔鎌九七五二〕は、すなわち論人が自身で明沙汰をいたすために出頭すべしとの請文である。代官を出頭せしむべしとの請文の様式は、註(45)所掲『沙汰未練書』所載文例を見よ。

(212)『宗像神社文書』二〔鎌一一〇三二〕、「筑前国宗像宮雑掌申、当社領蛭田、山田両村事、訴状具書等賜候了、此事去年十一月御沙汰之時、可止其妨之由、進請文候了、今更不可及異儀候歟、恐々謹言、　文永九年五月十四日　法印（花押）」は、すなわち、その実例である。

この種の請文はまた「避状」とも称せられた。右の文書を引用した同文書文永九年七月十三日六波羅下知状〔鎌一一〇六五〕に「右、於彼村違乱出来之由、社家訴申之間、相触于国方之処、如八幡別当法印今年五月十四日請文者、此事去年十一月御沙汰之時、可止其妨之由請文進之畢、今更不可及異儀云々者、此上者、不及子細歟、早任件避状可致其沙汰之状如件」とあるがごとし。けだし、相手方の主張を認諾して論所を相手方に避り渡す文書だからであろう。

(213)以上、三種の請文は、いずれも問状を請け取ったということを記載せること、および本案に関して答弁におよんでいないことにおいて共通点を有する。

(214)『離宮八幡宮文書』一、正和四年十一月七日藤原長義請文〔鎌二五六五〇〕に「八幡宮大山崎神人等申、摂津国兵庫以下関所濫妨内殿荏胡麻由事、任被仰下之旨、相尋候之処、代官道覚請文謹進上、以此旨可有御披露候」、『大悲王院文書』乾、嘉暦二年二月五日沙弥具簡請文〔鎌二九七四三〕に「筑前国千如寺衆徒等申、造営用途事、去年十二月十日御教書案並御催促状以下謹拝見仕候訖、任被仰下之旨、相触代官道寿隆恵等候之処、請文如此候、以此旨、可有御披露候」とあるがごとし。

(215)註(206)所引『東大寺文書』を参照。

(216)『沙汰未練書』に

一　書状書様事(随沙汰之色目、諸事如此書之、以書状トモ可書之)

何国何所某申、何々事、不〔令の誤か〕触本解状、可進陳状之由存候、此旨可有御披露候哉、恐惶謹言、

何月　日　　某(裏判)

御奉行所

という文例が載っているが、これはおそらく、論人進止者宛ての召文が進止者のもとに到来したときに、進止者たる本所あるいは地頭より裁判所へ提出する請文の雛形を示したものであろうと思う。

(217)これを催促書状と称するのは、書状の様式を採るからであることはいうまでもない。

(218)『東大寺文書』㈣一一に正安四年美濃国茜部庄年貢のことにつき、東大寺学侶より同庄地頭出羽法印を相手取って六波羅へ訴えた事件の催促状が数通残っている。そのうち二三をあげると、次のごとくである。

東大寺雑掌順慶申、美濃国茜部庄年貢事、書状如此、早可令進陳状給候、仍執達如件、

乾元二年正月廿三日

行成在判
為尚
出羽法印御房
［鎌二一三四四］

これはおそらく初度の催促であろうが、論人は陳状を進めぬので訴人は次のような(召喚)催促書状を提出した。

東大寺申、茜部庄年貢事、以書状、度々雖有御催促、一切不叙用候、所詮者、以御使不日地頭可被召出候、以此旨可有御披露候、恐惶謹言、
(乾元二)
二月廿九日　順慶
御奉行所
［鎌二一三七三］

この書状に応じて裁判所の発したのが

東大寺雑掌順慶申、美濃国茜部庄年貢事、重申状如此、急速可令進陳状給候、仍執達如件、
乾元二年三月廿五日　行盛在判
頼成在判
［鎌二一四〇五］

という催促書下である。これ以後、嘉元・徳治頃まで、催促書状に応じて、催促状が数度下されているが、内容・様式上、特異な点もないから、これを省略し、ただ次の催促状だけを掲げておこう。けだし、この文書によって催促書下も通例は訴人が論人のもとに持参したものであること、しかして特別な場合にだけ、奉行使者がこれを持参したものであることを推知し得るからである。

東大寺学侶等申、寺領美濃国茜部庄年貢事、重書状如此、度々御書下不事行候、所遣使者也、明後日(廿二日)可被進陳状候也、仍執達如件、

（徳治三）
四月廿四日　　　　　　　　　　　　康通在判
地頭殿　　　　　　　　　　　　　　基氏在判
［鎌二三三二四〇］

この文書は、いわゆる「日限書下」であって、『東大寺文書』㈢二、元亨二年十一月日播磨国大部庄公文尼覚性重訴状に「所詮、以日限御書下、被召赤女陳状」とあるものに相当するものである。
催促状に対して論人より請文を提出することがあった。『仁和寺文書』二に見える
丹波国主殿保雑掌定慶申、抑留年貢以下由事、十一月二日御教書並同十九日御催促状、謹下預候畢、依此訴、為致其明、在京仕候、以此旨可有御披露候、恐惶謹言、
（嘉元三年）
十二月三日　　　　　　右衛門尉平孝信（請文）
［鎌二二四〇五］
はその一例である。

三六　陳状送達の方法は、精確にこれを知ることを得ないが、訴人あるいはその代官は常に当参であったと考えられるから[219]、おそらく論人が、陳状を裁判所に提出すると裁判所は一応これを審査した後[220]、書下をもって訴人を呼び出し、これを交付したのであろう[221]。

(219)　この点については決定的の証拠は存しないが、註(275)所引『東寺百合文書』ならびに註(296)所引諸文書を参照し、かつ「鹿島文書」一（『賜蘆文庫文書』所収）、弘安八年九月二日越後守奉書［鎌一五六八七］に「鹿嶋社権禰宜政家女子尼申、倉員村屋敷名田事、申状如此、為訴人在国之条、無其謂、来廿日以前可被参対」とあることをもって見れば、お

そらく疑いないように思われる。

(220)　陳状が裁判所に提出され、かつ裁判所により一応審査されたことは、訴陳状によって理非顕然となるときには、裁判所は対決の手続きを省略し、ただちにこれのみによって判決し得たことによっても推知される。

(221)　註(296)所引、嘉暦二年比志島氏文書〔鎌三〇〇〇四〕に「為当参身、不及出仕、不請取陳状」とあるはかく解するによって最もよくその意味を理会し得ると思う。

三七　上述の手続きにしたがい、訴人と論人とは裁判所を経由して、互いに訴陳状を交換しあって、三問三答にいたることができた。[222] これを「三問三答」の「訴陳を番う」[223] とも、「訴陳に番う」[224] とも称し、本解状(また「本申状」ともいう)以後の訴陳状を順次に「初答状」(また「初陳状」)、「二問状」(また「重訴状」「再訴状」「重申状」)、「二答状」(また「重陳状」)、「三問状」「三答状」などと呼んだのである。陳状はまた「支状」と呼ばれたこともある。

訴陳状をつがえるのは、原則として三問三答に限られ、それ以上におよぶことを得なかった。[225] もっとも例外として「追加申状」(また「追進状」ともいう)の提出が許可されることがあった。[226]

訴論人は、いずれも一問答あるいは二問答の訴陳をもってただちに対決の手続きに移られんことを裁判所に請求できた。[227] この場合には請求の効力として裁判所は対決のために、召文を発して、相手方を召喚したのである。[228][229][230]

(222)　重訴状および三問状がいずれも、本解状と同じく裁判所より下された「問状」とともに訴人によって相手方に送達されたことについては、註(203)所引『二階堂文書』〔鎌二二三三二〕を参照。

(223)　かく三問三答の訴陳をつがえるのは、両当事者主張の事実および法律関係を順次に裁判所に展開して、裁判官の判断に資せんとするのであるから、前後両通の陳状を一時に提出するがごときは、正当でなかったのである。「明王院文書」文永六年十※月日伊香御庄々官百姓等申状（『滋賀県史』第五巻、一一四頁、もっとも本文書は本所裁判所に提出されたものであるが、幕府裁判所の制度も同一であったと解して差し支えないであろう）〔鎌一〇五三六〕に、「重以申状被仰下之時、適所出之陳状前後両通一度仁進之、此条不似普通之法」とあるがごとし。

(224)『長福寺文書』一、永仁六年八月日目安状〔鎌五一七九二〕に「一　了湛構出無実、訴申武家之間、番于訴陳候処」、『比志島文書』三、正和三年十※一月二十一日源忠範状〔鎌二五〇五〇〕に「でんちらの事、さうろんをいたし、そちんにつかふといへとも」とあるがごとし。

(225)『貞応弘安式目』諸事訴訟事の条〔鎌追四八四条〕に「次訴陳状縦雖為大事、不可過三問答」とある。

(226)『沙汰未練書』に「一　追加申状トハ　三問三答之外、追訴状也」とあるもの、これである。追進状提出の例は『三宝院文書』㈣五一、寛元元年七月十九日関東下知状〔鎌六二〇四〕に「一　可被改易地頭代真念由事、（中略）如真念追進三通状（十五ヶ条）者、百姓等或追捕地頭代下人之資財、或焼払彼住宅之由載之」、『相良家文書之一』三八号、延慶二年十一月日肥後国多良木村地頭代陳状案〔鎌二三八二三〕に「彦三郎頼秀難遁謀略並告言以下咎問、為延引御沙汰、捧本陳同篇追進状条奸謀也」、『同文書』四六号、相良頼資申状案〔鎌二九二二五〕に「一　心蓮子息以頼資為若党由書載度々陳状、及大悪口罪科不軽事、乗心如初度陳状者頼資者広智為養子之由称之、如追進状者、頼資為若党之由構申之条、前後違目顕然也」、『東大寺文書』㈠四、元亨三年三月日播磨国大部庄公文孫九郎久忠後家性阿重陳状〔鎌二八三六九〕に「三問三答之後、謀書之起画罪責依難遁、為助彼状、所構出也、望第四問者偏為追進此状也」と見ゆ。追進状の実例は、『東大寺文書』㈢三、嘉暦二年五月狛真茂追進状を参照。

上述のごとく、訴陳状の交換は三問三答までに限られ、追進状の提出は原則として許可されず、これが受理不受理は裁判所の裁量によって決まったのであるから、裁判所はもとよりこれを却下することもできたし、また字句の改訂を命じることもできた。

『東寺百合文書』と八五号、大和平野殿庄文書案、永仁六年三月三日東寺領大和国平野殿庄雑掌聖賢重申状案（『東寺文書之三』五七一頁）〔鎌一九六一九〕に「副進〔中略〕一通　就于願妙今年始所進之謀作不実返抄等珍事、雑掌巨細追進状、但自二月廿六日被召置之後、三月二日追進之状不可然之由、被返之条、御奉行之仰難治之上者、御引付之時、可令持参之子細事」、同文書案、永仁六年四月十一日同人申状案（同上五七六頁）〔鎌一九六五二〕に「雖然不被誡御使之私曲、以令謀作不実之返抄等、願妙一人謀陳之状、被閣御沙汰之間、書進追進之処、可書直之由、雖難堪、随御奉行之仰而書直之」とあるがごとし。

『吾妻鏡』文応元年八月十二日の条所載、関東御教書は六波羅探題に宛てられたものであって、主として六波羅より関東へ問注記を送るについての規定を書き記したものであるが、その内容は一般の場合に拡張しても差し支えないものであると思う。これによると、問注以後の追進状は証文（証拠書類）についてのみ許され、訴陳状においてはこれを許容せぬ旨、かねて定めてあるが、問注記具書を関東に送るとき、毎度追進状をそえるのは、右の傍例に違うもので、手続き上面倒であるから、自今以後は証文のほか訴陳状をそえ送ることを禁ずる旨、すなわち問注以後、簡要な証文を提出した場合には、覆問を遂げ（必要ありと認めたならば）、その証文だけを関東へそえ（送る）べき旨を指令しているのである。これによって、追進状の許可される場合、許可されぬ場合のだいたいを知り得るであろう。

（227）訴人請求の例は、『相州文書』八所収「相承院文書」嘉暦三年八月十二日関東下知状〔鎌三〇三三七〕に「政綱〔論人〕為地頭乍進止下地、寄事於作人、遁申之条、甚無其謂之上、以一問一答訴陳、可遂問答之旨、円重〔訴人〕依申之、可返進訴状之由、去六月廿日以奉行人安威新左衛門尉資循並斎藤九郎兵衛尉基連使者、雖成書下」、『東寺百合古文書』七一、※年月日不詳、助国名半分名主僧覚秀重申状〔ア四四号〕に「欲早如国正謀陳者、難足一切御信用、以一問一答被召合、遂問答、助国名半分事」とあるがごとし。

右、「相承院文書」に訴状を返進すべしとあるのは、第四六項に記述するごとく訴陳状交換の手続きを終えて訴論人が奉行所に寄り合い、訴陳状を継いでこれに継目判を加えしめる手続きに移るべき旨を意味するのであるから、結局、相手方の出頭を命じることにほかならない。

したがって、陳状を返進するという行為それ自身が訴陳状交換の手続きをやめて、対決に移らんことを請求する意思表示と同視されていたようである。たとえば、『飯野及国魂史料文書』三二頁所引、元亨四年十二月七日関東下知状〔鎌二八九〇三〕に「子息隆清〔論人、今者死去〕之時、又以濫妨之間、就訴申、隆清捧陳状、死去、而頼泰〔訴人、今者死去〕依返進彼陳状、為有其沙汰、度々被召泰行〔論人隆清子息〕」とあるがごとし。

右は、いずれも訴人の請求により、一問一答をもって対決に移る場合であるが、二問二答にて対決に移る場合もこれと変わるところはなかったであろう。

論人請求の例は、『東大寺文書』㈢一一、正安元年十月四日頼保状〔鎌二〇二四九〕に「所詮、一問一答之上者、寺門之所存無所残、不日被召出迎蓮〔訴人〕、被究理非、可蒙御成敗」とあって、その後、二問二答を経たとおぼしく、論人は同十二月十三日〔鎌二〇三一六〕、さらに「就二問二答之訴陳、理非既究候了、此上者、被召出彼地頭代迎蓮、被決両方理非、可預御裁許之由、可有申御沙汰候」旨を請求し、裁判所がこれによって召文を出しているのを参照。

(228) 前註所引「相承院文書」ならびに『東大寺文書』および註(238)所引『東大寺文書』参照。

(229) 前々註にあげた諸例によると、訴論人が一問答あるいは二問答をもってただちに対決の手続きに移らんことを裁判所に請求した理由は、いずれも訴陳状の交換によりすでに各当事者主張の是非が一応、明瞭になったということである。当事者がこの点を疏明し得れば、裁判所はおそらくその申請を許容して、ただちに対決のため、相手方召喚の手続きを開始したのであろう。

問題は、はたして裁判所側より進んで、一問答あるいは二問答をもって理非顕然なりとして、ただちに対決の手続きに移るべき旨を決定し得たかということであるが、これは否定的に解すべきであると思う。けだし、次項所引の法令、ことに寛元および建長度のそれにおいて、文書（訴陳状具書）によって、理非が分明になったときには、裁判所は対決の手続きにおよばず、ただちに判決すべき旨を規定している以上、あえて対決の手続きにおよぶ必要はないからである。したがって、『二階堂文書』一、元徳元年十二月二十五日鎮西下知状〔鎌三〇八三九〕に「右、訴諫〔ママ〕二問答之上、於引付之座、召決之」とある「召決」は、おそらく当事者請求にもとづいてなされたものであると考える。

（230）論人が問状を受け取っても、請文陳状におよばず、催促状を受けてもなお無音であるときは、後述のごとく、召喚の手続きに移る法であったから、問状については違背とか難渋とかいう効果（召文におけるような）は生じなかったのである。

もっとも、『宗像神社文書』二、文保三年※十一月日筑前国宗像宮雑掌行覚重申状〔鎌二六八六七〕には「為当社領赤馬院朝町村地頭蔵人法橋清禅、背関東御下知、打留厳重神田麦地子、一向令対捍社役等間、及上裁処、乍請取本解状、雖及五ヶ月、不参陳上者以違背篇欲預御裁許子細事、（中略）右巨細之趣、本解之状令言上畢、而清禅無理至極之間、乍請取本解、雖及五ヶ月不請文陳状上者、以難渋之篇、為蒙御成敗、重言上如件」とあって、本解状を受け取りながら五ヶ月間、請文陳状におよばざるのゆえをもって、難渋の篇で処理されたいと願っているが、これは願書であるから、はたして裁判所がこの願いを聴き届けたか否かは別問題である。

次に『東寺百合古文書』四七、元徳元年十一月七日関東下知状〔鎌三〇七七三〕に「一　当庄内木郷一方分役事、右地頭遠江式部大夫守政去正中元年以来至于嘉暦三年、所積分銭五貫文対捍之由、定祐依訴申、尋下之処、下給本解、可遂結解之旨、守政代利澄就捧状、去六月九日雖被下彼状、依不進陳状、同七月四日加催促之上八月四日以使者重相触訖、而于今無音、不遁難渋之咎歟、然則於彼銭者、任員数可致沙汰也」とあるは、論人が陳状を進めないので陳状の催促を再度も行い、しかも無音であったので、難渋の咎に処したのであると見られぬこともないではないが、催促状はあるいは出頭すべき旨の催促であったかも知れないから、この文書をもって問状違背の咎の史料とすることには躊躇せざるを得ない。されば確実な証拠のあらわれぬ限り、鎌倉時代においては、召文違背の意味におけるような問状違背の制度はなかったものであると考えるべきであろう。

三八　上述のごとく、書面審理においても当事者追行主義が行われていたが、他方において訴陳状具書などによって、当事者主張の理非が顕然となったときには裁判所は当事者の請求がなくとも進んで、対決の手続きを省略してただちに判決することができた(231)。すなわち、引付会議において両方提出の文書の理非を勘決し、了見を加え、それだけですでに両方主張の旨趣が分明となったならば、さらにそれ以上の審理手続きたる対決の手続きに移ることはなかったのである。

この対決省略の手続きは、『御成敗式目』第四九条においてはじめて規定され、寛元元年七月十日および建長二年四月二日の法令によって繰り返されている(232)。ただ注意すべきは『御成敗式目』および寛元元年の法令の文章は対決せずとも可なりという意味にも解することができるのに反し、建長二年の法令にいたっては「文書」(訴陳状具書)によって旨趣分明な場合の対決を禁止していること、これである。

対決を略する手続きにおいては一、二あるいは三問答の訴陳をつがえた後、ただちに引付沙汰(233)に移るのであって、それ以前の手続きたる「内問答」および「引付問答」は当然省略されたわけであるが、引付沙汰以後の手続きはふつうの場合と異なるところはなかったのであろうと思われる。

(231)『東寺百合文書』ミ三十二之三十九、(建長八年)※十月十八日政平請文〔鎌七九一〇〕に「針小路櫛匣(針小路北櫛匣西)田四段事、称私領主、去貞永元年中雖買領候、今如承候者、為東寺敷地内之由、御沙汰候、所詮、止政平領知之儀、文

書等返付本主候上者、何可及対決候哉」とあるが、これはすなわち、論人が訴人の申状を承認した以上は、対決の手続きにおよぶ必要はないという意味である。

(232)　いずれも『吾妻鏡』同日の条。

(233)　ここにいわゆる引付沙汰は判決成立手続きとしての引付沙汰のことで引付問答はこれを含まないのである。

第三款　召　喚

三九　ここに召喚とは、口頭弁論をなさしめるために、訴論人を裁判所に出頭せしめる手続きをいう。

裁判所が召喚命令すなわち「召文」（また「召符」ともいう）を発する場合は、これを大別して三となし得る。その一は論人に対して一定数の問状を与えても、なおも論人が陳状を進めないとき、(234)および陳状を進めても、その内容が不分明のときに、(235)訴人の請求によって裁判所がこれに召文を遣わす場合である。その二は一、二あるいは三問答をつがえた後において、訴論人を裁判所に召喚する場合である。(236)

以上二箇の場合は、訴論人が訴陳をつがえた場合、あるいはつがい得べき場合であるが、その三は訴論人が「当参」のとき、すなわち裁判所の所在地に滞留せるときに(陳状を携帯せしめ、あるいはせしめずして)問状の手続きにおよばず、ただちに論人を裁判所に出頭せしめる場合である。(237)(238)

上述、三箇の場合に発せられる召文は場合に応じて、文言を異にしているが、いずれも訴人あるいは論人の出頭を命ずることをもってその本質とするものであって、(239)この点において、たんに論人に陳状の提出を命ずるにすぎない問状とは厳重に区別せらるべきものである。(240)

召文は前述のごとく、その出される場合を標準として、三種に分かち得るが、出頭の期限が付記してあるや否やによって、さらにこれをふつうの召文と「日限」の召文とに分かち得るのである。(241)(242)

(234)『竹生島文書』一、弘安八年二月二十四日六波羅御教書〔鎌一五四四三〕に「近江国竹生島寺僧等申、為当国浅井郡守護代、背度々下知、乱入寺領早崎村、押取身代以下銭貨由事、重訴状具書如此、先達遣問状候処、不及散状、弥致狼藉云々、何様事哉、不日令上洛、可明申之由可被下知候」とあるがごとし。もっとも、この訴訟は所務沙汰のものではないらしいが、所務沙汰においても同様であったと考えて差し支えあるまいと思う。なお註(241)所引『東大寺文書』を参照。

(235)『相州文書』八、我覚院蔵、正安元年十月二十七日関東下知状〔鎌二〇二七四〕に「納所事、右、於彼供米者、付送供僧等宿坊之条、為先規之由承成所申也、而地頭陳状不明之間、於引付之座、召決之」とあるがごとし。ただし、この種の召文は第三八項において記述した規定と反対の場合、すなわち訴論人提出の文書だけでは相論の旨趣が不分明なために、これらの者を裁判所に召喚する召文、換言すれば本文にあげた第二種召文の一であると解し得ぬこともないが、本註の召文は訴人の申状は分明でありながら、論人の陳ずるところが不分明の場合に発せられるものであり、第二種の召文は両方の申状はほぼ明瞭ではあるが、いまだ判決を下すに足るほどでない場合に下されるものであるから、この両者は区別したほうが適当であると思う。

(236)三問三答の訴陳をつがえた後、対決の手続きに移ることについては、『沙汰未練書』に「一　継訴陳状事、究三問三答訴陳状之後、返進訴陳状之正文於奉行所、訴論人共寄合、奉行所、継訴陳状、可封裏也」とあって、次に「一問答事、先以件訴陳具書等案文、廻其手頭人、衆中能々可訓尺之、次於奉行所遂内問答、其後於引付可遂問答也」と記してあり、また『貞応弘安式目』〔鎌追四八四条〕に「次、訴陳状縦雖為大事、不可過三問答」とあるによって疑いないことである。対決の期日は各箇の場合にこれを定めなければならないから、この場合でも召文をもって訴論人を召喚する必要のあることはいうまでもない。なお、三問答の後、対決に移ることについては、『深堀記録証文』二、正和三年三月日肥前国彼杵庄戸町浦惣領孫房丸重申状に「狼藉之段終三問答、為一番御手日奈子奉行、擬遂問注」とあるを参照。一問答あるいは二問答をもって対決を遂げる場合については第三七項参照。

(237)『沙汰未練書』に「一 奉行書下日数事、(関東六波羅同前)、訴論人当参之時、注置宿所在所也、日数十ヶ日、以上三ヶ度可極之、三ヶ度之書下ハ、以奉行使、直付也」とあるは、本文の意味に解すべきものと信ずる。「権執印文書」正応三年九月日薩摩国宮里郷地頭大隅式部三郎申状〔鎌一七四五七〕に「爰大別当長栄適依為当参、可被召決由訴申刻、止下向儀、可明申旨、以奉行所御使、雖被相懸不□□□催促、逃下上者、任傍例、欲預御注進事」とあるは、その実際の適用を示す一例である。論人当参の場合の召喚手続きについては、「又続宝簡集」一四四四号、阿氏河庄相論沙汰文書案に建治元年十月五日より開始された阿氏河庄相論一件文書が載っているから、参考せられたい。

(238)以上、各場合の召文の実例をあげてみるに、第一の場合は、『東大寺文書』(三)十一にみえる

東大寺衆徒申、播磨国大部庄所務事、別当前大僧正殿御文二通(副訴状具書)遣之、早可被弁申候、依執達如件、

永仁六年六月日

左近将監在御判

前上野介在御判

〔鎌一九七二七〕

という問状に対して論人が陳状におよばぬので、次に出された

東大寺衆徒申、播磨国大部庄所務事、重訴状二通(副具書)如此、先度被尋下之処、不及散状云々、太無謂、早可被参決、仍執達如件、

永仁六年八月二日

左近将監在御判

前上野介在御判

〔鎌一九七五九〕

という文書のごとき、また『松浦文書』一、弘安四※年九月九日鎮西御教書〔鎌一五六九三〕に「早岐又三郎清氏申、押領伊万里内田地、拘惜白太刀一腰由事、重訴状如此、先度相触之処、不及陳状云々、太無其謂、不日帯陳状、可被参対。」とあるがごときは、いずれもこの種の召文である。『東大寺文書』㈣十二に

東大寺申、茜部庄年貢事、以書状、度々雖有御催促、一切不叙用候、所詮者、以御使不日地頭可被召出候、以此旨可有御披露候、恐惶謹言、

（乾元二）

二月廿九日　　順慶

御奉行所　　〔鎌二一三七三〕

とあるは、訴人においてこの種の召文の発行を裁判所に請求したもので、問状の場合と同じく、これを「催促書状」と呼んで差し支えないであろう（註(218)参照）。

第二の場合のうち、三問答をつがえた後の召文の例は『比志島文書』三に

比志嶋孫太郎忠―（範字有憚）申、薩摩国城前田事、重申状如此、可読訴陳状云々、早帯具書正文、可被〔遂の字脱か〕其節、仍執達如件、

正和三年十月十九日　　兵部輔判

尚記同

下野前司入道殿代　　〔鎌二五二六七〕

とある文書をあげることができる。もっとも、これは『比志島文書』三、正和二年七月十七日鎮西御教書〔鎌二四九二七〕で論人が催促に応ぜざるはいわれなしとて、二十日以前に左右を申すべき旨を論人に命じ、同じく二年十一月二十日〔鎌二五〇三八〕には下総権守に対して、論人が催促に応じないことを注進せしめた後の召文であり、必ずしも三問

答を正確につがえた後の召文であると断言し得ないが、おそらくそう解して差し支えないものと考える。次に一問一答をもって対決に移るべき旨の召文は、『東大寺文書』㈣十三に

東大寺領三乃国茜部庄去年々貢事、地頭代迎蓮寄事於庄家之損亡、致無理之濫訴、于今不致其弁候之条、甚以不可然候、所詮一問一答之上者、寺家之所存無所残、不日被召於迎蓮者、被究理非、可蒙御成敗之由、可被沙汰之給候哉、恐惶謹言、

(正安元年)十月四日　頼尊在判

御奉行所

［鎌二〇二四九］

という訴人の書状につき幕府が発した

美濃国茜部庄雑掌書状、如此、子細見状、為問答、早可被出対、仍執達如件、

(正安元)十月六日　頼行在判

祐兼在判

地頭代へ

［鎌二〇二五二］

という書下をあげることができる。二問二答の後に対決に移るべき旨の召文は同文書にある

東大寺雑掌申、三乃国茜部庄年貢事、重書状如此、為問答、明後日(廿六日)可被出対、不然者、就難渋之篇、為被披露、以使者、所触申遣也、仍執達如件、

正安元年十二月廿四日　頼行在判

覚妙在判

地頭代殿　　〔鎌二〇三四五〕

をもってこれに比当し得ると考える。けだし、この書下は「東大寺学侶等申、美乃国茜部庄年貢事、就二問二答之訴陳、理非既究候了、此上者、被召出彼地頭代迎蓮、被決両方是非、可預御成敗之由、可有申御沙汰候哉、恐々謹言」という論人書状〔鎌二〇三一六〕にもとづいて、発せられたものと解せられるからである。

第三の場合の召文の実例は、初度の催促ではあるが、「又続宝簡集」一四四号、阿氏河庄沙汰文書案（『高野山文書之六』五一四頁）に

初度催促（本奉行）

紀伊国阿氏河庄雑掌申、条々非法事、重申状如此、在京云々、早帯陳状、可有御寄合候、恐々謹言、

十一月三日　　善成（在判）

地頭殿　　〔鎌一二一〇〇〕

とあるによって、これを推定し得ると考える。右の場合に陳状を携帯せしめずして、出頭せしめる召文ありしや否やは不明であるが、ありしとせば、同文書案同年十二月三日奉行兵藤長禅、周東定心連署催促状（同文書五二〇頁）〔鎌一二一六四〕のごときは、これに相当するものであろう。

訴状について、ただちに論人に召文を発した例としては、このほかに『東大寺文書』㈣十二〔鎌二一一三六〕に「東大寺学侶等申、美濃国茜部庄年貢事、訴状（副具書）如此、為致其沙汰、早可被参決也、仍執達如件、　正安四年九月十二日　　左馬助御判　　中務大輔御判　　出羽法印御房」、『松浦文書』一〔鎌二一六〇四〕に「肥前国中津隈三郎蔵人入道浄智申、押領同国伊万里浦内田薗由事、訴状具書如此、為有其沙汰、可被参決也、仍執達如件、　乾元二年十月四日　　掃部助〔花押〕　　山代又三郎殿」などがあるが、はたして論人当参の場合に発せられた召文であるか否かは判明しない。否これらの文書が「奉行書下」ではなく、御教書であるところよりみても、論人が当参でない場合に発

せられた召文であると解するほうが適当である。

しかりとすれば、鎌倉時代中期以後においては裁判所が召文を発する場合として、本文に掲げた三箇のほかに、訴人の申状につき、問状におよばず、ただちに召文を発する第四の場合をあげなくてはならない。

この点については、なお、『大友文書』二、元亨三年九月二十九日鎮西下知状〔鎌二八五三九〕に「右、就訴状、為糺明、今年六月廿六日、七月廿日仰野介左衛門大夫章綱、被召論人」、『保阪潤治所蔵文書』二、元徳元年十二月七日関東下知状に「右、一分地頭飯田五郎家頼自正中二年至嘉暦二年、米参石壱斗未進、可預裁許之由依訴申、為糺決、去年十月四日、十二月十二日直遣召符、今年正月廿八日以二宮右衛門五郎忠行、加催促訖」などとあるを参照。

(239) ふつうの召文の様式は、上記のごときもので、問状と同じく訴人請求の趣旨のごときは、召文中にこれを収録しなかったのであるが、ときにはその要領を載せたこともある。

たとえば、「宝簡集」八七号、天福二年二月十三日六波羅御教書〔鎌四六一三〕に「高野山領備後国大田庄地頭非法由事、訴状(副具書)如此、々事先度訴訟之時、所詮、可被参決之由、雖令下知、于今不被遂其節之間、重所訴申也、抑当庄非新補之地、何可有新儀非法哉、如状者太不便、訴状無相違者、早止年貢運送之濫妨、各企参洛、可被遂対決也」とあるがごとし。

問状にしても召文にしても、この種のものは文暦・嘉禎頃までに行われたもので、それ以後は廃れたらしい。

(240) すなわち召文には常に参決すべき旨の記載があるので、これなきものは召文ではない。他面において参決すべしという意味の文句が記載されている以上は、明め申すべしとの文句が併記されていても、召文であると解すべきである。註(234)所引『竹生島文書』のごとし。

なお、召文と問状との文章については、『東寺百合文書』と八五号、大和平野殿庄文書案、永仁六年四月十一日東寺領大和国平野殿庄雑掌聖賢申状案(『東寺文書之三』五七六頁)〔鎌一九六五二〕に「終不被召交名人等、還被成召符文章

於問状之条、且七通之内、四通之召符文章、始終皆以同体也、以無尽期御教書、空送年月之条、理訴之疲、訴人之歎、何事過之哉、〔中略〕所詮、任先傍例、被成直召符文章、可召取進彼悪党等之由、為被仰下厳制之御使、仍重言上如件」とあるを参照すべし。

(241)　『古証文』七に

庄与一頼資代政景申、広野庄地頭職事、重訴状遣之、為有其沙汰、来月廿日以前可令参上之状、依仰執達如件、

文永十二年四月廿三日　武蔵守判

相模守判

庄四郎入道殿　〔鎌一一八七二〕

とあるは論人宛日限召文で、『東寺百合古文書』一四一に

東寺領若狭国太良庄雑掌頼尊申、当庄百姓等背先例、打止公事由事、為被明、来月廿日以前可召進百姓等之状如件、

嘉元三年二月廿二日※　越後守在判

遠江守在判

地頭代　〔鎌二二二四六〕

とあるは、論人進止者たる地頭(代)宛日限召文である。裁判所に日限召文の発行を請求するときには、とくにその旨を明示する例であった。『東大寺文書』㈢十一、〔正安元年〕十月十六日※雑掌頼深申状案〔鎌二〇二五九〕に「迎蓮乍為訴人之身、違背御書下、于今不出対、差日限、重賜厳密之御書下、可令催促候」、『東寺百合文書』ア一之十二、正安二年三月日太良庄預所陳状〔鎌二〇四一二〕に「所詮、百姓等背起請文、致吹毛之訴上者、被差日限、被召上彼等、遂対決」(もっともこれは、本所裁判所宛のものである)、「又続宝簡集」一九五二号、正安二年六月二十八日太田庄披陳状案

(『高野山文書之八』六一五頁)〔鎌二〇四七二〕に「或申下日限召文之後、相互無煩之様可令和与之由懇望之」とあるがごとし。

(242) なお、このほか召文はその効果の点よりみて、ふつうの召文と「後悔召文」とに分かち得る。註(285)参照。

四〇　召文は訴人(ある場合には論人)の請求によって、いつでも発せられたのであるが、幕府は政策的見地から特定の時期におけるこれが発行を禁止した。すなわち、寛元二年六月十七日には遠国雑訴人に対しては西収(収穫)以前に召文御教書を発すべからざる旨を定め、(243)建長三年七月二十日にはこの規定を一般に諸国民間の訴訟にも適用することとした。(244)なお幕府は延応元年五月十四日に、当時、訴論人は勧農(245)以後、ただちに参決すべき旨を定めたが、(246)これは他面において勧農以前は召文の文言にかかわらず、参決しなくてもよろしいということを意味したものというべきである。

(243) 「又続宝簡集」一七一三号、太田庄赤屋郷沙汰次第案(『高野山文書之八』一七頁)〔鎌六九三二〕に「寛元三年二月、預所帰山之尅、如召符、同時可参決之由、数度雖催触、地頭代(康経)、全不令上洛、同年六月之比、為諸衆之沙汰、以年預状、可忩参決之由、重雖触遣、尚不参洛、遂令黙了、依之同八月重訴申之処、八月三日御下知状云、来収納以後、両方同時企参洛、可被対決云々、仍寛元三年九月上旬、預所下国(淵信見寂房相共ニ下向)之時、即賜地頭代了、爰地頭代(康経)讃岐国坂下庄相論事、未落居之間、令上洛之尅、十二月ノ内ニ可遂問注之由、訴申之間、(此則為妨収納、如此構申也)、十一月十八日御下知状云、来十日以前可被対決云々、雖然、於預所者、任八月三日御下知状、収納以後(当庄収納者、自九月至二月下旬也)可遂其節之由、十二月十三日雖令進陳状」とあるは、おそらく、その実際の適用を示すものであろう。

この例に照らしあわせてみると、『古証文』七、文永十年十二月十七日関東御教書〔鎌一一五〇三〕に「庄四郎頼資申、美作国広野庄事、重訴状遣之、子細見状、度々被仰下之処、于今不参、何様事哉、所詮、明春三月十日以前可令参対」とあるは、収納以後、ただちに参決すべき旨を命じたものと解し得るであろう。

(244)　以上、いずれも『吾妻鏡』同日の条。

(245)　「勧農」という言葉の意味は、もとより農業奨励ということであり、当時においてそういう意味を有していたことはいうまでもないが、他面において、この語は「植付」という意味に使用されることも少なくなかった。

『鰐淵寺文書』一、弘長三年八月五日関東下知状〔鎌八九七四〕に「如頼益文応元年十一月廿九日和与状者、寺中住人等在家別壱人年中廿五日地頭可仕也、但勧農時、毎月拾五人（壱宇別参人）三箇月可召仕也」、『東寺百合文書』ヰ一之十五、建治二年七月日若狭国太良庄内末武名主中原氏重申状に「為乗蓮女子等、（中略）或向勧農節、引入同使、致土民煩」、『同文書』メ十一之二十九、嘉元三年六月日東寺西院御影堂領雑掌申状に「而今（＝六月）称御向雑掌、恣打止勧農」、『田代文書』二、正和元年五月十八日六波羅御教書〔鎌二四六〇三〕に「和泉国大鳥郷上条地頭田代豊前又二郎基綱代良遍申、当郷前刀禰宗綱子息宗親法師、同子息以下輩打入地頭領内（中略）妨勧農」、『東寺百合文書』ア一之十二、正安二年三月日太良庄預所陳状〔鎌二〇四一二〕に「次、同状云、勧農収納両度下向者定例也」とあるがごときは、いずれもその意味であって、これを農業奨励の義に解しては、全然、その意味を捕捉することはできない。

『東寺百合文書』エ一之九、宝治元年十月二十九日関東下知状〔鎌六八九三〕にみえる「勧農帳」は植付帳の意味である。しかりとせば、本文法令にみえる「勧農以後」は植付以後の意たること、著しというべきである。

(246)　『吾妻鏡』同日の条。

四一　召文の宛所は『沙汰未練書』によると、地頭御家人には二ヶ度まではその身に宛て（「宛其身」(247)）、凡下の輩には初度より御使に仰せる(「仰御使」)法である。[248] いずれも三ヶ度の召文は使節をもって遣わす(すなわち、御使に仰せる)のであって、[249] かつ召文の回数は三度をもって限度とするのである。[250]

その身に宛てられる(すなわち、御使に仰せられぬ)召文に二種ある。その一は論人自身に宛てられるものであり、[251] その二は論人の進止者たる本所[252]・地頭[253]・守護、[254][255] あるいは正員[256](論人が代官の場合)などに宛てられるものである。このことは問状の場合と異なることはない。

召文が使節に宛てられた場合に、使節が召喚の趣旨を論人(あるいはその進止者)に伝達したことはいうまでもないが、問題は第一にその身に宛てられた召文を何人が論人(あるいはその進止者)のもとに送達したかということと、第二に使節に宛てられた召文を何人が使節のもとに持参したかということである。

私は第一の問題については、訴人がこれを送達したものであると解し、[257] 第二の問題については「奉行之使」がこれを持参したのではないかと想像する。[258]

以上は被召喚者が地方在住の場合であるが、「当参」すなわち裁判所所在地にいる場合には、裁判所はその宿所在所を注し置き、書下をもってこれを召喚し、三ヶ度の書下は「奉行之使」をもって、直にこれを送達する制であったのである。[259]

召文に応じて直に出頭する場合には、被召喚者は請文を裁判所に提出する義務を有しなかったのであろうが、[260] 何らかの事由ありて、召文に応じて出頭しあたわざる場合には、その理由を明記して、[261] もしまた召文受領後、規定の期間に出頭しがたきときには、出頭の時期を記載して、[262] 請文を提出すべきであったらしい。使節あるいは被召喚者の進止者にいたっては、自己宛の召文に対して、被召喚者の請文にそえて、[263] もしまた被召喚者が請文を出さざるときは、その理由を書き載せて、[264]自己の請文を裁判所に提出しなければならなかったのである。
被召喚者が召文に対して、上述の請文を提出せず、あるいは提出するも所定の時期に出頭しないときには、裁判所は問状の場合におけると同様、相手方の「催促書状[265]」にもとづいて期日に出頭すべき旨の「催促状[266]」を下すのである。

(247)「其身に宛て」とは「御使に仰す」に対する文言であって、被召喚人宛という意味である。すなわち召文の宛所が被召喚人自身である場合に、これを「其身に宛て」た召文というのである。たとえば「又続宝簡集」一四一四号(『高野山文書之六』四七六頁)に

法勝寺末寺寂楽寺領紀伊国阿氏河庄雑掌申所務条々事、重訴状如此、先度令相触之処、于今不及散状、子細何様事哉、所詮、来廿五日以前企参洛、可被明申之状如件、

文永二年十月五日　　　　散位在─

左近将監在─

阿弖河上下村地頭殿　　　　　　　　　　　　［鎌九三六三］

とあるがごとし。すなわち、右の召文においては、宛所たる地頭自身が召喚されているのである。このほかに被召喚人の進止者に宛てられている召文もまた「其身に宛て」られた召文であるが、そのことは後述にゆずる。
さて、地頭御家人に対する召文は二ヶ度まではその身に宛てられたのであるが、これは次註に述べる凡下に対する召文、すなわち初度より御使に仰せる召文と身分的な相違を示すものであったから、初度・二度の召文がその身に宛てられることは、地頭御家人の特権であると考えられていたのである。されば「国分寺文書」元亨三年十一月日薩摩国国分次郎友貞庭中状［鎌二八六〇四］には「為重代御家人之上者、先宛于其身、直被仰下、令難渋之時者、可及使節之

処、自最初被遣使節之条令参差畢」とあって、御家人に対して、最初より使者沙汰におよぶことの不法を訴えているのである。

(248)『東寺百合文書』と八五号、大和平野殿庄文書案にみえる

御教書初度

東寺領大和国平野殿庄雑掌訴申、当庄土民等違背寺家下知状、抑留寺用物事、綸旨、西園寺前太政大臣家御消息(副雑掌解具書)如此、為有其沙汰、可被催上彼土民等也、仍執達如件、

永仁四年六月六日　越後守御判

丹後守御判

深栖八郎蔵人殿

〔鎌一九〇八五〕

という六波羅召文御教書は、使節に仰せた土民等の初度召文である。かくのごとく、凡下宛ての召文は初度より御使に仰せられたのであるが、凡下が本所進止に服しているような場合には、本所をさしおいて、直接にこれらの者に召喚命令を伝達することはできないのであって、それがためには必ず本所を経由する法であった。

上掲永仁四年六月六日御教書に引き続き、同年八月十日に出された第二度召文御教書〔鎌一九一〇七〕につき、使節深栖八郎蔵人の執り進めた同九月十四日付、下司清重・惣追捕使沙弥願妙(この両人が百姓の総代になったのであろうか)請文〔鎌一九一三九〕に「東寺御領大和国平野殿雑掌申、令抑留寺用之由事、八月十日六波羅殿御教書今月四日到来、謹令拝見候畢、此事百姓等申状如此候、子細見于状候歟、両庄官不日可令参洛候之処、両人共一乗院家御房人候、任傍例、可被申本所候哉覧」とあるは、すなわちその意味であると思う。

(249)御使に仰せた、すなわち特派使節宛て召文の例は、前註所引『東寺百合文書』のほか、『同文書』ネ十八之二四、永仁六年三月九日深栖八郎蔵人・柘植又一郎宛六波羅御教書〔鎌一九六二三〕に「大和国平野殿庄雑掌聖賢申、当庄土

民等抑留寺用由事、重訴状如此、度々雖下召文、不事行云々、今月廿五日以前、可参決之旨相触之、可被申散状也」、『同文書』ア二十一之三十五、嘉元四年四月七日大内孫三郎入道・酒匂左衛門八郎宛六波羅御教書〔鎌二二六〇一〕に「大和国平野殿雑掌幸舜申、河内国御家人高安太郎濫妨狼藉事、領家状（副訴状具書）如此、為相尋子細、早可参洛旨、可被相触」、『忽那文書』乾、延慶二年二月二十一日綿貫右衛門二郎・高木五郎近衛入道宛六波羅御教書〔鎌二三五九六〕に「伊予国忽那嶋一分地頭藤原氏代長忠申、当嶋一方地頭重則押領重安名田地以下屋敷、抑留得分物由事、重訴状（副具書）如此、両度遣召文之処、不参云々、太無謂、来〔?〕月廿日以前、可参決之旨、相触重則、載起請文之詞、可被申散状也」、『田代文書』二、正中三年四月二十四日小鹽〔?〕孫太郎・成田孫五郎宛六波羅御教書に「和泉国大番領雑掌快乗申、同国大鳥庄上条一分地頭源氏女致条々非法由事、重訴状具書如此、度々雖遣召文、不参云々、甚無謂、来月十五日以前且催上論人、且載起請詞、可被注申也」とあるがごとし。

使節は右諸例にみえるごとく、通例二名であるが、うち一人は正使であって、これを「使頭」または「本御使」といい、ほかの一人は副使であって、これを「合御使」という。

『東寺百合文書』と八五号、大和平野殿庄文書案、永仁五年十二月九日同庄雑掌聖賢申状案〔鎌一九五五六〕に「件子細、且以悪党造意之企、令押領当庄之大張本下司清重以下、梟逆之輩、恭奉違背　綸旨并日限五箇度召符等之旨、悪行狼藉、弥送日月、重□□〔年之〕条、是偏御使無沙汰訴申之処、被差副柘植又二郎（不知実名）御使〔合御使〕之刻、先度下四度召符之処、為使者、無沙汰云々、太無謂、来十五日以前可参決、過期日者、殊可有其沙汰之旨相触之、可被申左右之由、以去十一月二日重日限召符、先令催促合御使之処、可寄使頭之旨、返答之間、深栖八郎蔵人〔使頭〕令請取彼御教書之後、不相触于合御使、又雖過日限、不召進彼等〔論人〕之間、再三令催促于使頭之時者、合御使不出来者、不可遂使節之旨申之、令催合御使之時者、又自本御使不相触之者、不可罷向之由、合御使令申」とあるがごとし。

「使節公事」は御家人役として御家人をして勤仕せしめる例であったから、召文送達の使節もまた御家人をして勤仕せしめる例であった。『東大寺文書』延慶二年四月日伊賀国御家人服部新平太行直代盛泰申状（編年文書所載）に「右、行直雖為尫弱身、先祖服部平太保行以去寿永二年十一月十一日賜右大将家御下文以来為重代御家人、服部馬允康兼承久三年八月十九日令拝領安堵御下文畢、仍行直為彼子孫、令勤仕使節等御公事之条世以無其隠」とあるはその一例である。

なお、『東大寺文書』㈣七〔鎌三〇七四二〕に「請取　黒田庄両奉行人酒肴用途事、合弐百文者、右出〔於の誤か〕六波羅引付之座、為召仰、依勤仕使節、依借下両奉行之下人（松田掃部允下人与次男主計四郎兵衛尉下人、不知名字）所請取如件、　元徳元年九月廿九日　顕寛〔花押〕」という請取があるが、これはすなわち六波羅召文の使節として顕寛が出張するに際し、両奉行（本奉行と合奉行）の下人二名を借り受けたので、これに対する酒肴用途を（裁判所より？）請け取った際のものである。

さて、召文送達の仰せを受けた御使は「催促状」を作成して、召文の案文に添付して、論人に交付するのである。ここにいわゆる「催促状」とは『沙汰未練書』に「一　催促状とは　同前（＝御使副状也）」とあるがごとく、使節が奉行所より受けた論人召喚命令（の案文）にそえて、参決すべき旨を論人に督促する状である。その文例は同書に「催促状書様事」と題して掲載してある。

何国何所某申、何所々領田畠等事、何月何日関東トモ、六波羅トモ、御教書トモ、御奉書トモ、并訴状具書案進候トモ、遣候トモ、早任被仰下之旨、可被参決也、且給分明請文トモ、散状トモ、可執進トモ、可令注進トモ、依仰執達如件トモ、恐々謹言トモ、依人書之、

何月　何　日　　　某

謹上　某殿（被載御教書者、名字ヲ可書也）

これである。

(250)『沙汰未練書』には召文の回数は三ヶ度をもって限度となす旨、記してあるが、実際には三ヶ度までその身に宛てた召文を発し、第四度において使節に仰せる召文を発する手続きをとったことが多い。次に掲げる『東大寺文書』のごときはその典型的なものである(『同文書』(四)二四所収)。

東大寺衆徒申、播摩国大部庄所務事、重訴状二通(副具書)如此、先度尋下〔六月日に下された問状を指す〕之処、不及散状云々、太無謂、早可被参決、仍執達如件、

永仁六年八月二日　　左近将監在御判
　　　　　　　　　　前上野介在御判
〔鎌一九七五九〕

東大寺衆徒申、播摩国大部庄所務事、重訴状二通如此、先度下召文之処、不参云々、甚無謂、今月廿日以前可被参決也、仍執達如件、

永仁六年九月二日　　左近将監在御判
　　　　　　　　　　前上野介在御判
〔鎌一九七九二〕

東大寺衆徒申、播磨国大部庄所務事、重訴状具書如此、背両度召符、不参云々、甚無謂、来月十日以前、可被参決也、仍執達如件、

正安元年〔永仁七年〕五月廿日　　左近将監在判
　　　　　　　　　　前上野介在判

下村地頭殿
〔鎌二〇一二二〕

以上三通はその身に宛てられた召文である。もっとも、最初二通には宛所が書いてないが、これはおそらく写し落としたものであろう。いずれにしても、これら三通の文書が被召喚者本人に宛てられたものであることは、「可被参決」という文言のあることによってただちにわかる。

さて、裁判所で上記三通の召文を発しても論人は出頭せぬので訴人は「寺領播磨国大部庄地頭条々致非法間、就訴申、雖被下三ヶ度召文、都以不及請文陳状上者、早廉直仰御使、不日被召上彼地頭、可被停止条々非法由、欲蒙御成敗」する旨の同六月日重申状〔鎌二〇一五三〕を裁判所に提出した。この重訴状にもとづいて裁判所が発したのが、すなわち次の使節宛召文である。

東大寺雑掌頼深申、播磨国大部庄下村地頭濫妨所務由事、重訴状具書如此、背三ヶ度召文、不参云々、太無謂、今月中可参決之旨、可被相触也、仍執達如件、

正安元年七月七日　　左近将監

前上野介在判

梶原二郎殿

江田六郎殿　〔鎌二〇一六一〕

三ヶ度召文のあと、使者宛召文を発した事例については、なお註(278)所引諸文書を参照。

(251) 註(247)所引『高野山文書』および前註所引最初三通の『東大寺文書』のごとし。

(252) たとえば「又続宝簡集」一四八二号、永仁二年正月日高野山金剛峯寺衆徒等陳状(『高野山文書之七』二頁)〔鎌一八四六六〕に「抑当庄者、本所一円之地也、若有訴訟者、先可触仰寺家之処、直申下御教書於庄家之条、供御人〔訴人〕等之私曲也、於自今以後者、可被相触本所也」、註(75)所引「南禅寺文書」〔鎌二三二四九〕に「於貞清〔論人、加賀国白山中宮佐羅別宮雑掌、同神主兼賢代官〕者可被召出之旨、触申本所座主宮畢、爰貞清兼賢代官也、自本所被改其職之間、懸本所無所于召出歟」、『集古文書』二八「金沢称名寺文書」正和三年八月二十七日六波羅下知状〔鎌二五二一五〕に「彼西蓮・又四郎等〔大神宮領伊勢国殿村住人〕乍耕作田地弐段余、三箇年分所当公事拾三貫五百文不致弁之旨、浄慶〔伊勢国守護領、庄田方地頭代〕就訴申、今年三月同四月二箇度、付祭主三位、雖触遣、不事行之間、同年六月廿九日、

仰使者佐竹四郎五郎入道義念、相原九郎次郎貞秀、相触祭主、可執進請文之旨、重下日□〔限〕召符畢、爰如義念・貞秀同七月廿日連署請文者、任被仰下之旨、相触祭主三位□之処、不及請文云々（起請詞載之）者、本所不及散状」、『田代文書』二、嘉暦二年十二月十二日六波羅下知状〔鎌三〇〇九五〕に「右、基綱〔和泉国大鳥庄上条地頭〕押領当庄免田在家、打止番米并公事等之由、帯近衛関白家御教書、頼直〔高陽院大番領雑掌〕就訴申、基綱捧陳状畢、爰頼直為訴人無音之間、可召賜之旨、去年十一月十日・今年正月十四日雖申入本所、依事不行、〔中略〕度々申入本所」とあるがごとし。

なお、幕府訴訟法上の問題としての召喚は、幕府と本所との交渉につきて研究すれば足りるのであって、本所が被召喚者にいかにして召文の趣旨を知らしめたかということは、本所内部の問題である。

(253)『秦文書』文永十年十二月五日六波羅御教書〔鎌一一四八八〕に「若狭国汲部多烏以下八ヶ所浦沙汰人百姓等申、越前国坂南地頭郎従宮内三郎以下輩、致狼藉由事、重訴状如此、先度相触地頭之処、不請取彼状候、何様事哉、為相尋子細、可被召上交名輩」、『集古文書』二五「三嶋社蔵文書」〔鎌二〇四〇五〕に「伊予国三嶋大祝安俊代安胤申、鴨部庄住人祐賢濫妨同御料田等由事、重申状如此、来月廿日以前、可催上状如件、　正安二年三月十八日　右近将監〔花押〕　前上野介〔花押〕　地頭代」、『東寺百合古文書』一四一〔鎌二二三四六〕に「東寺領若狭国太良庄雑掌頼尊申、当庄百姓等背先例、打止公事之由事、重訴状如此、為被明、来月廿日以前、可召進百姓等之状如件、　嘉元三年二※月廿二日　越後守在判　遠江守在判　地頭代」、『離宮八幡宮文書』一、嘉暦二年八月二十五日沙弥行円請文〔鎌二九九四二〕に「八幡宮大山崎神人等申、内殿御灯油荏胡麻関之煩事、今月廿四日自御使方、如触承御教書案者、兵庫目銭関務雑掌聖雲并東西地頭領住人淡路房松次郎及西熊太郎、十万左近入道、尼崎四郎五郎太郎等可召進云々、仍彼交名内於淡路房松次郎、欲令召進之処、件輩者、不可従地頭催促之由、以日比敵対宿意、関務雑掌支申候之上者、可及直御沙汰候哉」とあるがごとし。

(254) 上述したごとく、本所あるいは地頭の進止に服する者に対する召文が、その進止者に宛てられたということの理由は、これらの者が、幕府裁判所に訴を提起するがためには、本所あるいは地頭の挙状をそえなければならなかったということの理由と同様であって、これらの者と幕府との法律的関係は本所を通じてはじめて生ずるものであり、これらの者は本所を経由してのみ、幕府訴訟法上の当事者能力を取得するものであるとの理由にもとづくのである。

この場合、召文は実質的には凡下を召喚することを内容とするのではあるが、形式的には本所あるいは地頭を宛所とするのであるから、一般の原則にしたがって二度まではその身（すなわち、本所あるいは地頭）に宛て、三度目においてはじめて御使に仰せられることとなるわけである。しかりとすれば、『沙汰未練書』には凡下の輩の召文は初度より御使に仰すと記してあり、かつその実際に行われたことは註(248)所引の事例によって知り得るが、事実において、かかる種類の召文の使用されることは、よほど少なかったのではなかろうかと推定される。

(255) 正安二年に鎮西探題府では、召文の送達に国雑色を用いるをやめ、当該国の守護ならびに地頭、および近隣地頭御家人などにこれを命ずべき旨、定められた（『新式目』召文事の条〔鎌追六八八条〕――『武家名目抄』職名部二十七、鎮西評定衆の条所引）が、これの以前において、すでに守護宛の召文が出されている。

たとえば、『深堀記録証文』二、正嘉二年十月二日大宰少弐（肥前守護）宛六波羅御教書〔鎌八二九三〕に「肥前国彼杵庄内戸町浦地頭深堀左衛門尉行光申、為惣地頭代、押領戸町松浦、被致狼藉由事、重訴状（副具書）如此、此条度々令下知之処、不及参決、剰引率多勢、退行光代官真清也、打擲蹂躙之上、押取乗船云々、事実者、無其謂、忩止其煩、糺返彼船之後、相尋両方、来月中、可令催上惣地頭代給」とあるがごとし。けだし、地頭宛の召文は通例、本人に宛てられる例であったが、九州では守護が特別な地位を有したから、これを通じて地頭を召喚せんとしたのであろう。

(256) 『保阪潤治所蔵文書』二、元亨元年三月十五日後藤壱岐前司（越前守護か）宛六波羅御教書〔鎌二七七五〇〕に「越前国木田庄雑掌重祐申、守護代寂阿打入当庄、致苅田狼藉由事、重訴状如此、度々被仰畢、不日可被召進寂阿也」とあるがごとし。

これと同様に、見得べき場合として、子息に対する訴につき、父宛の召文を発した場合がある。「温故古文抄」元亨元年四月十日吉谷五郎宛六波羅御教書（『石川県史』第一篇付録三六号）〔鎌二七七六三〕に「南禅寺雑掌覚賢申、加賀国山代庄地頭代吉谷五郎子息虎犬丸、号当国佐羅別宮神主、率神人等、乱入寺領得橋郷内佐羅村、押領下地、致追捕以下狼藉候事、院宣、西園寺入道家御消息（副□状具書）如此、子細見状、早可被催上虎犬丸」とあるがごとし。

(257) このことについては確証はないが、私は下記四箇の理由によってかく考えるのである。

(1) 問状が当事者送達主義であった以上、ほかに反証のない限り、召文もまた同様であったと考えるのが穏当であること。

(2) 召文送達の意味を示す文言には註(278)所掲諸例によって知り得るように、(甲)たんに召文を遣わしたという意味の文言と、(乙)「使者」あるいは「奉行之使者」をして送達せしめたという意味の文言との両様があるが、この両文言は意識的に使い分けられたと思われること。すなわち、甲文言は使者あるいは奉行の使者をして送達せしめぬ場合、すなわち当事者をして送達せしめる場合に限り使用された文言であると考えられること。なお、この点については、当事者送達主義の行われたことの疑いない問状送達に関する記事において、つねに問状を遣わすというような意味の文言しか使用されなかったことを参照すべきである。

(3) 後述、仁治二年六月十一日の法令に雑人訴訟に関してではあるけれども、度々論人に(参決すべき由、奉行人奉書をもって)相触れても、事行われざるときに、(始めて)御教書を下すので、尫弱訴訟人が数回往復して日月を経るとあるが、訴訟人が往復するのは召文を自分で送達するがためであると解し得ること。

(4) 「又続宝簡集」一四七二号、永仁五年十※一月日網曳御厨供御人重訴状案（『高野山文書之六』五六六頁）〔鎌一八四一三〕に「件隆覚頼賢以下之輩等違背　宣旨御牒関東六波羅殿御下知之旨、厳重日次供御給田当郷十三町五段之内、称可顚倒六町五段、致濫妨、令犯用供御米之間、就訴申、雖被成三箇度召文、不叙用之、剰投返御教書、不及請

文陳状」とあり、同一四八二号、同二年正月日高野山金剛峯寺衆徒等陳状（『高野山文書之七』二頁）〔鎌一八四六六〕に「次、雖被成下三ヶ度之召文、不叙用、剰投返御教書、不及請文陳状之由申之云々、此又奸謀之申状也、初度御教書者、正応五年三月十六日御教書也、同年八月六日到来、経数ヶ月雖令到来、即八月十二日進請文畢、今於二ヶ度之御教書者、全不令到来、掠置両度之御教書、不及請文陳状之由申条、造意之企、奸曲也」とあるによって、御教書が論人のもとに到来したか否かが訴訟上、問題になったことを知り得るが、かかることが争われたのは、訴人が召文を送達したからであると思われること。

以上、四箇の理由である。

(258) この点ついては史料が全然みあたらない。本文に記述したことは、私の想像たるにすぎない。

(259) 以上、『沙汰未練書』奉行書下日数事の条。「水引権執印文書」正応三年九月日薩摩国宮里郷地頭大隅式部三郎重申状〔鎌一七四五七〕に「爰大別当長栄依為当参、可被召決由訴申刻、止下向儀、可明申旨、以奉行所御使、雖被相懸、不□□催促、逃下」とあるは、その実例である。

「御使」と「奉行之使」あるいは「奉行所之使」とは異なる。前者は幕府の使節で、通例、御家人をもってこれに宛てたこと、前述のごとくである。「奉行之使」あるいは「奉行所之使」とは、本奉行の使（両奉行の使者というときには本奉行と合奉行との使）の意味であって、おそらく奉行の郎従、あるいは奉行所の雑色などをもってこれに宛てたものと思われる。

三ヶ度の書下は「奉行之使」をもって、直に召喚すという文句の直にの意味は、おそらく初度・二度の書下は訴人をして送達せしめ、したがって、裁判所よりいえば、間接に、送達せしめたことになるに反し、三ヶ度の書下は訴人の手を煩わさず、直接に奉行の使をもって送達せしめるということであろう。

(260) この場合においても論人より請文を提出して差し支えないことはいうまでもない。ことに相手方の申状に対する反対意見を一応すみやかに裁判所に通達し、訴訟上、有利な地位を獲得するがために、この種の請文を利用することがあったらしい。

『熊谷家文書』一九八号、嘉元元年十一月二十七日関東下知状〔鎌二一六八九〕に「爰如明幹執進源秀〔論人〕同年五月廿二日請文者、直明訴申候致狩猟、伐取材木由事、乍閣自領狩倉弐拾余箇所、何可狩他領哉、又伐木事、同然候、雖然、企参上、可明申候云々」、註(207)所引「野上文書」〔鎌二七三八七〕に「如執進去年十二月三日浄妙〔論人〕子息公賢請文者、彼田地事、今度催促之外、不存知之、不付本解、申成使節之条奸謀也、浄妙老耄之間、公賢〔浄妙子息〕令進請文候、所詮、企参上可明申候」とあるがごときは、この意味を有するのであろうと思われる。

(261) 註(473)所引『東大寺文書』六波羅御教書〔鎌一三五四九〕に対して論人地頭代の提出した「東大寺学侶申、茜部庄越訴間事、今月十日御教書(被副申状具書等)同廿四日到来、謹拝領仕候畢、任被仰下候之旨、即可参洛言上之処、折節御持病更発之間、捧陳状候、以此旨便宜之時可有洩御披露候哉、頼広恐惶謹言、　四月廿八日　　左衛門尉伴頼広(請文)」(『東大寺文書』第四回十三)〔鎌一三五七〇〕という請文はこれに属する。

(262) すなわち後述のごとく、召文御教書の日数というものが法定されていて、期限の定のない召文については、受領後、右規定の日数を過ぎるときは「違背」となったのであるが、何らかの事情で、論人が規定日数以内に出頭しあたわざる場合には、その旨の請文を裁判所に提出しなければならなかったのである。

『東大寺文書』(四)十三〔鎌九七六二〕に「東大寺領美乃国茜部庄雑掌申、致新儀非法由事、別当僧正御文(副寺解状)遣之、先度被尋下処、不及陳状云々、仍招事哉、不日企上洛、可明申状如件」との文永四年九月四日六波羅召文に対して論人が提出した「今月四日御教書同十一日到来、謹以拝見仕候了、当別当御房御文并御書等下給候了、以今月内、企参洛、可令明申之旨、内々御心得候て、可有御披露候、行村恐惶謹言、　九月十三日　　左衛門尉行村」という請文〔鎌九七六六〕のごときは、この種の請文の一例である。

そのほか同文書にみえる論人地頭代の正員、石川七郎に宛てられた文永六年九月七日付の「東大寺衆徒申、美濃国茜部庄請所以下事、別当僧正御文(副解状具書)遣之、此事先々経沙汰了、所詮、為相尋所存、今月廿日以前可企参洛、若令違期者、定有後悔歟之由、相触地頭代、可被執進分明散状也」という六波羅後悔召文[鎌一〇四八六]に対して、論人地頭代行村の提出した「九月七日、六波羅殿御教書、同廿三日到来、畏拝見了、抑茜部庄請所事、東大寺解加一見申処、申状存外候、去文永四年之比、依申付御教書候、可明申之刻、任先例可致沙汰候云々、存其旨候之処、今又訴訟申条、無謂候、所詮、不日雖可企参洛候、維摩会用途及遅々候者、自他無物体候、沙汰立後、十月十日可令参上候、以此旨、可有御披露候、恐惶謹言」という文永六年九月二十四日請文[鎌一〇四九六]のごときも、所定の期日に遅れて出頭すべき旨の請文であるから、またこの種の請文であると考えて差し支えないであろう。

(263) 註(248)所引、永仁四年九月十四日下司清重・惣追捕使沙弥願妙請文[鎌一九一三九]にそえた使節深栖八郎蔵人の請文は次のごとくである。

東寺領大和国平野殿庄雑掌申、当庄土民等背寺家御下知状、抑留寺用之由事、任去月十日御教書之旨、八月中可参洛之由、相触候之処、惣追捕使願妙、下司清重等請文如此、謹進上候、以此旨、可有御披露候、恐惶謹言、

九月廿日　源泰長(請文)

[鎌一九一四六]

(264) 「国分寺文書」元亨三年四月二日平成貞請文[鎌二八三七〇]に「国分次郎友貞申、薩摩国分寺領追捕放火狼藉事、就去二月廿六日御教書、相触同彦次郎友任候之処、構参津之由、不及是非散状候、若此条偽申候者、八幡大菩薩御罰可罷蒙候、以此旨、可有御披露候、恐惶謹言」などあるがごとし。

(265) 催促書状の実例は註(218)所引、乾元二年二月二十九日書状[鎌二一三七三]を参照。

ときにはふつうの重申状をもって「催促書状」に代えたことがある。この場合には、たんなる論人召喚の請求のみでなく、訴の内容についても記述してあるのが通例である。たとえば註(238)所引阿氏河庄沙汰文書案[鎌一二一〇〇]、

寂楽寺領紀伊国阿氏河庄雑掌重申状〔鎌一二〇四五〕に「当庄上村地頭宗親為御年貢抑留、追出御使、剰誇無道悪行、乍為在家身、雖経数日、不申御教書御請不当子細事、副進一通　先度御教書案　件子細者当庄為寂楽寺御領、異他之地也、爰地頭宗親条々非法悪行之子細、先度具言上了、両者於条々等者、追可蒙御成敗、先令入部雑掌於庄家、可致御年貢以下沙汰之由、為蒙御成敗、重言上如件」とあるがごとし（この申状につきて、裁判所より出されたのが註(238)所引、十一月三日初度催促である）。

(266)　催促状の実例は註(238)所引、十一月三日『高野山文書』を見よ（なお前註参照）。

四二　上述の手続きによって、両当事者が裁判所に出頭すれば、ただちに口頭弁論を開始し得るのであるが、もし被召喚人が召文に応じて出頭しないと、いわゆる懈怠(Versäumniss)、すなわち全部的懈怠の問題を生ずる。さて、鎌倉時代には、召喚に応じて出頭しないことを「召文違背」あるいは「難渋」と称したが、これに関する幕府立法を記述すると、次のごとくである。[267]

『御成敗式目』第三五条は、訴状について召文を遣わすことが三度におよんでも、（論人が）参決しない場合には、訴人に理あらば、ただちに訴人勝訴の判決を下すべく、訴人に理なくんば（相論の所領をもって）他人に宛て給うべき旨を定めている。

その後、仁治二年六月十一日〔鎌追一四六条〕には、雑人訴訟につき、従来は国々を分かちて奉行人を付し、度々論人に（参決すべき由を奉行人奉書をもって）相触れて、しかも事行われざるときに（始めて）「御教書」を下すので、尩弱訴訟人が数回往復をして日月を経るが、かくのごときは不便であるから、自今以後、いっさい「御教書」を出すをやめ、「奉行人奉書」（のみ）をもって、下知を加うべき旨を定め、[268]寛元三年五月三日には諸人訴訟のことにつき、問注所に仰せ下されるところ、事を左右に寄せて、当参の輩が「難渋」するのは自由であるから、奉行人の催促が五ヶ度を過ぎたならば、交名を注進するにしたがい、その咎に処すべき旨を定めた。[269]

宝治元年十二月十二日には奉行人を定めて、両当事者を召し問うた後、[270]一方が「難渋」をいたして、日数を送り、対決の日より二十箇日を過ぎたらば、理非を顧みず、訴人の申状に任せて成敗あるべきものとした。

この法令は召文法史上、画期的のものであって、ここにおいて鎌倉時代召文難渋法はひとまず完成したものということができるのである。

次いで同二年五月二十日［鎌追二六二条］には雑人(平民および下人)訴訟のことによって、度々奉書を下しても論人がこれを叙用しないから、自今以後は「召文三箇度」の後は、このたび「違背」したらば「後悔」あるべきの由の日限召文を国雑色をして送達せしめ、そのうえでなおも、あるいは自由陳状を捧げ、違期したらば、訴状に任せて、成敗あるべきものとし、建長二年十二月七日には、さらに一般に「召文違背」の罪科につき、三ヶ度叙用せずんば、御使をもって催促すべく、なお「難渋」したならば、注申にしたがって、罪科の左右あるべきものとし、[271]建長七年十二月二十九日には遠国に限り、召文を下した後、ゆえなく五ヶ月(百五十日)にいたるまで参決しないときは、訴人の申状につき、その沙汰あるべく、近国にいたっては召文日限にてその沙汰あるべきものと定め、[272]正嘉二年五月十日には鎌倉中ならびに国々雑人沙汰については、奉行人奉書を三ヶ度叙用せねば、御教書を発すべく、また彼状が三ヶ度におよぶも、事行われざるときには、引付で子細を尋明し、事実ならば(没収のために)所領を注進すべき由の御教書を発すべく、かつ難治のことは引付で沙汰あるべきものと規定し、文応元年四月三十日には、訴訟のことに関し三ヶ度(召文)を叙用せねば、所帯を注進すべき旨の御教書をなすべき由を定めた。[273]

上記のごとく、召文違背に関する規定は貞永以後、文応にいたるまでの間に、かなり変遷しているのであるが、最も著しい変化は『御成敗式目』では三ヶ度召文違背の効果として、訴人に理あらば、相論の所領をただちに訴人に付すべく、訴人に理なくんば、これを他人に宛て給うべき旨を定め、訴人に理ありや否やによって、その効果に差別を設けたに反し、宝治元年にいたって、はじめて召文違背の効果として、訴人の理非に関係なく、つねに訴人の申状に任せて成敗あるべき旨を定めたこと、これである。

この宝治元年の法令は、この点に関する限り、『御成敗式目』の規定を改廃したもので、爾後の召文違背に関する法令および慣習法は、すべてこの原則のうえに成立したのである。しかし、召文違背の要件に関しては、召文の違背は三ヶ度におよんではじめて効果を生ずるという『御成敗式目』の規定が鎌倉時代はもとより、室町時代にいたるまで、原則的規定として行われていたのである。

さて、次に召文違背に関する上述各種の法令が実際において、いかなる程度において行われたかを研究してみよう。この点については実例について調査するのが最も確実な方法であるが、いまだ十分な資料（鎌倉時代前期の）を求め得ないので、しばらく私の仮定説を述べるにとどめておきたい。

私は、これらの規定がただちに強行されたものとは考えないのであって、むしろこれらの規定は裁判官に対する一の指針であるにすぎなかったのではあるまいかと想像している。すなわち、当事者追行主義および弁論主義を主調とせる所務沙汰の手続きは、自らこれらの規定をして補充的効果を有するにすぎざらしめたのであり、したがって、訴訟の実際は、これらの主義適用の結果として成立した慣習によって支配されたものとみるべきではなかろうかと考えるのである。

以上は当事者が初より召文に違背して出頭しない場合であるが、たとえ召文に応じて出頭しても、その後、自由に、沙汰の篇を終えずして帰国することがあり得る。この点については、元亨二年正月十七日に幕府は御使の催促について、参上を企てた輩が禁忌と称し、自由に帰国することは、甚だしかるべからざることであるから、向後においては奉行人はすなわち事由を(引付に)披露し、その結果にしたがって沙汰すべきである、その儀なく下向したならば、召文を遣わすにおよばず(ただちに)裁許さるべきものとし、また当参の輩が禁忌と号し許否を承らず、日数を経(て参決せね)ば、やはり違背の咎に処すべきものと定めた。(274)

なお年代不詳ではあるが、論人を召上げ訴人の身たりながら、下国したならば、論所を論人に付すべく、また論人たりながら召文につき上洛して陳状を進め、やがて下国したならば、難渋の篇をもって沙汰にあうべき旨の関東御事書が発布されていた。(275)

(267)　六波羅府設立後、当分の間、六波羅召文に応じない西国地頭御家人が非常に多かったと見えて、幕府はしばしば六波羅に命じて、かかる者の交名を注進せしめている。『吾妻鏡』寛喜三年五月十一※日(『新編追加』第二一〇条)［鎌追三〇条］、同書嘉禄三年三月十七日(同二六七条)、ならびに同書寛元三年五月三日の諸条および「又続宝簡集」一二一号、および一二二号(『高野山文書之四』二六五・二六八頁)参照。なお、『吾妻鏡』寛喜二年十一月七日の条(『新編追加』第二六八条)［鎌追一九条］参照。

(268)　この法令に見える「御教書」あるいは「奉書」という語が、召文の意であるか、問状の意であるかは問題であるが、まず召文であると解しておいて差し支えないと思う。

(269) 以上いずれも『吾妻鏡』同日の条。
(270) 両方を召問の「召問」はおそらく、召喚の意であろうし、また対決の日とは、対決すべき日の意であろう。
(271) 以上いずれも『吾妻鏡』同日の条。
(272) 『新式目』問注難渋輩事の条〔鎌追三〇三条〕。
(273) 以上いずれも『吾妻鏡』同日の条。
(274) 『御成敗式目追加』訴論人禁忌事の条〔鎌追七一八条〕。
(275) 『東寺百合文書』ヱ一之十九、年号不詳(鎌倉末期か)七月十五日頼尉〔?〕状に「如当時関東御事書者、召上論人、乍為訴人之身、已下国候者、可付論人云々、又乍為論人、就召文、令上洛、進陳状、やかて已下国者、以難渋之篇、可合御沙汰云々」とある。
　なお、「水引権執印文書」(正応頃)薩摩国八幡新田宮雑掌重訴状〔鎌一六九〇八〕に「為莫爾郡司入道覚也代行蓮、不相被(待か)御沙汰左右、令逃下間、任傍例、可蒙御成敗」、同文書正応三年九月日薩摩国宮里郷地頭大隅式部三郎重申状〔鎌一七四五七〕に「爰大別当長栄適依為当参、可被召決由、訴申刻、止下向儀、可明申旨、以奉行所御使、雖被相懸、不□□催促、逃下上者、任傍例、欲預御注進」とあるを参照。

四三　以下には実例について召文違背の要件、および効果を記述するのであるが、問題の生じたのは主として論人不出頭の場合であったから、まずこれについて記し、次に訴人の不出頭におよぶこととする。(276)

(一)　論人の召文違背　『御成敗式目』第三五条の規定のごとく、三ヶ度召文を遣わしても、論人が出頭しないとき、すなわち「不参」の場合に、ただちにこれを違背の咎に処したこともあった(277)が、多くの場合には、召文を三回発した後、さらに催促の使節をもって召文を遣わし、論人がなおもこれに違背して「参上」しない場合において、はじめてこの咎に処する例であったようである。[278][279]もっとも、前項において記したように、正嘉二年五月十日の法令は召文を六ヶ度まで発行すべき旨を定めており、かつ召文の発行およびその違背の制裁は、原則として当事者の請求にもとづいてなされたのであるから、実際においては六度、[280]七度、[281]八度、[282]十度、[283]五十度[284]の召文が発せられた例さえある。

なお、前項に述べた宝治二年の法令〔鎌追二六二条〕に見える召文は、いわゆる「後悔召文」であるから、これが違背の場合には、当然、召文違背となったわけである。[285]

次に「難渋」というのは、本人も代官も裁判所に出頭しないことをいうのであるから、本人が出頭しなくても、代官が出頭すれば、もとよりこれを「難渋」と称することを得ない。[286]また召文違背というのは、召文に違背して全然出頭しないことをいうのであるから、召文に応じてただちに（あるいは日限内に）出頭しなくても、適当の期間内に訴陳におよび、問答を遂げた以上は、召符違背の効果は生じなかったのである。[287][288]

（276）時間的にいうならば、前項に記載した諸立法は、だいたい鎌倉前半期のものであるに反し、ここに記すところは主として、その後半期に関するものであることを注意されたい。

（277）『金沢文庫所蔵文書』嘉元二年十二月十六日六波羅下知状〔鎌二二〇五九〕に「背三箇度召文、不参之条難遁」〔難渋之咎か〕と見ゆ。なお、次註所引元徳二年『東寺百合文書』を参照。

室町時代の法律書たる『武政軌範』の引付内談篇式日内談事の条に「令遅参者、三箇度相触之条、古今之通法也」とあるは、『沙汰未練書』に「一　被成御教書宛所事、〔中略〕以三ヶ度可極之」とあるに対応するものであって、古今之通法という文句は、室町時代召文三箇度の制が鎌倉時代の遺制たることを示したものと思われる。

召文違背はかくのごとく三箇度違背の場合に、その効果を生ずるのが通例であるが、二度の召文違背をもって「難渋」の効果を生ずるのが、「定法」なりと主張した事例がある。『入来文書』六二号、元亨三年六月日渋谷別当次郎丸代惟朝重訴状〔鎌二八四四四〕に「伯父弥四郎重経、背両度御教書、不及参陳上者、任定法欲被経御沙汰薩摩国入来院塔原郷内田薗事」とあるもの、これである。定法とは書いてあるが、類例が少ないところをもってみると、一般的に行われたものであるまいと考える。

(278) たとえば『飯野及国魂史料文書』二八頁所引、正応三年九月十二日関東下知状に

可参決之旨下三箇度召文之処、盛隆〔論人〕不参之間、遣雑色刻、如奉行人明蓮代禅勝執進盛隆今年六月廿一日請文者、山沙汰事、四月下旬之比、令進代官又太郎畢云々者、如請文者、進置代官之由、雖載之、不能参対之間、為矯飾歟、而盛隆違背度々召文之条、難遁其科、然則任頼泰〔訴人〕申請之旨、於件山者、准東方之例、可令致沙汰、

〔鎌一七四四七〕

『大友文書』一、永仁七年五月二十二日鎮西下知状に

右、当名者、為友永方之処、香椎大宮司氏盛押領之由、就訴申、永仁六年十一月廿七日、同十二月十一日、今年二月十二日、雖下三箇度召文、無音、仍同三月一日仰肥後民部大夫師景、加治三郎左衛門尉俊員、尋難渋実否之処、陳状如此云々、〔中略〕然則、執進代官自由陳状、不参之条、難遁難渋之咎、仍於彼田地者、宜止氏盛押領、至作稲者、任員数令糺返、

〔鎌二〇〇六九〕

『集古文書』二六所収、伊予国三島社蔵、正安二年八月十八日六波羅下知状に

就訴申、自永仁七年正月廿六日至今年四月廿日、三箇度雖下召文、不事〔行脱か〕之間、仰淡路四郎左衛門尉宗業、大槻又太郎盛綱、同五月廿二日重下召文畢、爰如宗業、盛綱等同七月十三日同廿五日請文者、可催上論人之旨、雖相触在所地頭代、不及散状云々者、違背度々召文、于今不参之条、無理之所致歟、

〔鎌二〇五八三〕

『東寺百合古文書』七、延慶二年五月二十七日六波羅下知状に

右、就祐快之訴、被下院宣之間、仰使者、自去年十月廿三日、至十二月廿七日、三箇度雖遣召符、彼輩不参之間、今年二月十七日、付両使者野部介光長、伊丹四郎左衛門入道妙智、重下日限召符畢、〔中略〕不応度々召符之条、違背之咎難遁、〔鎌二三六九三〕

などとあるがごとし。この種の手続きは、前記建長二年十二月七日の法令の規定するところと一致しているから、この法令の影響のもとに成立した慣習であると思われる。

以上は、三箇度召文を遣わしても参決せぬので、次に使者をもってこれを召喚し、なおも不参であるために「難渋」の咎に処せられた例であるが、ときとしては二箇度召文違背の後、使者沙汰におよび、これが違背の場合において、「難渋」の咎に処したことがある。

『東寺百合文書』サ一之十七、元徳二年十月二十七日関東下知状〔鎌三一二五三〕に「右、当郷寺用米者、年別拾石六斗六升六合六勺也、而嘉暦三年以来無沙汰之由、就訴訟申、仰地頭馬場谷禅尼、当年六月四日・閏六月廿四日両度雖成遣奉書、不及散状之間、八月四日以奉行人(能定、又承)使者、付遣重奉書訖、雖然于今無音、難遁違背之咎、然則嘉暦三年以来分、任員数、可令糺返」とあるがごとし。

(279) 最後の召文を賜った後、出頭におよばずして幾日を経過したらば、召文違背の効果を生ずるかというに、日限召文については問題はないが、ふつうの召文については、『沙汰未練書』に、関東御教書は美濃・尾張においては三十日、六波羅御教書は二十日、「国御使」催促は十日と記してある。

なお、右『沙汰未練書』に見える「国御使」というのは、宝治二年五月二十日の法令(前項所掲)にいわゆる「国雑色」および前註所引『飯野及国魂史料文書』に見える「雑色」と同一なのであろう。幕府が国雑色に命じて召文を下さしめたところ、論人は当時、熊野詣でにでかけて留守中なりしにかかわらず、折節論人は物忌にて召文を受け取ら

ないゆえ、投げ入れたと報告し、ために当該訴訟は訴人の勝訴となったが、再審理の結果、雑色の奸悪が露顕して、論人（後訴の訴人）の勝訴となり、雑色は罪科遁れがたきにより、改補されたことが、『秋田藩採集文書』一所収、岡本又太郎元朝所蔵、正応二年七月九日関東下知状〔鎌一七〇六二〕に見えている。

(280)「水引権執印文書」正応元年八月十五日奉書等〔鎌一六七二〇〕。

(281)『金山寺文書』一、建長七年五月二十一日六波羅下知状〔鎌七八七二〕等。

(282)『東寺百合文書』と八一号、永仁六年六月日東寺領大和平野殿庄雑掌聖賢申状〔鎌一九七三二〕。

(283)『三国地誌』巻九十九、文久〔ママ〕二年六月日伊賀国守護代家政子息左衛門尉平政氏〔元か〕重申状〔鎌九三〇五〕。

(284)『東寺百合古文書』一八二、若狭国御家人鳥羽右衛門尉国茂陳状〔鎌一二七九二〕。ただしこれには誇張があるかもしれない。

(285)『東大寺文書』㈣十三に見える

東大寺衆徒申、美濃国茜部庄請所以下事、別当僧正御文（副解状具書）遣之、此事先々経沙汰了、所詮、為相尋所存、今月廿日以前可企参洛、若令違期者、定有後悔歟之由、相触地頭代、可被執進分明散状也、仍執達如件、

文永六年九月七日　散　位在御判

陸奥守在判

石川七郎殿　〔鎌一〇四八六〕

はすなわち後悔の召文である。この文書のごとく「令違期者定有後悔歟」などと「後悔」の文字を使用している召文が後悔の召文たることはいうまでもないが、たとえ「後悔」の文字がなくとも、違背の場合の制裁が特記してある日限召文は、やはり「後悔召文」と呼ばれていたものではなかろうかと考える。そのことは『書礼紛詰集』に

一　召符ニ具奉〔ママ〕之三固〔箇か〕大事示之、

問状奉書之事

花山院家雑掌之〔ママ〕申、美作国英田郡領家職之事

近年混乱地頭職押領云々、太以不可然、速停止競望、右職地可被去渡、若亦雑掌輩紛之子細在之者、不日可被申明之由、被　仰出者也、仍執達如件、

（正慶二年）八月六日　貞次在判

忠隆在判

結崎掃部大夫殿

一　二度之召符

三条前大臣家雑掌申〔ママ〕所美作国其庄領家職之事、当知行之処、違乱云々、子細早速可被申明者也、仍執達如件、

（正慶二年）八月九日　貞次在判

忠隆在判

結崎掃部大夫殿

一　三度之召文

三条前左大臣家雑掌申〔ママ〕所美作国其庄領家職被覃競望条、為糺明、以〔ママ〕数召文、被　仰付処不被参決段制〔ママ〕限候、所詮来十二日以前於無対〔ママ〕出者、直可被裁許旨被　仰出者也、仍執達如件、

正慶二年八月十日　筑後守判

大和守判

結崎掃部大夫殿

とあって、問状奉書、二ヶ度召文（むしろ問状というべきである）および三ヶ度召文を掲げているが、次に「一　権門裁

許之奉書事」と題して

美作国其庄領家職事、雖懸後悔召文、不参決之上、如先々可被領知旨被仰付者也、下知如件、

正慶二年九月三日　　筑後守

大和守

三条前左大臣殿

という文書を掲げていることによって知り得る。けだし、この最後の文書によると、前記三ヶ度召文がすなわち後悔召文であるが、これには「来十二日以前於無対出者、直可被裁許旨被　仰出者也」との文言しか記載してないからである。

しかりとすれば、『通法寺及壺井八幡宮文書』正応五年六月二日六波羅下知状〔鎌一七九七四〕に「就住僧訴、度々雖下召文、不事行之間、明春正月十五日以前可催上、若過期日者、就訴状可加下知之旨可相触彼輩之由、仰出羽六郎入道慈忍、去年十二月廿五日遣召文」、『東寺百合文書』と八五号、大和平野殿庄文書案、永仁五年九月七日六波羅御教書案（『東寺文書之三』五六一頁）〔鎌一九四四六〕に「東寺領大和国平野殿庄雑掌申、当庄土民等寺用抑留事、重訴状如此、被下　綸旨之間、三箇度遣召文、不事行云々、今月廿五日以前不参決者、殊可有其沙汰之旨、可被相触也」、『東大寺文書』(四)十一、正安元年十二月十四日書下※〔鎌二〇三四五〕に「東大寺雑掌申、三乃国茜部庄年貢事、重書状如此、為問答、明後日廿六日、可被出対、不然者、就難渋之篇、為令披露、以使者、所触申遣也」とあるがごとき、いずれも後悔の召文の文章であるというべきである。

(286)『諸家文書纂』所収「野上文書」文永七年四月二十六日関東下知状〔鎌一〇六一七〕に「次、背宰府催促之由事、資直〔論人〕進代官、申子細之間、非難渋之儀」とあるがごとし。

(287)『山田氏文書』正安二年七月二日鎮西下知状〔鎌二〇四七六〕に「一　召府〔ママ〕違背事　右相互雖申子細、及訴陳、遂問答

之上者、非沙汰之限矣」と見ゆ。

(288) なお、被召喚人より召文に対して、期日に出頭しあたわざる旨の請文を出すことがあり（註(261)）、正当な理由のある場合には裁判所はこれを許容したであろうが、ときには被召喚人より出頭すべき旨の請文を提出しながら、不参をいたすことがあった。かかる場合には、この種の請文を「自由請文」と称したが、かかる自由請文を提出することは「難渋」と同様の効果を生じた（数回の召文違背の過程を経るを要しないのである）。

註(260)所引「野上文書」〔鎌二七三八七〕に引き続き「右、浄明寄事於老耄、雖捧自由請文、于今不参之条、不遁難渋之咎」、『香宗我部家伝証文』嘉暦二年十二月十六日六波羅下知状〔鎌三〇一〇二〕に「或捧自由請文、于今不参、或称当参、不及散状之条違背之咎難遁歟」とあるがごとし。

四四　召文違背の効果は『御成敗式目』の規定では、訴人に理あらば、直に判決を下すことであり、訴人に理なきときは相論の所領を他人に宛給うことであったが、宝治元年以後は訴の理非にかかわらず、相手方の申状どおりに判決することに改まったのであり、爾後この後のほうの制度が室町時代の終わりにいたるまで、原則として行われたこと、前述のごとくである。

かく召文違背の効果は相手方の申し立てのごとく、判決あることであったが、判決成立手続き以前の審理手続きとしては、問状より召文を経て日限召文の発行という順序を経ることが多く[289]、しかして日限召文違背の場合には、論所を（理非にかかわらず）訴人に付するのが、当時、都鄙の例であったから[290]、召文違背の効果はすなわち日限召文違背の効果であったといっても差し支えないと思う[291]。

次に鎌倉時代における召文違背制度の存在理由、すなわちいかなる思想にもとづいて召文違背という制度が認められたかということを考察してみるに、これが実に三段の発展段階を経たことを知り得るのである。

第一期は『御成敗式目』制定以後、宝治頃まで、すなわち『御成敗式目』の規定の行われた時代である。『御成敗式目』においては、論人の召文違背と裁判の結果とは、全然無関係に取り扱われている。すなわち、論人が召文に違背した場合においても、裁判所はふつうの手続きにしたがって、訴の理非を裁判するのであって、訴人が得理の場合において、論人の召文違背によって彼の利益するところは、たんに直に裁許を受けることができるということだけであり、しかして訴人が無理たる場合には、彼が論人の召文違背によって利得するところは、全然なかったのである。[292]

これによって知り得るところは、当時においては、召文違背制存在の理由を、形式的に裁判所の召喚に背いて出頭しないのは法律秩序に反するものであるから、その者の制裁のために、しかしてまた一般的に将来の召文違背防止のために、これに不利益を与えるということに求めていたこと、これである。

第二期は、宝治元年より弘安頃までである。この期の初め、宝治元年において前々項に詳述したように幕府は、召文違背の効果を改めて、相手方申状のとおりに判決することとなした。しかしながら、この期においては、召文違背の場合に、なぜ相手方勝訴の判決を下すかというこの制度の存在理由を、次期におけるがごとく、違背者の実質的無理に求めんとする考えは、いまだ発生しておらず、当時の人の思想としては、むしろ反対に宝治元年の法令はたんに召文違背者のこうむる不利益の内容を変更したにすぎずして、この制度の存在理由は前期と異なるところはないと考えていたのであろう。[293]

第三期は、正応頃以後、鎌倉時代の末までである。この期においては召文違背の効果の内容は前期と異なるところはなかったのであるが、(294)その制度の存在理由に関する思想にいたっては、一変したのである。すなわち、この期になってはじめて、召文違背により相手方勝訴の判決を下す根拠を、意識的に、召文に違背するのは、無理だからであるという実質的な推定に求める思想が発生したのである。このことは当時の判決にしばしば召文違背は「無理之所致」であると記してあることによって知り得るのである。(295)

これようするに、第一期は形式的な考え方の時代であり、第三期は実質的な考え方の時代であり、しかして第二期は形式的な考え方より実質的な考え方に移らんとする過渡期であったのである。

(289)　その適例は『東大寺文書』(三)十一に

東大寺衆徒申、播摩国大部庄所務事、別当前大僧正殿御文二通(副訴状具書)遣之、早可被弁申候、仍執達如件、

永仁六年六月　日

左近将監在御判

前上野介在御判

地頭殿中

［鎌一九七二七］

東大寺衆徒申、播摩国大部庄所務事、重訴状二通(副具書)如此、先度尋下之処、不及散状云々、太無謂、早可被参決、仍執達如件、

永仁六年八月二日

左近将監在御判

前上野介在御判

［鎌一九七五九］

東大寺衆徒申、播摩国大部庄所務事、重訴状二通如此、先度下召文之処、不参云々、甚無謂、今月廿日以前、可

被参決也、仍執達如件、

永仁六年九月二日　　左近将監在御判

前上野介在御判　　［鎌一九七九三］

とある文書をあげることができる。

(290)『東寺百合文書』エ一之九、弘安九年五月日預所署名補任状［鎌一五九〇三］に「違背日限之召文之時、被付論所於敵人之事、都鄙之通例也」と見ゆ。事案は本所裁判所に関するが、都鄙之通例とあるから、日限の召文違背の場合に論所を相手方に与えることは全国一般の慣例であったとみて差し支えないと思う。

(291)以上、召文違背の効果について記述したのであるが、そのほかに召文が御教書の様式である場合には召文違背は同時に御教書違背となったわけである。御教書違背については、建長五年八月二日に幕府より御教書違背の咎によって所領を召さんがために、所帯を注進すべき由をあまねく難渋の輩に触れられ、康元元年(建長八年)六月五日には御教書違背の咎においては、所領を没収するために(論人所領について)注進するよう下知すべき旨を、五方引付に相触るべき由、仰せ出されている(いずれも『吾妻鏡』同日の条)。

　されば、これらの規定によると、召文御教書に違背した者は、訴訟においては敗訴し、したがって訴訟の目的物たる所領は相手方に付され、同時に彼のほかの所領は没収されたことになる。しかし実際においては召文御教書違背の効果は敗訴の一事にとどまっていたようである。

(292)「水引権執印文書」天福元年六月二十八日関東下知状［鎌四五三〇］に「薩摩国御家人中務丞（ママ）康兼申、鹿児島郡司職事、矢上三郎盛澄請文令披露畢、而康兼重訴状如此、盛澄遅参之条何様事哉、康兼令参向之時、盛澄可参会也、今度若及遅怠者、就康兼訴状可有御成敗也」とある、最後の「今度若及遅怠者、就康兼訴状可有御成敗也」という文言は、召文違背の効果に関するこの『御成敗式目』の原則と矛盾するものであるが、例外としてかかる効果を付与することもあったのであろう。

（293）このことはまた『建内文書』一、建治二年七月十六日※六波羅御教書［鎌一二四一二］に「丹波国波々伯部保雑掌申、当保民盛利仮御家人号、成神領煩由事、就請文、重申状具書如此、子細見状、為尋沙汰、度々遣日限召文之処、不参、太無謂之間、重加下知之刻、盛利可参上之由乍載去四月十日請文、于今遅引之条、度々召文違背事、已令露顕歟、然早仮御家人号、成神領煩事停止之後、若有欝訴者、可参決之由、可被相触盛利也」とあって、召文違背の場合に、相手方勝訴の判決を下し、しかも違背者において異議あらば参決すべき旨を命じていることによって、知ることができると思う。

すなわち、この場合において、裁判所は法の規定にしたがって、相手方勝訴の判決を下したのであるが、その理由が何ら実質的な権利関係の有無に触れしめられていないため、この判決をもって終局的なものとなすことは、当時の権利尊重思想と矛盾するものであると考え、この思想と調和するために但書を書き加えたものと察せられるのである。

この種の判決は、『御成敗式目』制定以前にも下されたことがある。「菊大路文書」四〇号、加賀能美庄重友村重書案、安貞二年八月十七日北条朝時下知状（『石清水文書之六』四九頁）［鎌三七七五］に「右、江沼次郎景能去年十月之比、称有譲状申之間、成敗之処、長野次郎盛景相伝知行無相違、而景能掠申之由、依令訴申、可参決之旨、度々雖触遣之、于今不参対、仍如元盛景可領掌也、景能有欝訴者、早可参決之状如件」とあるもの、これである。

この判決は、上記の判決とよく似ているが、前者が意識された「召文違背」という法制にもとづいて下されたものであるに反し、後者はおそらくは裁判官の自由裁量によって下されたものであろうから、両者をもって同様な意味をもつ判決であるということはできないと思う。

（294）註（278）所引、『飯野及国魂史料文書』［鎌一七四四七］および『通法寺及壺井八幡宮文書』正応五年八月二日六波羅下知状［鎌一七九七四］に「就住僧訴、度々雖下召文、不事行之間、明春正月十五日以前可催上、若猶過期日者、就訴状、

可加下知之旨、可相触彼輩之由、仰出六郎入道慈忍」とあるを参照。

(295) たとえば前註所引『通法寺及壺井八幡宮文書』に「去年十二月廿五日遣召文、〔中略〕或雖捧請文、于今不参、或不及散状之旨、慈忍請文分明之上者、無理之所致歟」、註(278)所引、三島社蔵文書〔鎌二〇五八三〕に「違背度々召文、于今不参之条無理之所致歟」、『法金剛院文書』一、嘉元二年十二月二十四日六波羅下知状〔鎌二二〇六六〕に「爰令難渋引付問答之間、今年十一月一日催促之処、依不叙用、同月廿二日為問答、明後日(廿四日)可令出対引付之由、載書下状、以成基、成観使者、重雖令催促、不出帯之条、無理之所致歟」、『中村文書』正和五年六月二十七日関東下知状〔鎌二五八七六〕に「如道海〔使節〕十一月十一日起請文者、度々雖相触、不及請文云々、背数ヶ度召符、不参之条、無理之所致也」、『色部文書』元亨二年七月七日関東下知状〔鎌二八〇九〇〕に「氏女背度々召文之条無理之所致歟」、『田代文書』二、嘉暦二年十二月十二日六波羅下知状〔鎌三〇〇九五〕に「度々申入本所之処、雑掌于今不出対之条、無理之所致歟」、『東寺文書』元徳二年九月十※九日関東下知状(『武家名目抄』職名部七上、奉行人条所掲)〔鎌三一二〇三〕に「正中二年以来対捍之由就訴申、度々尋下之上、去八月八日以来以奉行人等使者、雖相触、無音難渋之条、無理之所致歟」などとあるがごとし。

ことに『保阪潤治所蔵文書』二、元徳元年十二月七日関東下知状に「右、一分地頭飯田五郎家頼自正中二年至嘉暦二年米参石壱斗未進可預裁許之由、依訴申、為糺明、去年十月四日、十二月十二日直遣召符、今年正月廿八日以二宮右衛門五郎忠行加催促之処、如執進二月廿九日請文者、企参上、可明申云々、于今無音之条、未済之所致歟」とあるがごときは、「無音」によって論人の(所当)未済を推定しているのであって、召文違背によって論人の無理を推定した顕著な事例であるということができる。

ただし、この時期におけるあらゆる判決が、召文違背のゆえをもって、違背者の「無理」を推定しているわけではない。前期の思想を受け継いで、召文違背の効果を形式的に「難渋之咎」ないし「違背之咎」をもって基礎づけている判決も決して少なくないのである。

たとえば、『留守文書』一、徳治二年十一月二十七日関東下知状〔鎌二三〇九四〕に「今年四月五日重仰範能、就令催促、如範能執進大江氏去五月廿九日請文者、進代官、可明申云々、雖然、于今不参、難遁違背之咎」、『二階堂文書』一、嘉暦四年九月二十日鎮西下知状〔鎌三〇七〇四〕に「就訴申、嘉暦弐年十一月以後、度々遣召文之上、仰市来孫太郎時家、尋難渋実否処、如執進一分庶子近江四郎左衛門尉後家代道阿今年正月廿八日請文者、彼御所用途事、致沙汰、請取明白候、将〔＝正〕員在鎌倉候、企参上、可明申云々（取詮）者、道阿進請文之後、于今不参、不遁難渋之咎」、『詫磨文書』二、元徳二年六月五日鎮西下知状〔鎌三一〇五六〕に「為糺明、度々雖遣召文、無音之間、以宇土三郎高俊等、問実否之処、如執進去四月六日親基請文者、不付本解状之間、巨細不存知候、早下給之、可令明申云々者、就関東御教書有其沙汰之処、捧自由請文、于今不参、不遁難渋之咎」などとあるがごとし。

しかし、『諸家文書纂』六、延慶二年六月十二日※鎮西下知状〔鎌二三七〇〇〕に「就訴申、雖尋下、背両度召文、不参之間、延慶元年十二月十七日、以当国御家人陶山小次郎、日奈古孫四郎為広等、尋問難渋実否之処、如為広執進今年二月十九日道兼請文者、当名地頭職者、自本主覚実子息尊智等、平道兼子息夜叉丸令相伝之由、承伏之上、背度々催促、終以不参対之条、云義理、云難渋、無所遁歟」、『正閏史料外篇』三、山内縫殿家蔵、正中二年六月十二日関東下知条〔鎌二九一三三〕に「此上重為決理非、就両方参対、仰友秀〔論人代官〕、為問答、可参対之由、成書下之後、去四月十五日以奉行人島田民部二郎行顕並宗村等使者、催促之処、于今不参、難遁違背之咎、云理云非、難渋之篇、性忍所中旁有其謂歟」、『河上山古文書』八、元亨四年四月十六日鎮西下知状〔鎌二八七二五〕に「為糺明、度々雖遣召文、不参、以国分彦次郎季朝尋問実否処、如去年六月十三日季朝起請文者、雖相触一円女子〔論人〕、不及散状云々者、件畠地為神領〔すなわち訴人領〕之条、証文等分明之上、論人不応召文之旨、季朝進誓文訖、云違背之段、云無理之篇、旁不遁罪科」とあるがごとく、意識して訴の理非と召文違背の「難渋」とを区別しているところに、前期に見られぬ本期の特徴を看取することができるのである。

召文違背の咎の効果の理由づけとしては、前述のごとく「無理之所致」に求めるものと「難渋之咎」に求めるものとの両様があったが、そのほかに第三種の理由づけとして、召文違背により、論人糺明の方法なきために、やむをえず、訴人勝訴の判決を下すという趣旨のものがあった。

すなわち、『佐賀文書纂』所収「大川文書」元亨三年十二月五日鎮西下知状〔鎌二八六〇七〕に「当村預所増慶押領之旨、幸蓮就訴申、為糺明度々雖遣召文、無音、仰神崎執行兼則、重加催促之刻、如兼則今年八月廿九日請文者、雖相触増慶、不及散状云々〈起請詞略之〉者、増慶背召文、不参之間、無拠于糺明歟、然則於彼田畠在家等、任関東御下文並氏女譲状等、可令幸蓮領掌」とあるもの、これである。しかし、この種のものはきわめてまれであった。

四五　㈡　訴人の召文違背　訴人の召文違背の制もまた、論人のそれと同様に、おそらく三段階の発展を経たものと思う。しかし実例の残るものが比較的少なく、わずかに第三期の法制について、多少を知り得るにとどまる。(296)

(296) 第三期以後の史料によると、召文違背の効果として、訴人は論人の場合と同じく敗訴の判決を受けなければならなかった。

『比志島文書』一之二、正応四年三月十八日鎮西御教書〔鎌一七五七五〕に「如〔訴人〕状者、訴人之身、乍召上論人、在国之間、先度雖被成召府〔ママ〕、不参歟、太自由也、所詮、為究真偽、来月十五日以前可参向博多、若於過期日者、任被定置之旨、就難渋之篇可有其沙汰」、『都甲文書』乾、永仁七年六月二日前上総介奉書〔鎌二〇〇七三〕に「右、同庄〔豊後国都甲庄〕住人正清弥次郎惟重為惟遠被押妨彼畠地山野等之由、就訴申、尋下之処、惟遠参対□刻、惟重為訴人、下国之間、雖遣日限召文、依不及散状、以竹田津又次郎長親、尋問違背実否之処、如執進惟重代惟宗今年正月十五日請文者、〔中略〕可明申之由雖載之、不参之上者、難遁難渋之咎、仍所被奇〔棄〕捐惟重訴訟也」、『比志島文書』三、元亨二年九月日薩摩国比志嶋孫太郎忠範代義範申状〔鎌二八一九〇〕に「乍訴人、顧無理、問答難渋□□御教書御書下無音上者、任定法以違背経御沙汰」、『田代文書』二、嘉暦二年十二月十二日六波羅下知状〔鎌三〇〇九五〕に「右、基綱押領当庄〔和泉国大鳥庄〕免田在家、打止番米並公事等之由、帯近衛前関白家御教書、頼直就訴申、基綱捧陳状畢、爰頼直為訴人無音之間、可召賜之旨、去年十一月十一日、今年正月十日雖申入本所、依不事行、以奉行人関六郎入道正証、伊地知右近将監親清、六月二日重触申畢、然而猶以無御左右之上者、可預裁許之旨、基綱所令申也者、度々申入本所之処、雑掌于今不及出帯之条、無理之所致歟」、『山田氏文書』元徳二年十一月十六日鎮西下知状〔鎌三一二八二〕に「訴陳一問答之後、禅意為訴人、依不終沙汰之篇、雖遣召文、無音之間、以智覚院郡司忠世、加催促〔中略〕、不及散状云々、〔中略〕為訴人違背召文之条不遁難渋之咎歟、然則所棄捐禅意訴訟也」とあるがごとし。

召文違背者を敗訴とする根拠に「無理之所致」と「難渋之咎」との両様があることは、論人召文違背の場合と異なるところはない。訴人が当参たりながら、召文に違背した例としては、「台明寺文書」正和元年九月日将軍家御祈禱所大隅国台明寺雑掌申状〔鎌二四六五二〕に「右、忠秀為訴人、乍為当参、請取陳状之後、迄于十余ヶ日、無音之上者、任定法、為被棄捐彼逆訴、言上如件」、『比志島文書』三、嘉暦二年壬九月日薩摩国比志島孫太郎入道仏念代義範重陳状〔鎌三〇〇〇四〕に「為当参身、不及出仕、不請取陳状上者、任定法被奇捐掠訴、欲預御裁許」、『同文書』同年十一月日重陳状〔『薩藩旧記』所収〕〔鎌三〇〇八八〕に「右号雑掌、乍掠訴、頭〔顧の誤〕無理、為訴人、至数ヶ月、無音之上者、任定法、被経急速御沙汰」、『新編禰寝氏正統系図』二、正慶元年十二月二十五日鎮西下知状〔鎌三一九三五〕に「加之俊恵為訴人難渋之間、遣召文之上、以頴娃三郎貞澄、今年四月十四日尋問実否之処、如執進俊恵同五月十八日請文者、為当参、可申所存旨雖載之、則下国畢、随而去九月清成進二答状之処、于今不参、難遁難渋之咎」とあるを参照。

なお、この召文違背による訴人敗訴の判決が absolutio ab instantia すなわち訴を不適法として却下するもので、さらに要件を具備して訴えれば勝訴の見込みのあるものであるか、または absolutio ab actione すなわち請求の理由なしと終局的に判決されるものであるかの問題がある。あるいは訴人敗訴判決の理由が「難渋之咎」たりや「無理之所致」との推定たりや否やによって差違があるのではなかろうか、との想像も生じ得ぬではないが、いまだ確証に接せぬので、この点は将来の研究にゆずることとする。

第四款　口頭弁論

四六　召喚手続きによって、訴論人が裁判所に出頭すると、口頭弁論の手続きが開始されるのであるが、口頭弁論の行われるのは、前述のごとく、訴訟書類だけでは、なお理非が顕然たらざる場合に限られていたのである。(297) 口頭弁論のことを当時「問注」「問答」あるいは「対決」などと呼んだ。問注の手続きは「内問答」と「引付問答」(「問注」という言葉は狭義においてはこれのみを指す)とに分かれていたが、問答の手続きに入る前に、両当事者は訴陳状を奉行所に返進し、(298) 訴論人ともに奉行所に寄り合って、訴陳状を継ぎ、裏を封じなければならなかった。(299)

裏を封ずとは継目裏判を加えることをいうのである。加判の方法は正員と代官との場合には、正員が上判し、代官と代官との場合には上下に打ち違える法であった。継目裏判がすむと、両当事者は、この文書を裁判所に返進することに定められていた。(300)

(297) 第三八項参照。なお、紀伊薬王寺蔵、永仁七年正月二十七日関東下知状(『紀伊続風土記』第三輯古文書之部、九五頁)

〔鎌一九九三四〕に「如訴陳状者、依為胸臆之論、於引付之座召尋」とあり。

(298) たとえば、「吉田社文書」正安四年六月二十四日平幹盛重陳状（『新編常陸国誌』下巻、一三四六頁）〔鎌二一一一四〕に「一 先訴陳申、如状者、為保幹、殊不存知之由令申之条奸謀也、於田所得分訴陳者、奉行江令返進畢、名田畠在家下地相論訴陳之問答之時可持参云々」とあるがごとし。なお、註(227)所引諸文書を参照。

『小鹿島古文書』下、正安元年九月二十八日状〔鎌二〇二三六〕に「うけとる御そちんの正文ならひにくそ〔具書〕の案らの事」として諸文書の目録を掲げ、次に「右うけとるところかくのことし、御代官七郎殿あひともに御奉行所に候て〔ママ〕そちんを可進之状如件」とあり、「追請取」として文書名を掲げ、次に「備図田帳、令申子細之処、不及陳状、可継訴陳由事」とあるが、これはおそらく、対決のための文書返進に関係あるものであろう（次註所引『小鹿島古文書』を参照すべし）。

(299) 実例として、『小鹿島古文書』下、正安元年十月日薩摩左衛門次郎公遠重申状〔鎌二〇二八〇〕に「欲早仰土村六郎三郎代可継訴陳由被仰下楢崎村事、右当村事、究訴陳之間、可継之由雖相触、不承引之上者、給御書下、為令催促、重言上如件」、『児玉韞採集文書』一所収「中郡家古文書」延慶四年六月日今津住人尼光阿申状〔鎌二四三〇三〕に「為伊勢次郎永経、自去三月比可続訴陳由雖申之、不遂其篇」、『東寺百合文書』ケ四十三之四十七、嘉暦四年七月五日早部氏女代覚賢請文案〔鎌三〇六五二〕に「雖然、可知行両庄於一円之旨、号三綱等、帯方々寺務御奉（挙の誤か）、訴申之間、究三問三答、為飯尾兵衛大夫奉行、去元応二年継上訴陳候了」とあるを参照。

(300) 以上、継目判のことは『沙汰未練書』書継訴陳状事の条。

四七　(一)　内問答　まず右の訴陳状具書などの案文をもって、「其手」（すなわち担当の）引付にまわし、頭人衆中（引付衆）ともによく訓釈し、次に奉行所で「内問答」をとげ、さらにその後、引付で問答をとげるのである。(301)

(301)『沙汰未練書』問答事の条。内問答についてはこれ以外に史料の徴すべきものがみあたらぬ。その法律上の性質は現行法の準備手続き類似のものと解して差し支えないであろう。

四八 (二) 引付問答

「引付問答」[302]は「引付之座」[303]「引付御座」[304]「引付問答之座」「問答之座」[305]「勘録座」[306]などと呼ばれた引付会議席で行われた。その手続きは引付の頭人および衆中(引付衆)が参会したときに、引付之座において、当奉行人(すなわち本奉行人)が訴論人を召し合わせ、問答をとげるのである。[307]正安二年に幕府は鎮西探題に、対問のときには、一方の人数は両三人のほか、かたく禁制すべき旨を命じた。[308]問注にとりかかる前に、まず両当事者間に交換された訴陳状を朗読する手続きであったらしい。[309]

この引付問答がいわゆる「問注」(狭義)に相当するものである。問注という言葉は元来、審問注記の義であったが、鎌倉時代になっては、訴訟あるいは対決(問答)などの意味にも使用されるにいたったのである。[310]

鎌倉裁判所内部の記録を得ることができないから、その問注はいかにして行われたかを知ることは直接には不可能なのであるが、公家[311]あるいは本所[312]裁判所の問注記によって類推してみるに、まず裁判所より各箇の争点につき、相論の題目を示し、訴人・論人が順次に裁判所に対して、その題目につき、意見を陳述するのであった。すなわち、裁判所の尋問に対して答えるという形式を採ったのであって、相手方と直接に論じあうのではなかったのである。もっとも、事実上は当事者が互いに相手方の主張を反駁しあうことになるのはいうまでもない。[313]

問答終了後、訴論人ともに、所存があるならば、重ねて問答をとげることができた。この二度目の問注を「覆問」と称したのである。[314]

問注日については十分な記録が残っておらず、ただ断片的に知り得るだけである。[315]引付問答には原則としては口頭主義(Mündlichkeit)が行われたと思われるが、明らかに書面をもって申し立てた実例があるから、この主義が厳守されていたわけではなく、[316]若干例外の場合が認められていたらしい。問答は直接に当事者に公開されていたから、直接公開主義(unmittelbare Oeffentlichkeit)であったが、[317]その範囲は当事者に限られていたから、当事者公開主義(Parteiöffentlichkeit)であり、[318]しかも前述のごとく一方の人数は両三名を超えることを得ずというような制限があったのである。[319]

(302)「引付問答」の語は註(466)所引「宝簡集」〔鎌一七七九八〕、註(497)所引『山田氏文書』〔鎌二〇四七六〕および『東大寺文書』(四)一三、弘安二年四月日東大寺領美濃国茜部庄地頭代伴頼広陳状〔鎌一三五七二〕等に見ゆ。

(303)註(362)所引「紀伊国薬王寺文書」に見ゆ。そのほか『中尊寺経蔵文書』一、文永九年六月二十三日関東下知状〔鎌一一〇五二〕、『田代文書』二、正応四年六月八日関東下知状〔鎌一七六二七〕、『相州文書』八、我覚院蔵、正安元年十月二十七日関東下知状〔鎌二〇二七四〕など参照。

(304)『沙汰未練書』引付沙汰事の条。

(305)「引付問答之座」の例は『東寺文書』楽之部一之八、弘安十年十二月十日関東下知状〔鎌一六四一四〕、「問答之座」の例は『熊谷家文書』四六号、嘉暦三年七月二十八日※関東下知状〔鎌三〇三三二〕に見ゆ。

(306)「汲古北徴録」元亨二年五月二十三日下知状(『石川県史』第一巻付録、二八八号)〔鎌二八〇二九〕。

(307)『沙汰未練書』引付沙汰事の条。

(308)『新式目』「対問時一方人数両三外堅禁制事」の条〔鎌追六九六条〕。

(309)註(238)所引『比志島文書』〔鎌二五二六七〕参照。なお第三二項参照。

(310)中田博士「鎌倉室町両幕府ノ官制ニ就テ」(『法学協会雑誌』三〇巻一〇号、一一八頁)。

(311)『東大寺文書』(四)五所収、養和元年八月十八日「問注東大寺所司伊賀国在庁等申詞記」に公家裁判所の尋問の様子が如実に記載されている。全文は非常な長文であるから、問注の様子を知らしめるに必要な部分だけ抄出して記載すると次のごとくである。
源兼信(伊賀国在庁)
右問兼信云、去三月日東大寺所司等解状偁、〔中略〕古今雖異帰依可同者歟者、件子細依実弁申如何、兼信申云、
〔中略〕仍御奉免之由在庁等不令存知候止申、
大法師参暁(東大寺所司)
兼信申云、如先条弁申ス、寺家所進之留守所符云、〔中略〕件等証文進覧止申、
問参暁云、以汝之解状、問在庁之所、弁申旨如此、子細弁申如何、参暁申云、〔中略〕変々之条似不知子細止申、
覆問参暁云、黒田庄出作新庄等、於雑事者、弁寺家、至于官物者、便補当寺御封之外、弁来国庫之由顕然也、
〔中略〕不触子細於留守所、不遂立券、不限田数、晴依欲押領一郡、去年九月十一日申下条事官符、令停廃之由、
在庁所弁申也、如申状者、非無其謂、若是寄事於左右、寺領之外欲掠取国領歟、就中寺家所進証文者、〔中略〕若
非寺領歟、疑多端、次又玉瀧杣事、〔中略〕此外若為国領歟、件等子細依実弁申如何、参暁申云、〔中略〕令停止国
司之濫訴志弖、任承安御下文天、重欲蒙庁裁止申、
覆問在庁兼信云、黒田本庄不停廃之由雖陳申、如寺家申状者、已差申証人畢、又至于出作新庄者、〔中略〕、其外
有院庁御下文之由不書載、寺家設雖不触留守所、在庁定存知歟、令弁申旨前後相違歟、件子細依実弁申、如何、
兼信申云、〔中略〕、裁許只可有御定止申、
申　　　　　　伊賀国在庁源兼信

同盛長
惟宗後守
東大寺所司
勾当大法師参暁
問注
公文左衛門番長笠俊兼
主典代散位中原朝臣盛職
散位中原朝臣職国
西市正中原朝臣政泰
散位中原朝臣景宗
〔平三九九八〕

(312)『雑筆要集』八五に問注記として

今日何日ム与ム問注記

一某申状云、

去月何日夜勾引童女一人於藤代而令売―、其咎難遁者也、早且被糺返件童女、欲被加人売之誡者、一某申状云、件条極虚言也、無指証文、以何為実、唯是為令損人、任口臆《〔ママ〕》如斯所令訴也、奏事無実者、法条有制、早任憲法、欲被召証人耳、

とあるが、これは本所裁判所の問注記であろう。実例としては、『東寺百合文書』ヨ一之十二、東寺領伊予国弓削島百姓等与預所問注記をあげることができる。これは数段に分かれているが、そのうち一段を左に載せる(全段は『古事類苑』法律部一、一一四三頁以下に見ゆ)。

沙汰用途事
百姓申詞不違申状、但地頭此等之非法依御訴訟、被改替上者御一円之後、可有御寛宥由所相存也、地頭所務之時、致其沙汰之条、本自勿論之次第也云々、預所申云、此事存撫民之儀、雖宛十貫文、尚依歎申、五貫文宛之上者尤可致沙汰之処、敢不及沙汰、猶争可及訴訟畢云々、
中状一段畢　〔鎌二五三六四〕

(313) 武家裁判所における問注手続きの一斑は、『東大寺文書』(四)一二、弘安二年八月日美濃国茜部庄地頭代沙弥迎蓮重陳状〔鎌一三六七五〕に「就之、去年閏十月九日於御引付座、被召決之後、同廿三日御評定之時、両方参対之処、奉行人被申云、先度問答仁被尋落之篇目在之、早可被寄合也云々、仍翌日(廿四日)令参対奉行所之処、年貢事、見絹色代相交之旨訴陳状仁載之、自何比弁色代哉云々、就之雑掌申云、色代事者建長中年事也云々、迎蓮申云、貞応以後少々者見絹、其残者以色代弁来事為返抄分明之由令申之処、如奉行返答者請〔ママ〕建長年中毛既以及三十箇年之間、経年序了、既貞応以後事不論申之上者、年来弁色代之条無異儀歟然者、寺家方者四丈別代銭以何程可被納哉云々、雑掌申云、四丈別仁壱貫漆百文云々、迎蓮申云、近年以後被納一貫四百文之条猶以為新儀之処、剰一貫七百文云々、先例未承及之由令申之処、被究淵底、度々逢御引付之後被下御下知了」とあるによって知ることができる。

註(311)所引養和元年『東大寺文書』では、裁判所は「何々事、依実弁申、如何」という文句を用いて当事者を尋問している。幕府裁判所においては証人尋問の際には同様の文句が使用されている(第八六項参照)から、当事者尋問の場合においてもまた使用されたものと解して差し支えないであろう。右、弘安二年『東大寺文書』にはこの句は見えていないが、おそらくこれを省略して記載したのであろう。

(314)『沙汰未練書』覆問事の条。なお『吾妻鏡』文応元年八月十二日の条所載、関東御教書((註226)を見よ)参照。前註所引弘安二年『東大寺文書』に見える問注は、評定沙汰以後「尋落」をさらに尋問したのであるから、これが武家裁判

所の覆問である。公家裁判所の覆問（また「復問」とも書く）と用語は同一でも、内容の異なることは、右弘安二年『東大寺文書』と註(311)所引『東大寺文書』を対照すれば明瞭である。

(315)　問注は判決成立手続きとしての引付沙汰と通例同日に行われたのであろう。今、問注日の実例を求めてみるに、『吾妻鏡』仁治四年二月二十六日（同日寛元と改元す）の条に御物沙汰日結番番文があり、「宝簡集」三九四号、名手庄丹生尾村相論六波羅問注交名日記〔鎌六三五四〕に「寛元二年（甲辰）自六月廿五日至七月十七日、其間問注日六月廿五日、同廿六日、七月二日、三日、七日、九日、十四日、已上七箇日也、同月十七日可取詮句定式日、雖然不取之、其取詮句人（勘解由入道法名了念）」とあり（もっとも、以上二箇の場合は引付設置以前にかかるから、「引付問答」の問注日ではない）、『吾妻鏡』建長四年四月三十日の条には当日定められた五方引付の式日が載っている。なお、建長二年四月二日には引付のことは巳の刻以前に始め行うべき旨が定められている（『吾妻鏡』同日の条）。

期日の延期については、一般的の規定は伝わらず、ただ禁忌と称するも、証拠なくんば沙汰を延引すべからざる旨の法令が『貞応弘安式目』に見えており、「続宝簡集」二八四号、正中二年四月日※蓮華乗院学侶訴状事書（『高野山文書之二』四四七頁）〔鎌二八九六三〕に「奉行人又畏地頭権威歟之間、或称相〔＝所〕労、令延引御沙汰之期日、或号物詣、徒然令送旬月」とあるを知るだけである（なお訴訟手続き中止の項を参照）。

(316)　すなわち「紀伊国薬王寺文書」永仁七年正月二十七日関東下知状（『紀伊続風土記』第三輯古文書之部、九三頁）〔鎌一九九三四〕に「一　当寺地方伍町内免田肆町九段半事、〔中略〕町数依不符合、為他所之由、去年九月九日於引付之座、広親〔論人〕代浄心書出之処」とあるによれば、引付の座において浄心は右のことを書出したものとみなければならない（もっとも、この書の字はほかの文字の誤りであるかも知れないが、しばらく間違いなきものとして議論を進めるのである）。しかりとすれば、口頭の陳述にあらざれば、判決の資料となし得ないという意味においてではなく、ただ書面審理に対して口頭審問を原則とす、という意味において口頭主義が行われていたというにとどまるのである。

(317) 直接公開主義というのは期日そのものが公開される場合を意味し、これに対して間接公開主義とは手続きの報告が公にされるにすぎない場合をいうのである。

(318) 当事者公開主義(Parteioffentlichkeit)は人民公開主義(Volksöffentlichkeit)に対する語である。現今では公開主義といえば通常、人民公開主義のみを意味するが、精密にいえば、これを前記両主義に分かつことができるのである。

(319) なお、引付問答の記録として問注記が作られる例であったろう。『吾妻鏡』寛元三年五月三日の条、および『鎌倉執権』下〔宮内庁書陵部蔵〕に「一　引付記録当日可書事」〔鎌追五八九条ヵ〕とあるを参照。

第五款　訴訟手続きの中断、中止および分離

四九　(一)　訴訟手続きの中断　訴繋属中における当事者死亡の場合の取り扱い方については、はたしてこれを訴訟手続き中断の原因と見たか否か確証はないが、今私の仮説を出すことが許されるならば、当事者死亡の場合において、訴訟が判決を下すに熟している場合には、裁判所は相手方の請求を俟たずして、ただちに判決を与えることができたが[320]、いまだその程度にいたらざる場合には死亡者の相続人あるいは相手方より訴訟受継の申し立てがあるにあらざれば、裁判所はかかる手続きを採ることができず、訴訟は中断したように思われる[321]。なお、訴訟当事者が禁忌になった場合には、その訴訟手続きは規定の期間だけ中断される定めだったのである[322]。

(320) たとえば『相州文書』八所収「相承院文書」正安三年五月十六日関東下知状〔鎌二〇七八六〕に「右、壱分地頭加世孫太郎長親年々未進之由訴申之処、可遂結解之旨進陳状、死去畢、仍遂其節、可究済之旨、正安元年六月被下知于子息等之後、同十月雖下御教書、猶不叙用之」とあるがごとし。文に「被下知」とあるは下知状を下した意と解する。

論人が未進の事実を承認して裁定をいたす(「遂結解」)べき旨、陳じた以上は、訴訟はすでに判決を下すに熟している(註(176)参照)のであるから、たとえ爾後、論人が死去しても、裁判所は相手方の請求を待たずして、判決を下し得たことは、けだし当然というべきであろう。いわんや、この場合、裁判所は論人の相続人を尋問する必要は全然ないのである。

しかりとすれば、『市河文書』二、正安四年十二月一日関東下知状〔鎌二一二八九〕に「右、彼屋敷名田等者、小田切実道与盛房(于時左衛門三郎)相論間、欲有其沙汰之刻、実道死去畢、女子性阿相伝之後、永仁三年正月廿日相分論所、両方所出和与状也、如性阿状者、御堂四壁並屋敷避与盛房云々、盛房止訴訟云々、仍就彼状、可被裁許之由、同三月七日評議畢、而未被成下知状之処、性阿父死去之間延引、而盛房依申子細、被尋性阿跡之処、如夫関屋三郎入道蓮道去四月十一日状者、任本和与状、可有御沙汰」とあって、すでに判決を言い渡すに熟したときに、当事者が死亡したのであるにかかわらず、訴人の請求により論人を尋問した後、判決を下したのは、異例であるといわねばならないのであるが、この場合には和与の判決であったから、裁判所でとくに論人の利益を考慮して、相続人の意見を徴したものではないかと思う。

(321)　死亡者の相続人より訴訟手続きの受継を申し立てた例としては、室町時代初期のものではあるが、『東寺百合古文書』五、康永二年四月日播磨国垂水庄日下部氏(法名証円、今者死去)子息朝倉孫太郎左衛門重方重訴状〔レ三九ノ四号〕に「右、当職等者、母堂尼証円(于時日下部氏)相伝知行之条、所進証状等分明也、而東寺雑掌致押妨之間、証円就訴申之、為安井新左衛門入道奉行、被経御沙汰、番一問一答訴陳之処、不請取二問状之間、去暦応四年十二月以違背之篇被逢御沙汰之刻、令出対于御引付、請取二問状畢、爰被渡于当御奉行処、去年十二月二日不達愁訴、証円他界訖、且相副相伝証文、譲与于重方之条、譲状分明也、且令相続于亡母尼証円愁訴、被召出二問状、任相伝之明証等、為〔蒙脱か〕御成敗」とあるを参照。

相手方より訴訟手続きの受継を申し立てた例としては、『金沢文庫所蔵文書』年号不詳上野国村上住人某申状〔鎌二八六三〇〕に「雖然、自即年被押領之間、於彼御内、連々雖歎申、依不事行、所令言上也、而兼雄〔論人〕雖令死去、子息助四郎相継亡父跡之上者、早被召出之、任証文旨、為蒙御成敗、粗言上如件」とあるをあげることができる。『飯野及国魂史料文書』三二頁所載、元亨四年十二月七日関東下知状〔鎌二八九〇三〕に「右山者、泰行〔論人隆清子息〕祖父盛隆致違乱之時、彼山准東方之例、可致沙汰之由、正応三年九月十二日頼泰〔訴人〕所預裁許也、而子息隆清之時、又以濫妨之間、就訴申、隆清、捧陳状死去、而頼泰依返進彼陳状、為有其沙汰、度々被召泰行」とあるが、「依返進彼陳状」とある文句は、おそらくたんに陳状の返進（すなわち対決の請求）を意味するだけではなく、同時に相手方跡（相続人）たる子息泰行の召出を請求する申し立てをも意味したのであろう。しかりとすれば、この文書もまた死亡者の相手方より訴訟手続きの受継を申し立てた例となし得るであろう。

（322）『貞応弘安式目』諸人訴訟事の条〔鎌追四八四条〕に遁避の輩が禁忌の由、自称すとも、証拠を提出しなければ、御沙汰に延引あるべからざる旨を定めていることは、他面において禁忌の証拠があらば、沙汰を延引することを暗示しているのである。禁忌の日数については『東寺百合文書』と六七号、永仁二年正月四日加治木頼平書状〔鎌一八四四九〕に「抑弓削嶋奉行之由承、悦喜候也、関東沙汰之次第、去十二月始地頭文三郎頼行いもうとにて候者、他界候間、関東日数五十日いまれ候也」とあるを参照。

ただし、幕府はある年代において、両方を召決し、あるいは訴陳状などにつき、沙汰せんとするにのぞみ、難渋の仁が偽って禁忌を構えることがあるというので、軽服（父母の喪以外の服）が出来すとも、沙汰に憚ることなき旨を定めた（『新式目』訴訟人軽服事の条）〔鎌追五七七条〕。すなわち、爾後は禁忌は重服（父母の喪の服）の場合だけ、訴訟行為中断の原因として認められたのである。

五〇　(二)　訴訟手続きの中止　法皇崩御(323)、将軍禁忌(324)、将軍在京(325)のごとき場合には、幕府の法律的活動は一時中止され、したがって、裁判所の訴訟行為も中止された(326)。

(323)『武家年代記』中、正中元年の条に「六　廿四　法皇崩御　武家御沙汰止、八五武家御物沙汰始行」とある。

(324)『武家年代記』下、嘉暦三年の条に「十　十四　久明親王御入滅、仍自京都早馬、同月廿一日到来云々、因茲関東御沙汰自同廿三日至十二四被止了、惣而将軍家御禁忌之間、五十日之程不行御沙汰事先規云々」とある。

(325)『北条九代記』暦仁元年の条に「将軍家頼経卿今年御在京之間、評定無之」とある。

(326)『留守文書』一、徳治二年十一月二十七日関東下知状〔鎌二三〇九四〕に「去年四月並十月或被止召文、或被閣御沙汰」とあるは、その理由は明らかでないが、裁判所の訴訟行為中止の実例である。

五一　(三)　訴訟手続きの分離　共同論人の中、一部は召文に応じて出頭し、ほかはこれに背いて不参であるような場合には、訴訟手続きを分離して、各別にこれを裁判し(327)、また鎌倉時代末期においては検断沙汰の訴を所務沙汰のそれに併合して、後者の手続きで訴えた場合には裁判所は当初よりこれを分離する例であった(328)。

(327)『東寺百合文書』ノ九之十七、延慶二年五月二十七日六波羅下知状〔鎌二三六九三〕に「右、就祐快之訴、被下　院宣之間、仰使者、自去年十月廿三日至十二月廿七日、三箇度雖進召符、彼輩不参之間、今年二月十七日付両使者野部介光長、伊丹四郎左衛門入道妙智、重下日限召符畢、爰如光長執進之代官実正三月廿日請文者、相触交名輩之処、尺迦王兵衛尉大進法橋請文如此、謹進上之、至自余輩者、未及請文云々、如妙智請文者、子細同前（起請詞各略之）者、交名人内清忠良賢明道等者、企参洛、捧陳状之間、各別所有其沙汰也、於自余輩者、不応度々召符之条、違背之科難遁歟、然則停止濫妨、於抑留年貢並苅取作毛者、任員可糺返于祐快」とあるがごとし。

(328)　第一六項および註(81)参照。

第四節　判　決

五二　本節において判決と呼ぶものに二種ある。その一は形式的意義における判決で、訴訟法上の効果を生ぜしめるための裁判所の意思表示にして下知状の形式を採るものをいう。換言すれば、下知状即判決の意味の場合である。その二は実質的意義における判決で、形式的意義における判決、すなわち下知状の中に記載された各箇請求の当否に関する裁判所の判断決定を意味する。

一の訴訟における請求が一箇である場合には、形式的意義における判決と実質的意義における判決とは一致するが、請求が数箇ある場合(いわゆる訴の客観的併合の場合)には両者は区別して考えられなければならない。(329) 以下、本篇においては実質的意義における判決はたんにこれを「判決」と称し、形式的意義における判決はあるいは判決書と称し、あるいはその旨を明示することとする。

さて、判決は内容よりみてこれを二種に分かち得る。その一は裁判所が繋属せる事件の審理を遂げ、自己の判断をもって、(1)これを解決し(これを狭義の裁許と名づける)、(2)あるいはその解決を延期し、(3)あるいはまた当該事件をほかの裁判所に移管するものであって、(330) これを総称して広義の裁許と呼ぶこととする。

その二は当事者一方または双方の行為に対して、裁判所が裁許と同一の効力を付与するもの、すなわち和解および訴の取り下げの場合に下されるもの、これである。今本節において判決として記述せんとするは、右の広義の裁許に関するのである。

なお、判決以外の裁判ともいうべき裁判所が訴訟法上の目的のために発する御教書、奉書、および書下などについても、統一的説明を与うべきであるが、これらはすでに各所に分説したところであるから[331]、以下には下知状の形式において下された判決（実質的）についてのみ記したいと思うのである。

(329) 訴の客観的併合の場合には、一下知状の中に各争点に関する数箇の判断が包含されるわけであるが、この各判断がすなわち一箇の（実質的）判決を構成するものと解する。

(330) この場合、移管の理由は、当該裁判所においては資料の蒐集が便宜ならざるため、事件の解決が困難であるということである。

(331) 下知状、御教書、奉書および書下については、それぞれ第五七項、註(195)(196)および(197)を参照。

第一款　判決成立手続き

五三　㈠　引付沙汰　前節において記述した引付問答が終了すると、両当事者は「引付之座」を退出し、その後、引付衆中一同で評議して、両当事者主張の理非を書き留める（「勘録是非」）。これをもって「引付沙汰落居」となる[332]。

次に奉行人は引付落居の趣旨にしたがって、「事書（すなわち引付勘録事書）之符案（草案）」を作成して、引付に披露する。事書は（したがって事書の符案も）各箇の争点につき、一通ずつ作成されたようである[333]。「引付勘録[334]」は「二途三途」にわたる（結論が選択的になること）をやめ、必ず「一途」（結論が一箇であること）でなければならないのであるから、事書は（したがって事書の符案も）その趣旨で作成されなければならない。[335]
さて、引付では奉行より提出された事書符案の用語などに取捨を加える（「事書取捨」）。ゆえにこの引付の会合を「取捨引付」と称する。[336]「取捨」の手続を経て完成された事書を「引付勘録事書」と呼ぶ。「是非」「勘録」の手続きと「事書取捨」の手続きとを併称して「取捨勘録」と呼んだのである。[337]

引付問答に立ち会った頭人および衆中はすべて引付沙汰に関与し、しかして書面審理の証拠方法は証文であるから、[338]審理方法にはいわゆる直接主義（Unmittelbarkeit）が支配していたわけである。しかしこれもまた問注における口頭主義と同様、厳密な意味においてではない。けだしときとして、受訴裁判所は他官庁に委託して問注などを行わしめ、これより送付された問注記によって判決を下したことがあり、[339]また当該事件が政治上・法律上重要な場合には、鎮西および六波羅の裁判所はたんに訴陳状具書などを受理するにすぎず、これに対する判断を加えることなくして、そのままこれを関東あるいは六波羅へ移送して、その判断を求めることがあり、[340]あるいはたとえ自己が問注を行うとするも、判決手続きをなすにおよばずして問注記を六波羅あるいは関東へ送り、その判決をまってこれを施行するにすぎないことがあったからである。[341]かかる場合、審理方法には間接主義（Mittelbarkeit）が行われたものといわなければならない。[342]

（332）以上『沙汰未練書』引付沙汰事の条。

（333）「事書」とは、「何々事」と題目を掲げ、次に本文を記す形式の文書の総称である。通例は数箇条よりなるが、一箇条だけでもこれを事書と呼ぶ慣例であった。『吾妻鏡』宝治元年六月五日および文応元年正月二十三日の条参照。
私は引付勘録事書をもって一箇条よりなる事書であると考えるのである。そのことは註（352）において記述する訴訟にて、引付成敗につき御評定があり、頭付が行われた際に「三十一ヶ条事書」（事書とは引付勘録事書の意と解す）を「一通仁続合」した（奉行が続合したのであろう）ことによって推知される。引付勘録事書の様式については註（354）を参照。一通の事書は発展して、一箇の（実質的）判決となるのである。

（334）同じく引付の勘録ではあるが、「引付勘録」と「是非」の「勘録」とは区別して考えられなければならない。けだし、前者は後者を材料とし、後者の趣旨にしたがい、事書の形式において作成された引付の決議録だからである。

（335）『貞応弘安式目』［鎌追五五〇条］。

（336）以上『沙汰未練書』事書取捨事の条。「宝簡集」一一二号、太田庄文書申出目録［鎌一七七九八］は正応三年「大田庄桑原方関東沙汰」に関するが、これによると、該訴訟の引付問答は正応四年十一月十九日、取捨は十二月三日に行われている。

（337）「取捨勘録」の語は註（352）所引「宝簡集」［鎌一七七九八］に見ゆ。寛元頃の史料に「詮句勘録」および「可取詮句定式日」「取詮句人」などの語が見えている。『吾妻鏡』寛元元年二月十六日の条に御沙汰の間の「詮句勘録」のことは大事は二箇月、中事は一箇月、小事は二十日以内に勘じ進むべき旨、相触るべき由、問注所執事に仰せられた旨が記載してあり、註（315）所引六波羅問注交名日記（寛元二年の問注などにつき記す）［鎌六三五四］に「同月（七月）十七日可取詮句定式日、雖然不取之、其取詮句人（勘解由入道法名了念）」とあるもの、これである。

詮は撰ぶの義であるから、「詮句」とか「取詮句」とかいう語の意義は用語（句）を選択するということであって、結局「取捨」と同義である。されば「詮句勘録」は「取捨勘録」と同じ意味である。当初は「詮句」の語が使用され、後（引付設置前後頃よりでもあろうか）これに代わって、「取捨」の語が用いられるにいたったのであろう。

（338）後述のごとく、証人も自己の証言を記載せる証状を裁判所に出し、あるいは引付の座において証言をなすのであるから、証人の審理についてもだいたい直接主義が行われていたと解して差し支えあるまい。証文の審理については間接主義の行われる余地はなかったであろう。

（339）　註(192)参照。

（340）　たとえば「田中家文書」二一八号、弘安十年十一月二十七日関東下知状（『石清水文書之一』四二三頁）に「右、如六波羅所進訴陳状以下具書等者、子細雖多」、「神田氏所蔵文書」弘安十年四月十九日関東下知状（『徴古文書』乙集、三九三頁）〔鎌一六二四二〕に「庄官職（公文・案主・惣追捕使・諸社神主）事、右六波羅注進訴陳状具書等子細雖多」（本文書の六波羅施行状、同書三九六頁に見ゆ）、『阿蘇文書』二、正安元年十二月二十日関東下知状〔鎌二〇三三二〕に「右、宰府注進訴陳状子細雖多」とあるがごとし。

（341）　たとえば『春日神社文書』第一巻二二四号、※寛喜三年十二月二十五日六波羅請文〔鎌五二〇〇〕に「大和国野辺庄間事、衆徒申状謹給預候了、就之雑掌進折紙（副具書等案）如此候、仔細載状候歟、所詮遂問注、進上申詞記並結解状等於関東候了、任道理被仰下候歟」、『神護寺文書』天福元年九月十七日六波羅下知状（『徴古文書』甲集、一五三頁）〔鎌四五六三〕に「一　下向公文給田屋敷事、右令対決預所法橋有全与地頭代右衛門尉頼康、令進覧申詞記於関東之処、去貞永元年九月廿四日御下知状云」とあるがごとし。

六波羅問注記を関東へ送るについて、康元元年十二月二十日に関東より六波羅へ送った指令が『吾妻鏡』に載せてある。多少、煩雑にわたるも、当時の訴訟技術を知る上において参考すべき点があるから、摘記すると、

一　問者の署所を書くこと、一　両方進めるところの証文には継目判を加えること、一　文書の目録を巨細に注進すべきこと、一　庄園領家のことについては本寺社（本所としての寺社の意か）の名を載せるけれども、領家を注しないので、いささか不審にわたることがあるから、問注記の端書に書かずとも、申詞の註などに書き載せること、一　「某庄地頭」（代の字脱か）とのみ書して正地頭の名を載せぬので、いささか不審にわたることがあるから、地頭某代某と正員・代官ともに書くべきこと、一　一段内に条々が相交わっていては、怱々のとき、その意を会得

しがたいことがあるから、一事を一段に記して、両方申状の記を別々に書き加うべきこと、となる。なお、同書仁治二年三月二十日の条に「今日有仰遣六波羅事、自彼所被送進之諸人相論問答訖、或不就覆問之詞、或不付証文正〔文の字脱か〕等、〔中略〕旁可致精勤云々」とある。この文章の意味はこのままでは甚だ難解であるが、私はこの問答訖の訖はおそらく記の誤りであろうと考える。しかりとすれば、この文の意味は六波羅より関東へ送る諸人訴論問答記には、あるいは覆問の詞を載せず、あるいは証文の正文を付してないが、自今精勤沙汰をいたし、これを付け加えるよう注意せよ、ということになるであろう。

(342) いずれにしても厳格な意味において直接主義は行われていなかったのである。何となれば次に述べる評定沙汰に列席する評定衆の中には対決に参加せず、たんに引付勘録事書によってのみ訴訟資料を得るにすぎないものが少なくなかったからである。

五四　㈡　評定沙汰　評定沙汰は関東においては両所(すなわち執権および連署)、京都においては両六波羅探題、五方引付の頭人および評定衆がすべて参集し、「評定所」においてこれを行うのである。

その手続きはまず「孔子」(鬮)をもって意見を述べる順序を定め、その後、当該事件を審理した引付の開闔一人および合奉行が関係書類を持って評定所に参上し、「御前」(343)に向かって前記の「引付勘録事書」を読み上げる。これを「読進」というのであるが、この事書は開闔でなければ読まない法である。読進の後、孔子の次第を守って面々が意見を述べる。評議の結果、引付の勘録に不当の点がなければ、そのままこれを承認するのであるが、勘録に不当の子細ありと認めるときは事書を本の引付に差し戻して(「勘返」)重ねて審理せしめるのである。(344)評定会議より差し戻された事書は、引付において不日「談義」を加え、後日「覆勘」と同様の手続きによって、改め

て審理を行うのである。(345)

問題は右の評定会議における評決はいかなる原則にもとづいて成立したのであるかということである。この点については直接の史料すなわち裁判所側の記録がほとんど残っておらぬのであるから、精確にはわからぬのであるが、あり得る方法として二を数えることができる。

その一は評定衆の合同行為によって当該事案を終局的に決定する方法であるが、全会一致を必要としたか、多数決をもって足りたかによって、さらにこれを二に分かつことができる。

その二は全会一致たると多数決たると、その採決方法のいかんにかかわらず、評定会議の決議は両所決断の参考たるにすぎずして、終局的には両所、ことに執権の意思により該事案の理非が決定される場合である。しかしながら、この第二の場合は、『御成敗式目』起請文に「起請　御評定之間理非決断之事」と題して、評定衆のほか、執権連署もまたこれに署し、かつ次に述べるごとく、評議をもって「一同之憲法」、評議の誤りをもって「一同之越度」と称している点よりみて、あり得べからざることと思う。(346)

しからば、第一の方法の中で、いずれが採用されていたのであろうか。私は評定は「多分」（多数決）により、しかもすべての評定衆がその結果に対して責任を負う制であったと解する。評定が多数決によったものであることは、『沙汰未練書』に裁判官の心得を説明して「沙汰者法則為眼目、沙汰者守益之理也、不可致無益之相論、以一人才学、不可評大事、就多聞之議、可定是非也」とあり、『御成敗式目』起請文に「自今以後、相向訴人並其縁者、自身者雖存道理、傍輩之中以其人之説、聊為違乱之由有其聞者、已非一味之義、殆貽諸人之嘲者歟」とあるによって、これを知ることができると思う。

前者は一人の才学をもって大事を評すべからざることを述べたのであって、その趣旨とするところは衆知を集めよということに存するが、その後半は多聞（多分）の議につき、是非を定むべきなりとあるは、すなわち多数決制度を認めたものと解して差し支えないであろうと考える。

後者は訴人敗訴の評定があった後、評定衆の一人が訴人ならびにその縁者に向かって、自分は汝に道理があると思うが、某人の説が採用されたので、いささか混乱を生じたのであるというがごときことあらば、すでに評定会議の決議が評定衆全員の合同行為たる性質を自ら破るものであるから、かかることはこれをやむべし、というのである。すなわち、その前提は評決には全員の一致を必要とせぬということである。

次にこの多数決の結果に対して全員が責任を負うことは、同じく『御成敗式目』起請文に「御成敗事切之条々、縦雖不違道理、一同之憲法也、設雖被行非拠、一同之越度也」とあり、かつ上述のごとく、自分はその評決に賛成せぬと外部に発表するがごときは、一味にあらざる旨を記していることによって知れる[347]。

右の評議が終わると「引付勘録事書」の頭に「是非」を「書付」ける。これを「頭書[348]」あるいは「頭付[349]」という。「是非」を「書付」けるという場合の「是」が事書の承認、「非」がその不承認を意味することは疑いないと考えるが、事書の頭に書き付けられた文言がはたして是あるいは非の文字であったか、または別の文字であったかは未詳である。

さて、評定会議において承認された事書（すなわち是なりとの頭書が加えられた事書）は、「評定落居事書」である。頭付の「執筆」は評定衆の一員をもってこれにあてる[350]。この頭付をもって訴訟の勝敗は確定するのである[351]。すなわち、評定沙汰の効力は、この点に存するので、引付沙汰の機能は是非の勘録（すなわち両当事者主張の是非の判定)であったが、評定沙汰の機能はこの勘録への拘束力付与であったのである。(352) 評定事書の頭付ならびに「継目封」は評定当日これをなすべきことに定められていた。(353)(354)

(343) ここに「御前」とは執権および連署のことであろう。将軍は事実上、政務にかかわることはなかったのであろう。

(344) 以上『沙汰未練書』(続史籍集覧本)評定沙汰事の条。「読進」はまた「読申」とも(『建治三年記』十二月二十七日の条)、また「読進申」とも(続群書類従本『沙汰未練書』)いったらしい。

(345) 『新式目』自評定被勘返沙汰事の条[鎌追六九三条]。

(346) もっとも『吾妻鏡』貞永元年七月十日の条に、政道に私なきを表わさんがために、評定衆の起請文を幕府に召した旨を記し、十一人の評定衆の名を挙げ、次に「相州武州為理非決断職、猶令加署判於此起請給云々」とあり、執権・連署を「理非決断職」と称しているところよりみると、評定会議の評決のいかんにかかわらず、いわゆる両所は任意に決断し得たようにみえるが、理非決断職という名称はそういうところからきたのではなくして、執権・連署が理非決断の判決書たる下知状に連署するところより生じたものであると考える。

(347) わが中世の寺院の会議においては、いわゆる多分の評定が広く行われていたのであるが、この方法が武家法によって採用される可能性は決して少なくなかったであろうから、この方面からみても武家評定会議において多数決の制度が行われたと考えるのは不自然ではない。寺院の集会および多数決制度については、牧教授「我が中世の寺院法に於ける僧侶集会」(『法学論叢』一七巻四号および六号)参照。

なお、中世において「難儀」(難儀は難義の義で、至難の義理、解き難き義理をいう)は「会合評定之時、公平之儀出来」と考えられ、また「被尽御沙汰」るためには「可随多分之儀」と説かれていることについては、『東寺百合文書』と一二四号、年号不明(暦応頃か)、仁和寺諸院家意見記録[と一三九号]に「真光院　仁和寺人々意見、悉被尋調之後可

被申、其時可被仰御所存云々、〔中略〕然者短慮之身只今所存未落居、如斯之難儀会合評定之時公平之儀出来之条為勿論之上者、被申御室、被遂当寺宿老等会合評定、可被治定歟〔中略〕宝持院〔大略同然〕、可被継門徒之条無其例之上者、進退共当座一身難治定、追可申所存、不可為聊爾、尤可被尽御沙汰歟者、可随当寺人々多分之儀云々」とあるを見よ。

(348)『沙汰未練書』。

(349)註(351)および(353)参照。

(350)『沙汰未練書』。

(351)「宝簡集」一一二号、正応五年正月十五日太田庄文書申出目録〔鎌一七七九八〕に「今度者被合御評定之間、十二月七日御評定、三十一ヶ条事書一通仁続合之天、任御評定之旨、有頭付、被定勝負」とあるがごとし。

(352)前註所引「宝簡集」によれば、初め正応三年十二月十八日に引付にて両方を問い合わせ、引付の即座において訴人地頭に対して弘安七年十一月二十七日の下知状に任せて年貢結解を遂げ、未進を糺返すべきところ、その儀なく越訴をいたすは無道だから、早く本御下知を叙用し、結解を遂ぐべきである、それ以前はいっさい越訴沙汰あるべからざる旨を申し渡したところが、訴人はさらに訴えたので、同四年に一通りの手続きを繰り返して、訴人敗訴に決した。

論人はこれにつき下知状を請うたところ、裁判所は本御下知の下にて両方子細を申すとき、御沙汰あってとくに仰せ含められることはあるが、一事につき二重御下知をなすの法なしとて、下知状は賜らなかったが、「但、去年者為御引付成敗之間、不及取捨勘録、〔「取捨勘録」は「引付勘録」と「事書取捨」との併称と解す。註(337)参照〕、今度者被合御評定之間、十二月七日御評定、三十一ヶ条事書一通仁続合之天、任御評定之旨、有頭付、被定勝負、不遂年貢結解、不糺返未進者、不可有越訴御沙汰之由有御成敗、評定衆被封裏天、被遣二階堂文殿之間、雖不被成重御下知、全以為本所、不可有不足」と記している。

これによってみても、引付成敗はそれだけでは判決としての拘束力を有しなかったことは明らかである。すなわち評定があり、頭付があって初めて拘束力ある判決が成立するのであって、それ以前においては引付勘録事書はたんなる判決の草案たるにすぎなかったのである。

(353)『新式目』評定事書頭付並継目裏封事の条〔鎌追六九一条〕。継目封のことについては次項および註(359)参照。

(354) なお「評定事書(評定落居事書)」の様式(評定事書は評定会議において承認された引付勘録事書のことであるから、これによって後者の様式もわかる)については、『石川県史』第一篇付録三五号、徳治三年五月二日六波羅下知状〔鎌二三二四九〕に「如去嘉元二年十一月十二日評定事書者、加賀国得橋郷内佐羅別宮御供田、雑掌貞清申、同国得橋本郷(牛馬村)地頭(丹波掃部助貞高)代乗賢押領当御供田、致刈田追捕由事、就御使安房蔵人大夫氏時、富樫四郎泰景執進乗賢和与状、可被成御下知云々」とあるを参照。

第二款　判決の作成、形式、内容および効力

五五　(一)　判決(形式的意義)の作成および交付　評定終了後、評定衆の一員が事書(引付勘録事書のこと)の頭に是非を書き付けるによって評定沙汰落居となることは前に述べた。さて、この場合、もし評定会議において引付勘録が否決されれば、これを引付に差し戻して、さらに評議せしめるのであるが、勘録が評定会議の承認を得れば、奉行人はこの評定落居事書にもとづいて御下知の案文(「御下知之符案」)を書いて引付に披露する[355]。引付では用語その他に取捨を加える。これを「御下知取捨」という[356]。案文治定の後、当奉行あるいは「清書奉行[357]」が下知状(判決書)を書き上げると、探題が御判を加え[358]、「其手」(担当引付)頭人が下知状の裏を封じて[359]、勝訴人(これを「一方得理訴論人[360]」という)を引付の座に召し出して、直接にこれを給うのである。

これをもって「御成敗事切」(御成敗を事切る)という。すなわち、訴訟はここに裁判所の繫属を離れるのである。[361][362]「事切」りたる後の訴陳状具書などはこれを「事切文書」といい、「文倉」[363]に納める。

右のごとく下知状は引付の座において勝訴人に交付するのが原則であるが、第五三項で述べたごとく、訴陳状具書あるいは問注記を関東あるいは六波羅へ送って、そこで判決した場合には、その下知状は原裁判所に移送され、同所よりその施行状をそえて勝訴人へ下付されたのであった。[364]

(355) 註(385)において記述するように、一通の訴状で訴えられた数箇の請求(いわゆる訴の客観的併合の場合)は、これを分離せず、同時に裁許する制であったらしいが、この種訴訟においては該数箇請求の引付勘録事書が全部評定会議において承認された場合に、はじめて奉行は下知状を起草したのであろう。

(356) 『新式目』[鎌追六九〇条]および『貞応弘安式目』によれば、正安二年に、幕府は引付で御下知取捨をなすべき旨の命令をだしている。

(357) 「又続宝簡集」一九七二号、正安三年六月二十一日太田貞宗所務和与引付頭人以下注文(『高野山文書之八』六三五頁)[鎌二〇八〇八]によると、「清書奉行」は「御下知清書」とも称したらしい。これはまた「執筆之仁」(『吾妻鏡』文永三年三月十三日の条)あるいは「清書之仁」(註(362)所引「薬王寺文書」)[鎌二〇七〇二]とも呼ばれた。

(358) 「探題」とは、関東では両執権、京都では両六波羅をいう(『沙汰未練書』)。下知状には両執権が「理非決断之職」として連署する例であったが、忌中の者は花押を加えぬのが当時の慣習であったから(その例は植木博士『御成敗式目研究』四四五頁参照)、両探題のうち禁忌の者は、たとえば『東寺百合古文書』五八、乾元二年閏四月二十三日関東下知状に

依御禁忌、不被加御判　[鎌二一五一〇]

相模守平朝臣

とあるごとく、花押を加えなかったのである。

(359) この下知状の裏を封ずというのは『新式目』〔鎌追六九八条〕にも「清書仁令書上御下知者、頭人封裏直事」とあり、後証のために裏書を加えることのように見えるが、註(362)所引「薬王寺文書」によっていわゆる継目裏判を加えることであることがわかる。その実例は前註所引『百合古文書』に

　　二番頭越後守殿(花押)
　継目裏判
　〔鎌二一五一〇〕

とあり、「国分寺文書」正中二年七月二十五日鎮西下知状〔鎌二九一五八〕に「彼御下知瀆〔続〕目裏判者筑後殿御判」とあるを参照。

(360) 「得理」とは糺明の結果、正理なりと判定されたことをいう。結局、勝訴と同意義であって、「一方得理訴論人」とか「寛元被成下地頭得理御下知」（註(82)所引『東寺百合文書』）〔鎌一七一二五〕などという場合のほか、『宗像神社文書』二、文永十一年六月十八日大宮司宗像長氏注進〔鎌一一六七三〕に「一通同御下知（建久二年八月一日）当社前大宮司氏家申、当社領内本木内殿地頭職事、可令召進高房所帯御下文也、氏家得理之上者、可令領掌由事」、『東寺百合古文書』七〇、弘安九年※五月日太良庄百姓小槻実重申状〔鎌一三〇六二〕に「且西念之所申於為得理者、可被分半名哉」などとあるようにも用いられた語である。

(361) 以上『沙汰未練書』被成御下知事の条。『貞応弘安式目』〔鎌追五五四条〕によると、幕府は弘安七年八月十七日に当時訴訟の理非が顕然たりといえども、権門をはばかって、事切らざる者あるを誡めて、遅怠の儀なく沙汰すべき旨を命じている。

なお、幕府は建仁三年十月十八日には訴論の是非は文書を進覧したる後、三ヶ日にいたるまで下知を加えずんば、奉行人を緩怠の咎に処すべき旨を定めており、寛元元年九月二十五日には諸人訴論のことにつき、評定の事書を見参

に入れ、施行すべきの由、仰せられるところ、御成敗遅々たるはもっとももって不便ゆえ、自今以後、奉行人に付し(仰せの誤りか)事書に任せて早く下知すべく、また下知と事書とを問注所にて勘え合わせ、事書に相違なくんば(清書を)下すべき旨を定めている(いずれも『吾妻鏡』同日の条)。引付設置以前のことなるも、参考のためこれを掲ぐ。

(362)　これで訴提起より訴訟終了までの手続きを一通り記述し終えたのであるから、ここで訴訟の実録、すなわち訴の提起より「御成敗事切」りにいたるまでの実際の訴訟事件の経過を記述して、以上の説明の不足をおぎなっておきたい。

訴訟実録としては、部分的な手続きに関しては「又続宝簡集」一七一三号、大田庄赤尾郷沙汰次第案(『高野山文書之八』一五頁)〔鎌六九三二〕、註(352)所引「宝簡集」、註(121)所引国分寺相論私注文などがあるが、全般の手続きにわたるものとしては部分的には簡略ではあるが、まず『紀伊続風土記』第三輯古文書之部九五頁以下所掲の薬王寺蔵、正安三年正月十一日薬勝寺沙汰次第注文〔鎌二〇七〇二〕を推すべきであろう。されば、以下にはこの文書によって、訴訟手続き実録のだいたいを記述することとする。

この「薬勝寺沙汰」は、「紀伊三上庄薬勝寺雑掌僧良俊并清家」と「勢多半分地頭金持三郎右衛門広親」との相論であって、正応二年二月より永仁五年三月まで、六波羅で審理したが、六波羅ではこれを判決することができぬため、飯尾但馬房を奉行として、同四月に関東へ注進の手続きをとったので、訴人紀伊三上庄領家弥勒寺殿、良俊、下司代法眼性実、公文下野阿闍梨実信などが同四月十九日に関東へ下向した。

「六波羅殿御函」すなわち六波羅注進を納めた用箱は左京人東六郎左衛門入道ならびに周防三郎左衛門尉、この両人の沙汰として関東へ送り下され、同五月五日に矢野加賀守倫景のもとへ到着し、同七日に五番御手引付に賦られた。「其手頭人」は宇都宮下野入道蓮瑜、「奉行人」は越前孫七郎政親、「合奉行」は大鷹弥四郎入道であって、同七月十三日に、この事件を関東で沙汰すべきや否やの披露があった。

訴人方では、鎌倉滞在費(「在鎌倉用途」)がなくなったので、七月二十五日に実信はいったん上洛し、八月には良俊も上洛し、領家、性実もあいついで十一月、十二月にかけて上洛した。

実信は滞在費を工面して閏十月十三日に関東へ下向した。されば十二月一日に性実が上洛した以後は、実信一人が鎌倉にあって、本所雑掌として訴訟事務にたずさわったのであるが、裁判所側では引付頭人宇都宮下野入道が死亡して、長井宮内権大輔宗秀がこれに代わり、越前孫七郎を奉行として同六年十月九日・同十九日の両度、引付にて訴人雑掌実信と論人金持広親代乗憲との問答を行った後、十一月二十七日の評定で審議したところ、六波羅へ送り遣わせと議決された。

これについて（訴人より）子細を申し立てたので、重ねて同七年正月二十七日に御評定があり、この事件は関東で下知を下すことに決定し、訴人勝訴の旨、裁許された。そこでまず「御下知符案」が書き定められたが、その後、奉行人越前孫七郎の妻女が死去したため、禁忌によって訴陳状具書ならびに御下知符案などは但馬三郎政有に渡された。政有は奉行として御引付にて「御下地〔ママ〕符案」を「取捨」して「清書之仁」肥後蔵人に引き渡した。蔵人は正安元年四月十七日にこれを「書挙」げたので、同十八日に「両守護」（陸奥守および相模守、すなわち両執権）の御判が加えられて、翌十九日、御引付において、頭人長井宮内権大夫が「彼御下知之継目裏」を封じ（すなわち裏判を加え）、下知状は雑掌実信に交付された。下知状の日付は評定の日付である「永仁七年（＝正安元年）正月廿七日」となっている。

しかるにその後、下知状に参差の子細があることが発見されたが、書き改めて同五月二十七日に再交付されたので、六月一日に実信は鎌倉を出立して上洛した。下知状の正文は正安二年十二月二十二日に領家へ進上し、請取を給わった。下知状正文の用紙は椙原五枚であった。

以上が薬勝寺沙汰次第注文の大要である。

（363）「文倉」はまた「文庫」とも書し、関東・六波羅のいずれにもあった（『沙汰未練書』文庫トハの条）。註（352）所引「宝簡集」〔鎌一七七九八〕に「二階堂文殿」とあるが、これは関東の「文庫」の別名だったのではあるまいか。

(364) この場合、施行状には通例、下知状の箇条書きをあげ、これを下知に任せて沙汰すべき旨を記載した。たとえば「神田氏所蔵文書」弘安十年四月十九日関東下知状(『徴古文書』乙集、三九三頁)を施行せる

最勝光院領備前国長田庄雑掌与当庄加茂郷内中村新山下加茂地頭式部孫右衛門尉泰鶴、峰河内村地頭式部左衛門尉二郎光藤、紙工保地頭式部六郎光高相論所務条々

一　庄官職(公文・案主・惣追捕使・押領使・諸社神主)事

一　検断事

一　狩猟并賀茂郷小河漁事

右、任今年七月十九日関東御下知、可令致沙汰之状如件、

弘安十年六月廿八日

修理亮平朝臣(花押)

武蔵守平朝臣(花押)

〔鎌一六二四一〕

という六波羅下知状のごとし。

五六　㈡　判決(形式的意義)の形式　判決書はこれを「裁許状」と称した。裁許状というのは文書の内容より見た称呼である。裁許状は様式よりいえば、鎌倉時代極初期には「下文」の形式を用いたが[365]、それ以後は「下知状」の形式を採る定例となった。下知状は様式上、事書が命令の形式であるか否か[366]によって[367]、これを二種に分かち得るが、延応頃からは命令形式の下知状はようやく廃れた。しかして、裁許状としてはつねに下知状が使用され、しかも裁許状として以外に、下知状が用いられることはなかったから、『沙汰未練書』に「一　御下知トハ就訴論人相論事、蒙御成敗下知状也、又裁許トモ云也」とあるがごとく、両者はほとんど同意義に使用されたの

である。

下知状の様式上の特徴は事書があること、留書が「依鎌倉殿仰、下知如件」、「依将軍家仰、下知如件(368)」（以上、関東下知状）、あるいは「依仰下知如件(369)」（六波羅および鎮西下知状）であること、年号月日の記載のあること、両執権（関東下知状の場合、六波羅下知状ならば両六波羅探題、鎮西下知状ならば鎮西探題）の署判があること、および宛所の記載がないことである。

下知状の用紙は椙原であったようである(370)。なお、判決は一事につき一であって、二重御下知を給わる法はなかったのである(371)(372)。

(365)　鎌倉時代初期においては下知状と下文ならびに御教書とは少なくとも名称上は十分区別されていなかったようである。たとえば『祇園社記』続録六、承久三年閏十月十四日の条〔鎌二八七五〕はその様式よりいえば確かに御教書であるが、これを施行した六波羅下知状は「任関東御下知状」と記しており（史料五之一、二八一頁）〔鎌二九〇四〕、『熊谷文書』文永元年五月二十七日関東下知状〔鎌九〇九九〕では初めには文暦二年七月の「下知状」と称した文書を後には「御教書」と呼んでいるがごとし。なお、『三宝院文書』㈣五一、寛元元年七月十九日関東下知状〔鎌六二〇四〕、『金剛三昧院文書』一、宝治元年八月十七日関東下知状〔鎌六八七〇〕もその書出しは下文の様式である。

(366)　これはたとえば、『松浦文書』一、延応元年五月二十五日関東下知状〔鎌五四三四〕の事書に「可早停止源氏（山城三郎固女子）訴訟、任固譲状、後家尼一期知行後、令源広（固猶子）伝領所領事」とあるがごとく、「可何々」とあるをもって、その特徴とする。

(367)　命令の形式を具備しない事書はこれを大別して三種とすることができる。その一は『東文書』一、嘉禎四年十月十九日関東下知状〔鎌五三一五〕に「松尾社領丹波国雀部庄雑掌僧覚秀与地頭左衛門尉大宅光信相論条々」とあるがごとき形式を採るものであり、その二は『通法寺及壺井八幡神社文書』正応五年八月二日六波羅下知状〔鎌一七九七四〕に「河内国通法寺住僧等申、同国住人良寿行乗以下輩掠領当寺領、不従所勘、不弁勤公事所当由事」とあるがごとき形式を採るものである。その三は最も簡単なもので、『東寺百合古文書』四七、元徳元年十一月七日関東下知状〔鎌三〇七七三〕に「常陸国信太庄雑掌定祐申年貢条々」とあるがごとき形式を採るものである。

(368)「依鎌倉殿仰、下知如件」および「依将軍家仰、下知如件」の両留書は関東下知状に限って用いられたので、六波羅および鎮西の下知状には絶対に使用されなかった。関東におけるこの両留書の用法についてはよくわからないが、両者の間に意味の上からは顕著な区別はなく、ときにより前者あるいは後者が主として用いられたというだけにすぎないらしい。

(369)「依仰下知如件」という留書は六波羅および鎮西下知状に主として用いられた。関東下知状においても、『長隆寺文書』建長六年三月八日付〔鎌七七一九〕のそれのように「両方守和与状、相互無違乱、可致沙汰之状、依仰下知如件」とある例もないではないが、この種のものは比較的まれである。そのほかの留書として、『正閏史料外篇』三、山内縫殿家蔵、正安二年五月二十三日六波羅下知状〔鎌二〇四四八〕に「然則長信之訴非沙汰之限之状如件」とあるを参照。この種の留書を有する下知状は少数である。

(370) 註(362)所引「薬王寺文書」〔鎌二〇七〇一〕。

(371) 註(352)所引「宝簡集」〔鎌一七七九八〕に「就之、既被合御評定之上者、可給御下知状之由、雑掌申之、奉行人問答云、於本御下知之下、両方令申子細之時、有御沙汰、被仰含之外、就一事被成二重御下知之法無之」と見ゆ。この文章に「有御沙汰、被仰含」とある「仰含」という言葉は註(466)所引同文書〔鎌一七七九八〕と照合して見ると、文書によらずたんに口頭をもって仰せられることを意味することがわかる。

(372) なお、堺相論のごとき場合には、下知状を訴人に賜るほか、絵図に判形を加えて、両当事者に賜ることがあった。

『二階堂文書』一、貞永元年十一月二十八日関東下知状〔鎌四四〇七〕に「然則於観音大門前之論所者、以南路可為境、至于其以西者、任宗家法師譲状之境、各停止相論、可致其沙汰、且加判形於絵図、下給両方畢」とあるがごとし。

そのほか『宗像神社文書』二、文永元年五月十日関東下知状〔鎌九〇九三〕に「右、本主氏経令分付氏業並氏郷之処、有相論之間、可尋明之由、被仰大宰少弐能資畢、如弘長二年四月十七日請文者、中分当村、東方者氏業、西方者氏郷可令領知之由令申之間、両方境引朱筆於絵図畢、仍資能加愚判、所給与也云々、如同所進正元二年二月四日分文者、当村中分内氏業分事、田地参拾陸町壱段弐杖中（給田拾壱町漆段弐杖）在家分畠地拾壱町漆段弐杖井手田半分宛、山野者、付東限永野河中心、可被領河以東限河上相原横山口崎下者、同限河流末、但薪草漁魚不可制止之、田地在家里坪見資能注文云々者、守彼状、無違乱、可令領掌之状、依将軍家仰、下知如件」とあるを参照。

五七　㈢　判決の更正および補充　判決（書）は引付の座で頭人が勝訴人に交付するものであって、所定の手続きをとらねば、これを変更し得なかったのであるが、これが記載に何か更正すべき点があるときは、これを書き改めることがあった。[373] しかしその要件などは判明しない。

次にもし判決に脱漏があるとき、たとえば法律によって一定の訴訟においてはつねに、ある種の（実質的）判決を与うべき旨が規定されている場合に、裁判所がこれを脱漏するときは、当事者はさらにこの点につき判決あらんことを裁判所に請求し得た。[374] なお『貞応弘安式目』弘安七年八月十七日の法令「一　評定引付評議脱漏事」の条〔鎌追五四八条〕に、近日脱漏のことがあるから、頭人が糺明し、事実ならば奉行人を罪科に処すと定め、また訴人が脱漏の由を申し出て、しかもそれが虚偽のときには彼を「不実之咎」に行うべきものとしているのを参照すべきである。

(373)　註(362)所引「薬王寺文書」〔鎌二〇七〇一〕に「而後彼御下知仁依有参差之子細、被書改御下知、同五月廿七日下給畢」と見ゆ。

(374)　「入来永利氏文書」(正中頃)下知状〔鎌二八九四九〕に「永利如性与山田八郎次郎道――(能字有憚)相論薩摩国薩摩郡石上村荒野堺打越事、右就訴陳状有其沙汰、仰使節渋谷弥平三為重、同又次郎重幸、被遂検見之処、如性所進絵図与両使注進絵図令普〔符〕合之間、於件堺者、去年(元亨四)十二月十六日被返付如性畢、而打越事漏勘録之条違傍例歟、且去文保年中遠州〔鎮西探題北条随時〕被伺申関東之刻、於堺相論者、可被付打越之旨、被下御事書之上者、不可〔以下欠〕」とある。

後文が欠けているため、「而打越」以下の文章がはたして何人の言を録せるものであるか分明ではないが、前訴訟において裁判所が打越につき判決を下さざりしため、不利益を受けたのは如性であり、また右の下知状が薩摩国薩摩郡石上村荒野堺打越のことにつき、如性より道能に対して提起した訴につき下されたものであることより考えると、「而打越」以下の文言は如性の主張を載せたものであると解するのが適当である。

すなわち、右の文書によって、堺相論の下知状においてはつねに「打越」(打越の意義については第一〇五項を参照)についても、判決を下すべきであり、もし裁判所がこれを脱漏したならば、これによって不利益を受ける当事者(右の場合では如性がこれにあたる)は、さらにこの点について判決あらんことを裁判所に訴求し得たことがわかるのである。

五八　(四)　判決の内容　判決(広義の裁許)には裁判所が繋属せる事件の審理を遂げ、自己の判断をもって(1)これを解決し、(2)あるいはその解決を延期し、(3)あるいはその事件をほかの裁判所に移管する三の場合が存することは前述した。以下にはこの三種の裁許につき、場合を分かちてその内容を考究する。

(1)　事件を解決する裁許(すなわち狭義の裁許)　この場合には裁許の要素として特別に規定されたものはなか

ったが、一方の主張のみを下知状に載せるのは違法であって、両当事者のそれをともに記載しなければならなかったのである。(375) 実際においては、裁許には訴人および論人の事実上および法律上の主張を掲げ、次にこれに対する裁判所の判断を載せるのがふつうの例であった。

裁許の内容として、訴訟法・実体法の両方面より見て、とくに注目に値することは、実体法上の権利を有し、かつ訴訟法上の要件にも欠けることのない訴にして、しかも敗訴する場合のあったことである。その一は訴訟物があまりに瑣細なるのゆえをもって、裁判所が実体法上の法律関係について裁判することなくして、訴を却下した場合、すなわち「為枝葉之間、非沙汰之限」の場合である。(376) この種の判決はけだし、濫訴防止および訴訟経済上の考慮にもとづいて下されたものであろう。その二は論人が所帯の収公あるいは追放のごとき重刑に処せられたがために、訴人が実体法上の権利を有するにかかわらず、敗訴した場合である。(377) その理由にいたっては、史料不足のため未詳である。

(375)『東寺百合古文書』七〇、弘安九年※五月日太良御庄百姓小槻重実重訴状〔鎌一三〇六二〕に「如此御下知之状者、被載両方訴陳之詞、可有御成敗之処、一向被載西念申詞之条、難備分明証拠者歟」とあるがごとし。

(376) すなわち『室園文書』宝治二年九月十三日関東下知状〔鎌六九九八〕に「一 可令算勘田数由事、右泰房〈訴人〉雖申子細、為枝葉之間、非沙汰之限」、『山内首藤文書』二、文永四年十月二十七日関東下知状〔鎌九七八八〕に「於狼藉事、俊―雖申子細、入遣使者於当庄、伐木致厨沙汰之由、時通等雖申之、俊―論申之上、為枝葉之間、非沙汰之限」、『市河文書』一、弘安元年九月七日関東下知状〔鎌一三一七〇〕に「一 重房為蓮阿恩顧由事、一 打破倉、運取米以下由事、一 不憚時刻、致殺生由事、右三箇条為枝葉之間、不及沙汰矣」、註(132)所引「宝簡集」〔鎌二三七二二〕に「一 地頭正作分年貢事、右、

〔中略〕依御下知違背之咎、被召上所領之由載先段之間、為枝葉歟、仍非沙汰之限焉、一、年貢結解年記事、〔中略〕地頭被処罪科之間、年記事為枝葉歟、子細同前」とあるがごとし。

(377)「水引権執印文書」宝治元年十月二十五日関東下知状〔鎌六八九〇〕に「一　被運取西迎〔訴人か〕稲由事、〔論人行願が運び取りしなり〕、〔中略〕被改易行願所帯之上、不及沙汰」、『詫磨文書』一、建長五年八月二十七日関東下知状〔鎌七六一〇〕に「一　当名加地子未進事、一　秀元為御家人否事、一　不相従地頭所勘由事、一　悪口由事、右四箇条両方共以雖申子細、所詮、西願〔論人父〕依友吉不〔名〕事、罪科出来之間、可令追放之由、先度御下知畢、其上不及沙汰矣〔この場合は父の罪に縁座せるなり〕」、『東寺百合古文書』一八二、永仁四年五月十八日関東下知状〔鎌一九〇七〇〕に「一　検断事、右如和与状者、三分二者領家分、三分一者地頭分云々、〔中略〕欲尋究之処、先立〔論人が〕被収公所帯之間、不及沙汰矣」とあるがごとし。

五九　(2)　**事件の解決を延期する裁許**　この種の裁許はその延期の理由によって、さらにこれを細分することができる。その一は両当事者の申すところ不分明のゆえをもって、(i)ほかの裁判所に事件の調査を命ずるもの[378]、(ii)別に方法を特定せずして尋究の後、沙汰あるべしとするもの[379]、(iii)庄家その他の者に尋問したる後、左右あるべしとするもの[380]、これであり、その二はほかの事実の確定まで沙汰を延期するもので、(i)同種の訴につき上級裁判所へすでに指令を求めた場合に、その指令の左右によるべき旨を宣言するもの[381]、(ii)同一判決(書)中のほかの部分が施行された後、左右あるべき旨を定めたもの[382]、(iii)訴訟外の事実確定の後、左右あるべしとするもの、すなわちこれである[383]。

(3)　**事件をほかの裁判所へ移管する裁許**　すなわち事件の解決困難のゆえをもって、受訴裁判所より他裁判所

へ事件の調査および成敗を命ずる場合である。(384)

訴の客観的併合の場合には、一箇の判決書すなわち下知状の中に、(1)(2)および(3)の三種の裁許が併存する場合もあるわけであるが、しからば裁判所はなぜ(2)および(3)に該当するがごとき請求も十分調査した後、下知状を下し、狭義の裁許とともにこれらに対しても解決を与えなかったかというに、鎌倉時代においては一通の訴状に載せられた数箇の請求はこれを分離せずして、同時に裁許(広義)すべしという原則があったらしく、(385)したがってそのうちある種の請求について裁許(狭義)を下すに熟するも、ほかの部分においては訴訟の審理がいまだその程度に達していない場合には、かりに(2)あるいは(3)のごとき、判決を下して右の原則を形式的に遵奉せんとしたのではないかと想像されるが、はたしていかがであろうか。(386)

(378)『三宝院文書』(四)五一、寛元元年七月十九日関東下知状〔鎌六二〇四〕に「次如真念追進三通状(十五ヶ条)者、百姓等或追捕地頭代下人之資財、焼払彼住宅之由載、以件訴状相尋国中、可令注申実否之由、所被仰遣六波羅也」、『忽那文書』乾、正応元年六月二日関東下知状〔鎌一六六五五〕に「一　大久志田事、右、重康則任西信譲状、可給之由訴之、性蓮不知行過廿箇年之旨陳之、爰云譲状真偽、云知行年記、不分明歟、然者、尋究淵底、可被注申之由、所被仰六波羅也焉」、「薬王寺文書」永仁七年正月二十七日関東下知状(『紀伊続風土記』第三輯、古文書之部九四頁)〔鎌一九九三四〕に「一　勢多郷半分地頭職有無事、(中略)然則差遣古実之仁、且尋問広能行念跡輩知行分限並由緒、且尋究兼友跡及下地有無、可注之由、所仰六波羅也、一　殺害刃傷所(苅の誤)田狼藉事、(中略)然者且尋問傍郷輩並浄智等、且導明証跡、可注申之由、同所御(仰の誤)六波羅也、(中略)一　八津十郎助綱事、(中略)云望補下司職事、云同心悪行之段、仰六波羅、且糺明之後、可有左右矣」とあるがごとし。

(379)　たとえば『小早川家文書之一』一一五号、文永三年四月九日関東下知状〔鎌九五二二〕に「一　京都官仕並傍官上司事、

右本仏子息政景参候故今出河入道太政大臣家之由、竹王丸雖申之、以佐渡前司基綱申入事由之後、令進之旨重兼申之、被尋究之後、可有左右」、『中尊寺経蔵文書』一、文永九年六月二十三日関東下知状〔鎌一一〇五二〕に「一　院主職事、〔中略〕右如文永元年下知者、任先例寺僧之中撰器量之仁、可補之云々、而補濫僧公禅之由、衆徒令申之処、公禅為浄行器量仁之由雑掌申之者、公禅為濫僧否、尋究之後、可有左右、次同院主分領瀬原村原宿事、為胸臆論之間、為院主分否、同尋究、可有左右、〔中略〕、一　大長寿院灯油畠壱所事、一　釈尊院灯油畠弐所事、右両条於引付之座問答之処、衆徒則被割取彼両所灯油畠之由申之、雑掌亦非灯油畠内之旨陳之者、両方所申無指実擬〔ママ〕之間、為灯油畠内否、尋究之後、可有左右焉」、『集古文書』二八所収、正和元年七月七日関東下知状〔鎌二四六二二〕に「次年貢員数多少並検注等事、地頭職有無治定之後可申子細之由雑掌申之上、訴陳状不分明歟、尋究之後、追可有左右」、『大友文書』二、※正和二年十二月十二日関東下知状〔鎌二六八八八〕に「一　山野事、右雑掌則領家可進止之処、地頭代致違乱之由申之、地頭亦為本司之跡、一円進止之旨称之、互為胸臆論之間、暗難是非、尋究之後、可有左右矣」とあるがごとし。

そのほか「田中家文書」二一八号（『石清水文書之一』四二九頁）、弘安十年十一月二十七日関東下知状写〔鎌一六三九九〕に「一　押取小綱名、引隠自名由事、右、両方雖申子細、召出取帳、可有其沙汰焉」、『相良家文書之一』四〇号、正和元年十二月二日鎮西下知状〔鎌二四七二五〕に「一　新田事、右、恵海則当庄北方（得宗御領）、云本田、云新田、被折中之処、為頼不相綺雑掌於新田之条、無謂之由訴申之、為頼亦、先例雑掌不綺新田之間、正元正検之時、前雑掌遠盛除新田畢、彼帳分明之由論之者、如正嘉御下知状者、新田五十町事、云本庄之旧規、云東郷傍例、被尋究之後、可有左右云々」とあるがごときは、いずれも尋究の目的物を限定しており、また『仁和寺文書』二、正応二年四月二日関東下知状〔鎌一六九四九〕に「一　勧農田事、一　松本名事、右了覚則地頭押領之由申之、定景為不実之旨申之者、地頭押領否、御使入部之次、被尋究之後、可有左右焉」とあるは、尋究の時期を限定はしているが、ほかの裁判所に調査を命じ、あるいは庄家などの第三者たる私人に尋問すべき旨を記しているのではないから、やはりこの第二類に入れるべきものであろう。

(380) 前註所引「田中家文書」に「一 友吉名半分地頭押領由事、〔中略〕、往古為地頭名歟、将又為公田分否、尋問庄家、可有左右焉」、前註所引『中尊寺経蔵文書』に「一 検注事、〔中略〕為正検歟、将又為損亡検見歟、尋作人等之後、可有左右矣」とあるがごとし。

(381) 『大友文書』一、嘉元三年八月二日鎮西下知状〔鎌二二二九四〕に〔敵人を奸謀と呼ぶことが悪口となるや否やの問題につき〕「貞親与各別名主相論之時、名主為大奸謀之旨令申之間、可被処悪口之咎否、伺申関東畢、彼詞為同前之上者、宜被相待件左右」とあり、『東寺百合古文書』六四、永仁四年十二月二十日関東下知状〔鎌一九二二六〕に「一 網事、〔中略〕次、二帖網事、茂広雖無陳詞、如和与状者、塩並網事、任久行法師之例、互不可有相違之、而二分方地頭頭《ママ》行与教念相論之時、可尋究久行法師例之旨、今年四月二日評定畢、可依彼左右矣」とあるがごとし。

(382) 『熊谷家文書』一九号、文永元年五月二十七日関東下知状〔鎌九〇九九〕に「彼此申詞子細雖多、所詮、所領配分之後、可有左右矣」とあるがごとし。なお、ここに所領配分とは事実上、所領が配分されたことを意味するものと解する。

(383) 『正閏史料外篇』三補遺、河野六郎家蔵、文永九年十二月二十六日関東下知状〔鎌一一一六七〕に「一 敬蓮女子愛得所領事、〔中略〕仍後家改嫁事、真偽未決歟、然者、先被召出愛得所帯譲状、有後家知行証者、其時可被糺明改嫁之実否焉」、『東寺百合文書』ノ九之十七、※延応二年五月二十七日関東下知状〔鎌二三六九三〕に「次、苅田科事、相尋所帯之有無之後、可有左右」、『中村文書』正和五年六月二十七日関東下知状〔鎌二五八七六〕に「次、宗広等押領咎並押領以後得分物事、尋究所領之有無、可有左右」、『色部文書』元亨二年七月七日関東下知状〔鎌二八〇九〇〕に「次、氏女押領以後得分物並御外題違背之咎事、尋究所領之有無之後、可有左右」とあるがごとし。

(384) すなわち註(340)所引「神田氏所蔵文書」関東下知状〔鎌一六二四一〕に「一 狩猟並賀茂郷小河魚事、〔中略〕狩猟並賀茂郷河漁者、為地頭一向進止之由雖申之、無指証拠之間、忽難決是非歟、然者、可尋成敗之由所被仰六波羅也」、前註

所引「河野六郎家蔵文書」に「一　押領通時領分八名内田畠否事、〔中略〕且尋相伝之仁等、且召出取帳目録、可令成敗之由、可被仰六波羅矣」とあるがごとし。

(385)「国分寺文書」元亨三年十一月日薩摩国国分次郎友貞庭中状〔鎌二八六〇四〕に「凡下地年貢相並雑掌致訴訟時者、両方訴陳相究之後、成御下知之条、為定法之処、何下地相論未断以前、年貢之一事先立可被成欺〔ママ〕哉、御奉行非勘顕然也」とあるがごとし。もっともこれは、雑掌がある土地の年貢と下地とを一箇の訴（すなわち一通の訴状）で訴えた場合に関するもので、やや特殊な事例に属するが、おそらく一通の訴状にて訴えられた数箇の請求、いわゆる訴の客観的併合の場合はこれを分離せず、同時に裁許すべしとの原則は、右の場合に限らず、広く一般的に認められた原則であったのではなかろうか。

(386)(2)および(3)の裁許は下知状に載せられているから、これを裁許とは称するものの、もし単独にこの事件だけが一通の訴状において訴えられたのであるならば、当然、御教書あるいは奉書の様式を採るべきものであったのである。註(192)を参照。

六〇　(五)　**判決の効力**　判決（ただし狭義の裁許に限る）の効力はこれを分かちて、執行力および確定力の二となし得る。

(1)　**執行力**　下知状の存在は官憲的執行の一要件たる場合があった。しかしこれが研究は強制執行法の研究にゆずる。

六一　(2)　**確定力**　確定力はこれを分かちて、形式的確定力および実質的確定力とすることができる。

(甲)　**形式的確定力**　とは裁判所が勝訴者に交付した判決は所定の手続きによるのほか、これを変更し得ないという効力である。所務沙汰の判決は交付後、三箇年以内に当事者より越訴を提起して、これが取り消し変更を請求することができたのであるから、[387] 判決は交付後三箇年を経過して、はじめて形式的確定力を取得したものということができる。

(387) 第七五項参照。交付後三箇年以内といえども、所定の手続きによるのでなければ、下知を破ることはできない。「国分寺文書」寛元四年九月五日関東下知状〔鎌六七三八〕に「薩摩国々分寺沙汰人左衛門尉友成申、為阿多郡北方地頭鮫島刑部入道被濫妨池部村田畠由事、折紙(副具書)遣之、此事就問注申詞、寛元二年十二月廿五日被成関東御下知畢、而如令訴状者、彼刑部入道捧押紙、依令訴申於宰府、可加覆問之由雖賜御教書、未遂其節之処、妨勧農、致種々非法云々者、遂覆問之後、無改沙汰之以前者、難破先御下知歟、然者、守寛元二年御成敗状、停止当時濫妨之由、可令相触于北方地頭」とあるは、その意味である。

もっとも、ここに先御下知を破り難しというのは、文意よりいえば、当事者がこれを破り難き旨を意味するのであるが、これによって裁判所もまた、覆問を遂ぐとも、改沙汰なき以前、いわんや覆問なき以前においては、これを破り得ざりしことを推定し得ると思う。ここに覆問というのは第四八項に述べた「覆問」とは性質を異にするものと解すべきであろう。けだし、後者は下知以前「問注」に引き続き行われるものであるのに、ここにいわゆる覆問は下知以後行われるものであるからである。なお、註(82)所引諸例を参照。

六二　(乙)　**実質的確定力**　とは既判力のことである。鎌倉時代には、理論的には既判力に関する一般的観念の発達は十分でなかったようであるが、歴史的にいわゆる「不易之法」はこれに代わる役目をつとめた。

不易之法とは、『沙汰未練書』に「不易法トハ　就是非、不及改御沙汰事也、武蔵前司入道殿、最明寺殿、法光寺殿、三代以上御成敗事也」とあるがごとく、名将軍・名執権時代の成敗[388]は、その理由のいかんを問わず、後の判決においてこれを改めぬ、すなわちこれと異なった判決はせぬという法である。既判力というのは、一般的に、裁判所をして先に下した確定判決の趣旨に反する裁判をなすを得ざらしめる効力を意味するのであるが、所務沙汰においては理論的に考察された既判力の観念は十分に発達せず、しかも法律生活安定の必要はこれに代わるべき制度の成立を求めてやまなかったのである[389]。「不易之法」のごときも、最も有力なこの種制度の一と見るべきであろう。

不易之法は右のごとき意味をもって生まれたものであると思うが、その立法の体裁においてはこの意味を表面に表わさず、名将軍・名執権の偉業を追慕・畏敬するために、その者執政年間の沙汰はこれを改めずという形をとった。したがって、不易之法に関するある法令発布後下された判決は、次の不易之法が発布されるまでは既判力に相当する効力を欠き、その間の法律関係は不安定たるを免れなかったのである。

今歴代の不易の法を求めて見ると[390]、『北条九代記』建保六年の条に「自治承四年、至于今年三十九箇年三代将軍成敗事、不及改沙汰」、『御成敗式目』巻首に「於先々成敗者、不論理非、不及改沙汰、至自今已後者、可守此状[391]也」、正嘉二年十二月十日[鎌追三二一条]に「自嘉禄元年至仁治元年御成敗事、准三代将軍並二位家御成敗、不可及改沙汰[392]」、『北条九代記』文永八年八月二十日の条に「自寛元元年至康元元年御成敗事、右、於自今以後者、准三代将軍並二位家御成敗、不及改沙汰」、『御成敗式目追加』に正応三年九月二十九日付[鎌追六一九条]として、「自康元元年至弘安七年御成敗事、右、於自今以後者、不及改沙汰[393]歟」、『新式目』に正応三年九月十九日付[鎌追六一九条]として[394]、「自康元二年至弘安七年御成敗事、於自今已後者、不及改沙汰歟」、年代不詳[鎌追六四七条]にて「法

光寺殿御代御成敗並弘安八年没収地事、賞罰共不可有沙汰」、『武家年代記』正安二年の条に「自弘長三至弘安七御成敗事、於自今以後者准三代将軍家御成敗、不及改沙汰」などとあるをあげることができる。

　これらの不易法に関する規定は当時の為政者のつねに遵守したところである。(395)したがって、当事者もまた裁判所にその訴訟を不易之法によって沙汰せられんことを請求したことがある。(396)しかしながら、不易之法とは、いかなる理あるも、これに反する成敗をなすことを禁ずるという意味を有するにすぎないのであるから、成敗の執行が不当な方法で行われた場合に、改めて正当な方法にしたがい、該成敗を執行することは決して不易之法に反するものでなかったことを注意すべきである。(397)

　右のごとく、不易之法は名将軍あるいは名執権と関連せしめて制定されたのであるが、弘安年代よりこれを必ずしも個人の執政に関連せしめず、成敗すなわち判決そのものの効力として既判力を認める傾向が強くなったようで、(398)鎌倉末期には、不易之法から独立した既判力の観念が一般的に認められるにいたったもののごとくである。(399)

(388)　成敗という言葉は判決のみを意味するものではないが、判決の意味を有したことは疑いをいれない。

(389)　「高橋文書」正応五年九月十八日関東下知状（『越佐史料』第二巻、一一八頁）〔鎌一八〇〇四〕に「越後国福雄庄名賀崎条内薬師堂免田新開寄地之事、右、一宮之神官池宮内大夫与同弟中務大夫等当条内争論之地、従弘安八年、于今至、不得止事、既雖三裁、俤双方毎度変々申状、可謂頗迷私心歟、訴陳無究而背物議者也、於是得咎、当恐伏而无言也、依為全新開地、以後公収之」とある。

　すなわち、同一事件につき三度目の判決を得、しかも四度目の訴を提起したので裁判所は訴陳究りなく、物議に背くものなりとて、論所を収公してしまったのである。かかる手段を採ることが常例であったか否かは疑問であるが、また一種の救済策たるを失わないであろう。また『御成敗式目』第七条後段の規定は、判決の効力としての既判力を認めたのではなく、むしろ濫訴防止を目的とするのであるが、またかかる要求に応ずる一の救済策でもあったのであろう。

(390) 註(5)所引拙稿、一〇五頁以下参照。

(391) 『金沢文庫所蔵文書』徳治二年五月日常陸大拯《〔ママ〕》次郎平経幹申状〔鎌二二九七七〕に「右、当郷者、云給主分、云地頭職、常陸大掾代々兼帯相伝所職也、而常陸介知重令言上国司(帥大納言家)御方、掠給当職之間、資幹令言上子細之日、於彼給主職者、大掾之外、於他人者、不可競望之由、二位家御代資幹預不易御下知畢、彼下知状舎弟時幹所帯也」とあるは、その実際の適用を示す一例であろう。

『御成敗式目』にはこのほか第七条前段において不易之法類似の規定を置いているが、これは『小鹿島古文書』下、延応元年十一月五日関東下知状〔鎌五四九六〕に「二位殿御時被定置事、不可改之由有御沙汰歟、〔中略〕如被定置状者、代々将軍二位殿御成敗事、本領主与当給人事也」とあるがごとく、右大将家以後、代々将軍家ならびに二位殿のとき、充給うた所領につき、本主が先祖の本領と称して、その返還を訴えることが許されるや否やを定めたもので、問題は本領主と当給人との間の関係に限られ、かつ「充給」うた所領を「改補」せずというのであるから、本条は判決の効力とは直接の関係はないというべきであろう。

(392) この法令を『吾妻鏡』は正嘉二年十月十二日の条に載せているが、『北条九代記』および『御成敗式目追加』所収〔鎌追三二一条〕の本令日付は、いずれも十二月十日となっており、ことに『多田院文書』(彰考館本)に

自嘉禄元年至仁治三年御成敗事

右、於自今以後者、准三代将軍並二位家御成敗、不可有改沙汰云々、故武蔵前司入道殿所申沙汰候者、自嘉禄元年至仁治三年御成敗、不可被改之由、今日(十日)御評定候、式目奥被書載候、案文令書進候、可有御存知候哉、

恐々謹言、

正嘉二年十二月十日　　武蔵守御判

陸奥左近大夫将監殿　　〔鎌八三一二〕

とあるので、十月十二日は十二月十日の誤りであることは疑いないから、日付を改めた。この法令の実際の適用としては、『金沢文庫所蔵文書』文永九年十二月二十七日関東下知状〔鎌一一一六九〕に「暦仁元年十二月十七日御下知案文」につき、「且故武蔵前司入道之間成敗也、輙難被棄置」と記してあり、『東寺文書』楽之部一之八、弘安十年十二月十日関東下知状〔鎌一六四一四〕に「一　請所事、（中略）仁治（仁治二年五月二十九日）下知以後、為請所、経年序畢、彼成敗輙難被改替之間、可停止雑掌濫訴焉」などがある。

なお、この法令に関係あるものとして、『吾妻鏡』寛元元年八月二十六日の条に「今日武州（経時）被遣御書於問注所、是武州禅門時有成敗事、訴人不進懸物押書者、縦可遂問答之由、雖有御書下、不可被召決云々、執事加賀民部大夫献請文云々」、同書寛元二年六月二十七日の条に「有間喜左衛門尉朝澄申、肥前国高木郷地頭職事、注進懸物状、而故武州禅室時有沙汰成敗事、無指故不及改之云々、依遠江入道被挙申之、今日為清左衛門尉奉行、雖申行臨時評定、所被棄捐也」とあり、『多田院文書』（同上）に

追加御式目

故武州禅門成敗事（文応元年五月四日評）

彼時成敗不及改沙汰之旨、載式目畢、而内〔ママ〕時重可有沙汰之由、有所見之輩者、不物（拘の誤）此又（文の誤）可有其沙汰、仁治三年以後、或給御教書、或遂対問之輩、非沙汰之限、

肥前国御家人井手左衛門尉道遠法師申、藤津庄内所領事、沙汰之時評畢云々、　〔鎌八五一四〕

とあるを参照。

(393) 実例としては『宗像神社文書』二、正応六年七月日筑前国宗像神社祠官等申状〔鎌一八二六九〕に「如正応四年十二月二日御教書者、宗像社祠官等申、当社領築前国朝町村事、建治・弘安成敗、令依違之由、祠官等雖申之、於下地者、建治三年成敗難被改替之間、非沙汰之限、至所務者、尋明子細、可令注進云々」とある。なお、東京帝国大学法学部研究室所蔵『周防国与田保古文書』〔鎌二〇〇九二〕に「被仰出御式目」として、「一　弘安七年四月以後成敗事、（中略）次弘安七年以後書下内先下知無相違之由落居並未断事、可被棄置、但以前成敗依違之由裁許（裁許の二字、『北条九代記』「越訴」に作る）事者、可有其沙汰焉」とあるを参照。この法令の日付を『新式目』は永仁二年十月十日、『北条九代記』は永仁二年七月二日、『武家年代記』は永仁元年七月二日に作り、本文書は永仁七年七月に作る。おそらく『武家年代記』の日付が正しいのであろう。

(394) 『新式目』所載のこの法令〔鎌追六一九条〕には年月日の記載を欠くが、前註所引『与田保文書』に「被仰出御式目事」と題して

（正応三九十九御沙汰）一　自康元二年至弘安七年御成敗事、於自今以後者、不及改沙汰歟、

と記載してあるによって正応三年九月十九日の制定にかかるものであることがわかる。もっとも、この日付は『新式目』におけるこの法令の位置よりも推定することができるのである（註(5)所引拙稿一一八頁参照）。なお、本法令と『御成敗式目追加』所載、正応三年九月二十九日付の法令〔鎌追六一九条〕とはきわめて類似しており、両者の相違は伝写の誤りに帰し得べき程度のものではあるが、とにかく内容においても日付においても相違の点が存するのであるから、しばらく各別の法令と認めておくこととする。

(395) たとえば『保阪潤治氏所蔵文書』安貞二年七月二十三日関東御教書（史料五之四、六三八頁）〔鎌三七六八〕に「別符次郎行資申、郡郷条々事、被披見維行所帯証文之処、故右大将御時度々経御沙汰、維行蒙御裁許畢、然者行資訴訟不能御成敗」、『広峰神社文書』乾、正中元年十二月二十一日関東下知状〔鎌二八九三三〕に「加之、庁直職事、貞応二年、弘

長三年、弘安三年被裁許畢、不易成敗輙叵改替」とあり、『多賀神社文書』一、嘉暦元年十二月二十三日関東下知状［鎌二九六九八］に建長三年、正元元年および文永六年の下知状をあげて、「不易之成敗輙難被改替」と記載してあるがごとし。なお、註(391)および註(393)所載諸例をも参照。

(396)『東大寺文書』㈣十八、光朝陳状に「然早任不易御下文御下知以下証文道理、且依先規傍例、預御成敗、弥欲仰有道貴矣」、『塩釜神社文書』二、年月不詳(室町時代のもの)陳状に「且以不易之法、為被棄置、披陳言上如件」とあるがごとし。

(397) 一例として『熊谷家文書』一七号、文永元年五月二十七日関東下知状［鎌九〇九九］を参照。すなわち、これによると安芸国三入庄は二位家のときに訴人直時の父直国の勲功の賞として、直時にこれを賜ったのであるが、文暦二年七月に直時はその三分の一を論人祐直(直時弟)に分給し、その分文に武蔵前司(泰時)が加判したのである。ところがこの分文につき、嘉禎以後訴訟が続いたのであるが、祐直は分配の方法に不公平ありと論じたに対し、直時は彼の分給は母尼の引汲によったもので、一紙の証文(分給の原因たる)もないのであるから、母尼の死去を待って、方をつけんとして、彼時は子細を申さなかったのに、「故武州禅門成敗事、不可有改沙汰之由被定置之条」歎き申すところであるとして、さらに沙汰あらんことを望んだのであるが、幕府は「武蔵前司入道雖被加判形、於件分文者、彼時沙汰只祐直宛給参分壱事、為其詮歟、然者、立参分之壱弐之境、以壱分、宛給祐直者、不可違先御成敗」と述べ、彼の時の成敗は祐直に三分の一を宛給うというので、これは改めることはできないが、もしその境が間違っているならば、さらに三分の一二の境を立てなおして、一分をもって祐直に宛給わば、先御成敗に違わぬのであるからとて、使者を遣わして、分給すべき旨を命じているのである。

(398) すなわち『北条九代記』(『武家年代記』および『御成敗式目追加』［鎌追五六七条］にも見ゆ)弘安七年の条に「十二月廿一日評云、安堵御下文事、不可准御成敗、訴訟出来之時、就理非、可被裁許」とあるは、安堵御下文は成敗と異なり、ある所領につき安堵御下文を給わっても、爾後該所領に関して訴訟が起こるときは、理非について裁許すべく、先の安堵によることを得ないという意味であるから、他面において当時、成敗すなわち判決が後の訴訟においてこれに反する裁許をなさざらしめる効力を有したことがこれによってわかるのである。

後述(註(545))のごとく、私はこの法令をもって『御成敗式目』第二六条の規定を訴訟法の見地から表現したものにすぎないと解するのであるが、かかる表現方法をとったこと、それ自身が当時においてすでに既判力の観念のようやく萌芽しつつあることを示すものといわなければならない。なお、この点については右法令の発布の年たる弘安七年は同時に不易之法の適用ある成敗の最後の年でもあることに注意すべきである。なお註(161)参照。

(399) すなわち少なくとも正応頃よりは、判決のあった場合に、これに対する不服の訴は越訴の手続きによるべきであり、しからざるにおいてはこれを受理せずとの原則は確立しているのである。註(82)を参照。

第五節　和解および訴の取り下げ

六三　訴訟は通常、前節に記述した私のいわゆる狭義の裁許の形式で終了したのであるが、そのほかに和解および訴取り下げの形式によっても訴訟は終了したのである。広義の裁許は裁判所自身の判断そのものであったのに反し、和解および訴の取り下げは両当事者の契約（和解案）、あるいは訴人の単独行為（取り下げ願）に対して、裁判所が認可を与えたもの、換言すれば、当事者の行為に裁判所が裁許と同一の効力を付与したものである。

第一款　和　　解

六四　鎌倉時代「和解(400)」という言葉もまれには用いられ、そのほか「和談(401)」「和平(402)」「和融(403)」などという諸語もあったが、本款にいわゆる和解の意味を表示するものとして、最もふつうに用いられていたのは「和与」という語である(404)。

和与という言葉の原義は無償譲与のことであったが、鎌倉時代にいたって、この言葉は数義を有するにいたった。第一に「自己の法定相続人傍系近親もしくは所従に対して、生前にもしくは死亡の場合において、自己の財産を移転すべき効果を発生する無償の契約」としての和与であるが(405)、この意味においては、和与は「処分」あるいは「譲与」と同意義であり、かつ処分あるいは譲与の語の方が広く用いられている。第二に一般に和与というときには、前記以外の者、すなわち他人に対する無償譲与を意味する。前者と区別する場合には、とくにこれを「他人和与」と呼ぶ。(406)(407)

しかし、ここに記述せんとする和与は処分でもなく、また他人和与でもない第三の裁判上の和与である。もっとも当時にあっては、処分と、他人和与、ならびにここにいわゆる和与とは言葉の上からこれを区別することはできたが、他人和与という言葉があまり使用されなかった結果として、他人和与と裁判上の和与との間には、言語上明瞭な区別は存しなかったのである。

いま一般的に裁判上の和与を定義するならば、「訴訟当事者が一方的にあるいは双方的に譲歩をなして、その間に繋属する訴訟を終結せしめることを内容とし、裁判所の認可を受けることによって裁許と同一の効力を取得する契約」ということができようと思う。すなわち、和与が有効に成立するためには、(一)当事者間の和与契約書(和与状)の作成と、(二)裁判所のこれに対する認可(下知状の下付)とを必要とした。

(400)『相良家文書之一』三六号、正安四年六月日肥後多良木村地頭代申状案〔鎌二一一一三〕。

(401)『田代文書』一、寛喜三年八月一日関東下知状〔鎌四一七八〕、前註所引『相良家文書』、『東大寺文書』(一)四、元亨三年三月日陳状〔鎌二八三六九〕、『深堀記録証文』三、文保二年五月二十九日丹治俊光及沙弥西俊和与状〔鎌二六六八九〕、『建内文書』一一、嘉暦二年十一月日顕恵〔?〕消息〔鎌三〇〇八九〕等。

(402)『佐賀文書纂』所収「大川文書」仁治二年八月二十二日関東下知状〔鎌五九一八〕、『建内文書』一一、正中三年二月十三日顕僧和与状〔鎌二九三五二〕等。

(403) 『旧西観寺所蔵文書』建長四年六月三十日座主宮令旨(『歴史地理』六十巻二号、一七八頁所載)〔鎌七四五五〕。

(404) 和与の和が両当事者の合意を示すこと、前記諸語と同様である。和与という語は令にはみえぬようであるが、『律疏残篇』名例律第一、二五(古代法典本)に「取与不和」とあるから、和与という語の由来は律に求めらるべきものであろう。『法曹至要抄』中四一(同上)には「和与物不悔返事」と題し、「案之、和与之財全無悔還之法、只以一与之状為万代之験」とある。

(405) 中田博士「中世の財産相続法」(『法制史論集』第一巻、一九四頁)。

(406) 『沙汰未練書』に「一　他人和与事、父祖外於譲与兄弟親類郎等所領田畠乃至物具以下所持物等者、不可有悔返之儀、是ヲ他人和与ト云也」、室町時代のものではあるが、『尺素往来』に「神明寄進、仏陀施入、他人和与庶子分割之地不可有悔還改動之儀」とあるは、その例である。

(407) 和与という言葉が法律上の意味を離れて、単なる和平という意味に用いられた例は「田中家文書」一七六号、嘉禎三年五月日検校宗清処分状(『石清水文書之一』三七六頁)〔鎌五一四〇〕参照。

六五　(一)　両当事者間の契約書の作成

(1)　後述のごとく、和与は当事者間の契約のみで効力を生ずるものではないが、まず両当事者において、和与契約書を作成することが必要である。和与が両当事者の契約を基本とすることは、和市・和買のごとく、両当事者の合意によるものであることを示す「和」の字が用いてあることによって知り得るのみならず、事実和与を「契約」といい[408]、和与状を「契状」と称していたことによっても明らかである[409]。

和与契約は当事者の自発的な合意によって成立するものであって、裁判所の命に応じて締結するものではない。

もとより裁判所が事実上、これが成立を斡旋することはあったであろうが、法律上は裁判所はすでに成立せる契約に対して認可を与えただけであって、契約の成立に関与することはなかったのである。(410) このことは後述のごとく、裁判所は当事者の和解契約が適法なりや否やを審査して、これに対して異議なき旨を認可状に記載する例であったことによって知り得るのである。

和与契約はまた第三者の口入によって成立することがあった。(411) しかしそれは真の意味の口入であって、たんに契約の成立を周旋するにすぎず、第三者の口入は契約の成立そのものの要件ではなかったのである。

(408)『山内首藤文書一』文保元年五月二十六日藤原通資与沙弥滋観和与状〔鎌二六二二五〕に「右、条々相論之子細、雖多之、非可旨〔ママ〕趣於和与状之間、注篇〔ママ〕目条々、以和与之儀、契約分明之上者、相互雖一事、不可有違乱」、『山田氏文書』正中二年六月一日薩摩国谷山郷内山田別符両村地頭式部孫五郎入道道慶和与状〔鎌二九一二三〕に「次、野畠地利物参石並麦地子壱石伍斗(是等者升野畠)此外検断以下色々得分等代銭合拾肆貫文毎年十一月中仁無未進、可被致沙汰之由被契約之間、止地頭綺者、但過約月者、地頭職如元可知行」とあるがごとし。

なお『東寺百合文書』マ一之二十、嘉暦二年八月二十七日東寺勧学料所安芸国三田郷雑掌行胤与同郷惣領地頭代藤原頼行連署和与状〔鎌二九九四五〕に「右、当郷者(中略)両方以和与之儀、相互所止訴訟也、然則於向後者、止惣検以下雑掌入部所務、為地頭一円請所、以毎年拾弐貫文銭貨、為地頭沙汰、十二月中可運送于寺家、更不可有不法懈怠、若背此状、過約月、致未進対捍者、破請所之儀、雑掌直可被所務」、註(416)所引『熊谷家文書』〔鎌二二二四〇〕に「右就訴陳状、擬有其沙汰之処、去々年(嘉元元)八月十三日両方成和与状畢、如国秀資兼状者、(中略)親資可令領知之分状並契約別紙在之」とあるを参照。

(409)『正閏史料外篇』三、三浦又右衛門蔵、乾元二年四月二十六日平重有和与状〔鎌二一四五八〕に「若向後背自筆契状、

相互令変改、致違乱訴訟者、経上訴、可被申行其身重科者也」とあるがごとし。和与状をまた「両方承諾之状」と称したことがある。『深堀記録証文』三、延慶四年五月十八日平時行和与状〔鎌二四二九三〕に「此上者任両方承諾之状、為向後之亀鏡、可申給御下知也」とあるがごとし。

(410) もっとも幕府は建仁二年五月二日に兄弟相論のことは向後是非につき、和平を仰せらるべき旨を定めている（『吾妻鏡』同日の条）。されば裁判官は兄弟相論については一応、和平を勧告する義務があったのであるが、当事者がこの勧告に応じないで、訴訟を継続すれば、裁判官はそれ以上干渉することはできなかったのである。

(411) 註(400)所引『相良家文書』〔鎌二一一三二〕に「先年頼包等企濫訴之間、聊雖番訴陳、入人於中、可和与之由、依望申、相互存和談儀之処、就和与状、号不給御下知」とあるがごとし。

六六　(2)　当事者は譲歩をなすことを要する。[412] ただし譲歩は双方的たると一方的たるとを問わない。[413] この少なくとも一方当事者が譲歩する点が和与と呼ばれたゆえんであろう。しかして譲歩をなすにはだいたい二種の方法が採られていた。その一はいわゆる「和与相分」で、係争の所領を両当事者が分取する方法であり、その二はそれ以外の方法である。

(甲)　**和与相分**　「和与相分」もまたこれを二に分かつことができる。その一はいわゆる「和与中分」で、係争の所領を両当事者が折半する方法である。鎌倉時代には中分の方法により紛争を解決せんとする思想がかなり広く行われており、[414] これを「折中之法」と称していたが、この方法を和与の場合に応用したものがすなわち「和与中分」である。[415] その二は折半以外の割合で、両当事者が分取する方法で、たとえば三分一、二[416] あるいは五分二、三[417] の割合で分取するがごとき、これである。

和与自身が両当事者間の契約であったから、その内容である相分の方法もまた両当事者の協定によって定まった。(418) ふつう分文を作り、(419) これにもとづいて両当事者が現地に立ち会い、実検のうえ分割するか、(420) あるいは幕府使者の現地派遣を請い、これに分割を依頼するか(421)のいずれかの方法であった。(422)(423)

(乙) その他の方法　所領相分以外の和与の方法は場合により異なるわけであるから、いちいちこれを列挙することは省略する。

(412) 双方的譲歩の実例は、以下に多く見えている。一方的譲歩の例は『称名寺文書』永仁三年三月二十五日太田庄雑掌道念状〔鎌一八七八五〕に「信濃国太田庄内大倉石村両郷八□領家御年貢事、右以見絹可検納之由、雑掌雖経訴訟、以和与之儀、如元両郷分毎年可請銭弐拾貫文者也、仍止訴訟、□和与之状如件」、『集古文書』二六、正安三年十一月七日六波羅下知状〔鎌二〇八九八〕に「右、番訴陳之処、如今年十月十五日和与状者、垣生郷内三宅里卅四坪弐段、恒弘名東方地頭代重明令押領之由、就訴申、雖番訴陳、於彼坪弐段者、本自不押領之上、向後不可相綺之由出状之上者、両方以和与之儀、止沙汰畢」、「伴姓肝付氏六代周防守兼藤譜」(『薩藩旧記』所収)延慶二年十月二日鎮西下知状〔鎌二三七七六〕に「薩摩国給黎二郎資保代元朝与和泉左衛門次郎入道法有相論、当国和泉庄恒村内田畠在家等事、右、就訴陳状、擬有其沙汰之処、去月十二日元朝出状畢、如彼状者、資保捧宝治二年保久(資保法有等祖父)譲状、訴申之処、或号正嘉二年九月十七日保俊(法名法西、資保亡父)状、或出帯正応五年三月十三日保道(法有親父)譲状、法有雖及陳状、以和与之儀、永止訴訟畢云々、此上不及子細、早任彼状、於件田畠在家者、可令法有領掌也」、『正閏史料外篇』三、三浦又右衛門家蔵、応長二年三月二日関東下知状〔鎌二四五四四〕に「右、如守護人近江前司時仲注進重頼〔訴人〕徳治三年四月廿五日和与状、雖及訴陳、以和与之篇、止訴訟訖、於彼山者、自今以後不可有競望云々、如重有〔論人〕同日同状者、重頼止競望之旨、載和与状之上者、可賜下知状云々」とあるを参照。

(413) かくのごとく、和与の場合には、少なくとも一方当事者は譲歩をなすのであるが、譲歩はふつうの訴訟代理権外の行為であるから、訴訟代理人が和与契約(自分側が譲歩する)を締結する場合には、彼は本人より各場合につき、特別代理権を受けなければならなかったのである。註(434)参照。

(414) たとえば『新編追加』第二六五条、貞応二年六月十五日宣旨〔鎌追九条〕に「然則 一為休荘公之愁訴、一為優地頭之勲労、旁従折中儀、須定向後法」、『田代文書』一、寛喜三年八月一日関東下知状に「一 検断事、〔中略〕相互不申立分限之証拠、仍可致等分沙汰」とあるがごとし。なお、『吾妻鏡』建仁二年五月三十日および元久二年三月二十五日の条参照。

(415) 註(422)所引『春日神社文書』〔鎌二一六四七〕に「中分と申は、両方の所務を混乱せす、心やすからむため也」と見ゆ。

(416) 三分一、二に分割した例は、『東寺百合文書』ヒ一之三十一、乾元二年閏四月二十三日関東下知状〔鎌二一五一〇〕に「如栄実〔訴人〕状者、所務以下条々、就正元・永仁御下知、雖番訴陳状、断未来之煩、為停止当時之論、所和与也、田畠山林塩浜等相分下地、於参分弐者、可為領家分、至参分壱者、可為地頭分」、『熊谷家文書』二〇五号、嘉元三年六月十二日六波羅下知状〔鎌二二二四〇〕に「右、就訴陳状、擬有其沙汰之処、去々年(嘉元元)八月十三日両方成和与状畢、如国秀・資兼等状者、敬願遺領等不漏壱所、以参分弐、為松王丸〔訴人〕分領、以参分壱、可為親資〔論人〕分領」、『深堀記録証文』三、文保二年五月二十九日丹治俊光与沙弥西俊連署和与状〔鎌二六六八九〕に「但松浦事、相互雖申子細、和談之間、於当浦参分壱者、可付時仲跡〔訴人〕、至参分弐者、俊基跡〔論人〕知行不可有相違」とあるがごとし。

(417) たとえば『古簡雑纂』卯、徳治三年二月七日関東下知状〔鎌二三一六七〕に「右者、調訴陳状、欲有其沙汰之処、去月廿二日両方和与畢、如氏女〔論人〕状者、両郷内氏女知行分田畠在家等不残段歩、相分下地、於五分弐者、預所〔訴人〕可被取之、至参分者、氏女可知行也」、『額安寺文書』元亨三年二月五日額安寺領備前国東庄内地頭代紀政綱与預所藤原義幸連署和与状〔鎌二八三二二〕に「右、准惣領地頭藤〔ママ〕肥前左衛門入道覚知和与之旨、五分弐参令分別下地、以弐分為

領家方、一円可令進止之、以参分為地頭分、一円可令進止之、将又於道性〔地頭〕分領有分漏之地者、為領家可令管領之也」とあるがごとし。

(418) この点は中分の場合でもあるいは三分、五分の場合でも同様であるが、とくに中分の場合について、それが両当事者の契約によるものであることは注意すべきである。従来といえども、下地中分の制度が鎌倉中期よりかなり広く行われるにいたったことは、ふつうに説かれたところであるが、厳密にいうならば、その下地中分と、ここにいわゆる和与中分とは、これを区別する必要がある。

いま、いわゆる下地中分について考えてみるに、これに関する規定は『新編追加』第一八六条〔鎌追六三七条〕に「一領家地頭中分事、於新補地頭者、被折中之処、限于本補、不許容之条、先沙汰不可然、向後者、随事体、可被中分歟」(本法令の日付を『北条九代記』は永仁元年五月二十日とす。しかれども本条の新式目における位置より考えて、『武家年代記』にしたがい、二十五日と推定するを妥当とす。註(394)参照)とあり、また註(105)所引阿氏河庄条々事書案〔鎌一一九八九〕に「一　中分事、新補率法之地頭非法過法之時、雑掌雖蒙御成敗、地頭不叙用之刻、就雑掌之所望、有中分之例歟、承久以前之本補地頭者、地頭不承伏之時、無中分之傍例也、旁当時中分之訴訟無其詮歟、随又於中分事者、不及六波羅之沙汰、可被申関東事也」(内容より見て、後者すなわち阿氏河庄条々事書案は前者すなわち『新編追加』第一八六条以前に作られたものであることは疑いない。註(105)参照)とあるだけであるが、前者の「於新補地頭者、被折中之処、限于本補、不許容」は後者の意味を節略したに等しいものであるということができる。されば前者を解釈するにあたっては、必ず右阿氏河庄条々事書案を参照することを忘れてはならぬのである。

さて、右の『新編追加』の文を見るに本補は中分を許容せずと書いてあるが、この「不許容」という言葉の意味が問題なのである。ちょっと見ると、たんなる禁止の義に見えるが、私はこれを形成権を与えぬという意味であると解するのである。けだし、右事書案の意味は新補率法の地頭の非法が過法の場合、雑掌が勝訴の判決を得ても、地頭が叙用しないときには、雑掌の所望について、（地頭が承伏せずとも）、中分せしめる例である。（これに反して）承久以前の本補地頭は地頭が承伏せずんば、（雑掌の所望ありといえども）、中分の傍例なしというのであり、後者すなわち本補地頭についても地頭が承伏すれば中分ができることはいうまでもないからである。

それは一の契約であって、ここにいわゆる和与中分にほかならぬのである。したがって、豊後国大野庄の地頭は本補地頭であったが、『志賀文書』正応五年五月十日関東下知状〔鎌一七八九三〕に「三聖寺領豊後国大野庄雑掌与志賀村半分南方地頭、大友豊前八郎太郎入道阿法相論検注事、阿法依御下知違背之咎、雖被召置地頭職、無罪科之由、所陳中依有子細、所返給也、早且相触寺家、且仰寺家、且仰筑後前司盛経、守一庄平均之例、任両方申請之旨、可令下地中分」とあるがごとく、前記『新編追加』第一八六条発布以前たる正応五年において、すでに両方申請に任せて、下地中分が許容されているのである。

これによって見れば、『新編追加』にいわゆる「不許容」は絶対的禁止を意味したものでなく、相手方地頭の承諾なき場合、すなわち契約以外の方法による中分はこれを許容せぬという意味にほかならないのである。

ところが新補地頭の場合の中分は契約ではない。地頭の承諾の有無は問題にならぬからである。領家は地頭と中分契約を締結するのではなくして、「田中家文書」一、二〇七号、宝治三年二月日権大僧都成真処分状〔鎌七〇五〇〕に「本件安田庄者、為宮寺往古神領、年序久相積之処、去承□〔久〕兵革以後、地頭江戸四郎太郎重茂〔重茂は新補地頭である。同文書二〇三号、寛喜四年二月日石清水八幡宮護国寺祠官連署挙状〔鎌四二八二〕参照〕、寄事於左右、令忽緒宮寺間、為興行神領、□□成真可門跡相伝由、申賜　宣旨状者也、然間、触申事由於関東、令中分畢」とあるがごとく、裁判所に中分を訴求するだけで足るのである。

『社会経済史学』第四巻第一号の口絵にみえる

□□〔八幡〕宮領出雲国横田庄可被中分□事、雑掌法橋祐範申状案□通□具書等進覧之候、子細載状候歟、□〔此〕事地頭令懈怠神用以下公事料□之間、任関東貞永元年御下知状、□〔可〕被止請所儀之由、所司等去年就□〔令〕言上候、去正月廿九日御教書付進□□〔六波〕羅、被尋下地頭法印畢、雖可相待彼□〔左〕右候、沙汰往復難渋次第候之間、所詮、□〔可〕被中分之由申請候、仍雑掌令参□、子細定申上候歟、御沙汰之時、可□□御意候哉、恐々謹言、

十月廿五日　　法印〔花押〕

□□□越後守殿

（本文書は所三男氏の紹介されしもの。□□□は文書天地の欠損、□□内の文字は著者の補ったもの〔傍注で〔　〕に収めた〕）

註(42)所引『東寺文書』に

一　請所事、右六波羅注進訴陳状具書子細雖多、〔中略〕為私請所之上者、被顛倒之、且任旧例被避付地頭職於寺家歟、将又被中分下地由、雑掌訴申之、

〔鎌一六四一四〕

とあるも同意味である。

もとより地頭側の承諾(承伏)があれば、和与の形式による下地中分もできたのであるが、領家側にはたんに裁判所に申請さえすれば、相手方の承諾がなくとも、裁判所の中分命令を受けることができるという一種の形成権が与えられていたのである。もっとも、訴求の要件として、前掲阿氏河庄条々事書案には領家方で地頭の非法を裁判所に訴えて、成敗をこうむってしかも地頭がこれを叙用しない場合に限るように記してあるが、必ずしもかかる手続きをふむ必要のなかったことは前掲諸例の示すところである。

かく解することによって、はじめて「就雑掌之所望」および「地頭不承伏之時」の二句が生きてくるのである。この領家の有する中分形成権は、当初新補地頭との相論にだけ認められていたものであるが、これを本補地頭との相論についても認めるというのが、右『新編追加』第一八六条の意味なのである。

私はかくして『新編追加』第一八六条にいわゆる「領家地頭中分」と「和与中分」とは法律的には別箇な概念であ

ると信ずるのであるが、一般にはこの両者を全然同一物であるかのごとく取り扱っているのである。牧博士「初期武家法に於ける封建制度の性質」(『法学論叢』二一巻四号、四一頁)において、下地中分というのは領家と地頭とが下地を中分する場合であって、初めは新補地頭にのみ許され、後に本補地頭にも許さるるにいたり、しかもこの下地中分は和与の方法によって行われていたとされしごとき、すなわちその一例である。もっとも博士は新著『日本封建制度成立史』一八六頁においては「承久以後となると、新補にも本補にも、領家との紛争解決方法として、下地中分と言ひて土地を二等分した事がある」といわれ、その註に「右同(=『新編追加』)一八六領家地頭中分事、北条九代記によるに、本条は永仁元年五月二十日の評定である。中分は以前より新補地頭について行われ、本補については禁ぜられたが、この追加により、新(本の誤か)補地頭にも許さるることとなった」と書いておられる。和与の方法云々の文句を削られた結果として、この文章の意味は法律的に曖昧模糊たるものとなってしまっている。

なお、ある所領にはとくに折中が禁じられたことがある。たとえば『太宰府管内志』中巻、筑後之五所引、文保元年三月日下文〔鎌二六一〇七〕に「縦当庄平均雖(有脱か)下地中今(分の誤)御沙汰、於彼寺領者、不可有折中之儀」、文保三年三月日下文〔鎌二六九八五〕に「縦当庄平均雖有中今沙汰、於彼寺領者、領者《マヽ》不可有折中之儀」とあるがごとし。これは寺領保護の政策のためであったろう。

(419) たとえば『宗像神社文書』二、文永元年五月十日関東下知状〔鎌九〇九三〕。『東寺百合文書』よ十五之十六下に正安二年矢野庄地頭領家山分帳(分帳は分文に同じ)を載せた文書があるから、そのうち分帳だけをその様式を示すために左に掲載する。

正安二年分帳云、

山事南山者、堺鳩尾之南北行之路、東者付東、西者可付西也、北山畠自楢尾峰湏久爾通、三野寺之観音堂正面、西者付西、東者可付東也、但雖為自楢尾峰東、於能芸谷西山者、北者堺折石逆手尾、南者限立石大柱而、可付彼

谷也、此外於東西之山林荒野者、任傍示、西者付西、東者可付東之条勿論也、仍為後日所定堺如件、
已上
〔鎌二〇三六五〕

分帳が「わけちやう」と読まれたことは註(422)所引『春日神社文書』〔鎌二一六四七〕に見える。分帳はまた「分状」と呼ばれたことは註(416)所引『熊谷家文書』に、また「相分状」あるいは「相分帳」ともいわれたことは『東寺百合文書』ト十六至三十、徳治二年六月十九日弓削嶋沙汰之次第事書〔鎌二二九九五〕に見ゆ。

『相良家文書之一』六号に寛元二年五月十五日人吉庄起請田以下中分注進状〔鎌六三二二〕、四号に惣領後家尼慈妙より領家方へ遣わした元応二年六月一日田畠屋敷中分状案〔鎌二七四九七〕、『吉川家文書之二』一一三一号には嘉暦元年十二月十日石見永安別符以下地頭職分文(これには奉行人が裏を封じている)が見えている。

ときには分文を作らずして絵図に朱点を引いて、堺を示したこともある。『大友文書』一、正安二年八月三日藤原景忠代円厳和与状〔鎌二〇五六四〕に「右、雖番訴陳、相互以和与之儀、所□〔令〕中分也、於東西之堺者、引朱点於絵図、両方所封裏也、然者、守彼絵図、至朱点以西者、幸貫可被領知也」とあるがごとし。

(420) たとえば『東寺百合古文書』一三三、永仁五年七月十三日関東下知状〔鎌一九四一五〕に「一 中分事、播磨国矢野庄例名雑掌左衛門尉行高〔与〕地頭海老名太郎左衛門尉泰秀相論所務条々事、右就訴陳状、擬有其沙汰之処、如行方泰秀連署今月五日和与状者、雖経御沙汰、所詮、田畠在家山林荒野今年中預所地頭相共遂実検、可令中分也、寄事於左右、不可有難渋之儀」、前註所引弓削嶋沙汰之次第事書(領家雑掌の記録)に「至下地相分者、地頭代〔相手方〕不出対之間、不遂其節」、『詫磨文書』二、元徳二年三〔?〕月十日鎮西下知状〔鎌三一三〇六〕に「右、就訴陳状、擬有其沙汰之処、去月十十二両方出和与状畢、如源盛状者、〔中略〕、右依年貢未進、雖被経御下知違背御沙汰、所詮、所令折中彼名田畠等也、於坪付者、明春正月中雑掌地頭相共令下国、可定之」とあるがごとし。

『田代文書』二、応長元年八月十二日六波羅下知状〔鎌二四三九五〕に「如去月三日定覚和与状者、当庄所務条々、就

弘安永仁両度御下知、雖番訴陳、以和与儀、於向後者、可令中分一庄下地之由、地頭代出状之間、相互止沙汰畢、但今年八月中遂検注、田畠在家以下悉可令中分下地於両方歟」とある。

この中分には両方が立ち会う旨は記してないが、おそらく両方立ち会いのもとに検注を遂げたものと思われる。註(416)所引『東寺百合文書』の下地相分(三分一、二の)の場合に、雑掌栄実は寺家よりの御使の差し下しを願ったのであるが、許されず、自らこれに立ち会うことを命ぜられたについて作成した本所宛起請文が同文書に残っている。またこの相分の場合に作成したと思われる領家三分二、地頭三分一の伊予国弓削嶋差図が同文書と、九三号に見えている。

(421) たとえば註(416)所引『深堀記録証文』〔鎌二六六八九〕に「先以件和与状、給御下知後、申入御使、田畠在家山海共、組交能悪、可被定参分壱弐坪付也」とあるがごとし。

この場合には次註所引『熊谷家文書』〔鎌九〇九九〕に「一　祐直〔論人〕押領直時〔訴人〕分市場在家地由事、右条々相互雖有申旨、所詮、直時就父直国状、二位家御時所給御下文也、而文暦二年祐直宛給参分壱之間、修理権大夫、武蔵前司入道被加判形於御使加治豊後前司家茂法師所進絵図」とあるより類推すると、御使は、実検分割後、分付の地図を作成して幕府に提出しなければならなかったようである。

『武雄神社文書』三に

和与

肥前国塚崎庄石富名内武雄孫次郎入道妙円田地屋敷折中事

合

一　梶原里卅四坪捌段肆拾内〔ママ〕(伍段弐杖庄方、参段弐杖地頭方)

一所六郎丸居薗　地頭方

右如斯令和与折中之上者、相互任坪付之旨、無煩可令両方知行者也、仍為向後末代、和与如件、

嘉暦弐年十二月十三日　　実検使兼預所〔花押〕

左衛門尉忠尚〔花押〕

左衛門尉久義〔花押〕

〔鎌三〇〇九七〕

〔裏書〕

為後証、奉行人所封裏也、

元徳二年三月十日

という文書があるが、これはおそらく実検使が実際に論所を中分した後、両当事者に与えた証状のうち、地頭方のものであろうと思われる。

(422) 論所分割の方法としては、当時一般に一方当事者が論所を分割し、他方当事者がこれを選び取るという方法が行われていた。たとえば註(397)所引『熊谷家文書』〔鎌九〇九九〕に「爰如祐直申者、盛頼〔前回分付の場合の使者代官〕依厳島造営之忩劇、委不相分之間、有条々相論、然者、重差遣御使者、悉可分給参壱〔ママ〕、不然〔ママ〕、直時〔訴人〕以当庄分于参分者、祐直撰取壱分歟、又祐直相分者、直時撰取弐分歟、両様之間就一方被仰下者不可有向後違乱」、『山内首藤文書一』永仁三年三月二十九日慈善譲状〔鎌一八七九〇〕に「一所信濃国きふ乃符内下平田郷内公田捌町内伍町分地頭職事、此所雖為少所、宛慈善之身、所令拝領也、仍参町分地頭職者、五郎通氏仁所分譲也、又浮免田並在家随此分限、可令知行、但弥三郎〔嫡子〕分之、可撰取五郎也」とあるがごとし。

しかして和与中分の場合においても、この方法が用いられた。いな、この方法を用いることが「傍例」であったのである。すなわち『春日神社文書』第二、七九九号、嘉元六年※惣領中分条々雑掌注進〔鎌二一六四七〕に「さらは東北を一方つゝ、領家地頭一円にちきやうするやうに、雑掌中分帳をかきたすへきよし、地頭申あひた、このていはれなし、中分の帳をは地頭方よりかきいたして雑掌にゑら〔選〕するは傍例也」とあるがごとくである。

『東福寺文書』一、嘉元二年五月三日地頭某和与状〔鎌二一八二二〕に「和与　出雲国末次庄内亀田村田畠在□、

右当庄預所教泉訴申御年貢□□、可致其弁之旨被成御下知之間□□弁之処、以和与之儀、令中分宗□亀田村者也、以一方撰取、預所可被知行也」（もっともこれは下知以後の和与らしい）、『吉川家文書之二』一一二九号、正中二年八月二十七日三隅兼員代明仁尼、良海代道正連署和与状に「右、〔中略〕雖被経御沙汰、所詮、以和与之儀、於件永安別符以下兼海之跡所領等者、令折中、両方半分宛可知行、田畠山野河海悉折中、兼員出分文者、良海可撰取一方也」とあるは、その実例である。

(423) 下地の和与相分は多くは地頭と領家との間の訴訟につき行われており、この場合には各当事者は一円知行の土地を取得するのであるが、この点に関する研究は訴訟法の埒外である。

六七　(3)　和与は当事者間に繋属している訴訟をやめることを約する契約である。したがって、和与状には和与の儀をもって訴訟をやめる旨を記載することが多い。(424) もっとも、とくに訴訟をやめる旨を記載せぬ場合も少なくないのであるが、それは和与は必ず裁判所の認可を受けることを要し、しかして裁判所の認可を受けたということは、当然、当該訴訟が終了したということを意味したから、これを省略したものと解されるのである。

和与は右のごとく、訴訟をやめることを約する契約であるから、これをなすについては種々の動機があった。たとえば(I)一族間の相論をやめんがために、(425)(II)訴論人の間において相論を無益と感じたるがゆえに、(426)(III)和与が最も公平な結果をもたらすべきがゆえに、(427)(IV)未来のわずらいを断たんがために、(428)というがごとき理由である。

(424) その実例はきわめて多いが、たとえば註(224)所引『比志島文書』〔鎌二五〇五〇〕に「〔上略〕てんちらの事、さうろんをいたし、そちんにつかうといへとも、和よのきをもてさたをやめ」、『若王子神社文書』一、元応元年十二月二十六日地頭代沙弥円性道政与雑掌沙弥善阿連署和与状〔鎌二七三四七〕に「一　地頭訴訟事、右為地頭訴、于六波羅雖番訴陳、為和与請所之上者、止訴訟畢」とあるがごとし。そのほか註(412)所引諸例を参照。

(425)　この点については前記のごとく、兄弟相論はなるたけ和平を仰せらるべき旨の指令(奉行宛の)が出ている(『吾妻鏡』建仁二年五月二日の条)が、そのほか、たとえば『比志島文書』三、文保元年九月二日鎮西下知状〔鎌二六三三八〕に「為叔姪、依不可有確執、被出和与状訖」、『酒井文書』正中二年七月十六日平信経与信綱、平貞信連署和与状に「仍及三方相論、雖究三問三答之訴陳、兄弟一族之確執相互依無其詮、以和与之儀、所止訴訟也」とあるがごとし。

(426)　たとえば、『志賀文書』正安三年正月二十四日藤原秀治和与状〔鎌二〇七〇六〕に「就阿法訴申、雖番訴陳、所詮、相互依不可有不和之儀、令和与之処也」、室町時代初期に属するも、「宝簡集」一四六号、貞和四年七月五日太田庄雑掌地頭代和与状に「一　貞和参年分年貢事、〔中略〕相論無益之間、以無為之儀所令和与也」(「又続宝簡集」一九六二号、貞和四年八月二十七日足利直義下知状案参照)とあるがごとし。

(427)　註(42)所引『東寺文書』〔鎌一六四一四〕に「一　請所事、〔中略〕爰如基員所進六波羅仁治二年五月廿九日下知状者、〔中略〕和与尤公平歟、且任請文之旨、両方無違乱可令致沙汰云々」とあるがごとし。もっとも、この『東寺文書』の場合は、裁判所が和与をもって公平と認めたもののごとくである。

なお、本所裁判所のものではあるが、『東大寺文書』㈣三、弘安十年十月日預所和与下知状案に

右件相論両方互依難定是非、所詮、令参上寺家、可遂対決之旨、年預下知之間、共以参上、但為預所与計申云、凡当庄沙汰人江家之一族者、根本江新大夫直定依致寺家之忠功、則令補任官職以来、稟其余流、各備于諸職、氏之大慶身之栄皆誠可謂眉目者歟、面々各々尤可悦予之処、今依此相論及対問者、両方定致自是非他之諍論歟、此条匪啻費、一旦之言論、終定為喧嘩之基歟、一門之乱諸人之煩也、不可不罷者歟、仍両方令和与、万代不可成確論之旨、計申之間、奉存公平、専可存其儀之旨互以領納畢、

〔鎌一六三八三〕

とあるをも参照。

(428)『古蹟文徴』一、弘安四年三月三日預所左衛門尉資村地頭平泰恒外二名連署和与状［鎌一四二六六］に「一　当庄神社仏寺並田畠山野等以下領家地頭可所務分（坪付注文在別紙）事、右、当庄条々所務度々雖令和与、両方所存相貽之間、相論依不断絶、為罷向後之相論、重所令和与也」（もっとも、この和与がはたして訴訟法上の和与であるか、あるいは訴訟外の私法上の他人和与であるかは疑問である）、『東大寺文書』㈠二、永仁五年十月日東大寺領美濃国茜部庄雑掌法眼慶俊申状［鎌一九四九九］に「於見絹綿者、善悪之相論雖向後、不可断絶之間、為停止後々末代之諍論、壱疋拾両別可為伍貫伍百文色代之由、所令和与也」、『大橋文書』乾、延慶元年十月十二日六波羅下知状［鎌二三四三三］に「為断向後異論、所令和与中分也」、註(416)所引『東寺百合文書』［鎌二二五一〇］に「右、如去二月廿九日六波羅注進状者、召調訴陳状之処、今年正月十八日両方出和与状之間、彼状並訴陳状具書等相副目六、進上云々、如栄実状者、所務以下条々就正元永仁御下知、雖番訴陳状、断未来之煩、為停止当時之論、所和与也」、『深堀記録証文』三、元応元年後七月二十二日鎮西下知状［鎌二七一二〇］に「以和与之儀、於件田地壱町（中略）屋敷壱箇所（中略）事者、限永代所去与氏女也、向後更止競望之儀、永不可及訴訟、仍為断後日異論、所和与也」、註(424)所引『若王子神社文書』［鎌二七三四七］に「一　地頭得分事、右当庄領家職者、為関東御分禅林寺新熊野社領、重役異他之処、所務依相交、文永御下知以後、弘安延慶度々雖被成和与御下知、互交沙汰之間、相続訴訟之条、非無御沙汰之煩、爰地頭領家共関東御分也、仍為断向後違乱、以和与之儀、於地頭者、為領家請所、令停止万雑公事、毎年銭貨陸拾貫文、為預所沙汰、無懈怠、可弁地頭方矣」とあるがごとし。

六八　(4)　両当事者は協定された前記諸要件を基礎として、和与状を作成しなければならぬ。和与状には両当事者が連署するもの[429]と、各自が別々に作成し、署名するもの[430]との両種があり、いずれでも差し支えはなかったが、和与状には和与に関するいっさいの条件を記載しなければならなかった。[431]

和与状作成後、両当事者より、裁判所にこれを提出して、これが認可（下知状の形式の）を申請するのであるが[432]、そのほかに和与状そのものに奉行の署判を求めて後証に備えたこともあった[433]。

(429) 註(408)所引『山内首藤文書』、註(417)所引『額安寺文書』、註(424)所引『若王子神社文書』、註(425)所引『酒井文書』などはその例である。

(430) 註(409)所引「三浦又右衛門蔵文書」、『深堀記録証文』、註(408)所引『山田氏文書』などはその例である。

(431) 『東大寺文書』(三)一、元亨三年三月日播磨国大部庄公文尼覚性重申状〔鎌二八三六九〕に「就相論、令和与中分者、何和与状不載其旨哉」、『東大寺文書』(二)九、正安二年六月日※六波羅下知状〔鎌二〇四六〇〕に「或弘安永仁和与之時、就損得、可有年貢増減之旨、称不載和与状、或貞応以後于今無損免例之間、地頭之訴訟難被許容之旨、学侶猥令掠申歟、云貞応寺家免状、□□□〔云仁治〕地頭訴文、有免許例之条旁以分明也、不可依損否之旨不載和与状之間、宜可守先規歟」とあるがごときは、すなわちその一二の例証である。

(432) 『東大寺文書』(一)二、永仁五年十月日東大寺領美濃国茜部庄雑掌法眼慶俊申状〔鎌一九四九九〕に「〔上略〕其上於見絹綿者、善悪之相論、雖向後、不可断絶之間、為停止後々末代之諍論、壱疋拾両別可為伍貫伍百文色代之由、所令和与也、子細載和与状畢者、早両方守和与状、永代可致其沙汰、更不可致懈怠之由、欲成賜御下知状、仍言上如件」とあるは、すなわち和与下知申請状の一例である。

(433) 実例はきわめて多い。註(428)所引『東寺百合文書』および『阿蘇文書』二、嘉暦元年十一月十八日尼妙法、沙弥義広連署和与状のごときはその一二の例である。後者の裏書の文句は次のごとくである。

為後証奉行人所加署也、

嘉暦元年十二月五日　散位藤原〔花押〕

沙　弥〔花押〕　〔鎌二九六五六〕

六九　㈡　裁判所の認可　和与はたんに訴訟当事者間で契約しただけでは、訴訟法上の効力を生じない。これがためには当事者は協定して和解をなすとともに、和与状を作成して、これに対する裁判所の認可を受けねばならなかった。(434) したがって、和与状にもその旨を記載したものがある。(435) 裁判所の認可を受けていない和与はいわゆる「私和与」であって、裁判所は後の訴訟においてこれに拘束されることはなかったのである。(436)(437)

和与認可状申請の時期は、訴の提起以後は、たとえ訴陳をつがえ、あるいは問答を遂げても、判決を受ける（すなわち勝訴者に下知状が交付される）までは、いつでも差し支えなかった。(438)

和与認可状は下知状の形式を採る。前述のごとく、和与状は両当事者の連署状たる場合も、各当事者が別々にこれを作る場合もあったが、いずれの場合でも、裁判所は和与状の主旨を引用して「此上者不及異儀」あるいは「此上者不及子細」とて、当事者の契約を承認し、かつ違乱なく沙汰すべき旨を命ずるのが通例であった。(439)(440)

(434)　代理人が不利な（自己の側が譲歩する）和与契約を締結するがためには、彼は本人より特別代理権を得なければならず、かつ裁判所に挙状を提出してその事実を証明しなければならなかったのである。たとえば『山内首藤文書一』延慶元年十二月二十三日六波羅下知状〔鎌二三四九〇〕に「右、就雑掌道祐訴訟、所務条々、雖番相論、以和与之儀、検注年貢中分以下条々事、永止雑掌訴訟畢、〔中略〕、就中被放本所安井宮御挙状於武家、止両方所務条々相論、相互所致和与也」、『田代文書』二、応長元年八月十二日六波羅下知状〔鎌二四三九五〕に「如同日基綱〔論人〕状者、当所中分事、以良遍〔代官〕令言上云々」、『東大寺文書』㈡第三号之二、文保二年十一月七日六波羅下知状〔鎌二六八四二〕に「右、就雑掌之訴、有其沙汰之処、如去九月十七日東大寺別当法印状者、西部庄和与間事、以朝舜上座〔雑掌なり〕申云々、如

五月廿五日静瑜〔論人〕状者、自延慶弐年至文保元年未進内六百貫文銭貨寺納之外者、可被免除之由、学侶承諾之間、代官覚妙捧請文」、『詫磨文書』二、嘉暦二年八月二十九日鎮西下知状〔鎌二九九五〇〕に「就和与状、本所進挙状訖、旁不及異議」とあるがごとし。

挙状の文句は『大友文書』一、正安二年閏七月二十三日御奉行所宛藤原景忠挙状〔鎌二〇五三二〕に「伊勢国乙部地頭幸貫与景忠相論上思御園内山林和与事、以代官円厳、可令申子細候、可有御披露候歟、恐惶謹言」、「台明寺文書」元応二年九月十六日御奉行所宛大隅守重氏挙状〔鎌二七五七二〕に「当国台明寺衆徒等去正和六年正月廿八日夜対国衙公人等、致種々狼藉候事、就和与之儀、止訴訟候畢、其子細以雑掌、令言上候、以此旨可有御披露〔ママ〕、恐惶謹言」、『東寺百合文書』マ一之二十、嘉暦二年七月二十三日御奉行所宛藤原行氏挙状〔鎌二九九〇五〕に「安芸国三田郷地頭市河又五郎入道行心子息五郎行氏申、就東寺勧学院雑掌訴、当郷所務年貢検注以下事、雖番訴陳候、可和与仕之由、中含代官頼行候畢、且親父行心可進上挙状之処、多年中風所労候之間、行氏令言上候、以此旨可有御披露候、恐惶謹言」とあるによって知るべし。

(435)「宝簡集」三〇二号、嘉暦元年八月二十一日南部庄年貢米和与請文〔鎌二九五八九〕に「此上者、以両方和談之儀、且被申成御下知、且可被封裏、仍和与之状如件」、註(425)所引『酒井文書』に「然早向後相互守此和与状、不可有違乱変改之儀、〔中略〕仍為向後亀鏡、為申給御下知状如件」などとあるがごとし。

もっとも、当事者の契約として、御下知を賜らざる以前において、和与の条件を履行すべき旨を特約することはあえて差し支えない。『建内文書』三、正中三年三月三日□〔残か〕算請文〔鎌二九三七二〕に「丹波国波々伯部保下司職和与進物〔ママ〕用途弐百伍十貫文之内、去年十二月且百貫文致沙汰畢、所謂百五十貫文者、彼和与事、被逢御評定、無相違者、雖未被致御下知、五ヶ日中可致沙汰、〔中略〕所詮、不沙汰進彼用途間者、縦雖被成御下知、不可管領彼下司名」とあるを参照すべし。もっとも、これが履行を裁判所に訴求することはできなかったであろう(すなわち私和与と同一の効力しか有しなかったのであろう)。

(436)『沙汰未練書』に「一　私和与事、雖書載何様契約誠〔誡の誤〕詞、於私和与者、上裁之時被棄置之、但任和与状被成御下知之、不及子細」とあり、「又続宝簡集」一四六五号、建治六年※十二月日阿氏河庄地頭湯浅宗親陳状案(『高野山文書之六』五四九頁)〔鎌一二八三〕に「所詮、按察房請所職事、号私之和与、令変改」、同一一五二号、建治二年七月日同人陳状案(『同文書之五』七一一頁)〔鎌一二四二〇〕に「一　契状事、彼状云、両方和与之儀、無跡方虚誕也云々、此条奸謀申状也、如按察阿闍梨状者、紀伊国阿氏川御庄請所事、所詮、以和与之儀、上下庄公用百八貫八百廿三文請佐勢申候了云々(以和字模漢字)、此状非和与状哉、文言分明也、争今可諍申哉、就中、被破私和与事、傍例非一也、加賀国安弘庄地頭与預所、中分和与事被破之、加之、淡路国四鳥庄地頭与預所条々和与事、為雄島余次左衛門尉、中津河五郎左衛門尉之奉行、近日被合御沙汰、悉被破了、此上者、何限按察阿闍梨之濫訴、有御許容、可被背傍例哉〔下略〕」、「宝簡集」一二九号、嘉暦四年三月十三日雑掌久代了信書状〔鎌三〇五三三〕に「彼先年和与事、為私和与之間、徒事也」とあるがごとし。註(400)所引『相良家文書』〔鎌二一一一三〕に「相互存和談儀之処、就和与状、号不給御下知状、弥云押領、云濫妨、云対捍、並之、令張行」とあるをも参照。

なお、『新編追加』第二七九条〔鎌追七一七条〕に国領請所は前々下知をこうむり、御口入にあずかる地のほかは、顚倒すべく、ただし康元元年以前は「私和談」たりといえども、相違あるべからず、弘安七年以後は裁許状を帯ぶといえども、国司の意に任すべき旨の元亨二年正月十二日の法令が載っている。

(437) なお、『東寺百合文書』ヒ一之十九、延慶三年十二月日歓喜寿院寺官等申状〔鎌二四一六六〕に「若雖私和与、相互書与状畢、争輙可違契約哉、況為上裁、被仰定之処、忽違背上裁、任雅意令支配之条、罪科難遁者歟」とある。

この文章の前段は私和与が契約として有効であることを主張するものであるが、おそらくこの主張は訴人のたんなる申状たるにとどまり、裁判所によって採用されなかったであろうと思われる。(もっとも、この場合には訴人は該和与には上裁ありと主張しているのであるから、それが真実である限り私和与が有効なりやについて裁判所は判断を与える必要はなかったわけであるが）。

(438)『東寺百合文書』マ一之二十、嘉暦二年八月二十七日地頭代藤原頼行与雑掌僧行胤連署和与状〔鎌二九九四五〕に「仍雖番一問一答之訴陳、両方以和与之儀、相互所止訴訟也」、「吉田山薬王院文書」元徳四年四月二日関東下知状（『新編常陸国誌』下巻、一三七九頁）〔鎌三一七二九〕に「雖番一問答、任先例、向後毎年為本所、奉転読四季大般若経、可捧巻数之由、雑掌祐真被出和与状之上者、不可有子細」、『正閏史料外篇』三、山内縫殿家蔵、文保元年十二月十二日関東下知状〔鎌二六四六三〕に「右如六波羅去年閏十月状者、秀実申、経清抑留安堵御下文譲状、押領田地事、番二問答之訴陳之後、両方令和与」、註(446)所引「府中税所文書」〔鎌二一〇九八〕に「然間、調三問答畢、仍雖可仰上裁、亦両方以和与之儀」、『正閏史料外篇』三、益田越中家蔵、延慶元年十二月二十四日六波羅下知状〔鎌二三四九二〕に「右就訴陳状、擬有其沙汰之処、去年（徳治二）十二月八日両方出連署和与状畢、如彼状者、右於沙汰者、雖番訴陳三問三答、所演〔詮〕、以和与儀」、『相馬岡田文書』応長元年八月七日関東下知状〔鎌二四三八九〕に「右就訴陳状、欲有其沙汰之処、両方和与畢、如為盛去月廿七日状者、（中略）、雖番訴陳三問答、以和与之儀」、『金剛三昧院文書』一、文保二年十一月七日関東下知状〔鎌二六八四〇〕に「右、如六波羅今年三月二日状者、番三問答訴陳之処、両方捧和与状云々」、『東寺百合文書』ヒ五十五之六十五、永仁二年四月東寺領若狭国太良庄地頭代僧良祐与雑掌僧尚慶連署和与状〔鎌一八五三八〕に「右条々、及上訴、雖番訴陳、所令和与也」、『三宝院文書』㈠一、延慶元年十一月二十三日関東下知状〔鎌二三四六三〕に「右召整訴陳状、欲是非之処、各所令和与也」、『秋田藩採集文書』一所収、岡本又太郎元朝家蔵、建長五年二月二十一日関東下知状〔鎌七五二〇〕に「右、被仰下問注之処、建長四年十一月廿四日、同五年正月十八日両方出和与状畢」、『詫磨文書』六之七、正和五年五月十二日関東下知状〔鎌二五八三七〕に「番訴陳、雖遂問答、以和与之儀」とあるがごとし。

(439)「不及異儀」という文言を用いた下知状はきわめて多い。一例として、『三宝院文書』㈠一、延慶元年十一月二十三日関東下知状〔鎌二三四六三〕をあげておく。「不及子細」という文言を用いた下知状は比較的少数であるが、『山内首藤文書一』延慶元年十二月二十三日六波羅下知状〔鎌二三四九〇〕、『正閏史料外篇』三、延慶元年十二月二十四日鎮西下知状〔鎌二三四九二〕のごときはこれを用いている。

(440) もっとも、前々註所引「岡本又太郎家文書」〔鎌七五二〇〕に「右被仰下問注之処、建長四年十一月廿四日、同五年正月十八日両方出和与状畢、守彼状等、各可令致沙汰也、依将軍家仰下知如件」、『東大寺文書』㈣十三、弘安四年二月二十三日関東下知状〔鎌一四二五四〕に「東大寺領美濃国茜部庄雑掌慶舜与地頭代迎蓮相論年貢絹百壱疋分両事、右就訴陳状、擬糺明之処、可為四両三分之由、去年十二月十四日両方出和与状畢者、早任彼状、可致沙汰之状如件」、『朽木系譜』乾、正安元年五月二十三日六波羅下知状〔鎌二〇一二五〕に「山城国久多庄地頭代貞能〔与の字脱か〕近江国朽木庄地頭出羽五郎左衛門尉義綱代祐聖相論山河所出物事、右就貞能之訴、有其沙汰之処、今年三月廿八日、同四月四日両方出和与状畢、早向後相□守彼状、可致沙汰状下〔知の字脱か〕如件」とあるごとく、和与状の主旨を引用することなく、また「不及異議」とか「不及沙汰」とかの文言を付記せず、たんに和与状の旨を守り、沙汰をいたすべき旨の記載あるにとどまるものもあったが、この種のものは比較的少数である。

七〇　次に和与の効力に移る。下知状の形式における裁判所の認可を受けると、和与契約案は裁許〔ことに狭義の〕と同一の効力を有するにいたるわけであるから(441)、とくにこれを記述する必要はないわけであるが、具体的に主なものをあげてみたいと思うのである。

㈠　和与は既判力を有している。すなわち裁判所は当該和与がなんらかの理由によって棄破されざる限り、後の裁判において和与状の趣旨に反する判決をなすことを得なかったのである。[442] したがってすでに和与下知状が与えられた以上は、後の裁判において和与以前のことはもはや争えず、[443] 和与以前の証文を提出するも取り上げられることなく、[444] 和与違背はすなわち下知違背とみられたのである。[445]

(二)　和与の効力は和与契約各当事者の相続人にまでおよぶものである。このことは多くの場合、和与状に明示されているが、[446] それはむしろ注意的のものであり、かかる特約なしとするも、その効力は相続人にまでおよんだものと解すべきである。

(441)　しかしながら、元来和与は訴訟当事者間の契約に裁判所が判決としての拘束力を加えたものであるから、裁許とはまた異なった感じがあったとみえて、(1)『朽木系譜』乾、永仁七年月日不詳、久多庄地頭代貞能与本木庄地頭代祐聖連署和与状〔鎌二〇〇九二〕に「且為後代亀鏡、両方所下賜和与御下知也」、『詫磨文書』二、嘉暦二年八月二十九日鎮西下知状〔鎌二九九五〇〕に「右、就雑掌之訴、被裁許之処、今月十七日両方和与訖、如寂雄状者、〔中略〕、此上者、両方申賜御下知、可備後証也云々」（ただし、これは裁許以後和与である）、同書元徳二年□月十日鎮西下知状〔鎌三一三〇六〕に「右、就訴陳状、擬有沙汰之処、去月十十二両方出和与状畢、如源盛〔訴人〕状者、〔中略〕此上、早申賜御下知、可備後証云々」などとあるがごとく、和与下知状を申請するは、たんに後証に備えんがためであるとする思想があり、また(2)和与状のなかにも違背の場合の種々の制裁を記載することが行われた。

(442)　たとえば、『正閏史料外篇』一、河野六郎家蔵、文永九年十二月二十六日関東下知状〔鎌一一一六七〕に「一　文永五年七月廿五日和与状事、〔中略〕違乱之時可破和与儀之由称載彼状、雖申子細、如通―〔論人〕所進通時〔訴人〕同日状者、可変和与之由不載之、然則先日和与状並下文難被改替、〔中略〕一　以通時分領、可被付惣領由事、右通時構不実、及敵対之間、可被返付惣領之由、通―雖申之、先度令和与之上、不及沙汰焉」、『東寺百合文書』マ一之二十、永仁四年五月十八日関東下知状〔鎌一九〇七〇〕に「一 末久名事、〔中略〕於給分之外者、可済年貢之旨、教念雖申之、至当名者、一向可給加徴代之旨、載和与状之上者、今更不能勘落歟」、『東寺百合古文書』六四、永仁四年十二月二十日関東下知状〔鎌一九二二六〕に「一 末久名事、〔中略〕給田畠之外者、可済年貢之処、茂広一向引募之条無謂之由、教念雖申之、如正嘉和与状者、以末久名、任久行法師之例、一向可引募給加徴之代之、如正元下知状者、任和与状可致沙汰之者、此上今更不能勘落之間、雑掌訴訟不及沙汰焉」とあるがごとし。

『古簡雑纂』五、徳治三年二月七日関東下知状〔鎌二三一六七〕に「右、調訴陳状、欲有其沙汰之処、去月廿二日両方和与畢、〔中略〕且和与之上者、云向後年貢、云以前未進、不可有其沙汰」とあるをも参照。

なお、ふつうの下知状はその交付後三年を経過してはじめて形式的に確定するのであるが、和与の場合には両当事者に異議のないことは明瞭であるから、交付と同時に形式的に確定したものと思われる。

(443) 前註所引「河野六郎家蔵文書」〔鎌一一一六七〕に「一 通時被父義絶事、〔中略〕如通—所進宝治二年譲状者、通時令不孝之由雖載之、建長年中令免許云々、其後正嘉之比、又以称令義絶、雖備敬蓮〔通時親父、通—祖父〕誓状並通時起請文等、敬蓮没後、通時、通継〔通時弟、通—父〕成和与之儀、令分領父跡畢、和与以前事、不能糺明真偽」とあるがごとし。

もっとも、註(448)所引『東寺文書』〔鎌三一五七四〕に「如直瑜状者、一年貢事、所詮、以和与之儀、於向後年貢者、以当郷弘長目録(但以後目録出帯者就是非、可有其沙汰)為公田数」とあるがごとく、とくに爾後出帯の証文につき沙汰を加うべき旨を特約した場合は、もとよりこの限りでない。

(444) たとえば『東大寺文書』(二)第三号之二、正安二年六月二日六波羅下知状〔鎌二〇四六〇〕に「於仁治請文者、寺家雖不出帯、被載弘安御下知之上者不可及御不審之旨、捧貞応寺家状並仁治地頭請文案弘安元年六波羅下知状、祐儀〔訴人〕雖申子細等、於彼状等者、為和与以前之間、不足証文」、『田代文書』二、嘉暦二年十月日和泉国大鳥庄上条地頭田代

又次郎基綱代真行陳状に「次、寛喜三年関東六波羅殿御下知御教書事、不被載当庄事於、其上中分以前御下知也、更非御沙汰之限、雖然、被召出正文、可加一見也」とあるがごとし。

(445) 註(442)所引『東寺百合文書』〔鎌一九〇七〇〕に「一　公文並預職事、〔中略〕如和与状者、末久名之外者、不可有他名綺之由所見也、而当職地頭進止之由令申之条背和与状畢、随如陳状等者、宛行所従之条、広行不論申歟、下知違背之咎無所遁之間、所被収公所帯也」、註(442)所引『東寺百合古文書』〔鎌一九三二六〕に「一　行成名事、〔中略〕爰当名事、止妨、可被付穏便百姓之旨、載和与状之処、茂広管領之条難遁其咎之間、所収公地頭職也矣」とあるがごとし。

(446) たとえば「府中税所文書」正安六年※四月十三日左衛門尉宗成和与状(『新編常陸国誌』下巻、一五一三頁)〔鎌二一〇九八〕に「以前三箇条〔和与の〕至于子子孫孫、相互不可有違乱妨」、『阿蘇文書』二、嘉暦元年十一月十八日肥後国上島郷地頭尼妙法同子息義広連署和与状〔鎌二九六五六〕に「然者、至于子々孫々不可致違乱煩、若如然之輩出来者、可被申行罪科」とあるがごとし。

七一　㈢　和与の諸条件に関する効力

和与の条件に関する効力といっても、当事者が譲歩をなし、かつ訴訟をやめるということは和与の本質であり、かつすでに詳述したところであるから、ここには具体的の各場合に、和与状の末尾に付加される特約について記述することとする。

この特約はこれを分けるとだいたい三種となる。その一はもし一方当事者が和与状に定めた義務を履行しないときには、他方当事者は和与を取り消し、本訴に立ち還って沙汰をする旨の特約、(447) その二は和与違反の場合には違背者は和与によって取得した所領を返付する旨の特約、(448) その三は和与違背の場合には違背者は罪科に行われるべしとの特約である。(449) これらの特約はみな裁判所によって承認せられたであろうから、おそらく有効であったの

であろう。(450)

和与に関する記述を終えるにあたって、一言付け加えておきたいことは、本款にいわゆる和与は、訴訟の終了原因としての和与、換言すれば裁許に代わるべき和与を意味するのであるが、ときとしては「裁許以後和与」なるものが行われたこと、これである。この種の和与もまた「和与」とは称されているが、ここにいわゆる和与とは区別して考えらるべきものであるといわねばならない。(451)

(447) たとえば「吉田山薬王院文書」元徳三年八月二十四日雑掌阿闍梨祐真和与状(『新編常陸国誌』下巻、一三七八頁)に「若背和与状、御祈禱不法懈怠候時在(者の誤)立還本訴、可申子細者也」とあるがごとし。もっとも、この和与状に対する同四年四月二日関東下知状(同書、一三七九頁)〔鎌三一七二九〕には、この文句は引き載せてないけれども、「此上不及異儀、守彼状、互不可違越也」と記してあるところによってみると、この特約は有効と認められたものといわねばならぬ。なお註(420)所引『東寺百合古文書』〔鎌一九四一五〕に「雖一事、於変和与者、可経上裁」とあるもまた和与違背の場合には本訴に立ち還り、上訴を経るという意味なのであろう。

(448) 『大友文書』一、正安二年八月二十三日六波羅下知状〔鎌二〇五八四〕に「右、就訴陳状、擬有其沙汰之処、両方所出和与状也、如正安二年八月三日円厳状者、(中略)、若背此状、向後致違乱者、以彼和与内景忠知行分、可被付于幸貫也云々」、註(422)所引『東福寺文書』〔鎌二一八二二〕に「地頭背此状、致違乱事候者、以残一方地頭知行之分相加之、可被領知、若又雑掌致非分訴訟者、分取預所分、相加地頭分、可令領知者也」、註(438)所引「益田越中家蔵文書」〔鎌二三四九二〕に「若背此和与状、致昇蓮違乱者、所避与之田地於可被付氏女者也、致氏女違乱者、残所田地等於可被付昇蓮者也云々」とあるがごとし。

このほか註(408)所引『東寺百合文書』〔鎌二九九四五〕に「若背此状、過約月、致未進対捍者、破請所之儀、雑掌直可被所務」、『東寺文書』射之部一之十二、元徳三年十二月二十七日関東下知状〔鎌三一五七四〕に「右、整訴陳之状、擬成敗之処、今月十五日両方和与訖、如直瑜状者、〔中略〕若背此状、致未進者、任先例、可被成現米也」とあるがごときも、譲歩を取り消すという意味であるから、この部類に入れて差し支えないであろう。

(449)『大友文書』一、正安二年八月三日藤原景忠代円厳和与状〔鎌二〇五六三〕に「若背此状、向後致訴訟者、可被処罪科者也」、註(416)所引『東寺百合文書』〔鎌二二五一〇〕に「如栄実状者、〔中略〕若於令違背者、可被処罪科云々」、『正閏史料外篇』三、三浦又右衛門家蔵、乾元二年四月二十六日平重有和与状〔鎌二二四五八〕に「若向後背自筆契状、相互令変改違乱訴訟者、経上裁、可被申行其身於重科者也」、註(416)所引『熊谷家文書』〔鎌二三二四〇〕に「如国秀資兼等状者、〔中略〕、若背此状者、相互可被申行罪科云々」、『飯野及国魂史料文書』三〇頁所載、徳治二年六月十三日地頭隆衡和与状〔鎌二二九八三〕に「若地頭過約束日限、致未進対押〔ママ〕、預所亦相綺下地所務者、云地頭、云預所、和与違犯之仁、可被行御下知違背之罪科之条如件」、『東大寺文書』〔鎌二四三九五〕に「若背此状者、可被申行雑掌於下知違背罪科云々」、『東大寺文書』(二)第三号之二、文保二年十一月七日六波羅和与下知状〔鎌二六八四二〕に「此上者、雖為一事、於背請文者、以正和三年以後御沙汰之下、任弘安永仁等御下知之旨、雖被申行罪科、更不可申子細者也」、『深堀記録証文』三、元応元年後七月二十三※日鎮西下知状〔鎌二七一二〇〕に「於背此和与状者、可被申行罪科云々」、註(417)所引『額安寺文書』〔鎌二八三二二〕に「若令違約者、可申行罪科」、『相州文書』八、鶴岡坤、嘉暦元年十月十二日関東下知状〔鎌二九六三二〕に「右、就訴陳状、欲有其沙汰之処、今年八月廿日和与訖、如盛信状者、〔中略〕、若背此状、致違乱者、可被申行罪科云々」などとあるがごとし。

なお註(408)所引『山内首藤文書』〔鎌二六二二五〕に「一〔中略〕次於自余所々之堺者、両方相互可致沙汰、敢不可違乱者也、但就堺之事、於庄家相互不可有異論、堺等事、相貽不審者、召出古老之百姓、以起請之詞、尋究之、可落居也、若存私曲、背此状者、慈観通資等可蒙諸神殊者、当庄鎮守八幡大菩薩御罰者也」とありて、違反の場合に神罰を受くべき旨が記載してあるを参照。

(450)『山田氏文書』正応※元年十二月十日鎮西下知状〔鎌三一九一八〕に「如覚信正中二年六月一日和与状者、云加徴米、云検断以下得分物、毎年十一月中於当村可致沙汰、若背此状、十一月中令違期者、如元可被知行所務云々〔中略〕、契約得分物十一月中不致弁者、如元可被知行所務之由、載覚信契状之上、被引載彼文句於下知状訖、覚信地頭得分抑留之時可悔返和与之条勿論歟」とあるがごとき、すなわちその一例である。そのほか、前註および前々註所引下知状を参照。

(451)たとえば『詫磨文書』二、嘉暦二年八月二十九日鎮西下知状〔鎌二九九五〇〕に「右、就雑掌之訴、被裁許之処、今月十七日両方和与訖、〔中略〕旁不及異儀、各守彼状、可致沙汰」とあるがごとし。この種、裁許以後和与は訴訟終了原因ではないから、本款にいわゆる和与とは区別しなければならないものであるが、そのほかの点ではこれと異なるところはないから、この種、和与状および和与下知状をも本款の史料として引用したところがある。

第二款　訴の取り下げ

七二　訴人は訴訟繫属中、いつでも、書面によって(452)、その提起せる訴、あるいはその一部を取り下げることができた。この場合、裁判所は訴取り下げの判決を下して、該訴訟を終了せしめたのである(453)。

(452)『都甲文書』乾に

豊後国都甲庄地頭職以下田畠所職等事、円然為訴人、雖番訴陳候、論人妙仏出帯之状明鏡上、相伝当知行于今無相違候間、於向後者、円然之沙汰止候了、以此旨、可有御披露候、恐惶謹言、

嘉元四年二月十一日　　　　六郷山執行円然

進上　御奉行所　〔鎌二二五二三〕

とあるは、すなわち訴取下げ状であるが、当時、この種の文書を「怠状」と称した。『同文書』坤、徳治二年三月日某状〔鎌二二九一六〕に「円然顧自科、止彼沙汰之旨、令進怠状於公方之上、重書与如然之状於妙仏之条、備進之状分明也」とあるを参照。

(453)『都甲文書』乾、正和二年六月十六日鎮西下知状〔鎌二四八九一〕に「右就訴陳状、欲有其沙汰之処、如禅達去□廿三日状者、当庄下司職者、禅達就本跡、令訴申処、妙仏等〔論人〕備御公事所見状等之間、応御事□、止訴訟云々、此上不及異儀者、依仰下知如件」とあるは、すなわちそれである。

一部の取り下げについては『忽那文書』乾、正応元年六月二日関東下知状〔鎌一六六五五〕に「一　国宗名事、右就訴陳状、擬有其沙汰之処、止訴訟之由、実重〔訴人〕出状畢、此上不及異儀」とある。

なお訴全部の取り下げについては、雑務沙汰に属すべきものと思われるが、『比志島文書』三、正中二年十月二十五日鎮西下知状〔鎌二九二三六〕に「薩摩国鹿児島郡司貞澄代内田右衛門太郎実澄申、下人乙次郎（今者平六）事、止訴訟之由、出帯実澄状之間、尋問実否之処、如今月十六日実澄状者、上原三郎基員拘惜乙次郎一類之間、雖及上訴、以承諾之儀、止訴訟畢云々、此上不及異儀之由、可被相触基員也」とあるを参照。

第六節　救済手続き

七三　所務沙汰訴訟法上の救済手続きには三種あった。「覆勘」「越訴」および「庭中」、これである。このうち前二者は本案判決の過誤に対する救済方法であり、後者は訴訟手続きの過誤に対する救済方法である。そのほか越訴あるいは庭中が拒否された場合の最後の救済方法として「奏事」なるものが設けてあった。(454)

(454)　すなわち奏事は最後の救済方法で、越訴、庭中の両者に通じて用いられるわけであるが、いま叙述の便宜上、庭中の次にこれを記載することとした。

第一款　本案判決の過誤に対する救済手続き

七四　(一)　**覆勘**　『沙汰未練書』によれば、御下知あって後、下知に「参差」(455)ありと思うものは、当該引付の頭人方においてその子細を申すことができ、その申すところに理由あるときは、本の引付において、先下知について重ねてその沙汰がある。これを「覆勘」という。申すところに理由なきときは、裁判所はこれを受理するだけで、改めて審理する必要はない。(456)

(455)　『沙汰未練書』に「参差トハ　違目事也」とある。

(456)　以上、『沙汰未練書』覆勘事の条。なお「国分寺文書」寛元四年九月五日関東下知状〔鎌六七三八〕に「覆問」の語が見えるが、これはおそらく覆勘と同義だったのであろう。

七五　㈡　越訴　「越訴」[457]制の設置年代はつまびらかでないが[458]、六波羅[459]および鎮西[460]にも設けてあった。以下に記述するところは主として関東の制に関するものである[461]。

⑴　裁判所　越訴裁判所は、「越訴奉行」および「内談」よりなる。越訴奉行は引付頭人が兼任することが多かったから、これをまた「越訴頭人」とも称した[462]。その人数は一人ないし数人であった。「内談」という言葉はその意味必ずしも明瞭でないが、私は「寄合」会議を意味するものと解する[463]。

⑵　越訴提起の要件　㈠　越訴は本案判決に対する救済手続きであるから、判決の存在を前提とすることはいうまでもない。しかしながら、すべての判決に対して、ただちに越訴の提起が許されたのではない。覆勘沙汰に及ばないものに限ったのである[464]。ここに「不及覆勘沙汰」とは、覆勘が棄却されたことを意味するものと解する[465]。㈡　判決に「参差」すなわち不当の点の存することを主張するものでなくてはならぬ[466]。ここにいわゆる「参差」は事実誤認を含まず、法令違反のみを意味したものと解する[467]。もっとも、越訴はいったん受理され、「眼前之参差」ありと認定されると、爾後の手続きは引付沙汰と異なるところはないのであるから、越訴手続きにおいて事実審理の行われたことはいうまでもない[468]。㈢　越訴の提起期間については、鎌倉時代の史料はみあたらないが、室町時代の制より逆推して、訴訟「落居」後、三ヶ年であったと解する[469]。

⑶　手続き　越訴を提起するには、まず訴人は「越訴方」（局）において、先沙汰に「参差」すなわち不当の子

細がある旨を委細の申状、すなわち「越訴状」をもって越訴奉行に申し立てるのである。越訴奉行が越訴に一応の理由ありと認定するときは、該越訴は内談の席に移され、ここにおいてまず「入門」をもって沙汰[470]があり、その場で先度沙汰落居事書と越訴状とを考えあわせて、もし先沙汰に顕然な不当(「眼前之参差」)があれば、御教書を下して、重ねて沙汰を経しめる。[471]おそらくほかの一方引付に移送するのであろう。先沙汰にこのごとき不当の点なしと認めたときは、越訴はこれを却下する。[472]これによって考えると、越訴裁判所は自ら裁判するものでなくして、いわゆる破毀裁判所であったのである。

したがって、事件を移送された引付ではふつうの手続きでこれを裁判するのであり、越訴の判決はその文面に越訴について判決するという意味の記載のあるほかは、ふつうの判決と異なるところはなかったのである。[473]

(457) 中世に「越訴」という言葉をもって表現される概念には二種ある。すなわち環翠軒『式目抄』第六条に「越訴ニ二ツアリ、度ヲ越テ申スト、次第ヲ越テ申ストノ二ツ也、越度トハ訴論ニ一度負テ其境ヲ越テ又訴ヲ云、越次第トハ官ニ頭助允属ノ四等アリ、此ノ次第ヲ経テ上ヘ物ヲ申スベキヲ、次第ヲ不経、直ニ申ヲ云、此文ノ越訴ハ是也、不帯本所挙状ハ、次第ヲ越ル也」とあり、『狩野亨吉氏蒐集文書』一に「一 越訴 是ニ二アリ、一度訴論ニマケテ、其境ヲ越テ又訴ル、是ハ度ヲ越ル越訴也、訴訟アラバ属ハ允ニ伝、允ハ助ニ伝ヘテ、上聞ニ達スヘキヲ、此ノ次第ヲ経スシテ直ニ申、是ヲ次第ヲ越ル越訴ト習也〔マヽ〕」とあるもの、これである。

ここに越訴というのは、右『式目抄』にいわゆる「越度」にあたるもので、訴に一度負けて、さらに訴える場合をいうのである。すなわち、『古簡雑纂』巻七、延慶二年六月二十一日状〔鎌二三七一七〕に「就中、違御成敗之時、立越訴、重被下慇懃之裁許者、公家武家定法也」とあるがごとく、御成敗が道理に違う(違い御成敗)ときに、あらためて正しい裁許を求めることをいうのである。

(458)『御成敗式目』には越訴という言葉は第六条に見えているが、これは前註所引『式目抄』にあるごとく、「越次第」のことであり、このほか本文には越訴に相当する制度は見えない。ただ、その末尾起請文に「依無道理、評定之庭被棄置之輩越訴之時、評定衆之中被書与一行者、自余之計皆無道之由、独似被存之歟」とある越訴は、道理なきにより棄て置かれる輩が越訴するというのであるから、明らかに、ここにいわゆる越訴と同一の概念である。したがって、少なくとも当時よりある形式においてこの意味の越訴が行われていたのであろう。

『宗像神社文書』三、文永五年七月三日沙弥浄恵請文〔鎌一〇二七四〕に「将軍御在京之時、去嘉禎年中之比〔将軍源頼経の入洛せしは嘉禎四年にして、『御成敗式目』制定後、六年目なり〕浄恵致越訴候之刻」、『新田八幡宮文書』二、仁治元年七月三日北条泰時書状〔鎌五六〇六〕に「薩摩国御家人鹿児嶋小太郎康弘申、御郡司職越訴事、中状具書如此、尋究子細、可被申沙汰候」とあるはその証拠となし得ようか。ただし、『沙汰未練書』に見えるがごとき越訴の制度は引付設置後に設けられたものであることはいうまでもない。

(459)『建治三年記』十二月十九日の条に「御寄合（山内殿）相太守、城務、康有被召御前、奥州被申六波羅政務条々、〔中略〕、一越訴事、下野前司、山城前司可奉行〔下略〕」と見ゆ。

(460)鎮西にてはいつごろ設けられたか不明であるが、『志賀文書』正安二年三月二十五日鎮西下知状〔鎌二〇四一二〕に「越訴事、被定法之上者、被聞食披子細、欲蒙御成敗」とあるによって、少なくとも正安二年にはその存在せしを知り得る。

(461)なお越訴の制度はしばしば停止されたことがある。『北条九代記』永仁五年三月六日、同六年二月二十八日、正安二年十月九日の諸条参照。なお『新編追加』第三七条および七〇条〔鎌追四五二条〕をも参照。

(462)越訴頭人はまた「越訴御頭」といわれた。『金沢文庫所蔵文書』徳治二年五月日常陸大様〔ママ〕次郎平経幹申状〔鎌二二九七七〕参照。

(463) それは『沙汰未練書』寄合事の条に「評定衆中宗人々有御寄合、秘密内談也」とあるによって知り得るのである。

(464) 『沙汰未練書』越訴沙汰事の条。

(465) なお、不易之法により不易下知となりたるものについては越訴の許されないことはいうまでもない。

(466) 註(352)所引「宝簡集」に

同〔正応三年〕十二月十八日於御引付、被召合両方(雑掌)寺家使者淵信・地頭大田千熊丸、〔中略〕問答之後、即於引付之即座、被仰含両方併、此事任弘安七年十一月廿七日御下知状、地頭遂年貢結解、可令糺返未進之処、無其儀、令申越訴之条無道也、早叙用本御下知、可遂結解也、於其以前者、一切不可有越訴御沙汰云々、爰地頭猶貽鬱訴、令申子細之間、同四年十一月十九日重遂引付問答、同十二月三日被取捨、〔事書取捨の意〕、同七日、被合御評定、同九日於御引付、被召対両方、被仰含併、此事、去年於御引付有其沙汰、先遂結解之後、有子細者、追可令申之由雖被仰含、地頭不令承伏之間、重再三被経御沙汰、被合御評定之処、不叙用本御下知、背被定置之法、令申自由越訴之条無其謂、早遂結解、可令究済年貢、若猶背此旨、不遂結解、不糺返未進者、雖申越訴、一切不可有御沙汰、両方可令存知此旨云々、〔鎌一七七九八〕

とあるによれば、越訴を提起するがためには、判決に不当な点が存在することを主張するのみでは足りず、ひとまず判決の趣旨にしたがって履行することが必要であったのである。この要件は、あるいは年貢所当に関する訴訟にだけ特別に加えられたものでもあろうか。あるいはこの文書にいわゆる「被定置之法」とは一般的の法令を指すのではなく、正応三年十二月十八日の仰せを意味したものかもしれない。

(467) 越訴提起の理由については、『御成敗式目』起請文では「依無道理、評定之庭被棄置之輩」が越訴をするとき、評定衆が一行を書き与えることを禁止している。これによれば、越訴の理由は訴人が道理あるにかかわらず、棄て置かれたということである。『北条九代記』永仁二年七月二日の条所掲法令(註(393)参照)には「以前成敗依違之由越訴事」

とあり、註(457)所引『古簡雑纂』〔鎌二三七一七〕は「違御成敗」の由をその理由とし、『沙汰未練書』は「先沙汰参差之由」をもって、その理由としている。

しかして『東大寺文書』㈣十二、弘安二年八月日美濃国茜部庄地頭代沙弥迎蓮重陳状〔鎌一三六七五〕には「称奉行人之非勘、企越訴之条難遁罪科者哉」とある。これらの史料によってみれば、だいたいにおいて越訴は法律的(実体法に限る)観点よりみたる裁判所の誤認をその提起の理由としていたと解して差し支えないようである。

なお、註(469)所引『紛註集』に「以違背之趣」すなわち法令違反を理由として越訴を申し立つべき旨、記載してあることをも参照すべきである。したがって、たとえば「以正元髣髴先状、被破文永慇懃後状之条、違傍例」旨を越訴し(『冷泉族譜』所載、正和二年七月二十日関東下知状)〔鎌二四九二八〕、また「凡実憲負物者、為員外非分之四郎入道負物之間、無其謂之由越訴」している(『東大寺文書』第三回之一、正和二年九月日関東下知状)のである。

(468) 前註所引『冷泉族譜』所載文書参照。

(469) 『紛註集』越訴分限事の条に「仮令、当年被遂糺明、落居之処、或以違背之趣、御裁許之論所之事、馳過年序、至《ルマ》二三《デニ》ケ年《ニ》被棄置輩申旨被聞食入之儀古今之通法也」(返点および送り仮名は著者の加えたもの)とある。これによって訴訟落居(下知状を勝訴人に交付するによって訴訟は落居す)後、三年間は越訴を提起し得ることが古今の通法であったことがわかる。同書は室町中期の作ではあるが、「古今之通法」とある以上、これによって鎌倉時代、少なくともその後期の法制を推定しても差し支えはあるまいと信ずる。

(470) 『沙汰未練書』(続史籍集覧本)には「入門トハ　勘肝要也」と定義してある。されば入門をもって沙汰すとは、要点についてで沙汰するというような意味であったのではあるまいか。類例としては註(108)所引『東大寺文書』元亨三年三月日陳状〔鎌二八三六九〕に「早以此入門、欲被経御沙汰焉」、「国分寺文書」宇佐宮領条々〔鎌二八五二二〕には「此沙法《ママ》〔汰〕元亨三年九月八日入門御引付仁両方被召合天、旨趣者、奉行人契遂披露被申畢」、『東大寺文書』㈣二四、貞和二年六月日性印申状に「所詮、対于謀叛重科之人、可番訴陳之由蒙仰之条難治無極候、早以入門、被経御沙汰」などとあるを参照。

(471) 以上(3)本文、『沙汰未練書』越訴沙汰事の条。

(472) 越訴却下の場合には論人を全然尋問せず、またこれに尋問の機会を与えぬのであるから、この場合の文書には下知状を用いず、御教書あるいは奉書を用い、しかもそれは論人に送付されるのである。『金剛三昧院文書』二に

高野山金剛三昧院内大仏殿領美作国大原保事、道寂良重雖致越訴候、弘安二年御下知、同五年御教書依難被改替、不及執申也、可被存其旨、仍執達如件、

嘉元三年十二月廿五日※　　散位在判

（表書曰）

散位親鑒

長老証道上人　〔鎌二二四一七〕

とあるはすなわちその一例である。類例として、『山内首藤文書一』建治三年十二月十八日関東下知状〔鎌一二九三八〕、『松浦文書』一、前河内権守某奉書〔鎌二六七二〇〕、『神田孝平所蔵文書』一、正慶二年閏二月三日関東御教書など参照。

(473) たとえば「北野文書」弘安七年三月四日関東下知状（『北野誌』首巻天、一五九頁）、『長隆寺文書』正安四年七月七日関東下知状〔鎌二一一二五〕など。越訴問状の例は「宝簡集」三〇八号、弘安三年八月二十六日※六波羅御教書〔鎌一四〇五六〕に「紀伊国南部庄地頭代左衛門尉憲長申、当庄年貢越訴事、去五月八日関東御教書（副訴状具書）如此、早任被仰下之旨、可被進陳状也、仍執達如件」（類例は『吉川家文書之二』一一四三号、元徳二年五月五日問状を見よ。なお一一四四号も参照）。

論人召文の例は『東大寺文書』(四)十三、弘安二年四月十日六波羅御教書〔鎌一三五四九〕に「東大寺学侶等申、美濃

国茜部庄越訴事、訴状遣之、子細見于状、早企参洛、可明申之状如件」、陳状の例は『宗像神社文書』三、某陳状断簡を見よ。越訴にて和与した例は『武家雲箋』元徳二年十一月六日鎮西下知状〔鎌三一二七二〕を見よ。なお註(466)所引『高野山文書』〔鎌一七七九八〕は越訴手続きの一節を記述したものと解する。

第二款　手続きの過誤に対する救済手続き

七六　㈠　**庭中**　越訴が本案判決の過誤に対する救済手続きであったのに対して、訴訟手続きの過誤に対する救済手続きは「庭中」であった(474)。

庭中という言葉の語源については数説あるも(475)、「庭」の文字は記録所、文殿に存する法廷を意味したもので、武家がこの言葉を公家法より借用して、幕府法廷の意味に用いたものであるという三浦博士の説が正しいと思う(476)。

庭中には二種あった。その一は「御前庭中」であって、評定之座において(477)、その二は「引付庭中」であって、引付之座において、いずれも口上をもって訴えるのである(478)。以上は関東の制であるが、六波羅には「庭中奉行」が設けてあって、これに申状をもって訴える定めであった(479)。

いま、庭中で訴えられた事項を私の知る範囲内で列挙してみると、

(1) 訴を提起しても、奉行が緩怠して、所定の手続きを採らずにむなしく二十日を経過した場合(480)。

(2) 問注を遂げた輩が御成敗を待たずに、権門の書状を提出した場合(481)。

(3) 相手方が一事両様の訴を提起した場合(482)。

(4) 下地相論と年貢相論とを一通の訴状に合併した訴は、両者を同時に判決すべき定法であるのに、下地落居

以前年貢のみを沙汰渡すべき旨裁許したので、これを論人引汲なりとして庭中した場合。[483]

(5)　重代御家人に対する召文はまずその身に宛てらるべく、難渋のときにはじめて使節の沙汰におよぶべきところ、最初より使節を遣わされたるは参差なりとして庭中に訴えた場合。[484]

(6)　裁判所より論人に使節を遣わす場合に、訴人より守護人は自己の古敵当敵たる旨、支証を具備して、本解状にて訴え申した上は、別人に仰すべきであるのに、眼前当敵をもって御使に差し遣わされるは正義でないとて、庭中に訴えた場合。[485]

などを数えることができる。もとより網羅的ではないが、ここにあげたところより推察して、庭中は手続きの過誤に対する救済手続きであると解して差し支えないと考える。

庭中の手続きについては、わずかに庭中の当日は、先事書および本奉行[486]ならびに両当事者を、裁判所へ召し出して、対決せしめたことを知る[487]のみである。

(474)　前述のごとく、訴訟手続きの進行は本奉行のつかさどるところであるから、庭中はまた本奉行の非法に関する訴というても差し支えないと思う。註(480)所引『沙汰未練書』参照。

(475)　三浦博士「貞永式目」(『続法制史の研究』九四一頁)。

(476)　前註所引三浦博士論文。ただし、私は「庭」の文字の語源については、博士の説に賛成するも、その語義に関する博士の説、すなわち庭中とは将軍親臨の法廷を意味するという説には同意しがたい。けだし、いわゆる三代将軍の時代には、たとえば『吾妻鏡』建保四年十月五日の条に見えるごとく、将軍が親裁した場合もあるが、将軍実朝薨去後は、幼少なる頼経を将軍として迎えたのであるから、貞永の頃に将軍が法廷に親臨したとは考えられない。したがって、『御成敗式目』にいわゆる庭中を博士のいわれるごとく、将軍に直訴してその裁決を仰ぐという意味にとることはできないのである（幼少なる将軍を戴くということは、頼経の場合だけの偶然の出来事でなく、執権北条氏の根本政策であったことを思い合わすべきである）。

私は『御成敗式目』第三〇条にいわゆる庭中の庭は幕府評定所を意味するものと解する。すなわち同書起請文に「評定之庭」とある庭のことと考えるのである。『吾妻鏡』天福元年七月九日の条に「丹波国夜久郷、有称神人先達之者、寄事於神威、背厳制、及呵責、百姓不堪其愁、参訴云々、武州殊憐、召出庭中、直問答給、仍可令計下知之旨、被仰遣六波羅云々」とある庭中のごとき、やはりこの意味に解すべきである。

(477) 実例は註(480)所引『吾妻鏡』の文および註(462)所引『金沢文庫所蔵文書』〔鎌二九七七〕に「於彼跡者、尤至于嫡子分者、経幹不可有相違之処、妙観死去以後、時幹〔中略〕為末子之身、奉掠上、称預御下知、以外祖父工藤次郎左衛門入道理覚権威、一円管領之間、御前庭中刻」とあるを参照。

当初庭中には評定所に訴える方法しかなく、したがってこれを「庭中」と呼んだのであるが、建長年間引付設置以後、引付にも訴え得る道を開き、これを「引付庭中」（この場合の「庭中」の庭が評定所の意味ではないこと、いうまでもない）と称したので、爾後、これに対して前者を「御前庭中」と呼んだのであろう。この場合の「御前」は将軍の御前の意ではなく、両執権の御前の意に解すべきである。けだし、評定沙汰には両執権は出席する例であったから、評定之座に庭中にて訴えることを御前庭中と呼んだのであろう。

(478) 実例は「又続宝簡集」九七七号、嘉元二年十月日高野山衆徒庭中申状案〔鎌二二〇二五〕参照。

(479) 以上、本文は『沙汰未練書』庭中事の条。

(480) 『御成敗式目』第二九条後段。『沙汰未練書』（続史籍集覧本）に「庭中者、諸事本奉行人不取申事」とあるによれば、これが庭中事項のうち最も重要なものであったのであろう。その実例は『吾妻鏡』宝治元年三月十二日の条に「被行

臨時評定、鳩谷兵衛尉重元参其砌、有庭中言上事、是就武蔵国足立郡内鳩谷地頭職事、先日出懸物押書訖、綺已明之上、可執申之由、雖令懇望、奉行人不許容、云々、有其沙汰、可被下問状云々」と見ゆ。

(481)『御成敗式目』第三〇条。もっともこの場合には本奉行に訴えることもできたのである。

(482) 註(478)所引「又続宝簡集」〔鎌二二〇二五〕参照。

(483) 註(385)所引「国分寺文書」〔鎌二八六〇四〕。

(484) 註(247)参照。

(485) 註(385)所引「国分寺文書」。

(486)『新式目』庭中事の条〔鎌追六三六条〕に「被召先事書并本奉行、当日可有御沙汰、論人令当参、可陳申之由者、可被聞召歟」とあり。この法令の発布年代は記載なきも、前後の法令との関係より見て、正応六年五月二十五日付のものと推定す。註(394)参照。

(487) 註(121)所引「国分寺文書」に「就〔庭の字脱か〕中状、同廿七日両方可召決云々、而友任〔庭中訴人〕無出仕之間、奉行人依被披露之、預所事、可依下地相論之由被仰下、其後校合綸旨、六波羅施行、被与奪一番御手、可被行旨被申之」とある。

七七　(二)　奏事、付内訴　『沙汰未練書』によれば、引付・評定・越訴および庭中のすべてに棄て置かれることにつき、訴論人ともに歎き申す制度があり、これを「奏事」と称した。(488) 奏事は関東だけの制で、六波羅にはない。その手続きはまったく不明である。

なお『沙汰未練書』は「内訴」という制をあげ、関東は両所、京都は両六波羅殿に内々申し入れることで、あるいは直に申し入れ、あるいは「奏者」をもって申すのであると説明している。その法律上の性質は不明であるが、しばらくここに記す[489]。

(488) 訴論人対立する意味の訴訟ではないが、『武雄神社文書』三に、同社の弘安八年および永仁二年両度の注進に対する報賽として、幕府に所領の寄進あらんことを請うて拒絶され、越訴方にも訴えたが結局取り上げられなかったので、改めて鎮西奉行の手を経て訴えんとしたところ、これもまた披露をせぬので奏事を請うた「欲早鎮西奉行人〔中略〕不執申上者、被経御奏事、任綸旨院宣関東□知、御教書、達理訴宰府精選注進六箇所〔中略〕内最前註進当社漏平均御報賽愁吟不浅」旨の延慶二年六月日肥前国武雄神社大宮司藤原国門申状〔鎌二三七二二〕がある。

(489) 「又続宝簡集」一四二五号、僧禅海書状（『高野山文書之六』四九二頁）に「此上者、就本奉行、今御挙状等可付進之処、将軍御所ニ御慎事出来之間、二階堂ノ因幡民部入道屋形御所ニ成候間、又奉行指合、故実仁尚可付内奏之由令申候」とある「内奏」は内訴と同一のものであろうか。

第七節　証　拠

七八　鎌倉幕府訴訟法上の証拠方法は、「起請文」「証人」「証文」および「論所」の四種である。後三者はいわゆる合理的証拠方法であり、起請文はいわゆる形式的証拠方法であった。本稿においては「起請文」による証拠手続きを「神証」、「証人」による証拠手続きを「人証」、「証文」による証拠手続きを「書証」、しかして「論所」による証拠手続きを「検証」と称することとする。しかして鎌倉時代を通じて見るときは、神証は比較的まれに行われたにすぎないから、この時代の証拠方法はいわゆる合理的証拠方法が支配していたものといって差し支えないであろう。

第一款　総　説

七九　(一)　挙証責任　所務沙汰の証拠法はゲルマン古法のごとく、一方的のものではなくして、挙証者の相手方は反証をあげることができる組織であった。すなわちゲルマン古法において判決によって挙証を命ぜられた当事者(ふつう被告)が法定の形式的行為をなせば、ただちに挙証の効果を生じ、相手方がこれに対して反証をあげることを許さなかったに反し、わが所務沙汰の証拠法はローマの訴訟法と同じく、主張をなす者は挙証責任を有すとの原則を採っていたから、(490)訴人は自己の主張について立証し、(491)論人も反対主張をなすために反証をあげることを許されていたのである。(492)

(490)『小鹿島古文書』下、永仁五年六月日肥前国長嶋庄上村一分地頭橘八郎公季陳状〔鎌一九四〇九〕に「次令承伏由事、全以不承伏、可立申証人証拠」、註(68)所引「山内縫殿家蔵文書」〔鎌二〇四四八〕に「於秀信〔論人〕者□了信之代官致所務之上者、対了信可訴申歟、又聖願〔訴人〕出帯之秀信状等者、皆以為謀書之旨、秀信代令申之間、謀書実否之篇可申立証拠之旨召仰之」、「山田譜」（『薩藩旧記』所収）元徳二年十一月日谷山五郎入道覚信代教信三問状〔鎌三一二八九〕に「此条覚信曽祖父信忠当郡補任之条、御下文等厳重之処、為忠久之芳志、令知行之由構不実之間、可被召証跡之由雖申之、不及出帯」とあるがごとし。

そのほか、幕府法のものではないが、『金剛寺文書』七四号、弘安三※年五月日興福寺僧祐実陳状案〔鎌一四三三八〕に「一　同訴状云、康元御教書者、就何事由賜乎、乃至伺便宜、掠賜諸方之御状云々、〔中略〕次掠賜諸方御状由事、荒涼之申状也、可立申証拠乎」（これは公家裁判所の例）、『東寺百合文書』と一〇一号、延慶三年九月日大和平野殿庄預所平光清重陳状案〔鎌二四〇七九〕に「一　土民等重偽訴状云、〔中略〕此条存外申状也、〔中略〕次供給雑事、於百姓許者、就難叶、御年貢半分百姓半分致沙汰事、且先例也云々、致半分沙汰先例支証、尤可令備進、〔中略〕於当庄者、為東寺一円之御領、自往古公人不入部之条者、存知勿論歟、然今公人入部之時、御年貢半分令立用者、旧例之由申之、然者、可立申支証之由被仰含之処、於支証者、難立申之由返答之間、胸臆申状頗難足指南」（これは東寺裁判所の例）とあるを参照。

(491)その実例は多いが、註(379)所引『中尊寺経蔵文書』〔鎌一一〇五二〕に「一　別当〔論人〕取任料由事、右如衆徒〔訴人〕所進文永元年下知者、取任料事被止之畢、而別当背彼下知、取任料之由、衆徒雖申之、如所進証文等者、文永元年以後令取任料之条、所見不分明之間、不及沙汰矣」、『小鹿島古文書』下、正応※三年七月十二日関東下知状〔鎌二〇八二四〕に「父子二代知行及六十余年之由、公綱〔論人〕申之処、於年記者公遠〔訴人〕陳詞不分明、其上嫡家相論之時、当村事、及訴訟之由同雖称之、不立申証拠者、於公遠濫訴者、可被奇捐也」、「高橋文書」正応四年十一月二十七日関東下知状（『越佐史料』第二巻、一一八頁）〔鎌一七七六〇〕に「加之名賀崎条内有八王子神田之条、無指証拠歟、然則頼章訴訟旁非沙汰之限」、『東寺百合古文書』六四、永仁四年十二月二十日関東下知状〔鎌一九二二六〕に「一　検断事、右背和与状、茂広〔論人〕一向令張行之由教念〔訴人〕申之処、茂広論申之上、無証拠之間、不及沙汰焉」、註(560)所引「鹿島文書」〔鎌二四六二五〕に「一　名主見参料事、右善清文治初而入部当庄之時、於名主見参料者、地頭致沙汰畢、其後弁来之条傍郷無隠、而光政抑留之由、行定申之処、自元無済例之旨、貞政陳之者、文治以後弁来之条無支証之間、不及沙汰」などとあるはその若干の事例である。

しかして訴人が訴状において一定の事実を主張するも、証拠によって、これを証明せぬ以上、論人はたんに訴人の主張は証拠を具備せざることをもって反駁すれば足り、反証をあげる必要はない（もちろん、あげても差し支えはない）のであるから、この意味において所務沙汰の証拠法では、訴人が挙証責任を負うていたものというて差し支えないものと思う。第一四項において「挙証責任は訴人が負担していた」と記したのはこの意味である。

(492)　註(470)所引元亨三年『東大寺文書』〔鎌二八三六九〕に「凡以所帯文書、敵人称謀書之時者、両方尤可立実証」とあるは、その一例として見ることができよう。

八〇　(二)　挙証事項（いわゆる挙証の対象）　挙証すべき事項は、当事者主張の当否そのものではなくして、訴訟物たる法律関係の基礎をなす事実の真否であった。[493]

(493)　このことは本節所掲の各種の史料を研究することによって容易に知り得る。

八一　㈢　**証拠方法の順位**　第七七項にあげた四種の証拠方法すなわち「起請文」「証人」「証文」および「論所」のうち、前三者については嘉禎四年八月五日に証拠方法として用いらるべき順位が定まった。(494) それによると、「証文」が顕然のときには問題ないが、証文が不分明のときには「証人」の申状を用いる。しかし証文が顕然たるときには、証人の申状におよぶことを得ない。また証文と証人とともに不分明のときには「起請文」を用いることができるが、証人・証文のいずれかが顕然であるときには起請文におよぶことを得なかったのである。なお、この原則は証文および証人については少なくとも、文暦以前にその法が定まっていたのである。(495)

(494)『建武以来追加』第一五九条、『御成敗式目追加』諸人相論事の条〔鎌追九三条〕。その実例は註(145)所引『山田氏文書』〔鎌二〇四七六〕に「一　桑下地利物並直人等得分事、〔中略〕次蓮実為地頭代否、可被問証人之旨、地頭雖申之、証文顕然之時、難及証人」、註(85)所引『相良家文書』〔鎌二八七八三〕に「一　頼資為心蓮子息条、心蓮自筆譲状已下証状等分明処、可被尋証人之由、乗心構申無謂子細事、〔中略〕頼資為心蓮実子条、云譲状、云書状等、分明上者、争閣証文、可及証人御沙汰哉候」とあるがごとし。なお実検の用いられた場合については第一〇一項参照。

(495) すなわち『熊谷家文書』一五号、文暦二年七月六日関東下知状〔鎌四七九二〕に「但、証文顕然之上、不可被問証人之由、有被定置旨歟」とあるによれば、少なくとも、文暦二年以前に、証文と証人とにつき採証の順位を定める立法が存在したことは明らかである。『御成敗式目追加』(『式目抄』所引)諸人訴論事の条はこの立法ならんと思われる。

八二　㈣　**証拠提出の時期**　証拠ことに証文の提出については時期の制限があった。すなわち新しき証文は二問二答以前にこれを提出すべきで、(496) 反証に限り、引付問答のときにもこれを提出することができたのである。(497) 問注終了以後には、証文の提出はこれを許さぬのが原則であって、ただ覆問を行うときにのみ、簡要証文の提出を許可しただけである。(498)

(496) たとえば『東寺百合文書』は四四号、正応二年八月日若狭国太良庄雑掌尼浄妙重申状〔鎌一七一二五〕に「一　勧農事、件陳状云、当保正治年中賜関東御下文、追本司之跡、下地公文已下所務地頭進止云々、此条奸謀申状也、下地以下地頭進止於為正治御下知分明者、何宝治元年於下地者、可為領家進止之由可被成御下知乎、尤不審也、就中、雖及二問二答、于今不備進彼御下文条、背御沙汰法歟」、註(108)所引、元亨二年三月日『東大寺文書』〔鎌二八三六九〕に「一　今度追進覚性譲状同為謀書、更非珍、欲預御成敗事、〔中略〕此条先覚性譲状者眼前謀書也、其故者観円譲状為謀書之由、性円載初度陳状畢、此状為実書、帯之者、尤二問状可備進之処、依無之、三問三答調之後、謀書之起画依罪責難遁、為助彼状、重所構出也、望申第四問者、偏為追進此状也」とあるがごとし。

なお、『東寺百合文書』は四一号、弘安十年十二月十日浄妙重申状案〔鎌一六四四二〕ならびに『大友文書』二、文保二年十二月十二日関東下知状〔鎌二六八八八〕に「一　岩丸名事、一、檜物田壱町伍段事、〔中略〕彼状等〔証拠書類〕為所載蓮心陳状之文書之条、無支証之上、云六波羅、云関東、度々問答〔訴陳をつがうるの意か〕之時、終以不備進之、去年(文保元)七月廿八日対決之刻始出帯、難指南之由、上円〔論人代官〕申之、非無与党疑之間、不足証文」、註(306)所引「汲古北徴録」所収文書〔鎌二八〇二九〕に「次観阿〔論人〕自筆返状〔中略〕不訖〔記の誤〕年号之上、訴陳三問答之後、於対決入砌、始出帯之間、非無疑殆、随如彼状者、無譲状謀書所見之間、不足指南」とあるをも参照すべし。

(497)『山田氏文書』正安二年七月二日鎮西下知状〔鎌二〇四七六〕に「一　文応二年二月日水田数目録以下事、〔中略〕但、正元道仏状並宗職状等始引付問答之時出来之間、不可申子細之由、宗久雖申之、就先日出帯状、敵人加其難之時、於引付備進准色状之条非無傍例」とあるがごとし。

前註および本註において挙示した証拠提出の規定につき幕府は特別の法令を出していないようであるが、公家法では明文をもってこれを定めている。『式目抄』利、第三五条に引用せる「延慶二四十六被下文殿条々内、一訴陳三問答外、可被止進状事、具書一二問答悉可備進之、三問答時初副状可抑留」がすなわちこれである。推測するに、公家法におけるこの規定は武家法より移入されたものでもあろうか。

(498) 註(226)参照。なお『池田文書』一、正安二年三月十二日鎮西下知状〔鎌二〇三九五〕に「次兼資盗取証文之条、兼資祖父参西建暦元年六月日状・同八月日裏書分明之間、可被召出彼状之旨、永氏等雖申之、所〔ママ〕本訴五問答之間、可立証拠之由、兼朝令申之処、終以不申子細、遂引付問答之後、永氏等捧追進状之条、背理致」とあるを参照。

第二款　神　　証

八三　幕府訴訟法上、証拠方法としての「起請文」は、その内容において神を証人に立て、その証言を祈求することを意味した。されば起請文による証拠手続きをかりに「神証」と呼ぶこととしたのである。この意味の起請文はすでに王朝末期の検非違使裁判所において行われていたところである。[499]

幕府裁判所の起請文は検非違使裁判所のそれをそのまま受け継いだもので、その方法は中田博士のいわゆる「参籠起請」の方法である。すなわち当事者をしてその主張を起請文に書かしめ、神社の殿内に一定期間参籠せしめて、参籠中における「失」の有無を検して、[500]これが真偽を判断するのである。[501]起請失の種類および参籠の日数については、『御成敗式目追加』に文暦二年閏六月二十八日定〔鎌追七三条〕として「起請文失条々　一鼻血出事、一書起請文後病事但除本病者、一鵄烏糞懸事、一為鼠被喰衣裳事、一自身中令下血事但除用揚枝時并月水女及痔病者、一重軽服事、一父子罪科出来事、一飲食時咽事（但以打背程、可定失者）、一乗用馬斃事、右書起請文之間、七箇日中無其失者今延七箇日、可令参籠社頭、若二七箇日猶無失者、就惣道理可有御成敗之状、依仰所定如件」という法令がある。[502] 所定期間の参籠中に、これらの箇条の中の一が出来するときには、その者の主張は神によって虚偽であると証言されたわけなのである。

起請文の書き方としては、当事者は各別にこれを書くべきであって、「合論起請」すなわち一紙に数人がこれを書することは禁ぜられており、[503] また諸社神人ならびに神官らが起請文を書くときには「他領社」すなわち他領の神社にてこれを書くことは許されぬのであったが、幕府は仁治元年十二月十六日に京都においては右の規定にかかわらず、自社他社の区別なく、すべて北野社にてこれを書くことを命じ、[504] 建長五年十月一日には幕府より諸国郡郷地頭代に対して、その進止の者の間に、譴言による相論があり、起請文を書かしめるときに、「祭物料」と称して、絹布以下の物を徴収することを禁じた。[505]

(499)『古今著聞集』五、和歌の部に「鳥羽法皇の女房に小大進といふ歌よみ有けるが、待賢門院の御方に御衣一重うせたりけるをおひて、北野にこもりて、祭文かきてまもられけるに、三日といふに神水をうちこぼしたりければ、検非違使これに過たる失やあるべき、いで給へと申けるを、小大進泣々申やう、おほやけの中のわたくしと申はこれなり、今三日のいとまをたべ、それにしるしなくばわれをぐしていで給へと、打なきて申ければ検非違使も哀に覚て、のべたりける〔下略〕」とある。

同じ事柄を『沙石集』巻第五下一三には「鳥羽法皇の御時、待賢門院に小大進といふ女房召つかはれけり、御衣の一重失せたりけるに、無号おいて、北野に七日参籠して、起請を書て失をまぼる程に、あやまちて香水の水をこぼしでければ、仰付られたる人「是こそ失よ」と申けるを「あやまちはよの常の事也、是をばゆるし給へ」と、うち泣て強ちに申ければゆるしてけり」と記している。

『古今著聞集』も『沙石集』も説話集であるから、はたして実際にかかる具体的な事件があったか否かは疑問であるが、少なくとも鎌倉中期にかかる言い伝えのあったということは、平安朝末期の検非違使庁において参籠起請が行われていたことを推知せしめるに足りるであろう。

なお、中田博士が鎌倉時代における参籠起請の中の一例として引用せられた(『法学協会雑誌』五〇巻一一号「起請文雑考」七頁)、『勝尾寺文書』一之一六号、寛元四年十月日勝尾寺住侶申状案〔鎌六七五六〕に見える尼妙仏の生前契約の存在を証明するために、数名の証人を指名して申し出た「御尋之時、無其隠歟、若被〔彼の誤写か〕証人等令諍申者、相共書起請文、参籠北野社、可任神罰者也」という参籠起請は、『同文書』二六一号、寛元四年十月八※日同人等重申状案〔鎌六七五二〕に「早被召出於使庁、尤可有禁遏者也」とあるがごとく、検非違使裁判所における参籠起請であることを注意すべきである。

平安朝末期に検非違使庁において参籠起請が行われていたという私の説は、『玉葉』文治三年五月十四日の条に「天王寺宮僧正使云、天王寺衆徒猶対捍問注、只両方共可書起請也、社可被仰此旨、若書者、以之可為勝乎、可見其失云々、又問注をも可遂云々」とあり、また十六日の条に「親経来申云、天王寺申旨奏院之処、仰云、祭文起請公家雖不被用事、此条無為之沙汰也、以此旨可仰住吉社者、早任御定召神主、可下知之由仰之」とある文章と衝突するがごとき観を呈する。けだし、検非違使裁判所もまた公家裁判所であるからである。しかし、周知のごとく、平安朝後期の検非違使庁には庁特有のいわゆる庁例なるものが発生しており、必ずしもほかの公家諸官庁と同様に律し得ざるものが存するのであるから、院の文殿において採用されなかった「祭文起請」が検非違使庁においては行われていたと考えても、あえて差し支えはないと信ずるのである。

(500) 中田博士「古代亜細亜諸邦ニ行ハレタル神判補考」(『法学協会雑誌』第二五巻九号、一三〇一頁)。

(501) ただし、『松浦文書』一、延応元年五月二十五日関東下知状〔鎌五四三四〕に「後家改嫁之由源氏依訴申、直召決之処、問答之詞参差之間、可書進起請〔以上三字、同文書九月二十日守護所下文によって補う〕文之旨、依被仰下、為無実之旨、後家所書進也」とある「起請文」は参籠起請の意味ではない。けだし、この起請文は後家の主張が真実であるか否かをその失の有無によって検知せんとする方法ではなく、当事者をして起請文を書かしめ、彼がこれを書くときはそれだけでただちにその主張の真実であることを認定する方法を意味するからである。すなわち、この場合には当事者たる後家を証人と見て、その証言を証人尋問の一般原則にしたがって、起請文をもって確保せしめたものであると解すべきである。

『東寺百合文書』ア一之十二(文永七年十月七日到来)沙弥乗蓮息女藤原氏申状〔鎌一〇七〇九〕に「此条希代申状也、其故者、雲賢与彼下女為同年者也、何志天雲賢可教養哉、尤可足御還迹者也、此上苟相貽御不審者、蒙御免、以起請文、可明者也」とある起請文も同様の意味を有するものと解すべきであろう。

(502) この起請文失条々は、『吾妻鏡』にも載っているが、これには編目の後の文句が「以上九ヶ条、是於政道、以無私、為先、而論事、有疑、決是非、無端、故仰神道之冥慮、可被糺決犯否云々」となっている。

(503) 『相良家文書之一』五号、寛元元年十二月二十三日関東下知状〔鎌六二六六〕に「一　京地(綾小路京極)事、右如頼重申者、件地者頼景譲与京女房之処、彼女房入置出挙質、欲流入之刻、宗頼請出之、可知行之旨、女房令申之間、請出之畢、件証文等者頼重伝領之処、去寛喜二年之比、蓮仏可見証文之由申之、乞取之後、所押領也、此等子細可被行起請歟云々、如蓮仏申者、件地者、以蓮仏米参拾石、親父頼景買取畢、使者真―(房字有憚)法師也、而頼景譲京女房由事、宗頼請留由事、蓮仏乞取文書由事、併虚言也、於起請文者、一人雖書之、不可及合論起請歟、〔中略〕云々者、件地事、以蓮仏之直物頼景号買取之由、不帯指手継、不可領掌之上、遁申起請之間、旁不及子細歟」とあるがごとし。

(504)『新編追加』第一三条〔鎌追一五七条〕ならびに『吾妻鏡』同日の条。環翠軒『式目抄』起請文の条所引のものは十一月十六日付となっているが十二月の誤りである。

(505)『貞応弘安式目』令書起請文間事の条〔鎌追二九四条〕。

第三款　人　　証

八四　中世において「証人」は証文に次いで多く用いられた証拠方法である。証人の証言が法律上有効なるがためには、その者が証人たるの能力を具有していなければならなかった。

証人能力に関する法令としては、宝治二年五月十六日に兄弟相論のとき、父母をもって証人に立てることを将来にわたって禁止したことがあるだけであるが(506)、そのほかに慣習法上、証人能力の制限される場合があった。この場合を分かって三とする。

(1)　親縁関係にもとづく場合　両当事者の親縁者は証人能力を欠いた(507)。

(2)　主従関係にもとづく場合　当事者の主人あるいは従者は、その従者あるいは主人の訴訟において証人能力を欠いた(508)。

(3)　利害関係にもとづく場合　当事者の一方と密接の利害関係を有する者、たとえば同郷沙汰人百姓らもまた証人能力を欠いたようである(509)(510)(511)。

(506)『吾妻鏡』同日の条。

(507)『市河文書』一、文永二年閏四月十八日関東下知状〔鎌九二八五〕に「次平出尼者、以氏女〔論人〕為養子、譲与所領之間不足証人云々」、「古本末吉検見崎氏家蔵」（『薩藩旧記』所収）、元応二年三月十一日関東下知状〔鎌二七四〇二〕に「重差遣使者於彼百七十町田地者、尊阿領知歟、将又地頭代押領否、遂検見、除両方縁〔縁の誤〕者敵人、尋問近隣地頭御家人、可執進起請文」、註(497)所引『山田氏文書』〔鎌二〇四七六〕に「一　山田村百姓寂善法師従女土与女称有間夫咎、押取寂善養子観音女、令沽却無謂事、〔中略〕相論之時被尋証人事、就訴論人之注文、除両方縁〔縁の誤〕者、載起請文之詞、被召証状之条、雖為傍例」とあるがごとし。なお次註所引『梅津氏文書』を参照。

(508)　主人の例は、『児玉韞採集文書』一、「中郡家古文書」延慶四年五月日今津住人尼光阿重申状〔鎌二四二九八〕に「三雲入道法円祗候人伊勢次郎永経、乍入流志土社神宮寺田壱町四段於質券、致押妨間、就訴申、相番訴陳処、永経構不実、光阿号遣愍望状於法円許由、令備進上者、早仰法円、被仰下彼状実否、急速被経御沙汰、欲蒙御成敗田地屋敷等事、副進一通、永経所進号光阿書状案文、右彼状由事、指雖非相論潤色、永経責過無理之余、為遁避御沙汰、無跡形構不実候、主人法円可被召出之由、望申候条、自由所存、太背正理畢、雖然、光阿自元如然之状於不遣之者、被尋下候日、真偽可露顕歟」、久米博士『古文書学講義』三七三頁所掲『梅津氏文書』〔鎌二六七九一〕に「随而所立申証人者、当社大祝殿、高良王子阿志岐社大宮司上荒木御一門也、皆以敬心〔訴人〕主君也、凡件証人等或敬心主□〔君か〕、縁者、或親子教育、芳契不浅人々也、旁以非御信用之限者也」とあるがごとし。

従者（本文に従者と記せしは家人および下人をいう）の例は、家人については、『東寺百合古文書』六八、宝治元年十月二十九日関東下知状〔鎌六八九三〕に「如地頭忠清〔論人〕六月三日（不記年号）書状者、有田三郎、鳥羽左衛門尉載起請文之詞、注進之由雖申之、有田三郎者為地頭家人之旨、定宴〔訴人〕令申之上、忠清取進之間、不足信用」。

下人（所従）については註(497)所引『山田氏文書』に「一　蕨野五郎検校入道称有打蔵自犬咎、宗久令取三貫文用途由事、〔中略〕爰可被問証人之由、郡司〔論人〕雖申之、或地頭〔訴人〕下人或為訴人之間、無所糺明矣」とあるがごとし。

もっとも右の『梅津氏文書』および『東寺百合古文書』の場合は、当事者の主人および家人は証人として信用できぬという趣旨であるから、問題は証人能力にではなく、証拠価値にあるのかもしれない。

なお「向背之所従」すなわち主人に背いて主従関係を断ちたる者のごときは、主人の訴訟においては当然証人たり得ない。註(383)所引「河野六郎家蔵文書」〔鎌一一六七〕に「一通─奸継母否事、右両方共以雖申子細、所詮、証人事、於寂仏者、通─嫌申上、向背之所従不能被尋問」、『相良家文書之一』三八号、延慶二年十一月日肥後国多良木村地頭代陳状案〔鎌二三八二三〕に「以向背仁頼顕〔所従か〕、立証人之条背法」とあるがごとし。

　なお、一方当事者「方」の者を証人に立てるも信用に足らざることについては、『二階堂文書』一、貞永元年十一月二十八日関東下知状〔鎌四四〇七〕に「次家高〔論人〕自身断本鳥〔誓〕之由事、問注之時者、時景〔訴人〕一人見知之間無証人之由申之、直被召問之時者、以己者等、立申証人之条甚不足信用」、『比志島文書』三、正和元年※九月十日、守護代沙弥本性下知状〔鎌二四六五六〕に「件女□遣基員許之多年召使之□可被尋近隣輩之由、道証〔論人〕令申之間、当院名主比志島孫太郎、西俣又三郎等当参之間、可被尋問之旨、基員〔訴人〕令申之処、為敵方之由、道証遁申之上、不立申自余証文歟、此上者、任返状承之□可令糺返彼女於基員方也」とあるを参照。

(509)『朽木系譜』乾、嘉元三年閏十二月十二日関東下知状〔鎌二二四四三〕に「彼田地為苅敷郷内之条、往古堺現在之間、古老人所存知也、可被尋本作人藤平六、権藤太入道、当郷沙汰人金藤三郎等之旨、為行〔論人〕□申之、〔中略〕藤平六以下輩、或苅敷郷当時居住之百姓也、或為前住土民之旨、心妙〔訴人〕載三問状之処、如為行三答状者、為苅敷郷住民之条、不論申之間、不足証人」とある。

(510)なお、ある者を証人として申し立てるためには、その者が証言可能なものでなければならぬこと、いうまでもない。したがって、死人あるいは他国へ旅行中の者を申し立てるも証人たり得ない。『東大寺文書』(一)三、永仁七年三月日細男等申状に「就中、彼於立申証拠者、或令死去、或令他国之上者、敢不可成証拠者也」とあるがごとし。

(511)裁判の主任奉行は自己の取り扱った訴訟の法律上あるいは事実上の問題につき、後の訴訟において証人として召喚されることがあった。彼は当該訴訟事件については最も精確な知識を有するわけであるから、その証言はしばしば利用されたようである。

たとえば註(436)所引、建治二年七月日『高野山文書』〔鎌一二四二〇〕に「一　雑掌入部事、〔中略〕次陸奥守殿御時被棄置雑掌訴訟由事、前雑掌之時、重々被経御沙汰之後、被棄置之条顕然也、奉行人後藤左衛門入道見仏現在也、有御尋者、不可有其隠矣」とあるがごとし。

これは裁判でなく、行政処分にたずさわった者についても同様である。すなわち「鹿島文書」正安三年三月三日関東下知状(『新編常陸国誌』下巻、一二五六頁)〔鎌二〇七三三〕に「而尚没収時、盛貞〔没所原因を惹起せる論所の地頭〕相伝由緒、及御沙汰、被尋問安東左衛門尉重綱之処、如重綱請文者、為盛貞跡、被没収否、為奉行、不申沙汰之間、不存知云々」とある反対解釈として、奉行として没収のことを取り扱ったならば、これを存知し、したがって証人たり得たであろうことにより、これを推知し得る。

なお、『東寺百合文書』レ二十三之三十一、文保元年十月日村田安房新右衛門尉重信代法橋龍海陳状〔鎌二六四一二〕に「至狼藉事者、為盛覚〔訴人〕等之所行否、保籌屋被存知之上者、任実正有御尋日、可為顕然也」、『神護寺文書』八、応長二年三月日播磨国福井庄東保宿院村地頭代澄心重陳状〔鎌二四五五〇〕に「就中、於関東御教書已下具書者、本奉行人雅楽入道正観之許在之歟、早仰彼遺跡、被召出之、巨細忽可露顕者也矣」とあるを参照。

八五　証人は原則として当事者の申請にもとづき(512)裁判所がこれを「尋問」したのであるが、(513)堺相論の場合には裁判所より職権をもって論所近辺の故老人に尋問するのが傍例であったのである。(514)なお証人尋問の請求は、裁判所においてその必要なしと認めるときはこれを却下することができた。(515)

(512)　註(495)所引『熊谷家文書』〔鎌四七九二〕に「而背彼命元服之条、無其謂之上、申与両所之御下文於時直事者、外祖父

恩田太郎入道蓮阿之沙汰也、其間非無子細、可被召問蓮阿云々」、『香取文書纂』二、大禰宜家蔵、寛元元年九月二十五日関東下知状〔鎌六二三九〕に「加之、依地頭〔論人〕申請、被問千葉介処」、『松浦文書』二、寛元二年四月二十三日関東下知状〔鎌六三〇八〕に「通広〔訴人〕就注申数輩証人、面々雖被尋問、為一人証拠、不詳之間、非沙汰之限」、『相州文書』八、我覚院蔵、正安元年十月二十七日関東下知状〔鎌二〇二七四〕に「納所事、〔中略〕仍就彼御下知、地頭可下行之由申之、雖似有子細、付送住坊之条、可被尋証人等之由、於引付之座問答之時、承成申之」とあるがごとし。したがって、たとえ一方当事者より証人尋問の申請あるも、その者が証人交名を提出せぬときは裁判所は証人を尋問し得なかったのは当然である。註(507)所引『山田氏文書』および註(509)所引『朽木系譜』所収文書参照。

(513)『小早川家文書』一一五号、文永三年四月九日関東下知状〔鎌九五二二〕に「一　検断事、〔中略〕重兼〔論人代官〕申云、新庄故老人者、竹王丸〔訴人〕為地頭之間、争可申実正哉、可有御尋者、可被尋問本庄住人也、次以信平令懇望由事、一切無其儀、有御尋之条、可為上裁云々」とあるがごとし。

　されば裁判所よりの尋問なくして、証人より進んで証状を提出するもその証状は無効であったらしい。『相良家文書一』一一号、建長元年七月十三日関東下知状〔鎌七〇九二〕に「一　田壱町弐段事、〔中略〕如頼氏〔訴人〕申者、〔中略〕次切破母尼下人宅之条、見守護並預所返状云々、件田者、為命蓮所領内之条、頼重〔論人〕承伏之処、何母尼耕作之由可申之哉、且切破下人宅事、虚誕也、又守護並預所返状事、就上御尋不申子細之間、不足証文云々」とあり、「小早川家証文」五号、仁治元年閏十※一月十一日関東下知状写（『小早川家文書之一』五四九頁）〔鎌五六四六〕に「一　公文職事、〔中略〕但、如康憲〔訴人使者〕申者、信広者為地頭、依有内縁、出書状者也、且放免等申状顕然之由、雖申之、図守等出変々申状於両方之間、難被指南之上、康憲所進者、私執進、親康〔論人代官〕所進者、以御教書所被召出之状等也、争無用捨哉」とあるを参照すべし。

(514)註(509)所引『朽木系譜』所収文書〔鎌二二四四三〕に「堺相論之法、有御尋古老人之条、傍例也」、『山内首藤文書一』

文保元年五月二十六日山内首藤三郎与滋観和与状案〔鎌二六二一五〕に「次於自余所々堺者、両方相互可致沙汰、敢不可違乱者也、但就堺之事、於庄家相互不可有異論、堺等事、相貽不審者、召放故老之百姓、以起請之詞、尋究之、可落居也」とあるがごとし。もっとも後の例は堺のことについては故老の百姓に尋究すべきを特約したのであるが、この特約はおそらく一般の慣例にもとづいてなされたのであろうと察せられるのである。

(515)『東大寺文書』㈣一三、弘安三年二月二十三日六波羅下知状〔鎌一三八六四〕に「為越訴之上者、可被尋問二番引付衆□□迎蓮、雖申之、〔中略〕雑掌於引付座承伏事、云先下知、云勘録、不載之、然者不及尋問歟」、註(316)所引「薬王寺文書」〔鎌一九九三四〕に「一　当寺敷地方五町並当郷内免田肆町玖段半事、〔中略〕次弘安年中被召諸国田文之時、於当郷者、称御室御領之間、自六波羅、以〔使者の名略す〕尋申御相伝由緒之処、依不分明、被補地頭畢、今以薬勝寺、号仁和寺領之条、無謂之由、広親〔論人〕申之処、被尋申御室事、良俊所論申也、而可被尋問実否寂一〔奉行〕之旨、広親雖称之、如彼比記録者、無所見之由、桑原左衛門尉近忠申之、縦以一郷号寺領之時、依有地頭職、雖被宛行広親、郷内猶本所進止之地相交者、可各別之条、不及子細、仍不能尋問寂一」とあるがごとし。

八六　証人の証言を求める方法には、本人を裁判所に召喚して、口頭をもって陳述せしめる方法と、その証言を文書に記載せしめて、これを裁判所に提出せしめる方法との両様があった。

口頭証言の場合には、証人の召喚は当事者のそれと同じく、召符をもってこれを行い[516]、その証言はおそらく当事者の面前で行われ[517]、証人は裁判所の「何々事、依実可弁申如何」というがごとき命令に対して、その知るところを口述したのである[518]。

書面証言の場合には、裁判所は問状[519]をもって「起請之詞」を載せ、実正に任せ、注進すべき由を証人〔あるいはその進止者）宛に命じたのであり、証人はこれに対して証言を記載した書面、すなわち「証状」を裁判所に提出すべきであった。[520] 証状には必ず起請文を載せることを要したので、これなき証状は証拠方法として無効であった。[521] したがって、当事者が証人の尋問を裁判所に申請する場合にも、また申請状に起請文をもって御尋ねあらん旨を記載するのが通例であった。[522]

(516)「南禅寺文書」徳治三年五月二日六波羅下知状（『石川県史』第一篇付録三五号）〔鎌二三二四九〕に〔先度訴訟の使節を証人として喚問するにつき〕「至先使者等者、仰成六郎尚親、小松上総房円勝、遣召符之刻、景秀、秀時〔両人は先度訴訟のときの使者〕代官行信、行忍参洛之間、召出彼等於引付之座、尋問之処、〔中略〕歟之由、行信行忍申之」とあるがごとし。

証人の喚問は証人が当参、すなわち裁判所の所在地に滞在している場合に行われることが多かったのであろう。『集古文書』二八、所蔵不詳、正和元年七月六日六波羅下知状〔鎌二四六二二〕に「守護代義任適当参之間、尋問畢、如義任請文者、〔中略〕両被相交之由、義任雖捧請文、於牛尾庄者、為地頭職之旨、於引付之座、義任令申畢」とあるを参照。

(517) 註(512)所引『相州文書』、前註所引「南禅寺文書」および『集古文書』の場合には、証人はいずれも引付之座で証言している。しかし証人の証言は引付之座でなければできなかったか否かは史料不足のため、不分明である。

(518) 註(513)所引『小早川家文書』〔鎌九五二二〕に「一　本仏〔論人〕為惣公文否事、問季綱、貞家、政高、重運等者、新庄公文職事、為本仏代官致沙汰否、依実可弁申如何」とあるがごとし。これはすなわち、本仏が惣公文たりや否やが問題となって、本仏は季綱以下の公文が自己の所勘にしたがったのは、彼らが惣公文の代官であるからである、したがって、自己が惣公文であることも分明であると主張したに対し、訴人竹王丸は彼ら公文が本仏の所勘にしたがったのは、本仏が惣公文たるがゆえではなく、上司であったからであると主張した。そこで裁判官は季綱以下の公文に対して、本仏の代官として沙汰をしていたか否かを尋問したのである。問以下はすなわち裁判官の尋問である。

(519)　この種問状の実例は本所裁判所のものではあるが、『東寺百合文書』と七五号に見えている。

被尋下条々事
一当庄公文清基□□〔寄付〕所職於傍庄地頭之由、有其聞、実否如何、
一光念嫡子道仏直譲与公文職於次男清基之由申、実否如何、
一譲光念公文職於嫡子道仏之由、光清申之、如何、
右三箇条御不審之間、被尋下之処也、一庄々官百姓等、不漏一人、以厳重起請文連署之状、可令明申之旨、被
仰下之状如何〔ママ〕、
永仁五年八月廿二日　□□〔読メズ〕在判
謹上　新勅旨田預所殿
〔鎌一九四三三〕

すなわち、これである。幕府法の証人問状の様式もだいたいこれと同様のものであったろうと推定する。

(520)　書面証言を記載した文書を「証状」という。註(507)所引『山田氏文書』を見よ。証状はときには「証文」とも呼ばれた。註(512)所引『熊谷家文書』に「如蓮阿証文者」とあるがごとし。

証状の実例としては『熊谷家文書』一四号の

被仰下候安芸国三入庄□□相論之事、公文職並惣追補使犯過人等之事者、親元法師知行之時進止仕候き、山田別所者、領家之沙汰候き、此条々一事も妄言申上候者、若宮三所二所権現之罰可蒙罷候、親元法師恐惶謹言、
（天福元年）五月廿八日　親元法師〔花押〕
〔鎌四五〇二〕

という文書をあげることができる。この文書は武家方のものであると思うが、前半が欠けているので、これを補う意

味において本所裁判所のものであるが、前註所引永仁五年東寺問状に対する新勅旨田庄官百姓等の証状が問状に引き続いて同じく七五号に載せてあるから、これを掲げておく。

八月廿二日寺家御書下、今月三日到来、謹拝見仕候了、

被尋仰下候条々事、

一当庄公文清基寄付所職於傍庄地頭之由事、

此条、彼公文職名田於被寄付傍庄地頭妻増寿阿弥陀仏之間、被名田耕作之条勿論候、

一光念闍嫡子道仏、直譲与公文職於次男清基之由事、

此条、於公文職者、自六郎左衛門入道光念平生時、道仏請取彼所職之、至于去々年、知行無相違之、然者、譲得清基之申事、一切不承及之、又道仏知行之時、清基不申子細之、

右、就被実否尋仰下之条々、言上如斯、但清基違失之段一切〔無の字脱〕之、又光清引汲之篇無之、若此条々矯餝掠申上候者、

奉〔始の字脱〕上梵天帝釈、四大天王、淡广法王、五道大神等、殊当国鎮守一宮権現、惣者　日本六十余州大小諸神等、神罰冥罰於庄官百姓等、可罷蒙状如件、

永仁五年九月　日　　沙弥新阿在判

〔以下九名略〕　〔鎌一九四六二〕

なお、『武雄神社文書』三、四月二十六日中原重弘起請文〔鎌五一三四〕をも参照。

(521)　註(513)所引文永三年『小早川家文書』〔鎌九五二二〕に「一　両庄地頭職事、〔中略〕又如同所進末沢丸状者、安貞二年八月五日安芸六之親者出来、不獄定之由、可給証文之旨、依歎申、其証文許者、可然歟之由申之、而末沢丸不聞耳之間、任思令書之畢、此次第一切不知給云々、所詮、不〔載の字脱か〕起請文詞之間、難被信用」、註(375)所引『東寺百

合古文書』〔鎌一三〇六二〕に「次同御時有所尋百姓等之処、西念可知行之由、出状宇〔ママ〕、彼百姓子息等何改詞、重真於可挙申哉、此条、件状尤可被載厳重起請文之処、無其儀之条、其〔甚か〕不可為証拠」とあるがごとし。

(522)『東寺百合文書』ア一之十二、弘長二年三月日中原氏重申状〔鎌八七八九〕に「所詮、自雲厳之手、時国譲得之後、末武名乗蓮令領掌否事、以起請文任実正、可申之由、古老百姓等仁有御尋日、不可有其隠者也」、註(513)所引仁治元年『小早川家文書』〔鎌五六四六〕に「一　検断事、〔中略〕次御教書等事、依便宜可尋明之由被仰下歟、所詮、以起請文可被尋問信平並新庄古老人等也云々」、「権執印文書」正応三年九月日薩摩国宮里郷地頭大隅式部三郎訴状〔鎌一七四五七〕に「猶以相貽御不審者、高城郡地頭代馬二郎〔中略〕等以起請文有御尋之時、尤可為□鏡者也」、『大垣市史』下、一二〇号、永仁六年三月東大寺衆徒重訴状案〔鎌一九六三五〕に「則依件状等、不居彼職、□庄家無其隠者哉、以起請文、有御尋庄家之日不可有御不審」とあるがごとし。

八七　わが中世訴訟法においても、いわゆる公知の事実(少なくともある地域内における)という観念は存在したが、それが裁判所に明白でない場合には当事者はこれを証人によって証明しなければならなかった。(523)

(523)その観念が裁判所においても認められていたことは、註(316)所引「薬王寺文書」〔鎌一九九三四〕に「一　殺害刃傷所〔苅の誤〕田狼藉事、〔中略〕凡両方所申不分明、所詮、云苅取八町余作毛之段、云数百人寄来事、云刃傷殺害之実否、近郷不可有其隠歟、然者且尋問傍郷輩並浄智等、且尋明証跡、可注申之旨、同所御〔仰〕六波羅也」。証明を要せしことは註(509)所引『朽木系譜』所収文書〔鎌二二四四三〕に「次為行致刃傷打擲以下狼藉否事、近隣見聞之旨、心妙雖載訴状、為行論申之上、心妙不注申証人交名之間、不及沙汰」とあるがごとし。

八八　偽証の罪科については一般的の規定はなかったようであるが、少なくとも「公人」の偽証の場合には、その所領を召し上げる例であったようである。(524) 一般の者もこれに準じたと思われるが確証はない。

(524) たとえば「又続宝簡集」一四四七号、建治二年六月日阿氏河庄雑掌陳状案（『高野山文書之六』五二六頁）〔鎌一二三七〇〕に「抑可被尋問宗像入道、塩谷入道、源馬入道等由事、謀書之条顕然之上者、依何御不審、可及御尋哉、比興次第也、彼人々已公人也、雖被尋問之、頗不可与于謀書人、於令与者、可有罪科之故也、且尋傍例、聖護院宮御領近江国檜物庄雑掌与地頭相論事、小串民部大夫立証人之処、矯飾露顕之間、被召所帯了、宗像入道等可被召所帯者、可被尋下歟」とあるがごとし。

第四款　書　　証

八九　証文は所務沙汰における最も重要な証拠方法であって、(525)「証文道理」という文句すら存し、証文なきか、また証文分明ならざる場合にはじめてほかの証拠方法を用い得たこと、前述のごとくである。(526) ここに「証文」とは証拠に利用し得べき文書の総称であるが、証人の証言を記載したいわゆる「証状」(527) とは異なるものである。証文は所務沙汰訴訟法上、かかる意味を有していたが、それが裁判所において有効な証拠として使用されるがためには、一定の形式的実質的要件を具備しなければならなかった。

(525) 当事者の単純な事実の主張、いわゆる「胸臆之詞」あるいは「口上」は訴訟法上なんらの証拠力も認められない。たとえば、「鹿島文書」安貞二年五月十九日関東下知状（『新編常陸国誌』下巻、一二三六頁）〔鎌三七四五〕に「次政親失出来之時、可返給之由、蒙右大臣家仰之旨、政俊雖申之、不給指証文之間、以胸臆之詞、輙不足信用矣」、『神護寺

文書』二、貞永元年九月二十四日関東下知状〔鎌四三七九〕に「一　下司公文両職事、〔中略〕如有全〔訴人〕申者、〔中略〕而地頭〔論人〕不帯指証文、只以院使久永之私計、備証拠之条、胸臆之状也云々、〔中略〕不帯証文、以久永之計、致沙汰之由、頼康〔地頭〕申状難信受」、『東大寺文書』(四)十三、弘安元年十二月八日六波羅下知状〔鎌一三三一六〕に「一　請所事、〔中略〕又為関東御口入請所之由、頼広雖申之、不備進御口入証文之間、非信用之限」、註(495)所引『熊谷家文書』〔鎌四七九二〕に「以胸臆之詞、難破証文」とあり、本所裁判所の例なるも、『東大寺文書』承元二年十月五日東大寺別当宮僧正御房御教書(史料四之十、四八三頁)〔鎌一七六〇〕に「両方申状具令披露候之処、女訴申旨、一旦雖非無其謂、口状之外、無指証文歟」とあるがごとし。

なお、口状と文書との関係については『徳禅寺文書』一、藤清法師請文〔鎌二九九三六〕に「胸臆之浮言与文書之現証用捨如何、更不可及再三御沙汰者乎矣」とあるを参照。

(526)　第八一項参照。証文が所務沙汰における基本的証拠なる旨を明示せる史料は甚だ多い。『東寺百合古文書』八六、文永十二年二月若狭国太良御庄内末武名主中原氏女重申状〔鎌一一八三八〕に「所領知行法証文為宗」、『東寺百合文書』京、弘安元年五月若狭国太良庄百姓藤井宗氏陳状〔鎌一三〇六四〕に「相論法、訴訟習、以証文為詮」、『東寺百合古文書』八七、弘安十年六月日生馬御庄住尼西阿陳状〔鎌一六二八四〕に「所謂、田地相論之習、尤以証文為先」、『同文書』一四九、正応二年二月三日御使菊方法師等書状〔鎌一六八七五〕に「如此所領之習、以文契、可被治定候」などとあるがごとし。

なお、この点は『平戸記』寛元三年二月二十三日の条所引同日民部卿請文〔鎌六四四五〕に「田地相承之法、為先証文、被比校両方文書之時、不可及一口同日論之由申之、尤可被召覧候歟、相論之決断可在此等候歟」(これは公家裁判所の例)、『賜蘆文庫文書』一「岡田大舎人文書」文永八年三月日伊勢国鹿岡北海御園給主荒木田宗光解状〔鎌一〇八〇七〕に「凡田畠知行之法以証文為先」(これは本所裁判所の例)とあるがごとく、公家法・本所法においても同様で、この原則は中世の普通法であったといって差し支えないであろう。

さて、上掲証文は、本権の争いに関して利用されたのであるが、その効力である所当の弁済について問題が起こったときには、「返書」（また「返抄」ともいう。請取のこと）が最後の証拠となった。『東大寺文書』㈢二、正安元年六月日大部庄下向小綱神人等重訴状〔鎌二〇一五四〕に「和市違目事、年貢之進未者、専以返書、為本者沙汰之法也」とあるはその明証である。

なお、註(42)所引『東寺文書』〔鎌一六四一四〕に「一 自弘安三年至同七年々貢未進事、右雑掌則未進五百六十余石之由訴之、基員亦於弘安三四五已上三ヶ年者、帯皆納返抄之旨陳之者、非沙汰之限、同六年以後年貢事、遂結解、可令弁済之焉」、『相良家文書之一』四〇号、正和元年十二月二日鎮西下知状〔鎌二四七一五〕に「一 年貢未進事、〔中略〕如為頼〔論人、地頭〕申者、正元以後迄正安二年、令皆納之条、返抄明白也、〔中略〕正安二年以前年貢事、於為頼所進返抄者、焼失之時、号焼残而、文字不分明之間、追可言上子細之由、恵海雖申之、不加指難波〔破〕之間、究済之条、無異儀歟、次正安二年以後分、致弁之旨、為頼雖称之、不帯返抄之間、未進勿論、然則遂結解、早速可令究済焉」、『金剛三昧院文書』二、嘉暦※二年十二月七日六波羅下知状〔鎌三〇四七二〕に「如地頭代宣国所執進之今年十月日季仲宣枝等陳状者、於彼所当米者、致其弁畢云々者、令弁済之由雖載陳状、不出帯返抄之上者、彼是遂結解於未進者、可令究済」、『宗像神社文書』三、元亨二年五月一日下知状〔鎌二八〇一二〕に「一 武藤窪左衛門次郎頼兼事、右東郷内稲本名米、自正和元年至同四年、伍拾石未済之由申之間、同課菩仏之処、如執進頼兼去年二月七日請文者、当名為毎年検注地之間、無未進之条、請取等明白也、〔中略〕帯請取之由、雖載請文、不備進之間、難被信用」などとあるを参照。

右のごとく所領の知行権（本権）の有無は、証文の有無によって判断されたのであるが、幕府法上、とくに証文なくして正当に知行することを許された所領が二種ある。

その一は、西国御家人の所領である。すなわち、西国御家人は右大将家の当時より、守護人がその交名を注進し、大番以下の課役を催勤せしむといえども、御下文を給いて所職を領知する輩はいくばくもなく、重代の所帯たるにより、便宜にしたがい、あるいは本家領家の下知あるいは寺家惣官の下文をもって所職を相伝せしめる例であったのである（『新編追加』第二四六条〔鎌追六八条〕。この関東御教書を同書は天福元年に作るが、『多田院文書』〔彰考館本〕所収の同文書は天福二年に作る。おそらく後者が正しいのであろう）。

たとえば、『入来文書』一六号、建長二年四月二十八日関東下知状〔鎌七一九五〕に「右対決之処、如信忠〔訴人、薩摩国入来院内、塔原名主〕申者、当職〔名主職〕者、父信俊重代職也、当国御家人雖不帯御下文、知行所領之条為傍例」とあるがごとし。なお、『広峰神社文書』乾、正中元年十二月二十一日関東下知状〔鎌二八九三三〕に「西国輩雖不帯本御下文、以景時奉書、備御家人支証之条常例也」とあるを参照。

その二は、庶子の所領である。すなわち、「総所領に対する封主の安堵下文は、通常総領のみに対して下付され、庶子はこれに与らざるものとす。しかれども総領に対する安堵状は、間接に庶子の所領と地位とを担保するものとす。『沙汰未練書』に、「一　本秩者、地頭御家人先祖俗姓也、然近年申給安堵、雖令勤仕関東六波羅御公事、不帯将軍家本御下文者、紀明本秩之時、皆非御家人也、（但、帯総領本御下文庶子等雖不帯総領同）」とあるによって、将軍の安堵下文は通常、総領に対してのみ交付せらるるものなることを推知し得べく、しかしてこのことは、『新編式目追加』第三一八条〔鎌追六四〇条〕に「総領主有罪科之時、以別人令改補之処、庶子等称不給御下文、無尋究知行実否、頃年被付総領之条、甚為不便之儀歟、各別領知証拠分明者、縦雖不帯安堵御下文、於本引付重有其沙汰、可返付之由被仰下之」とありて、総領が改補されたる場合、庶子が安堵御下文を帯びざるのゆえをもって、その所領を奪わるる場合あることをいうものと相照応す」（中田博士「仏蘭西のParageと日本の総領」『法制史論集』第一巻、一一三頁）。

安堵下文のみならず、本御下文についても同様であることは、右『沙汰未練書』の文の指示するところである。ただし、この場合には、当該文書の存在ないし真偽に関して疑問の存するときは、惣領をしてこれを提出せしめる例であったから、庶子の所領については全然、証文がなくても差し支えないというわけではない。証文は惣領のもとにあるということを陳述さえすれば、訴提起に際して、証文をそえずとも、しかも一応、正当と認められるということ、および庶子は各別に証文を有しなくても差し支えないということ、この二つの点において一般の所領と異なる取り扱いを受けたにすぎないのである。

惣領をして証文を提出せしめた事例としては、『山田氏文書』弘安十年十月三日関東下知状〔鎌一六三五三〕に「一　悪口事、〔中略〕帯此状、久親申子細之処、為案文之間、難被信用之由、資忠申之、於正文者、惣領帯之、可被召出之由、地頭雖称之」とあるを参照。惣領が御下文を所持していることについては、『東大寺文書』㈢三、嘉暦三年正月日伊賀国得枝名一分地頭御家人服部弥五郎入道申状〔鎌三〇一三〇〕に「副進三通御下文案（御家人所見、正文者、惣領眼平入道正達帯之）」とあるを参照。

(527)　註(520)参照。

九〇　文書が書証の目的物として、すなわち「証文」として裁判上利用されるがためには、㈠真正なること、すなわち当該文書記載の名義人により作成されたこと、㈡変造されておらぬこと、㈢しかして所定の様式を備えていること、以上三箇の要件を満足させるものでなくてはならない。かかる文書にしてはじめて「証文」たり得る。これ文書の形式的証拠力の問題である。

次にすべての「証文」は、つねに完全な、かつ同等な証拠力を有するわけではなく、あるいは独立に、あるいはほかの文書との相対的関係において、証拠としての価値に差等を生ずる。これ文書の実質的証拠力（証拠価値）の問題である。

九一　㈠　形式的証拠力　文書が形式的証拠力を有するがためには、まず真正なる名義人によって作成されたものでなければならぬ。(528) すなわち偽造〔当時これを「謀書」といった〕であってはならぬが、文書が偽造であるか否かを判定する標準を実例によって挙示すると、次のごとくである。

(1) 文書の名義人が、文書作成のときに存在し、かつ所定の資格をそなえていること。(529)

(2) 文書の留書、(530) 判形、(531) 干支、(532) 年号および(533) 四至(534) の書き方などが定法にしたがっていること。(535)(536)

以上、二箇条の要件のいずれかを欠いた文書は、偽造文書とみなされたのである。

(528) 文書の真偽については相手方で争わない以上、裁判所が自ら進んで、これを審査することはなかったらしい。『松浦文書』二、嘉禎四年十月二十七日六波羅下知状〔鎌五三一六〕に「所詮、於広〔論人〕所進之固譲状者、自筆之条、氏女〔訴人〕不論申」、註(416)所引『熊谷家文書』〔鎌二二二四〇〕に「一　祐直押領直時分市場在家地由事、〔中略〕直時申者、於書状〔直時の〕者、不及論申」、註(498)所引『池田文書』〔鎌二〇三九五〕に「次位所判形由事、或載兼尚名字於状中、或加判形於落字所之上、彼状事、永氏等承伏之間、不及子細」などあるは、いずれもその例である〔前二例においても裁判所がいずれも相手方の「不論申」旨を承認していることは各の後段を見ればわかる〕。

(529) これは当然なことで別に例証をあげる必要もあるまい。なお署判の有資格者がゆえなくして署判を加えていない文書は、謀書とみなされていたようである。この点については「又続宝簡集」一一二五号、建治二年六月五日阿氏河庄雑掌申状案〔『高野山文書之五』六七三頁〕〔鎌一二三五四〕に「右、故陸奥守殿御任日者、文永四年十月廿日也、而称関東御下知、自地頭〔論人〕方所進之同五年四月廿五日状云、陸奥左近大夫将監殿云々、背当任御官奉書之条、謀書之企、無異儀者也、〔是一〕、次彼時者、相模式部大夫殿相並有御沙汰之処、不奉載御名〔是二〕、次沼田左衛門入道重尚与伊予国興島下司相論当島事、同五年二月廿六日如関東御下知状者、陸奥守殿相模式部大夫殿ト令書御畢、可被載御下知之御名御官、傍例准拠已以分明也、謀書之条勿論者哉」とあるを参照。

両執権のときといえども、禁忌にある者は下知状(御教書も同じ)に加判しなかったことについては、註(358)参照。

(530)『東寺百合文書』は一一四号、建武元年七月日若狭国太良庄時沢名本名主国広代行信重申状〔は八四号〕に「右実円出帯号実意奉書状云、太良庄時沢名事、厳円無誤之旨歎申、如元可令下知之給、仍状如件、正安四年六月廿二日　実意奉、太良庄預所殿、云々、(中略)依厳円重科、四月被罪科之処、不経幾年月、同六月被免除之条、是又不審也、於為事若実者、尤可為御奉行御下知之処、為御奉書条、既以令参差畢、(中略)、将又於奉書文章者、可為執達書之処、状如件云々、是又非普通法之間、旁以不審也」とあるがごとし。

(531) 前註所引『東寺百合文書』に「其上彼奉書奥加預所方判形云々、此又為眼前偽書歟、其故者、為下被書上之時者、為上被加御判形者、通法也、為上被書下之時、為下加判形事、古今其例未承及之者也、件奉書若為実者、於預所方者、可被成別紙之施行之者也、何彼奉書奥被加判形之哉、偽書儀理又顕然也」とあるがごとし。なお註(457)所引『古簡雑纂』〔鎌二三七一七〕に「宛賜家人之時、加袖之判、非家人之時、奥加判、是常法也」とあるを参照。

(532)「又続宝簡集」一〇八五号、貞応三年正月二十一日恒清出挙米借券(『高野山文書之五』五九六頁)奥裏書〔鎌三二〇四〕に「此証文ハ貞応三年(甲申)トアルヘキニ、(庚申)トアル相違ス」、紀伊国大谷村甚右衛門蔵、嘉暦三年六月十八日下知状(『紀伊続風土記』第三輯古文書部、一一四頁)〔鎌三〇二八九〕に「所掠給如正応元年御下知者、安貞状支干相違尤不審、為案文之上、不能陳答」とあるがごとし。

(533)「入来家臣武光氏文書」(『薩藩旧記』所収)建長四年六月三十日関東下知状〔鎌七四五四〕に「天福三年状者、無正文上、天福者二年改元、三年之条有其疑、無力不足証文」とあるがごとし。

(534) 前々註所引『高野山文書』〔鎌三二〇四〕に「右状之与年号トノ中間、四至ヲ書条、普通ニ相違ス」とある。なお四至の書き方については、「山田忠経譜」(『薩藩旧記』所収)正慶元年十二月五日鎮西下知状〔鎌三一九一二〕に「一　薩摩国谷

山郡山田上別府両村地頭職安堵事、〔中略〕分譲所領於子孫之時、就分限多少、書四至堺之条、為通例」、『東草集』元弘三年六※月日高野山大伝法院衆徒等奏状（史料六之一、三〇二頁）〔鎌三二七二四〕に「限四至之法、四方皆以他領、為境」とあるを参照。

(535) 以上、諸項のほか、文書真偽判定の標準として、「吉田社文書」承元元年十二月日紀朝臣下知状〔鎌一七一〇〕に「一可不日言上子細、今度解文不審条々事、〔中略〕、次解文切続之、不捺印、旁非無不審」、『東大寺文書』㈢二、徳治三年三月日万陣法師重陳状〔鎌二三二一七〕に「如此田地売買状者、依為後代之重書、僧□□載実名者通例也」（したがって、僧名を載せた文書は不審なり、というのである）とあるを参照。

(536) これらの事項に関する紕繆が謀書判定の標準たりしことについては、『宗像神社文書』三、文永五年七月三日沙弥浄恵請文〔鎌一〇二七四〕に「状文之紕繆者、謀書露顕之実証也」とある。なお、註(457)所引『古簡雑纂』所収文書〔鎌二三七一七〕に「如此之証文、以一字之紕繆、疑数通之証文者、皆訴論之法也」、『東大寺文書』㈠四、元亨二年二月日播磨国大部庄公文孫九郎久忠後家性阿重陳状〔鎌二七九六六〕に「凡号観円譲状如所進案文者、謀書之条、云義理、云紕繆、是多、罪科不可廻踵者也」とあるを参照。

九二　以上は文書の内容および様式によって、その真偽を判定する方法であるが、そのほかに問題たる文書筆者の個人的特徴によって、その文書の真偽を判断することが行われた。いわゆる「類書」「類判」の「比校」がこれである。すなわち相手方が実書たることを承認し、あるいは実書たること疑いなき同一筆者の書き記せるほかの文書を、その所持人に命じて提出せしめ、これと比較して、当該文書の真偽を決定する方法である。[537]

もっともこれは文書の真偽を決せんがために行われるのであるから、自筆たることが明らかなる文書については、類書をほかに求むべきではない。[538]また相手方提出の自己名義の証文を謀書なりと主張した者が、相手方より文書の「書校」を求められた場合に、これに応ぜぬときは、実書をもって謀書と称したものと推定され、その咎に処せられた。(539)

(537)　たとえば註(507)所引『市河文書』〔鎌九二八五〕に「爰為泰〔訴人〕条々難申内、彼十七日状者非父実蓮自筆判形之上、判形二箇有之、端判者不分明之処、奥判明白也、顕然謀書之由、為泰雖申、十七日状令比校両方承伏実蓮自筆類書等之処、云手跡、云判形、同筆之由所見也、次判形二箇所内端判不分明之処、奥判明白由、為泰雖申之、奥判之上仁津満利天不書得之間、判ニ仕之由書載之処、彼手跡為実蓮自筆之間、不及疑殆歟」、『中尊寺経蔵文書』一、文永九年六月二十三日関東下知状〔鎌一一〇五二〕に「一　小山導師堂免田参町事、〔中略〕次親能奉書者、不備進正文、密蔵房施行者有疑殆之間、為謀書之由、雑掌〔論人〕雖申之、密蔵房状者、比校雑掌所進類書之処、判形無相違、親能奉書者、雖無正文、引載彼状施行之間、不及異儀歟」、『市河文書』一、弘安元年九月七日関東下知状〔鎌一三一七〇〕に「一　延応二年正月廿四日妙蓮譲状為謀書事、右〔中略〕比校両方承伏類書之処、云判形、云筆跡無相違歟」、『田代文書』二、正応四年六月八日関東下知状〔鎌一七六二七〕に「於引付之座両方問答之処、幸信〔論人〕則彼譲状則父禅法自筆之由申之、寂賀〔訴人代官〕亦為謀書旨、称之、被召類書之処、寂賀号禅法自筆、令出帯書状之処、禅法後家尼阿心（幸信母）令承伏畢者、彼状比校処、筆勢無相違」とあるがごとし。

　そのほか類判については『東大寺文書』㈢二、徳治三年三月日万陣法師重訴状〔鎌二三二一七〕に「次故万陣者、男女之子息五人在之、然□子息二人加署判云々、残三人者如何、其上称載判形、二人子息共以不存知、皆以構出謀判者歟、早被召出正文、被糺類判之時、謀判之条者、可令顕然者哉、是二」とあるを参照。

　また『五条文書』一、文保元年九月十日神山四郎入道宛鎮西下知状〔鎌二六三六二〕に「神山出羽房実祐与同六郎為実相論筑後国黒木内菖蒲田以下事、神山十郎入道々信後家尼信性自筆状帯持云々、為類書、早可被出帯也」とあるは、

すなわち訴外の第三者をして類書を提出せしめるための命令である。なお、『相良家文書之一』七ないし九号、寛元四年三月五日相良蓮仏譲状〔鎌六六四六〕の袖に「此等子息等譲状一筆也、（又年号月日一也）、若以自余筆令申子息等ハ、謀書可証也」と書き加えてあるのは、けだしこれをもって将来、相論が起こった場合の標準的類書たらしめんがためであったのであろう。

(538)「汲古北徴録」元亨二年五月二十三日関東下知状（『石川県史』第一巻付録二八八号）〔鎌二八〇二九〕に〔了半の譲状が謀書たりや否やが問題となって〕「至位署判形者、為了半自筆之由、令見之間、非可求類書於外、宜足准的歟」とあるがごとし。『佐賀文書纂』所収「大川文書」仁治二年八月二十二日関東下知状〔鎌五九一八〕に「次、義絶状事、謀書之由、行友依令申、雖可被尋連署之輩、所相論不残御不審之間、不及沙汰」、『二階堂文書』一、元徳元年十二月二十五日鎮西下知状〔鎌三〇八三九〕に「至妙性〔論人〕引申近江四郎左衛門尉後家所持状者、就行存訴、弁彼用途之由、代官道阿依進請文、先日裁許之上、承伏状不及召出之、宮内少輔入道妻者、載陳状之間、対決之時被尋問之処、不知在所之旨、妙性申畢、旁難及類書之沙汰之上者、置文実書之条勿論歟」とあるをも参照。

なお年序法（時効法）によって権利を取得したような場合には、文書の有無は問題にならないのであるから、この場合にも、判形相違のごとき問題を糺明する必要はないのである。『東大寺文書』㈣十三、弘安元年十二月八日六波羅下知状〔鎌一三三二六〕に「一　請所事、〔中略〕次長井入道請文〔請所の〕判形相違事、可被糺明之由、頼広〔地頭代〕雖申之、請所〔二十箇年の時効により〕不可有顛倒之旨、下知上□、非沙汰之限歟焉」とあるがごとし。

(539)「羽島氏文書」（『薩藩旧記』所収）元亨四年八月十日鎮西下知状〔鎌二八七九五〕に「彼沽券状者、為忠兼自筆之由、友貞申之処、為謀書之旨、忠兼依論之、於引付之砌、可書校之由雖被仰、不遂其節之条、頗承伏歟、〔中略〕次以実書号謀書咎事、任式目可有其沙汰焉」とあるがごとし。

九三　実書であっても変造の疑いのある場合、たとえば文字を造り直し、あるいは字上をかさねてある場合には、これを信用しがたいことはいうまでもないが、それが文書全体の趣旨に影響をおよぼさぬ程度のものであれば、該文書の形式的証拠力を妨げることはなかった。(540)

(540) 註(507)所引『市河文書』〔鎌九二八五〕に「次十七日状縦雖為実書、或造直文字、或襲字上之間、如傍例者、難信用之由、為泰同雖申之、彼文字非指肝要之上、又無別私曲歟」、『阿蘇文書』二、正安元年十二月二十日関東下知状〔鎌二〇三三二〕に「如正嘉状者、相副手継、譲与氏女之由載之、雖無位署、蓮妙自筆判形入阿〔論人〕無異論歟、入筆之両字者、為同筆之上、非肝要、〔中略〕氏女所帯状、旁実書之条不及異儀」とあるがごとし。
右『市河文書』に「襲字上」とあるはおそらく文字の上にさらにほかの文字を書いて前者を塗りつぶすことをいうのであろう。なお『式目抄』第二十六条の注釈にあげたる「一　父母終焉時、文字不詳状事、以衆証、可決之、一　凡下加異様譲状事同前事」なる法令および室町時代末期のものではあるが、『義治式目』第四二条をも参照すべし。

九四　たとえ実書であり、しかして変造の疑いなしといえども、年号月日を記さず、(541) あるいは「位所」「判形」を載せてない文書(542)は原則として形式的証拠力を欠いた。

(541) 「烟田氏文書」弘安元年十一月三日関東下知状（『新編常陸国誌』下巻、一五四三頁）〔鎌一三二四五〕に「綱幹書状者、無年号之上、家□〔訴人〕未生以前状也、不足証拠之由、家□雖称之」、『東寺百合古文書』一、正和元年四月日大山庄雑掌陳状〔鎌二四五九八〕に「彼所副進之注文者、無年号名字之上者、不足証文者歟」とあるは、この意味と解する。

(542) 『相良家文書之一』三八号、延慶二年十一月日肥後国多良木村地頭代陳状案〔鎌二三八二三〕に「出帯状又無位所之間、不足証文」、『東大寺文書』(四)十二、正安二年二月日美濃国茜部庄地頭代沙弥迎蓮重申状〔鎌二〇三八一〕に「無判形証文

不被許容者、政道之傍例歟」とあるがごとし。「位所」は「名字」に同じ。右、『東大寺文書』に「彼者、無名字判形之上者、不審多之、旁不足証跡之由寺家披陳之処、下賜彼状之後、捧重申状之日、不及一言会通、無名字判形之条令承伏畢、〔中略〕此条彼貞応免状無名字判形之由令承伏畢、何状哉、奸謀次第也、云位所、云判形、無相違上者、何可令承伏哉」とあるによって知るべし。所領の在所名の意であろう。

しかし、位所、年号を欠いた文書といえども、全然無効であったわけではないらしい。すなわち『宇都宮文書』正和三年四月日八坂庄内大片平弁済使沙弥浄恵陳状〔鎌二五一三〇〕に「将又正一令出帯如証文者、田畠在所並郷庄名字無之、旁以不少疑胎〔殆〕者也」とあるは、在所「名字」なきゆえをもって、相手方提出文書の偽書たることを主張せんとするものであるし、『群書類従』所載、六波羅御下知〔鎌二〇三四四〕に「如五月二日越後入道状者、造内裏材木採用人夫可雇給之由載之、不記年号之間、非無不審、如寛喜四年二月十九日真々部左衛門尉状者、官兵並大番役事、可任先例之由雖載之、云状中、云判形、朽損之間、難信用」とあるは「不記年号」あるいは「状中」「判形」朽損のゆえをもって、裁判所においてその実書たるを疑ったものであるが、かかる文書が全然形式的証拠力を欠いたものであるとすれば、おそらく相手方においてはその点をもって最も有力な攻撃材料としたであろうし、また裁判所もかかる文書を叙用することはなかったのであろう。

しかるにもかかわらず、相手方、裁判所ともにこれが真偽を問題にしているところをもって見ると、年号あるいは位所を欠く文書も場合によっては形式的証拠力を有し得たのであろうと推定されるのである。たとえば、ほかの証拠によって、無年号無位所の欠陥を当該訴訟の証拠として必要な程度にまで補充し得る場合のごとき、すなわちこれである。本文に「原則として」という文句を書き加えたのは、この点を考慮したがためである。

九五　(二)　実質的証拠力　まず文書の種類による価値の差等を研究してみよう。これを、(1)公文書と私文書

⑵先判文書と後判文書　⑶正文と案文との三の場合にわけて考える。

⑴　**公文書と私文書**　ここに公文書とは公家武家の官憲がその名義において作成した文書を、私文書とは私人の作成した文書をいう。

当時、すでに公文書の実質的証拠力は私文書のそれに優るという思想が存在した。(543) なお私文書のなかでも「譲状」と「書状」(消息)とでは、譲与の証拠としては、譲状のほうが有力であったことはいうまでもない。けだし前者は処分文書であるに反し、後者はたんなる証明文書にすぎなかったからである。(544)

(543)『熊谷家文書』三〇号、嘉元二年五月一日関東下知状〔鎌二一八二〇〕に「且如留守代阿聖五月十四日書状者、熊谷尼分可弁二町分銭之由雖載之、以阿聖私書、難准下知状」とあるがごとし。なお註(525)所引「鹿島文書」〔鎌三七四五〕に「次以前信濃守行光法師書状等、政俊雖備証文、如彼状等者、申入子細之由載之、或可返給之旨有御気色之由雖載之、非指奉書、併為私返事之間、輙難備証拠歟」とあるによれば、私状(消息)はその絶対的証拠力において、すでに甚だ薄弱であったといわなければならない(消息には年号を記さぬ例であったことをも思い合わすべきである)。

(544)『松浦文書』一、延応元年五月二十五日関東下知状〔鎌五四三四〕に「右対決之処、両方申状枝葉雖多、所詮、源氏〔訴人〕所進〔中略〕固〔源氏父〕状四通内、於三通者、他事也、至一通者、雖載子細、分与所領之由無所見歟、如後家〔論人〕所進亡父固安貞三年正月廿五日譲状者、固自筆也、縦雖載所領之字、譲状与消息可有用捨歟」、『山内首藤文書』二、文永四年十月二十七日関東下知状〔鎌九七八八〕に「一　備後国地毘庄内四ヶ所〔中略〕事、右如訴陳状者、子細雖多、所詮、就承久御下知・貞応御教書、難号深念〔俊―等父〕別給歟、但以俊―〔論人の一人〕所進祖父西妙〔深念父〕書状、難被破西妙譲深念同潤正月状歟」とあるがごとし。

譲状と記録とでも同様である。『東寺百合文書』ヱ一之九、年月不詳某覚書〔鎌二八九〇七〕に「去正安三年有其沙汰、任建長元年御譲状、後高倉院御跡室町院御一期之後、中書王可有御管領之由被計申了、而翌年（正安四）伏見院御使就申子細、中書王式乾門院御猶子之条所載惟忠卿記録也、仍於建長元年御譲状者、同二年被奇〔棄〕破之、室町院可為永代御領之由雖有其沙汰、閣御譲、難被許容諸家記録之間、正安三年最初落居無相違歟」とあるがごとし。これようするに、譲与については譲状が最も有力な証拠であったのである。

九六　(2)　先判文書と後判文書　譲状（処分状）については、「後判」は「前判」を破るという原則があった。すなわち後に成立せる譲状は先に成立せる譲状を無効ならしめたのである。(545)

(545)『御成敗式目』第二六条が所領を子息に譲り、安堵御下文を賜った後といえども、これを悔返して、ほかの子息に譲った場合、「後判之譲」に任せて成敗あるべき旨を定めているのは、この原則の法文上の根拠である。『式目抄』はこの条に注して「祖父母々々ノ譲可用後状事、闘訴律云〔中略〕、父母譲用後状、他人ノ譲ハ用前状、和与物不悔返也、或文云、雖与譲状、未渡本文書者、財可任財主意之由雖有先達之説、未見正条之文、判章字事可弁之、判者判断是非、注置而已、法意ニハ前状後状ト立テ、親ノ譲リ後ノ譲ニ付事式目ト同シ、法意ニハ判形ヲハ本トセス、自筆ヲ以テ本トス、式目ニハ前判後判ト云、前状後状ハ公家ノ法、前判後判ハ武家ノ法也」といい、『沙汰未練書』他人和与の条には「於父祖譲状者、以後日譲状、賞之」と見えている。

されば、譲与相論の場合にはまず先判後判の真偽を鑑別するが定法である。註（508）所引『梅津氏文書』〔鎌二六七九二〕に「次同状云、薬師所進之状雖為実書、於父祖之譲者、以後日為亀鑑、況哉構謀書云々、此条譲与□相論之時、被糺明先判後判之真偽者、為定法歟」とあるがごとし。

後判は、前判を破るという原則に関する史料はきわめて多い。『小鹿島古文書』下、延応元年十一月五日関東下知状〔鎌五四九六〕に「凡処分男女子等事、可依後状之旨、具載同状〔『御成敗式目』〕畢」、註（538）所引「大川文書」〔鎌五九

一八〕に「正治二年譲状〔伊福を道行に譲る〕者、前判也、建保三年譲状者後判也、随破正治二年譲状、貞応三年譲与伊福内於女子乙姫事明白也、就後判譲状、道行分者残所也」、『相良家文書之一』五号、寛元元年十二月二十三日関東下知状〔鎌六二六六〕に「一　多良木内、右多良、竹脇、伊久佐上、東光寺以上四箇村事、〔中略〕爰頼重〔訴人〕所進頼景建保二年譲状者、為先判之上、不帯御下文歟、蓮仏〔論人〕所進安貞二年八月頼景譲于蓮仏並宗頼之状者、為後判之上、同年十二月安堵御下文明鏡也」、『諸家文書纂』所収「野上文書」文永七年四月二十六日関東下知状〔鎌一〇六一七〕に「右如宰府注進状者、子細雖多、所証《ママ》、資直〔論人〕者父資通用子息令譲所領畢、而氏女就前判之譲状、可宛給也〔中略〕之由雖申之」、『中尊寺経蔵文書』一、文永九年六月二十三日関東下知状〔鎌一一〇五二〕に「一　白山講田壱町並屋敷壱所〔永幸分〕事、〔中略〕永幸所帯本主印鈸譲状為後判之上、弘長譲状疑殆事無指証拠歟、而別当就先判状、加下知之条令相違歟」、『留守文書』一、徳治二年十一月二十七日関東下知状〔鎌二三〇九四〕に「浄妙以彼村譲与大江氏、於事依無芳心、悔返之、正安二年五月廿一日譲与家明畢、大江氏帯先判状、争可及訴訟哉之旨資有陳之」とあるがごとし。

公家法〔本所法もだいたい同じ〕においては、「前状」「後状」と言いしことについては、『賀茂別雷神社文書』一、建長六年八月日前太政大臣家政所下文〔鎌七七九二〕に「父母之譲可用後状」、『葉黄記』寛元五年正月二十六日の条〔鎌六七九五〕に「一　大神宮禰宜長光与権禰宜範元相論父永元遺跡事、〔中略〕前状後状之用捨猶可法道《ママ》歟、無其科者、輙難棄前状歟、可被下法家之由人々被申之、猶可被下記録所歟」とあるを参照。

なお、遺跡相論については、所領の安堵下文は判決と異なって、当該所領に関する後の訴訟においては判決のごとき既判力を有しなかったことを注意しなければならぬ。このことは註(398)においても一言しておいたが、その実例をあげると、註(306)所引「汲古北徴録」所収文書〔鎌二八〇二九〕に「遺跡相論之習不拘安堵者、古今例也」、「又続宝簡集」一三九四号、徳治二年八月日阿氏河庄地頭陳状〔『高野山文書之六』四四三頁〕〔鎌二三〇三七〕に「遺跡相論之時、就後判状、不可依安堵之由間々有其沙汰歟」などとある。

この遺跡相論は安堵にかかわらずという原則は、所領を子息に譲り、安堵御下文を給わって後、該所領を悔返し、ほかの子息に譲与するは父母の任意たるべき旨を定めた『御成敗式目』第二六条の規定を訴訟法上の見地から表現したものにほかならない。したがって、譲状が被相続人の最後の真正な譲状である場合に、これに加えられた安堵が裁判上有効であることはいうまでもないのである。ただ、ある所領につき、譲状を得て、幕府の安堵を申し請けても、その後に他人が該所領につき新たな真正譲状を得れば、当然、前者は無効となり、後者が有効なのであって、前者は安堵あるのゆえをもって、後者に優越することを得ないというのが前記諸文言の意味である。

このことは、『朽木系譜』乾、正慶元年九月二十三日関東下知状〔鎌三一八五〇〕に「右、訴陳之趣枝葉雖多、所詮、当名者、足利尾張三郎宗家跡也、義綱為召捕悪党人之賞、嘉元二年十二月二日令拝領訖、景治子景雑給之隙（ママ）、僅避出田地陸段、以残田畠在家等、号市安・松重名、押領無謂之由、明祐申之処、市安・松重非岡成名内之条、本領主盛景建長二年十二月十七日譲状・文永六年十二月十日取帳分明也、時経争可及競望哉之旨、景治、支景雖陳之、就件譲状土帳等、未賜安堵御下文、又不預下知状云々、輙不足指南」とある反対解釈として、譲状土帳(土帳は草案に同じ)といえども、「安堵御下文」を賜ったものは「指南」に「足」ること、すなわち、ふつうの譲状と同等の効力を有することがわかるのである。

これによって知り得るところは、遺跡安堵の効力は、決して譲受人の権利を確保することには存せずして、たんに当該譲状が有効に成立したということを証明するにとどまった、ということである。ただし、延慶二年以後は、安堵ことに外題安堵には特殊な効力が付与された。註(161)参照。

なお、安堵にはいろいろな種類があるが、『沙汰未練書』に「一　安堵トハ　譲得父母所領田畠等、可知行之由給御下知事也」とあるから、狭義においては遺跡安堵の意味に使用されたのである。されば註(398)所引『北条九代記』に見える「安堵御下文」の語は「遺跡安堵御下文」の意に解して差し支えないと考えるのである。なお安堵の効力については註(70)所引拙稿(一〇五頁以下)参照。

九七　(3)　正文と案文　ここに「正文」とは文書の原本をいい、「案文」とは謄本をいう。

元来、案文は正文あっての案文であるから、正文なき案文は独立には実質的証拠力を有し得ない。正文なき以上は、案文はあるもなきも同じことである。[546] しかしながら、案文といえども、一定の要件を具備すれば、訴訟法上、正文と同一の取り扱いを受けることができた。場合を分かちて四とする。

その一は、「校正案文」、「校正符案」あるいは「正案文」と呼ばれるもので、案文に対して裁判所が校正(また「正校」ともいう)を行って、正文と同一の効力を付与した場合、[547] その二は紛失状をもって案文に正文たる効力を付与した場合、[548] その三は案文を提出したことにつき相手方において異議を申し述べない場合、ことに案文ではあるが、自筆に相違ないことを承認した場合、[549] その四はほかの証拠によって正文の存在したことが明瞭である場合である。[550]

(546)　『東寺百合文書』マ二十一之三十八、文永七年八月日若狭国御家人時国女子中原氏重陳状〔鎌一〇六八五〕に「〔上略〕所副進号雲厳譲状(嘉禄二年五月八日)者、無正文状也、且先年之比、以彼状致恒枝保沙汰之処、無正文之間、被棄破畢、非正文之上者、非御沙汰之限哉、是一、〔中略〕於藤原氏〔訴人〕者、以無正文之証文、致沙汰之間、為無道之条顕然也、於中原氏者、令帯正文之上者、尤可有御還迹者也」、『色部文書』正中二年七月七日関東下知状〔鎌二九一四七〕に「於件正文者、惣領和田七郎茂明牢籠之時令紛失云々、如案文者、自元無判之由所見也、輙不足指南」とあるがごとし。

前述(註(205))のごとく、訴陳状具書などは裁判所に提出されたものそれ自身が相手方に送られたのであるが、具書の正文を相手方に引き渡すことは、甚だ危険なことであるから、当事者は訴陳状には具書の案文をそえる例であった。

したがって、訴陳をつがえた後、両当事者が訴陳状の正文を持参し、奉行所に寄り合うときにも、自然、相手方提出具書の案文を持参することとなる結果、引付の座において、各当事者は相手方に具書正文の出帯を請求できたのである。

この場合、正文なき案文を提出するも、実質的証拠力を有せざること、上述のごとくであるが、正文ありと（主張すと）いえども、これを提出せざるときは、疑いほとんど多きものと推定される。たとえば、「北野神社文書」弘安三年四月七日六波羅下知状（『北野誌』首巻、一五八頁）〔鎌一三九一一〕に「家重寛喜三年給挙状之後、当知行無相違之由雖申之、不出帯正文之間、不足指南」、『正閏史料外篇』三、山内縫殿家蔵、正中二年六月十二日関東下知状〔鎌二九一三三〕に「将又於彼状者、正文披見之時、可申子細之旨載陳状之処、不出帯条、頗有疑殆」とあるがごとし。

(547)「粉河寺文書」永仁五年九月五日学頭権律師仙実状（『紀伊続風土記』第三輯古文書之部、一五三頁）に「此元久御下知者、〔中略〕、自去建治二年実淳狼藉之時令紛失之間、寺含鬱結而送年月之処、氏別当相論沙汰之時、永仁六年七月実淳二答陳状所令備也、而奉行斎藤大覚允基也、令校正、加裏判畢、然間、聖護院雑掌橘左衛門尉宗重第三問状中、被召彼正文、可被返納寺家之由令載之畢、於今者、正文所在分明也、奉行校正、令封案文裏之上者、可為正案之条不可有異論」とあるは、すなわち奉行が校正を加え、案文の裏を封じた例である。

『石志文書』正元二年三月二十九日将軍家政所下文案〔鎌八四九三〕の裏に「此正文等令持参京都之間、非無長途怖畏、為後証可被遂校正之由、松浦石志源三郎照依申之、所有其沙汰」とありて、「康永四年十一月十二日　沙弥（花押）」と裏を封ぜるがごとき、『詫磨文書』二、正和元年十二月二十一日譲状〔鎌二四七四八〕の裏に「此状為類書、可召進之旨、依被成関東御教書、進覧正文之上者、為後証可被下校正案文之由、菊池孫九郎隆元令申之間、所有其沙汰也、嘉暦四年九月廿日　修理亮（花押）」とあるがごときは、すなわち校正の実例である。

なお『集古文書』二七所収、所蔵不詳、嘉元四年九月七日関東下知状〔鎌二二七二二〕に「任円性所進業父〔マヽ〕〔文〕可預御下知之由雖申之、無校正符案之間、不能比校、仍任真光所進御下知文、所被写下也」、『河上山古文書』八、元亨四年四月十六日鎮西下知状〔鎌二八七二五〕に「右如所進文治五年十一月日成弘状者、当村神領由所見、彼状正文元応二年雖焼失、先奉行人青木式部大夫頼親遂校正之間、任彼案文、所々社領被経沙汰畢」とあるをも参照。

『正閏史料外篇』一、永仁三年十二月六日六波羅御教書〔鎌一八九三九〕に「石見国大家庄福光郷雑掌地頭〔マヽ〕兼継相論検注以下条々事、中状具書如此、兼継所進候、安貞二年二月六日・仁治三年四月廿五日関東御下文・御下知等正文、為嫡子之、帯之云々、為校合安〔案〕文、正文等早速可被進也」とあるは、すなわち案文校合のために正文の所持者に対してこれが出帯を命じた文書である。「正案文」の語については『紀伊続風土記』古文書之部一一四、一一六頁を見よ。

(548)『金剛寺文書』二〇号、貞応三年十月十六日仁和寺宮庁使並院主連署紛失状〔鎌三二九九〕に「寺主覚仁為使、以御下文之趣、雖触申覚阿房、寄事於左右、猶無返置之意、於今者、以寺家所帯之案文、専可為正本」とあるがごとし。ここに正本とは正文と同意なのであろう。

(549)『金沢文庫所蔵文書』文永九年十二月二十七日関東下知状〔鎌一一一六九〕に「而今胤員等備進暦仁御下知案之間、重有其沙汰之処、彼状者東方事也、当郷者為西方之間、不足証文之由、円恵雖申之、如端書者、東方之由雖載之、如右状者、不限当庄、被停止上総下総両国新田検注之由所見也、随当郷新田検注不入勘歟、彼状雖為案文、円恵不論申之上、正文者胤高等跡令帯之由令申之間、不及異儀」、『大悲王院文書』乾、嘉暦二年閏九月十七日鎮西下知状〔鎌三〇〇〇三〕に「彼状者、了性論申之上為案文之間、雖不足証文、為宗舜手跡之条、於引付之座、了性不論之、可守弘安帳之条、旁無異儀」とあるがごとし。

(550)註(379)所引『中尊寺経蔵文書』〔鎌一一〇五二〕に「一　小山薬師堂免田参町事、〔中略〕次親能奉書者不備進正文、密蔵房施行者有疑殆之間、為謀書之由、雑掌〔論人〕雖申之、密蔵房状者、比校雑掌所進類書之処、判形無相違、親能奉書者雖無正文、引載彼施行之間、不及異儀歟」、『円覚寺文書』一、正応三年九月十二日六波羅下知状〔鎌一七四四六〕に「彼御下知者、無正文之旨、阿願〔訴人〕於引付之座雖申之、先司唐橋殿御代有其沙汰、被成下畢、且当庄成円覚寺領之時、所被書置案文於庄家也、不及御不審之旨、寂入令申之上者、難貽疑殆歟」、『東大寺文書』㈡九、正安二年六月二日六波羅下知状〔鎌二〇四六〇〕に「於仁治請文者、寺家雖不出帯、被載弘安御下知之上者、不可及御不審之旨、捧貞応寺家状並仁治地頭請文案、弘安元年六波羅下知状等、祐縁雖申子細」、『松平文書』元徳元年十月二十五日関東御教書〔鎌三〇七六三〕に「而右大将家御教書者、授〔ママ〕案云々、嘉禄御教書者、為問状之旨、考幸雖申之、共帯正文之由、神官等申之上、右大将家御教書者、被引載嘉禄御教書訖、雖無正文、無不審」とあるがごとし。

九八　以上は主として一の文書とほかの文書との相対的関係より生じた実質的証拠力の優劣について論じたのであるが、そのほかに文書の実質的証拠力が独立にある種の変更を受けることがあった。

(1)　当該文書の作成者が訴訟当事者の一方と特別の関係があり、偽書の疑いが十分の場合には、該文書は「証文」にならない[551]。

(2)　一定の時期以前に作成された文書はその実質的証拠力を失うことがある[552]。

(3)　当該文書が「自発之状」にあらずして、「圧状」すなわち強制によって書かしめられたものである場合には、「証文」としての効力を有しない[553]。

(4)　いうまでもないことであるが、甲の事実を証明するために、乙の事実に関する文書を提出し、現在の事実を証するために、まったく無関係なる過去の文書を提出するも証拠力はないのである[554]。

(5)　特定の官庁が将来証文として利用すべからざる旨を命令し、または利害関係人が同一の主旨を奥書せる文書は証拠力を有しない(555)。

以上はすなわちその主な場合である。

(551)　註(376)所引『室園文書』〔鎌六九九八〕に「爰如泰房〔訴人〕所進寛元二年十二月廿二日御下文者、泰房可為蒲原次郎丸地頭職云々、如同所進次郎丸名住人経村訴状者、次郎丸名主職事、経村参上関東、言上子細之処、此事不及上裁、可為地頭成敗之由、被仰下之旨雖載之、経村者為足阿〔論人〕敵人之間、不足指南歟」、『志賀文書』正和元年十二月十六日鎮西下知状〔鎌二四七四〇〕に「豊後国大野庄志賀村南方黒井崎田地参段事、〔中略〕祐秀〔論人〕〔中略〕以楽快〔預所〕之状、為梶取田異名黒井崎之旨、同雖号之、楽快与貞朝〔訴人〕当村所務相論之最中也、依為敵方、非往古証文、得祐秀之語、始而出之由、貞朝難申之趣、非無子細」（したがって、証文にならずというなり）とあるがごとし。なお、註(496)所引『大友文書』を参照。

(552)　その一は絶対的の効力消滅であって、たとえば平家以往（平家時代およびその以前）の状は、証文に足らずとなせるがごとし。註(496)所引『大友文書』〔鎌二六八八八〕に「所詮、件所々者領家進止之地也、地頭押領之由、雑掌申之処、当庄者宝治二年捕〔補〕地頭職畢、為本司之跡、地頭一円進止之旨、上円称之、爰為領家分之条、久安元年目録分明之由、雑掌雖申之、為平家以往状之上、依無正文、不足信用」、「国分寺文書」元亨三年八月日薩摩国御家人国分次郎友貞陳状〔鎌二八五〇二〕に「次如祐舜〔訴人〕所進天養二年庁宣案者、僧永修之事也、全非友貞先祖之上、為平家以往之間、難備当論准拠歟」とあるがごとし。

その二は、相対的効力の消滅で、たとえば註(513)所引、仁治元年『小早川家文書』〔鎌五六四六〕に「一　両庄地頭職事、右、社家所進寛治応保元暦文治等者〔ママ〕、依為乱逆以前、不足承久没収之証文」、註(379)所引『中尊寺経蔵文書』〔鎌一一〇五二〕に「一　小山薬師堂免田参町事、〔中略〕而雑掌帯建保延応寺領給人注文、彼免田者、自先別当僧正坊之時、宛

給坊人、経年序之旨、雑掌雖申之、建保注文者、為以往状之間、所見不分明」とあるがごとし。なお和与以前の証文は当該事項に関する爾後の訴訟において証文に足りぬことについては註(444)を参照。

(553) 註(513)所引仁治元年『小早川家文書』[鎌五六四六]に「一 地頭・公文・惣検校・田所等、有限得分外、押領神田由事、右、康憲者、地頭庄官有限得分外、押領百姓名之由申之、地頭庄官等者、不然之旨陳之、両方不備証文之間、暗難被是非、以庄官等注文、預所末宗雖備証拠、為圧状之由、庄官等書起請文之間、不足指南、〔中略〕一 預所末宗申、為地頭代、被損亡百姓由事、右、如末宗所進寛喜二年十月廿七日員弘家包等起請文者、末宗所申、雖似有子細、如親泰所進同三年四月日員弘家包起請文者、為圧状歟、員弘等与起請文於両方之条、非無不審、以此等状、難被成敗、〔中略〕一 両庄地頭職事、〔中略〕如康憲所進末沢丸状者、雖載起請、以里下部末沢丸、為図守之由、令書載之条、如末沢丸申状、非自発之状歟」とあり、本所裁判所の下文なるも、「近江中野村今堀日吉神社文書」弘安七年十一月三十日下文(『蒲生郡志』第一巻、三八四頁)[鎌一五三六七]に「□講〔称か〕有弘安二年所当未進、責取圧状、□□民等事、甚無其謂、彼年者、当保□庄両方堺相論沙汰未断之最中也、雖一方然、幸猷為当尾住侶、致寄沙汰之条、□不可然、向後、於彼圧状者、不可為証文」とあるがごとし。

(554) 『松浦文書』一、延応元年五月二十五日関東下知状[鎌五四三四]に「右対決之処、両方申状枝葉雖多、所詮、源氏所進十二月七日(付貞永元年)・十月八日・同十三日(付同二年)・十二月五日(付嘉禎二年)固状四通内、於三通者、他事也、至一通者、雖載子細、分与所領之由無所見歟」、『住心院文書』文永五年※十月二十五日関東下知状[鎌九一六九]に「一衆□□□別当進退否事、〔中略〕如栄賢申者、建久承久御教書事、或被止国中地頭之妨、或給衆徒身暇之由被載之、非地頭進止之由所不見也」、「入来家臣武光氏文書」(『薩藩旧記』所収)建長四年六月三十日関東下知状[鎌七四五四]に「如建保七年三月預所請文者、於弁済使者、所宛補他人也、但、至高重者、任相伝之旨、定補吉枝名主職畢云々、如状者、雖似有各別之儀、預所所成之下文也、非地頭進止之証拠」、『小早川家文書之一』一一五号、文永三年四月九日関東下知状〔鎌九五二二〕に「一　相模国成田内北成田郷鶴丸名事、〔中略〕両方備進栄願状、雖申子細、件地非栄願領之間、不足証文歟」、「野田元祖忠経弟又氏譜中写指宿助左衛門蔵」（『薩藩旧記』所収）、弘安七年七月一日関東下知状〔鎌一五二四二〕に「一成枝名五升米事、一名田参町五段下地事、右、〔中略〕代々惣地頭進止之旨、久経〔論人、惣地頭〕雖申之、如忠能〔訴人、郡司〕祖父忠友給貞応二年四月日下知状並寛元四年十月廿九日御教書等者、郡司進止之条、無異儀歟、而帯忠能父忠国文永十一年四月日切符、先例惣地頭進止之由、久経雖申之、彼切符為近年状之間、自往古地頭進止之条、証不分明」、『佐渡志』官員所載、弘安八年六月一日下知状〔鎌一五五九九〕に「一　強清水・深浦並田浦事、〔中略〕爰如重久所進弘長三年三月廿一日下文者、木浦内宿禰宜・柄積・伊豆穂堂釜可致沙汰云々、件強清水等無所見之上、為宿禰並柄積内之条、無証拠」、註(145)所引『山田氏文書』〔鎌二〇四七六〕に「一　上別府為永吉地頭、令進止否事、〔中略〕就彼下文、上別府者、為永吉地頭進止之由雖申之、以島津庄日向方本庄荒野間〔開か〕発証文、備進薩摩方寄郡証文之条、難指南」、註(295)所引「山内縫殿家蔵文書」〔鎌二九一三三〕に「次送衣相節於性忍〔訴人〕之条、請取状現在之由、真如〔論人〕雖称之、件所領等性忍当知行之間、為代官充円沙汰、就令下行性忍之従女妙阿給物、対充円所出請取也、充円今属真如之、剰以彼請取状、号性忍扶持所見状、備進之条、造意令招重科者也〔中略〕之旨、性忍称、尤有其実」とあるがごとし。

(555)　『金剛寺文書』五〇号、貞応三年十月日仁和寺入道道助親王庁下文〔鎌三二九八〕に「兼又寺家文書、任本願阿観雅意、如元可令返置御影堂、若猶比丘尼覚阿於令恪惜者、件文書限永代不可用証文」（註(548)参照）。註(379)所引『中尊寺経蔵文書』〔鎌一一〇五二〕に「一　小山薬師堂免田参町事、〔中略〕延応注文者、光契僧以此状不可指南之由、載奥書之間、不足証拠歟」、『東寺百合文書』セ一之二十、正慶元年九月十五日地頭代豪円下知状〔セ八ノ二号〕に「次今日以前請取者、縦雖在之、可為反故」とあるがごとし。かかる文書には通例、墨を引いて反故となりたることを示す例であった。

『相良家文書之一』四六号、相良頼資申状案〔鎌二八七八三〕に「一　元応二年五月十六日以置文、吉富又太郎為忠令草案由不実事、彼十六日置文者、一族等加証判、令治定訖、為忠折節在津之間、依為所縁、如同廿五日草案者、心蓮存日、為入上見参、如此定置由、雖載之、不可書此文章於置文、可為副申状之由、心蓮病中、医師高橋孫太郎申之間、彼廿五日者〔ママ〕、件以孫太郎入道手跡、捧副申状訖、随而孫太郎入道筆者、従乗心不及異論之条、陳状分明也、仍廿五日草案者、引墨令破之条、乗心出帯草案顕然也」とあるがごとし。

九九　書証の手続きは、当事者が自ら証文を裁判所へ提出し、[556]あるいは当事者の申請により裁判所が当該文書の所持者（相手方あるいは第三者）をしてこれを裁判所へ提出せしめる例[557]で、裁判所が職権をもってすすんでこれを蒐集することはなかったのである。

(556)　この場合には、当事者が自己所持（彼が訴訟のために、当該文書の所有者より該文書を借り請けて所持する場合をも含む）の文書を訴陳状にそえて裁判所に提出すると、問答のため引付の座へ出頭するとき、これを携帯して裁判所へ提出する（第八二項参照）との二の方法があった。後の方法の実例としては、『東寺百合文書』と八五号、大和平野殿庄文書案永仁六年四月十一日大和国平野殿庄雑掌聖賢申状〔鎌一九六五二〕に、副進として「一通　可被召交名人傍例召符案（但、交名人注文並傍例召符案文外具書等、御不審之時、御引付可持参者也）」とある。訴訟のための文書借用証は二三残っているが、一例として、『古蹟文徴』二所収のものを左に掲げる。

借預　播磨国敷利別符文書等事

合

一通　在庁勘状建暦二年三月日

〔中略〕

右件文書正文伍通借預畢、当国河関内郷地頭致非分訴訟之間、可尋進此正文之由、自六波羅依有其沙汰、中入子細於文書主御方、所借預也、武家沙汰落居之後、不日任目録、可令返進之、若寄事於左右、有抑留之儀者、付公家武家、経御沙汰、此正文一々可被糺返者也、仍為後日請取之状如件、

弘安五年四月十二日　　　　沙弥成願〔花押〕

(557) 相手方所持の場合は、「吉田社文書」正安四年六月二十四日平幹盛重陳状（『新編常陸国誌』下巻、一三四六頁）〔鎌二二一一四〕に「次、乍称上野殿御成敗、不出帯上者、為上裁、被召上之、可遂問答者也」とあるにより、これを推知し得べく、第三者所持の場合は『山田氏文書』弘安十年十月三日関東下知状〔鎌一六三五三〕に「一　悪口事、〔中略〕帯此状、久親〔論人代官〕申子細之処、為案文之間、難被信用之由、資忠〔訴人〕申之、於正文者、惣領帯之、可被召出之由、地頭〔論人〕雖称之」、『三宝院文書』㈣五一、寛元元年七月十九日関東下知状〔鎌六二〇四〕に「爰有山城入道知行之時古文書等、之文書者、可令進覧之由被尋下信濃民部大夫行盛法師之処、如去五月一日請文者、故信濃前司行光法師之時依令朽損、令取棄之間、如然之文書不伝持之」とあるにより知り得べし。

『山田氏文書』元徳二年三月十四日左兵衛尉助久請文〔鎌三〇九七二〕に「去年十二月十六日御教書今年三月五日到来、拝見仕候畢、抑島津式部孫五郎入道々慶申、薩摩国伊集院用丸名田原田垣本証文事、道智（助久〔ママ〕写亡父）在津之時、彼文書之案三通所持之間、進覧之、於正文者、仰当惣領主大隅助三郎入道（助久舎兄）跡、可被尋下候歟、此外文書等事、不令存知候、以此旨可有御披露候」とあるも、後の場合に関するのであろう（註(526)参照）。

一〇〇　上述のごとく、所領に関する訴訟においては、主として証文が問題を決したのであるから、いわゆる「謀書」「謀判」はかなりひんぱんに行われた(558)。したがって、これに対する制裁も峻厳なものであった。すなわち『御成敗式目』には「謀書罪科事　付以論人所帯証文称謀書事」という箇条があって、所領ある侍は所領を没収し、所領なき侍は遠流に処し、凡下の輩は火印をその面に捺し、執筆者もまた同罪とし(559)、また相手方の実書を謀書な

りと主張した者は、これを神社仏寺の修理に付す、すなわち、当人の費用をもって特定の神社仏寺の修理を命ずべく、また財産のないときには彼を追放すべきものと規定している。(560)(561)

裁判の際、謀書と判定された文書には奉行人がその旨をこれに裏書きし、以後その利用を不可能ならしめる例であった。(562)

(558) 鎌倉時代に謀書・謀判の盛んに行われたことは、「壬生文書」建久六年六月二十七日左弁官下文（史料四之四、九四一頁）〔鎌八〇二〕に「右、権中納言平朝臣親宗宣、奉　勅、件□□号官厨家納先後番、便補管肥後国高□地頭、或張行条々非法、或奪取当国前目□〔代か〕実景随身物、以所従吉弘謀計、造出前右□□〔大将か〕家政所下文、相学前兵衛佐〔頼朝〕判形事、為令対□〔決か〕、宜令召進其身」とあるがごとく、源頼朝在世中、すでに幕府公文書の偽造が行われた一事をもっても推知し得る。

(559) 所領没収の実例は「又続宝簡集」一一二五号、建治二年六月五日阿氏河庄雑掌申状案（『高野山文書之五』六七頁）〔鎌一二三五四〕に「謀書事、如御式条者、於侍者、可被没収所領云々」、遠流の実例は『熊谷家文書』四六号、嘉暦三年七月二十三日関東下知状〔鎌三〇三二二〕に「次、真継謀書之咎事、無所領云々、可処遠流」とある。なお、註(544)所引『山内首藤文書』〔鎌九七八八〕に「備後国地毘庄内四ヶ所〔中略〕事、〔中略〕次俊―謀書事、任被定置之旨、可被行其科」とあるを参照。

(560) 以上、本文は『御成敗式目』第一五条。本条標題にいわゆる「論人」は被告の義ではなく、相論人の意であって、広く訴訟当事者を意味する。具体的にこの場合についていえば、相手方という意味である。

相手方の実書を謀書であると主張したために寺社の修理に付せられた実例には、註(379)所引『中尊寺経蔵文書』〔鎌一一〇五二〕に「然者、雑掌〔論人〕以実書号謀書事、任被定置旨、可付寺社修理焉」、『田代文書』二、正応四年六月八

日関東下知状〔鎌一七六二七〕に「信行〔訴人〕以実書号謀書之間、有謀略之咎、各任式目可被付寺社修理」、『賜蘆文庫文書』所収「鹿島文書」一、正和元年七月二十三日関東下知状〔鎌二四六二五〕に「行定以定田等、引籠得永名否事、〔中略〕次貞致〔訴人〕以実書号謀書咎事、所被付寺社之修理也」などがある。

(561) 謀書は正文についてのみ成立するのであって、案文については謀書の問題を生じない。註(305)所引『東寺文書』〔鎌一六四一四〕に「一 昇蓮文永二年十二月十五日請文事、右、彼状為謀書之由、於引付問答之座、基員〔論人〕雖申之、自元不帯正文之旨、雑掌〔訴人〕令申之上、不及沙汰焉」、『禰寝文書』四、永仁三年五月一日関東下知状〔鎌一八八二二〕に「一 親治号奉行人状、構出謀書由事、右相互雖有申旨、所詮、無正文之間、非沙汰之限」、『池田文書』一、正安二年三月十二日鎮西下知状〔鎌二〇三九五〕に「次、永氏等令謀作之由、兼朝雖申之、彼状為案文之間、不及沙汰」とあるがごとし。註(492)所引『東大寺文書』〔鎌二八三六九〕に「文書之謀実宜依正文」とあるは、かかる意味に解すべきものと思う。

(562) 「又続宝簡集」一四六五号、建治元年十二月日阿氐河庄地頭湯浅宗親陳状案(『高野山文書之六』五四九頁)〔鎌一二一八三〕に「爰如雑掌申者、彼御式目者、一向為謀書之上者、被封裏天可下預之由令申請之間、奉行人兵藤図書入道、周東太郎兵衛入道令封裏了」とあるがごとし。その実例は、『小早川家文書』五四号、正応二年二月十六日小早川定心譲状〔鎌一六八八二〕を参照。『御成敗式目』第七条後段もやはり同一趣旨の立法である。

謀書に奉行がその旨を裏書きする制は、文永十年の公家新制に「一 可停止諸人致非理訴訟事、〔中略〕兼又下勘記録所並法家之文書内、於偽作露顕之証文者、任康和五年符、言上紕繆之趣、令注毀之」〔『中世法制史料集第六巻』公家法三二〇条〕とあるによれば、公家法より伝来したものらしい。

第五款　検　証

一〇一　所務沙汰の証拠手続きとしては、上述の神証・人証および書証のほかに、なお証明を必要とする事実につき、裁判所が特使に命じて「論所」にのぞんで検閲せしめる、いわゆる検証の制があり、当時これを「実検」「検見」などと称した。

実検の行われたのは、多くは境相論の場合であった。(563)『御成敗式目』第三六条は「改旧境、致相論事」と題して、境相論に敗訴するも別段の不利益を受けないので、猛悪の者がややもすれば謀訴を企て、成敗にわずらいがあるから、自今以後、境相論の場合には実検使を遣わして、本跡を糺明し、訴人に訴の理由なしと認めたときは、本訴によって利得せんと欲したと同一面積の土地を、彼自身の領地より割分けて、これを論人方へ付すべきものと規定しているが、これすなわち境相論において実検のしばしば行われた法文上の根拠である。(564)

実検はいわゆる「実検使」をしてこれをなさしめる。(565)実検使は通例二人であって、実検の結果を起請文をもって裁判所に注進すべき定めであった。ときにはその注進状に絵図をそえてこれが理会に便ならしめることがあった。(566)(567)(568)

(563)　そのほか、寺社修理の実否を検見した例は、注(379)所引『中尊寺経蔵文書』当寺修理事の条〔鎌一一〇五二〕、作毛苅取の実検の例は註(565)所引『比志島文書』〔鎌六九〇〇〕、所当につき両方申するところ不分明のゆえをもって実検した例は、『小早川家証文』五号、仁治元年※十月十一日関東下知状(『小早川家文書之一』五四八頁)〔鎌五六四六〕を参照。

(564)　第一〇五項参照。もっとも、境相論の場合といえども、実検使を遣わす前には、当事者提出の絵図、古証文などをも吟味し、また故老人の尋問などをも行ったであろうから、訴繋属後、ただちに実検の手続きに移ったわけではないであろう。この点については、本所裁判所のものではあるが、『三国地誌』巻百九、正治元年十一月日東大寺三綱大法師等重解状〔鎌一〇八八〕に「抑雖如此令言上、猶御不審者、召両庄官、可被遂一決也、一決若難切者、其時被実検地頭之所、不経次第沙汰、無左右可遣御使之由被仰下之条、難得其意歟」とあるを参照。

(565) 実検使には、御家人とくに奉行所の役人、守護あるいは守護代などがこれにあたったと思われるが、「島村長命寺文書」文永四年十月十日佐々木三郎左衛門尉下知状(『蒲生郡志』巻二、二一七頁)〔鎌九七八〇〕に「網人等訴申、為当寺僧等、差超《ママ》他領、加制止、致狼藉由事、令尋沙汰之処、如寺僧陳状者、於当時網庭者、為寺領由、被載之上者、以訴陳難是非、然者、差遣故実仁於彼所、遂実検之後、可令定境也」とあり、『比志島文書』一之二、宝治元年十一月二十二日左近衛殿辰□状〔鎌六九〇〇〕は惣地頭紀二郎左衛門尉に宛てられているが、それに「所詮、如後家陳申者、為大輔房沙汰、所令勧濃《ママ》之作毛、法橋〔訴人〕苅取上者、不能弁済〔訴人は上記作毛を弁済せよと訴えしなり〕云々、件作毛苅取実否、両方被糺明、可令注進申給」とあるによれば、便宜上、論所に関係深き者をもって、これにあてることも行われたようである。

(566) 実検使に絵図を進むべき旨を命じた例は、『詫磨文書』一、(建治三年)八月一日奉書〔鎌一二七九五〕に「詫磨次郎時秀申、亀甲境相論事、訴状(副具書)如此、子細見状、所詮、早加実検、可被注進絵図」、「入来永利氏文書」元亨四年十二月十六日鎮西下知状〔鎌二八九一〇〕に(両当事者が検見を申請したので)「仍彼荒野者、為石上村内歟、為草帳名内否、莅論所、遂検見、以絵図可注進之由、被仰渋谷平三為重、同又次郎重幸等」とある。

実検使が絵図を進めた例は「宝簡集」四〇〇号、建長三年二月十六日源朝治、同基治申状(『高野山文書之一』四三七頁)〔鎌七二七六〕に「所被仰下候之名手庄丹生屋村堺相論之間事、武家使者被遂実検之後、即及絵図候歟」とある。

(567) 実検方法の一班は『中尊寺経蔵文書』一、正応元年七月九日関東下知状に右、住侶等、則採用彼草木之処、地頭背先例、宛行公事課役之由訴之、宗清等亦任先例致沙汰之外、無新儀之旨陳之、仍寺家為件山野最中之間、依彼違乱、難安堵否、遂検見、可令注進絵図・申詞之由、被仰下沼倉少輔次郎入道行蓮・和賀右衛門五郎行盛之処、如行蓮・行盛執進去三月十九日申詞記者、住侶等申云、〔中略〕宗清代光長申云、〔中略〕、時員〔論人〕代重常申云、〔中略〕如同廿二日行蓮・行盛注進状者、時員代青戸次郎茂向者不出向之間、執進訴陳云々、如彼状者、〔中略〕之旨陳之者、当時無煩之旨、両方令申之上者、不及異儀歟、且如御使所進絵図者、寺家件領内之間、致違乱之条為不便之儀歟、然則守先傍例、可令停止新儀濫妨也、次、親時〔論人〕分事、如同注進状者、親時代官申子細、不出向之間、不記申詞云々、親時不叙用使節之条、無其謂之上、不可違宗清・時員等篇之間、子細同前、

〔鎌一六六九二〕

「入来永利氏文書」年号不詳※下知状に

如今年六月十二日為重請文者、莅件論所、遂検見之処、道能〔論人〕令出対于彼論所、号往古堺馬渡榎迫、如差申者、無其証跡、此上者、任立巻帳、件論所為石上村内之旨見候、仍進上絵図云々、如同十八日重幸請文者、如性〔訴人〕所立申之馬渡者、在所分明候、道能差申之馬渡榎迫者、無証跡候之間、為石上内之由存候、仍絵図進上云々（各起請詞在）

〔鎌二八九一〇〕

とあるによって知るべし。

(568)　堺相論の場合の実検は、当事者の請求により、これを行った場合のあることは、前々註所引「入来永利氏文書」に見えており、また「又続宝簡集」一四三七号（文永四年）阿氏河庄地頭等申状〔鎌九七九九〕に「背御成敗、打入庄家、付数十人使、打破地頭尼唯心家部遣戸、剰及恥辱之条、希代之狼藉何事如之哉、早被下検見御使、不可有其隠者也」とあるによって知り得るが、当事者の請求がなくとも、裁判所において職権をもってもこれを行い得たことは、本文に引用した『御成敗式目』の条文により分明である。

このことは、おそらく境相論の場合において故老人に尋問するを例としたこと（第八五項）と関係あることであろう。

第八節　職権主義と当事者主義――裁判所と当事者との関係――

一〇二　裁判所対当事者の関係として、訴訟法上、いわゆる職権主義と当事者主義との対立がある。この抽象的の主義はさらにこれを訴訟の実際に適用してみると、訴訟手続きの進行、権利保護を与える範囲、訴訟資料蒐集の各場合において、具体的に両主義のうちいずれが行われたかを考察し得る。このうち、訴訟手続きの進行の場合については、すでに記述した(569)から、ここにはこれを繰り返さず、後の二場合のみを研究する。(570)

なお、右二主義の対立とは、直接の関係はないが、当時濫訴の弊を防ぎ、あるいは法廷の秩序を維持するために、訴訟当事者に対しある種の行為を制限し、あるいはある種の行為を命ずることがあったから、そのことを最後に付記することとする。

(569)　第三一項参照。

(570)　この後の二箇の場合、すなわち権利保護を与える範囲および訴訟資料の蒐集の両者を合併して、この全体につき、弁論主義と職権主義との対立を認めるのが通例であるが、今ここにはこの両者を分けて考える。註(177)参照。

一〇三　(一)　**権利保護を与える範囲**　この点については、裁判所は当事者が訴(571)により請求しないものは、これを与えることを得ない。換言すれば、裁判所は当事者の申し立てざる事項につき、判決をなすことを得ないとい

う主義が行われた。(572)(573)

(571) 訴の客観的範囲は、その繋属とともに、本解状の内容にしたがって確定するものであって、その以後の拡張はこれを許さぬことは第二五項に述べたところであるが、註(136)所引文書〔鎌一七四四六・二八八四二〕によれば、あるいは相手方の同意を得ればこれを拡張し得たるがごとく見えるも、この点は未だ不明である。

(572) たとえば「続宝簡集」二六五号、蓮華乗院領南部庄文書具書、元亨元年五月二日六波羅下知状(『高野山文書之二』四二〇頁)〔鎌二七七七九〕に「右、於去正和三四両年年貢者、学侶預載〔ママ〕許之処、地頭代無沙汰之由就訴申、度々被成下知畢、〔中略〕次至正和五、文保二両年分者、成召文之上、所帯返抄之外、於未済分者、可致其弁之由、載観周請文畢、遂結解、可究済歟、至文保二年以後年貢者、学侶未訴申歟、就申状、可有沙汰也」、註(145)所引『山田氏文書』〔鎌二〇四七六〕に「一　弘安十年以後郡司抑留地頭得分由事、〔中略〕地頭与郡司所務相論之間、就去弘安三年宰府注進状、同十年十月三日両方預裁許畢、如状者、於下地者、郡司〔論人〕進止之由所見也、爰背彼御下知、自弘安元年至同十年抑留所当以下得分等之由、宗久〔訴人、地頭〕雖申之、如同御下知状者、両方所申無指実証之間、皆以被棄置畢、此上守先例、可致所務沙汰云々、然者、彼裁許以前至未進者、可及訴以〔訟か〕之処、依無其儀歟、未進事不被載御下知篇目、皆以被棄置之由、被仰下」とあるがごとし。

『柞原八幡宮文書』二、宝治二年五月十六日関東下知状〔鎌六九六九〕に「一　麦検畠算失事、〔中略〕於作毛者、可被糺返、雖須有其咎、預所〔訴人〕不鬱申之間、不及沙汰歟」とあるは、検断沙汰に属すものかもしれぬが、検断沙汰においてもかかる原則の認められたる以上、所務沙汰において、この原則の認められたことは、けだし当然というべきであろう。なお中世刑事訴訟法における弾劾主義については中田博士「古法制雑筆」(『国家学会雑誌』四三巻七号、八頁)参照。

(573) 後述堺打越のごときは法令によって認められた稀な例外である。

一〇四　㈡　訴訟資料の蒐集　この点については裁判所は当事者の主張および当事者の提出する証拠方法のみを利用する制であった。換言すれば、

(1) 当事者が訴訟において、訴訟物に関する自己の主張を拋棄し、あるいは相手方の主張を承認(広義の自白)するときは、裁判所はこの拋棄あるいは認諾をそのまま承認する例であった。(574) 裁判上の和与についても同様であった。(575)

(2) 証拠は当事者が自らこれを裁判所に提出し、あるいはこれを特定してその蒐集を裁判所に申請する例で、当事者の申し出にかかわらざる証拠を裁判所が職権をもって蒐集することはなかったようである。(576) ただ、この原則に対する明瞭な例外は、境相論における故老人の尋問および実検であった。(577)

以上、㈠ならびに㈡および第三一項において記述したところを綜合してみると、所務沙汰においては、だいたいいわゆる当事者主義が行われていたというて差し支えないと考える。

(574) 自白の例は註(166)至(176)参照。拋棄の適例はみあたらないが、自白および訴の取り下げが認められたことにより類推して、かく解して差し支えないと思う。

(575) 第六九項参照。

(576) 証人については第八五項を、証文については第九九項を参照。なお註(490)の諸例において裁判所より当事者に支証の出帯を求めているのは、すなわちこれによって挙証責任を定めたものと解すべきである。

(577) 第八五項および第一〇一項。

一〇五　次には濫訴防止あるいは法廷の秩序維持のために採られた手段について述べる。濫訴防止の手段は、いわゆる敗訴罰(Succumbenzstrafe)である。しかしてこれに関しては(一)訴訟当事者の特定の行為に対して裁判所が自ら刑罰を科する場合と、(二)訴訟当事者があらかじめ裁判所に対して、敗訴の場合において甘受すべき罰法を特約せるにあらざれば、裁判所がその訴を裁判しない場合と、この二箇の場合を分かち得る。

(一)の場合はさらにこれを「奸訴之咎」「堺打越」「問状掠申之罪科」および「奏事不実咎」に分かつ。

(1)　**奸訴之咎**　『御成敗式目』第三一条は、理由なきにより敗訴した者が、奉行人偏頗たるの由、不実を構えて「濫訴」を企てると、所領三分一を収公すべく、所帯なくんば、追却すべき旨を定めている。この条文はその文言からいえば、明白に奉行人偏頗たるの由の不実を申し構えた場合に限りて適用されるはずであるが、実際においては、奉行人偏頗を理由とするや否やにかかわらず、不当の訴はこれを「奸訴」と称し[578]、罪科ことに所領一部の没収刑に処する例であった[579]。

(2)　**堺打越**　堺相論において、訴に理由のない場合には、第一〇一項に記述したごとく、当事者の請求なくとも、裁判所が進んで、訴人が当該相論において利得せんと欲したと同一面積の土地を訴人の領地より割分けて、論人に与える法であったが[580]、この場合、論人に分付される土地を「打越」あるいは「堺打越」と称した[581]。

(3)　**問状掠申之罪科**　前述[582]のごとく、『御成敗式目』第五一条は理由なきこと顕然の訴人には、問状を給うことを一切停止すべき旨を規定しているが、幕府はさらに仁治元年閏十月五日に、問答訴人等が問状を掠申す(すなわち奉行を欺いてこれを受ける)旨が露顕したならば、その者を罪科に処すべき旨を定めた[583]。

（4）**奏事不実咎**　裁判所に対して虚偽の陳述をなした者は、罪科に処せられた(584)。

(578)　註(490)所引『東寺百合文書』〔鎌二四〇七九〕に「於奸訴之咎者、被処罪科之条、公家武家傍例也」とある。不当な訴訟はすべて「奸訴」であろうが、そのうちとくに注目すべきものは「讒訴」である。これについては『御成敗式目』第二八条に「構虚言、致讒訴事」と題し、所領を望むために讒訴を企てた者は、讒者の所領をもって他人に宛給うべきものとし、所帯なくんば遠流に処すべき旨を定めている。

『二階堂文書』一、貞永元年十一月二十八日関東下知状〔鎌四四〇七〕に「抑、悪口並構虚言致讒訴罪科事、有被定置之旨」とあるは、すなわちこの規定を指したのである。しかるに『吾妻鏡』寛元二年六月五日の条に「今日千田判官代入道蓮生与市村小次郎景家相論事、遂一決、景家以蓮性為人勾引之由依訴申也、然而無其実之間、募讒訴過料、可直一所橋之由被仰付景家云々」とあるは、刑の量定において右『御成敗式目』の規定と相違しているが、讒者の身分などを考慮して特別の沙汰に及んだのであろう。

讒訴以外の奸訴の種類として、史料には「偽訴」「虚訴」「逆訴」「濫訴」などの名目が残っている。『東寺百合文書』と八五号、大和平野殿庄文書案、永仁五年十一月二日大和平野殿庄雑掌聖賢重申状（『東寺文書之三』五六五頁）〔鎌一九五二〇〕に「六通綸旨案文（自正応六年正月廿七日至于永仁三年四月七日、就于清重偽訴、自本所被申進一乗院綸旨案文、御沙汰之次第厳密也、先進之間略之）」、註(490)所引『東寺百合文書』〔鎌二四〇七九〕に「就中、去正安二年十二月廿六日下所司琳賢等申詞云、東寺領当国平野殿庄雑掌増円申、可止郡使由申、此条不知子細之濫訴也」、『東寺百合文書』と九九号、延慶三年三月日大和平野殿庄雑掌平光清陳状〔鎌二三九五二〕に「次同状云、今月十日夜中帯弓箭兵杖、打入金勝寺之坊中、押取武具云々（取詮）、是又無極不実也、難遁虚訴咎者哉、〔中略〕以前条々太概〔ママ〕若斯、抑百姓等構不実、致濫訴之上者、且依違背本所咎、且任被定置之旨、為被行奏事不実罪科、披陳言上如件」、『深堀記録証文』三、正和

三年三月日肥前国戸町浦内野母地頭深堀平五郎仲家重陳状に「乍背自身所持之状、還而仲家背譲状之由、構眼前不実之条、逆訴之至顕然也〔中略〕所詮、如孫房自称任譲状之旨、被停止非分濫訴、為被行孫房丸於死骸敵対一事両様奸訴狼藉以下重畳罪科、重披陳言上如件」とあるがごとし。なお「非訴」の語も、『東大寺文書』㈣十三、弘安二年四月日東大寺領美濃国茜部庄地頭代伴頼広陳状〔鎌一三五七二〕に見えている。

(579)『吾妻鏡』仁治二年二月二十五日の条に「長掃部左衛門尉秀達与高田武者所盛員、於前武州御前遂対決、是上野国菅野庄内境相論事也、盛員奸訴分明之間、任式条可召放盛員所領一所〔下略〕」、註(306)所引「沙古北徴録」所収文書〔鎌二八〇二九〕に「次幸康〔訴人〕以実書号謀書咎事、至譲状者、依無子細、忝幸康兼阿相共申安堵、乍知行所領、経歳月之後、加了見、自分譲状為謀書之旨、猥及濫訴之条、難遁奸訴之咎、仍為懲向後、可分召幸康所領一所也矣」とある。

広義の奸訴のうち、讒訴については前註に記述したごとく『御成敗式目』に特別の規定があるから、この方が優先し、所領一ヶ所召上の法例は適用されなかったであろう。

以上のほか、不当な申し立てに関する規定をあげると、『御成敗式目』第二九条は本奉行をさしおき、別人に付き、訴訟を企てた者については、裁許をしばらく抑うべきものとし、第三〇条は問注をとげる輩が御成敗を待たず、権門書状を執り進めるを禁止し〔詳細は第九項参照〕、第五一条は問状を帯びて狼藉をいたす輩は申すところ顕然の僻事たらば、問状を給うことを一切停止すべき旨を規定している。第五八項にあげた「為枝葉之間、非沙汰之限」の制もまた、濫訴防止の趣旨〔訴訟経済の理由とともに〕にもとづくものであろう。

(580)『御成敗式目』第三六条。本条は「非拠之訴訟」の場合には「訴人領知之内」を割分けて、「論人之方」に付せらるべきものとしており、その適用は訴人敗訴の場合に限られるようであるが、堺相論のごとき場合には訴人、論人たる地位の差違はその意義がよほど薄くなる〔第一〇六項所引嘉禎元年法令参照〕のであるから、実際上は、この規定を論人敗訴の場合にも準用し、この場合にも論人押領の分限を訴人に付すべきものとしている。

この場合には本条は濫訴の罰ではなく、押領の罰に関する規定となる。『吾妻鏡』仁治二年三月二十五日の条に「海野左衛門尉幸氏与武田伊豆入道光蓮相論、上野国三原庄与信濃国長倉保境事、幸氏所申、依有其謂、任式目、加押領分限、可沙汰付之旨、被仰含于伊豆前司頼定、布施左衛門尉康高等先訖」とあるが、当事者の書き方より見ても、また光蓮が押領者たることより見ても、幸氏が訴人たることは明らかである。しかるにもかかわらず、「任式目」といっているところを見ても、当時すでにこの規定が押領の罰としても考えられていたことがわかる。

論人敗訴の場合の実例は、註(509)所引『朽木系譜』所引文書〔鎌二二四四三〕に「次打越事、積論所分限、可被打渡也」、『市河文書』二、年月不詳中野仲能訴状〔鎌一七四八二〕に「恣令押領南北堺之条無其謂、所詮被召出譲状等、被究明淵底、任傍例、為宛賜堺打越並年々押作々毛等、重言上如件」、註(374)所引「入来永利氏文書」〔鎌二八九四九〕に「而打越事、漏勘録之条違傍例歟、且去文保年中遠州被伺申関東之刻、於堺相論者、可被付打越之旨、被下御事書」と見ゆ。

訴人敗訴の場合は適例がみあたらないが、『深堀記録証文』二、年号不詳八月十一日沙弥寂然請文〔鎌九七五〇〕に「深堀左衛門入道蓮上子息時光申、問注由事、以時光可令遂其節之旨、蓮上相副打越請文、不進覧挙状候之上、蓮上構非分堺論、乱入肥後崎寺領内切杭高浜、或押取寺用米百余石並数拾余町田畠作毛已下若干山船所出物等、或召籠百姓所従、無左右令沽却候之間、一々可糺返之由、雖被下数通御下知候、敢不叙用、剰為延引巡道之沙汰、寄事於無実狼藉、乍掠申関東御教書、依無陳方、難渋打越請文、不及対決、逃下之後、徒経数十余年候之間、於今者、任先傍例、可被宛行堺打越之旨、所被注申候也」とあるは、訴人が論人に堺打越を渡すことに関する。なおこの文によって、堺相論の場合には訴人より「打越請文」を提出することのあったことがわかる。

(581)　前註所引諸文書参照。

(582)　第二三項。

(583)『吾妻鏡』同日の条。同書寛元二年七月十六日の条に「今日有評定、〔中略〕次日野六郎長用与平五郎季長法師（法名妙蓮）相論、伯耆国日野新印郷同下村得分物事、六月廿日掠給御教書之条、難遁罪科之由有其沙汰、長用所被止鎌倉出仕也」とあるは、その実際の適用を示すものである。

(584)註(383)所引「河野家文書」〔鎌一一一六七〕に「一通　―奸継母否事、〔中略〕奏事不実咎事、通時被処別過怠之間、不及沙汰焉」とあるは、別の過怠に処せられざる場合には、奏事不実の咎に処せられたことを意味するものと解せざるを得ない。

なお、『小鹿島古文書』下、永仁五年六月日肥前国長嶋庄上村一分地頭橘薩摩八郎公季陳状〔鎌一九四〇九〕に「件訴状云、〔中略〕、此条公季以下人等令放火由事、極大不実也、〔中略〕所詮、早停止公家濫訴、欲被行奏事不実之咎」、註(108)所引、元亨三年『東大寺文書』〔鎌二八三六九〕に「所詮、篇々一々不超前々、剰、還示自科之上者、早被棄捐政尊仮寛性名字無窮造沙汰、於其身者、慥被処重畳謀書並奏事不実之重科」とあるを参照。

この奏事不実咎の制は、『法曹至要抄』巻上第四八条に「奏事不実事、詐偽律云、奏事上書詐不以実者、徒二年、案之奏事不実之科、徒二年者也」とあるから、律令法に由来するものである。

公家裁判所における実例は、嘉保二年大江仲子解文〔平二一七七〕に「然則有経所進之案文、可謂謀書歟、基季奏事不実之罰何伏待裁定而已」とある。なお、『平戸記』寛元三年正月二十九日の条参照。

本所裁判所においても、たとえば『金剛寺文書』七四号、金剛寺衆徒興福寺僧祐実訴陳状並具書等案〔鎌一四一九六〕、弘安三年二月日金剛寺衆徒等重申状案〔鎌一四二六二〕に「一　陳状云、〔中略〕相招奏事不実之科歟、〔中略〕又奏事不実事、既一期無相違之旨承伏之上者、其科還可有祐実之身上者哉」、『東大寺文書』(三)九、応長元年十一月日備前国野田庄官左衛門尉保広申状〔鎌二四四八〇〕に「被糺決両方、云御下知違背、云奏事不実為被罪科、謹言上如件」、『吉田文書』三、応長元年十一月日三昧田御領百姓鶴松丸重陳状に「所詮、申事、若無其儀者、惣事不実可被行重科者也」などとある。

なお註(578)所引延慶三年『東寺百合文書』を参照。また註(312)所引『雑筆要集』にも「件条極虚言也、〔中略〕奏無実者法条有制」とある。されば奏事不実咎の法は律令法より出で、鎌倉時代の普通法となったものということができるであろう。

一〇六　(二)　濫訴防止のため、幕府は嘉禎元年七月二日には所職所帯および堺相論は、訴に理由なきときは所領を没収せらるべく、所領なくんば罪科に処せらるべき旨の請文を、両当事者より召し取った後、これを糺明すべき旨を定め、建長二年九月十六日には、雑人の訴訟は糺決の上、訴が僻事と決定するときには、十貫文を出し、橋用途に宛つべき由の請文を召しおき、しかる後、沙汰あるべき由を規定した。[585]

右の法令と立法理由を同じくして、しかもその形式を変えたものに、いわゆる「懸物押書」という制がある。[586]懸物とは賭物、すなわち物を賭することで、押書とは一定の様式を備えた文書の称呼であるが、[587]懸物は押書をもってするを常としたから、これをあるいは「懸物押書」と連称し、あるいはたんに「懸物」もしくは「押書」と呼んだ。

訴訟法上「懸物」とは、訴訟において自己の主張に理由なくんば、自己所有の所領を相手方(あるいは第三者)に宛賜うべき旨を申し立てることをいうのである。懸物には強制的のものと任意的のものとの二種がある。強制的の懸物は寛元元年八月二十六日に武州禅門(すなわち北条泰時)のときに成敗あったことは、訴人が懸物押書を提出しない限りは、たとえ問答を遂ぐべき由の書下があっても、当事者を召決して問答せしむべからざる旨を定めているのがそれである。[588]しかしこの種の懸物は濫訴防止の目的を有するといわんよりは、むしろいわゆる「不易之法」成立の一過程として発生したものと見るべきで、この方法を利用して泰時治世の成敗を変化せざらしめんとした一の試みと解すべきであろう。[589] したがって、当事者が懸物状を進めるも、裁判所は泰時の成敗を変えることはなく、[590] 結局幕府は正嘉二年十二月十日に正式にこれを「不易之法」と定めるにいたったのである。[591]

純粋の、すなわち濫訴防止の目的を有する懸物は、むしろ任意的の場合である。すなわち仁治二年八月二十八日に、幕府は甲乙の輩訴訟のとき、判決を遂げるもいまだ勝訴の判決を受けないものが、鬱憤を散ぜんがために、懸物と称して押書を捧げ、自己の申すところに理由なくんば、自身の所領をもって相手方に宛賜うべき旨、相互にその状に記載することがあるが、かくのごときはいよいよ争いを激化する所以であるから、自今以後、懸物状を進めるときには、濫訴の節は懸物状所載の所領をもって、他人に充給うべき旨、これに書き載すべき由を規定しているが、[592] この場合の懸物は濫訴防止の目的を有するものといえる。なお、この規定は懸物そのものを禁止したのではなく、むしろこれを逆用して、濫訴を防止せんとしたものというべきであろう。[593]

(585) 以上、いずれも『吾妻鏡』同日の条。

(586) 懸物押書については、三浦博士の「鎌倉時代の訴訟に於ける懸物押書の性質」(『法制史の研究』一〇八四頁以下)という論文がある。

(587) 『沙汰未練書』に「一　押書トハ　未成事兼入置状也」とある。その意味必ずしも明らかでないが、将来のある事柄を請け合う(確保する)文書という義らしい。押書という名称の文書は少なくとも平安朝時代の末より行われていたもので、「水引権執印文書」に長寛二年の押書がある。左のごとし。

新田宮先執印桑田信包謹言、

押書事

右件押書根源者、宮御領市比野浦公験等以去年五月中旬之比、為沙汰、随身令参洛之処、指無御沙汰之間、件浦公験等留守御房ニ進上畢、然彼公験依不随身下向、難遁諸司等勘発者、於公験者、令参洛、本家申返如本可令進宮之状如件、

長寛二年六月一日　　五世王□《ヨメズ》〔花押〕

先執印、当時五大院主桑田〔花押〕　〔平三二八二〕

押書という文書は室町時代にも、なお存したので、その実例は『薬王院文書』に残っている。

大室八幡宮御代官職事、就由緒、蒙仰候上者、申定候通ニ、御年貢拾五貫文、無懈怠可被進納候、若恒例之神事並御年貢等無沙汰事候者、御代官職改替、不可申意義《ママ》候、仍上殿郷内島源三郎跡国大宝之替地拝領之上者、令返進候、仍押書状如件、

応永廿五年卯月廿六日　　朝　豪花押

朝豪大殿御代官職押書　　応永廿五卯廿

これである。なお鎌倉時代の押書の例としては、東京帝国大学法学部研究室所蔵『周防国与田保文書』永仁三年五月十六日関東下知状〔鎌一八八三三〕に「随如忠明《ママ》同時押書者、公文職事、任父譲状、雖給関東御下文、自今以後者、不可背地頭次郎之令《ママ》、若於違其命者、任入道放文之旨、公文職散在名田畠等可為次郎沙汰、又加徴公事不可懈怠仕云々、〔中略〕然則於公文職並在《ママ》散名田畠者、覚朝背先例並度々下知、不弁勤加徴公事之間、任覚忍寛元誡状自身押書、所付定西跡也」、『比志島文書』三、正和六年四月二十五日沙弥了恵請文〔鎌二六〇八九〕に「若当院郡司彼三ヶ名分役多少論申□、雖為何ヶ度、可致其明之由、去々年〔正和四〕三ヶ名主等被入置押書状候畢」とあるを参照。

さて、上記したごとく、私はわが中世の「押書」をもって、将来のある事を請け合う文書であると考えるが、支那

近世において「押」の字があたかも同様な意味、すなわちある事を請け合うとか、担保するとかいう意味に使用されていることは注目に値する（たとえば「押金」は手付金、「押地」は抵当土地、「押戸」は抵当家屋という意味である）。

しかしはたして、近世以前においても「押」の字が同様な意味を有していたか否かは未詳であるので、支那近世の「押」の意義と日本中世「押書」の「押」の意義とを直に連絡せしめることは危険であるから、今ここでは近世支那の「押」の字にかかる意義も存することを一言しておくにとどめる。

終わりに押書状の性質を徴すべき室町時代の史料を二三あげておこう。

『鶴岡事書日記』応永五年十月十三日法印下知状に「当村斗代以下細々物等事、近年衆中所務之様不同之由其聞候、此所根本被停止諸御公事御佃等、不云上中下之斗代、以居作之分、領別可為参斗代之由、百姓等捧連署之押書、依申請、以別儀、為其分之処、近代斗代等恣申乱之条存外也、所詮百姓等申請押書状云、段別三斗代云、佃ニ公事物為可同之所務、十月中可被沙汰之由被申含候、若有及異儀百姓等者、交名可有注進之状、如件」、『香取文書纂』大禰宜家蔵、応永十四年卯月日香取社大禰宜幸房申状に「右於彼関務者、被閣長日護摩、同神前御灯料所処、近年一向号御倉役、不弁関務之間、令退転御祈禱畢、此之段欲言上剋、物忌代石神入道久阿准新関、雖申掠、既誤登存、任公家関東御判、如新関、不可破之由、出押書畢、其上去応永二年仁先御管領御時、如此依致直訴、令一社同心、背本所御成敗、独立致濫訴之条、無謂之旨就歎申、為難儀之間、無本所御挙状並社家推挙者、不可致訴訟之由、押書状分明也」など、これである。

(588)『吾妻鏡』同日の条。『新式目』はこの法令の日付を寛元二年二月十八日に作る。『吾妻鏡』の方が正しいであろう。

(589) けだし泰時以前のいわゆる三代将軍成敗のことについては、建保六年に改沙汰に及ばざる旨の法令が出ており（『北条九代記』）、二位家成敗については『御成敗式目』の巻首にその不易之法たるべき旨、定められてあり、幕府は北条泰時の成敗も不易之法として取り扱おうとしたが、泰時は将軍でないので、ただちにこれを不易之法となすをはばかり、強制的懸物の制を設け（寛元元年は仁治四年にあたるから、当時においてはすでに本文次段に述べる仁治二年の立法はすでに施行されていたのである）、もって泰時の成敗に対する濫訴の提起を妨げんとしたのであろう。

(590)『吾妻鏡』寛元二年六月二十七日の条には、有間左衛門尉朝澄が肥前国高木東郷地頭職のことにつき、懸物状を進めて訴えたが、故武州禅室のときに沙汰ありし成敗は指せる故なくこれを改むるに及ばずと裁定された。ところが、遠江入道が朝澄の訴を推挙したので、さらに沙汰を経ることとなり、臨時評定を行ったところ、やはりこれを棄捐した旨の、また同書寛元三年五月九日の条には、金津蔵人次郎資成が上野国新田庄内米沢村名主職のことにつき、懸物状をもって子細を申したが、文暦下知に相違なきゆえ、改沙汰に及び難き旨、仰せ出された由の記事がある。同書寛元二年十月二十日の条に「別府左近将監成政申、相模国成松名事、召懸物、可被糺明之云々」とある懸物もまたこの種のものであろう。

(591) 註(392)参照。

(592)『吾妻鏡』同日の条および『御成敗式目追加』諸人訴訟対決時進懸物状事の条〔鎌追一六八条〕。後者に「或未預裁許之族〔中略〕或所申為非拠者」とあり、右二の或の字以下の文句は各別のことを意味するようであるが、後段は前段の説明であると見て差し支えないと考える。

(593) 本項に述べた制度はいずれもローマ訴訟法の Sacramentum あるいは Prozesssponsion に類似したものである。

一〇七　法廷の秩序維持のために採られた手段として注目すべきは、問注の際の「悪口」に対する制裁である。すなわち『御成敗式目』第一二条[594]は、まず一般の悪口につき、情状重きは流罪に、軽きは召籠に処すべき旨を定め、次に問注のときの悪口の場合には、論所[595]を相手方に付すべく、悪口人に論所取得の理由なきときは、（該所領が相手方に付せられるのは当然であるから[596]）彼の知行するほかの所領を没収すべく、また所帯なくんば、流罪に処

すべき旨を定めている。(597)(598)

(594)　註(578)所引『二階堂文書』〔鎌四四〇七〕に「抑、悪口並構虚言、致讒訴罪科事、有被定置之旨」とあるは、すなわちこの法文を意味する。なお『相良家文書一』四六号、相良頼資申状案〔鎌二八七八三〕に「一　心蓮子息以頼資為若党由乗心書載度々陳状、及大悪口罪科不軽事、〔中略〕爰頼資始俗名孫四郎也、心蓮俗名者為彦三郎間、為立頼資於嫡子、為又三郎之由、令改名訖、而以若党西蓮之先年俗名、為頼資若党之由、乗心構申条、兼告言並悪口両罪訖、如傍例者、罪科可令遁避哉焉」とあるを参照。

　悪口の訴訟については、『熊谷家文書』二一号、文永十一年正月二十七日関東御教書〔鎌一一五二三〕に「熊谷図書助二郎直高申悪口事、訴状遣之、所詮、任先下知状、相分所領半分、可令撰取一分於直高之状、依仰執達如件」とあるを参照。

(595)　この場合には「論所」を相手に付すべきものであるから、ほかの所領を与えるは違法である。すなわち『熊谷家文書』二二号、建治元年七月五日関東下知状〔鎌一一九四五〕に「長家〔論人〕亦吐悪口者、可被付論所云々、而以非論所之田畠在家、被分付之条、御成敗之趣令違式目」、『薩藩旧記』前集巻六、弘安九年十一月五日関東下知状〔鎌一六〇二三〕に「依忠能〔訴人〕悪口之咎、被付論所於久経〔論人父〕之由、被載御下知之上者、宛給下地之旨陳之者、守忠能訴状之名目、如被成下之下知状者、以成枝名五升米〔中略〕以下所務条々、被付久経畢」とあるがごとし。

(596)　当事者が悪口を吐いた場合に申し分に理由ありや否やを問わず、論所を相手方に付したことは、この法文によって知れるが、「深江文書」永仁五年九月七日鎮西下知状（三浦博士『法制史の研究』九五三頁所引）〔鎌一九四四七〕に「両方故召決之処、長員〔論人〕代官忠澄致悪口畢、任上総村例、可宛給別納御下文之由、行位〔訴人〕訴申之処、於御下知之篇者、長員陳詞雖非無子細、至悪口者、無所遁之間、任行位申請、可令収納領知也」とあるは、その実際にも行われたことを示すきわめて適切な例である。

(597) 問題は悪口たるや否やの標準をいかなる点に求めたかということであるが、抽象的な標準はなかったので、われわれはただ実例によってこれを推知し得るにすぎない。まず、悪口になる例をあげてみよう。

(一)『御成敗式目』制定以前であるが、建保元年五月七日に和田合戦の勲功定があったときに、波多野中務丞忠綱は無双の軍忠においては疑問はなかったが、御前において対決のとき、三浦義村をもって盲目と称し、悪口を加えたので賞を加えず、罪科に准ずべき由、決定された(『吾妻鏡』同日の条)。

(二) 註(594)所引『二階堂文書』〔鎌四四〇七〕によれば、その実なきにかかわらず、相手方が自身本鳥(髻)を切ったと主張するは悪口になると判定された。

(三)『吾妻鏡』寛元三年十二月二十五日の条によれば、松浦執行源授と鶴田五郎源馴と肥前ならびに壱岐内の所領相論のとき、馴が問注奉行人越前兵庫助政宗を悪口したる由、授が申したので、証人に尋ねた。それは虚偽であったので、馴の所領を安堵し、授を召籠に処している。

(四)『東寺百合古文書』六四、永仁四年十二月二十日関東下知状〔鎌一九二二六〕によれば、二答状において論人地頭代が「網事、雑掌〔訴人〕寄事於供僧、掠申歟、将又供僧言行相違、為服薬訴申歟」と書いたが、これは悪口になった。これは問注の場合の悪口ではないから、『御成敗式目』第一二条の前段が適用されるわけである。そのためであろうか、この場合には網そのものの相論には影響を与えることなく、たんに訴人が罪科に処せられたにとどまっている。

(五) 正応三年四月十八日以前には、遺跡相論のとき、相手方が被相続人の子息にあらざる由、申すことは悪口に准ぜられていた(『北条九代記』同日の条)。

(六) 正応三年、武蔵新羽郷地頭大見定村の遺領につき、定村嫡子と定村後家平氏と相論のとき、後家が定村の中陰に籠僧を追い出し、念仏を打ち止めたのは逆罪なりと、嫡子が申したが、これは悪口となり、その咎により、論所は平氏に付せられた(『新編追加』第一三五条〔鎌追七九条〕。なお第一三三条〔鎌追七七条〕も参照)。

(七)　『新編追加』第一三四条〔鎌追七八条〕によれば、御家人が諸国修業のとき、やむをえず、諸人の愛顧をたのみ、おのが身命を助けるは通例であるのに、このごとき者を左右なく「乞食非人」と称するは悪口になると判決され、悪口人は召籠に処せられた。

(598)　次に悪口にならない例を二三あげる。

(一)　「水引権執印文書」宝治元年十月二十五日関東下知状〔鎌六八九〇〕によると、訴論人は互いに相手方を還俗の身なれば侍所に参るべからずとか、相手方は自己の祖父島津豊後前司忠国の小舎童であるなどと申しあったのであるが、裁判所は「彼申状為枝葉之間、非沙汰之限」と判決した。

(二)　『東寺文書』楽之部一之八、弘安十年十二月十日関東下知状〔鎌一六四一四〕によると、訴人雑掌は訴状に「地頭者、仏法破滅大魔也、神事障難外道」と書き載せたが、裁判所は「非指悪口之間、不及沙汰矣」と判決した。

(三)　『市河文書』一、正応三年十一月七日関東下知状※〔鎌一七四八〇〕によると、訴人蓮乗は「不実」の咎によって、先に勘気をこうむったが、その後、原免されたのに、勘気により追放された旨、論人が陳状に書き載せたのは悪口たる由、訴人子息(訴人はすでに死去)より訴えたところ、追放すべき由、下知状に書き載せてある以上、論人の申すところにも子細ありとて、過言とは認められなかった。

(四)　『山田氏文書』正安二年七月二日鎮西下知状〔鎌二〇四七六〕によると、郡司〔論人〕は越州御下向のとき(鎮西)引付問答の座において「阿礼加」と悪口を吐いたから罪科に処せられたき旨、地頭より訴え出たが、「阿礼加」という言葉の意味が不明であり、地頭もまたその正字を知らぬようなわけであったので、「非指悪口之間、不及沙汰矣」と判決された(これは訴訟の相手方でなく、第三者に対する悪口の場合である)。

(五)　相手方をもって「恩顧仁」(自己または本所の)なりと誹謗することは当時しばしば行われたところであるが、

裁判所はこれをもって悪口にならないものと判決した。たとえば、『市河文書』一、弘安元年九月七日関東下知状〔鎌一三一七〇〕に「一 重房〔論人〕為蓮阿〔訴人〕恩顧由事、〔中略〕右三箇条為枝葉之間、不及沙汰矣」とあり、また『集古文書』二八、所蔵不詳、正和元年七月七日六波羅下知状〔鎌二四六二一〕によると、雑掌は訴状に論人らは「本所恩顧」なりと書き記したが、裁判所は「為枝葉之間、非沙汰之限」と判決し、「山田忠経譜」（『薩藩旧記』所収）、正慶元年十二月五日鎮西下知状〔鎌三一九一二〕で、後記『山田氏文書』弘安十年下知状を援用して、相手方を「恩顧仁」と称しても、悪口にならないのであるから、いわんや「為芳志、知行」と呼ぶことは悪口にならないと述べているがごとくである。

なお、『山田氏文書』弘安十年十月三日関東下知状〔鎌一六三五三〕によると、資忠〔論人〕は自己の「恩顧仁」たる由、訴人久親がその訴状に書き載せたのであるが、久親の提出した証文は請所証文であり、そのいうごとく、代官職証文ではないが、請所証文がある以上、相手方を「恩顧仁」と呼ぶことは「非指過言」と判決され、また訴人久親は父の勘気をこうむった由、論人資忠が構え申したが、「右久親雖申子細、為父被不孝之条進証文畢、如彼状者、以諏方入道申入子細之由所見也、帯此状、資忠申之歟、此条非指過言之上、相論之趣頗無其詮」と判決されたこと、および『比志島文書』三、正和二年九月十日守護代沙弥本性下知状〔鎌二四六五六〕によると、訴人基員は論人道証を「非分身」と称し、道証は基員を「税所介郎従」と申したので、互いに相手方を悪口の廉をもって訴えあったが、裁判所は「非分身」の方については審理を加えることなく、「税所介郎従」の方は過言なりとは認めたが、基員先祖は「為無足不知行久□□〔国之〕上」税所介代官たることについては異論ないのであるから、「悪口之篇、相互雖申子細、非沙汰限」と判決したことを参照すべきである。

第二篇　室町幕府不動産訴訟法

緒　言

一　本篇における自分の研究の結果を要約するならば、室町幕府不動産訴訟法はだいたいにおいて、鎌倉幕府所務沙汰の制を模倣したものであるという一事に帰せしめることができる。されば本篇において記述するところにして、前篇において叙説したところと一致するものも尠少ではないが、しかし子細に観察すれば、なお両者の間に相当の差違が存することを認めるに難くない。ことに(I)訴訟の系統を分かつに、裁判所を標準としたこと、(II)この時代の中期に引付沙汰が廃絶し、御前沙汰がこれに代わるにいたったこと、(III)鎌倉幕府所務沙汰の訴訟手続きほとんどそのままというべき通常訴訟手続きのかたわらに、これとあいならんで簡易訴訟手続きとでも名づくべき特別訴訟手続きが発達し、この時代を通じて、盛んに利用されたこと、以上三点は室町幕府不動産訴訟法を特徴づける重要事実として看過し得ないところであるから、以下、まずこれらの点を略説し、次に本論に入ることとする。(1)

(1)　本篇においても説明に便宜である限り、第一篇におけると同じく、公家法および本所法をも参照したが、そのほか守護の分国法をも参照した。分国法の規定の中には室町幕府の規定に由来するものが多いのであろうから、これによって、室町幕府法の史料欠乏の箇所を補い得る場合があると考える。

『二尊院文書』康永二年十一月四日金岡東庄信行申状に「就中、守護御方御沙汰者、付是非可被守武家御成敗歟」とあるは、守護は幕府の命令を遵奉すべき旨を意味するのであるが、なおもって分国法と幕府法との関係につき暗示するものがあるのではないかと思う。

二　鎌倉幕府は既述のごとく、訴訟の目的物を標準として、訴訟法を所務沙汰、雑務沙汰および検断沙汰の三系統にわけていたが、室町幕府はこれと異なり、裁判所を標準として訴訟の系統を分かった。すなわち嘉吉以後に作成されたとおぼしき『武政軌範』(2)によると、当時の幕府訴訟法は引付沙汰、(3)侍所沙汰、問注所沙汰および政所沙汰の四系統にわかれており、そのほかに特殊のものとして御前沙汰があったのである。

このうち鎌倉時代の所務沙汰と管轄事項を等しくするものは引付沙汰である。『武政軌範』引付内談篇に御沙汰条目事としてあげるところは、「所帯押領、遵行難渋、抑留年貢、対捍使者、対論本主、遺跡競、女子相伝、下知違背、越境違乱、用水相論如此等事」であるが、「不及具挙之」と付記してあることによって、これらの篇目は例示にすぎぬことがわかるのであって、結局その所轄事項は所務沙汰と同一であるということができると思う。なお同書には「其外至安堵御判、勲功賞、官仕労等類者、為御前御沙汰乎、又寺社篇、越訴条者、別被定奉行人歟、但依事之趣、或於引付被経御沙汰之段、亦在之哉」と記してあるから、これらの事項もまた引付で沙汰したことがあったのである。(4)

『武政軌範』によると、上記四沙汰のほか、京都には「地方沙汰」なるものがあり、「京中諸家屋地事、云知行之安堵、云訴論之糺決、為当所之沙汰者也」であった。されば地方沙汰も右の範囲内でやはり不動産訴訟を管轄したのであった。

（2）同書政所沙汰篇賦事の条に「而勢州貞国執事之時、至永享之末、依公儀不得寸暇」とあるによって、本書が少なくとも嘉吉以後の作成にかかることは知り得るが、正確な年代は未だこれを考定し得ない。

（3）『武政軌範』には「引付内談篇」と書き記してあって、「引付沙汰篇」と書いてあるわけではない。しかし次項所引『紛註集』には「引付之沙汰」の語が見えているから、他沙汰の例にならい、引付沙汰の語を用いることとする。

（4）この時代（室町時代前半）においては、御前沙汰は本文所引『武政軌範』に見えるごとく、安堵御判、勲功賞とか、官仕労等を沙汰するものであるから、訴訟とは関係はない。なお、註（46）参照。

三　上記のごとく、少なくとも永享以前においては幕府不動産訴訟は引付の管轄に属していたのであるが、嘉吉以後（おそらくは義政将軍の時代において）、引付沙汰が断絶した結果、爾後、該訴訟は御前沙汰として成敗されることとなったのである。

この間の事情は『紛註集』(5)に「御沙汰条目之事（御ハ大樹ノ事也）、一所領之押領（トルマシキ知行ヲ云トル事）、一遵行之難渋（奉行之状ニ不随ヲ云）、一年貢之抑留（定ノ外ヲ取ヲ云）、一本主之対論、一遺跡之競望、一女子之伝譲、一越境之相論、一用水之相論、一下知之違背、右、此等之類為引付之沙汰訖〔ママ〕物也、此外安堵之御判、勲功之賞并官仕之労、此等者御前沙汰訖〔ママ〕物也、而近代引付之評判断絶之間、皆以直為御成敗者也」とあり、伊勢貞陸(6)の『常照愚草』に「番文之事、是は五方引付之番文也、（中略）此番と申事、昔は其時代の公人奉行、一代に必中沙汰仕て、人数を註たる事也、近代は無沙汰云々、古は天下の諸公事を此五方の頭人令存知、評定をなし、理非を分申定畢、応永年中まではさやうの事も有之、其後は五方の人数計は公人奉行も書立候へ共不及御沙汰なりはてし也(7)」とあるによって知ることができる。(8)

（5）　私の見た『紛註集』には図書寮所蔵本と東京帝国大学附属図書館所蔵本とがある。前者は「紛註集」と題し「松岡文庫」の印を踏し、巻末に次の識語が載せてある。

此紛註集者、或人所持之古写本を乞ひ借りて、我か家伝の助にも成へきと思ふに依て、写置者也、此書の中に近代嘉吉元年と記せるを以て考るに、慈照院殿（義政公東山殿）乃比の人の記し置るなるへし、年号記者の名もなし、おしむへし、されとも実録なり、用て証とすへし、

天明二年壬寅七月五日「〔朱書〕（疑字如本、加朱書了）」　伊勢平蔵貞丈書

右一帖免伝写候畢、　伊勢万助

寛政六年中寅年十一月廿日　貞春〔花押〕

松岡平次郎殿　参

右の文にいわゆる「近代嘉吉元年云々」の文句は、同書に「右此二ヶ条問注之秘伝堅可密者也、然近代嘉吉元年普広院殿之為古暦被書載在之、記左者也」（『書礼紛註集』には、なお「一右将之下知付近代之名誉、古暦ニ記之、但年号ハ嘉吉元年細川右京大夫家中参宮下知之過書被遣秉、筆者ハ下田掃部允云仁也」という文がある）とあるを指すのであるが、本書の成立年代に関する貞丈の説はおそらくあたっているのであろう。

次に東大図書館本は南葵文庫旧蔵本の一で、同文庫印のほか「強精居図書部」の印を踏し、『書礼紛註集』と題している。奥書はないが、相当古い書写のように思われる。

（6）　伊勢貞陸は足利十代将軍義稙の代の政所執事で、常照はその号である。『恵林院（＝義稙）将軍宣下記』（延徳二年に将軍宣下あり）に「今度政所執事伊勢貞陸不勤御硯役」と見ゆ。

（7）『常照愚草』によれば、引付沙汰は応永年中まで存し、爾後廃絶せるもののごとし。しかるに註（2）に記せるがごとく、嘉吉以後に成りたるものと推定せられる『武政軌範』には「引付内談篇」を載せ、詳細にその手続きを記述し、しかもその書き方は過去の事実を叙説する態ではない。かくて引付沙汰の廃絶時期については二様の相異なれる史料が存するわけであるが、『常照愚草』よりも『武政軌範』の方が史料としての価値ははるかに優れていると考えられるから、しばらく後者の記述を基礎として議論を進めることとする。

（8）かく室町時代においては、不動産訴訟は前期においては引付沙汰として、後期においては御前沙汰として取り扱われたのであるが、両者は口頭弁論および判決成立手続きにおいてこそ差違があれ、それ以外の手続きにおいては大差はなかったものと考える。以下の記述はすべてこの前提に立つものであり、したがって口頭弁論および判決成立手続きにおいては両者を区別して記述したが、それ以外の手続きについては別にこれを区別しなかった。

四　鎌倉幕府所務沙汰の訴訟手続きは、まず審理手続きとして、訴陳状の交換および口頭弁論があり、次に判決成立手続きが行われて理非についての判決が下される順序であり、かつこの種手続きのみ存したのであるが、室町時代になると理非について判断を下すことを目的とする通常訴訟手続きのかたわらに、訴の提起があると一応、訴の趣旨に任せて論所の「沙汰付」（守護あるいは使節に命じて論所を訴人に交付せしめること）、あるいは論物の弁済（論人より訴人への）を命ずる手続きが発生した。

これを通常訴訟手続きに対して特別訴訟手続きと呼び得るが、審理手続きおよび判決成立手続きを省略した簡易な手続きである点に着眼して、これをまた簡易訴訟手続きと呼んで差し支えないであろう。(9)

いずれにしてもこの意味の簡易訴訟手続きが発生し、かつ広く行われたということは、鎌倉時代の所務沙汰に対する室町幕府不動産訴訟法の最大特徴であるというべきである。

（9）　第二章第六節参照。

第一章　訴訟当事者

五　訴訟当事者を指称する言葉として「訴人」[10]「論人」[11]「敵人」[12]「敵方」[13]および「当敵」[14]「故敵」[15]などの語が存したこと、およびその用法は鎌倉時代におけると異なるところはないが、そのほかこの時代(ことに後半期)においては訴訟のことを「公事」とも呼んだので[16]、訴訟当事者を「公事主」と称したことがある。[17]

(10)　とくに現在の訴訟の訴人を「当訴人」と呼んだこと、『東寺百合文書』レ三十二至四十九、康暦元年八月日訴状所載系図〔レ七五号〕および「那古野庄領家職相伝系図」(『歴史地理』六二巻二号、小島鉦作氏「尾張国那古野庄の開発と伝領」三頁所引)に見ゆ。

(11)　とくに現在の訴訟の論人を「当論人」と呼んだことは前註所引「那古野庄領家職相伝系図」参照。

(12)　『室町家御内書案』(改訂史籍集覧本、以下同じ)上、文明十一年十月二十一日幕府奉行人意見状。

(13)　『東寺百合文書』テ一之六、応安四年八月日仁和寺雑掌法橋申状〔テ五五号〕、『祇園社記』二、応永六年七月日丹波国波々伯部極楽寺住持寛初重申状、『看聞御記』応永二十七年七月二十日条および『蔭凉軒日録』寛正二年十一月二十六日条など。

(14)『大塔物語』（史料七之四、六七一頁）。「当敵仁」の語については、『東寺百合文書』ケ一之七、観応元年六月日東寺領播磨国矢野庄例名内是藤名々主僧実円重陳状（史料六之十四、三三九頁）［ケ三六号］を見よ。

(15)前註所引『大塔物語』。なお、本所裁判所のものであるが、『東寺百合文書』ヨ二十二之三十六、康安二年九月※功徳院住持慈妙以下比丘尼申状（史料六之二十四、七八三頁）［ヨ一一四号］も参照。本文書によって「敵方」の語は「当方」の語に対応するものであることを知り得る。

(16)『大乗院寺社雑事記』文明十五年六月二日の条に「細川与勢州公事ハ九条之田地事故也」、同書同年九月二十日の条に「箸尾与万蔵公事出来云々、本来之堺相論事也」、『東寺百合文書』ノ十八之三十三、永正五年十一月二十二日元広状［ノ三五七号］に「さ候間、於京都御公事可被遂糺明分ニ候、公事のならひの事候間、延引候」などとあるがごとし。そのほか類例多し。

(17)『室町家御内書案』上、両人訴論対決記録に「於東山浄土寺布施下野守宿所（于時執事代）公事主（石井雅楽助、石井美濃守）両人田地買得之儀相論時」と見ゆ。

六　㈠　**当事者能力**　神社および寺院が訴訟当事者能力を有していたことは鎌倉時代におけると異なるところはない。自然人のうち、御家人が、当事者能力を有したことはいうまでもないが、御家人の郎従（従僕）および本所ならびに地頭進止下の凡下（平民）らも前篇において記述したと同様の制限のもとに、やはり武家裁判所に出訴し得たものと思われる。なおこの時代において、村落のうち、ある種のものが訴訟当事者能力を有するにいたったことは疑いないが、この問題に関する研究は別の機会にゆずることとする。[18]

幕府がある場合に、前記神社以下の者の当事者能力を剝奪し得たこと、また前代のとおりである。[19]

(18) 中世の村の人格については拙稿「中世に於ける入会の形態」(『法学協会五十周年記念論文集』第一部、六三二頁)において多少述べたことがある。この問題については別に詳細な研究を発表する予定であるから、ここには論証を省略しておく。

(19) 『建武以来追加』第六条[室追九条]に「一　違背御下知御教書並奉書等、不渡下地輩事(康永二四十一御沙汰)、或被裁許、或被成奉書之後、雖申子細、依無其理、不被許容之輩尚以押領下地、成煩云々、於如然之族者可被処于違背咎之上、付惣別、永不可被聞食訴訟也」、『蔭凉軒日録』長禄四年二月十一日の条に「奉報来、日徳院御成事也、常徳院御成、御斎、以厳命被責常徳院罪人未出之怠慢之事、若尚怠則向後不可被聞召常徳門中之訴訟之由被仰出也」とあるがごときは、すなわちこの意味であると解する。

七　(二)　**訴訟能力**　室町時代においては、未成年者を指称するに、通常「幼稚」あるいは「幼少」の語をもってした。[20] 幼稚人は代理人によらずしては訴訟行為をなし得ぬ法であった。[21][22] 女子は、女子としては、男子と同じく独立に訴訟行為をなし得たが、妻は夫によって代理されるのが常例であった。[23]

(20) 室町時代においても「童形」という言葉も用いられぬではなかったが、童形とは元来、未元服者の謂であり、必ずしも一定の年齢の者を指称する語ではなかったから、次註に記すごとく、幼稚をもって十五歳未満の者の称呼であるとすれば、両者を同一視することは正確であるとはいえないであろう。

(21) 私は前篇において鎌倉時代の武士の元服の年齢はだいたい十五歳くらいで、元服とともに法律上も成年となり、したがって単独訴訟行為をなし得るにいたると記したが、室町時代となっては元服の有無にかかわらず、幼稚者すなわち十五歳未満の者は単独に訴訟行為をなし得ぬ法となった。それは『室町家御内書案』上、永正十五年五月二十日幕府奉行人意見状〔室追参三二三条〕に「於歳十五以前之輩者、判形以不御用証拠」とあることによって推知し得るのである。

けだし、この文章の意味は、十五歳以下の者の判形を加えた文書は、幕府法上実質的証拠力を認めぬということであるが、判形能力の規定は同時に一般に法律行為能力の、したがってまた訴訟行為能力の規定であると解して差し支えないと考えるからである。「幼稚」人あるいは「幼少」人がすなわち判形無能力者の意であったことについては、次註に引用する『臨川寺重書案文』および『執事補任次第』を参照。

(22)　未成年者の代理人としては、まずその父、父のない場合もしくは何らかの事由によって父が代理し得ざる場合には、母、祖父または祖母がこれにあたり、これらの者がすべて代理し得ぬ場合でも、未成年者の後見人が定めてある場合には、彼はその訴訟代理人たり得たものと考える。

その証拠をあげると、父については避文ではあるが、『安芸文書』二、貞和四年七月十三日状に「虎王丸幼少之間、道高〔虎王丸の父〕出代字之証状也」とあって「左衛門尉道高」のみが加判しているのを参照。

母については『臨川寺重書案文』坤、康永三年十一月十九日御判下知状に「地頭源氏幼稚之間、母尼〔存孝後家〕所加判〔和与状に〕也」とある。祖父については事案は異なるが、『執事補任次第』に「斯波治部大輔義淳応永十六年八月十日、輔任〔于時十一歳、依為幼少、祖父法花寺代孫、載判形云々〕」とあるを参照。祖母については『東寺百合文書』ツ一之十、延文五年卯月日若狭国太良庄真村名本名主権介息女若鶴女申状〔ツ三九号〕は東寺裁判所に提出されたものであろうが、それに「若鶴女幼稚之間、為祖母福阿之計、差進法阿〔又代官〕於代官、致安堵訴訟」と見ゆ。

後見人については『仁和寺文書』暦応四年二月四日文殿注進状〔史料六之六、六四七頁〕に「於良円僧正譲良耀状者、良耀幼稚之間、預置後見泰全法印」とあるごとく、未成年者の所領に関する重書類は後見人の保管するところであったから、これに関する訴訟もまた彼の管掌するところであったろうと察せられるのである。

未成年者に父母も祖父母もなく、また後見人も定められてない場合には、彼には訴訟行為をなす手段がないのであるから、たとえ自己の所領が他人に侵害されても裁判所に訴えて、これが救済を仰ぐことはできず、成年（「成人」）すなわち十五歳に達して後、はじめて訴を提起し得たのであった。『東寺百合文書』と一二八号、暦応五年二月日安芸国在庁藤原泰清申状［と八一号］に「而光清〔泰清父〕他界之時、泰清幼稚之間、清基伺此隙、企謀訴、掠賜御下知畢、其後泰清漸成人之間、擬訴申之処」とあるを参照。

(23)　政所沙汰ではあるが、『親元日記』別録下に

一《飯》松《加》平大炊助勝親〔文明十二〕――三卅

摂州河西庄内田地六段余事、愚妻永代買得相伝之処、安東備前守隆泰違乱云々、

とあるを参照。夫が妻に代わって妻の所領を処分し得たことについては、なお『本蓮寺文書』文明二年九月十六日四郎大夫渡状に「渡辺屋敷之事、右件屋敷之在所者、吉田也、四至者〔中略〕、仍去年〔己丑〕歳、妻にて候者仕進借状まかせて、渡進所屋敷明白也」とあるを参照。

八　㈢　**訴訟代理**　代理人を一般に「代官」といい、本所代官をとくに「雑掌」と称し、しかして本人を「正員」と呼んだこと、また、代官（雑掌）に「平代官」（「平雑掌」）、所務代官（「所務雑掌」）、および沙汰代官（「沙汰雑掌」）の三種が存したこと、およびその職務権限などはすべて鎌倉時代におけると同様であった。[24]

沙汰代官（沙汰雑掌）あるいは平代官（平雑掌）は当然、本所に代理して訴訟行為をなし得たのであるが、そのためには、裁判所に対して自己の代理権の存在を代官職（雑掌職）の補任状[25]あるいは挙状[26]（本人より裁判所に宛てた代理権授与通知状）によって証明しなければならなかった。[27]

訴訟代理人の行為がその代理権の範囲において直接に本人につき効果を生じたことはいうまでもない。

(24) 上記所職のうち、(I)まず沙汰雑掌職の請文を二三あげてみるに、『東寺百合文書』ル一之八、貞和二年六月十七日頼慶請文〔ル三八号〕に「請申　東寺方々御領等沙汰雑掌職事、右本供僧学衆(付那波、佐方)最勝光院、宝荘厳院、八幡宮領(久世方)、以上六方事、被仰付之上者、所意不及存疎略、云公家、云武家〔公家方においても、武家方においても〕、可致忠節候、若雖為此六方御領之外、就寺家事、可致沙汰事令出来者、随衆中仰、可致秘計候、凡罷蒙寺恩之上者、雖聊不可在不忠之儀、沙汰〔訴訟〕之習、或得敵方之語、或就甲乙人之献芹、申乱是非、不可失公平、若此旨偽申候者、〔以下神文〕」、『同文書』ル一之八、貞和三※年十二月二十一日奴厳請文〔ル五九号〕に「請申　東寺御領沙汰雑掌職事、右寺家方之御沙汰、心之所覃不及存疎略、不可有緩怠之儀、於公家武家御沙汰、可抽無弐忠節、凡須寺恩之上者、偏公平為先、更不可存不忠之儀、或得敵方之語、或耽諸人之賄賂、申乱是非、不可失公平、若偽申者〔以下神文〕」などとある。『大乗院記録』建武二年二月日坪江上郷年貢注進状に「京都雑掌給」と見える京都雑掌も沙汰雑掌の別称であろう。

(II) 庄務雑掌(=所務雑掌)の語は、(I)所引『大乗院記録』に見ゆ。三坂圭治氏『周防国府の研究』二三二頁所引「定尊上書言」のなかに「如長弘〔周防守護大内長弘〕執進代官定盛同年十一月十五日請文者、任御下知並御施行之旨、莅彼等《ママ》、被沙汰居在国雑掌覚増於当保所務並公文名役末寺社以下候之処〔下略〕」とある文中の「在国雑掌」はおそらく所務雑掌の別称であろう。

(III) 平雑掌の語はいまだみあたらないが、『高野山文書』(金剛峯寺坤、史料六之十一、二二六頁)「蓮花乗院領阿波国完《宍か》昨庄事、為雑掌職、云京都沙汰、〔沙汰は訴訟の意〕云荘家所務、可被致執沙汰候、於年貢者、捧起請文、任有目、可被致其沙汰候也、恐々謹言、　貞和三年三月十六日　頼宝在判　良知在判　教観房阿闍梨御房」という文に見える雑掌職はすなわち平雑掌である。

(Ⅳ)　所務代官の語は『東寺百合文書』ゑ十下之十六上、建武元年八月日若狭国太良庄内時沢名主法橋実円重陳状〔ゑ二九ノ一号〕に「爰国方御代官被座厳円宿所之事、称罪科、被仰下之間、厳円上洛仕、為所務代官、被座百姓家之事、可被処罪科之由被仰出」とあるを参照。これを「国方代官」とも称せしこと、またこの文書に見えるが、そのほか「地下代官」（『東寺百合文書』京二十五之三十七、暦応二年八月二十五日下文―（史料六之五、八八三頁。なお八八四および八八五頁を参照）〔京四四号〕、「所務職」（『古蹟文徴』三、貞和二年七月四日橘知基請文）などとも呼ばれた。

(Ⅴ)　平代官および沙汰代官の語はいまだみあたらないが、鎌倉時代の制より推してみるに、かかる語が存せしや否やは別としても、少なくとも同様な職務権限を有する代官は存したに違いないと思う。

(25)　『菊大路文書』四六一号、永正七年八月日石清水八幡宮善法寺雑掌申状に「一　彼在所楽人等相拘事、非一旦□令言上、雖然以補任致存知者代官也、代官者、非一旦哉」と見ゆ。その意は代官は正員の補任あるによって代官としての職掌を致すのであるから、その職は一旦のものではないか（すなわち永久のものでない）ということであるが、この文句によっても代官（雑掌）が代官職（雑掌職）補任状によって、自己の代理権を証明し得たことが推知される。

(26)　『紀氏系図裏文書』文和二年十月日賀茂社領近江国伊吹社雑掌右宗申状（史料六之十八、四三〇頁）にそえた挙状「賀茂社領近江国伊吹社事、佐□□《〔々木カ〕》佐渡五郎左衛門尉家人賀積□《〔次カ〕》郎（不知実名）濫妨当所之間、以雑掌右宗言上子細之候、以此旨可有御披露□《〔候カ〕》、恐惶謹言　十月廿三日　社務左衛門大夫□□　進上御奉行所」はその一例である。

(27)　「又続宝簡集」一四八八号、近木庄施行文書案、建武四年八月二十八日和泉守護細河顕氏返事案に「承候高野山領小木庄事、雑掌帯一山之挙状、不出来候之間不審之間、閣候之処、如此承候之間、即令下知守護代都筑入道候了」（「如此承候」とあるは若宮別当坊―本人―よりの挙状を受領したことを指す）とあるは、すなわち正員挙状を帯びざるため、訴訟が裁判所に受理されなかった一例である。

九　(四)　口入　幕府は正長元年十月十一日に訴論人が権門の吹挙を望請することを先条の制法(『御成敗式目』第三〇条を指す)に任せて厳禁し、かくのごとき輩があらば奉行人は早く吹挙人の名字を指し申すべき旨を定め(『建武以来追加』第一一七条〔室追一八三条〕)、長享二年五月六日には、僧女比丘尼が訴論人の語を得て尊卑をいわず、あるいは執申(周旋)し、あるいは口入することを先例に任せて厳禁し、この規定に違反して執申する者は所領を没収し、所領なくんば流刑に処し、訴論人にいたってはたとえ理訴たりとも、これを棄て置くことに定め(同上第一二八条〔室追三〇三条〕)、永正六年五月九日には再び権貴ならびに女性・禅律僧の口入を禁止し(同上第一三八条〔室追三五四条〕)、文明九年八月二十七日には訴人の申状につき権門として執申したらば奉行人は急度「挙状」(権門執申状の意)を「給置」き(奉行所に止め置きの意か)、伺い申すべきものとし、もし掠め申す儀あらば、執申人に対して、糺明あるべきものと定めた[28](同上第一六三条〔室追二七三条〕)。

(28)　なお『建武式目』第八条に「一　可被止権貴並女性禅律僧口入事」と見ゆ。『建武以来追加』第二六条〔室追三五条〕も参照。分国法では『長宗我部元親百箇条』に「一　公事辺女房衆取次堅停止之事」とある。

一〇　以上は訴訟当事者を能力の点から観察したのであるが、以下には数の点より論ずる。鎌倉時代におけると同じく、当事者の数に関する法律関係はかなり不明瞭であって、ただかかる場合も存したということだけを記述し得るにとどまるのは遺憾である。

(一)　**共同訴訟**　当事者の複数は室町時代においても無制限に認められていたようである。当事者が比較的少数の場合には、全員の氏名を訴訟文書に記載したのであるが、多数の場合には「石清水八幡宮大山崎神人等」のごとく、包括的に記載する例であったこと[29]、鎌倉時代におけると異なるところはない。

(29)『離宮八幡宮文書』二、応永二十四年八月九日幕府下知状に「石清水八幡宮大山崎神人等申、内殿御灯油料荏胡麻等津料事」とあるがごとし。なお第一篇註(54)参照。

二　㈡　訴訟参加　訴訟参加には補助参加[30]と権利者参加[31]とに類するものがあったようであるが、詳細な点にいたっては史料不足のためいっさい判明しない。

(30)『東寺百合文書』レ二十至三十一、応永十一年七月日寒川出羽守元光申状〔レ九二号〕に「右、於当庄公文職者、元光相伝知行所職也、然家人真板為代官之、預置之処、令抑留年貢、剰号私領押領之条、不知恩之至、罪科不軽、仍恩顧敵対之由歎申処、相語東寺、以寺家雑掌支申之条、更不得其意者也、東寺御寄進事者、地頭職也、於公文職者、各別相伝之所帯也、何為寺家、可被支申哉」とあるが、この訴訟において東寺は元光代官の側に補助参加したものと見て差し支えないであろうと考える。

(31)その適例として、『東寺百合文書』イ一之二十四、建武四年八月日源氏女雑掌陳状〔ヒ三八ノ一ノ一号〕に「右、当庄者〔中略〕領掌無子細之処、四辻入道親王家雑掌寄事於十七ヶ所内、依被掠申安堵勅裁、源氏女備各別相伝之支証、就訴申、彼雑掌捧無理陳状之間、此上者速被止違乱、可預裁許之旨言上之最中、当庄事、自東寺、以所司等事書、支申之条、所令迷惑也、如彼状者、当庄後宇多院去正和二年十二月日御施入当寺(云々取詮)」、『同文書』ヒ四十九之五十四、東寺領山城国上桂庄文書〔ヒ四六ノ二号〕に「右当庄者七条女院御遺領十七箇所之随一也、四辻入道親王、去正応二年正月十三日以件十七箇所被譲進後宇多院以降、御管領無相違之間、正和二年十二月日忝載震〔宸〕筆御起請符、御施入当寺訖、同三年被返進彼十七箇所之時、於当庄者被相伝桂東庄北方之旨、春宮令旨分明也、而長田対馬蔵人入道頼清誘取質券

文書、謀作嘉元譲状、〔中略〕及奸訴偽陳、当庄東寺御施入事、世以無其隠、若懐道理者、対寺家可出訴訟之処、奉対四辻宮、及訴陳之条、旨趣何事哉、是併差隠正応正和之往事、擬掠給勅裁之故也」（上掲二文書は同一事件に関す）とあるをあげることができる。

すなわち、上桂庄のことにつき、源氏女より四辻宮親王家を訴えたところ、東寺より該庄は自己へ寄進されたもの、すなわち東寺領なりと主張して、この訴訟に参加したのである（もっとも、この事件は公家裁判所の事件ではあるが、武家裁判所においても同様のことはあり得たに違いないと信ずる）。

この権利者参加は、前代におけると同じく「内通表裏沙汰」などと呼ばれた馴合訴訟に対して提起されることが多かったのであろう。『田代文書』四、康永二年六月日殿下御方和泉国大番領雑掌祐尊申状に「爰当所領家与地頭致内通表裏造沙汰、去応長元年八月十二日掠申中分御下知、了賢〔地頭〕令濫妨大番名等」を訴えた旨の記載があり、また『東寺百合文書』ム「学衆方評定引付」観応二年五月四日東寺雑掌光信陳状に「右当庄〔拝師庄〕者、去正和二年後宇多院載宸筆御起請符、被寄付当寺以降、当知行于今無相違之条、当御代安堵院宣分明也、〔中略〕爰今良盛壱岐権守清秀令濫妨日吉田之由致内通表裏之沙汰、掠賜御奉書、令濫妨東寺領拝師庄之条希代之珍事也」とあるがごとし。

なお三坂圭治氏『周防国府の研究』二二九頁所引『東大寺文書』暦応四年十月日造東大寺領周防国雑掌定尊陳状に「欲早被渡寄当寺奉行〔大野越前坊栄成〕被棄捐高又四郎頼重、与田彦太郎光秋内通対論、国衙一円進止地当国与田保内得□延次両名間事、右当保者国領也、〔中略〕爰高又四郎頼重以当保一分地頭職〔与田九郎頼氏跡〕、去暦応二年宛給之以来、抑留正税、対捍課役之間、則於当寺奉行之、所訴申也、而頼重差違而以国衙一円之両名、号彼頼重〔氏〕之跡、対不知行人光秋〔国衙当敵〕致内通之作沙汰云々、造意之企太以奸謀也、速被渡寄当寺奉行、可被棄捐彼奸訴者哉」とあるもまた、権利者参加の一例である。

一二　次に当事者適格に関する法制は鎌倉時代のそれと全然同様である。

(1)　知行の回収および保持

(甲)　回収　知行回収の訴の場合には、訴人たり得る者は自己の所領の知行が何らかの理由によって、他人に略奪された旨を主張する者であり、(32) 論人たり得る者は該所領の当知行人である。(33)

(乙)　保持　知行保持の訴の場合には、訴人たり得る者は、論所の当知行人であり、(34) 論人たり得る者は訴人の論所知行に妨害を加えた者である。

(2)　不動産物権の存在および効力　この種訴訟の当事者適格については、適当な史料がいまだみあたらないのであるが、鎌倉時代におけると同様であったと考えて差し支えあるまいと思う。すなわち不動産物権の存在に関する訴訟において、訴人たり得る者は当該不動産物権の不知行人であり、論人たり得る者はその当知行人であり、その効力に関する訴訟においては当該所当公事の徴収権者あるいはその負担者だけがこれに関する訴訟の訴人あるいは論人たり得たと解するのである。

(32)　『相州文書』(円覚寺亨)正続院領相模国山内庄秋庭郷内信濃村事(史料六之五、三三六頁)に「一　聖福寺奸訴条々、訴訟之始者号聖福寺雑掌幸明、捧将軍家御施行、正続院濫妨社領信濃村之由、属制札方(管領細川式部大夫入道殿)奉行皆吉余四郎就訴申之、建武三年五月為長江弥六左衛門尉御使、無是非被打越之日、当村者建武元年自左馬頭殿依有御寄付、正続院知行無相違之処、濫妨之由無謂、其上元者長福寺領云々、有子細者、自彼寺、可訴訟歟、何今更可号社領之由申入」とあるがごとし。

さて、問題は、不知行地の譲りを得た者がはたして、訴人として知行回収の訴を提起し得たかということである。

一方では不知行地の譲与の場合には、裁判所へ訴え出て知行を回復すべき旨を譲状に付記する常例であったこと、他方において『建武以来追加』第一〇九条〔室追一七二条〕に「以不知行所領文書、寄付権門事、雖為先条法制〔『御成敗式目』第四七条を指す〕、近来如此之輩間有之、任本法〔同上〕可被停止之矣」とあるが、これは不知行所領を権門に寄付することを禁止する趣旨であるから、それ以外の由緒ある者への譲与は、もとより禁止されていなかったこと、この二点を根拠として考えると、不知行所領の譲受人も、譲与が由緒あるものである限り、また所領回復の訴を提起し得たものと解すべきである。

不知行所領を譲与するにつき、譲受人は裁判所へ訴え出て知行を回復すべき旨を付記した譲状の例としては、『阿蘇文書』正平六年二月十八日宇治惟時譲状に「至不知行之庄園等者、帯綸旨、致訴訟、可申賜也」、『萩藩閥閲録』一三之二、山内縫殿蔵、貞治四年六月一日山内通継譲状に「又所々内他国所領等近年依動乱、無謂他人等令押領者也、於京都訴申、可知行之」とあるを参照。

由緒ある者への不知行所領の譲与が禁止されていなかったことは、『御前落居記録』永享二年十二月二十三日記録に「一　小笠原備前守持長申、備中国草門村惣領職〔付庶子分〕同村内宮地条事、就雅楽修理亮持忠譲与〔持長為持忠之甥〕、守護人非分押領由申之、御定、不知行之文書〔「不知行之文書」は不知行所領に関する文書の意〕相続如何、仍被訪評定衆同奉行人等意見之処、為叔姪近親、文書相伝事被載文永追加之上者不能左右之旨言上訖」とあるによって知れる。なおこの事件の奉行人意見状は『建武以来追加』第二〇四条〔室参三一七条〕に永享二年十一月九日付として「一　雅楽修理亮持忠所領文書依為甥、可譲与小笠原備前守持長否事、以叔父譲状持長相続之条不可有子細、亦不可依不知行者哉」と見えている。

『東寺百合文書』ヒ四十九至五十四、貞和四年七月日東寺雑掌光信庭中申状〔ヒ四五ノ六号〕に「法花山寺又受不知行之余流、及奸訴庭中之条、如傍例者、非御沙汰之限」、『同文書』ヨ四十一之五十三、文和四年十一月日同人庭中申状

〔ヨ一〇三号〕に「其上帯不知行仁之譲、致訴訟之輩事、不能御許容之旨為古来之制法哉」などとあるは、上来述べ来たったことと矛盾するようであるが、これらの文書に見える「受不知行之余流」とか、「帯不知行仁之譲」などとかいう文句は、権門が不知行文書の寄進を受けるという意味であることは、右文和四年の文書の別の箇所に「頼清失為方之余、以不知行之地、寄進西山浄土院〔＝法花山寺〕云々」とあるによって知れる。

また『静岡県史料』第一輯四八〇頁所引「三宝院文書」応永二十四年九月日伊豆国走湯山密厳院僧都尊運雑掌栄快申状案に「右職者〔中略〕自弘賢大僧正、以降迄千数十年、当知行無相違処、依何篇、今更可及御沙汰哉、歎存次第候、彼職事者、敵方連々雖致競望、依無其理度々、被閣之了、而今度敵方所進手継証文者、応永十七年也、以不知行文書、他人譲与事者、御制法一篇也、縦又雖為由緒、当給人至無過失者、争可及子細書、云給、云恰、旁以不可有御許容者也」とある「以不知行文書、他人譲与事者、御制法一篇也」という文章も一見一般的に不知行文書を他人に譲与することの禁止を意味するごとく解されるが、その次に「縦又雖為由緒、云々」と記してあるによって、実は由緒なき者への譲与を禁止するという意味であり、由緒ある者への譲与は許容されていたことがわかるのである。

(33)『建武以来追加』第一一一条〔室追一七四条〕に「就訴人解状、雖相触当知行之仁」、同書第一一六条〔室追一八三条〕に「就訴状触遣之処、当知行之輩令難渋之条且無理歟、且造意歟」、『神田孝平所蔵文書』二、応永十四年三月十五日幕府御教書に「密厳院雑掌賢成申、相模国小田原並関所事、大勧進無理知行之由申之、〔中略〕可明申旨相触当知行人」、『室町家御内書案』下、永享四年三月九日幕府奉書に「日吉社司申、近江国神崎郡小幡郷内閣村種村事、糺決之、可被召進当知行之仁之由候也」、『長興宿禰記』文明八年十二月十六日条所載、文明八年十二月二十六日幕府奉書に「近江国法光寺領苗鹿村事、就雅久宿禰当知行、為糺明、去月十三日以来及三ヶ度、雖被相触之」とあるがごとし。

なお、『円覚寺文書』一、建武二年二月十日左衛門尉胤道請文に「建長寺正続院僧子院申、常陸国宮山村田壱町七段屋敷弐ヶ所、宮山孫次郎幹氏背御下知、押領由事、去年〔建武元〕十一月十六日御教書並今年正月廿一日御施行拝見

仕候畢、任被仰下之旨、為沙汰付彼田屋敷於子印、今月七日令入部候之処、幹氏如申者、彼田屋敷者祖母尼静妙為一期領主、令管領候、雖為未来領主、当時者不相綺云々〔されば当知行人たる一期領主宛に訴えよというなり――鎌倉時代の法例と異なる。第一篇註(66)参照〕」、『東寺百合文書』に六五号、中沢益基支状案〔に八五ノ一号〕に「彼五町者先年令混合一族田中入道所給、称押領、被訴申、掠給御教書歟、然者彼入道押領之段令存知者也、彼田中入道跡対知行之仁、可有訴陳者哉」とあるがごときもまた、押領の訴は当該所領の当知行人を相手取って提起すべきものなることを示すものである。

(34)　「広布録」享徳元年十二月十三日幕府奉書(『後鑑』新訂増補国史大系本、以下同じ――三之一三六頁)に「数年被寄付候東山妙龍寺領山城国紀伊郡鳥羽内一段半事、号日吉田、山門雑掌及違乱云々、追而可有糺明之上者、任当知行、可被全寺家所務之旨可被加下知之由被仰出候也」とあるがごとし。なお第二章第六節を参照。

第二章　訴訟手続き

一三　訴訟手続きの詳細を記述するにさきだち、訴訟全体の概略を一瞥しておくのが便宜であるから左に略述する。

引付沙汰においては、訴を提起せんとする者、すなわち訴人は、訴状に具書をそえて幕府管領亭内の「賦方」に提出する（訴の提起）。賦方には賦奉行があってこれを請け取り、訴状に銘書を加えて訴人に返付すると、訴人はこれを担当引付の開闔のもとに送達する。開闔はこれを寄人に賦り、本奉行すなわち担当奉行が定まった後、内談において評議がある。

御前沙汰においては訴人は引付沙汰時代の賦方に相当する役所に訴状具書を提出する（訴の提起）と、該所の奉行は訴状に銘書を加え、訴人に返付する。訴人はこれを担当幕府右筆のもとに送付する。しかる後、おそらく右筆衆の評議が行われたのであろう。

評議の結果、論人に対して問状を発すべきや、あるいは召文を下すべきやが決定される。問状を発した場合（訴の繋属）に、訴論人が三問三答まで訴陳状を交換したことは鎌倉時代におけると同様である（書面審理＝書面弁論）。

三問三答の訴陳状交換後は、対決の手続きに移る（口頭弁論）のであるが、室町時代においては問状違背のゆえをもって違背者敗訴の判決を下す制が発生した。召喚に応ぜぬ場合に、その者の敗訴となることは鎌倉時代における と異ならない。

判決成立手続きは、引付沙汰と御前沙汰とで相当差違がある。引付沙汰では引付内談において判決草案が作成され、「伺事」の手続きを経て確定する。御前沙汰ではまず右筆衆が将軍よりの諮問にもとづき「意見状」を作成し（「意見」）、御前沙汰衆の手を経て、これを奉呈すると、将軍は意見状を参考として裁決を下したのである（「伺事」）。

以上は通常訴訟手続きであるが、訴が一定の要件を具備している場合には、上記の審理手続きおよび判決成立手続きを省略し、ひとまず訴人の申状のみによって論所を訴人に引き渡し、あるいは論物を訴人に弁済せしめる手続きがあった。これを特別訴訟手続きと称することを得よう。

訴はふつうの判決のほか、和解および取り下げの判決によっても終了する。救済手続きとしては本案判決の過誤に対しては越訴があり、手続きの過誤に対しては庭中があった。証拠方法としては証文が最も重んぜられ、証人、起請文がこれに次いで用いられた。挙証責任は訴人が負担していた。

第一節　訴の提起

一四　引付沙汰によって訴を提起するには、訴状具書を整えて「賦式日」に管領亭内の「賦方」に提出し、また御前沙汰による場合にもこれに相当する役所に訴状具書を提出する順序であるが、訴が受理されるがためには、法律上、種々の形式的実質的要件を具備しなければならなかった。(35)

(35) 室町時代に、鎌倉時代におけるがごとき意味で、起訴の自由が制限されていたか否かは確証に接することを得ないが、『武政軌範』引付内談篇賦事の条に「至賦式日令持参申状具書於管領、渡于賦奉行、請取之、則伺申、無証文以下之相違者、加訴状銘、相副吹挙之折紙、遣引付之開闔」とあるは、他面において「証文以下之相違」がある訴状は、賦奉行においてこれを引付の開闔に賦らなかったことを意味するわけであるから、やはり室町時代においても形式上一応理由ありと認められる訴でなければ、裁判所に繋属しなかったのである。この意味において今日認められるがごとき起訴の自由はこの時代には存しなかったものというべきである。

一五　(一)　形式的要件

(1)　管　轄　訴はこれが管轄権を有する裁判所に提起されねばならぬこと、いうまでもないが、事物の管轄について多少史料がみあたるのみで、(36)土地の管轄に関してはほとんど知るところがない。

(36) 越訴にて訴うべきを通常の手続きで訴えた場合には、その訴は棄捐せらるべきであるという思想は、『報恩院文書』四、観応元年八月日醍醐寺報恩院所司等申状に「同状云、有所存者、為越訴可申之由被棄捐畢、先申立越訴哉否、（云々取詮）」、と見えている。

もっともこれは公家裁判所に対する訴状であるが、前代よりの沿革から見て武家裁判所においても同一であったことは疑いをいれないと考える。なお、『建武以来追加』第一四〇条〔室追三五六条〕も参照。

事物の管轄が問題とされた一例として自分所蔵年号不詳十二月十日河村四郎左衛門宛長秀（松田長秀、明応前後の幕府奉行）消息に「以前尋承候代官職相論□□〔読めず〕等事者、政所沙汰候哉、□〔読めず〕儀其分候歟、尚蜷新右可申尋候恐惶謹言」とあるを参照。

一六　(2)　訴提起の方式として、訴人は訴状具書(37)を裁判所に提出しなければならないのであるが、そのほか挙状をもこれにそえなければならない場合があった。

(甲)　訴状の様式　訴状のことを解状（本解状）、申状、目安(38)などと称したこと、鎌倉時代におけると異ならない。訴状の様式については、室町時代文書の様式を記述した『書札方』（内閣文庫所蔵）六に『沙汰未練書』の一部が引用してあり、その「本解状書様事」の条をも掲載しているから、第一篇第一七項に掲げた訴状の文例は、すなわち室町時代においても妥当したものといって差し支えないであろう。

書状様式の訴状が存在したことも鎌倉時代におけると同様である(39)。

(37)　「訴状具書」という言葉は、中世においてはほとんど極り文句のごとくに使用されたものであるが、室町時代においてはときに「目安並証状」という語も使用された。『蔭凉軒日録』長禄四年閏九月十二日の条に「乾章蔵主依江州坂田郡長崗庄内法音寺並祥雲庵京極四郎押領、以目安並証状申之」とあるがごとし。

（38）目安という言葉は前篇においてすでに記したように、内容を箇条書きにして見やすくしてあるところから起こった言葉である。『東寺百合文書』ム「学衆評定引付」貞和三年八月十四日の条（史料六之十一、一一二頁）に「又今度文書計大様也、委細目安可調進之由可返答矣」とあるは、すなわち文書の書き方があまり大まかであるから、委細を箇条書きに見やすく調進せよという意味である。『田代文書』四、観応二年五月日の文書に

目安　和泉国大鳥庄上条地頭田代豊前三郎顕綱代光重申、松近並友貞名等事

一、当庄上条内松近友貞名等〔中略〕所被成御奉書也、

一、当条事、〔中略〕欲全所務、仍目安状如件、

観応二年五月　日

とあるは目安様式訴状の一例である。ときには「目安並訴状」という文言が存したが、この場合には「目安」は箇条書きの訴状、「訴状」は箇条書きでない訴状を意味するものであろうか。また「目安之内」の「訴状」という文言も存するが、このときには目安様式訴状の中のあるものという意味であろうか。

「目安並訴状」の例としては『蔭凉軒日録』寛正二年十一月二十六日の条に「当院領河内三ヶ庄公文三ヶ并中訴論之事、〔中略〕目安並訴状折帋七通於殿中渡于飯尾左衛門大夫也」、同十二月三日の条に「仍訴状並目安三通渡于美濃也」、「目安之内」の「訴状」の例としては、同書寛正四年七月二十六日の条に「宝林寺目安之内有守護押領之訴状」とあるを参照。

（39）一例として『二尊院文書』に見える

二尊院雑掌良勝申備前国金岡庄東方二尊院方分田漆町弐段卅代事、〔中略〕於下地者不日被打渡二尊院雑掌、可全所務候、以此旨可有御披露候、恐惶謹言、

九月六日　良勝〔裏判〕

御奉行所

という書状をあげておく（同文書康永二年十月十九日幕府書下に「二尊院雑掌良勝申、備前国金岡庄東方田地事、書状〔右の九月六日付書状を指す〕如此、早可被出対之由候也」と見ゆ）。書状様式については第一篇註（86）および註（87）参照。室町時代においては解状様式の訴状をも書状と呼んだことがあるから、注意を要する。史料六之二十、五五五頁および五五六頁所引『東寺百合文書』参照。

ときとしては訴状を仮名書きしたことがある。その実例として『毛利文書』九、文明元年九月日毛利豊元申状（史料八之二、九四一頁）、『理性院文書』坤、文明十八年八月日三宝院門跡雑掌申状参照。

一七　（乙）　**訴状の内容**　訴状の内容としてとくに規定されたものはないが、しかし論人をして適当な答弁をなさしめるために、訴の主旨を明瞭にしておかねばならぬこと[40]と、当事者が確定していなければならぬこととは、鎌倉時代におけると異なるところはなかったのであろう。

（40）　土地相論の場合に、論所を確定し得るだけの記載が必要であったことはいうまでもないが、所当（年貢等）相論にいたっては鎌倉時代における（第一篇註92参照）と異なり、必ずしも員数を本解状に記載する必要はなかったらしい。ただし、員数の記載のない場合には勘定（「結解」）を遂げ、論物を弁済すべき旨、判決されたのである。『若王子神社文書』一、貞和二年十二月二十七日御判下知状に「於所務之論者、追可糺明、先建武四年以来抑留神用物者可被糺返之旨、定元〔訴人〕所申不背理致歟、於神用物者、不載員数於本解状之上者、遂結解、可弁償之」とあるがごとし。

一八　（丙）　室町時代においてもほかの進止に服する者は進止者、たとえば本所の挙状を申し受けて、武家裁判所に訴え出づべき法であった。[41] おそらく『御成敗式目』第六条の規定は室町時代になっても依然有効であったのであろう。必要な本所などの挙状を欠いた訴は、これを「直訴(訟)」と称し、許容せざる法であった(42)。

(41) 本所領内の者より本所に挙状の下付を申請した例は、『西福寺文書』暦応四年四月日仁和寺宝蓮院領紀伊国榊庄公文大空申状を参照。挙状の実例として『菊大路文書』三〇三号、永徳三年四月二十七日沙弥昌堅挙状に「石清水八幡宮雑掌申、加賀国能美庄地頭職之内長野一針同重友等事、為本知行之地、寄付当社之処、長野左近将監、板津弥藤次入道子息等致奸謀之由承及候、不可然候、無相違之様可有申御沙汰候哉、以此旨可有御披露候、恐惶謹言、永徳三年四月廿七日　沙弥昌堅(花押)、進上御奉行所」とあるをあげておく。『御挙状等雑掌引付』には興福寺の挙状が多く掲載されてある。

地頭挙状については史料がみあたらないが、おそらく地頭領内の者が武家裁判所へ出訴するためにはこれを必要としたのであろう。なお、『佐々木文書』四、文明三年五月十六日佐々木孫童子丸(出雲、隠岐守護)宛幕府奉書に「出雲隠岐両国一族中国人被官並寺庵等事、不帯守護吹挙状、猥雖及直訴訟、不可有御許容、早任先例、可被成敗之由、所被仰下也」とあるによれば、守護分国内の者が幕府裁判所へ出訴する場合に、守護挙状(吹挙状)を必要とすることもあったらしい。

(42) 前註所引『佐々木文書』参照。

一九　(一)　実質的要件

(1)　武家裁判権の存在　第一篇において述べたと同一の理由によって、ここには提起された訴につき武家裁判権が存在しなければならぬということを一言するにとどめ、詳細の論述は別の研究にゆずることとする。

二〇　(2)　**当事者**　前篇において記述した親族関係(43)および主従関係(44)にもとづく訴提起禁止の規定は室町時代に

おいても依然存続したらしいが、その実効にいたってはほとんど有名無実のものとなってしまったらしい。

(43)　親族関係にもとづく訴の禁止については、幕府裁判所の事例はみあたらないが、本所および公家裁判所における事例が二三存する。その一は『東寺百合文書』ハ五十之五十九、延文四年五月十四日沙弥法阿請文〔ハ四六号〕に「号若鶴女訴申之仁何様之人哉、権介息女若鶴女者、法阿子息孫次郎妻女也、為眼前法阿婕〔嫁〕之間、加扶持、為親子之契約之上者、以何篇可及上裁哉」とあるものである。これは東寺裁判所に提出されたものであるが、なおこれによって当時、子より親を訴えることが正当でないと意識されていたことがわかる。

しかるに『親長卿記』文明七年九月二十一日の条に「貞久来、知行越中新保庄並河原八丁半分事、祖父益久父譲後家(益久母)□□一期之後可譲河原(内裏今参局小名)由有譲状、雖然益久不存知之間、先年与後家令相論之時、有中作人(仲裁人)、於河原八丁者遣之、於新保庄者、不渡之処、任彼譲状之旨、今参局可知行之由今春被申候間、不可叶之由令申了」とあり、また『京都御所東山御所御文庫記録』甲百二、永禄十二年正月日平野社務長松申状(史料十之一、八〇六頁)に「右当社務職之事、従光源院殿被仰付、令存知之処、幻〔幼〕少之条拙者父御下知等盗採、加之当知行之由申掠之段以外之次第候、殊更彼者当社神木等剪採令沽〔却〕脚〔条〕之代無其隠候、此旨以御分別如先被仰付候者忝畏存者也」、これと同じ事件に関して『言継卿記』同年同月十五日条に「者婆宮内大輔来、平野社預長松丸申状持来、同大胡武蔵守(叔母舅也)添状有之、父兼興犯〔狂〕気時々儀社頭如無之間、可有改易之由申之、予披露事頼入之由申之、領掌了」などとあるによれば、少なくとも文明頃以後においては子が親を訴えることを何人も不法であると考えなくなったのである。

これらの史料より察すれば、武家法においても、少なくとも室町時代中期以後においては親子間の訴の禁止は解除されたものと見て差し支えないと思う。

なお、この点については第一篇註(109)において記したように、鎌倉時代においても、最末期正慶頃には父の譲りを受けた子が譲状違反のゆえをもって父を訴え、訴陳をつがえた後、子の勝訴に帰した旨を記す史料が存することをも参照すべきである。なお『義治式目』（『法学論叢』三七巻五号、牧博士の論文による、以下同じ）第四六条参照。

（44）　主従間の訴訟に関する史料はきわめて少なく、わずかに『徳禅寺文書』に観応前後、花山院兼信よりその「家僕阿賀宇丸」を訴えた一件文書が収載されている（史料六之十三、六五五頁および補遺に収録）を知るにとどまるが、同文書に「若狭国名田庄坂本村事、花山院中納言入道状（副重申状具書）如此、子細見状歟、忩可被申左右之由被仰下之状如件、（貞和五）三月八日　権大納言隆蔭　阿賀宇殿」、「若狭国名田庄内坂本村事、阿賀宇丸陳状（副具書）如此、子細見状歟之由被仰下候也、仍執達如件、　五月五日　権大納言隆蔭謹上、花山院中納言入道殿」とあるによって、室町時代においては「家僕」（阿賀宇丸が兼信の家僕たることは『徳禅寺文書』二、観応元年六月十八日兼信御教書案に見ゆ）は主人よりの訴に対して陳状を提出することが許されていたことが知れる。

この点、武家法においても同様であったのではあるまいか。しかりとすれば、家僕より主人を訴えることが禁止されていたか否かは史料不足のため判明しないが、鎌倉時代においては「主従対論」（主人より従僕を訴える場合を含む）は全然禁止されていたのであるから、それにくらべると、主従関係にもとづく訴の禁止は室町時代になっておおいに緩和されたものということができよう。なお『義治式目』第四五条参照。

第二節　訴の繋属

二一　訴提起の手続き[45]として、訴人は賦式日に申状ならびに具書を管領亭内の「賦方[46]」に提出する。賦方には賦奉行[47]があって、これを請け取り、管領に「伺」い（管領に訴状具書を一覧せしめて、受理すべきや否やをうかがうのであろう）、「証文」（証拠書類）以下に不審の点がなければ（「無証文以下之相違」）、訴状に銘[48]を加え、「吹挙之折紙[49]」をそえて、訴人に交付する。

訴人はこれを吹挙之折紙の指定にしたがい、担当引付の開闔[50]に提出する[51][52]。開闔は当該引付の頭人に「伺」い、其手（当該引付）の寄人[53]にこれを賦る。賦を受けた寄人はすなわち当該訴訟担当の「奉行」、すなわち「本奉行」であって、その人体は訴人の所望にしたがって定める例であるが、訴人がこれを指定しない場合には、其手引付頭人のはからいとして定め、あるいは鬮をもって、これを定める法である[54]。本奉行を補佐するために「合奉行」が付せられた[55]。

以上は引付沙汰の訴提起手続きである。室町中期に引付沙汰が廃絶して後、これに代わって不動産訴訟を管轄した御前沙汰の訴提起手続きについては、史料不足のため、よくわからないのであるが、知り得たところだけを記述してみると、まず訴人は幕府の賦方[56]に訴状具書を提出すると、該所の奉行は訴状に銘を加え、「与奪状[57]」をそえて訴人に交付する。訴人はこれらの文書を担当幕府右筆のもとに送付したのであろう。訴状の送付を受けた右筆はすなわち「本奉行」であって、これに「合奉行」が付属せしめられたこと、引付沙汰における異ならないのであるが、御前沙汰時代になっては、両奉行は審理事務を分担することとなり、本奉行は「訴人奉行[58]」として訴人の審問を、しかして合奉行は「論人奉行[59]」として論人の審問を分掌したのである[60]。

(45)　本項本文中、引付沙汰賦の手続きに関する記述は、下記諸註に引用せるもののほかは、『武政軌範』引付内談篇賦事の条に「右者問注所執事、或政所執事奉行之条見于古記、近代者為管領之御沙汰、至賦式日令持参申状具書於管領、渡于賦奉行、請取之、則伺申、無証文以下之相違者、加訴状銘、相副吹挙之折紙、遣引付之開闔則伺申頭人、寄人賦之、奉行之仁体者宜随訴人之所望、不差申者、或為頭人相計之、被定奉行人、或以孔子被定之乎」とあるによる。

(46)　『東寺文書』乙号外一之六、延文二年閏七月日西寺別当法印権大僧都深源申状〔乙号外二ノ一、乙号外二ノ二号〕に「右別当職相論事、去年諏方大進坊円忠所労之刻、渡遣文書於雑賀民部大夫入道貞阿之間、当方支申云、〔中略〕本奉行円忠所労平喩〔癒〕之上者、可被返渡文書之由於賦方令申之間、加銘於書状、被賦遣貞阿訖」、『建内記』正長元年十月十七日の条に「播州高家庄直務並都多村及建聖院(五辻)領須賀庄加地子等事、申状今朝付管領(義淳)乞賦之処、今日雖為賦日、依御出、管領被共之間、延引」、『武政軌範』引付内談篇賦事の条に「一　賦事、右者問注所執事、或政所執事奉行之条見于古記、近代者為管領之御沙汰哉、至賦式日令持参申状具書於管領、渡賦奉行」とあるがごとし。

嘉吉二年頃の「賦式日」(「賦日」)は毎月六回で、二と七との日がこれに宛てられている。『康富記』同年十月十三日の条に「管領畠山左衛門督入道雑訴之賦自今日被出之、飯尾六郎左衛門尉、木沢左野等三人談合、書出目安之銘云々、毎月六个日(二七)可被出也、今月二日管領衰日也、去七日者、飯尾違例也、昨日又例日也、仍自明日三个日連日可被出之由風聞」とある。

同じ頃、賦は一日に二十通をもって限度となす法であったが、賦所望の者が群参したので、鬮によって賦を受くべき者を定めた。同書同年同月二十七日の条に「御管領畠山亭諸人為取雑訴賦、群参、賦事一日不過廿通、於所望之仁者、及数百人之間、毎日作鬮廿、賦所望之訴人、兼令取之、充人書給云々」と見ゆ。

　京都の不動産訴訟をつかさどる地方頭人方の賦手続きについては、『武政軌範』地方沙汰篇賦事の条に「訴状加銘、頭人以折紙賦于当手寄人」とある。『康富記』嘉吉二年十一月十九日の条に「今朝一﨟（宗種）二﨟（親種）予員職等同道、向地方頭人摂津掃部方、当知行冷泉院町艮町内小倉大納言入道家押領分松波二郎右衛門押妨分等事、以目安申賦、即出銘之間、取之、付飯尾美濃守貞元了、廳可出召文云々、具書十通副之、付置者也」とあるは、すなわち地方頭人方賦手続きの実際を示すものである。

　室町幕府初期にだけ置かれた仁政方の賦については、『師守記』貞治三年九月二十七日の条（史料六之二十六、五八七頁）に「就其仁政方可訴申之間、申状清書所望之、仍予清書之、又賦銘事、被申之間、被遣業清許之処、賦仁（賦奉行の意）他行、明日可執進云々」と見える。仁政方において不動産訴訟を取り扱ったこともあるらしいから、参考のためこれを掲げておくのである。

　鎌倉時代には引付沙汰のほかに、寺社沙汰なるものがあり、寺社賦ならびに頭人がこれに付せられていたが、室町時代においても「寺社沙汰」が存し、これに「寺社諸亭賦」および「管領」が付してあった。そのほかに奉行人が付置されていたこと、いうまでもない。

　『相州文書』円覚寺亭、正続院領相模国山内庄秋庭郷内信濃村事（史料六之五、三二七頁）に「一　聖福寺奸訴条々、訴訟之始者、号聖福寺雑掌光明、捧将軍家御施行、正続院濫妨社領信濃村之由、属制札方（管領細川式部大夫入道殿）奉行皆吉余四郎就訴之（中略）、二度之訴訟者、替面方〔号か〕聖福寺新熊野別当如意僧正坊兼助代定珍、以代々相伝之信濃村正続院濫妨之由、属寺社方（管領矢□伊賀入道善久）奉行山名掃部大夫入道、就訴申之」、『花営三代記』応安三年十月十九日の条に「寺社諸亭賦」、「多賀神社文書」年号不詳六月二十一日佐々木道誉書状（『滋賀県史』第五巻、一七三頁）に

「為将軍家御祈禱、信楽発向之刻多賀庄奉寄進多賀社候事、其子細就執申候、於寺社奉行方其沙汰候歟」などとあるは、すなわちこれに関する史料である。

『武政軌範』には寺社沙汰に関する記事は載っていないから、寺社沙汰は少なくとも応永前後以前に廃絶に帰したのであろう。もっとも、評定始などの儀式の際に寺社方沙汰という儀礼的手続きを行うことは後世まで存続している。なお、上記『相州文書』によると、室町時代極初期には「制札方」なるものが存し、ここにおいてもやはり不動産訴訟をつかさどったらしい。しかしこの制札方はまもなく廃されたとみえて、この文書以外にこれに関する史料はみあたらない。また室町時代初期には「内奏方」なるものが存し、ここでも不動産訴訟をつかさどったらしいことについては、註(263)所引『吉川家文書』を参照。

以上は幕府裁判所における賦方について記述したのであるが、守護裁判所においても賦方の設けられているところがある。『台覧記』ならびに『諸堂仏体数量記』(史料六之十二、三三六頁)に「貞和四年戊子称河内国弓削庄之給主唵比《アクビノ》三郎左衛門入部矣、当庄者、為太子一円之御領、無武家入部之由、為訴訟、当寺ノ使者順学房弁英向守護取〔所〕古市(当守護甲〔高カ〕越後殿)令致其沙汰処、賦津《クバリツ》隼人入道依他行、訴状等奉行所へ不被付、経日数之間、同十一月十七日付内者杉原大和内蔵殿、可有御内訴之由歎申之処、訴状以下賦津之方ヨリ不給之間、難成沙汰之由返答在之」という文に見える「賦津」とはすなわち「甲」守護奉行所の賦方である。

(47) 賦奉行はまた「賦別奉行」ともいう。『建武以来追加』第一二一条〔室追一九四条〕参照。

(48) これがいわゆる「賦銘」である。賦銘の書き方は『室町家御内書案』上に

中状加銘様

永岡左衛門大夫氏数申状(永正十五六八)

永岡ーーーーー氏数二問状(永正十五六十一)

永岡ーーーーー氏数三問状(永正十五六廿二)

〔中略〕

一　申状立紙二枚之時者年号計加銘也、

とある。これは後述、御前沙汰時代のものであるが、引付沙汰時代における銘書の文句もこれと大差はなかったものと推察される。申状への銘の書き加え方は公家裁判所のものではあるが、『師守記』貞治二年七月二十日の条(史料六之二十六、四九頁)に掲載せる

陣官人等捧此申状、歎申候、可有計申御沙汰歟、且□□申入伝奏之処、以師茂挙状可言上之由被仰下之間、令申候、殊可得御意候、恐惶謹言、

七月廿日　師茂状

春日殿(蔵人右中弁嗣房)

(申状銘)

陣官人申状

という事例によって知り得る。

(49)「吹挙之折紙」の様式については知るところがないが、後述、与奪状とほぼ同様のものだったのではあるまいか。

(50)『武政軌範』引付内談篇開闔事の条に「右筆宿老中、依器用被仰付之、内談之次第、所役之進退、凡為開闔之指南乎、古来以御前御沙汰衆被補之云々、近代雖為御前未参之仁、被補之、聊有不審」とある。されば、開闔は右筆の宿老中より器用によって選ばれ、鎌倉時代一方引付の開闔と同様の職務権限を有したのであるが、御前沙汰衆をもって補せられる例であったことよりみると、彼よりも重職とみなされていたらしい。

(51)賦方で賦銘を書き加えられた訴状は、吹挙の折紙とともに一方引付の開闔に送付されるわけであるが、送付の方法

については二種の史料が存する。その一は訴人が持参するとなす史料で、『武政軌範』引付内談篇訴訟次第事の条に「訴訟人申請賦、而付渡于其手之開闔」とあるものこれである。

『税所文書』応永四年八月日笠間長門孫三郎申状に「右懸名字笠間十二ヶ郷内相違郷々事、去明徳元年十二月給賦銘、令致上訴之処、於京都任至徳元年関東御吹挙并去(康応元)御注進等之旨、明徳二年二月廿二日下給十二郷一円安堵御下文」とあるもまた、訴人が賦方にて賦銘を受け、それを引付方に提出して上訴におよんだという意味であろう。

その二は賦方が自ら移送すとなす史料で、『武政軌範』引付内談篇賦事の条に「至賦式日、令持参申状具書於管領、渡于賦奉行、請取之、則伺申、無証文以下之相違者、加訴状銘、相副吹挙之折紙、遣引付之開闔」とあり、註(46)所引『東寺文書』に「於賦方令申之間、加銘於書状、被賦遣貞阿訖」とあるもの、これである。

この両種の史料は一見矛盾しているようにみえるが、第二種の史料にみえる「遣」の語は必ずしも自身の手で移送するという意味ではなく、方法のいかんを問わず、たんに送付するという意であると解せられぬこともないのに反し、第一の史料における「付渡」の語が訴人が送付するという意味であること、疑問の余地がないのであるから、本文のごとく解すべきであると考えるのである。

この点についてはなお地方頭人方の賦手続きにつき『武政軌範』には「訴状加銘、頭人以折紙賦于当手寄人」とあるが、実際の手続きにおいては「以目安申賦、即出銘之間、取之、付飯尾美濃守貞元了」とあり(註(46)参照)、訴人がこれを送付しているのを参考すべきである。

(52)　鎌倉時代においては、訴状を引付に賦るのは番数(引付の)順に逐次賦ったのであるが、室町時代引付沙汰では諸国を数区画(たとえば東山・東海・山陽・山陰の類。引付の番数が変化すれば自然区画も変更されたであろう)に分かち、一方引付をして、その一に関する訴訟を担当せしめる制で、訴状は論所を管轄する引付に賦られたのである。なお、関東および鎮西に関する訴訟は引付において沙汰別にこれがための奉行が設けてあった。以上『武政軌範』引付内談篇分諸国有沙汰事の条。

(53) 引付の「寄人」とは引付衆のことである。それは引付内談の出席者を『武政軌範』引付内談篇に、内談始行事の条(内談始行の儀式的会合に関して記述す)では「頭人着座、次寄人次第列座」と記し、式日内談(定例内談)事の条では「頭人出座、次衆中(すなわち引付衆)着座」と書し、寄人と衆中とを同様に取り扱っていることによって知れるのである。なお、「室町時代ニ於ケル引付衆ハ引付ヲ組織スル評定衆ノ別称ニシテ鎌倉時代ノ引付衆ノ如ク評定衆ト異ナレル官員」にあらざること(中田博士第一篇註(75)所引論文、一二七頁)に留意しつつ、右『武政軌範』内談始行事条のほかの箇所に該内談の出席者を記して「頭人評定衆」といえるを参照。

(54) ある事件担当の本奉行を決定するのに、鎌倉時代においては常に鬮の方法によったのであるが、室町時代においては本文に述べたごとく、原則として訴人の所望にまかせて、これを定め、訴人が指定しない場合に、例外的に引付頭人のはからい、あるいは鬮の方法によったのであって、このことは室町時代法制の特徴ということができる。

『東寺百合文書』ほ四四号、伊勢大国庄雑掌中状並具書案〔ほ三一ノ一号〕、貞和三年四月日東寺領伊勢国大国庄雑掌中状案〔ほ三一ノ一号〕に「欲早被与奪当寺〔東寺〕本奉行人飯尾左衛門大夫貞兼、被経厳密御沙汰当国住人池村七郎左衛入門《ママ》道、同舎弟八郎左衛門尉、九郎右衛門尉、当庄公文四郎右衛門入道祐宗以下輩、不叙用雑掌、無故濫妨当庄上者、任被定置法、被処其身於重科、被仰守護方、被沙汰居雑掌於庄家、当庄領家職間事」とあるがごときは、すなわちこの規定にもとづいて、事件の本奉行を指定したものであろう。

なお、室町時代においては一般的に寺院あるいは神社関係の事務を管掌する寺奉行あるいは社家奉行のほかに、大寺大社については、たとえば山門奉行、石清水八幡宮奉行などのごとく、とくにある寺院、あるいは神社関係の事項を専管する奉行が常置してある例であるから、これらの寺社が幕府に訴を提起する場合には該奉行を当該事件の「本奉行」として指定することが多く行われた。右の『東寺百合文書』に「当寺本奉行人飯尾左衛門大夫貞兼」とあるは、すなわち飯尾貞兼が東寺奉行たりしことを示すものである。

(55) 本奉行(本奉行の語は註(60)所引『親元日記』別録参照)は、事件の主任奉行であるが、これを補佐するために「合奉行」(また「相奉行」とも書く)が付置せしめられたことは、鎌倉時代におけると異ならない。ただし、鎌倉時代におけるがごとく、合奉行の職が常置の官職であったか、あるいは箇々事件につき、具体的にある奉行が合奉行の役を勤むべきものと命ぜられたものであるか否かはよくはわからないが、次に引用する『蔭凉軒日録』の記事によると、後の見方のほうが正しいように思われる。

また合奉行はおそらく当該引付の右筆中より選任されたものと考えるが、史料不十分のため断言し得ない。ただ、その本奉行に対する関係にいたっては、御前沙汰時代のものではあるが、『蔭凉軒日録』長禄三年十二月二十日の条に「依馬淵被官(被官人は家士の意)之永原公事可有御糺明之相奉行之事、飯尾加賀守伺之、以飯尾左衛門大夫被相添之由被仰出也」とあるによって、本奉行に相添えられ、その職務を補佐したものであることがわかる。

かく合奉行は本奉行の補佐たる地位を有するものではあるが、実際においては論人審問の事務を分担したものらしい。そのことは『御前落居記録』永享四年九月三日記録に「一　東南院雑掌申、山城国飛鳥田事、為三輪(論か)宗領、当院代々致奉行之処、宝慈院号本役、毎年五百疋宛令寺納知行之、更無其謂之由就訴申、被相尋宝慈院之間、被進支証之旨申之、則依被召出、備　上覧訖、前東南院(于時木役寺)時代譲与三間、上臈以後相伝知行云々、尤以合奉行、雖可有御糺明」とあるによって知れる。けだし、右の文章において「糺明」とあるはすなわち論人側(ことに論人提出の証文)を糺明するの意たること、前後の関係より見て疑いないからである。

(56) 御前沙汰時代に「賦方」と称する役所があったか否かは疑問であるが、いまかりに訴を受理する役所を「賦方」と呼ぶこととする。

(57) 『室町家御内書案』上に「与奪状折紙」と題して

山井民部丞信吉申状一通与奪可申候由候、恐々謹言、

二月七日　――

布施民部大夫殿

という文書が載せてあるが、与奪状とはすなわち引付沙汰時代の吹挙之折紙に相当するものであり、本文に記述したような目的のために使用されたものであると考える。

(58)「訴人奉行」の名目は『蔭凉軒日録』長禄四年八月二十日の条に「赤松法師次郎法師就大館兵庫助賀州知行分之事、以訴状白之、御糺明之間、可相待之由、可命訴人奉行松田丹後守之由被仰出也」、『大館常興日記』天文七年九月八日の条に「一日行事(豆州)より各へ又折紙在之、飯尾中務大夫申候遊佐新次郎と乗蓮相論屋地事、去年三問答相そろい候へ共、于今延引候、切々遊佐方より申間、訴人奉行諏神左両人(訴論人の意か)へきと可披露旨被仰出候ハヽ、可畏存候」、『室町家御内書案』上に「一　訴論人三問三答相(沙の誤)汰之間、令披露之処、此儀可為意見由被仰出、両人(訴論人奉行)申合之、公人奉行へ啓案内、中一日置両人(同上)以折紙相触(右筆衆に意見沙汰の行われることを触れ知らせること)候畢(訴人奉行認之)」と見ゆ。

(59)論人奉行の名目はいまだみあたらないが、『蔭凉軒日録』寛正三年卯月二十日の条に「東福寺領賀州熊坂庄闕所与伊勢備後入道訴論之事、以寺家連判之状及目安、伺之、仍両奉行(両奉行とは闕所跡方奉行布施下野守および備後方奉行飯尾□濃入道を意味するものと解す。下の文にて布施下野守の上に闕所跡方奉行などの語を欠くは、けだし不注意にもとづくものであろう)布施下野守並備後守奉行飯尾□濃入道以糺決可致披露之由被仰出、即於殿中命于両奉行」とあるが、文にいわゆる備後守奉行はすなわち論人奉行である。次註所引『親元日記』別録に見える「一色殿奉行」もまた論人奉行にほかならない。

(60)本奉行と訴人奉行とおよび合奉行と論人奉行とが同一であることは、政所沙汰のものではあるが、『親元日記』別

録上、寛正四年四月十五日内談の条に

一武田被官与一色左京兆被官相論舟荷物事、於舟者盗物沽却云々、召上彼訴論人、可被遂対決〔中略〕、

本〔奉行〕——清泉

合——治河

とあって、次に

一対決四月廿一日如内談、兼日証人奉行事以公人相触、同文書様例式折紙

明日(廿一)午刻於政所武田大膳大夫被官与一色左京兆被官負物相論対決、為証人奉行可有参勤之由候、

斎藤四郎右衛門尉殿

斎藤五郎兵衛尉殿

武田奉行　清泉　　一色殿奉行　治河

申詞執筆　斎五兵　　銘斎四右

と記してあることによって知れる。しかりとすれば『親元日記』寛正六年六月二十八日の条に「松梅院禅親与勝蔵坊胤禅対決於布施下野守(貞基)所在之、彼胤禅事神道一流伝受間不断絶之由、永琳院禅長依令申之、雖被召合候、胤禅中分ハ為手替歟、御手水一事伝受之外者更以不存知之旨申上畢、仍不能左右落居云々、禅親奉行(布野州)胤禅奉行(飯左太、社家奉行也)証人奉行(諏信州、治河)右筆(斎四右)」とあるが、これら奉行のうち布野州は本奉行、飯左太は合奉行であると解することができる。

次に論人奉行の職務が論人の審問に存することは、それが合奉行と同一物であることより知り得る。しかりとすれば訴人奉行がこれに対応して訴人審問をつかさどったことは自然知り得られるのである。ただし、訴人奉行は同時に本奉行なのであるから、訴人審問を行うと同時に事件全体の審理その他の手続きにおいて主たる地位に立ったことは

いうまでもない。意見沙汰の行わるべきことを右筆衆らに告知する折紙を訴人奉行が作成した(註(156)所引『室町家御内書案』記事後条参照)るがごときは、すなわちその一例証である。

三浦博士はその「法制史講義」(『続法制史の研究』二七三頁)において「鎌倉時代には奉行人に本奉行と合奉行とがあったが、室町時代には本奉行は訴人を預かり、合奉行は論人を預かって互いにその利益を擁護することとなれり」といわれ、本奉行・合奉行をもってそれぞれ訴人・論人の介添え役であるかのごとく解しておられる。しかし私はいまだ訴人奉行は訴人の、しかして論人奉行は論人の利益を擁護するものであるというような事実を示す史料に逢着したことがない。

二二　前記のごとく引付沙汰において賦奉行は訴人より提出された訴状具書に「証文以下之相違」なきや否やを審査したうえ、これを引付に賦るのであるが、この審査の目的はけだし鎌倉時代におけると同様、訴に一応の理由ありや否やを調査し、この要件を欠く訴は却下し、無用の訴訟を防止せんとするにあったのであろう。この時代後半期、御前沙汰の時代においても訴状がその受理者より右筆へ与奪される前に同様な審査を経たものであろうと推定される。

訴が裁判所に繋属する時期については、史料がみあたらないのであるが、鎌倉時代の制より推して、当該訴訟担当の引付(引付沙汰のとき)あるいは右筆(御前沙汰のとき)より論人に対して問状、あるいは召文が発せられる時期であると解して差し支えないのではあるまいか。

二三　訴が裁判所に繋属すると訴訟法上、実体法上、一定の効果を生ずる。

(一)　訴訟法上の効果　(1)「一具沙汰」の合併審理　ある訴訟の繋属中、これと訴訟の目的物を同じくする訴訟、すなわち「一具沙汰」が同一裁判所に提起されると、後訴は前訴に併合審理される法であった。(61) この「一具沙汰」合併審理制は鎌倉時代の一事両様訴提起禁止制の後身であるが、「一事」（訴人・論人および訴訟目的物の同一）の要件が「一具」(62)（訴訟目的物の同一）に緩和されたため(63)、自然その効果においても相当変化していることを注意しなければならぬ。

(2)　訴繋属の訴訟法上の効果としては、右の一具沙汰合併審理のほか、訴拡張の禁止および当事者の確定という効果も生じたのであろうと想像されるが、いまだ確証に接し得ない。

(61)『大石寺文書』貞和二年十一月日南条太郎兵衛尉高光申状（史料六之九、九六七頁）に「右於田畑在家山野等者高光重代相伝当知行無相違之処、久下次郎入道仙阿致非分押領之間、去康永元年以来為布施弾正忠資連奉行訴申之処、同庄一分領主苧河次郎蔵人（不知実名）与件仙阿於武州□□〔御手カ〕諏方大進房円忠奉行致相論之間、依為一庄一具訴訟、被渡円忠奉行一所者也」と見ゆ。

(62) 当事者適格の要件が存するため、論所を共通にする前訴と後訴とは、通常また同時に訴人または論人の一方をも共通にするのである。

(63) ただし室町時代においても公家裁判所と武家裁判所とに「一事」（訴人・論人および訴訟目的物の同一）の訴を提起するときは、これを「一事両様」と称し、奸訴の咎に処する例であったらしい。

それは暦応二年十月日教王護国寺僧綱大法師等申状（史料六之十一、七五三頁）〔ト三一号〕に「一　長田対馬蔵人頼清作沙汰并狼藉事、（中略）潜掠申侍所奉書、及乱入之間、可召返侍所奉書之由被仰諏方大進房円忠畢、結句致一事両様沙汰、掠訴公家、申付文殿廻文（去月十七日、今月二日）条言語道断之所行禁遏而有余矣」、『法流相承両門訴陳記』延文元年十月日元応寺衆徒僧陳状（史料六之二十、八七〇頁）に「欲早被経御奏聞、被棄捐昌景大徳無理謀訴於公家武家

致一事両様奸詐〔訴〕上者、停止非分競望」とあるによって推知されるのである。

上記意味のほか、室町時代においては「一事両様」という言葉は一般に当事者主張の矛盾を指称する語として使用された。たとえば、『田代文書』四、貞和三年七月、和泉国大鳥庄上条地頭田代又次郎入道了賢重陳状に「同状云、如正中三年了賢申状者、正和元年以来押妨地頭進止下地之由申之、如建武四年八月申状者、自三月始而押妨地頭下地之由訴申之、了賢一事両様造沙汰露顕歟」、『三宝院文書』一、明徳五年二月日醍醐寺僧等申状に「其上旧冬者院家窮困之間可没収両堂要脚之由申送惣寺、今又被訴申公方之趣者、為寺中修造致競望、一事両様申状虚誕之至太以招自科歟」とあるがごとし。また「一事両様成敗」(『大乗院寺社雑事記』文明十年八月二十四日の条に見ゆ)という語があるが、おそらく前成敗と矛盾せる成敗という意味であろう。

二四　㈡　実体法上の効果　⑴　訴訟目的物処分の制限　訴が裁判所に繋属するとともに訴訟目的物の処分はある程度の制限を受けた。これに二種の区別が存すること、鎌倉時代におけると同様である。その一は通常の場合で、訴繋属時の当知行人をして依然論所の知行を継続せしめるが、しかしその処分を制限する場合であり、その二は論所・論物をまったく訴論人の手より奪い去って、第三者に寄託する方法である。

(甲)　訴が裁判所に繋属した後においても、理非未断の間は訴繋属時の論所知行人をしてその知行を継続せしめるのが原則である。[64]しかし爾後、論所の処分は制限を受けたのである。[65]

(乙)　第二の場合は裁判所よりとくに論所の所務を中に置く(「置所務於中」[67])旨の命令が出された場合である。[66]「置所務於中」とは、当事者双方に論所の所務に関与することを禁止するの意であって、爾後、論所は第三者あるいは論所沙汰人の手に寄託されるのが通例である。[68][69]「置所務於中」く法は永正六年五月九日の法令によって爾後、停止されたが、(70)この禁令はたんにその名目を廃し得ただけで、その実質にいたっては、その後も依然広く行われたようである。(71)

以上、(甲)(乙)いずれの場合においても、沙汰未断の間の訴訟当事者の狼藉(論所・論物に対する)を「中間狼藉」と称し、狼藉者は敗訴となり、ある場合には「中間狼藉咎」にも処せられた。(72)

(2) 訴繋属の実体法上の効果としては、訴訟目的物処分の制限のほか、鎌倉時代におけると同様に、不動産物権の取得時効たる「年紀」の中断も存在したのであろうと推定されるが、いまだ史料がみあたらない。

(64)『薩藩旧記』前集一七、観応二年五月二日嶋津道鑑下知状に「惟宗氏(女の字脱か)代義継申薩摩国山門院久富名内郡山田地(河原田)八段四十合十促〔ママ〕弐段二十〔ママ〕、平地園壱箇所事、如義継訴状者、地頭代兼阿加点札於作麦已下云々、(中略)是非紀明之間先氏女知行不可有相違」とあるはその一例である(地頭代が論所に点札を加えたということは、それ以前には氏女の知行が完全であったことを示す。なおこの事件は島津氏裁判所の判決であるが、幕府法においても同様であったと見て差し支えないと考える)。

応永六年京都塩小路朱雀田地一町並款冬田に関する西八条遍照心院雑掌の訴につき、幕府は初め「西八条遍照心院雑掌申、塩小路朱雀田地壱町并款冬田事、申状具書如此、前理性院雑掌号教令院領、先度雖申給御教書、不及訴陳云々、所詮有糺明可被仰左右、先可置所務於中之旨可被相触之旨所被仰下也」との御教書(『後鑑』第二篇所収、応永六年九月五日幕府御教書)を出したが、次いで光明照院の訴につき(光明照院雑掌が論所は自己の当知行に属する旨を疎明したためでもあろうか)、「光明照院雑掌申塩小路朱雀田地壱町并款冬田事、就遍照心院嘆申、可置所務於中之由、先度雖被成御教書、於理非者追可有糺決、先任当知行可被全雑掌所務之由所被仰下也」という御教書(『東寺百合文書』ト一之十五、応永六年十月二日幕府御教書)〔ト七七号〕を下し、論所はまず当知行に任せて雑掌が所務を全うすべき旨を命じているがごときもまた、その例と見ることができよう。そのほか註(34)所引「広布録」所収文書を参照。

以上は訴繋属時の当知行人をしてその知行を継続せしめるため、とくに幕府より命令が出された場合であるが、かかる特別の命令がなくとも、通常の場合(すなわちとくに所務を中に置く旨の奉書の出されぬとき)には、訴繋属時の論所当知行人は当然その知行を継続し得たものと解すべきである。

この場合には論所百姓等は当然年貢を当知行人に弁済すべきであるが、とくにその旨の命令が発せられたことがある。『東寺百合文書』シ一之十三、文明十四年六月十七日「当所〔論所〕百姓中」宛幕府奉書〔シ七三ノ三号〕に「愛賀三郎明秀知行山城国紀伊郡佐井佐里廿七坪田地四段事、釆女領知無相違之処、今泉源五郎号由緒、去年々貢以下押置云々、太無謂、所詮於理非者追而被遂糺明、可落居之上者、任当知行旨、拘置年貢等、不日可致其沙汰」とあるはその一例である。

(65) 訴繋属後、論所の処分が制限されたことについては、摂津親秀譲状(暦応四年八月七日付)に「一 摂津三郎時親事、右親類等悉所分〔譲与の意〕之上者、尤雖可計宛、及訴訟〔次に記載する所領につき訴訟が繋属していることをいう〕之間、不能所分、雖然沙汰落居之後、為惣領之計、以備後国重永別作内本庄半分武蔵国岩手砂下方半可去与時親也」とあるを参照。
訴繋属中の所領といえども契約と同時にこれを相手方に移転するのではなく、訴訟落着後、相手方に移転すべき旨のものならば、これに関して処分契約を締結しても、もとより差し支えない。右、摂津親秀譲状はその一例である。そのほか相続人と生前に論所の死因譲与契約を締結しておくこともまた有効である。けだしこの種の処分は処分者の死亡によってはじめて相手方に移転する効力を発生するものであり、しかして訴訟当事者死亡の場合に、その相続人(論所の)は当然、被相続人の当事者適格を承継するものだからである。

『安保文書』暦応三年正月二十四日沙弥光阿譲状に「定置光阿跡所領等事、〔中略〕一 同〔播磨〕国佐土余部内東志方

事、但雖被成度々御施行、赤松入道円心押領間、訴訟最中也、〔中略〕右於光阿跡惣領職以下者為中務丞泰規嫡子所譲与也、〔中略〕仍定置状如件」とあるは、この種譲与の一例である。もっともこの文書には自己の一生間はなお該所領を知行すべしとか、自己の死後においてこれを相手方に譲与するとかの文言は記載してないけれども、「定置光阿跡所領等事」とあることによって、その死因譲与たることがわかるのである。

なお、『真正極楽寺文書』文明十六年六月十一日足利義政寄進状に「右、花園田者菊亭家与青蓮院門跡相論之地也、雖然就当知行、付替地於門跡、成料所訖、仍今割彼下地、為灯明(弐灯不怠)料、所令寄進也」とある。その意味は菊亭家と青蓮院門跡との間で花園田に関して相論の最中に、将軍足利義政は論所の当知行人たる青蓮院門跡に替地を与えて論所花園田を自己の料所とし、その下地の中を割き分けて、極楽寺に寄進するということである。相論の最中に第三者が論所をほかの土地と交換するがごときことは、もとより法の許さぬところであったろうが、将軍の行為であるがゆえにかかる不法も許容されたのでもあろうか。

(66)　その実例はきわめて多いが、たとえば『室町家御内書案』下、永享四年八月三十日守護代宛幕府奉書に「賀茂社修平申播磨国安志庄衣服米納米并社領内正覚寺押領分等事、理非糺決之間、可置所務於中之旨可被相触由候也」、同書同年十月二十一日幕府奉書に「嵯峨善入寺雑掌申備中国草壁庄内永平名案主職事、広石次郎押妨云々、理非糺決之間、可被置所務於中之由候也」、『蔭凉軒日録』長享元年十一月三日条所収、同年十月二十七日幕府奉書に「摂津中務大輔政親申被官森太郎左衛門尉知行江州鯰江庄内西泉坊名事、混寺領内、違乱云々、可被糺決之上者可被置所務於中之由被仰出候也」、『康富記』康正元年十一月二十八日条所引、同年十一月三十日幕府奉書に「権大外記康富申七条坊門与朱雀間北頬敷地(猫間畑)事、糺明之間置所務於中、来二日以前令出対、可被明申由候也」、『大通寺文書』一、明応九年十一月五日幕府奉書に「当院境内従東寺競望分事、可被遂糺明之間、被置所務於中畢、可被存知之由被仰者也」、『田中教忠所蔵文書』乾、永正五年十二月二十九日幕府奉書に「九条関白家雑掌申光明峯寺領城州小塩庄事、可被遂

御糺明之間、置所務於中、可被明申之由被仰出候也」とあるがごとし。
「所務」の代わりに「年貢」の語を用いたことがある。『地蔵院文書』下、文安元年四月日申状に「右当院領伊勢国朝明郡茂永小泉厨内新開分事、三条殿様御被官人長松三郎左衛門□押領之間可有出帯支証之由、自寺家雖令申之、更以無承引之儀間、前管領御時依嘆申、去永享十二年被仰付飯尾肥前、理非落居□□〔之間か〕先年貢於可置中之由被成下　御奉書畢」とあるがごとし。

ときとしては「置職於中途」あるいは「押置件地於中途」の文言が用いられたことがある。『大鳥居文書』一、正平十八年八月二十日懐良親王令旨に「天満宮安楽寺留守職事、依確論被置中途畢」、「氷上山興隆寺文書其三」（『防長古文書』第三輯）九九号、文明十一年後九月十三日大内家奉行奉書に「筑前国早良郡別府事、鬮雲寺殿御代氷上山与筥崎相論之時被経御沙汰、既為氷上山領鳥飼村内、至一乱以前山務無相違云々、然時彼相論之時被押置件地於中途」とあるがごとし。ただし、この最後の二種の文言が幕府裁判所において使用された事例はいまだみあたらない。

(67)　『紀伊続風土記』古文書之部三、日前宮蔵、文明十二年六月日紀州雑賀庄領家同地頭両代官重陳状に「一　去四月二日自神宮於中野畠内率人勢掘堀畢、且云相論之失、且者云置中之所、両方不可成其綺之処」、『室町家御内書案下』永享四年十月十一日幕府奉書に「近江国建部社禰宜与天龍寺雑掌相論同国建部庄事、去年以来糺明之間、被置所務於中之処、何為寺家可懸段銭哉、不日可停止催促」とあるがごとき、いずれも中に置かれた論所は両当事者の支配を脱することを示す史料である。

(68)　『東寺百合文書』ツ五十二之六十一、文明十五年九月十三日東寺雑掌宛幕府奉書〔ツ一五四号〕に「下麓南庵雑掌申花薗田弐段事、去年帯安堵奉書、当知行無相違候処、伊木佐渡入道申給奉書、及違乱云々、太不可然、可被糺明之上者、於当所務者為当寺可被押置之由被仰出候也」とあるは、全然相論に無関係の第三者をして所務を押置かしめた例であり、『同文書』ニ二十一之二十五、永正五年八月六日当所（論所）名主沙汰人中宛幕府奉書〔ニ一四九号〕に「東寺八幡宮領城州上久世庄公文職内本所分事、依無理之族押妨、神事等可及退転云々、太不可然、可被成御下知之間者年貢諸公事物等地下〔地下は論所沙汰人百姓等の意〕、可被拘置之状如件」、『光源院文書』一、永禄十一年十月十八日当地百姓中宛幕府奉書に「広徳軒雑掌申城州賀茂小山郷内田地弐段小事、帯数通証文、買得当知行処、去五月廿三日前関白家雑掌被申請御下知云々、所詮可被遂糺明候条堅可相拘所務、若令違背者、可為二重成之由所被仰出之条如件」とあるは、すなわち論所の沙汰人百姓等をして、年貢公事等を訴訟当事者に弁済せしめず、訴訟落着までこれを保管せしめた例である。「二重成」とは二重に年貢を出さしめること、すなわち右禁止期間中に年貢公事を訴訟当事者に支払ってもこれを有効な弁済と認めず、さらに年貢公事を支払わしめることをいう。

なお、上掲諸奉書にはそのいずれにもそれが「置所務於中」く命令にもとづいて下されたものであることを記しているものはないが、註(67)所引「日前宮所蔵文書」「神宮江度々押寄及弓矢事、為中間狼藉有御法者哉云々、為神宮差塞通路、薙捨作毛、恣放飼牛馬之間、当所地下人追放□者也、爰自神宮〔訴人〕就申子細、可置論所於中之旨為管領被仰付国衆之間、向後不可有卒爾儀之由、去三月廿八日被相触両方〔訴人は日前宮、論人は雑賀庄領家および地頭〕訖」を、同宮蔵文明十二年七月日紀伊雑賀庄領家同地頭両代官三答状「自社家苅捨作毛事、為管領被預置国衆訖、苅捨者以何国衆可預申哉云々、被預置国衆時者、地頭領家代官出検使於、苅捨作毛分放飼牛馬分者悉加検知、至相残分者預置訖」と対照せしめることによって、所務（論所）を中に置くのは、通例これを第三者に預け置く方法によったことがわかるので、上記諸例において第三者あるいは論所沙汰人百姓等に年貢公事物の保管を命じたのは、すなわち所務を中に置く方法としてであったろうと推定するのである。

(69)　所務を中に置く方法としては、第三者あるいは論所沙汰人などに論所を寄託する以外に、稀ではあるが(I)論所に点札を立てること　(II)論所を幕府料所となすとの二方法があった。(I)に関しては『東寺百合文書』フ五十四之六十六、寛正元年十二月二十六※日守護代宛幕府奉書〔フ一三三号〕に「山城国紀伊郡陵田（坪付在別紙）事、為糺明令点札処、不能出対、抜捨之、致所務云々」とあるを参照。この場合には何人といえども論所の所務に関与し得ぬのである。

(II)に関しては、『勧修寺文書』四、永正四年十月十七日当所名主百姓沙汰人中宛幕府奉書に「城州山科郷内安祥寺村諸散在敷地等事、以前糺明之処、就安祥寺文書遅引、雖被成御下知於勧修寺門跡、重尚可被糺決之間、為御料所、被仰付飯川新七郎高資〔飯川高資を料所代官に補したことをいう〕訖、早年貢諸公事以下如先々可沙汰渡代官」とあるがごとし。

以上二例いずれにも「置論所於中」く方法としてかかる手段がとられた旨は記してないが、事の性質上、「置所務於中」く一方法であったと解して差し支えあるまいと考える。なお、(II)については『大内家壁書』文明十八年五月二十六日大内家奉行人奉書に「就寺領沙汰出来之儀被押置中途土貢事、准武領不可被用御公物」とあって、寺領においても武家領(「武領」)におけると同じく中に置かれた土貢(年貢)を公物に供するを禁止していることを参照。

(70)『建武以来追加』第一三九条〔室追三五五条〕。本条は永正六年五月九日幕府条々中の一条であるが、「一　被置所務於中事、任先例可被停止焉」とあるから、右日付以前においてもこの禁止制は存したものらしい。

(71)　註(68)所引『光源院文書』参照。

(72)　(乙の場合、すなわち所務を中に置いた場合の中間狼藉の実例は、『事林明証』明応五年十二月三十日西山名主沙汰人等宛幕府奉書に「勧修寺門跡雑掌申、当門跡領城州所々散在田畠山林新八幡田新御領等事、号尾内跡御料所分、飯尾中務大夫代官及違乱之条、為糺明之、被置所務於中之処、称中間狼藉、一方向掠給御下知云々、太不可然、所詮同可有糺明之間、縦雖以彼奉書及譴責、不可致承引之」、『華頂要略』門主伝第二十二、永正五年の条所載永正五年十月九日幕府奉書に「不動院領洛中九条東洞院城興寺下地事、号円乗院別相伝私領、先年相副証文并寄進状、被入置質券之間、慶雲院雑掌掠給御下知、数年知行云々、爰為被糺明、去延徳二年被置所務於中之処、彼雑掌責取之条依中間狼藉之咎以前被成奉書畢」、『勧修寺文書』二三、永正五年十月日山科家雑掌陳状に「右子細者後白河院御影堂領山城国山科郷之内東西庄諸散在事、先御代捧数通之証文就嘆申仁、理運之被聞召分之、一円被返付之、被成下御判、知行之処、勧修寺御門跡雑掌被掠給奉書之条、重依申上子細、被置所務於中、御紀明之半、御門跡雑掌被押取年貢之条依中間狼藉之御法被成下御下知、于今当知行之地也」などがある。

『廿一口方評定引付』四、文明十年六月十三日の条に「昨日(十二日)就大炊職并不動堂預職事被成御教書、其趣云、被致定忍法橋定観無理訴訟、致中間狼藉条以外緩怠也、任法可被処其咎云々、此趣披露之処、衆議云、被成御奉書上者、只今可被給田耕サセ旨治定、仍衆座江公人召申付事、御奉書云、大炊職并不動堂預職事、承仕定忍法師背請文、不応寺命之間、改替之処、剰中間狼藉条言語道断次第也、早為寺家任法可被処其咎由被仰出候也、仍執達如件、文明十年六月九日　貞秀判数秀判　当寺雑掌」。これは中間狼藉者の科罰を寺家に命じた場合である。

『東寺百合文書』ツ五十二之六十一、文明十二年十二月二十三日東寺雑掌宛幕府奉書〔ツ一五四号〕に「伊木佐渡入道善中申、仁和寺真光院領西京花園田壱段事、御紀明之処、当寺承仕乗観違背御成敗、致中間狼藉、剰度々雖被相触之、不参之条共以招重科歟、所詮彼田地者如元被仰付善中訖、早可停止其綺之旨可被加下知乗観之由被仰出候也」などとあるがごときは、(甲)(乙)いずれの場合の所務妨害であるか、文面だけからはよくわからないが、あるいは(甲)の場合のそれではないかと思われる。

がいずれにしても、(甲)(乙)両場合を通じて沙汰未断中の所務侵害(訴訟当事者による)を「中間狼藉」と称し、少なくとも狼藉者敗訴の効果を生じたことは確実である。

そのことはまた『静岡県史料』第一輯四五九頁所載「三宝院文書」年号不詳走湯山密厳院雑掌澄宣申状に「右先度以解状並目安等委細言上訖、而後祐禅下給本解証文等、可進所存状之由就入事書、進彼状等之処、当山訴訟為理運之間、失為方、立退、申給重行御教書之上者、可下給彼状之由言上候条為僻言之旨飜先言之条併乍蔑如御沙汰者也、将又達上聞之時者□□人相楽〔互か〕乍相待上裁者古今例也、□祐禅御沙汰未落居以前或成態〔ママ〕催促状、或故入讒責、時又

及過法沙汰之所条行之企絶于常編」とあって、訴訟中は両当事者ともにただ上裁を待つべきであって、論所・論物に私に関与せぬのが古今の例であると記してあることによっても推知し得るのである。

中間狼藉に関する分国法の規定を述べてみるに、甲斐武田氏の『信玄家法』には「於于出沙汰輩者、可待裁許之処、相論半不決理非、致狼藉之条非無越度、然者不及善悪、可付論所敵人」とあるが、これは幕府法をそのまま採用したものである。

阿波三好氏の『新加制式』(『新加制式』が三好氏の分国法たることは中田博士の研究による)には、「一　中間狼藉咎事、右理非之趣被遂淵底之処、其中間致狼藉之条、太以濫吹也、於論所者可被付訴人也、訴人無理者可有別御計者哉」とあるが、この規定によると、中間狼藉の場合には論所は訴人(中間狼藉の訴人の意で、本訴の訴人の義ではあるまい)に付せられ、訴人に(訴の)理がなければ別の計らいがあるべきものである。「別御計」とはおそらく論所を没収することを意味するのであろう。

しかりとすれば、本条の規定は召文違背に関する『御成敗式目』第三五条の規定にならって作成されたものであるということができよう(第一篇第四四項参照)。

駿河今川氏の『今川仮名目録』には「一　相論なかは〔半〕手出の輩理非を不論、越度たる事、旧規よりの法度也、雖然道理分明之上横妨之咎永代に及は、、不便たるか、自今以後は三ヶ年の後公事を翻、理非を糺明して有落居也」とある。その意味は中間狼藉の場合、理非を論ぜず狼藉者の越度の咎として、論所を相手方に付し来ったが、「横妨」の咎が永代におよび、中間狼藉くらいのことで本訴が永久に敗訴となるのは不便たるゆえ、自今以後は三ヶ年だけ相手をして論所を知行せしめ、三年目に改めて本訴の理非を糺明して、理ある方に論所を永代に帰属せしめるということであろう。

三年間、相手方をして知行せしむる旨の記載はないけれども、もしその間、論所は没収されているものとすると、相手方が理運である場合に彼は中間狼藉者の行為によって不測の損害を受けることとなる。本条が衡平的目的のために作成されたものであることより見て、かかることはあり得べからざることと考える。幕府法の規定を衡平主義にもとづいて修正したものとして、本条の規定は興味あるものといわなければならない。

第三節　訴の審理

二五　当事者弁論の要領および訴訟手続きの進行に関する主義はほとんど第一篇において記述したところと異なるところはないから、これを省略する。前篇を参照あらんことを望む。

第一款　書面審理

二六　引付沙汰においては訴状が賦奉行より担当引付に賦られ、本奉行人が確定すると、彼は訴人を次の式日内談のみぎりに呼び出して、訴の内容を聴取し、これを内談の座に披露する。そこで内談の座において評議があり、論人に対して御教書あるいは奉書が発せられる。[73]御前沙汰においても、訴状が担当右筆方[74]に与奪されると、そこで評議があり、御教書あるいは奉書が発せられたのであろう。

さて、このとき発せられる御教書あるいは奉書の種類について、『武政軌範』には「問状奉書」（守護人宛、後述特別訴訟手続きにおいて用いられるもの）、「遣使節奉書」および「召文」の三種だけがあげてあり、[75]またその実例が示されているから、あたかもこれら三種の文書に限定されていたように見えるが、実際においては、引付沙汰、御前沙汰を通じて、これら以外に、鎌倉時代におけると同様、論人の答弁を求める「問状」が発せられることがあったのである。

この意味の問状は、御教書[76]あるいは奉書[77]の形式を採る。その内容は鎌倉時代におけると同様、訴人某が何々のことを訴え出たので、訴状具書を送る[78]から、明申せ[79]、弁申せ[80]という意味のものである。なお、陳状提出に期限を付してあるや否やによって、問状をふつうの問状と日限問状とに分かち得ること、また鎌倉時代におけると同様である。[81][82]

(73)『武政軌範』引付内談篇訴訟次第事の条に「訴訟人申請賦而付渡于其手之開闔、則申沙汰之、賦寄人之時、召訴人於内談之砌、相尋事由、当座披露之、至対論事者、遣召文、召出論人」と見ゆ。

(74)幕府右筆衆が結番されていたか否かは不明であるが、引付衆、御前沙汰人等の例より見て、結番されていたとみるほうが穏当のようである。本文にいわゆる右筆方とはこの意味の一方右筆衆を指す。

(75)『武政軌範』引付内談篇式日内談事の条に「式〔或〕対守護人、成問状、或仰使節、施行之、或遣古〔召〕文、糺明之」と見ゆ。文にいわゆる問状は本文に述べるごとく、特別訴訟手続きにおける問状であって、書面審理のための問状ではない。第一篇註(202)参照。

(76)御教書の様式は室町時代においても鎌倉時代のそれとほとんど異なるところはない。ただ両探題の署判が管領のそれに変わっただけの相異があるにすぎない。『書大体』(文明頃の著作に係る)は室町時代の御教書を、管領署判文書のうち、判決書たる下知状および御下文につき下される施行状を除いた残りであると記している。

同書に「一　御教書事、公家者依執柄之仰被書出之状、是称御教書乎、武家者執事之書出号之御教書、公武之所用其旨相似哉、而訴論裁判之状〔判決書〕号下知状、就御下文、被成遣之状号御施行、自余成敗之状総称御教書、先代当世称是同、又被載公方御判事在之、号之謂御判之御教書、依事、被用之乎」とあるもの、これである。

すなわち、御教書なる語には、広狭二義があるのであって、広義において幕府管領署判の文書の総称であり、狭義においてはそのうち、特別の意義および用途を有する「下知状」(鎌倉時代の下知状と異なり、文書の様式名でなく、判決書という意味)と施行状(御下文を施行するもの)とを除いたものを指すのである。

なお右『書大体』の最後に記してある御判御教書のことについては、『花営三代記』永和元年十一月二十二日の条に「御教書已下可為御判物之由被定之間、今日始三社御祈禱御教書被成之」とあるから、足利義満の時代に御教書にはすべて将軍の御判(花押)を載せることに定まったのである。ただし、実際においてはその後も管領署名だけの御教書も広く行われていた。

問状御教書の様式は『評定始条目』(前田侯爵家蔵、永正頃の幕府奉行、松田対馬守英致の著作に係る)に次のごとく記してある(原本には返点および振り仮名が施せる箇所あるも、誤謬多きゆえ、これを省略す。以下同じ)

一　問状

――申――国――庄事、近日押妨云々、太無謂、早可被停止其綺、若又有子細者、可被明申之由、所被仰下也、仍執達如件、

年号月日　　　　管　領

――殿　　　　奉書之時ハ奉行之名也

有子細者、可被明申文言問状也、

「有子細者云々」の文言は、通常、書面審理のための問状にはこれを欠いている。この文言は、論人が訴人の申状に承伏したらば、これをしてただちに論所に対する妨害を止めしめ、したがって審理手続きを経るにおよばずして、簡

易に訴訟を落着せしめんがために付加されるのである。さればこの種の文言の記載された問状は、特別訴訟手続きにおける問状と密接な関係を有するものといわなければならない。

(77)　奉書の様式もまた鎌倉時代のそれと異なるところはない。『書大体』が奉書について説くところは次のごとくである。「一　奉書事、依主君之命、被書出之状、総号奉書歟、仍御教書、奉書文体同、引付頭人、侍所、地方、政所執事、評定衆、右筆衆等書下皆是奉書、或一人之署判、或数輩之加判、随事体、有別異乎、次竪紙、折紙差別事、古者大略用竪紙、近代多為折紙、且略儀歟、但又古来用折紙事在之」と。

この文の最初に「依主君之命、被書出之状、総号奉書歟、仍御教書、奉書文体同」とあるが、この二種の奉書のうち、前の方は、文書の系統を示す語であって、この意味において、管領署判の御教書、引付頭人署判の奉書、本奉行人署判の書下などは、いずれも奉書の一種であるということができる。これらの奉書系統の文書に対して、下知状あるいは下文の類は、別系統の文書である。

しかるに、後の方の奉書は、引付頭人署判の奉書系統の文書という意味で、この場合には奉書は御教書および書下と対立する文書の一様式の名称である。

なお、この時代初期には、鎌倉時代におけるがごとき、奉書と書下との区別がなお存し、引付頭人署名のものを奉書、本奉行署名のものを書下と称していたが、後には引付沙汰が廃絶したためでもあろうか、両者をあわせて奉書と呼ぶ慣例となり、書下の名称は通例、守護書下の場合にだけ用いられるにいたった(もっとも、幕府法上も、書下の名目が全然廃絶したわけではない。その使用が稀となっただけである)。

なお奉書には、上記『書大体』の文の最後に記してあるごとく、竪紙のものと折紙のものとの両種があるが、両者様式の相違および使用の場合については判決の形式の箇所にゆずる。

さて、問状奉書の実例としては、『三宝院文書』(第二回)三に見える

湯河新庄司政春申、山城国山科郷内大塚遠江入道并一族等跡事不日可被明申之由候也、仍執達如件、

（文明十）十月四日　　　　　　　　　　貞康〔花押〕

理性院雑掌　　　　　　　　　　貞秀〔花押〕

をあげておく。鎌倉時代の問状奉書とほとんど変わるところはない。ただ「申状（副具書）如此」という文言の見えぬ点はこれと相違しているが、室町時代においても、初期の問状奉書にはこの種文言が挿入されているものがある。たとえば、『帰源院文書』建武四年正月二十六日斯波家長奉書（史料六之四、六二頁）、註（80）所引『前田家所蔵文書』のごとき、すなわちこれである。しかるに前掲『三宝院文書』のほか、『東寺百合文書』コ一之十四、康正元年十月二十日幕府奉書〔コ二六ノ一号〕、『同文書』ネ二十五之三十一、長禄四年十一月九日幕府奉書〔ネ一一四ノ一号〕、『東寺文書』明応五年八月二十五日幕府奉書（『後鑑』第四篇、五〇頁所掲）※〔ナ五五号・み六九号〕、『田中教忠所蔵文書』乾、永正五年十二月二十九日幕府奉書などには、いずれもこの種文言を欠いている。

これによって考えると、室町時代初期の問状には、鎌倉時代の例にならって、この種文言が挿入され、中期以降、漸次、これを脱落するにいたったのではあるまいか。ただし、この種文言を欠く場合においても、問状とともに訴状具書が相手方に送付されたことには相違はなかったものと思われる。

（78）もっともこの時代中期以後は問状には訴状具書を送るという意味の文言は記載されなくなった。前註参照。

（79）「明申」文言の例は註（77）所引『三宝院文書』参照。

（80）「弁申」文言の例は、『前田家所蔵文書』暦応四年八月十八日幕府奉書（史料六之六、三〇七頁）に「嘉祥寺行司等申、伯耆国布美庄内長須野村并仁王丸名濫妨事、院宣春宮権大夫家御消息（副解状具書）如此、子細見状、早可被弁申」とあるを参照。

（81）初度の問状に日限を付し得たか否かは不明であるが、二度目の問状にこれを付し得たことは、『一乗院文書』一三、

永享十年六月十一日幕府奉書に「輪蔵寺雑掌申、摂津大覚寺庄領家職事、先度被仰之処、無音、如何様事候哉、太不可然、所詮、来十八日已前可被明申由所候也、仍執達如件」とあるによって知り得る。

(82) 訴状具書は通例、問状にそえて訴人の手によって論人に送達されたのであるが、南北朝時代には、裁判所が問状を出さずして、幕府使節あるいは守護に命じて、論人に書状を「封下」さしめる制度があった。

たとえば、『岩田佐平文書』貞和元年十二月十七日足利直義下知状に「右地頭安東千代一丸分毎年弐拾八貫文康永二年以来対捍之由依訴申、仰守護人佐々木美作前司秀貞、今年三月廿六日以後両度封下訴状」、『東寺百合文書』ケ一之七、貞和五年五月日大覚寺領紀伊国三上庄雑掌宗祐重申状〔ケ三五ノ一号〕に「右当庄寺役厳重之子細言上先畢、而彼輩令犯用年貢之間、訴申之刻、仰湯浅八郎左衛門入道〔使節〕、雖封下訴状、于今不及請文散状」、『同文書』ト六十一之七十五、貞和六年二月日東寺雑掌光信重申状案〔ト四四号〕に「右当庄〔中略〕建武以後守護人非分押領之間、就訴申之、被成下院宣之間、於飯尾左衛門大夫奉行、被経御沙汰、去貞和二年以来雖被封下度々申状、曾不及請文陳状之間、去々年十二月十四日為布施弾正忠資連奉行、重被封下催促状」などとあるがごとし。

訴状封下の「封下」の意義については、これを窺知すべき史料がみあたらないが、中世において文書の「裏封」(文書に裏書・裏判を加えること)という語が存したから、文書に裏封を加えて、(論人)に送達するという意味ではないかと思う。

裏封の様式については、註(325)所引『常総遺文』所収文書を参照。もし上述したところにして誤りなしとすれば、問題は裏書の文言はいかなるものであったかということであるか、あるいは訴人某が何々のことを訴え出たから、明申すべしというような文言であったのではあるまいか。

「封下訴状」を受け取った守護(使節も同様であろう)は、これに自己の書下をそえて、論人に交付したのである。註(89)所引『大石寺文書』を参照。訴状「封下」をまた「封遣」とも称したことについては、註(98)所引『東寺百合文書』参照。

二七　問状送達の方法は、史料が不足のため分明でないが、鎌倉時代におけると同じく訴人が自らあるいは使者をもって論人に送達したのであろうと思われる。(83)(84)訴状具書など訴提起のときに提出された文書は、それ自身が問状とともに相手方に送達されたのである。(85)

問状は論人自身のほか、論人が「凡下」「百姓」である場合には「主人」（地頭以外の進止者の意か）あるいは地頭に宛てられ、(86)本所進止の者である場合にはもとより本所に宛てられたのである。(87)

(83)　註(90)所引『柞原八幡宮文書』に「此条云本解状、云先度御書下、不相付之間、雖不存知訴訟之旨趣」とあるが、本解状を論人に「不相付」という文言の意味は、訴人がこれを送達したものと見ることによって、最もよくこれを理解し得るのではないかと考える。なお、『庭訓往来』に「執事書与問状奉書於訴人」とあって、問状は執事（管領）より訴人に交付される制であったことをも考え合わすべきである。

(84)　ただし二問状以下の申状は、裁判所が論人を召喚してこれを交付したものらしい。『大友文書』二（暦応三年）四月二十四日尊舜催促書状に「近衛殿御領美濃国仲村庄下方雑掌尊舜申、当庄地頭大友式部丞代官宗運輿喜等年貢抑留事、就訴申之、依出承伏陳状、捧二問状之処、不及出対之間、今月十日可請取之旨雖被成御書下、無音之上者、早以両奉行使者、被□□〔召出か〕彼地頭代等、可被経御沙汰之由相□候、以此旨可有御披露候哉」とあるが、この催促書状にもとづいて幕府が論人地頭代宛てに下した同日付書下に「美濃国仲村庄雑掌申、年貢事、重申状如此、雖触遣先度無音間、所立使者也、早令出対、可被請取二問状之由也」とあるによってこれを知り得るのである。

しかしなおも論人が裁判所に参決しないときは、訴人が裁判所に出頭して、二問状を請け取り、自身でこれを論人のもとに送達する制であったらしい。それは右尊舜請文の奥書に「暦応三四廿五、自奉行人門真左衛門入道方、請取二問状、所令与奪于地頭御代官高山三郎方也、此書下申状子細同前」とあるによって知り得るのである。

(85) そのことは問状に「訴状具書如此」という文言の記載してあることによって知り得るのである。この種文言が記載されなくなった後においても、訴提起のときに提出された文書自身が相手方に送達されたことについては別に変化は生じなかったのであろうと考える。

(86)『書大体』に「一　侍分上□対凡下輩遣書状事、諸国庄園之名主沙汰人遣書下者常例也、至凡下百姓者直遣之事、未見先蹤、若有可加下知子細者、或当于主人、或対于地頭、成書下之条古今傍例也」と見ゆ。ただし、この記事は侍分より凡下人等に対して書き遣わす場合に関するものであるが、幕府より彼らに向けて出される文書についても同様であったと考えて差し支えないと信ずる。

(87)『東寺文書』数、十之十三、文亀元年七月十二日※「東寺雑掌」宛幕府奉書〔二一二五号〕に「相模寺主増秀申、東寺領蓮華門前田地壱段以下作職事、不日可明申之旨、可被加下知敬俊之由候也」とあるはその一例である。敬俊は東寺領内の百姓ででもあったのであろうか。

二八　問状を請け取った論人は、陳状あるいは請文を、問状の宛所たる使節あるいは論人の進止者は請文を、裁判所に提出しなければならない。

論人が陳状を提出するのはすなわち訴人の申状に対して、これに応訴し、かつ反駁を加えんとする場合である。陳状様式の雛形としては、訴状様式の箇所で述べたところと同一の理由によって、前篇において掲げた『沙汰未練書』所載文例を参照されたい。

論人が請文を提出する場合は、だいたい⑴相手方の訴に訴訟条件が欠けているため本案答弁を拒否するとき、(88)⑵事情ありて、陳状の提出が遅延するため、その旨を弁疏せんとするとき、(89)⑶訴人申状を承認するとき、(90)以上、三箇の場合である。

問状の宛所たる使節あるいは論人の進止者が裁判所に提出する請文には二種ある。その一は論人が問状に応じて、陳状あるいは請文を提出した場合に、これを裁判所に「執進」めるものであり、(91)その二は論人が陳状も請文も提出せぬ場合に、その旨を裁判所に報知するものである。(92)

論人が問状を請け取りながら、陳状も提出せず、請文にもおよばぬときは、訴人は論人に対して陳状提出を命ぜられんことを裁判所に請求し得る(93)(「催促書状」)。この場合、裁判所は論人に陳状を提出すべき旨の催促状を下したのであろう。

陳状送達の方法については史料がみあたらないが、訴人あるいはその代官は通例当参であったろうから、おそらく論人が陳状を裁判所に提出すると、裁判所は一応これを審査したうえ、訴人を呼び出して、交付したものであろうと推定される。

(88)　適例がいまだみあたらないが、註(90)所引『柞原八幡宮文書』において、論人が「此条云本解状、云先度御書下、不相付之間、雖不存知訴訟之旨趣」と述べているところより見ても、この種請文の存したであろうことは疑いをいれない。

(89)　『大石寺文書』に

南条太郎兵衛尉高光掠申、丹波国小椋庄内田畠在家并山林等押領事、去四月廿三日守護方御書下、同五月廿二日御催促状、謹拝見仕候畢、抑当庄地頭職者、任闕所注文、去建武五年仙阿為勲功之賞令拝領候也、仍正員仙阿為奉公東〔在の誤か〕鎌倉之上者、以飛脚令申関東、可進上巨細陳状候、上下向日限可蒙卅日御免候、以此旨可有御披露候、恐惶謹言、

貞和二年六月三日　　所務代官菅原義成〔裏判〕

進上　御奉行所

とあるは、その一例である。もっとも、この請文は同文書同年七月三日前伊豆守時氏請文に「小椋庄田畠在家山野等押領之由事、任被封下之申状之旨可明申之旨令催促之処、守護代国範并仙阿代義成請文如此、謹進覧之、以此旨、可有御披露候」とあるによれば、「被封下之申状」に対して、提出されたものであるが、問状請文の形式もこれと大差はなかったものと考える。

(90)『柞原八幡宮文書』三に

豊後国賀来社宮主春清申、季供田三昧田并灯油田以下事、去七月十三日御書下案并今月十日御催促状等、謹承候畢、抑如御書下者(取要)下野周防介背書下、違乱云々、此条云本解状、云先度御書下、不相付之間、雖不存知訴訟之旨趣候、違乱之段先以不実候、然早可被沙汰付彼田地於春清候哉、以此旨可有御披露候、恐惶謹言、

暦応三年八月十三日　　周防介頼秀(請文)

承了〔花押〕

とあるがごとし。ただし、この事件において論人は訴人の主張する論所違乱の段は争ったのであるが、訴人の権利にいたってはこれを承認する旨を陳述しているのであるから、ここにこれを掲出したのである。この文書の奥に「承了〔花押〕」とあるのは、おそらく、この請文を請け取った幕府奉行人が、その趣旨を諒承したとの意味で、書き付けたものであろう。なお次註所引『柞原八幡宮文書』を参照。

(91) 前註所引『柞原八幡宮文書』にそえた請文に

豊後国賀来社宮主春清申、季供田三昧田并灯油田以下事、去七月十三日御書下、同八月十日謹拝見仕候畢、任被仰下之旨、笠和政所周防介頼秀荏隈政所代首藤右衛門入道尊蓮等仁尋問違乱実否之処、不及違乱之由、頼秀尊蓮請文如此、仍沙汰付下地於春清候畢、以此旨可有御披露候、恐惶謹言、

暦応三年九月廿五日　　沙弥寂円

とあるが、これはすなわち論人請文にそえて提出した論人進止者の請文である。論人陳状にそえる請文もだいたいこれと同形式であったろう。なお、右の文書本文の末のほうに「仍沙汰付下地於春清候」とあるのは、訴人の論所知行権に対して、論人が異議を申し立てなかったので、寂円においてこれを訴人春清に還付したことを記したものである。

(92) いまだ適例がみあたらないが、この種請文の存したことは疑いをいれない。

(93)『田代文書』四に

殿下御方和泉国大番領雑掌申、同国大鳥庄上条地頭田代又次郎入道了賢乍請取二問状、依不進二答状候、被立去年御使者、違背至極之間、今年正月仁以違背之篇、欲被経御沙汰之刻、依了賢老母他界、于今延引候上者、重被立御使者、可被召出二答状候、以此旨可有御披露候、恐惶謹言、

五月十二日　　雑掌祐尊状

御奉行所

使者　貞和三五十三

とあるはすなわち、催促書状の一例である。ただし、これは二答状の催促書状であるが、初答状のそれの形式もこれに準じて知ることを得よう。

二九　上述の手続きにしたがい、訴人と論人とは裁判所を経由して、互いに訴陳状を交換して、[94] 三問三答にいたることができる。これを「三問三答」の「訴陳を番う」とも「訴陳に番う」とも称したこと、および各訴陳状を「本解状」以下各種の名称をもって呼んだことなど、鎌倉時代におけると異なるところはない。

訴陳状の交換は通常三問三答以内で終了したが、[95] はたして三問三答を超え得ぬ法であったか否かは判明しない。訴論人はいずれも一問答あるいは二問答の訴陳状交換後、ただちに対決の手続きに移られんことを裁判所に請求できた。[96] この場合には裁判所は請求の効力として、対決のために、召文を発して相手方を召喚したのであろう。他面において、当事者の請求がなくとも、訴陳状によって、当事者主張の理非が顕然となった場合には、裁判所は自ら進んで、口頭弁論手続きを省略して、ただちに判決を下すこともできたのである。[97]

(94)　陳状を裁判所に提出することについて、『仁和寺文書』暦応三年文殿雑訴条々には「初問以下訴状毎度相具陳状、可返進、不相副者、奉行人不可請取陳状事」と記しているが、幕府法においてかかる規定が存したか否かは不明である。なお、この文殿雑訴条々は史料六之六、一四九頁以下に引用されているが、史料の編者はこれに「左ノ雑訴法ハ、コノ時〔暦応三年五月十四日〕ノ定ナルヤ否ヤヲ詳ニセズト雖ドモ、本条〔史料同日の条〕ト関係アルヲ以テ此ニ合叙ス」という按文を加えている。

しかし、『東寺百合文書』ひ五十之六十、応安三年二月日東寺雑掌重陳状〔ひ一四ノ二八号〕に本条々中の一条たる「一凡緇素非一流由緒之所領、不知行及三代之輩不可被許容訴訟事」を引用して、「而如暦応三年五月十四被下文殿之御事書者、凡緇素一流由緒之所領不知行及三代之輩不可被許容訴訟云々」といえるをもって見れば、本条々が暦応三年五月十四日の制定にかかることは疑問の余地がないのである。

(95)　室町時代においては、鎌倉時代におけるがごとく、訴陳状の交換は三回をもって限度となす旨の法令は出されていないようであるが、訴訟の実際においては、三問三答の交換をもって最後として、次に対決の手続きに移る常例であった。

『庭訓往来』に「遂三問三答訴陳、於御前対決」、『尺素往来』に「本領事、近年庶子等成敵人、構種々之奸濫曲折、依奉掠上聞、及違乱之間、遂三問三答之訴陳候之処、両方証文前後状之篇、謀実書之段可為相論肝要之由、就令治定候、去十八日互出帯手継之正文、於御前対決仕候了」、『東寺百合文書』フ一之十六、明応五年四月十五日幕府奉書［フ一六一号］に「山城国五ヶ庄与八幡宮領同国西庄用水相論事、就五ヶ庄訴状、被相触之、既及三問答、両方共以被召出」とあるがごとし。

室町時代の文殿訴訟法では訴陳状の交換は通常二問二答までに限られており、もしそれだけで不充分ならば「追進一問一答」がとくに許されていた。前註所引「文殿雑訴条々」に「一□〔訴〕陳可為二問二答、若猶有相残事者、追進一問一答可被許之」とあるもの、これである。

『親長卿記』文明四年八月三日の条に「各談合、両方申状被召、二三問ヲ可有御沙汰歟之由申之、即奏聞、然者、重可尋長興之由有仰、取両方申状、一度可奏聞之由申之、二問之時無不審者、可奏聞、若有不審、可尋三問、一度可奏聞之由有仰」とあるが、この「仰」はおそらく、この規定にもとづいてなされたものであろう。

さて、公家法において、かく訴陳状追進の制が存したとすれば、鎌倉時代所務沙汰の訴訟手続きをだいたいそのまま受け継いだ室町幕府法においてもまた追進の制が存したであろうことは容易にこれを推測し得るが、いまだ史料がみあたらないので、断言を避け、将来の研究に俟つこととする。

(96) 当事者より裁判所に一問一答にて対決に移らんことを請うた例は、『東寺百合文書』ア一之十二、建武元年三月日助国半分名主僧覚秀申状（武家裁判所に提出されたものなりや否やについて疑問あり）［ア四四号］に「欲早如国正謀陳者、難足一切御信用、以一問一答被召合、遂問答、助国名半分事」、二問二答にてこれを請うた例は、『大友文書』二、貞和元年十一月八日尊舜〔訴人〕重状（史料六之九、四四七頁）に「自去暦応二年七月、至同三年七月、番二問二答訴陳之処、悉以承伏、與〔而カ〕去年八月日訴状返遣上者、早被召出彼代官等」、『東寺百合文書』ヱ一之九、貞和四年五月日太良庄時沢名主西願越訴申状〔ヱ六七ノ一号〕に「欲早番訴陳二問二答上者、西願与実円〔論人〕被召決、遂問答」と見ゆ。これらはいずれも訴人が申し立てた例であるが、論人方よりもとよりこれを申請し得たであろう。

さて、以上、諸例によると、訴論人が一問答あるいは二問答後、ただちに対決の手続きに移らんことを請求した理由は、訴陳状の交換によって各当事者主張の是非が一応明瞭になったということである。当事者がこの点を疎明し得れば、裁判所はおそらく、その申請を許容して、ただちに対決のため相手方召喚の手続きを開始したのであろう。この点は鎌倉時代のそれと異なるところはあるまい。

なお、このことについては本所裁判所のものではあるが、『間藤文書』建武五年六月日衆議状に「寺僧等〔訴人〕申云、如百姓等〔論人〕陳状者、寺僧等所進申状並具書等、雖為一言、不及陳状、悉令閉口畢、其上百姓所進安貞元年九月十七日置文者、為謀書之間、先々棄破状也、且未来年号也、且干支相違也、且無正文案文也、非御許容之限之上者、以一問一答可遂問答対決之由申之、仍以日限之書下、数箇度雖被召百姓等、于今不参決之間、疑貽雖多之、一問一答之訴陳既以懸隔者歟、随而依数度之召符違背、於彼論所下地者、所被付寺家也」とあるを参照。

（97）『永源寺文書』二、長禄四年五月二十六日幕府下知状に「江州山上含空院領伊勢国員弁郡久米郷守忠内萩原荒野河原新畠之事、館次郎兵衛尉押妨之旨、自寺家以支証、被歎申之間、召出館次郎兵衛尉証文、糺決理非之処、雖為寺家支証理運、猶以為糺明可有対決之由申付之処、館不罷出之上者、旁寺家理運至極之間、所付沙汰也」とあるが、「雖為寺家支証理運、猶以為糺明可有対決之由申付」という文句は反面において対決におよばずして、訴陳状のみをもって裁決し得る場合のあることを示すものである。

三〇　鎌倉時代においては、論人が問状に応ぜずして、陳状を裁判所に提出しない場合（問状違背）には、裁判所は訴人の請求にもとづき、対決手続きを開始し、論人召文を発する例であったから、問状違背は召文違背と異なって、訴訟の勝敗に影響を及ぼすことはなかったのであるが、室町時代になると、問状違背者もまた敗訴の判決を受けるという制度が設けられた。訴人が論人の陳状を受け取りながら、二問状あるいは三問状を提出しない場合も同様である。

問状違背者を敗訴とすることは、室町時代初期より行われたようであるが[98]、それが成文化されたのは、正長元年十月十一日に下された壁書が最初である。すなわち『建武以来追加』第一一六条〔室追一八三条〕に「論人出対事」と題し、訴状につき、論人（「当知行之輩」）に触れ遣わしても、難渋して陳状を提出しないのは、「無理」（非理）であるためにせよ、また「造意」（故意）に出づるにせよ、いずれにしても「正義」でないから、奉書（問状奉書）到来後、論人の支状出帯日数を十日と定める。次に論人が陳状証文を提出せぬため、奉行よりこれが催促を受けたときは十日以内にこれを提出すべきである。特別の事情があるにしても、通算して二十日を超えてはならない。それ以内ならば別段の沙汰におよばぬが、もしこの日限を過ぎ（ても陳状証文を出さぬ）たならば、訴の理非を論ぜず、ただちに相手方勝訴の判決を下す。ただし、訴人が在国の族である場合には、国の遠近により斟酌を加うべき旨、命じているもの、これである。

しかしこの規定では「訴人解状」の「日限」（訴人が論人の陳状を受け取って後二問状・三問状を提出すべき日限の意であろう）が不分明なので、幕府は永正七年十二月二十日に訴論人いずれについても「一問一答」の間（すなわち相手方の訴陳状を受け取って後、返答書を提出するまでの期間）を七ヶ日とし、もしまたとくに「陳答延引奉書」[99]

が出された場合には、四十二日まで許容するものとし、この日限を経過した場合には、将軍へ伺を立つべきものと規定した(100)（将軍が伺にもとづいて、問状違背咎の裁決を下したのであろう）。

(98)　それは註(82)所引『岩田佐平文書』に「両度封下訴状之処、如秀貞執進代官高泰八月十三日請文者、任被仰下之旨、雖加催促、不及散状云々（起請之詞略之）者、以難渋之篇、可預裁許之由、雑掌〔訴人〕所申非無其謂」、註(40)所引『若王子神社文書』に引き続き「今年二月廿九日重以両奉行人飯尾修理進入道宏照并利泰使者、就触遣之、乍請取本解状、不及陳謝之条頗無理所致歟」とあり、『東寺百合文書』ト六十一之七十五、年月不詳目安状〔ト二一五号〕に「右、当庄者、去建武年中以来守護御代官無是非被押領之間、雑掌先於国雖申子細、曾依不承引、経奏聞之刻、可有御沙汰之旨、就成進院宣於武家、為飯尾左衛門大夫奉行、貞和二年九月十二日同十月十五日両度雖被封遣申状、依不被申是非之散状、同十二月廿日以難渋之篇欲被裁許」などとあるによって知ることができる。ただし、第一と第三との史料は「訴状封下」の手続きに関するものであるが、論人が陳状を提出すべき点においては問状を下された場合と異なるところはないから、これを引用したのである。

されば、問状違背によって、違背者敗訴の判決を下す制は室町時代初期より存したもので、次に述べる正長元年の法令は、ただ論人が陳状を提出すべき「日限」を法定したにすぎないものと解すべきであろう。

武家法における「問状違背」の制はおそらく、公家法より伝来したものであろうと思う。けだし公家裁判所では、環翠軒の『貞永式目諺解』巻五、第三五条に「延慶二四十六被下文殿条々内、一訴陳三問三答外可被止進状事、具書一二問答間悉可備進之、三問答時、初副進状可抑留、一陳状過廿ヶ日者、可被止所務、被止所務之後、過十五日者、可被付敵方事」、『建武年間記』雑訴決断所条規に「一訴陳日数事、不可及訴陳之由、先度雖被定其法、対問之時、或互帯証験、可審察事理之類、或事渉疑似、旁区断後訴之輩〔間の誤か〕、於雑務事者、召整訴陳、可有其沙汰、尋下訴状之後、十五ヶ日不弁申者、可被点論所、其後難渋及十箇日者、可被裁許訴人、訴人又遁避重申状、過十ヶ日者、可被棄捐訴訟、至于糺断事者、召置両方同時事書可被断定矣」、註(94)所引「文殿雑訴条々」に「一□〔陳〕状過廿箇日者、可被止所務、被止所務之後過十五箇日者、可被付敵方、但違背至極之後、云被止所務、云被付知行之儀、任被定置之旨、可有沙汰之旨被相触、又過十箇日者、不待訴人催促、任法可有其沙汰事、一重訴状日限同可為廿箇日、過彼日限者、可被止訴訟、其法可准陳状難渋事」などとあるがごとく、問状違背によって、訴訟の勝敗を定めることは鎌倉時代以来、公家法の伝統だからである。

(99)「陳答延引奉書」(永正五年の法令には「答延引奉書」となっている)の例は、『室町家御内書案』上に

　陳答延引奉公〔書の誤〕

一　村田越前守元久申、知行分城州九条之内田地二段事、乍写取訴状、迎々〔遅の誤〕、太不可然、所詮、来八日以前無出帯文状者、可被裁許之由候也、仍執達如件、

　　永正十六　　　　長秀

　　　十月二日　　　長運

　　河田弥十郎殿

と見ゆ。「陳答延引奉書」とは陳答延引につき下される奉書の意で、おそらく正長元年の法令に見える「陳状証文催促〔状〕」の別名なのであろう。

(100)『古文書』十四(史料九之二、九四八頁)に

一　訴論人日限事(永正七十二廿)

於論人出対之儀者、(正長十十一)〔正長元、十、十一の誤〕壁書炳焉也、至訴人解状日限者不分明、所詮、一問一答之間、可為七ヶ日、若又於被成答延引奉書者、彼此可為四十二ヶ日、馳過此日限者、可伺申之矣、

と見ゆ。この法令制定以前においても、訴状提出期間に関し、法例の存したことは、『林康員文書』永正五年十一月日中状に「然就三問三答之御沙汰、陳状訴状出帯事、凡日数相定歟、於度々貞清以外延引、是又可被任御法者哉」と記してあることによって知れる。陳状に関する正長元年の規定が訴状についても准用されていたのでもあろうか。

また訴人が二問状を提出せざる場合、訴人に対しこれが提出を命ぜられんことを論人より裁判所に請求し得たことは、「顕邦王陳状」(『伯家記録考』三三八頁所引)に「被進陳状之処、為訴人、不被進二問状、就被違背、被□〔棄か〕捐之条為顕然者歟、〔中略〕所詮、早被棄捐彼掠訴歟、不然者、被召上訴状、欲弁申所存矣」とあるによって知れる。

第二款　召　喚

三一　裁判所が「召文」(101)(「召符」または「召状」ともいう)を発する場合はこれを大別して三となすことができる。その一は論人に対して一定数の問状を与えて、なおも論人が陳状を裁判所に提出しないときに、これを遣わす場合である。(102)その二は書面審理手続き終了後、訴論人を裁判所に召喚する場合である。(103)以上、二箇の場合には召喚は書面審理手続き後に行われるのであるが、その三は書面審理手続きを経ずして、訴繋属後、ただちに論人を召喚する場合である。(104)

召文は出頭の期限が付記してあるや否やによって、これをふつうの召文と日限の召文(105)とに分かち得ること、問状と同様である。(106)

(101)　召文の様式一般については、『武政軌範』引付内談篇式日内談事の条に「先代〔鎌倉時代〕時者、為頭人遣召文、或為六波羅被遣之、或又奉行人之書下也、〔中略〕凡如斯奉書御教書等文体先代当御代大概是同、然而随事、依于時聊有

異同乎、巨細不能注之」とあり、召文の一例として

召文奉書

前大膳大夫申、備前国某庄地頭職事、訴状具書如此、不日可被参決之由候也、仍執達如件、

（明徳二）三月十一日　　　実名〔奉行人の実名を記する意〕

備後前司殿

という文書があげてあるを参照。この明徳二年の召文は明徳頃、すなわち引付沙汰のなお存在していた時代のものであるが、御前沙汰時代召文の様式は『評定始条目』に見えている。すなわち

一召文案　折紙也　初度

名字実名――申――国――事可明申之由候也、仍執達如件、

月　日　付年号也（七日）　奉行実名

論人名――殿　相奉行――

二度目

――申――国――事、先度被相触之処、無音、甚不可然、早可被出対之由候也、仍執達如件、

月　日（十四日）

――殿

三ヶ度目

――申――国――事、度々相触之処、于今無音、不可然、所詮、来廿八日以前無出対者、以違背之篇直可被裁許之由候也、仍執達如件、

月　日（廿一廿二廿四日也）

――――

――――殿

これである（もっとも最初の文書は召文ではなくして、問状である）。

右の文例の日付の下にそれぞれ七日、十四日、二十一日などの文字が見えているが、これは論人出対の日限を最初の召文発行の日よりそれぞれ七日、十四日、あるいは二十一日にせよという意味である。すなわち、まず初度召文発行日より七日目を該召文の出対日限とし、論人がこれに違背して出頭しない場合には、さらに七日の日限を定めて二度目の召文を発行せよという意味である。三度目の召文の場合も同様である（ただし、三度目の召文には「廿一」のほか「廿二」「廿四」の数字も記されてあるが、これはかかる日限を付する場合もあるという意味である）。

応永二十九年七月二十六日御成敗条々の一（『建武以来追加』第一一一条〔室追一七四条〕）に「一　論人催促日限事、就訴人解状、雖相触当知行之仁〔すなわち論人〕、経廿一ヶ日、不出来者、以違背篇、可有御成敗矣」とあるが、本令に見える「廿一ヶ日」というのは、おそらく初度の召文発行の日より数えて二十一日という意味であって、その間に三ヶ度の召文が発行されることは当然予定されているものであると思う。それは天文頃の制度を記述したものではあるが、環翠軒の『貞永式目諺解』五、第三五条の註解に「一度ノ召文ハ一七箇日ヲ以テ限トス、三箇度召文ハ廿一日也、〔下略、以下に後悔の召文のことが記述してある〕」と記してあることよりも推察されるのである。

(102)『庭訓往来』に「執事書与問状奉書於訴人之時及両度無音、仰使節、被下召文」とある召文は、この種召文に相当する。『室町家御内書案』上に「就諸人訴訟、三ヶ度召文調様事」として、

吉川左衛門尉長国申、洛中三条室町屋地（丈数在之）事、可被明申之由候也、仍執達如件、

（永正十二）三月五日　長秀

貞運

田村新介殿

吉川左衛門尉長国申、洛中三条室町事、先度被相触之処、無音不可然、不日可被明申候也、仍執達如件、

（永正十二）三月十二日　長秀

貞運

田村新介殿

吉川左衛門尉長国申、洛中三条室町屋事、度々被相触之処、無音、不可然、来廿三日以前無出対者、以違背篇、直可被裁許之由候也、仍執達如件、

（永正十三〔ママ〕）三月十九日　長秀

貞運

田村新介殿

という文書が載せてある。この三通のうち、最後のものが、本註本文に記載する種類の召文である（最初の二通は召文ではなくして問状である）。

（103）三問三答の訴陳をつがえた後、両当事者が裁判所に出頭して対決を遂げることは、註（95）において記述した。この場合、訴論人を召喚するために召文の発せられたことは、本所裁判所のものではあるが、御塩殿神庫所蔵、右文書応永四年九月日宇治郷朝熊村住〔ママ〕清永陳状（史料七之三、一〇六頁）に「訴陳既及三問三答之上者、被成下日限御下知（日限召文の意と解す）」、両方同時被召整訴陳文書之正文、被遂御沙汰之節」とあるによって知り得る。ただし、この種召文の実物にいたっては適例がいまだみあたらない。

（104）『武政軌範』引付内談篇訴訟次第事の条に「訴訟人申請賦、而付渡于其手之開闔、則申沙汰之、賦与寄人之時、召訴人於内談之砌、相尋事由、当座披露之、至対論事者、遣召文、召出論人」、同式日内談事の条に「或遣古（召の誤）、

文、糺明之」とある召文はすなわちこの種召文である。その実例は註(101)所引『武政軌範』所掲文書を参照。もっとも、これには「文書」(証拠書類)を携帯して出頭すべき旨が記載してないが、これを命じた召文の例としては、『神田孝平所蔵文書』二に

密厳院雑掌賢成申、相模国小田原并関所事、大勧進無理知行之由申之、為糺明沙汰、令持参文書、可明申之旨、相触当知行人、可被執進請文之状、依仰執達如件、

応永十四年三月十五日　沙弥〔花押〕

三浦介殿

とあるをあげることができる。ただしこの召文は論人(当知行人)に宛てられていないが、論人宛てのものとしては、『三嶋神社文書』坤に

大仏寺雑掌申、当国市原事、御奉書如此、案文遣之、出帯文書、不日企参上、可被明申之由候也、仍執達如件、

応永四年九月九日　左衛門尉〔花押〕

東大夫殿

という文書がある。

訴の繋属とともに、問状発行の手続きを省略して、ただちに論人召喚の手続きにおよぶことは、鎌倉時代においては主として(例外も少なくない)論人当参の場合に行われたのであるが、室町時代となっては、この種召文が普遍化されて、論人当参以外の場合にも広く使用されることとなったのである。

(105)　日限召文の実例は『大友文書』二所収

美濃国仲村庄下方雑掌申、年貢事、重申状如此、先度下召文畢、今月廿五日以前可参上之旨、相触地頭、以起請詞、可被注申之状、依仰執達如件、

暦応二年十月七日　　　　　　　　左京大夫（在判）

土岐弾正少弼殿

を参照。そのほか註(102)所引永正十三年三月十九日奉書も参照。

(106)　召文は御教書、奉書あるいは書下の形式を採る。御教書様式召文の実例は註(104)所引『神田孝平所蔵文書』を参照。奉書様式（引付頭人署判の）召文の確実な例はいまだみあたらない。書下様式召文の実例は『二尊院文書』に

二尊院雑掌良勝申、備前国金岡庄東方田地事、書状如此、早可被出対之由候也、仍執達如件、

康永二年十月十九日　　　　寂意（花押）

宏照（花押）

額安寺雑掌

とあるがごとき、これである。室町時代の御教書、奉書および書下については註(76)および註(77)を参照。なお、室町時代奉書の留書は通例「仍執達如件」となっているが、ときとしては「之状如件」の留書であることがあった。たとえば、『飯野八幡宮古文書』乾、貞治三年四月二十八日召文奉書に「伊賀備前守盛光申、陸奥国好島西庄内好島田浦田打引事、訴状具書如此、早可参決之状如件」とあるがごとし。このことは問状奉書の場合においても同様であったのであろう。

三二　召文の宛所には使節宛てのものとしからざるもの[107]（鎌倉時代の用語をもってせば、その身に宛てられるもの）との両種がある。後者はさらにこれを論人自身に宛てられるもの[108]と論人の進止者たる本所[109]、守護[110]などに宛てられ[111]るものとに分かつことができる。少なくとも室町時代初期においては論人がその身に宛てられた召文に違背した場合に、使節宛て召文が発せられる順序であったこと、鎌倉時代におけるとほぼ同様であったらしい[112]が、何度目

の召文から使節宛てとなるかに関しては、鎌倉時代におけるがごとき明確な法例は存しなかったようである。

召文送達者については、いまだ適当な史料がみあたらないが、鎌倉時代におけると同様に考えて差し支えないと思う。すなわち使節宛ての召文は使節が、その身に宛てられた召文は訴人がこれを送達したものと解し、しかして使節宛ての召文は奉行の使がこれを奉行所より使節のもとに持参したものと解するのである。

召文に応じてただちに出頭する場合には、被召喚者は請文を裁判所に提出する義務を有しなかったのであろう(113)が、何らかの事由ありて、召文に応じて出頭しあたわざる場合には、その理由を明記した請文を提出すべきであった。(114)使節あるいは被召喚者の進止者にいたっては、自己宛ての召文に対して、被召喚者の請文にそえて、(115)もしまた被召喚者が請文を提出しない場合には、その理由を明記して、(116)自身の請文を裁判所に提出しなければならなかったのである。(117)

(107)「水引権執印文書」康永三年二月四日執印又三郎宛幕府奉書に「紀伊国冷水浦住人後藤三等申、奪取船以下勝載物由事、重訴状(副具書)如此、子細見状、先度被仰之処、無音云々、甚無謂、所詮、六月中可参洛之旨、相触小河小太郎、同孫次郎等、載起請之詞、可被注申、使節更不可有緩怠之状、依仰執達如件」、『榊原家所蔵文書』乾、文和三年十一月十八日村岡藤内兵衛入道宛鎌倉府奉書に「久下千松丸申、武蔵国鴨志田郷之内比企弥太郎跡事、重領(訴か)状如此、恩田左近将監背召符云々、不日可参決之由相触之、可執進請文、若令難渋者、以起請之同、可被注申、使節緩怠者、可(有の字脱か)其咎之状、依仰執達如件」とあるがごときは、いずれも使節宛て召文の例である。

そのほか使節宛て訴人召文として『萩藩閥閲録』五八(内藤次郎左衛門)、康永二年十二月十四日壬生六郎三郎入道宛幕府奉書に「安芸国長田郷地頭内藤次郎左衛門教泰代正道申、同国妻保垣高田原事、重申状具書如此、厳島下野四郎為訴人、下国云々、不日可参決之旨、大多和八郎太郎入道相共相触之、載起請之詞、可被申請之状、依仰執達如件」とあるを参照。

(108) 註(101)所引『武政軌範』所載召文文例のごときは、すなわちこの種のもので、宛所たる備後前司自身が召喚されているのである。

(109)『東寺百合文書』い一二〇号、応永十二年六月二十四日松林院法印御房宛幕府御教書〔い一八号〕に「東寺雑掌申、大和国平野殿庄下司曾歩ゝゝ五郎信勝事、悪党大夫次郎与同之旨、就寺家訴訟、遣書下之処、無音云々、早可令参洛之由可被相触信勝之旨可被申入大乗院家之由所被仰下也」、『同文書』セ一之二十、永正三年十二月十三※日東寺雑掌宛幕府奉書〔セ六四号〕に「飯尾大和守元行申、知行分九条田地三段領内弐段作毛事、押而苅取之条、□□□〔度々被か〕成奉書之処不被承引、剰乗観注進之趣、為寺家預執申□□謂云々〔中略〕、所詮、可被相尋子細者、来廿八日以前可被搦進彼乗観、若有遅怠者、可被成当寺領於料所之由候也」とあるがごとし。

(110)『建武以来追加』第一一条〔室追一四条〕に「諸国守護人以下使節緩怠事（康永四※七四御沙汰）、或可沙汰付下地之旨被仰下、或可催上論人之由、触遣之処、遵行遅引之条甚以不可然、向後於難渋使者者、須被収公所帯矣」とあるはすなわち、諸国守護人に宛てて論人召喚命令の発せられたことの明証である。

実例としては、『大友文書』二、康永二年三月二十一日土岐刑部少輔（美濃守護）宛幕府奉書に「近衛前関白家雑掌申、美濃国中村庄下方地頭代召放百姓、対捍年貢由事、申状如此、早可被催上之状、依仰執達如件」、『前田家所蔵文書』貞和二年三月七日足利直義下知状（史料六之九、八五九頁）に「右、当庄（美濃国小木曽庄）者為根本寺領（高山寺領）之条証文分明之処、地頭真壁小太郎政幹以下輩抑留検注斟料并年貢之由、就雑掌訴、為糺明、可催上論人等之旨、去年（康永四）十月十一日、触遣守護人土岐刑部少輔頼康」、『随心院文書』坤、明徳四年十一月二十四日大内左京大夫（紀伊守護）宛、幕府御教書に「随心院雑掌申、紀伊国井上本新両庄事、重申状具書如此、粉河寺々僧等押妨云々、先度

被仰之処、無音之条無理之所致歟、不日可参決之由相触之、若不承引者、為有其沙汰、可被注申」などとあるをあげ得る。

上記諸例のうち、地頭御家人らに対する召文は元来、直接彼ら宛てとして差し支えないのである。しかるにもかかわらず、これを守護宛てとしたのは、一方では守護はその分国内の者を一般的に支配するという思想にもとづくのでもあろうが、他方では論人居所の遠近とか、守護の政治的勢力の強弱などの事情に左右されたのではなかろうか。

(111) 本所・守護の進止下にある者のほか、一般に他人の進止に属する者に対する召文はその進止者に宛てられたのであろう。そのことは註(86)所引『書大体』の記事よりも推知し得る。

『小山田文書』暦応三年三月十四日大宰少弐宛幕府奉書に「宇佐宮神官宇貞申、豊前国封戸郷日足村新開門田七段以下事、訴状具書如此、為紀明、早可被催進熊井六郎左衛門尉信直、河野通貞等」、『日根文書』乾、暦応三年七月十八日細河兵部少輔宛幕府奉書に「和泉国長滝庄惣公文并下司道悟等申、性海以下輩濫妨事、申状具書如此、早為有其沙汰、可被催上彼輩」、『神田孝平所蔵文書』二、応永十四年三月十五日三浦介宛奉書に「密厳院雑掌賢成申、相模国小田原并関所事、大勧進無理知行之由申之間、為有糺明沙汰、令持参文書、可明申之旨、相触当知行人、可被執進請文」、『宗像文書』永享十一年六月九日千代徳宛幕府御教書に「本間太郎左衛門入道源厚、同三郎詮重等申、佐渡国羽茂郡内宿根木浦事、訴状具書如此、本間対馬守押領云々、来月十日以前、以参洛可明申之旨相触之、可被申左右之由所被仰下也」などとあるが、これらの召文の宛所たる大宰少弐以下の者がいかなる官職を帯びていたかは未考であるが、いずれにしても何らかの関係において論人を進止し得る地位にある者であったことだけは疑問の余地がないであろう。

(112) そのことは註(107)および註(127)所掲、両通の『萩藩閥閲録』所収文書を対照せしめることによって容易に知り得る。

(113) もとよりこの場合でも、論人より請文を提出して差し支えないのである。鎌倉時代におけると同様、相手方の主張に対する反対意見を一応すみやかに裁判所に通達しておき、訴訟上有利な地位に立たんがために、この種請文を利用することがあった。

『佐賀文書纂』所収「深堀系図証文記録」暦応四年十二月二十二日平政綱請文（史料六之六、九四七頁）に「去十月十七日御教書案〔召文御教書〕、同十一月十八日御催促状今月廿一日到来、謹拝見仕候了、抑如御教書者、深堀弥五郎正綱恩賞地肥前国矢上空閑民部三郎入道妻女跡戸石村内田地捌町地頭職事云々、此条当村於地頭職等宛賜恩賞候事、御下文明鏡仁候、但如御教書者、十月云々、経数ヶ月候、何様次第候哉、所詮、急速企参上、可令言上候、以此旨可有御披露候、恐惶謹言」とあるがごときは、明白にこのごとき意図をもって書かれた請文であるというべきである。

(114) いまだ適例がみあたらないが、鎌倉時代の制より推して、室町時代においてもこの種の請文の存したことは疑いをいれない。

(115) 『大石寺文書』貞和二年七月十八日沙弥道恵請文に「南条左衛門次郎時忠後家平氏代時直申、駿河国富士上方上野郷田在家事、任去五月四日御施行之旨、可令参決由、相触南条次郎左衛門入道大行女子乙松乙一女等候之処、請文如此、謹進覧之、以此旨可有御披露候、恐惶謹言」とあるはすなわち、沙弥道恵〔召文の宛所人〕が論人南条大行女子等の請文（これらの者の請文は残っていない）にそえて、幕府に提出した自身の請文である。

守護人は通例自己の代官すなわち、守護代をして召文を論人のもとに送達せしめたのであるが、この場合には彼は守護代の請文をも提出すべきであった。註(110)所引『前田家所蔵文書』に「就雑掌訴、為糺明、可催上論人等之旨、去年（康永四）十月十一日触遣守護人土岐刑部少輔頼康之処、如頼康執進代官貞行同年十二月三日請文者、小木曽庄雑掌元信申、当庄地頭真壁小太郎政幹検注勘料年貢未進事、相催之処、請文如此、謹進覧之云々、（起請詞載之）、如政幹同年十一月九日請文者、以代官可令言上云々」とあるがごとし。

(116) 『師守記』暦応四年三月十八日の条所載、暦応四年二月二十七日足利直義下知状に「右〔中略〕就訴申、度々雖下召

文、不参之間、去年（暦応三）三月廿四日、仰赤松美作権守範資、重下召文之処、如同年九月十八日範資請文者、加催促之処、不及請文云々、（起請之詞略之）」とある範資請文はこの種の請文である。

論人進止者に召文が宛て送られたが、進止者の所領内に論人が居住しないときには、彼はその旨を記載した請文を裁判所に提出すべきであった。『東寺百合文書』レ三十二之四十九、貞和三年十月九日建長寺雑掌政賢請文〔レ四五号〕に「東寺領備後国因島雑掌定祐申、安芸国竹原庄住人左衛門尉茂重、同子息愛鶴丸并小早河五郎左衛門尉氏平等年貢抑留由事、雖預御催促候、号茂重、同愛鶴丸、并小早河五郎左衛門尉氏平仁等、不居住当寺領竹原庄内候間、不及召進候哉、以此旨可有御披露候」とあるは、その例である。

(117) 彼らは論人が召文に応じて出頭するにせよ、せぬにせよ、自己宛ての召文に対して、請文を裁判所に提出しなければならなかったことは、これを怠るときは裁判所より催促状を受けたことによって知れる。『武雄後藤文書』一に見える「東妙々法両寺雑掌申、寄進地肥前国神崎庄中元寺孫三郎入道跡田畠等事、中村大輔房幸澄乍申子細、不終沙汰云々、早可催進之由、先度被仰之処、無音云々、不日可被申左右也、仍執達如件、康永四年三月十六日　沙弥〔花押〕本吉執行殿、田手後藤又二郎殿〔この両人が使節〕」という文書（史料六之八、八七六頁）はすなわちこの種の催促状である。

三三　上記召喚手続きによって、訴論人が裁判所に出頭すれば口頭弁論が開始され、次いで判決成立手続きに移ったわけであるが、被召喚者が召文に応じて出頭しない場合には、全部的懈怠の問題を生じた。

室町時代においても召文に違背して、裁判所の召喚に応じないことを「召文違背」[118]あるいは「難渋」と称した。しかしてこの時代においても鎌倉時代におけると同じく「後悔召文」なるものが存したが、室町時代の法例としては、難渋の法律上の効果は「後悔召文」に違背した場合に生じたのである。[119]しかして、召文は通例七日の間隔を置いて発せられたが、この時代の初期および中期においては、三度目の召文をもって、[120]末期においては四度目の召文をもって[121]後悔の召文となす慣例であったようである。

召文違背の効果はすなわち相手方の申状どおりに判決が下されることである。[122]しかしときとしては、そのほかに違背者が本所領の者であるような場合には、その者の所職没収、庄内追放などを本所に命じることがあり、[123]また軍勢を発向して違背者を退治することがあった。[124]召文違背の場合に訴人勝訴の判決を下した理由は、鎌倉時代末期におけると同じく、その者の無理を推定したことに存するのであるが、[125]他面形式的に法律秩序維持のためという理由にもとづくものとする思想もなおかなり広く行われていたことを[126]注意しなければならぬ。

以上は論人の召文違背について記したのであるが、訴人が、訴状を捧げながら、召文[127]に応じて出頭せぬような場合には、もとより、難渋の効果を生じ、彼の敗訴となったのである。[128]

(118)　召文違背に関する公家方の法制をあげてみるに、まず『建武年間記』に雑訴決断所の制度として、「一　出対難渋輩事、於在京輩者及廻文三ヶ度、不参決者、就奉行人之注進、可有評定、被副別奉行人、以召文并両奉行人之使者被尋問難渋実否以後、以注進状重経評議、可有裁定、至于在国輩者、可被下牒於国司守護、過有限之行程、論人不参洛者、評定日召国司守護代官於当所、尋執達之実否、難渋之有無、則召置注進、可有沙汰」とある。

次に、註(94)所引暦応三年「文殿雑訴条々」には文殿の制として「一（此事被改直歟）論人出対難渋及両度者、（以一方尋問可注進之類）可被止所務、其後猶不参決者、不可及再往之催促、可被付敵方、於訴人者可被棄捐訴訟事」と規定されたが、暦応四年十一月十六日に「対決難渋事、及二箇度者、可被止所務之由、先度雖被定其法、於向後者、召出一方、就訴陳可被注進是非」ということに改正された。しかし、これらの法制が武家法に影響を及ぼしたような形跡はない。

分国法では阿波三好氏の『新加制式』第五条に「一　給三ヶ度召文、不不〔参の誤か〕上科事、右式目之趣既顕然也、但其人或受重病、或在不自由儀者、至評定衆中、而可申子細、雖為重病急用、経三ヶ月者、件論所暫可被押置、将又論人召文三ヶ度之終日、適雖令参決、不対合裁許、所行之企尤非道理乎、速可被付訴人、次又訴人乍申請召文、公事式日不参上者、百ヶ日可被押紀明」と訴論人両方の召文違背についてかなり詳細な規定が設けられてあり、『大内家壁書』には山口より分国中に遣わされる召文送達および請文提出の日限についてきわめて詳細な規定が存する。

(119)　次註参照。

(120)　そのことは『武政軌範』引付内談篇式日内談事の条に、召文に違背して「令達〔遅の誤〕参者、及三箇度、相触之条古今之通法也」とあるによって知れる。けだし、この文章は召文は三箇度まで出し得るという意味であるが、他面においてその発行は三箇度までに限定されているという意味もその中に包含されていると解されるからである（「古今之通法」とは『武政軌範』作成当時、すなわち嘉吉頃以前の通法の意である）。

なお、註(101)において記述したごとく、初度の召文発行以後二十一日の経過（二十一日の日数は一箇度召文の日限七日を三倍したものと解す）をもって召文違背の効果が発生する旨、定められていることをも参考とすべきであろう。

『長興宿禰記』上、文明八年十二月二十六日の条に「今日法光寺領苗鹿村別相伝知行奉書被下之、飯尾加賀守為信書与之、此事自去秋比、予申状付置奉行為信、畠山左衛門督政長朝臣以書状被執申、奉行致披露、被仰合伊勢守貞宗、任規式当知行人官務雅久宿禰可申披之由及三四ヶ度、付召文、雖被仰触、不進支状、無音之間、以違背之篇、今日被裁許、〔中略〕被任淵底□沙汰、任違背大法以下、奉奉《ママ》書之条祝著至極也、子細見于奉書」とあって、次に掲げてある同日付奉書に「近江国法光寺領苗鹿村事、就雅久宿禰当知行、為紀明、去月十三日以来及三ヶ度雖被相触之、馳過日限、于今支状難渋之条、無理之所致歟、此上者、以違背篇被裁許訖」とあり、また『北野誌』首巻天一七九頁所引、長享二年十二月七日御判下知状に「北野宮寺造営料所美濃国日野郷越前得光保並内野畠等事、去年妙蔵院祐繁申給一

方向之条、為判〔紕の誤〕明、及三ヶ度触遣〔召文を遣わす意と解す〕之処、令無音之上者頗無理所致歟」とあるがごときは、いずれも三ヶ度召文違背をもって難渋と認めた実例である。

これらの文書には三ヶ度目の召文が後悔召文であるとの記載はないけれども、註(101)所引『評定始条目』所載召文文例および註(102)所引『室町家御内書案』所載召文実例において、三ヶ度目の召文がいずれも後悔の召文(後悔の召文の意義内容については第一篇第四三項および註(285)参照。室町時代の後悔召文も、鎌倉時代のそれと大差なきものと信ず)であることより推定して、当時最後に発せられる召文は一般に後悔召文であったと考えるのである。なおこの召文三度の違背をもって「難渋」の効果が発生すとなす思想が、『御成敗式目』第三五条の規定に由来するものであることは、いまさらいうまでもあるまい。

(121)　環翠軒の『貞永式目諺解』五、第三五条の注釈に「一度ノ召文ハ一七箇日ヲモテ限トス、三箇度召文ハ廿一日也、後悔ノ召文トテ、三度召文ノ外ニ又タ一度コレヲ付ク、其マデハ廿八日也、後悔ノ召文ハ飯尾肥前長畠申沙汰也」と見ゆ。

同書の奥書に「天文三年閏正月廿八日終其功」とあるによってみると、この文章は天文前後の幕府法制を記述したものであると解して差し支えあるまい。ただし、実際においては、四箇度召文違背をもって難渋の効果を発生せしめるという思想はすでに文安時代に存している。

『地蔵院文書』下、文安元年五月日松尾社前神主相言雑掌申状案に「右当社境内仁倉林屋敷事、帯代々御判御下知等、当知行無相違也、□西山地蔵院故梵叔都寺仁彼屋敷内少々本物返質券仁一旦令契約之間、任御法、可返渡之由、於当院令申候処、無子細之旨、乍及返答、令難渋、結句号相言先祖寄進内、不渡之間、此子細就歎申、雖被成四ヶ度召文(案文進覧之)、終不遂参決上者、旁以被任御法之旨、厳密預御裁許」とあるはその証拠である。

その後、文明頃の史料にもかかる思想はみえている。『東寺百合文書』ユ三十之三十四、文明十一年八月二十八日幕府奉書［ユ一一八ノ一〇号］に「山城国紀伊郡内角神田参段事、石原又太郎無謂就致競望、為糺決、及四ヶ度、雖被成召文、不参決之上者、任証文等之旨、早可被全知行之由所被仰下也」とあるもの、これである。

おそらく室町時代初期以来、三箇度の違背をもって召文難渋の効果を発生せしめんとする『御成敗式目』以来の思想のかたわらに、鎌倉時代においてかなり優勢であった四箇度違背を必要とするとの思想も（微力ではあるが）併存し、時代の進むにつれて漸次、後のほうが有力となり、ついに前の思想を駆逐したものではなかろうか。

（122）政所沙汰のものではあるが、『賜蘆文庫文書』一、「益宮内文書」永禄十二年十一月十五日織田信長裁許状に「常智院良慶貯候金子紛失ニ付、覚弘院与其方申事在之、然間、遂糺明、為可理非、双方可越之由申送之処、其方事即時ニ令上国、数日逗留、覚弘院かたへも度々雖申遣候、至今日不来候、然上者、不論理非如法式、汝（弘泉）任理運候」とあるを参照。文にいわゆる「法式」はすなわち室町幕府の「法式」の意であるから、訴の理非にかかわらず、召文違背者の相手方を勝訴せしめることは、幕府通法であったといって差し支えないであろう。なお、右の文章の最後の「任理運候」とは、汝を勝訴とするという意味であると解する。

（123）『東寺百合文書』オ一之十五、応永十三年六月二十九日興福寺々務僧正御房宛幕府御教書［オ一〇八号］に「東寺雑掌申、大和国平野殿下司曾〔?〕歩々々五郎信勝事、不応度々召符之間、没収所職、可追出庄内由、先度被仰両門跡之処、無沙汰云々、太不可然、早可追出庄内之旨、可令下知給之由所被仰下也」とあるがごとし。

（124）『御前落居記録』永享三年五月十六日記録に「一　佐々木佐渡入道祐繁申、摂津国多田庄御家人地頭対捍事、召上彼御家人等、相尋之処、於口郷分九人者、対地頭、不可有異儀、地頭成敗亦無非儀之旨、捧請文之間、（四月四日）可下向之由被仰付畢、爰奥郷輩遅参之間、既雖可被加治罰、尚以寛宥之儀、無怖畏可参之旨被成奉書、被差下多田院住持者也、仍可参洛通〔ママ〕申御請、雖上洛仕、寄事於怖畏、不参対之上者、可被加対治由、被仰細川右京大夫、赤松左京大夫入道、同兵部少輔訖」と見ゆ。

(125)『小山田文書』暦応三年六月日宇佐宮神官大神宇貞重申状に「右巨細先度言上畢、信直、通貞等、〔召文に背き〕不及参対之条無理之所致也、早為蒙御成敗、重言上如件」、『東寺百合文書』せ足利将軍家下文一之十二、貞和五年閏六月二十七日足利直義下知状〔せ足利将軍家下文三号〕に「右彼地者、〔中略〕押領之由就訴申、為布施弾正忠資連奉行、数箇度成召符訖、爰如神沢六郎左衛門尉秀信、粟生田又次郎行時〔以上両人幕府使節〕今年三月廿三日両通請文者、企参洛、可明申之由雖加催促、不及請文散状云々（起請詞載之）者、背度々催促、不参之条無理之所致歟、然則任惣庄例、可全雑掌所務」、『善峰寺文書』永正五年十月三日当所名主沙汰人中宛幕府奉書に「西山善峰寺領山城国田畠山林并荒野新田等、帯代々証文、無相違地也、而仄方公文無謂掠領之間、今度雖被成召文、無音之上者、無理所致歟、早年貢諸公事物以下如先々厳密可沙汰渡寺家雑掌」などとあるがごとし。

(126)　註(116)所引『師守記』所載文書に「背度々召文、不参之条、難遁違背之咎歟」、『東寺百合文書』ゐ一之十五、暦応四年十一月二十一日御判下知状〔ホ二一号〕に「今年閏四月廿日尋下之上、同六月四日同八月十四日両度仰大内豊前権守長弘、遣召文之処、如長弘執進時長〔論人〕同廿七日請文者、任被仰下之旨、企参洛、可明申候云々、雖然于今不参、叵遁難堪〔渋の誤か〕之科」、『仁和寺文書』三、暦応四年十二月二十一日足利直義下知状に「去年〔暦応三〕六月十八日成召文之上、今年九月十四日以両奉行人〔中略〕使者、雖書下義長〔論人〕代、不事行之処、正員当参之間、十一月三日以同使者、重催促畢、雖然于今無音、叵遁難渋之処」、『東寺百合文書』ツ五十二之六十一、文明十二年十二月二十三日幕府奉書〔ツ一五四号〕に「伊木佐渡入道善中申、仁和寺真光院領西京花園田壱段事、御糺明之処、当寺承仕乗観違背御成敗、致中間狼藉、剰度々雖被相触之、不参決之条、共以招重科歟〔一は中間狼藉の重科、ほかは召文違背の重科〕」とあるがごとし。

(127)　訴人召文の実例は訴人宛てのものは、『萩藩閥閲録』五八〔内藤次郎左衛門〕に
安芸国長田郷地頭内藤次郎左衛門教泰代正道申、同国妻保垣高田原事、訴状具書如斯、為訴人下国云々、早可被

参決之状、依仰執達如件、
康永二年八月八日　　駿河守
厳島下野四郎殿

とあるを参照。使者宛ての例は註(107)所引『萩藩閥閲録』所収文書を見よ。

(128)『備陽記』五、康永四年九月二十七日足利直義下知状(史料六之九、三六三頁)に「就之、番二問二答訴陳之間、為召決内談、度々雖加催促、覚円代為訴人無音、仍今年五月十日以奉行(円忠・寂意)使者、重触遣之処、尚以難渋之上者、可被裁許之〔相手方勝訴の判決を下す意〕」とあるがごとし。

本所裁判所のものなるも、『東寺百合文書』さ四十五之五十上、貞和五年十二月二十一日衆議下知状〔さ一八号〕に「為訴人之身、背度々召文、渉両年無音之条無理之至顕然也、然早向後停止善財女訴、為公文給内、公高如元領掌、任先例可勤仕年貢以下課役」とあるをも参照。

第三款　口頭弁論

三四　口頭弁論手続きは引付沙汰と御前沙汰とで異なるところがあるから、各別に記述する。

(一)　引付沙汰　引付沙汰の口頭弁論については史料の徴すべきものがきわめて微々たるものであり、詳細はとうていわからないのであるが、両当事者を「引付之座」[129]あるいは「内談之座」[130]と呼ばれた引付の席に呼び出し、鎌倉時代におけると同じく、まず裁判所より相論の題目を示し、訴論人をして順次にその主張を裁判所に開陳せしめたのであろうと推定される。

(129)『神護寺文書』三、康永二年十月二十二日足利直義下知状に「就之、召決両方於引付之座」、『壬生文書』暦応四年七月十一日足利直義下知状に「仍召出両方於引付〔引付之座の意〕、尋問之」と見ゆ。

(130)『色部文書』貞和二年七月十九日御判下知状に「右就両方解状、召決於内談之座」と見ゆ。

三五　(二)　御前沙汰　御前沙汰の対決がどこで行われたかについては史料がみあたらない。対決には「訴人奉行」および「論人奉行」[131]のほか、通例「証人奉行」[132]が二人出席する。訴人奉行は訴人の審問を、論人奉行は論人の審問を、それぞれつかさどり、しかして、証人奉行のうち一人は対決を監察し、ほかの一人は「右筆」(書記)の役を勤めた。

尋問の方法については、史料が不足であって、よくはわからないのであるが、次に引用する「対決申詞」の雛形より推定して、まず訴人より自己の主張を裁判所に陳述し、次にこれに答える形式で論人より反対意見を裁判所に開陳し、かくして順次に問答の形式を繰り返したのではないかと考える。

証人奉行中、若輩の者が右筆役を勤め、両当事者対決の申詞を一紙に書きつけるのであるが、対決が終了すると、訴論人をしてその裏に判形を据えしめて、ひとまず退席せしめる。本奉行は右の記録に校合を加え、(清書して)、証人奉行中、宿老の者をして、「対決申詞」と銘を書き加えしめ、ついでまた訴論人を呼び出し、注記した分はこのごとくであるとこれを読み聞かせ、またこれに加判せしめる。これをもって対決の手続きは終了する。

対決申詞の様式は、だいたい次のごとくである。[133][134]

一　対決申詞 此銘ハ証人奉行内宿老加之、

吉田与七長吉与中村左衛門長正相論対決申詞永正十五六廿八

吉田与七長吉申云、　留様ハ云々共、言上共在之、

中村左衛門長正答云、　留様同前

対決日については、以上引付沙汰、御前沙汰の両手続きを通じて十分な記録が残っていないので不明である。対決についてはだいたい口頭主義が行われたと思う。また直接公開主義ないし当事者公開主義の行われたことは、ほぼ鎌倉時代におけると同様であったのであろうと考える。

(131) 訴人奉行および論人奉行については註(58)至註(60)を参照。

(132) 証人奉行は、『室町家御内書案』上に「申詞〔＝対決申詞〕証人奉行両人之中若輩役歟」とあるによって、両人出席することがわかる。なお、ほかの一人が対決申詞に銘を加えること、後述のごとくである。政所沙汰のものではあるが『親元日記』別録中に

一　対決召文（折紙）

明々白（―日）―刻於政所―与―算用対決、為証人奉行可有参勤之由候、

両人、但依事三人也、

以公人相触之、（両人者一人証人、一人者為右筆也）

致算用者、御倉両所ヨリ算置二人召出之、置合算也、以公文召之、〔中略〕

文明八年四月十九日　　和泉―清

弾正―布施
とあり、また註(60)所引『親元日記』別録上には斎藤四郎右衛門尉および斎藤五郎兵衛尉を証人奉行として参勤を命じた旨記してあるが、この両人をほかの箇所で「申詞執筆　斎五兵　銘〔対決申詞銘書役の意ならん〕　斎四右」と記していることを参照すべきである。また証人奉行が三人のときには、うち二人が対決の監察にあたり、ほかの一人が右筆の役を勤めたらしい。註(60)所引『親元日記』を参照。

なお、対決手続きの開催は、証人奉行の出席なくしては不可能なりしことについては、『東寺百合文書』ニ二十六之五十六、(永正十四年)五月十六日※東寺雑掌宛幕府奉書〔二一七一号〕に「今月対決事、証人奉行歓楽〔歓楽は病気の意〕候条、延引候、定日には可申上候、謹言」とあるを参照。

(133)『室町家御内書案』上所掲。

(134)以上、本文は『室町家御内書案』上に、本文所掲対決申詞雛形の次に引き続いて載せてある左の記事による。

双方存分共書付之、其後訴論人共彼一紙之裏ニ居判形也、令交〔校〕合、又両方召出、注申分如此旨申聞、又判をさせ、其後証人奉行各申合披露〔御前に披露するをいう〕也、申詞証人奉行両人之内若輩役歟、

第四款　訴訟手続きの中断および中止

三六　(一)　**訴訟手続きの中断**　当事者死亡の場合の取り扱い方につき、はたしてこれを訴訟手続き中断の原因と認めたか否かは明瞭でないが、史料の示すところによると、当事者が死亡した場合には、死亡者の相続人より訴訟受け継ぎの申し立てがなければ、訴訟手続きはそのまま中断したらしく思える。[135]

(135)第一篇註(321)所引『東寺百合文書』参照。訴訟手続きが判決を下すに熟している場合としからざる場合とで、当

事者の死亡を中断の原因として取り扱うか否かにつき差違を生じたかの点は、史料不足のため判明しない。

三七　(二)　訴訟手続きの中止　たとえば幕府評定衆卒去などというような場合には、幕府沙汰は一般に中止される例であったから、したがって訴訟手続きも中止された(136)。

(136)『師守記』康永三年四月十五日の条頭書に「今日疋田玄妙他界（年六十一□歳云々）、武家評定衆云々、□流布所労云々、自今日三ヶ日武家止物沙汰云々」と見ゆ。

第四節　判　決

第一款　判決成立手続き

三八　判決成立手続きもまた、引付沙汰の手続きと御前沙汰の手続きとを区別して記述するのが便宜である。

㈠　引付沙汰　引付沙汰の手続きは引付内談と伺事（御前沙汰）との両手続きに分かれている。

⑴　引付内談　引付内談には定期に行う「式日内談[137]」と臨時に行う臨時内談との両種があるが、訴訟手続きに関係あるのは式日内談だけである。

さて、引付内談は引付頭人亭において行われる例である。[138]式日の前日には開闔が左のごとき単冊をもって引付衆に式日内談の開催を触れ知らせる。

明日七　巳尅於頭人亭、一方内談被執行候、可被参勤之由候也、

某殿　日付名判無之、椙原三許切書之、

内談当日引付衆は所定の刻限に内談の座に参会すると、まず開闔は「着到」ならびに「鬮[139]」の役者を定める。次に頭人が出座し、引付衆もまた着座すると、開闔はその日の役者を一同に披露し、鬮役が鬮をもって衆中の意見陳述の順番を定める。

さて、以上の準備手続きがすむと、次に評議手続きに移るのであるが、評議は当日披露の題目（通例数箇条あろう）につき、「一箇条」ずつ順次に行うのである。ある一箇条についての評議手続きは次のごとくである。まず、開闔より両当事者の訴陳状ならびに具書および対決申詞などの披露があるのであろう。次に各引付衆が意見を開陳するのであるが、老若に関係なく、厳重に鬮の順序を守って発言する例である。衆中の意見の陳述が終了すると次に頭人の意見の発表があり、多数決の方法によって該引付の意見を治定する。(140)

多数決によったことについては直接の史料はみあたらないが、鎌倉時代評定会議の評決が多数決によったこと、および室町時代においても、政所沙汰の式日内評定においては、「於意見者、上首発言、以衆議被決断之」れたことより類推して、かく解するのである。(141)

内談における議定の趣はその場において「沙汰人」（開闔の意か）がこれを書記する法である。この引付会議の決議録を「引付勘録」という。後日におよんで引付の議定につき不審の点が生じたときは、引付勘録によって調査する法である。(142)

(137) 内談式日は月の上旬・中旬・下旬に各二度ずつ、合計六度ある。たとえば、二日・七日・十二日・十七日・二十二日・二十七日のごとき、これである。五方引付の式日はみな異なっていて、重複しないようになっている。『武政軌範』引付内談篇式日事の条。
(138) 『武政軌範』引付内談篇会所事の条。
(139) 着到および鬮の手続きの詳細は、『武政軌範』内談始行事の条に見える。「着到」とは内談座への着到人を記録することをいう。

(140)　以上、『武政軌範』引付内談篇式日内談事の条。
(141)　寺院集会において多数決の制度の行われたことは、室町時代においても、鎌倉時代におけると異なるところはないが、武士の団体たとえば松浦党のごときものの会議においても、この制度の行われたことは注目に値するというべきである。すなわち、『青方文書』応安六年五月六日同党規約（『史淵』第十輯、長沼賢海氏論文、三〇頁所引）に「一　於此人数中、所務弓箭以下相論出来時者、加談合、依多分之儀、可被相許、〔中略〕、此人数於多分之儀違背輩者、於向後、此人数中於永被擯出者也」とあるがごときは、その一例である。
(142)　『武政軌範』引付内談篇落居記録事の条。

三九　(2)　伺事[143]（御前沙汰）　引付内談後、本奉行人は御前に参上して議定の趣、すなわち引付勘録の趣旨を披露する。この御前すなわち将軍親臨の席における手続きが「伺事」[144][145]（「御前沙汰」）である。御前沙汰には「御前沙汰衆」（また「御前衆」「恩賞方衆」ともいう）でなければ列席し得ぬ法であるから[146]、本奉行が「御前未参仁」すなわち御前沙汰出席無資格者である場合には、当該引付の開闔が同道して殿中に参上し、本奉行に代わって披露をなす例であった[147]。

伺事には「一列伺」と「番伺」との区別がある。一列伺は奉行人が同時に伺事をなすことをいい、番伺は奉行人を数番に分かちて、各番定日に伺事をなすものをいう。平日政務言上の方法として行われたものは番伺のほうである[148]。御前沙汰衆は結番の順序を守って参勤すべき法であったが、急事においては非番の者といえども、伺事をなすことを得た[149]。

番伺定日においては、伺事は巳の刻に開始される[150]。一日の伺条数は三ヶ条を超え得ぬ法であり[151]、しかして訴論

人提出の証拠書類はすべて目録に載せ、奉行人が判形を加えて備進する法であった。(152)(153)
御前沙汰において、引付内談の決議が不当なりと裁決されるときは、引付勘録を本引付に差し戻して重ねて審理を経しめるが、至当なりと裁決された場合には、右勘録にもとづいて判決書が起草されたのである。

上述せるところにより明瞭であるように、室町時代の御前沙汰は鎌倉時代の評定沙汰(154)に相当するものである。されば引付内談の機能は是非の勘録（すなわち両当事者主張是非の判定）であり、御前沙汰の機能はその拘束力付与にあったといって差し支えないのではあるまいか。ただ、鎌倉時代の評定沙汰が評定衆合議の形式であったのに対し、室町時代においては将軍独裁制であったことは両者の大なる相違点である。(155)

(143) 本項本文は、以下とくに注記するものを除き、『武政軌範』引付内談篇内談儀達上聞事の条に「於当所沙汰〔引付沙汰〕、若有可達上聞之子細者、奉行人令参上於御前、披露議定之趣、或直被成御下知、或於引付、重被経御沙汰哉、爰其奉行人至為御前御沙汰衆者、不能左右、於御前未参仕〔仕は仁の誤と信ず〕者、其手開闔令同道、被参殿中、代于本奉行人、令披露之、〔下略〕」とあるによる。

(144) 「室町時代ノ制ニ依レハ、重要ナル政務ハ奉行人意見ヲ付シテ将軍ノ裁可ヲ受ケ、後施行ス。此裁可申請ヲ伺事ト云フ。『斎藤親基日記』『親元日記』等ニ屢々見ユ。伺ニハ一列伺ト番伺トノ別アリ。一列伺ハ奉行人同時ニ伺事ヲ為スコトヲ云ヒ、番伺ハ奉行人ヲ数番ニ分チ各番定日ニ伺事ヲ為スモノナリ。一同〔列〕伺ハ御前沙汰始等ノ儀式ニ際シテ行ヒ、番伺ハ平日政務言上ノ方法トシテ行ハレタルニ似タリ。」（中田博士「鎌倉室町両幕府ノ官制ニ就テ」『法学協会雑誌』三〇巻一〇号、一三〇頁）。

(145) 『武政軌範』引付内談篇内談儀達上聞事の条には「於当所沙汰、若有可達上聞之子細者、奉行人令参上於御前、披露議定之趣」とあって、引付沙汰議決事項の中には、上聞に達すべきものとしからざるものとの両種があるようにみえるが、それはたとえば問状奉書とか召文奉書とかは上聞を経ずしてこれを発し得たから、これらの場合を考慮してかく記したのであって、判決を下す場合には常に御前沙汰を経なければならなかったのであると考える。

(146)「伺事ヲ為ス奉行人ハ必ス御前沙汰衆タル資格アルコトヲ要ス。御前未参衆ハ他ノ資格アル奉行ヲ経テ伺事ヲ為スモノトス〔中略〕此御前沙汰衆ハ〔中略〕一ニ御前衆トモ恩賞方衆トモ云ヒシコト明ラカナリ」「此恩賞方衆ハ伺事ヲ為スコトヲ以テソノ主職トス」（註(144)所引中田博士論文一三〇、一三一頁）。『室町家御内書案』上に「右筆方御前御免之時起請文」が載っている。「御前御免」とは御前未参衆に御前沙汰衆たる資格を付与することであると考える。

(147)『武政軌範』引付内談篇開闔事の条に「右筆宿老中、依器用被仰付之、内談之次第、所役之進退凡為開闔之指南乎、古来以御前御沙汰衆被補之云々」とあるように、開闔は常に御前沙汰衆であったからであろう。ただし、この文の次に「尤近代雖為御前未参之仁、被補之、聊有不審」とあるが、開闔が御前未参人である場合には、本奉行は御前披露方を開闔に代行してもらうわけにはいかぬから、この場合には、別の御前沙汰衆にこれを依頼しなければならなかったのであろう。

(148)註(144)所引中田博士論文参照。

(149)『建武以来追加』第一一八条（正長二年八月二十日奉行人伺事規式の一条）〔室追一九〇条〕。

(150)『建武以来追加』第一二〇条（同上）〔室追一九二条〕。

(151)同上第一一九条（同上）〔室追一九一条〕。

(152)同上第一二四条（永享二年八月二十一日）〔室追一九七条〕。

(153)なお諸人訴訟を伺い申す順序については、正長二年七月二十日に「賦日限次第」（賦日の順にという意か）になすべきことに定められた（『建武以来追加』第一二五条）〔室追一八九条〕。

(154)室町時代、少なくともその初期において政務審議制度としての評定沙汰の廃絶せしことについては、註(144)所引中

田博士論文一二二頁に

鎌倉時代ニ於ケル評定衆ハ評定会議ノ議員ナリ。此会議ハ国務ヲ評議スル幕府最高ノ機関ニシテ、会議ニハ式日評定ト臨時評定トノ二種アリ。式日評定ハ毎月特定ノ日ニ、臨時評定ハ随時必要ニ応シテ開会ス。毎年正月又ハ或ル大典儀式ノ後始メテ開会スル。評定ハコレヲ評定始メト云ヒ、一定ノ儀式ニ従フ。室町時代ニ於テモ評定衆ナル職員アリ。然カレトモ此時代ニ於テモ評定始メナル儀式的会合ノ外ニ式日評定ノ制カ存続セシヤ否ヤハ一ノ疑問ナリ。恐ク式日評定ノ制ハ此時代ノ初期ニ於テ已ニ廃絶シ、唯タ定例（年始）臨時（将軍代始、将軍元服後、将軍宣下後、将軍御判始、管領職始）ノ評定始メノミ存続シタルニ似タリ。

とあるを参照。

（155）　将軍の独裁制なりしといえども、もとより将軍より家臣へ諮問することはあった。これを当時「訪意見」ぬと称し、通常幕府評定衆あるいは右筆衆に諮問する例であった。

評定衆に諮問した例は『御前落居記録』永享三年十一月二十日記録に

一　高野山智荘厳院雑掌与細河土左入道常仙相論和泉国近木庄内八ヶ権門領（但除内膳村）事、（中略）仍被訪評定衆并右筆意見畢、

同書同年十二月二十七日記録に

一　建福寺雑掌与梵積都官（号松月庵）相論、丹後国九海郡代官職事、（中略）被尋下評定衆之処、両方申詞、雖端多、三拾六石余知行之段露顕者、難遁其咎歟、早云寺家負物、云被隠置分、共以被棄破之、自今以後寺家可被直務之由、意見訖、所詮、勘状（引付勘録の意と解す）之趣無参差之上者、可沙汰付下地於雑掌旨、可被成御教書也、

同書永享四年六月十一日記録に

一　宝幢寺雑掌与得平源太相論、播磨国安田庄領家職内高田郷事、〔中略〕被尋仰意見之処、如最初寄付彼郷領家職各半分可被付寺家、於彼庄主殺害者、可有御糺明之旨、評定衆言上之間、如元惣郷領家各半分止地頭綺、可全寺家知行由被成御判畢、次庄主殺害事、可相尋地頭之旨被仰下之矣、

同書同年十二月二日記録に

一　文章博士長郷朝臣申、北野宮寺領加賀国富墓庄（号柴山）預所職事、〔中略〕而就被尋下、評定衆等注申者、〔中略〕旁以長郷之訴訟不為非拠之趣評定衆等申上畢、

同書同年十二月十九日記録に

一　梶井御門跡雑掌与中西入道明重相論、近江国甘呂八坂御借物事、〔中略〕、此条可相尋評定衆之由被仰下之間、尋意見処、至彼令旨者、可渡古今御借物云々、此上者、於政所勘定之、本利相当之間、以甘呂庄年貢可直返弁之由被仰下訖、〔この事件は政所沙汰に属するがごとし〕

などとある（このほか類例は『御前落居記録』に多く見えている）。

右筆方に諮問した例は前掲『御前落居記録』永享三年十一月二十日記録のほか、同書同四年九月二十九日記録に

一　近江国愛智下庄霊山寺与延寿寺就山林境相論、領主坐禅院（称全）去年十二月発向霊山寺事、〔中略〕、任右筆方意見、為彼過怠、被収公坐禅院所帯近江国愛智下庄訖、

と見ゆ。当該事件の専門家に諮問した例は『御前落居記録』永享二年十一月二十三日記録に

一　造酒正師俊与中御門大納言家雑掌相論酒鑪役事、理非之段被尋仰伝奏三人〔酒鑪役は公家方の得分制度であるから、伝奏の意見を尋ねたのであろう〕訖、然間（万里小路大納言、勧修寺中納言、広橋中納言）意見状分明之上者、可被付師俊之由被仰下訖、

同書永享三年十二月二十七日記録に

一　鷹司高倉土倉本主祐言与蔵預円憲相論、当所納物事、〔中略〕仍被レ尋二下評定衆、同洛中沙汰来例ヲ納銭方一衆等一ニ訖、鷹司土倉失墜分彼〔被〕預円憲、以私在所可返弁之段勿論也、若有余銭者、可被割合銭輩之旨申之、早任衆中〔右筆衆〕意見并洛中法例、可被付祐言、至余銭者、可支配合銭輩也」（送り仮名および返点は著者の付したもの）

と見ゆ。後の例において「衆中意見」に対して「洛中法例」といい、あえて「納銭方一衆意見」と記さなかったのは、けだし、これらの者に対しては「洛中沙汰来例」という事実たる慣習の報告を求めたものであって、彼らの意見（判断）を訪ねたものではないからであろう。なおこの時代の意見状の実例は『建武以来追加』第二〇四条〔室参三一七条〕ないし二〇六条〔室参三一九条〕に見えている。

かく、引付沙汰伺事の手続きにおいても、将軍より上記評定衆以下の者の意見を訪ねることは行われていたが、これらの者に諮問するや否やはまったく将軍の自由なのであって、意見を尋ねることそれ自身はいまだ訴訟手続きの要素とはなっていなかった。しかるに室町中期以後の御前沙汰手続きにおいては、意見手続きはその要素となり、あたかも引付沙汰における引付内談手続きに相当する位置を占めるにいたったのであるから、同じく「意見」とはいうものの、室町時代前期のそれと後期のそれとはまったく法律上の性質を異にするものであることを注意しなければならない（前期の引付勘録が後期の意見状に相当するのである）。

四〇　(一)　**御前沙汰**　御前沙汰の手続きは意見および伺事の両手続きよりなる。

(1)　**意見**[156]　前述の判決がすみ[157]、三問三答の訴陳状や対決申詞などを将軍の御前に披露すると、まず「意見」をいたすべき由の仰せが下る。そこで両人すなわち訴人奉行および論人奉行は互いに打ち合わせて、「公人奉行」へその旨を通知する。けだし、意見は公人奉行亭で行われるものだからである。公人奉行へ通知後、中一日を置いて、訴人奉行の執筆にかかる訴論人奉行連署の折紙をもって、意見衆たるべきものに、意見当日公人奉行亭へ参会すべき旨を触れる。触状の様式は次のごとくである。[158]

　御尋子細在之条、明後十一公人奉行亭可有参会之由候、恐々謹言

　　六月九日

　右筆方各名ヲ書也、

意見衆たるものはこの文例にも見えるように、幕府右筆衆である。[159] 意見は公人奉行亭において毎月十日、二十日および晦日の三日に行われる。[160] もっとも、このほかの日でも、急事のあるときには臨時にこれを開催することもできた。

意見の当日には、まず右筆衆が定めの席に着座する。そこで審議が始まり、訴論人奉行によって事件の披露がある。さて将軍より「意見」のために下付される諮問状（これをも「意見状」という）の様式は次のごとくである。[161]

　　意見状

一、三上兵庫頭跡相続之儀、後家執申之、如何事、

一、無其子人等以養子相続之段本法分明也、但進退有別儀者、不可依右法哉、

一、兵庫姉妹為他家之妻女、彼跡可執申否、後家―〔令カ〕改嫁者、自然口入非制限、不然者、其妨法哉、

審議は一ヶ条ずつ行う法であるが、[162][163] ある一ヶ条についての評議手続きは次のごとくである。まず、訴人奉行より訴人申状の趣を披露し、次いで論人奉行より論人支状の趣を披露する。三問三答状（対決申詞についてもとより披露があったのであろう）の披露がすむと、訴論人奉行はなお口上をもって足らざるところ

を補充する。ことごとく披露がすむと、両人すなわち訴論人奉行は退座して、意見衆の間で評議がある。

評決の方法としては意見衆のうち、一人を「日行事」として議長の役を勤めしめ、(164)多数決の方法によって(165)「意見」を決定したのである。「意見」が決定すると訴論人奉行を呼び出して、その内容を告知し、またその場で意見衆中より「右筆」（書記役）を選定して意見草案を起草せしめるのである。(166)

次に述ぶべきは意見衆の「意見」を記載する「意見状」の作成手続きであるが、これが右の評議の手続きと同日に行われたか否かについては史料がみあたらない。がまず「当番衆」（前記「右筆」の義であろう）は意見草案を基礎として、これを作成する。その様式は『評定始条目』に次のごとく記してある。(167)

一異（＝意）見状案 端造式一方向等在之、相触之時此分名字実名等也

某──訴人名与──論人名相論──国──庄事

如──論人名中状者、──以来知行之処、一旦沈淪之刻、──申給御教書、掠領之条不便至也、云々、

──如支申者、──年中──訴人御罪科之時為勲功之賞、充給之、帯御判等公験、当知行也、云〔ママ〕、両方

申状雖枝葉多ト端、云勲功之賞、云証文炳焉、──論人名陳答之旨非無其理歟、宜為　上意矣

年号月日 日本者執筆也、各連署也、奥次第上判、判ハ裏ニ載之、

右大概之儀記之、猶可依事

意見状には意見衆が判形を載せる場合もあるし、載せぬ場合もある。加判する場合には、右の文例にも記してあるごとく、裏判にするのが故実である。また料紙が一枚よりなるときは問題はないが、二枚三枚を続合わせたもので、続目がある場合、表の文字が続目の上にかからぬときは「右筆」（当番衆）が続目裏判を加えるのが故実で

ある。

かくして、意見状ができあがると、当番衆はこれを「得理方」すなわち勝訴方奉行に引き渡す。奉行はこれを請け取り、「意見」という銘を書き加えるのである。[168]

(156)　本項本文の論述は以下とくに注記するもののほかは、『室町家御内書案』上所載、左記二ヶ条の記事による。

一　意見事、於公人奉行亭在之、毎月十日廿日晦日三ヶ度也、此外御急事在之者、有意見、彼意見状判形在之、又無判形モ在之、次以別奉行被申入事モ在之、意見式日事、昔評定五方内談三ヶ度歟、恵林院御代ヨリ在之、三ヶ日也、

および

一　訴論人三問三答相〔沙カ〕汰之間、令披露之処、此儀可為意見候由、依被仰出、両人申合之、公人奉行へ啓案内、中一日置、両人以折紙相触候畢〔訴人奉行認之〕、彼折紙調様、左注、当日各会合間、両人出座仕、先訴人ヨリ申状之趣令披露、次論人与〔支の誤〕状旨披露也、三問三答相澄〔済〕、訴人証文上猶以口状、申之、次論人亦同前也、悉披露相過、両人退座仕候、各有評議以後、又両人罷出、意見之趣承之畢、次意見状之儀当番衆被相調、衆中之被取判形、徳理方へ渡給之間、請取之、意見ト加銘、両人申合披露之処、任意見之旨、可被成御下知之由御裁許也、次意見状之裏ニ加判形儀、昔ヨリノ故実也、又料紙一枚在之、不及沙汰、二枚三枚続目事、在之者、表之字書カケスハ、続目ニ右筆封裏儀故実也、意見状認様在之也、次意見状事無判形モ在之、又以別奉行御返事、申入事在之、〔次に一ヶ条をおいて次に本文所掲「折紙書様」を載す〕

とあるもの、これである。なお、右後条の記事に見える「訴人」は「訴人奉行」、「論人」は「論人奉行」、しかして「両人」はこの両者の併称であると解する。

(157)『大舘常興日記』天文九年三月九日の条に「一　摂州より各へ折紙在之、羅漢寺住持職相論事、両方三問答相そろい候て已後奉行可為意見候由被仰出候」と見ゆ。政所沙汰の手続きを示すものであろうが、これによって、御前沙汰の手続きにおいても、ときには対決の手続きを省略して、三問答の訴陳をつがえしめた後、ただちに意見沙汰の手続きにおよんだ場合のあることが推知される。しかし一般にはむしろ『伺事記録』に「一　天文十　十二　意見在之、五位女与御新参於広橋殿対決有之、五位奉行松対、御新参奉行飯彦左、証人奉行布野、諏神左至彼亭、罷出有其沙汰、仍其儀御尋也」とあるがごとく、対決の手続きをすました後、意見の手続きに移ったものであろう。

(158)『室町家御内書案』上。同書にはそのほか

一　意見之触折紙人数ヲ如此書之、飯尾近江守殿(余准之)、

被仰下候御意見子細候、明日早旦各可有御会合候、恐々謹言、

十二月廿六日　　長秀(判)

各御中

という文例も掲載してあるが、この種の文書は、ある事件につき、右筆衆以外の者(たとえば当該事件に関する専門家)の意見を徴する場合に使用されたものではあるまいか。『建武以来追加』第一四二条(永正六年五月九日条々の中)〔室追三八五条〕に「一　被尋下諸人間事、以其奉行人不能御返事之処、以別人申上事、為申紛歟、可有御禁制矣」とあるが、文にいわゆる「其奉行人」はすなわち右筆衆以外の者にして意見を徴された者を意味するのではあるまいか。かかる者に諮問された場合にその者が意見の答申を忌避して別人をもって返事を申し上げたことのあるは註(156)所引『室町家御内書案』所掲記事後条の末尾に「以別奉行御返事申入事在之」とあるによって知れる。

(159)意見衆構成員たる右筆は「右筆衆」(「評定始御判始次第」)、または「右筆奉行衆」(「長享元年九月十二日常徳院殿様江州御動座当時在陣衆着到」)とも呼ばれた幕府の官職名であって、書記という意味の普通名詞ではない。もとより一方

引付構成員たる右筆とも異なるものである。『相京職抄』には「寛正年中記録（正文追加）」を引用して、当時の右筆方連名を記載してある。『室町家御内書案』上、文明十一年十月二十一日幕府奉行人意見状の前に記載してある「飯尾下総守」以下「飯尾下野守之秀」までの連名はおそらく、ある時期の右筆衆を列挙したものであろう。

上記のごとく、意見衆は右筆衆よりなるのであるが、ときとしては「評定衆」（＝引付衆）が意見の議事に参加することもあったらしい。それは『室町家御内書案』上に「一　於公人奉行亭、意見記録有之、上衆次第ニ認候、但評定引付衆者意見不書之、記録勿論也」とあるによって知ることができるのである。しかし本文に記したごとく、意見衆は右筆衆よりある旨の記録が存するのであるから、この文にいわゆる「評定引付衆」とは右筆衆にして評定衆に兼補された者という意味かもしれない。

(160)　註(156)所引『室町家御内書案』記事前条。『建武以来追加』第一四五条（永正七年十月二十日幕府条々の中）〔室追三六五条〕には「一　毎月（十日、廿日、晦日）三ヶ度（会合之時刻五打半時）」と見ゆ。右『室町家御内書案』に「意見式日事、〔中略〕恵林院〔足利義稙、延徳二年征夷大将軍就職、永正十八年罷職〕御代ヨリ在之、三ヶ日也」とあるが、永正七年はすなわち恵林院の治世であるから、恵林院御代より式日が定まったというのは、すなわち右永正七年の法令が制定されたことを指すのであろう。

(161)　『室町家御内書案』上所掲。

(162)　『建武以来追加』第一四六条（永正七年十月二十日条々の中）〔室追三六七条〕に「一　意見一ヶ条事切之時、被相定右筆於当座、被認草案、其以後可有披露自余之儀」と見ゆ。

(163)　諮問事項披露の順序について、『建武以来追加』第一四九条（永正七年十月二十日条々の中）〔室追三七〇条〕に「一　披露之篇目任先例、可為日限次第事」とある。日限次第という言葉の意味はよくはわからないが、あるいは受理の日付順にというような意味ではあるまいか。また同第一四五条（同上）に「一　披露之次第可為如先々事」とあるが、これはおそらく、ある篇目についての披露はまず訴人奉行、次いで論人奉行がこれをなすという順序に関する規定ではないかと考える。

(164)『伺事記録』天文八年九月六日の条に「東福寺雑掌申、号洛外徳政、可乱入当寺内之旨有其聞之間、可被成下御下知之由申之、則申之、日行事荒治也、来、仍未下刻程日行事可成御下知之由折紙到来也、則成遣之」、同書天文十四年九月一日奉行人意見状前書に、該意見沙汰の顚末を記して「今度富樫小次郎捧御判両通、此証文兄方在之、兄者国退出之人也、其証文預置者、差日限、借之間、校正之儀申之、子細者、安威兵部少輔与富樫加州南白江相論之、番三問三答者也、〔中略〕副奉行松丹也、予日行事、於門外松丹会之処、種々懇望之間、令《ママ》副奉行者也、富樫奉行飯中大、安威奉行松対也、今日被尋之席〔意見の席の意と解す〕両人者不出之者也」と見ゆ。

文にいわゆる「日行事」は意見沙汰の日行事であると解されるが、日行事が議長役を勤めたことはその語義よりみても、また「副奉行」〔副議長役と解す〕との関係より見ても、明瞭である。なお日行事の語は『大館常興日記』天文九年四月十一日および十四日の条にも見えているが、やはり同様な意味であると考える。

(165)意見衆の「意見」が衆中の多分の議によって決定されたことは、『中院文書』二、天文五年十二月二十四日幕府奉行人意見状に「多分意見状」の語の見えるによって知り得る。ただし「多分意見状」に反対の少数意見衆が別に自己の思うところを意見状に作成して、これを将軍に呈することも禁じられているわけではなかったらしい。そのことは『勧修寺文書』一三、永正五年十一月日山科家雑掌重陳状に「右、如勧修寺御門跡雑掌申状者、〔中略〕次先御代被訪意見之処、御門跡理運之段一同意見之訖云々、意見事者雖為一両輩、於有意趣者、所存之通別被捧意見状之旨、先々在之由承及之、況意見衆数輩不参之処、一同之儀与被掠申之条恣言上歟」とあるによって推知されるのである。

(166)註(162)所引『建武以来追加』参照。なお意見の手続きについては、『建武以来追加』第一四七条〔永正七年十月二十日条々の中〕〔室追三六八条〕に奉行人が諮問事項を披露するとき、別議を交うべからざる旨、しかして第一四八条〔同上〕

〔室追三六九条〕に意見衆は着座後、公用によるにあらざれば、立座すべからざる由が定められてあり、また同第一三二条（文明八年八月二十四日条々の中）〔室追二七一条〕に訴陳意見のことについては、私曲を存せず言上すべき旨、令されていることを参照すべきである。

(167) 意見状の書留はこの文例に見えるごとく「□歟、宜為上意矣」という文言が最もふつうであるが、ときには「□之旨、宜為御成敗矣」（『室町家御内書案』上、応仁二年五月十三日意見状〔室追参三二〇条〕）、「宜被任　上意者歟」（『前田家所蔵文書』康正元年十二月二日意見状）、「宜為上裁矣」（『勧修寺文書』二三、明応九年十二月二十九日意見状）などの文言も使用された。またまれではあるが、『伺事記録』天文十四年九月一日意見状に「仍可被成下　御判之段望申之旨御許容無予儀哉」とあるがごとく、上記の文言を全然欠いたものもあった。

(168) なお『建武以来追加』第一五〇条（永正七年十月二十日条々の中）〔室追三七一条〕は意見式日の終了につき「一　意見終後、各一同可被退座事、（但於御宿直者各可被相談之）、」と定めている。

四一　(2) 伺事（御前沙汰―狭義）　前記の手続きを経て、得理方奉行が意見状を受け取り、これに銘を書き加えると、訴論人奉行は申し合わせてこれを将軍の御前に披露し、その裁決を申請しなければならぬ。(169) この手続きを「伺事」あるいは「御前沙汰」（狭義）と呼ぶ。御前沙汰衆の資格、一列伺と番伺との関係などは第三九項において記述したところと同一である。

番伺の場合には御前沙汰衆は結番の順序を遂うて出仕し、伺事の事務をつかさどる。これがいわゆる「当番」であるが、急事の場合を除き、必ず当番の者が沙汰すべきであり、「非番」の者は遠慮すべきこととなっている。ただし、将軍より特命のあるときはこの限りでない。(170)

この時代の番伺手続きの詳細はわからないが、伺定日に当番の御前沙汰衆は「証文」（一件書類）を持参して、将軍の御前にいたり、まず将軍へ御礼を申し上げた後、次のような形式の伺書を披露する。[171][172][173]

伺　事

吉祥院雑掌申、諸国所々運送年貢事、任先例可被成御教書哉、

二月十七日　御前御沙汰候時、各作文、如此ニテ披露也、　光俊

伺書に対して将軍より可否の裁決が下されるのであるが、[174]この際将軍は奉行人意見状に束縛されることなく、ただこれを参考として、自己の判断をもって裁決し得たのである。[175]引付沙汰時代においては将軍は引付勘録を採用すべきや否やを裁決するだけで、これに関係なく自由に判決の内容を決定し得なかったことと比較してみると、少なくとも、理論上は御前沙汰時代になって将軍裁決権の内容は拡大されたものといわなければならぬ。[176][177]

(169)　註(156)所引『室町家御内書案』記事後条参照。

(170)　『建武以来追加』第一五二～一五四条（永正八年十二月六日伺事条々）〔室追三八一～三八三条〕。

(171)　「一　伺事之時、証文共致持参、公方様へ御礼申上、披露也」（『室町家御内書案』上）。

(172)　伺定日における伺の順序については『建武以来追加』第一五二条〔室追三八一条〕に「訴陳儀為巡番、先一ヶ条可伺由事（但訴陳之儀有子細、多逗留者、自余之伺事可斟酌仕）」と定めてある。訴陳に関する伺事は受理の順に一ヶ条ずつ伺申すべし、ただし、訴訟が永びいて訴論人が京都に永逗留をしているような場合には、ほかの事件をあとまわしとして、それをまず伺申せという意味であろう。

(173)　一列伺の伺事手続きは『延徳二年将軍宣下記』に見えているから参照されたい。

(174)　永享時代の伺事〔御前沙汰〕においては将軍の裁決を「御定」といい、これを記録して、奉行が署判を加え、将軍の袖判を受けて、幕府に保存したものらしい。この記録を集載したものが、『御前落居記録』である。記録の様式を示すため、同書の中から一例を引用掲載する。

〔御判〕

一　常陸房宴珍与石泉院雑掌相論近江国岸下庄〔号清水〕預所職事、

如宴珍申状者、〔中略〕之由申之、如雑掌支状者、〔中略〕之由申之、御定、已先師代口譲云、未来、永々不可有相違文章并相伝状等分明之処、不帯支証、捧胸臆支状、兎角申之歟、理不尽之至也、早可被申付円珍之旨、両人〔本奉行および合奉行〕罷向石泉院、可申之、同可被成御教書焉、

〔永享二年九月三日〕
同日

大和守貞運〔花押〕

左衛門尉秀勝〔花押〕

この記録には「御定」の語が見えているが、なかにはこれを欠くものもある。たとえば、永享二年十一月二十三日記録に「一　造酒正師俊与中御門大納言家雑掌相論酒鑪役事、理非之段被尋仰伝奏三人訖、然間〔中略〕意見状分明之上者、可被付師俊之由被仰下訖、仍被成奉書者也」とあるがごとく、将軍の裁決にもとづき御教書または奉書を成し下された旨を書き置く形式を採る場合のごとき、これである。

上述したところは永享年代の御前沙汰手続きであり、引付沙汰廃絶後においてもなお同様な手続きが行われていたか否かは判明しないが、参考のため記述した次第である。

(175)　将軍が御前沙汰において裁決するにあたり奉行人の意見状に束縛されなかったことは、意見状書留の文言が註(167)において記述したごとく、意見の趣旨にしたがわれるや否やは上意次第たるべき旨のものであったことによって知れる。ただし、これは理論上だけのことで実際においてはつねに意見状のとおりに裁決したのであろう。

そのことは註(156)所引『室町家御内書案』記事の後条に「次意見状之儀、当番衆被相調、衆中之被取判形、徳理方へ渡給之間、請取之、意見ト加銘、両人申合披露之処、任意見之旨、可被成御下知之由御裁許也」とあるによって推知し得る。

しかのみならず室町時代末期になっては、将軍の裁決は法律的にも意見状の趣旨にしたがわねばならぬ定めとなった。『仁和寺文書』九、永禄十二年四月十四日殿中御掟(この掟書には織田信長が加判している)の一条に「一　奉行衆被訪意見上者、不可有是非之御沙汰事」とある規定がすなわちこれである。

(176)　将軍が奉行人をして意見状を提出せしめ、これを参考として、裁決する制度は疑いもなく、公家の制度(検非違使庁、文殿、および記録所の訴訟法)にならったものである。参考のため、一例として検非違使庁における諸官評定文、これにもとづいて下される別当宣およびその施行状たる検非違使庁下文の一件文書をあげる(『東寺百合文書』ヒ三十三之四十三、史料六之十、九三五頁以下所引)。

(裏端書)
諸官評定文

貞和三年十一月七日評定

東寺申、山城国拝師庄内上津島里拾九坪田地参段半事、

件田地事、東寺備正和二年十二月日後宇多院御施入帳、并文保元年十月日同院庁御下文、正中二年三月十八日官符、建武三年十一月八日安堵院宣、彼拝師庄寺家管領無相違之処、三段半田地鳥羽小枝住人沙弥道忍非分押妨之由就訴申之、申康永三年以来度々被尋下之、去八月廿(十)七日有評定、被点置論所之上、去月廿二日重有其沙汰、保務官人相共被加催促之条、下部等注進状分明歟、而道忍猶以令遁避云々、判待之法似無尽期、然者彼田地可被裁許東寺哉、

明清
明成
章有
章兼
章世
明宗
明景
章倫

［ヒ六六ノ五号］

（裏端書）
別当宣

東寺申山城拜師庄内上津島里拾九坪田地参段半事、任諸官評定文、可令下知寺家給之由、別当殿仰所候也、仍執
進如件、

（貞和三年）
十一月七日　　刑部少輔仲泰（奉）

謹上　正親町博士大夫判官殿

［ヒ六六ノ四号］

検非違使庁下　東寺雑掌
山城国拜師庄内上津島里拾九坪田地参段半事、

右別当宣（副諸官評定文）如此、早可令存知之状下知如件、

貞和三年十一月七日

明法博士兼左衛門大尉紀伊権介中原朝臣（花押）

［ヒ六六ノ三号］

鎌倉時代における諸官評定文の一例は『東寺百合文書』イ四十六之六十、承元二年四月三日諸官評定文［鎌一七二七・イ五号］参照。文殿勘状については『東寺百合文書』七三、宝治二年十一月八日勘状［鎌七〇〇八・せ六号］、『西大寺文書』二、徳治二年十一月八日勘状［鎌二三〇八三］など参照。記録所勘状もあり得たに違いないと考えるが、いまだ適例をみいださない。

(177) 守護分国において幕府御前沙汰に類似した判決手続きを有するものは、周防大内氏であり、これに関する規定はその家法を輯録した『大内家壁書』（『大内氏実録』も参照）に見えているが、これが研究は別の機会にゆずる。

第二款　判決の作成、形式、内容および効力

四二　㈠　判決書の作成および交付　上記の判決手続きが終わると、次に上裁の趣旨にしたがって、判決書を作成しなければならぬ。しかし判決書作成手続きについては引付沙汰、御前沙汰を通じて史料がみあたらぬため全然不明である。

判決書は本奉行より勝訴人に交付される。(178) これをもって訴訟は終了するのである。判決書の交付があり、訴訟が終了すると、引付沙汰手続き時代には、本奉行人は解状の裏を封じて訴人に返付し、訴人は解状を書写して副本を作成し、その裏を封じて、奉行所に献ずる法であった。(179) 御前沙汰手続き時代においても同様な手続きが行わ

れたか否かは不明である。

(178)『勧修寺文書』五、延徳二年五月三日親久書状に「御門跡領賀妙郡家庄事、去年八月十二日以御直務御奉書之旨、具ニ披露申候処ニ御理運之通被開聞食候、就其、重而御奉書雖可被成候、御沙汰始可為来六月候之間、其時必可被成御下知候」とあるによると、下知状を下すのは御沙汰始のときに限られていたように見えるが、おそらくこれはこの場合だけの特例だったのではあるまいか。

(179)『武政軌範』引付内談篇訴訟落居、反〔返〕解状出〔於の誤か〕訴人事の条。

四三　(二)　判決書の形式　室町時代においても、判決書を「裁許状」と呼んだが、その様式は嘉吉頃を境としてその前後において相違がある。すなわち嘉吉頃前においては鎌倉時代におけるがごとく、下知状様式であったのである。ただこれと異なるところは執権が加判せずして、御判下知状の様式になったこと、すなわち下知状の袖、(180)あるいは奥に(181)将軍が(182)親ら加判したこと、これである。文安頃以降になると下知状様式の文書は廃絶して、爾後は奉書形式の裁許状が行われるにいたった。(183)がしかし、なおこれを呼ぶに「下知状」の語をもってした。これすなわち『書大体』御教書の条に御教書様式文書のうち、「訴論裁断之状号下知状」と記し、下知状をもって御教書の一種となしているゆえんである。

奉書の様式については先に詳述したから、ここに繰り返すことを避けるが、ただその宛所の身分上の地位によって、様式上多少の相違が存したことを一言付け加えておこう。(184)

なお、判決書としての奉書は勝訴人に交付される法であったが、別にまたこれを施行する意味をもってほぼ同

様の奉書が論所名主沙汰人等中に宛てて出されることがあった。(185)

(180)　袖御判下知状の一例として『色部文書』貞和二年七月十九日御判下知状を参照。

(181)　奥御判下知状の一例をあげると『北野社文書』に

　石清水八幡宮雑掌与北野宮雑掌相論加賀国笠間保領家年貢事
右年貢者、〔中略〕、然早於毎年年貢者、無懈怠可致沙汰八幡宮之状、下知如件、
　　応永六年七月廿五日
　入道准三宮前太政大臣〔足利義満〕(御判)

という文書がある。これを鎌倉時代下知状の様式と比較して見るに、最初に事書の存すること、宛所の記載のないところなどは両者全然同一である。ただ署名者が執権(管領)でなくして、将軍自身であるから、自然加判の位置が年号月日の下でなく、日付の次に並んでいること、および留書の「依仰下知如件」の「依仰」が除かれて、「下知如件」となっている相違がある。

　下知状における執権加判制が廃され、将軍自身加判のいわゆる「御判」下知状の制が起こったのは、けだし鎌倉時代におけると異なり、この時代、少なくともその中期以前においては、将軍が政治の実権をその手に収めていたことに起因するのであろう。

(182)　ただし、室町時代初期においては足利直義が加判した下知状がかなり多く存する。これけだし、彼は征夷大将軍でこそなけれ、征夷副将軍であったから、この資格において下知状に加判したのであろう。

(183)　嘉吉・文安の頃より、幕府判決書として、御判下知状の制が廃れ、(奉行人)奉書が一般的に使用されるにいたったのは、けだし嘉吉の乱に将軍足利義教の横死あり、相次いでその跡を襲ぎし二男義勝、三男義成(義政)がいずれも幼

少にして政務を執るに堪えず、政治の実権がしばらく権臣の手に移ったことがその主要原因であろう。なお、足利義勝が父義教の跡を継ぎしは嘉吉元年にして、同二年に征夷大将軍の宣下あり、三年に没した。同義成は同年八歳にて父の跡を襲ぎ、宝徳元年十四歳にて征夷大将軍に補せられたのである。

(184)　この点について、相田学士はその著「古文書」(『岩波講座日本歴史』所収)において、『菊大路家文書』文明十九年二月九日幕府奉書と『東寺文書』長禄二年七月二十八日幕府奉書〔京一〇六号〕とを例にあげて、次のごとく言っておられる。

前掲の管領の奉じた御教書〔『上杉文書』応永三年七月二十三日幕府御教書〕とこの奉書〔上掲『菊大路家文書』〕とを比較すると、その様式において全く同じであることがわかるであろう。〔中略〕この文書〔上掲『東寺文書』〕の様式を観察すると、第一に料紙の中央に一つの線がある。これは料紙を二つに折った折目である。かく折ってその片面に文言を書いたのである。〔中略〕かくのごとく用いた紙を折紙という。〔中略〕第二に、年号が月日の肩のところに書いてある。かくのごとく記したものをとくに付年号という。第三に、差出書に実名が書いてある。ようするにこの奉書折紙、付年号、実名書の三つの点が一致して、一つの様式を形成しているのである。前掲の奉書とこの奉書との発せられる場合を比較してみると前者のほうが後者より重要な事柄を取り扱っており、あるいはその宛名において前者が後者よりも地位が高い者となっているようである。

と。この両種奉書様式の相違は同一事件につき、下される奉書にして、勝訴人(本所が勝訴した場合)宛てのものと、論所名主沙汰人宛てのものとを比較してみると最もよく会得し得るであろう。『実相院文書』二より一例をあげると次のごとくである。

山城国北岩蔵郷内尚茂書記跡福田庵分半分事、帯数通証文、御当知行之処、正法庵雑掌今林平次郎(或号富田)掠公儀、違乱云々、言語道断次第也、不日退彼妨、可被全所務之由被仰下也、仍執達如件、

明応六年十月廿日　　　　豊前守〔頼亮〕〔花押〕

実相院御門跡雑掌　　　　前丹後守〔長秀〕〔花押〕

〔折紙〕

実相院御門跡雑掌申、城州北岩蔵郷内尚茂書記跡福田庵分半分事、帯数通証文、御当知行之処、正法庵雑掌今林平次郎（或号富田）違乱云々、言語道断之次第也、速退彼妨、可令全御門跡雑掌所務、若得平次郎之語、有緩怠之輩者、可被処罪科由被仰出候也、仍執達如件、

明応六

十月廿日　　　　頼亮〔花押〕

　　　　　　　　長秀〔花押〕

当所名主沙汰人中

なお、奉書（室町中期以後の）には通例、本奉行および合奉行が加判するわけであるが、奉書に署判し得る者は御前沙汰衆たる右筆衆に限られていたから、本奉行あるいは合奉行が御前未参仁である場合には、彼はほかの資格ある奉行に代署してもらうよりほかはなかったらしい。

このことについては『実相院文書』二、明応四年八月十七日幕府奉行人意見状に「両方証文披見之処、〔中略〕、去文明八年六月十日号貞有奉書還付之証文者、謀書之段勿論也、殊加判中沢備前守之綱（于時掃部大夫）不被召加恩賞方〔恩賞方衆は御前沙汰衆に同じ〕以前也（同年十月被召加之）然者、悉以為謀判、所詮於此一通者、被破之、至其身者、難遁罪科之上者、任本法、可有御成敗哉」とあるを参照。

（185）前註所引明応六年『実相院文書』参照。

四四　㈢　判決の内容および脱漏　室町時代の判決には裁判所が繫属せる事件の審理を遂げ、自己の判断をもって、これを解決するもの一種しかなかった。

判決の要素として特別に規定されたものはないが、実際において判決には訴人および論人の事実上および法律上の主張の要旨を掲げ、これに対する裁判所の判断を載せる例であったことは鎌倉時代におけると異なるところはない。ただ、下知状様式の判決書が下された時代には、判決書に上記諸事項が鎌倉時代におけると同じくかなり詳細に記述してあったのに反し、奉書様式判決書の時代になると、それが大部分かなり簡略なものになったことは看過し得ない変化であるといわねばならぬ。

判決の脱漏については、永正六年五月九日条々中に、度々の制法に任せて、堅く(判決の)脱漏を禁止する旨の規定[186]が存するを知るだけである。

(186)『建武以来追加』第一四三条〔室追三五九条〕。

四五　㈣　判決の効力　第一篇において記述したところと同一の理由にもとづいて、判決の効力(執行力および確定力)のうち、確定力についてのみ記す。確定力を分かちて形式的確定力と実質的確定力とする。

(甲)　形式的確定力　鎌倉時代におけると同様、判決は交付後、三箇年を経過して始めて形式的確定力を取得したのである[187]。

(乙)　実質的確定力　室町時代には判決の既判力(実質的確定力)は一般に認められ[188]、かつその効力は子孫にまでおよぶものとされていた[189]。

(187) 第六五項および第一篇註(387)、第七五項および註(469)参照。なお、ある下知状に対して不服である場合、これが変更を裁判所に請求するためには、つねに越訴の手続きによるべきであり、もししからずして、通常の手続きで、みだりに前訴と在所を同じうする訴を提起するときは、下知「違背之咎」に処せられたこと(『建武以来追加』第一四〇条)[室追三五六条]をも参照すべし。

(188) 『東寺百合文書』延文元年七月日東寺陳状(史料六之二十、五五五頁)[ノ二四号]に「以前条々大概如此、此外敵方所挙文書或質券、或謀作子細繁多、不遑具挙、抑浄土院々給等者、貞和四年□雑賀隼人入道西義雖出訴訟、為非拠濫訴之由、当寺依支申之、被棄置彼訴訟畢、今又同篇申状更難及御沙汰者歟」とあるは、すなわち判決既判力の観念存在の一史料である。なお、『建武以来追加』第一五八条[室追一五一条]を参照。

また、室町時代においても鎌倉時代におけるがごとく、訴訟の理非は安堵によって定め得ぬ法であった。たとえば、『色部文書』貞和二年七月十九日御判下知状に「次同四年施行者、被遵行先日安堵之由所見也、難称裁断之上、理非者不依安堵之条定例也」とあるがごとし。この文の反対解釈として、ある事件につき裁断が下されると、爾後の同一事件に関する訴訟において、幕府はつねに右の「裁断」に依拠してその理非を決定しなければならなかったことがわかるのである。

分国法の規定としては、『今川仮名目録』(天文二十二年制定)に「一　互遂裁許、公事落着之上、重而目安を上、訴訟を企る事、証文正しき事あらば、是非に不及、さもなくして同口上の節目申に付ては、罪の軽重を不論、成敗すべき也」と見ゆ。

これによると、ある事件の判決後、「正しき証文」を捧げて、再び同一事件を訴えること(裁判所の側よりいえば、後訴において提出された証文によって前訴の判決を覆すこと)は禁じられていなかったらしく思える。これあるいは今川氏訴訟法に越訴の手続きが存せぬため、通常の訴訟手続きによって、判決の過誤を救済しなければならなかったことによるのではあるまいか。

(189)『諸家文書纂』八、天文十三年閏十一月二十八日今川義元下知状に「駿遠両国所々当知行分之事、右今度訴人依有申子細、既令裁許処、信綱所申無紛之条、任先例之旨、無相違、如前々可令知行、縦於子孫親類被官百姓等為訴人、雖有申子細、今度遂裁許、落着之上者、不可許容」と見ゆ。

これによると、この当時今川氏裁判所では、訴訟当事者の「子孫親類被官百姓等」にいたるまで、判決の既判力を及ぼさしめたのである。幕府法において既判力を親類以下の者にまで及ぼさしめたか否かは疑問であるが、少なくとも訴訟当事者の子孫までおよんでいたことは、この事例より推測して差し支えないのではあるまいか。

なお、右のごとく、天文十三年頃にはきわめて広範囲にまで判決の既判力を及ぼさしめた今川氏は、同二十二年になると、全然反対に、既判力そのものまで認めざらんとするにいたったのである。前註所引『今川仮名目録』参照。

第五節　和解および訴の取り下げ

四六　最もふつうの訴訟終了原因は判決であるが、そのほかに訴訟は和解および訴の取り下げによっても終了した。判決・和解および訴取り下げ、この三者の関係は前篇第六三項において記述したところと全然同様である。

第一款　和　解

四七　室町時代においても訴訟上の和解の意味に「和談(190)」「和平(191)」「和睦(192)」などという語が使用されたが、最もふつうには鎌倉時代におけると同じく「和与」という語が用いられた。

和与という語の由来および定義などは第一篇第六四項において記述したところと同様である。されば和与が有効に成立するがためには、㈠　訴訟当事者間における和与契約書の作成と、㈡　裁判所のこれに対する認可(下知状)とを必要とした。

(190)『高山寺文書』二、観応元年九月十一日知事了玄与知事尊忠連署和与状、「又続宝簡集」九四八号、観応二年二月五日鞆渕庄下司景高契約状、『菅浦文書』三、正平七年四月九日御代官状等。

(191)『臨川寺重書案文』坤、康永三年十一月十九日足利直義下知状、『御前落居記録』永享二年十二月十二日記録等。

(192)『三宝院文書』十一、貞和四年六月日雑掌梁証和与状、『御教書引付』一、(応永八年)十一月十一日玄円奉書(史料七之五、一六一頁)等。

四八　(一)　両当事者の契約書の作成

(1)　和与の手続きとしては、両当事者合意のもとにまず和与契約書を作成することが必要である。和与が両当事者の契約を基本とすること、(193) しかしてその契約は当事者の自発的な合意によって成立するものであって、裁判所の命によって締結されるものでないことなど、(194) 鎌倉時代のそれといささかも異なるところはない。第三者の口入によって、和与契約が成立することもあったが、第三者の口入がその成立要件であったわけではないことも前代と同様である。(195)

(193)　和与が両当事者の契約を基本とするものであることは、註(197)所引『阿弥陀寺文書』に「右地頭代茂平抑留正税之由、雑掌就申之、雖可有其沙汰、所詮為断向後所務之煩、閣本理非、可令折中下地之由両方所令承諾也」、註(203)所引『周防国府の研究』所引文書に「若令違反契約者、可被申行罪科」とあるによって明瞭である。

(194)　そのことは裁判所の和与下知状には通常両当事者和与の上は異議なき旨が記載されていること(註(210)参照)によって明らかである。

(195)『潮崎稜威主文書』一、応永二十三年卯月二日浄忍坊和与状に「奥州田村伯耆律師之引地下之檀那事、南聖坊与浄忍坊既依及相論、口入人宝積房宮阿上左衛門尉両人以和与之儀相計申者也、随而田村之地下ヲハ一円ニ南聖坊ニ渡申候、又小南六郷ヲハ一円ニ浄忍坊ニ渡申者也」とあるがごときは、すなわち第三者口入による和与契約締結の一例である。

四九　(2)　少なくとも一方当事者はその主張を譲歩することを要する。[196]しかして譲歩をなすには鎌倉時代におけると同様、だいたい二種の方法が存した。その一は「和与相分」で、係争所領を両当事者で分け取りする方法であり、その二はそれ以外の方法である。

(甲)　和与相分　鎌倉時代には和与相分には「折中之法」によるものとしからざるものとの二様があったが、室町時代においてはほとんど「折中之法」のみが行われた。中分の実際手続きもまた両当事者の協定するところであったが[197]、中分後は両当事者の間で中分所領の「分帳」を交換する手続きであったらしい。[198]

(乙)　その他の方法　相分以外の和与の方法は場合により異なるのでここで概説し得ない。

(196)　訴訟代理人が自分側譲歩の和与契約を締結するがためには本人より特別代理権の授与がなければならなかったことは鎌倉時代におけると同様である。註(210)所引「又続宝簡集」参照。

(197)　論所中分の実際手続きには両当事者が親しく論所に立ち会い、実検する場合と、幕府に御使の派遣を請い、彼にいっさいの手続きを委任する場合とがあった。御使申請の場合には御使は論所中分後、各当事者に打渡状を交付せねばならぬ。『京都帝国大学文書』の「丹後国河上本庄地頭領家中分事、任去五月三日御奉書同廿八日御施行之旨、沙汰付下地於領家代官了、仍打渡状如件、観応元年七月二日　大江頼高(花押)　源長俊(花押)」(史料六之十四、三五一頁)は、すなわち地頭・領家中分に際し、御使より領家代官に交付された打渡状である。

また、論所が実際に中分されたとき、中分所領の帰属方を定めねばならぬが、この場合、多くは鬮の方法によったらしい。『阿弥陀寺文書』一、暦応四年八月二十六日地頭代平茂平と雑掌定尊連署和与状に「次至惣郷公田者、地頭

進止下地、令検納正税於国庫、至公文名諸寺社免田等者、帯関東御下知、雖為国衙進止、以和与之儀、惣郷公田畠並公文名諸寺社免田等不残段歩、守元亨四年惣検注帳、勘合下地之善悪、立堺於両方、始而名南方北方、以孔子〔鬮〕可令治定自他国衙地頭分領〔在所可任惣目録並分帳絵図等〕」とあるはその一例である。

(198)『三宝院文書』(二)一〇、貞和五年閏六月十七日守護代・蓮蔵院公文所連署和与状に「右当保者、為代々醍醐寺蓮蔵院領之由雑掌申之、守護方又為代々守護領之由称之、両方雖及訴陳、以和与之儀止上裁、中分下地、所取渡分張〔帳〕也、若於下地有所相残者、重遂勘定、可分付者也、山野江河同前」とあるがごとし。

五〇　(3)　和与は当事者間に繋属している訴訟を止めることを約する契約である。和与の動機〔すなわち訴訟を止めんとせし動機〕については、(Ⅰ)一族間の訴訟なるがゆえに、[199] (Ⅱ)訴論人の間において相論を無益と感じたるがゆえに、[200] (Ⅲ)所務の煩いを断たんがために、[201] (Ⅳ)相論の煩いを絶たんがために[202][203]などの理由が史料に見えている。

(199)『楓軒文書纂』一五所収「朽木文書」三、暦応二年九月十一日沙弥浄円与沙弥光円連署和与状に「既雖及三問三答訴陳、為一族可有和与之由被申之間、以別儀、於後一条者永代所避渡于義信〔論人〕也、至案主職同名田者、心阿〔訴人〕永代可令領掌者也」とあるがごとし。

(200)　註(210)所引「又続宝簡集」に「右就雑掌之訴、擬糺決之処、今年七月五日勝円重光出連署和与状訖、如彼状者〔中略〕尤雖可明申、相論無益之間以無為之儀所令和与也」とあるがごとし。

(201)　註(197)所引『阿弥陀寺文書』に「右地頭代茂平抑留正税之由、雑掌就申之、雖有其沙汰、所詮為断向後所務之煩、閣本理非、可令折中下地之由、両方所令承諾也」とあるがごとし。

(202)『臨川寺重書案文』坤、康永三年十一月十九日足利直義下知状に「右当郷者都督親王御遺領内参ヶ所御寄付随一也、彼村地頭源氏〔中略〕対捍年貢無謂之由就訴申之、被下院宣並武家施行、有其沙汰之処、今年六月五日両方和平、如地

頭代僧祐賢同母尼浄因等連署状者、〔中略〕至向後者、為断相論之煩、限永代所避進当村下地四名〔中略〕并浮免田参町弐段小畠壱町弐段小〔坪付在別〕也」とあるがごとし。

(203) なお三坂幸治氏『周防国府の研究』二六五頁所引、貞和四年五月八日仁井令公文土師為経外二名連署和与状に「所詮為断未来之煩以和与儀定堺、打傍止〔牓示〕、所止異論也」、『円覚寺文書』一、貞和四年七月二十五日一楊余田方公文掃部助親賢外二名連署和与状に「右堺者多年雖番于訴陳、為断向後之煩、令和与者也」とあるは、たんに未来〔向後〕の煩いを断つためとあるのみで、いかなる種類の煩いを断絶せしめる意思であるかは文面よりはわからないが、おそらく所務の煩い、相論の煩い、両者ともに断絶せしめんとするつもりであったのであろう。

五一　(4)　両当事者は協定された前記諸要件を基礎として、和与状を作成しなければならぬ。和与状には両当事者が連署するもの(204)と、各自が別々に作成し、署名するもの(205)との両種があり、いずれでも差し支えはなかったが、これには和与に関するいっさいの諸条件を記載しなければならなかったのである。(206)

和与状作成後、両当事者より裁判所にこれを提出して認可〔下知状の形式の〕を申請するのであるが、ときとしてはこの際、和与状そのものに後証となるべき奉行の署判を求めることもあった。(207)

(204) 註(198)所引『三宝院文書』等。

(205) 註(209)所引『西高辻文書』。

(206) このことに関してはいまだ適当な史料がみあたらないが、言うを俟たぬところである。

(207) 和与状に奉行人加判を受けた一例は、『華頂要略』門主伝補遺、応安三年七月の条所引同年七月十一日右衛門尉康行与藤原基繁和与状参照。

五二　㈡　**裁判所の認可**　和与はたんに両当事者間で契約しただけでは訴訟法上の効力を生じない。当事者は協定して和解をなすとともに和与状を作成して、これに対する裁判所の認可を受けなければならなかった。(208) このことについてはいまだ適当な史料がみあたらないのであるが、鎌倉時代の制より推してかく解するのである。

和与認可状申請の時期は、訴の提起以後は、たとえ訴陳をつがえ、問答を遂げても判決をうける(すなわち、勝訴者に裁許状が下される)まではいつでも差し支えなかったと思われる。(209)

和与認可状は下知状の形式を採る。前記のごとく和与状は両当事者の連署状たる場合も各当事者が別々にこれを作成する場合もあったが、いずれの場合でも裁判所は和与状の主旨を引用して「此上者不及異議」とて、当事者の契約を承認し、かつ違乱なく沙汰すべき旨を命じたこと、鎌倉時代におけると異なることはない。(210)

(208) したがって和与状にもその旨を記載したものがある。たとえば註(198)所引『三宝院文書』に和与の諸条件を載せ、次に「然者為末代可申給御下知」と記してあるがごとし。

(209) 二問答訴陳後、和与した例は、『西高辻文書』暦応二年四月九日沙弥蓮心和与状に「筑後国北水田次郎入道蓮心申、当国北水田庄福島村内□牟田並買地等事、去建武三年九月十二日同十月十一日□将軍家御下文并左馬頭殿御教書、欲被下地於蓮心沙汰□付処、自信高方依支申之、雖相番訴陳二問答、所詮以和与□〔儀〕(下略)」とある。三問答後和与の例は註(199)所引「朽木文書」を見よ。対決以後和与の実例はいまだみあたらないが、鎌倉時代の事例より推して必ずあり得たに違いないと考える。

(210)「又続宝簡集」一九六二号、貞和四年八月二十七日足利直義下知状案に両当事者連署和与状の主旨を引用して、次に「如三宝院僧正〔訴人〕御文者、任雑掌勝円状可被経御沙汰云々、如顕連〔論人〕挙状者、以代官重光令言上云々者、両方和与之上者不及異儀、相互守彼状、可致沙汰之状下知如件」と記してあるがごとし。

五三　次に和与の効力に移る。当事者作成の和与契約書は下知状形式の裁判所の認可を受けるとともに、下知状としての効力を取得することはいうまでもないが、下知状の効力についてはすでに上述したから、ここに繰り返さず、以下には和与の諸条件に関する効力、ことに和与の各場合に和与状の末尾に付加される特約について記述する。

この特約はこれを大別して三種とする。その一は一方当事者が和与状に定めた義務を履行しないときは、他方当事者は和与を取り消し、本訴に立ち返って沙汰をする旨の特約[211]、その二は和与違反の場合には和与によって取得せしところを返付する旨の特約[212]、その三は和与違背の場合には違背者は罪科に行わるべしとの特約[213][214][215]である。これらの特約はおそらくすべて有効だったのであろう。

さて、本款を終わるにのぞみ、次の二点についてとくに読者の注意を喚起しておきたいと考える。一は室町時代の和与の制度は鎌倉時代のそれをほとんどそのまま踏襲したものであること、これである。このことは本款の記述と第一篇の和与に関する記述とを比較対照すれば自ずから明瞭となろう。二は室町時代和与に関する史料の存するのはだいたい応永頃以前に限られていること、これである。このことはすなわち和与の制度は応永後間もなく、おそらく嘉吉以前において廃絶したことを物語るものである。

(211)『香取文書纂』巻十三分飯司家蔵、暦応五年二月十六日沙弥性胤外八名連署状に「若背彼約束〔和与の約束〕致未進、対氏女致煩者、不可依彼和与状、不謂年記遠近、以本訴之篇、可被経御沙汰也」、註(207)所掲『華頂要略』門主伝補遺所掲文書に「若背此状〔和与状〕、雖為少分、致未進者、如元改和与之儀、可被仰上裁」とあるがごとし。

(212) 註(198)所引『三宝院文書』に「此上(＝和与之上)者、向後互及上訴、有違犯者、被処罪科、可被付知行於一方」、註(203)所引『円覚寺文書』に「若背此状(和与状)、向後致違乱者、以論所分限内、割分領内、可被知行者也、於罪科之段者宜被依傍例者也」とあるがごとし。

(213) 前註所引諸文書のほか、註(210)所引「又続宝簡集」に「以前条々雖為一事、令違変者可被行罪科也」とあるがごとし。ときには「御下知違背罪科」に行わるべき旨を特約したことがある。註(207)所引『華頂要略』門主伝補遺所掲文書に「門跡若有異変之儀者可被行御下知違背罪科之由出状上者、不能子細」とあるがごとし。

(214) そのほか和与違背の場合には神罰をこうむるべき旨の起請文をそえた例がある。『河上山古文書』二、建武元年八月九日藤原家直請文に「肥前国河上社々務並神領(巨細見和与状)等事、雖及相論、以和与之儀被止訴訟之間、家直当知行内半分者渡于座主方之由今月五日出状訖、所詮於国任和与状并孔子、来十月中仁可去渡被下地同今秋得分物者也、若偽申者日本六十余州大少神祇冥道殊河上大明神御罰可罷蒙之状如件」、『萩藩閥閲録』五八、内藤次郎左衛門、暦応二年六月晦日雑掌覚弁地頭教泰外請人二人連署和与状に「安芸国妻保垣高田原両別府事、右彼地者本家領家地頭等多年其沙汰畢、而以和与之儀申談候上者、向後雖為一事、不可自専者也、但、云社役、云領家年貢、於有限済物令違変者、不可依此契約、可及上訴者也、仍相互可取進此和与状者也、若此状偽申候者、日本国中仏神三宝御罰可蒙候、仍状如件」とあるがごときは、すなわちその例である。

(215) 以上の諸特約のほか、両当事者は相手方の取得せる所領につき相互に担保の責に任ずべき旨を特約したことがある。註(198)所引『三宝院文書』に「若就当保他人違乱出来者、令談合、相共可致沙汰者也」とあるがごとし。

第二款　訴の取り下げ

五四　室町時代の訴取り下げに関してはいまだ適当な史料がみあたらぬのであるが、おそらく鎌倉時代における と同様、訴人は任意のときにおいて訴を取り下げ得たのであり、しかして裁判所はこの場合、訴取り下げの判決を下したものであろうと想像される。

第六節　特別訴訟手続き

五五　ここに特別訴訟手続きとは、前節までに記述した訴訟手続きが原則として訴人の申状に対して、論人に弁明の機会を与え、すなわち書面および口頭の審理手続きを経て両方申し立ての理非を判断した上で、裁判所が判決を下す手続きであったのに対し、訴人の申し立てに対して一定の条件を具備せるものにつき、右の審理手続きを省略して、ひとまず訴人を論所に安堵せしむべき旨の命令を発し、彼をして簡易に論所の知行を全うせしめんとする手続きである。すなわち訴人の申し立てのみによって、論人に異議の申し立てを許した解除条件付論所還付状を訴人のために発する手続きであって、現行法にいわゆる督促手続きと趣意を等しうする簡易訴訟手続きである。

五六　上記の意味の特別訴訟手続き類似の手続きは鎌倉時代にも存在しないではなかった。その一は知行保持訴訟手続き(216)で、この場合には訴人が論所当知行の事実および論人のこれに対する押妨の事実を証明し得れば、裁判所は論人を尋問することなくして、ただちに訴人をして論所の知行を全うせしめたのであり、これに不服の論人は改めて押領の訴を提起すべきであったのである。これを当知行の効力にもとづく簡易訴訟手続きと称して差し支えないであろう。

その二はいわゆる「外題安堵法」の訴訟手続き(217)である。すなわち自己のために幕府安堵を受けた所領の不知行権利者が該所領知行回復の訴を提起するときは、裁判所は訴の理非をさしおいて、ひとまず彼をして知行を全うせしめるという手続きである。これを外題安堵の効力にもとづく簡易訴訟手続きと呼び得るであろう。

この両手続き存在の理由は室町時代特別訴訟手続きのそれと同様であったのであろうが、手続きとしての組織化が十分でなかったこと、およびあまり多く利用されなかった点において、特別訴訟手続きとして組織化され、かつ頻繁に利用された後者と同視すべからざるものがあるのである。

(216) 第一篇第三〇項参照。

(217) 第一篇註(161)参照。

五七　上記のごとく、室町幕府特別訴訟手続きは、鎌倉幕府知行保持、外題安堵両訴訟手続きの後身と認め得べきものであるが、その成立については、この二箇の手続きのほか、建武中興政府法制の影響が多分に認められる。されば以下にはこの点につき若干記述してみたいと思う。

さて、元弘三年に鎌倉幕府が滅亡し、公家中興の新政が施行されるにいたると、諸国の人民は遠近を論ぜず、上洛して自己の所領の安堵を求めた。しかるにその数があまりに多いので、同年七月二十三日に政府では「諸国之輩不論遠近、悉以京上、徒妨農業之条還背撫民之義、自今以後所被閣此法也、然而高時法師党類以下朝敵与同輩之外当時知行之地不可有依違之由、宜仰五畿七道諸国、聊勿違失、但於臨時勅断者非此限者、国宜承知」という官宣旨を諸国に下した(218)。

文にいわゆる「此法」とは、箇別的安堵法をいう。この官宣旨によってその中に列記された北条高時以下の者を除き天下庶民の所領は朝廷より一般的に安堵されたのである。この一般的安堵法を箇別的安堵法に対して「一同之法」と称した。この一同之法における安堵の効力にいたっては、よくわからないが、おそらくこれらの者の所領が故なくして朝廷に没収されることなきを保証する意味だけしか有しなかったのであろう。

ところが、同年十月五日に陸奥国衙は結城宗広に対して「陸奥国郡々已下検断可存知条々御事書二通」を交付したが、そのなかに「一　所々濫妨事、閣是非、先可沙汰居本知行之仁、有違犯輩者、永可断訴訟事」という箇条がある。(219)違犯の制裁を別とすれば、この規定は鎌倉幕府の知行保持訴訟に関する法制と全然同一事を定めたものである。けだし当時は兵革の直後であり、世上、なお騒然としていたのでこの機に乗じて所領を押領せんとする者輩出し、したがってまた所領相論もきわめて多く、ために政府においてもかかる規定を設けて簡易にこれを処理するのほかはなかったのであろう。(220)

されば右の事書は、陸奥国衙より出されたものではあるが、実際においては中央政府の方針にもとづいて下されたものであると解し得るのである。現にこの規定の趣旨は建武二年の雑訴決断所条規の一条におさめられている。すなわち、「一　当知行地安堵事、以一同之法、被下宣旨之上者、重不及其沙汰、但依非分之妨不全管領之由愁申者、尋当知行之所見、被披覧文書正文、所申無相違者、載其所名字、可有裁許〔下略〕」、これである。「文書」(証拠書類)正文の提出をも命じている点において、元弘三年陸奥国衙事書の規定に比し手続きがやや複雑になっているが、しかし知行妨害者を尋問することなくして申状のみによって訴人の知行を全うせしめんとする手続きであるから、なお本令の定める手続きを簡易訴訟手続きと称して差し支えないであろう。(221)

私は室町幕府特別訴訟手続きの成立について、じつに右建武二年の法令に負うところが少なくないと考える。

けだし、幕府草創の間、いまだ法制の整備せざる間に、社会変乱時の常として相継いで提起されたであろう所領訴訟を処理するにあたって、その規準をとりあえず、あたかも同様の位地において朝廷の制定せられた右の法令に求めたであろうことは容易に推定し得るからである。この推測は本令が応安頃に多少字句を改訂して幕府法令として採用されたことによってますます強化されるのである。(222)

(218) 史料六之一、一四四頁以下。ただし寺院だけについては「諸国平均之法」として各別に安堵綸旨が下されたらしい。『大友文書』三、建武二年三月日三聖寺嘉祥院庵主処英紛失状に「右處英相伝帝釈寺、蓮城寺、同所領免田畠以下公験之綸旨、関東鎮西御下知等去二月廿二日五条西洞院炎上之時、多以雖令紛失、猶正文少々所相残也、仍云紛失之段、云証状案文、注進言上目録大略如此、彼文書等者為諸国平均之法、為洞院左衛門督家御奉行、被下安堵綸旨於諸国寺院之間、属正親町新判官章英之手、為下賜安堵之綸旨間、處英進上件公験文書等之処、達天聴、去々年(元弘三年)既被降綸旨畢」と見ゆ。なお史料六之一、五五四頁所引「記録所壁書」も参照。

(219)『結城文書』(史料六之一、二三三頁)に

陸奥国郡々已下検断可存知条々御事書二通被遣候、得此意、可被致沙汰之由国宣候也、仍執達如件、

元弘三年十月五日　前河内守朝重

白河上野《(宗慶)》前司入道殿

一　所々濫妨事、閣是非、先可沙汰居本知行之仁、有違犯者、永可断訴訟事、

一　不帯綸旨、致自由妨輩事、

去六月十六日被下宣旨了、近日或帯宮之令旨、或称国司守護被官、或又地下沙汰人以下任雅意有濫妨事、如此

輩任（〇下文闕）

とある。最後の「六月十六日云々」の文章によって、元弘三年六月十六日に所々濫妨のことにつき諸国に宣旨が下されたことがわかるが、あるいは右の二ヶ条の規定はこの宣旨の趣旨を要約したものではあるまいか。

(220) この点については室町時代中期以後、応仁乱の頃のことではあるが、『東寺百合文書』レ一之十二、文亀三年十月日東寺雑掌重陳状〔レ二四五号〕に「一　文明元年　慈照院殿様〔足利義政〕厳重御成敗之砌被成　御判云々、世上一乱之間猥一方向被成者歟〔一方向成敗の意味については註(246)参照〕、天下属無為、御政道復本規時節、同十年被成下御判於当寺之由先度申上訖」とあるを参照。

特別訴訟手続きは元来、南北朝の頃、世上変乱時代の産物であるが、訴訟経済の見地より見れば、平時においてこの手続きを存することもまた便宜なので、ついに変時平時の区別なく幕府の制度として一般化されたものであろう。

(221) 雑訴決断所の訴訟法としてはもとよりかかる簡易訴訟手続きのほかに、論人に弁明の機会を与えて後、判決を下す通常訴訟手続きも存在したのである。『建武年間記』所載、建武元年正月および同五月十八日雑訴決断所条規を参照。

(222) 本令は『建武以来追加』第九五条〔室追三四六条〕に「一　当知行地安堵事（応安）……」と題してこれを載せ、『花営三代記』にも康暦三年条の最後に「当知行地安堵事（応安）」としてこれを収めている。応安の二字は本令が応安年代において幕府法令として採用されたことを意味するものと解して差し支えないのではあるまいか。

『武家名目抄』職名部十二上、安堵奉行の項に本令を『花営三代記』より引用してその按文に「按この制は建武の一統に公家より出たる法度を遵用せしものなり。其事建武記に見えて文章の旨趣大概相類せり。但彼記には茲にいはゆる一同の法を此前に載たり。其趣は「本領安堵事、開発余流并累代相伝之仁無故被収公者、被尋究文書道理可有勅裁、雖帯根本券契、相承不明不可及沙汰、文治建久以来恩給之地知行令中絶者、同非沙汰之限、但其人為須要者宜在聖断」とあり。応安にも必この法を遵用せしと見えたりと思ふに等持院殿〔足利尊氏〕武権を掌握せられし後、諸国全く静謐に属せざる間、公家武家何れも本領安堵を歎訴するもの多く、真偽紛冗にして有司の事務繁雑に堪えざりければ、建武の制に准じ朝廷に申して一同の法を施行し安堵の訴訟を絶せしなるべし。」と記してある。

「一同之法」の意義および「建武の制に准じ朝廷に申して一同の法を施行し」の箇所には疑問の余地が存するが、本令が武家に採用されし所以を説明している箇所は当たれりというべきである。

参考のため、『建武年間記』所収の公家法と『建武以来追加』所収の武家法とを次に載せておく。

条々建武二

〔中略〕

一　当知行安堵事

以一同之法、被下宣旨之上者、重不及其沙汰、但依非分之妨、不全管領之由愁申者、尋究当知行之所見、被披覧文書正文、所申無相違者、載其所名字、可有裁許、若雖段歩、以不知行之地、寄事於安堵、令掠領者、随支証出来、可被召放本領、無所帯者、可被断罪其身、

〔下略〕

〔『建武年間記』〕

一　当知行地安堵事(応安……)

以一同之法被下　宣旨之上者、重不及沙汰、但依諸人之妨有愁申之輩者、尋究当知行之所見、披見文書正文、所申無相違者、載于名字、可給安堵、此上若雖段歩、以不知行之地、寄事於安堵、令掠領者、随支証出来、可被没収本領、無所帯者、可断罪其身、

〔『建武以来追加』第九五条〔室追参三四六条〕〕

五八 (一) 要　件

前記のごとく訴の提起があり、訴状具書が一方引付に賦られると、次の式日内談において該訴の披露があり、評議の結果にもとづいて、あるいは守護人に対し問状奉書を発し、もしくは遣使節奉書を出し、あるいは論人(またはその進止者)に対し問状もしくは召文が発せられるのであるが、右数種の文書のうち、いずれを出すべきかは、引付内談における諸員の意見にもとづき、かつ「事体」にしたがって決定されるのである。[223] 御前沙汰の場合においてもおそらく同様で、担当右筆方の評議にもとづき、「事体」にしたがって決定されたのであろう。

しからば問状奉書あるいは遣使節奉書を発する「事体」とは、いかなるものであるか、換言すればいかなる場合に問状奉書あるいは遣使節奉書が発せられたのであるか。以下にはこの問題を研究してみよう。

前記のごとく、公家法の規定を移入したものと認められる『建武以来追加』第九五条〔室追参三四六条〕には「依諸人之妨、有愁申之輩者、尋究当知行之所見、披見文書正文、所申無相違者、載于名字、可給安堵」とある。これによると、特別訴訟手続きによって訴人を論所に安堵するがためには、訴人に論所当知行の事実があること、およびその権原を示す文書の正文を提出すること、この二箇の要件を必要としたように見えるが、実際においてはそのいずれか一の要件が具備するをもって足りた。あるいは右の法令も「尋究当知行之所見」と「披見文書正文」の間に、「又は」の語を入れて解釈すべきものかもしれない。

(1)　論所が訴人の当知行に属すること、[224] これはすなわち訴人の知行が妨害されてはいるが、しかもなお全然奪取されていない場合である。この場合に訴人が占有保持の訴を提起し、知行を完全ならしめ得ることは鎌倉時代以来の法制であって、ただ室町時代になってこの制度が広く利用されるにいたり、したがって組織化されただけの相違があるのみである。

この当知行の事実にもとづき問状奉書を発する制度は応永二十九年七月二十六日以後は廃止されたが(225)、文明八年八月二十四日に厳重な条件を付して復活された(226)。

(223) 『武政軌範』引付内談篇式日内談事の条にまず内談の手続きを記し、次に「式〔或の誤〕対守護人、成問状、或仰使節施行之、或遣古〔召〕文、糺明之、且就于意見之趣、且随于事体有其沙汰」と見ゆ。

(224) 註(34)所引「広布録」所収文書参照。なお『上杉文書之一』一四三号、山内家御教書以下引付、宝徳三年五月二十五日幕府御教書案に「野田弥三郎持保当知行之地事、同名右馬助持忠強入部云々、罪科太重、所詮、不日退持忠、如元可沙汰付持保之由所被仰出也、仍執達如件」、『理性院文書』坤、文明十八年四月二十三日幕府奉書に「伊勢国知積御厨事、就峯弾正忠押領、先年被□奉書之処、于今不渡付云々、違背御下知之条言語道断次第也、所詮、一段御成敗之上者、速退彼等妨、任当知行之旨、向後弥可令全領知之由所被仰下也」〔論所を「押領」し「于今不渡付」とあるより見れば、論人は論所の知行を全然奪取したごとく見えるが、「退彼等妨、任当知行之旨」とあるによれば、じつは論所に妨害を加えたにすぎないことがわかる。なお、この奉書とは別に守護人宛ての問状奉書が下されたのであろう〕、『勧修寺文書』三、延徳元年十二月十四日幕府奉書に「近江国犬上郡清水本庄内所務分事、当知行之処、有押妨族云々、不日可令停止其妨之旨被成奉書〔問状奉書〕訖、然早任先例可被全所務之由所被仰下也」、『小早川家文書之二』五八四号、延徳三年十二月二十三日幕府奉書に「彦部松寿丸申、近江国浅井郡内大井郷南方地頭職事、任当知行之旨、被成奉書〔問状奉書〕了、早退違乱之族、可被全彼代所務之由被仰出候也」などとあるがごとき、いずれも当知行の事実にもとづき問状奉書が発せられたことを示す史料である。

(225) 応永二十九年七月二十六日幕府御成敗条々のなかに「一　諸人安堵事、就当知行被下安堵御判者普通之儀也、望申

御施行之条、以次構私曲歟、慥可被停止也」という規定がある（『建武以来追加』第一一四条）［室追一七七条］。その意味は従来は訴人主張の論所当知行の事実にもとづいて、安堵御判を下され、かつまた該所領の沙汰付（訴人への）を命ずる施行状をも賜っていた。しかしたんに当知行の事実があるとの訴人の主張のみによって、施行状までも賜ることはあまりに保護が厚すぎ、訴人の奸曲に乗ぜられるおそれがあるから、自今以後は、安堵御判を下すにとどめ、施行状を賜ることはいっさい停止するということである。

もちろん、右の規定にいわゆる安堵はいわゆる「大間安堵」であって、当該所領所在地の守護人に訴人当知行の事実ありや否や「支申之仁」（反対人）ありや否やを尋問のうえ、下される安堵とは異なるのである。なお、次註参照。

(226)　文明八年八月二十四日被仰出条々のなかに「一　就当知行、申給安堵御判并奉書等事、堅致糺明之、領知無相違之旨、召置訴人請文、可伺申、若構謀略者、任先例、可被没収所領、無所帯者、可被処其身於罪科矣」という規定がある（『建武以来追加』第一三一条）［室追二七〇条］。

その意味は、当知行なりと主張して、ある所領につき安堵御判ならびに施行状（奉書）を望む者があるならば、かたく糺明をいたし、該所領は訴人の当知行に相違なき旨の請文を取り置き、そのうえで伺事をなすべきである。もし当知行の事実につき訴人が謀略をかまえたならば、先例にまかせて、所領を没収し、所帯（所領）がなくんばその身を罪科に処す、ということである。

すなわち、爾後「訴人請文」を召し置くことを要件として当知行の事実にもとづき安堵御判ならびに施行状が下されることになったのである。この種の施行状は安堵状施行のために下されるから、施行状とは称するものの、実効においては問状奉書とほとんど異なるところなきものである。註(236)参照。

さて、上記のごとく問状奉書あるいは遣使節奉書は、占有保持の訴に対しても下されたのであるが、この種のものに関する史料は比較的少数であり、したがってその手続きないし効力についても、いまだ判明しないところも少なくない。したがって、第六一項以下に特別訴訟の手続き、問状奉書あるいは遣使節奉書の効力として記述するところは主として占有回収の訴に関するものであることを一言しておく。

五九　(2)　訴人が論所の知行権者たることにつき相当有力な証文(ただし、正文たることを要する)を提出したこと。

これはすなわち、訴人の知行が全然奪取された場合である。この場合、彼は通常訴訟手続きにおいて占有回収の訴を提起すべきであるが、論所の知行権者たることにつき相当有力な証文を提出すれば、簡易に論所の知行を一応回収することができたのである。

この制度は既述のごとく鎌倉時代外題安堵法の後身と見得べきものであるが、外題安堵法においては証文の種類が外題安堵に限定されていたのに反し、室町時代においては証文の種類を限定することなく[227]、いかなる証文でも訴人が論所の知行権者たることを相当有力に立証し得るものであれば足りたのである。[228][229]

(227)　訴人方に論所の知行権を証明する安堵外題や下知状のごとき、いわゆる「公験」が存すれば、それは最も有力な証拠方法であるから、幕府はもとよりこれらの公験にもとづいて論所を訴人に沙汰付くべきであった。

『宗像神社文書』三、永和二年五月八日奉書に「宗像大宮司氏俊申、肥前国晴気郷同国神崎庄内尾崎村等地頭職事、任公験可被打渡氏俊、且可執進請取之状如件」、『古証文』四、永和三年十一月十四日幕府奉書に「摂津掃部頭能直、左衛門入道々存代行憲申、近江国柏木御厨内犬並山村参ヶ郷等地頭職事、訴状(副具書)如此、子細見状、所詮御下文御下知等公験分明之上者、難被混領惣郡之闕所歟、不日打渡能直、道存代、可被執進請取之状、依仰執達如件」、『広隆寺文書』永徳元年十月二十六日幕府御教書に「桂院宮雑掌申、近江国犬上郡安養寺庄内藤内開発田事、申状具書如此、高宮中務入道押妨云々、早止彼妨、任安堵綸旨、可被沙汰付雑掌之状如件」、『長福寺文書』三、至徳二年七月七日幕府御教書に「長福寺雑掌申、丹後国河上本庄事、解状如此、所詮地頭領家中分之段度々公験等分明也、然地頭方致違乱云々、甚無謂、早止彼妨、可沙汰付寺家雑掌於下地、且可被執進請取状」とあるがごとし。なお、註(249)および『東寺百合文書』と一三八号、応安四年七月日東寺雑掌頼憲申状案〔と八八号〕を参照。

かくのごとく公験を帯びているときは、論所に対する権利存在の推定が最も強いから、遵行の手続きを受けることは容易であったが、たとえこれを帯びていても、遵行の手続きによらずして論所に侵入することは厳に禁止されていた。

貞和二年十二月二十三日諸国狼藉条々中の一条に「一　乱入他人所領、致非分押領輩事、不帯補任裁判公験、不待使節之遵行、無左右致乱入狼藉之条造意之企太以無道也、不可不誡、向後堅可停止此儀、若有違犯之族者、云本人、云与力人、可収公所領三分一、無所帯者、可処流刑也」(『建武以来追加』第二一条〔室追二七条〕)、『飯野八幡宮古文書』乾、貞治三年十二月二十六日幕府奉書に「陸奥国岩城郡飯野八幡宮領同郡好島田打引事、好島新兵衛尉聊依有申之子細、一旦雖被与御教書、不経次第之遵行、恣就致乱入狼藉、仰岩城周防前司隆教、尋問真偽之処、如請文(載誓文)者、狼藉之篇畢〔ママ〕議云々、爰雖帯御下文御教書、不稟遵行、隈〔猥か〕令入部者、召置其地、注申京都、可奇〔棄〕捐後訴之旨被定法訖」とあるがごとし。

なお、右貞治三年の文書に見える法令の内容は『建武以来追加』第二一条〔室追二七条〕のそれと規定違反の場合の刑罰その他において異なるところがあるが、おそらく前者の発布によって、後者はその効力を喪失したのであろう。なお序言註(3)参照。

(228)『大通寺文書』一、康暦元年十一月十八日幕府御教書に「遍照心院雑掌申、当寺領内塩小路朱雀田地壱町并款冬田等事、解状(副具書)如此、子細見状、為当寺領条証拠分明之上者、退理性院雑掌妨、沙汰付下地於雑掌、可被注申之状、依仰執達如件」とあるがごとし。

あるいはこの訴訟において訴人は、いわゆる公験を具書として提出しているのかもしれないが、しかし文面に明瞭であるごとく、この御教書が下されたのは、たんに「為当寺領条証拠分明」たりとの理由にのみもとづくものであって、はたしてその証拠が公験であるか否かということは全然問題にされていないのである。

(229)　上来、私は特別訴訟手続きの要件として⑴と⑵とに分けて記述してきたが、実際においては⑴と⑵との両要件を具備せるがゆえに、論所沙汰付の手続きにおよぶ旨を記した奉書もきわめて多い。

たとえば、『古文書(内閣文庫所蔵)』四ノ下、至徳元年十月二十九日幕府奉書に「高野山安養院雑掌申、摂津国混陽寺庄西方内笠池平次郎名事、解状(副具書)如此、子細見状、為寺領之条延文三年八月御教書并応安以来施行等分明也、而寺家当知行之処、号伊予阿闍梨跡、田能村大和入道蔵周掠給施行、致違乱云々、太濫吹也、早如元沙汰付下地於雑掌、可被全所務之状、依仰執達如件」、『東寺百合文書』ユ一之十九、文正元年十月二日幕府奉書〔ユ一〇五ノ一号〕に「東寺領山城国東西九条并拝師庄以下散在名田畠等事、混日吉田、違乱云々、云証文、云当知行、可被止其綺〔綺を止める方法として沙汰付を行うのである〕之由候也」とあるがごとし。

反対にときには訴人当知行の事実も明瞭ならず、また訴人知行権の有無も明確でないにかかわらず、裁判所は問状奉書を発することがあった。しかしこの場合には元来、問状奉書を出す理由はないのであるから、裁判所は沙汰付命令文書に解除条件を特記し、「所申無相違者、沙汰付雑掌、若有子細者、〔沙汰付を中止して〕可被注申」というような文言とする例であった。

たとえば、『三島神社文書』二、永徳二年九月九日奉書に「三島宮神主長門前司盛直申、武蔵国小栗村大道訴状如此、信濃石弥藤次入道背沽券之旨、年記之外押領云々、甚無謂、所詮糺明実否、所申無相違者、可被沙汰付下地於社家代官、若又有子細者、可被注申之由候也」、『建内文書』三一、明徳四年九月六日幕府御教書に「祇園社雑掌実晴申、

讃岐国西大野郷并菅原神田事、申状如此、或善通寺誕生院押領、或麻近藤入道押妨云々、所申無相違者、沙汰付雑掌、若又有子細者、可被注申之状、依仰執達如件」などとあるがごとし。

六〇　問題は上記(1)あるいは(2)の要件を具備した訴が提起されたときに、裁判所はつねに特別訴訟手続きによって事件を処理しなければならなかったかということである。いまだこの問題を解決するに足る史料に逢着しないが、第五七項において記した応安法の規定より推察すると、裁判所は特別の事情の存する場合(230)を除き、この手続きによることを要したのではなかろうかと思われる。(231)少なくとも公験を証拠として提出した訴についてはこの手続きによる法であったのである。(232)

(230)　たとえば将軍より当該訴訟はとくに通常訴訟手続きにて裁判すべき旨の特別の沙汰があるときとか、訴人においてこの手続きによることを欲しない場合のごとき、これである。

(231)　なお、特別訴訟手続きが元来簡易迅速に訴訟を処理せんがために設けられたものであることをもあわせ考えるべきである。

(232)　『宗像神社文書』三、至徳三年八月二十三日奉書に「宗像大宮司氏頼申、肥前国晴気庄事、為本領相伝公験証文等無子細、云々、此上者不可有相違、号預所其妨歟、所詮任本領返法、可被停止違乱之状如件」と見ゆ。

六一　(二)　手続き　引付沙汰においては、訴が提起されて、訴状具書が一方引付に賦られ、次の式日内談において、評議があり、特別訴訟手続きによらしむべきものと決定されると、守護人に対して「問状奉書」あるいは使節に対して「遣使節奉書」が発せられる。(233)評議の方法は第二六項において記述したところと同様である。御前沙汰の手続きについてはよくはわからないが、担当右筆方に訴状具書が与奪されると、審議のうえ問状奉書ないし遣使節奉書が発せられたのであろう。この両種文書の様式を『武政軌範』[234]によって示すと次のごとくである。[235][236]

問状奉書

花山院家雑掌元継申、美作国某庄領家職事、解状如斯、近年混于地頭職、濫妨云々、不可然、早退彼妨、沙汰付下地於雑掌、可被執進請取状、若又有子細者、無偏頗可被注申之状或載起請詞依仰執達如件、

明徳二年某月某日　　左兵衛佐

守護

遣使節奉書

青蓮院門跡雑掌良縁申、越前国某郷領〔ママ〕職事、雑掌解具書副如此、守護被官輩押妨云々、事実者甚不可然、早和泉左衛門尉相共、莅彼所、沙汰付雑掌、可被申左右、使節令緩怠者、可有其咎之状、依仰執達如件、

明徳二年月日　　左近将監

出羽新蔵人殿

守護は通例問状奉書にもとづいて、守護代宛ての書下（「遵行状」）をなし下し、論所の「沙汰付」すなわち「打渡」（訴人への）を命ずる。[237]守護代は論所に赴いて奉書および遵行状の旨に任せて押領（妨）人を退け、該所領を訴人に引き渡すのである。引き渡しの際には、守護代より訴人に論所「渡状」（また「打渡状」ともいう）を交付し、[238]訴人より守護代へ「請取」を渡す例である。[239]沙汰付の手続きが滞りなく終了すれば、守護よりその旨を裁判所に報告する。[240]何らかの事由によって論所を訴人に打渡し得ざる場合[241]には、守護代よりその旨を守護に注進し、守護は守

護代の注進状をそえて、善後処置方の指令を請う請文を裁判所に提出するのである。[242]

使節宛て奉書の場合には、使節は自身論所に赴いて当該所領を訴人に沙汰付けるのである。[243] 沙汰付の実際手続きは前記せるところと同様である。何らかの事由によって論所を打渡し得ざる場合には、やはり、その旨の請文を裁判所に提出すべきであった。[244]

守護あるいは使節が奉書の旨に背いて、論所打渡の手続きにおよばないときには、これを「遵行難渋」と称し、厳科に処する法であった。[245]

(233) 第二六項参照。

(234) 同書引付内談篇式日内談事の条。

(235) 論所打渡を意味する言葉としては通例「沙汰付」の語が用いられたが、ときには「沙汰居」の語を使用することもあった。『東寺百合文書』ヤ一之三十五、至徳二年七月七日幕府御教書〔ヤ三九号〕に「東寺雑掌申、安芸国衙職事、重申状具書如此、宮下野守相共、不日止諸郷沙汰人等押領、任先例沙汰居国務於雑掌、可執進請取之状、依仰執達如件」とあるがごとし。『同文書』同年十月十四日御教書〔ヤ四〇号〕には「不日宮下野守相共可沙汰居雑掌於下地、若不承引者、為有殊沙汰、可注申子細」と見ゆ。

(236) 問状奉書とほぼ内容を同じくするもの、すなわち守護に論所の沙汰付を命ずるものにいわゆる「施行状」がある。その様式は『評定始条目』に

一　施行事

—国—事、任去—月—日御判之旨、可被沙汰付—代之由所被仰下也、仍執達如件、

年号月日　（管領名）

（充所）

守護名字　　——判

と見えている。将軍家「御判」（御判下知状、御判御教書等）を施行する意味のものであるから、これを施行状というのである。問状奉書は訴にもとづいて下されるものであるから、施行状ではないが、奉書形式の施行状は問状奉書ときわめて類似した様式のものである。ことに論所当知行の事実のみにもとづいて下される安堵御判（いわゆる「大間安堵」）の施行状のごときは、その効果においてほとんど問状奉書と同視して差し支えないものであると考える。註(225)および註(226)参照。

(237)　遵行および打渡については、『評定始条目』に「一　遵行事、為其国守護調之、依其状テ打渡在之、打渡守護代書之、其方家う〔之か〕故実在之歟」とあるを参照。次に一の事件につき順次に下された問状奉書、遵行状および打渡状の実例をあげておこう。すなわち『今西文書』乾に見える

春日社領摂津国榎坂郷雑掌申、当郷内田畠参町余事、訴状（副具書）如此、吹田河内守家人小蔵法師濫妨云々、不日追放其身、沙汰付于雑掌、可被執進請取状、更不可有緩怠之状依仰執達如件、

延文元年八月四日　　沙弥

赤松信濃判官殿

折紙

春日社領摂津国榎坂郷雑掌申、当郷内田畠参町余事、今年八月四日御奉書如此、案文遣之、早任被仰下之旨、莅彼所、退濫妨人、打渡下地於雑掌、可執進請取之状如件、

（延文元）九月十二日　　在判

　　　生嶋上野房　　　　　　　　　　　　　（真嶋安芸守）

春日社領摂津国榎坂郷雑掌申、当郷内田畠参町余事、任書下之旨、打渡下地於雑掌方畢、仍〔打渡脱か〕之状如件、

　延文元年九月十四日　　　　　茂　円在判

これである。赤松信濃判官は赤松光範（摂津守護）である。生嶋上野房と茂円とは同人で守護代であったろう。なお遵行状の在判の文字の左側に真嶋安芸守と注してあるがこれは誤りで、赤松光範の花押であったろうと思う。ときとしては守護代がさらにその代官（「又代官」）をして打渡しめたことがある。たとえば『東寺百合文書』ネ「学衆方評定引付」（史料七之四、六六八頁以下）に

（御教書案）

東寺雑掌申、山城国拝師庄内恵田菟田里壱町事、退地下人等違乱、沙汰付雑掌、可被全寺家所務之由所仰下也、仍執達如件、

　応永七年九月廿一日　　　　　沙弥〔畠山基国〕在判

　　結城越後入道殿

東寺雑掌申、山城国拝師庄内恵田菟田里壱町事、任去月廿一日御教書之旨、止地下人等違乱、可全寺家所務之状如件、

　応永七年十月三日

〔結城満藤〕
判

〔浄喜〕
小泉越前入道殿

東寺領山城国紀伊郡内拝師庄恵田菟田里壱町事、任御遵行旨、可被打渡寺家代之状如件、

応永七年十月三日　　浄喜在判

〔長吉〕
長谷河四郎左衛門尉殿

東寺領山城国紀伊郡内拝師庄恵田菟田里壱町事、今月三日任御遵行旨、所申打渡寺家代之状如件、

（応永七）
十月四日　　長吉在判

寺家御代官

とあるがごとき、すなわちその例である。結城満藤は山城守護である。小泉浄喜は史料編者の言によれば「紀伊郡奉行」であるが、彼はまた、守護代でもあったのである。長吉は浄喜の代官であろうから、守護に対しては又代官にあたるわけである。

なお問状奉書は訴人がこれを奉行所より受け取り、自身でその宛所たる守護のもとに持参したのである。このことは問状奉書についてはは史料がいまだみあたらないが、『建内文書』三二に（御判御教書案文）

（奉行斎藤五郎兵衛基久　執筆同人）

祇園社領丹波国波々伯部保并金丸名半分事、所付社家也、早可沙汰之、於相残金丸半分者、追可有其沙汰之状如件、

〔足利義満〕御所　御判

応永五年五月六日

細川右京大夫殿

応永五年五月九日顕深房参西御所、直下給御判畢、則此御教書持向守護右京大夫殿〔丹波守護細川満元〕、案文并預状直付渡畢、明日可遣守護代云々、

とある御判御教書の例より推して、かく考えるのである。なお『細々要記』貞和元年十一月六日の条に「柞原野庄春日部入道（義淵）乱妨間事也、細川奥陸〔ママ〕守殿施行十日被出之、即付守護代月成太郎兵衛尉了」とあるをも参照。

(238) 前註所引『東寺百合文書』応永七年十月四日打渡状〔ウ六九ノ二号〕を参照。「寺家御代官」宛てとなっていることによってそれが訴人に交付されたものであることがわかる。ただし打渡状には宛所が記載されてない方がむしろふつうである。

(239) 問状奉書にはたいてい論所を訴人に沙汰付け、請取状を裁判所に執進むべき旨の記載がある。いま打渡所領請取状の一例（所領を幕府料所としてあずかったについての請取状であるが、問状奉書にもとづく打渡の請取状も同形式であると考えて差し支えあるまい）として『古今消息集』七に見える

周防国与田保（武者六郎入道跡）地頭職事、任去貞和三年十二月二日御教書之旨、使節（守護方）莅彼所、被打渡下地訖、仍所請取之状如件、

貞和四年三月晦日　　尊氏治世

曽我左衛門尉代

興津宮内左衛門

という請取状をあげておこう。この請取状が裁判所に提出されたことについては註(227)所掲諸文書を参照。

(240)『東寺文書』射之部十三之十八に見える

播磨国矢野庄例名公文職事、任今月八日御書下之旨、莅彼所、沙汰付下地於寺家雑掌候畢、以此旨可有御披露候、恐惶謹言、

至徳四年五月十八日　　　請文

兵庫助〔花押〕

進上　御奉行所

〔ゑ五一ノ四号〕

という請文はすなわち沙汰付終了後、遵行人より裁判所へ提出された請文である。

(241)論所沙汰付の命を受けた守護代(使節の場合も同じ)が、これを訴人に打渡し得ぬ場合を大別して二となすことができる。その一は法律的に沙汰付の手続きにおよぶべからざる場合で、すなわち論所の押領当知行人が有力な証拠を提出して、論所が自己の所領たる旨を守護代に証明し、沙汰付に異議を申し立てた場合である。このことの詳細については後述参照。

その二は論所の当知行人がゆえなく守護代に反抗して論所を避り渡さぬ場合である。室町時代においては一般に幕府使者に反抗することを「使者対捍」と称して(『武政軌範』引付内談篇御沙汰条目事の条)、対捍者に対しては「厳密之沙汰」があり(重科にでも処するのであろうか)、また城郭を構えて使節に対して合戦におよぶ者は故戦の罪科に処せられ、またいかにしても使節を叙用せぬときは、軍勢を発向せしめてこれを退治することがあった。

これらのことについては、『一乗院文書』一三、応永元年十月二十八日万里小路嗣房書状に「修南院領大和国勢野

郷金力名播磨房懐秀押妨云々、事実者、不可然、早可止其妨、若無故申子細者、可有厳密之沙汰、且庄内構城郭歟、不日可破却之由可有御下知之由被仰下候也」、『建武以来追加』第四八条〔室追六一条〕後段に「次対使節致合戦輩事可准故戦矣」、『小早川家文書之二』四九六号、応安三年十一月十四日幕府奉書写に「小早川駿河五郎宗平申、安芸国造杲保事、重申状如此、厳嶋下野入道了親雖支申、如建武三年御寄付状案文者、造営料所也、争社家可永領哉、且宗平父駿河入道普浩就訴申、度々被成御教書并奉書之処、更不承引之、剰立還遵行之地、搆城郭、及合戦之由、使節注進之間、於了親者可被処故戦罪科之旨先了、早小早川左近入道相共莅彼所、任御下文等之旨、破却城郭、沙汰付下地於宗平、以起請詞可被注申状、依仰執達如件」、『満済准后日記』永享三年八月四日の条に「大和国平田庄(一乗院領)去年反銭事、為惣寺申処、万歳高田以下四庄官及異儀、于今不致其沙汰也、仍任寺家申請旨、両度厳密御教書於被成遣了、雖然彼等曾以不応御教書間、寺官令参洛、申請様、所詮如今者御教書計ニテハ不可致沙汰条勿論也、速任先例被召下奉行人、相催国中軍勢、可令発向彼在所、若以国中勢計、退治不事行者、自京都速可被下御勢由可被仰付云々」とあるを参照。

最後の例は、一乗院領平田庄庄官らが反銭(興福寺の)を弁済せぬので両度も幕府より御教書を発して催促し、しかもなおこれに応ぜざる場合に関するが、問状奉書に違背して論所を明け渡さざる場合にも、もとより同様な手続きのとられることがあったにちがいないと考えるのである。

なお、『建武以来追加』第四条〔室追六条〕には武家被官人平民らが幕府下知御教書に違背し、あまつさえ守護使ならびに幕府使節らに対して合戦狼藉におよぶ者があるが、これらの者は厳科に処すべきである旨を定めた暦応三年四月十五日付の法令が載せてあり、また同第六条〔室追九条〕には御下知御教書ならびに奉書などに違背して下地を去り渡さざる者は、「違背咎」に処し、そのうえ爾後一般にその者の訴訟を「聞食」さぬ(受理せぬ意)意味の康永二年四月十一日付の法令が収めてある。そのほか同書第二三〔室追二九条〕、四三〔室追五五条〕、四四〔室追五六条〕および四五〔室追五七条」の諸条を参照。

なお守護代が押領人を退け、いったん論所を訴人に引き渡しても、その後、また前押領人が該所領に妨害を加えることがあった。このことを当時「遵行之地立還」と称した(上掲『小早川家文書』参照)が、この場合には相手方の申し立てにもとづき、幕府は守護に子細を尋問する傍例であった。

『東寺百合文書』ム「学衆評定引付」文和二年五月十九日の条(史料六之十八、三三五頁)に「自去月末頃武家沙汰始行之間、付置申状於本奉行安威入道許、連々令催促之処、如返答者、去十六日御沙汰之時、如此一類篇目披露之処、於守護遵行地立還而令乱妨之子細有之者、可被相尋子細於守護方之由治定、仍此事可為准拠歟之由申之」とあるがごとし。

これはおそらく『建武以来追加』第四五条[室追五七条]、観応三年八月二十一日御沙汰(「寺社本所領事」と題す)に「次重施行事、面々群訴不可有尽期、無殊子細者、毎度難成御教書、先召出守護専使等代并当参論人両奉行人(本奉行および合奉行)、加問答、尋究遵行難渋之旨趣之後尚可施行哉否、可有其沙汰」、同五〇条[室追六三条]、文和元年十一月十五日御沙汰(「寺社本所領事」と題す)に「厳密可遵行之子細、去七月以来載両度事書之上、就面々訴雖被成御教書、寄事於世上物忩、云守護、云使節、尚緩怠之間、多以不事行云々、難遁其咎、但無勘録者、定有未尽之後訴歟、所詮、且取調先日散状、召出守護代并論人等、尋究遵行難渋之旨趣、陳謝無謂者、随事体加糺決、宜経評議之由可仰五方之引付」とある規定に準拠したものであろう。前記『東寺百合文書』の場合では再び問状奉書を出すことに治定したとみえて、次のような奉書が出された(史料同頁)。

東寺雑掌光信申、播磨国矢野庄内重藤十六名并公文職事、解状具書如此、飽間九郎左衛門尉濫妨云々、早退彼輩、不日沙汰付雑掌、可被執進請取状、更不可有緩怠之状、依仰執達如件、

文和二年九月十四日　　　　散位判

赤松帥(則祐)律師御房

赤松則祐は播磨守護である。

(242) 守護代注進状および守護請文の一例をあげると、『八坂神社記録』下、一五〇頁に

(紙面陰面ニ云、政利注進状)

祇園社雑掌申、備後国小童保事、任去六月廿六日御施行之旨、重欲沙汰居雑掌候之処、広沢中務丞既帯弓箭、擬及合戦候、可為何様候哉、若此旨偽申候者、可罷蒙八幡大菩薩御罰候、以此旨可有御披露候、恐惶謹言、

応安二年七月廿九日　　左衛門少尉政利請文

(行快云、陰面名乗ノ真下政利之判在之)

祇園社雑掌申、備後国小童保事、代官政利注進状如此候、此条可為何様候哉、以此旨可有御披露候哉、恐惶謹言、

応安二年八月三日　　沙弥道裕判

進上　御奉行所

とある。沙弥道裕は播磨守護渋川義行で、政利はその代官である。

(243) 遣使節奉書(御教書)の実例としては、史料六之十七、三五頁以下に適例が載っているが、そのうち一例を使節請文とともにあげると、次のごとくである(いずれも『東寺百合文書』)。

東寺雑掌光信申、山城国拝師庄事、訴状遣之、船越参河房已下輩、寄事於日吉田、濫妨云々、小早河弾正左衛門尉相共莅彼所、今月中可打渡光信、若令違犯者、任事書之旨、可致沙汰之状如件、

観応元年九月十八日※　　(義詮)〔花押〕

相賀(惟氏)三郎次郎殿

〔せ足利将軍家下文一三ノ二号〕

東寺雑掌光信申、山城国拝師庄事、今月十八日御教書謹下賜候訖、任被仰下之旨、小早河弾正左衛門尉相共去廿三日莅彼所、退船越参河房以下輩濫妨、打渡下地於光信候畢、此条偽申候者、八幡大菩薩可罷蒙御罰候、以此旨可有御披露候、恐惶謹言、
観応三年九月廿七日　藤原惟氏（請文）〔裏花押〕　〔ウ三七号〕

（244）なお、『室町家御内書案』上に「一　為御使某遠国へ下向之時ハ事書相調之、其裏ニ加判形、下向人へ渡之、近年不及其沙汰」とあれば、室町中期以前においては、かかる慣例が行われたのであろう。

（245）使節打渡不能請文の実例は、『新編常陸国誌』下巻、一二六六頁以下に数通見えているが、そのうち一通を左に掲げる（「鹿島文書」）。

益戸下野守請文（文和三九三）

下河辺左衛門蔵人行景申、常陸行方郡倉河郷倉河三郎太郎跡、同郡小牧弥十郎等跡事、任去六月八日御教書之旨、宍戸安芸守相共莅彼所、欲沙汰付下地於行景候処、於倉河三郎太郎跡者、号手賀上用納礼丸、構城郭支申候、次小牧弥十郎同前間、不及打渡候、此条偽申候者、日本国中大小神祇殊八幡大菩薩御罰於可罷蒙候、以此旨可有御披露候、恐惶謹言、
文和三年七月十六日　下野守国行（請文）〔花押〕
進上　御奉行所

（245）使節あるいは守護の遵行難渋に関する規定としては、『建武以来追加』第一〔室追二条〕「引付奉書違背守護はその職を改定すべきを定む」、二一〔室追三条〕「遵行難渋者を所定の罪科に処すべき旨を定め、かつ遵行の日限を「近国十日以前、中国廿日以前、遠国来月中」と規定す」、一一〔室追一四条〕「諸国守護以下難渋使節の所帯を没収すべきを定む」、

二五〔室追三三条〕「論人の語を得て下地遵行難渋の守護は、その職を改易すべき旨を定め、かつその代官の咎につき規定す」、四三〔室追五五条〕「使節が御教書日限を過ぎて遅怠せしめば、守護人はその職を改易し、御家人にいたっては所領三分の一を没収すべきを定む」、四四〔室追五六条〕「守護人が遵行を緩怠せば、その職を改易すべきを定む」、五九〔室追八一条〕「施行不遵行の守護を厳科に処すべき由の前令を励行すべきを定む」などの諸条を参照。なお同第四五〔室追五七条〕、五〇〔室追六三条〕および七一条〔室追九六条〕をも参看。

六二　㈢　効　力　問状奉書あるいは遣使節奉書は論人を尋問することなく、訴人の申状のみによって下され[246]るのであるから、もとより訴の理非に関する裁判所の(終局的)判定を包含するものではない[247]。したがって、論人においてこれに対し異議を申し立て得たのである。詳説すると、次のごとくである。

(1)　沙汰付の命を受けた守護代あるいは使節は、論所におもむき、論人(論所押領人)を退去せしめて、論所を訴人に引き渡すべきである。論人はもとより、いたずらにこれに反抗することを得ない[248]。しかし彼は自己の論所知行証文を守護代あるいは使節に提示して、遵行異議を申し立てることができる[249]。

申し立ては、口頭または書面をもってこれをなす。しかるときは、守護は守護代の注進にもとづき、また使節はみずから、その旨を裁判所に注進し[250]、その指揮にしたがって、あるいは遵行を中止し[251]、あるいはこれを続行す[252]る。論人が書面をもって異議を申し立てる場合には通常、陳状の形式によったようであるが、この場合には爾後、訴論人間に通常訴訟手続きによる訴訟が繫属することとなる[253]。

(2)　興味ある問題は、第一に論人が遵行に対して異議を申し立てずして、論所を訴人に去り渡した場合、および第二に論人が異議は申し立てたが、適当な証文を提出しないために、論所を訴人に沙汰付けられた場合に、問状奉書あるいは遺使節奉書が裁許状と同様の効力を取得したか否かということである。

いまだこの問題を解決するに足る史料に逢着しないのであるが、かりに私の臆測を述べることが許されるならば、前の場合は積極（論人は異議申し立て権を放棄したものと考えられるから）、後の場合は消極に解するのが正しいのではあるまいか。

(246) 特別訴訟手続きによって問状奉書あるいは遺使節奉書を発することを室町時代中期以後「一方向」の沙汰などと称したのは、このゆえである。

たとえば『勧修寺文書』二三、明応九年十二月二十九日幕府奉書に「一　城州山科内安祥寺事、今度光意律師（隆快僧正弟子）一方向依申給奉書、及訴陳、被置所務於中、糺明」、『伺事記録』天文九年五月九日幕府奉行人意見状に「然何為弾正雖山（ママ）身一方問（問は向の誤か、それとも「一方問」という語が存したのでもあろうか）掠給奉書之段、理不尽之沙汰甚不可然」、『勧修寺文書』二一、天文六年八月日勧修寺宮門跡雑掌陳状に「一　於芥河城遂糺明之由候歟、（中略）享禄弐年以来度々公方御下知其外数通証文等入見参、秋岡違乱無謂之由及天文弐年月迫、致在城、雖申之、不及是非沙汰、被打置、剰秋岡江被成下知候、一方向之儀、言語道断働存候」、『曼殊院文書』年号不詳極月四日松田対馬守盛秀書状に「御状拝見候、仍竹田御門跡領加州富墓庄上分卅貫文事、（中略）然其以後禅興号本役落、申給御下知儀者一方向之条傍輩中不存知候」などとあるがごとし。

これらの例において一方向の奉書あるいは下知（室町時代中期以後においては幕府命令を一般に下知と称する例となった）を給うとあるのは、問状奉書あるいは遺使節奉書を給う意であると考える。

(247) その意味をとくに記載せる奉書（御教書）も少なくない。たとえば『神護寺文書』三、観応二年八月二十三日足利義詮御教書に「高雄神護寺領丹波国吉富本新両庄事、寺解具書遣之、子細見状、往代之寺領由緒異他、而内藤孫三郎定光号草野保公文職、致濫妨云々、甚無謂、於理非者追可糺決、至下地者如元沙汰付寺家、可被全本知行之状如件」、『建内文書』一、応永十二年十月三日幕府御教書に「祇園社所司等申、丹波国波々伯部保内極楽寺相論田畠等事、於理非者追而可有其沙汰者、可被沙汰付所司等之由所被仰出也」などとあるがごとし。しかし、かかる記載の有無にかかわらず、問状奉書あるいは遣使節奉書はすべて理非の判定を包含しているものではない。

(248)　何ら証拠を提出せずして遵行に異議をとなえても、もとより無効である。たとえば『東寺百合文書』ク一之二十五、嘉慶元年十月十一日幕府御教書〔オ七九号〕に「東寺雑掌申、安芸国衙職内杣村温科村等事、請文〔遵行使節の〕披見畢、〔中略〕次温科村者無国衙職之旨、地頭大蔵少輔、金子大炊助申立云々、国領分明之由、田所在俊捧分明証文〔起請之詞載之〕之上者、厳密可沙汰付雑掌」とあるがごとし。しかのみならず、いたずらに使節に反抗するときは「対捍使節」として、厳重の沙汰があるのである。註(241)参照。

(249)　『田代文書』三、建武四年八月二十四日幕府奉書に「和泉国大鳥庄上条地頭田代豊前又二郎入道了賢申、当庄住人入道丸並上村彦三郎入道已下輩致押妨狼藉云々、甚招罪科歟、所詮任代々相伝御下文御下知状等旨、停止濫妨、可被沙汰付了賢、縦雖有支申之輩、不帯御下文安堵外題状等者、不可有許容、若於帯如然証文者、可被執進校正案文」、『宗像文書』明徳四年四月二十日奉書〔史料七之一、一八〇頁〕に「博多妙楽寺当住静山和尚雑掌申、壱岐国薬師丸名事、依為宗像大宮司氏重本領、令寄進云々、氏重本領之段以前度々沙汰畢、仍数ヶ度被仰之処、浜田安芸権守跡之輩押領之間、不事行之条、太不可然、所詮可被遵行〔沙汰付の意〕下地於雑掌、若号帯浜田御下知者不日可出帯正文之由可被相触状如件」とあるを参照。

これらの奉書においては論人が安堵外題あるいは御下文の正文、あるいは校正案文を提出せずんば、沙汰付に異議を申し立てても、許容すべからざる旨を定めてあるのであるが、それは他面においてこれらの文書を提出すれば、有効に沙汰付に異議を申し立て得たことを意味するのである。しかし、かかる特記がなくとも、一般に問状奉書あるいは遣使節奉書にもとづく沙汰付に対して、論人は異議を申し立て得たものと解すべきである。

なお、異議申し立てに際して論人の提出すべき証文の種類について、右の二奉書の場合には安堵外題・御下文のごといわゆる公験に限られているが、一般的には必ずしも公験たるを要せず、訴人提出の証文以上に有力であると認められるものでさえあれば、よろしかったと解すべきであろう。

ただ、実際において守護代あるいは使節が出張先において訴論人提出の文書のうち、いずれがより有力であるかを認定することはかなり困難であったろうから、いきおい彼らは裁判所の指令を仰がねばならなくなり、ために手続きが遅延し、繁雑となるので、これらの困難の生ずるを避けるために、右の二奉書の場合のごとく、あらかじめ奉書の中に論人提出証文の種類を限定することも、しばしば行われたのであろう。

なお、上掲二奉書には論人は安堵外題あるいは御下文の正文、または校正案文を提出せねば有効に異議を申し立て得ぬ旨、記してあるが、証文の正文あるいは校正案文を提出しなければならぬということは、右二場合だけの特例ではなく、特別訴訟手続きの遵行に対して異議を申し立てるための一般的要件であったのであろう(第五九項参照)。

(250)『東寺百合文書』ク一之二十に

海老名新左衛門入道性円謹支言上、欲早被停止東寺雑掌無理奸訴、任代々相伝当知行之旨預御注進間事、右矢野庄者公田下五十町所也、然而中分以来以七十五町号南禅寺方領家、西方東寺一円領也、相残至卅七町五段者、為地頭方一円之地、代々当知行無相違之処、東寺方雑掌構奸謀、那波佐方浦分称東寺領条無謂、地頭方云者上村七町三段下村十四町六段那波十一町四段佐方四町弐段、此等也、如此次第国之田帳不可有其隠、所詮、往古支配之旨度々段銭請取之状明鏡也、然何以中分以往帳、掠賜近年御教書書〔衍〕条、太以濫吹也、早被止彼奸訴、為全知行、粗言上如件、

永徳四年二月日　〔ウ五七ノ一五号〕

とあるは、すなわち論人より遵行人に対して提出せる陳状にして、同文書に

東寺雑掌申、播磨国矢野例名内那波佐方両領家分事、任御施行之旨、莅当所、遵行仕候之処、海老名新左衛門入道捧支状候、此段先日注進仕候了、以此旨可有御披露候、恐惶謹言、

(永徳)二月十五日　　備前守祐〔？〕順在判

進上　御奉行所

とあるは、この陳状を執り進めた遵行人の請文である。ただし、この請文は、文面にも見えるごとく、二度目のものであるが、初度の請文実例としては、『萩藩閥閲録』五八(内藤次郎左衛門)、暦応四年七月二十三日藤原知房請文に

安芸国一宮厳島社雑掌承賢申、同国長田村妻保垣等地頭職事、去五月十日預御奉書之間、任被仰下之旨、品河小三郎入道相共莅彼所、打渡下地於雑掌、執進請取候之処、内藤次郎教泰如支申者、於長田村者預関東外題安堵、至于両別符者、今年四月廿三日預安堵御下知候之処、無左右被打渡之条無謂之由令申候、可為何様候哉、仍彼安堵等正文捧之候之間、〔案〕安文令書進候、此条偽申候者、可罷蒙日本国中大小神御罰候、以此旨可有御披露候、恐惶謹言、

『三宝院文書』三、貞治三年九月二十日土岐直氏(山城守護)請文に

山城国深草郷内賀茂河七瀬河、新直在(赤塚右衛門三郎跡)事、任去八月十一日同廿六日奉書之旨、欲令遵行候之処、三宝院僧正房雑掌支申候、仍目安具書被進上之候、可為何様候哉、此条若偽申候者、八幡大菩薩御罰於可蒙候、以此旨可有御披露候、恐惶謹言

とあるを参照。

(251)『桂文書』一、康永四年十月十八日幕府奉書に「東寺八幡宮領山城国上久世庄雑掌光信申、公文職事、訴状如此、子細見状、所詮就千菊丸訴訟、先日雖被成奉書、委細重可被糺明也、且止遵行之儀、且可被返進奉書之状、依仰執達

如件」、『古証文』四、明徳元年七月十二日幕府御教書に「摂津宮内大夫能連申、備後国重永本新庄事、帯安堵、当知行之処、相原四郎左衛門尉満平依令申、先立被成御教書〔満平に論所を沙汰付くべき旨の〕畢、〔しかるに論人は「帯安堵当知行」たる旨を申し立てたので〕、追可有糺決、先彼御教書所被召返也、能連可被全知行之条、依仰執達如件」とあるは、すなわち論人の異議申し立てによって遵行中止を命じたものであり、『東寺百合文書』ミ三十二之四十三、永徳元年九月二十七日侍所一色右馬助両使多伊良将監政朝および野勢兵庫宗祐連署請文〔ヒ六七ノ六号〕に「東寺領植松庄内五段半田地事、号右京職下司職散在田内、岡松殿御代官依被申、雖令遵行、為寺領牓示内之条、御教書分明之間、任被仰下之旨、所渡返于寺家雑掌状如件」とあるは、すなわちこの種の命令にもとづいて、論所を論人に返付した際の渡状である。

(252)『東寺百合文書』ユ三十之三十四、応永四年六月六日幕府御教書〔ユ五八ノ二号〕に「法住院雑掌申、唐橋以南猪熊以西(東西弐拾肆丈五尺、南北拾五丈)地事、当寺不知行雖経年序、治承粉〔紛〕失状以来度々勅裁并安堵以下支証分明也、爰東寺雑掌帯元亨院宣、文和事書等、当知行云々、雖支申、両方証文所有前後也、所詮於理非者、追可有糺明、早退寺家雑掌、可被沙汰付院家雑掌之由所被仰下也」とあるは、その一例である。

(253) たとえば註(250)所引播磨国矢野例名に関する訴訟において、論人海老名は至徳元年(永徳四年)三月日に再び陳状を捧げ(『東寺百合文書』ミ三十二之三十九)〔ミ四八ノ三号〕、同年五月日には訴人東寺雑掌頼勝が重訴状を提出している(『同上』ノ九之十七)〔ノ八七号〕が、これすなわち事件が特別訴訟手続きを離れて、通常訴訟手続きに移れることを示すものである。

六三　上記した特別訴訟手続きは「下地」(土地)相論に関するものであるが、所当公事相論についても、同様な簡易手続きが存したのである。(254)

(254) たとえば『東寺百合文書』サ一之十七、建武四年九月日守護宛幕府奉書※〔サ一五ノ五号〕に「最勝光院領遠江国村櫛庄雑掌定祐等申、寺用米事、院宣並右大臣家御消息(副解状具書)如此、早任被仰下之旨、於彼寺用米六拾石者、守先例可致沙汰之旨相触之、載起請之詞、可被注申状、依仰執達如件」、『勧修寺文書』三、応永二十年五月十日高土佐入道(使節か)宛幕府御教書に「勧修寺雑掌申、山城国寺辺散在新八幡田内野寄五段事、解状具書如此、三井寺上光押領之間及訴陳之処、閣論所押《マヽ》非分大宅寺内去々年去年責取年貢云々、事実者甚無謂、早於論所者可依糺決之左右、至大宅寺年貢者先任員数可令返弁之由所被仰下也」とあるがごとし。

　以上は、守護あるいは使節に命じて論物引き渡しを行わしめた例であるが、実際においては多くの場合には守護あるいは使節の遵行手続きを経ることなく、直接に論人に対して、訴人の申すところにして真実ならば論物を究済すべし、もし異議が存するならば明め申すべき旨の奉書を下したのである。

『飯野八幡社古文書』乾、暦応五年正月二十九日幕府奉書に「石清水八幡宮領陸奥国好島庄雑掌光智申、当庄西方預所方年貢事、訴状具書如此、所申無相違者不日究済之、有子細者召進代官、可被明申之状、依仰執達如件」、『明王院文書』文和三年十一月二十四日足利基氏奉書(史料六之十九、二八二頁)に「五大堂春日社雑掌慶道申、上総国金田郷内万石大崎村等正税事、訴状如此、所申無相違者、可究済、若又有子細者可被弁申之旨、達正員(本奉書は地頭代に宛てらる)可申左右之状、依仰執達如件」、『東寺百合文書』さ五十之五十七、貞治三年八月十八日幕府奉書〔さ三八ノ六号〕に「東寺雑掌頼憲申、越前国志比庄本家役呉綿千両対捍申(事か)、訴状(副具書)如此、子細見状、所申無相違者、早可被弁償、若又有子細者可被明申之状、依仰執達如件」、『同文書』ノ一之八、永和二年四月二十五日幕府奉書〔ノ六四号〕に「東寺雑掌頼憲申、宝荘厳院領近江国速水河道両庄役修正壇供事、訴状如此、所申無相違者、可被致沙汰、若有子細者可被明申之状、依仰執達如件」、『建内文書』一三、文明十三年十一月九日幕府奉書に「杉生暹悉申、祇園社領加州苅野村内本役分年貢事、百姓等難渋云々、不可然、早如先々厳密可致其沙汰、若又有子細者、不日企参洛、

可明申之旨可被加下知〔本奉書は「大坊主中」に宛てらる。大坊主は論人百姓等の進止者ならん〕之由候也」とあるがごとし。

この種奉書が出された場合、論人がこれに応じて弁済をなさず、また明沙汰にもおよばぬときは、裁判所は論所の所務を中に置くべき旨の命令を発するのであるが、これと同時に事件は特別訴訟手続きを離れて、通常訴訟手続きにおいて審理されることとなるのである。

『東文書』三、寛正五年十二月日松尾神社神主相行申状に「次堤村者毎年十二月末十ヶ日為日供料所之処、安富民部無謂依押領、数年令日供闕怠之間、如元可返付社家之由被成御奉書之処、不能承引之間、被置中所務之処、違背上意、責□年貢米之条言語道断之次第也」とあるがごとし。論人が奉書に対して異議を申し立て、明沙汰におよんだときは、爾後事件が通常訴訟手続きによって審理されたことはいうまでもない。

第七節　救済手続き

六四　室町幕府訴訟法上の救済手続きには、鎌倉時代におけると同じく、本案判決の過誤に対するものとして「越訴」、手続きの過誤に対するものとして「庭中」、この両手続きが存在した。鎌倉時代の覆勘および奏事のうち、覆勘の制度は室町時代になっても初期には存したらしいが[255]、ほとんどこれに関する史料が残っておらぬのであるから、以下には越訴および庭中に関してのみ記述する。

(255)『庭訓往来』(同書の作成年代については第一篇註(5)所引拙稿参照)に「寺社訴訟者、就本所挙達、被是非之、越訴覆勘者、依探題管領与奪、被執行之」とあるによれば、室町時代初期には覆勘の制度は存したのである。なお註(263)所引『吉川家文書』には「内奏方」なるものが見えているが、この内奏もあるいは救済手続きの一種であったかもしれない。第一篇註(489)参照。

第一款　本案判決の過誤に対する救済手続き

六五　前記のごとく、本案判決の過誤に対する救済手続きは越訴である。室町幕府において、越訴制はその初期より設けてあったが[256]、鎌倉府(鎌倉公方府)においても、応永五年以前に存在していた[257]。

(1)　裁判所　室町幕府においては、越訴方「管領」があって、越訴事務を管掌し、受理された越訴に一応理由ありと認めるときは、本訴審理の引付あるいは右筆方に与奪し、理由不備と認めるときはこれを却下したのである。(258)(259)

(2) 越訴提起の要件　(甲) 本案判決の存在　越訴は本案判決に対する不服の訴であるから、これが存在を前提要件とすること、いうまでもない。ただし、越訴を提起するには、はたして、本案判決の法令違反を理由としなければならなかったか、あるいは事実誤認をも理由となし得たかの問題は史料不足のため、いまだこれを解決し得ない。

(乙) 期間　越訴提起は訴訟「落居」後、三ヶ年以内に限り許されていた。ただし将軍の特別の計らいがあれば、三ヶ年以後でも、これを提起することができた。(260)

(3) 手続き　(1)において述べたように、越訴管領は越訴を受理し、これに一応理由ありと認めるときは、本訴審理の引付あるいは右筆方に与奪し、理由不備と認めるときは却下したのである。(261) 越訴を与奪された引付あるいは右筆方では、おそらく通常の手続きにしたがって、改めてこれを審理したものと思われる。

(256) 註(255)所引『庭訓往来』参照。

(257) 『鎌倉大草紙』応永五年十一月四日の条に「若君満兼公鎌倉に備り給ふ、〔中略〕、越訴之奉行二階堂山城宮内入道行康等也」と見ゆ。

(258) 『庭訓往来』に「越訴覆勘者、依探題管領与奪、被執行之」と見ゆ。「管領」はすなわち越訴「管領」(=探題)の意と解す(「庭中方管領」を参照)。「与奪」とは、交付の意であるから、右の文章は(越訴についてだけ述べる)越訴状が越訴管領方に提出されると、管領はこれを審査し、訴に一応理由ありと認めるときはこれを担当引付に交付する。該引付では越訴管領の与奪にもとづき、再審を「執行」するという意であると思う。

右『庭訓往来』の文章には越訴管領が越訴状の理由の有無を審査する旨の記載はないが、鎌倉時代の越訴手続きより推して、また室町時代の通常訴訟手続きにおいて賦奉行が担当引付に訴状を賦る(「賦」は「与奪」と同意義)手続き(第二二項参照)を参考として、かく解するのが適当であると思うのである。

越訴状の与奪先を本訴審理の引付あるいは右筆方と記したのは鎌倉時代の制度より類推したのである。もし上記したところにして正しとすれば、理由不備の越訴を越訴奉行が却下し得たこともおのずから理会されるであろう。

(259) 鎌倉府においては「越訴之奉行」が設けてあった。これが幕府の越訴管領に相当するものであろう。註(257)参照。

(260) 『書礼紛註集』に「一　越訴之分限事、仮令当年被遂糺明、落居之処、或以違輩〔背〕之趣、御裁許之論所之事、馳過年序、至三ヶ年、被奇〔棄〕置輩申旨被聞召入之儀、古今之通法也、雖為年重、可被経御沙汰之旨、於　上意者、更非制之限者也」と見ゆ。

『言継卿記』天文十三年十月一日の条所載、言継書状に「知行分城州山科郷内野村西山東庄四宮河原等事、為後白河院御影堂領御起請之符地、帯代々御判御下知殊更法住院殿厳重御判等、至永正五年当知行之処、恵林院殿自九州御上洛時、三宝院殿一方向に被申掠、無故致知行候、然者先年歎申候処、被遂御糺明、被任数通証文之旨、御内談衆理運之段御評判之処、彼方依種々計略、于今不知行、迷惑此事候、所詮、云越訴年記馳過、云先年節目、旁以被成安堵御下知者、可忝畏之旨、御披露所仰候也」、『伺事記録』天文十四年七月十九日幕府奉行人意見状〔室追参三二五条〕に「惣別或違背〔中間違背〕或於中間狼藉者、以越訴之年記被経御沙汰儀定例也」などとある文に見える「越訴之年記」とは、すなわちこれ三ヶ年の年記を指すのである。なお右天文十四年幕府奉行人意見状の文章の意味は、中間狼藉の咎に関する訴は訴訟落着後、越訴年記中に訴え出でなければ、これが判決を求め得なくなるということである。

なお、ある下知状に対して不服である場合、これが変更を求めるためにはつねに越訴の手続きによるべきものであり、もしからずして通常の手続きで前訴と在所を同じうする訴を提起するときは下知「違背之咎」に処せられた（『建武以来追加』第一四〇条）〔室追三五六条〕。またある下知状に不服なりとて、私に論所を差し押さえ置き、しかる後、越訴を提起するがごときことも禁ぜられていた。『滋賀県史』第五、二八三頁所収、「明王院文書」永正十四年十一月十二日奉書に「葛川地下人等与朽木弥五郎植広相論高島郡中板以下材木商売事、〔中略〕剰去々年（永正十二）被成下知之処、至去年押置商売物、植広越訴之段、背御法之条、早退彼妨、無其煩、令通路〔下略〕」とあるを参照。

(261)『気比神宮文書』に

当社領内芝原田地肆段半畠弐段事、安石丸捧越訴状、頻依歎申、一旦雖被尋下、行祐重所申非無其謂上者、永所被棄捐安石丸之越訴也、早任去観応三年八月廿九日并文和二年九月廿二日御下知□〔之か〕旨、可令全当知行由所被仰下候也、仍執達如件、

文和三年九月晦日　法眼〔花押〕

気比大宮司殿

という文書があるが、これは越訴管領が越訴却下の旨を論人に通知したものではあるまいか。『中院文書』二にも

加賀国額田庄加納八田庄等事、先年既被経御沙汰、御成敗処、朝日三郎政清并朝日孫左衛門尉時長企越訴之条物忩之儀、太不可然、所詮、於彼訴訟者被停止了、早任数代相伝証文等之旨、弥可彼全直務之由所被仰下也、仍執達如件、

文明十四年九月十六日　下野守判

加賀守判

中院家雑掌

という文書が存するが、これもやはり同様な意味の文書と解すべきであろうか。

第二款　手続きの過誤に対する救済手続き

六六　手続きの過誤に対する救済手続きは庭中である。庭中の制度はおそらく越訴制とともに室町時代初期に設置されたものと思われる。

室町時代においては「庭中」という言葉は二箇の意味を有していた。その一は一般的に将軍に直訴することで、この意味における庭中は禁止されていた。(262) その二は所定の理由にもとづき、幕府「庭中方」に訴え出づる手続きであって、ここにいわゆる庭中はこの第二の意味のものである。

さて、室町時代において庭中の理由として定められたものに二ある。その一は賦奉行が訴状を受理しながら所定の手続きをとらず、賦を遅延せしめるため別人(「別奉行」)に属して訴えたが、該奉行がなおもこれを延引せしめるとの理由であり、(263) その二は本所寺社領に関する訴訟において幕府命令の施行が停滞して、二十日以上を空過したとの理由である。(264) 法令に明文のあるのは右二箇の理由だけであるが、鎌倉時代の制より推論して、そのほか一般に訴訟手続きの過誤に対して庭中し得たであろうと考えるのである。(265)

庭中は中状を幕府「庭中方」に提出することによってこれをなす。庭中方には「管領」があって庭中の事務を管掌していた。(266) 訴受理後の手続きは庭中の理由の異なるにしたがって差異がある。前記第二の理由にもとづく庭中においては、厳重に幕府命令を施行して、左右を申すべき由を、日限を差して、(庭中管領方より)本引付方に仰せるのである。(267) 第一の理由にもとづく庭中においては(「庭中方管領」が)該奉行人に命令を下し、所定の手続き

をとらしめるのである。(268)(269)

(262)『蔭凉軒日録』長禄三年十月十五日の条に「於于経王堂遂御成也、経法師依御布施之怠転、以訴状、庭中于御前、凡庭中訴状雖被禁制、但此事不可混余事也、伊勢守白之、故被召訴状於御前、読進之」とあるがごとし。

この意味の庭中の実例は、『看聞御記』応永二十五年十一月二十五日、同三十一年十月十四日、同三十二年八月二十四日、永享八年八月六日、同十年十二月六日、『満済准后日記』応永二十二年十二月二日、永享五年十月二十三日の条などに見えているが、これらの諸例においては、応永二十二年十二月二日の事例において「召籠」に処せられているほか、庭中訴人が処罰された旨の記載がない。これはあるいは前記『蔭凉軒日録』記載の庭中の場合のごとく、これらの庭中をもって「不可混余事」というほど重視し、ないし特例視したによるものであろうか。

上記のごとく、将軍に直訴すという意味の庭中は一般に禁止されていたのであるが、ときにこれが禁止を解除したこともある。『空華日用工夫略集』永徳二年十一月六日の条に「相府〔足利義満〕令下天下、訴訟不達者、許来于庭中而自訴、吾国所謂庭中者也、人咸喜也」、同七日の条に「宝篋院忌、府君至、座未定、告余曰、昨日既行庭中沙汰矣、必有訴人来者、約依鉢侍者、令告之、蓋慮通謁者阻之也、既而訴人至于庭中者、五六人、府君近簾間而親視其出状文書、逐一断之、多是権勢事、奉行吏有憚而不達者、府君謂余曰、権門者、必以余為怨、余曰既称沙汰、何怨之有」とあるはその一例である。

(263)『建武以来追加』第一一六条（永享八年六月三日）〔室追二〇八条〕。この規定が『御成敗式目』第二九条の規定に由来するものであることはいうまでもあるまい。おそらく右永享八年の法令制定以前においては、『御成敗式目』の規定が依然有効であったのであろう。この種の理由にもとづく庭中の実例としては、『吉川家文書之二』九九八号、貞和四年四月日播磨国福井庄惣領地頭吉河吉次郎経朝庭中申状に「所詮、被分彼闕所、経朝与寺家可宛給半分之由、先度内奏方、為中条刑部少輔奉行就歎申、去年四月廿八日被経御沙汰、雖被与奪本奉行人斎藤左衛門大夫、于今不及披露之条、不便次第也、〔中略〕然早被経急速御沙汰、三ヶ所内為預半分左方於恩賞、恐々庭中言上如件」とあるを参照。『薬師寺文書』永享十一年八月日和泉国惣講師薬師寺雑掌庭中申状に「此子細同四年為斎藤加賀守、達　上聞之処、可相尋敵方之由被仰出之時分、加賀守無出仕之間、乍含愁訴、于今罷過者也」、『大報恩寺文書』寛正五年十二月日千本大報恩寺衆僧等庭中申状に「右当寺住持職之事、去自四月以飯尾兵衛大夫雖令言上、未達　上聞間、一寺及迷惑」とあるは、多少事案は異なるが、右『建武以来追加』第一二六条〔室追二〇八条〕の規定を准拠として、庭中におよんだものと考えて差し支えないのではあるまいか。

(264)『建武以来追加』第八条〔室追一一条〕前段。ただし、規定の日数たる二十日以前に「濫訴」〔庭中〕におよぶときは、その罰として、しばらく該訴訟を中止されたのである。同条後段参照。

(265) 註(269)所引『東寺百合文書』参照。

(266) 庭中方管領については註(269)所引『東寺百合文書』のほか、『東寺百合文書』な一之十、観応元年三月日東寺申状〔な一一一号紙背〕に「去々年〔貞和四〕雖及奸訴庭中、以前御沙汰之次第、具依申披之、被棄置彼掠訴畢、今又伺新御管領〔庭中方管領の意と解す〕之時分及同篇無窮姦訴云々」とあるを参照。

(267)『建武以来追加』第八条〔室追一一条〕。

(268)『建武以来追加』第一二六条〔室追二〇八条〕。

(269) なお庭中の一般的手続きとして、庭中方管領は申状に銘を書き加えて、当該奉行のほうへ送付したことを付け加えておきたい。『東寺百合文書』ヒ四十九之五十四〔ヒ四五ノ六号〕に「右法花山寺浄土院々僧等七月十日於庭中方捧申状之間、長井縫殿頭為管領〔庭中方管領〕書銘於申状、渡奉行雑賀隼人入道西義畢、寺家就出支状、同廿日被経御沙汰、被棄置彼院僧等訴訟畢」とあるを参照。

第八節　証　　拠

六七　室町時代の幕府証拠手続きはこれを分かちて神証、人証、書証および検証の四種となし得ること、鎌倉時代のそれと同様である。ただ鎌倉時代においては比較的まれにしか使用されなかった神証がしばしば利用されたことは室町時代証拠法の特徴であるといわねばならぬ。

第一款　総　　説

六八　㈠　**挙証責任**　室町時代においても、主張をなす者は立証をなすべしとの原則であったから、訴人はまず自己の主張を立証すべきであり、(270) しかして論人もまた反対主張をなすがためには反証を挙ぐべきであったのである。(271)(272)

(270)『地蔵院文書』下、暦応三年卯月日陳状に「右慶重今年二月日重謀訴状云、〔中略〕此条皆以胸臆申状也、先度預置他寺僧之処、七郎入道抑留之由掠申之間、可被召出預置所見等之由令言上畢、雖然不出帯之、猶捧同篇申状之条、眼前謀計也、為訴人、何不備進証文哉、〔中略〕次同状云、資元当名主所見之状多之間、問答之時、可令持参云々、此条比興申状也、以当名俄名主之由自称□〔之上〕者、尤可出帯所見之処、令隠密之上者、以何篇可遂問答哉、違法例者也」とあるがごとし。

(271)『御前落居記録』永享四年十二月十七日記録に「如雑掌申者、彼名本主播磨国御家人石野太郎左衛門尉久名為譜代相伝地之間、且成親子契約、且為菩提、応安二年十月十三日令譲与僧希弼（海光庵主）〔訴人〕知行無相違之処、永和四年十二月十二日赤松能登入道（今号宇野）掠給御判、押領云々、如弘祐支申者、石野太郎左衛門尉依参錦小路殿方、為彼跡拝領云々、然者可出帯証拠之由被仰出之処、不明申之上、於石野者、帯正平六年御判以来至文和度々赤松則祐等感状炳焉也、仍被尋評定衆意見之処、海光庵所申有其謂之由言上之間、被成還補御判於当庵」とあるがごとし。

(272) したがってまた相手方提出の文書をもって謀書なりと主張する者はこれを証明しなければならなかった。『御前落居記録』永享二年十二月十二日記録に「祐見〔訴人〕申之〔云の誤〕、宗貞〔論人〕出帯証状不審多端云々、然者、加披見、可差申謀書廉之旨雖申含、彼状披見事、再三辞退訖、尚以責伏之間、雖披見彼状、曾以不差申謀書廉」とあるがごとし。

六九　(二)　**挙証事項**　挙証すべき事項は鎌倉時代におけると同じく、当事者主張の当否そのものではなく、訴訟物たる法律関係の基礎をなす事実の真否である。

七〇　(三)　**証拠方法の順位**　室町時代においても、証拠方法としては、まず証文を用い、その不分明なときにはじめて、証人を用うべしとの原則は依然存続した。[273] 起請文は証人および証文によっても事実関係が不明の場合および両当事者提出の証拠方法が等価値である場合に限り、使用されたのである。[274]

(273)『勧修寺文書』二、文亀三年八月日幕府奉行人意見状に「次証文分明之時者、証人、証状〔証人の証言を記載した文書〕共以不被賞之段為制法」とあるがごとし。なお、『親長卿記』文明十一年六月十一日の条に「参安禅寺、一条中納言（実久）申、筆公事年来世尊寺知行、去年死去之後、無遺跡相続之仁、仍応永度故行豊卿幼少之間、被下故実秋卿、任其例、可被下之由、自去年申之、有支証歟可召出之由有仰、於支証〔証文の意〕紛失云々、然者可申証人云々」とあるを参照。

(274) 第七二項参照。

七一　㈣　**証拠提出の時期**　証拠提出の時期については適当な史料がいまだみあたらないが、鎌倉時代におけると同じく訴陳二問二答までにこれを提出すべき法であったらしい。(275)

(275) 『勧修寺文書』三、明応九年十二月二十九日幕府奉行人意見状に「勧修寺宮御門跡雑掌与安祥寺光意雑掌相論山城国宇治郡山科郷内安祥寺事、被尋下之趣、就文書出帯之儀、被差日限、被成召文之処、依其身在国、令随身之間、於日限中者、難出帯之由申之、既被成度々召文、写取訴状、及二問二答、申子細之上者、可致証文出帯之覚悟者歟、違背之段勿論也」とあるを参照。

第二款　神　証

七二　室町幕府訴訟法上の神証は湯起請、ただ一種である。湯起請とは釜中に湯を沸騰せしめて、これに石を置き、当該事実の主張者たる訴訟当事者(刑事事件のときは嫌疑者)をして、これを探り取らしめ、手の損傷せりや否やを検し、これによって該事実の真偽に関する神の証言を得んとする方法である。湯起請には一方的のものと、双方的のものとの両種がある。各種犯罪の嫌疑者を審問する場合に行うものは一方的であって、境相論のごとき、民事事件に際して行うものは双方的である。(276) いまここに述べんとする湯起請が後者であることはいうまでもないが、方式その他については便宜前者に関する制度をも参考することとする。

湯起請を行うのは、㈠証人および証文によっても、事実関係が不明である場合[277]および㈡両当事者提出の証拠方法が等価値である場合[278]に限られていた。

湯起請は神を勧請して、現実にその証言を得んとする行為であるから、一定の儀式のもとに行われる。[279]場所は神社神明の御前であるのがふつうである。列席者は幕府使節たる「奉行」（いわゆる「検使[280]」）、「御子」（巫女[281]）あるいは陰陽師および奉行の随員にして諸雑務を行う雑色、公人などである。

湯起請の儀式は御子（あるいは陰陽師）のお祓いによって開始され、まず「湯立」すなわち釜に湯を沸騰せしめる儀式がある。次に探湯を行うのであるが、双方的湯起請の場合には、起請の次第すなわち訴論人いずれの側の者が先に探湯すべきかを定めねばならぬが、鬮の方法によってこれを決定する例である。実際探湯を行う者を「取手」と称するが、取手はまず起請文を書き、これを焼いて灰とし、これを呑み、次に沸湯中の石を取り上げる（「探湯」）順序である。探湯をもって湯起請の儀式は終了するのである。[282]

次に「検知」の手続きが行われるのであるが、探湯後、取手を探湯の場所（多くは神殿内であったろう）に「逗留」せしめ、翌々日奉行衆が列参して、探湯者の手を検知する。失の有無はこの日の手の状態によって定まるのであって、探湯時の状態によるのではない。

湯起請（双方的）の結果には三箇の場合がある。一は一方取手にのみ失があらわれる場合で、この場合にはその者側の主張が虚偽であると証言されたのである。二は両方の取手に失のあらわれた場合で、この場合には両当事者ともに虚偽の陳述をなしたわけであるから、論所は幕府に没収される。[283]三は両取手ともに失のあらわれない場合で、この場合には両当事者の主張がともに真実なのであるから、中庸をとって、論所は中分される。[284]

湯起請の証拠力は絶対的のものであって、この点において証文、証人の証言とは、甚だ異なるところがある。

さて、以上は両当事者が裁判所の召喚に応じて出頭し、湯起請を行った場合につき記述したのであるが、実際においては、自ら非理なりと考える当事者は、召喚に応ぜぬことが多かった。(285) かかるときは、対決のための召喚の場合と同様、召文三箇度違背の後、相手方勝訴の判決を言い渡す法であった。(286)

(276) 「湯起請ハ一方的ナルコトアリ或ハ双方的ナルコトアリ、各種犯罪ノ嫌疑者ヲ審問スル場合ニ行フモノハ一方的ニシテ、境堺相論ノ如キ民事上ノ裁判ニ際シテ行フモノハ双方的ナリ」（中田博士「古代亜細亜諸邦ニ行ハレタル神判補考」『法学協会雑誌』二五巻一〇号、一四七五頁）。

(277) たとえば『御前落居記録』永享三年九月十五日幕府奉書に「紀伊国造雑掌与日前宮下白冠千顕相論同国社領十八名并寺領等事、先度有其沙汰之処、如雑掌訴状者、為一社総官、社領以下相計之条勿論也、爰下白冠彼十八名等可進退之旨掠給御教書云々、如千顕支状者、彼名々年貢納置之、年中神事執行之処、国造令押妨、或寄進寺庵、或沽却方々之由申之、所詮、両方申詞尚不分明之上者、被差下廉直之使節、召出神官等、以湯起請致糺明、就夫（失）有無、可被注申之由所被仰下也」、『御前落居記録』永享四年四月十四日記録に「於神領（石清水八幡宮領）播磨国西河合中村、上月誅社家被官（郷鼻彦左衛門入道）抑留年貢之由就訴申、尋究之処、或時彼彦九郎入道号譜代被官人、或時称若党親敵、雖支申、不足御信用之間、以湯起請可糺決之旨被仰付」とあるがごとし。

本所裁判所の事件なるも『禅定寺文書』三、応永二十四年十月日山城国曽東庄名主百姓等申状案に「次以湯起請可有糺明云々、是又随申上意、可存知仕、但当方者、数通証文出帯之、彼方者未進証文、以口状申□也、先被召出支証、誠不事落居者、可及起請文歟、曾非難渋申儀、可被経巡儀御沙汰哉、所詮、雖何篇可応上意事」とあるをも参照。

そのほか註(286)所引永享三年および註(282)所引永享四年『御前落居記録』の場合、および『看聞御記』永享八年五月十九日の条に「抑、山前百姓与観音寺百姓今日被書湯起請、〔中略〕此五六年山相論于今不落居之処、公方厳密可書湯起請之由依仰如此沙汰了」、『岩橋文書』文安四年十月日石清水八幡宮領紀州岩橋庄百姓等申状に「所詮、以此次、已前傍爾〔牓示〕相論之事、和佐之御百姓与岩橋御百姓相対、以湯請文、尋明失、可有御成敗候」、『同文書』同年十二月七日同人等陳状に「右彼境目事、先度支状如申候、応永廿九年参洛仕、如往古之境明鏡之由申披畢、其時も御不審儀候者、湯請文以明可申之由依歎申、敵方寄事於左右、被止訴訟候之段勿論也、〔中略〕、猶以御不審候者、両方以湯請文、可明申候」、『離宮八幡宮文書』〔寛正六年〕七月晦日細川勝元書状に「就八幡宮日使頭役之事、度々示給、所詮、来八月十六日於離宮神前、以湯起請可令落居旨、堅申付田村候」とあるがごときは、いずれも係争事実の真偽不分明の場合に湯起請におよんだことを示す例であると思う。「湯請文」は「湯誓文」で湯起請のことである。「湯誓文」の語は『蔭涼軒日録』永享九年四月十四日の条に「南禅賊党賀福寺可及湯誓文之由有命」と見ゆ。

犯罪の嫌疑者に対して行う湯起請はすべてこの場合、すなわち犯罪事実不明の場合に行われたものであると解して差し支えないものと思う。『看聞御記』応永三十二年八月二十四日の条に「刀自夫民部少輔重季（洞院諸大名）以下両三人侍所ニ召置、庭中中金沢をは被籠舎、可被斬歟之由有沙汰、自内裏ハ猶御不審相残、彼等可被糺明歟、又湯起請可被書歟之由有御沙汰」、同書永享三年六月四日の条に「抑、此間、境内所々盗人入、仍嫌疑之輩有沙汰、地下人兵庫年来有盗人之疑、〔中略〕、相尋之処、此間盗人事、努々不存知、所詮、書起請、有其失者、可切腹之由申、仍今日於御香宮、陰陽師令書湯起請、而敢無其失、無為也、但三ヶ日中可令守其失之由、陰陽師申之間、御香宮ニ召籠、守失、神慮尤不審」、同五日の条に「地下盗人猶嫌疑者三四人今日又令書湯起請、一人ハ逐電、三人於御香宮書之、一番ニ書物（地下人桶師也）結則手焼損、則搦縛之、次二人書、無其失、無為也、舟津山村者也、其村ニ預置云々」、同書同年※三月六日の条に「抑聞、米商売之者六人侍所召捕糺明、被書湯起請云々、此間洛中辺土飢饉忽及餓死云々、是米商人所行也、露顕之間、張本六人余党数十人被召捕、厳密之沙汰云々」、同十日の条に「抑去月以来洛中辺土飢饉

及餓死、是米商人所行之由露顕之間、去五日米商人張本六人侍所召捕糺明、被書湯起請、皆有其失、糺問之間白状」（『満済准后日記』永享三年七月八日の条も参照）とあるを参照。

(278)　「開口神社文書」応永三十一年五月日念仏寺々僧等重申状案（『堺市史』第四巻、二一五頁所引）に「所詮、彼乱僧等五人於有御糺明、猶以虚言陳申者、訴論人共及湯起請之沙汰、任其実《失》可有御成敗歟、但起請文之一段事者、両方理非相半之時共可致沙汰事候、於此事者、妻女等《理非顕然也》相伴之由悉白状上者雖非沙汰限、為公方可致其沙汰之由於被仰出者、可随上意」とあるがごとし。

(279)　幕府法における湯起請の実際を記したものは二三残っているが、そのうち最も詳細なものは牧野信之助氏が「神誓裁判について」（『史林』十一巻三号至四号、『武家時代社会の研究』所載）において紹介せられた小松打下山堺論目録の記事である。次に同書よりこれを転載する。

一、起請之儀式　御祓湯立ノ次第言語道断厳重警固者也、御子者当御代ニ被召使女御子也、其外雑式公人七人出仕ス、
一、於起請之次第者、当座之鬮也、第一番小松也、第二番打下也、然間彼於成仏寺三日之間逗留〆被守其失者也、
一、同十八日至辰刻、彼奉行衆有列参、両方之手於被検知畢、
一、当所之取手左近太郎者其謬無之、
一、打下之取手弥次郎兵衛手者焼畢、
一、奉行衆此赴ヲ申上条、忝同年之九月十日ニ預戴御教書並御下知、同二十日仁雑掌祐弘有下着、庄下宜喜悦開眉畢、

以上が全文である。同氏の記事によると「永享八年五月、近江滋賀郡小松庄と打下庄との間に境相論があり、幕府に訴願して室町幕府に抵り伊勢氏邸に対決したが、その大要は前例〔後述山前観音寺山相論の場合を指す〕とほぼ同様で

ある。すなわち小松方の記録によると、自庄の理運顕然であったが、敵方の愁訴によって未来亀鏡のため神意にまかせ、湯起請におよぶべしとのことで、近衛堀川鎮守神明の御前にて、その儀におよんだ」のである（同氏『武家時代社会の研究』五二頁）。

これについで詳細な記録は左記『看聞御記』永享八年五月十九日および二十一日の記事である。この湯起請は同書同年三月二十二日の条に見える「山前観音寺山相論事、今朝奉行（飯尾肥前）伺申之処、両方令書湯起請、依其失、可落居之由被仰出云々」という仰出にもとづいて行われたものである。

すなわち同書同年同月※十九日の条に「抑山前百姓与観音寺百姓今日被書湯起請、於成仏寺（近衛堀川三福寺末寺）書之、奉行飯尾肥前、同大和以下四五人検知、定直同検知、両方取孔子（鬮）、当方百姓取之、願阿（山前古老百姓也）先書起請、焼灰、呑之、次沸湯之中石を取上、やすやすと取之、更無違失、次観音寺百姓男起請同前、次取石、事之体臆したる風情也、然而石ハ取上、是も無為也、両人寺ニ召置、明後日検知、可落居云々、此五六年山相論于今不落居之処、公方厳密可書湯起請之由依仰如此沙汰了」、二十一日の条に「起請書人三ヶ日之間、奉行出合検知之処、両人手更不損、無子細云々、両方有道理歟、不審事也」とあるもの、これである。

この史料は中田博士が註(276)所引論文においてはじめて学界に紹介されたものである。なお、この両史料のほか、『大乗院寺社雑事記』延徳四年七月十日の条に「羽津里庄大田庄溝堀事、越智方両方儀取合、湯起請有之、一昨日事也、羽津里井庄取勝了、在所ハ穴晴大鳥居之南之柱本、羽津井方釜立之、北柱本ニ大田庄釜立之了」とあるも参考に値する。すなわちこれによって、双方的湯起請の場合においては、釜立は、両当事者において別の釜でこれを行ったことがわかるのである。

(280)　小松打下相論のときの奉行の人数はわからないが、山前観音寺の場合は三人であったらしい。

(281)　小松打下の場合は「御子」であったが、註(277)所引『看聞御記』永享三年六月四日記事の事件では陰陽師であり、しかも彼が起請文を書いたらしい。

(282) 以上の儀式については註(279)所引小松打下山堺論目録および『看聞御記』を参照。

起請文の文句については永亨十一年に行われた江州田上杣庄と同国牧庄山との湯起請について「江州田上杣庄与同国牧庄山堺相論湯起請文言事、両方載号根本堺牓示之名計、可被書之歟」との意見状(『建武以来追加』第二〇五条)〔室追参三一八条〕があり、また『御前落居記録』永享四年八月十二日記録に「一　相国寺領山城国寺田庄与小笠原備前守持長知行分同国富野郷相論堺事、被召決両方之刻、為富野郷沙汰、召捕寺領百姓、剰一人令誅云々、且云中間狼藉、且云鹿苑院殿御仏事中、旁以領主難遁其咎、爰持長不存知之由陳申之、然者代官(于時庄主)所行歟、不日可召進之旨、被仰含訖、仍致参路、以湯起請(其文章所詮如此題目為領主申付、不致沙汰云々)、有紕明之処、指腹白焼之、此上者咎既露顕之間、尤雖可被収公所帯、寛宥之儀以、三重野論所地可被付寺家、早可書上御教書」とあるを知るだけである。

(283)「双方的湯起請ニアツテハ探湯者ハ原告被告両人ナルガ故ニ、時トシテハ両人共失ヲ現ハシ、若シクハ両人共無失ナルコト起リ得ベシ、我ガ中世ノ裁判官ガ此ノ如キ場合ニ於テ、如何ナル判決ヲ与ヘタルカヲ見ルハ甚ダ興味多キコトナリ、吾輩ハ幸ニシテ、室町幕府ガ境界相論ニ関シテ下シタル前記両個ノ場合ノ判決例ヲ有スルナリ、次ノ建武以来追加第二百六条〔室追参三一九条〕ニ収メラレタル永亨十一年ノ判決案ハ即チ第一ノ場合ニ関スルモノナリ、曰ク、

一　常光寺与朝倉六郎繁清、楢葉近江守満清相論、近江国田上内堺湯起請失事

右湯起請失之深浅者、依牓示(〇両造ガ境界ニ立テタル標木)姦曲之多少者歟、爰牧庄者及伍拾町捐之、至杣庄者、参町余捐之云々、湯起請之失亦随是者哉、所詮、両方雖為多少有失之上者、望申堺共以難御許容上者、於彼在所者為闕所可有他之御計歟、如明徳之御判之御教書者、論所之山在之歟、然者任彼御教書之旨可有御成敗歟、

ト、文簡ニシテ事件ノ詳細ヲ知ルコト能ハザルモ、ソノ要旨ハ両方共湯起請ノ失ヲ現ス以上ハ、彼ノ係争地ハ何方ニモ判付スルコト能ハズ、宜シクコレヲ闕所トシテ没収スベシト云フニアルコト、疑ヒナキ所ナリ」(註(276)所引中田博

士論文、一四八〇頁)。

(284)「反之第二ノ場合ニ於テハ、ソノ係争地ハ両者ノ間ニ中分サルベキモノナリ、コレ前ニ掲ゲタル山前百姓対観音寺百姓事件ノ判決ナリ、看聞日記永享八年五月廿一日条ニ　起請書人、三ヶ日之間、奉行出合検知之処、両人手更不損、無子細云々、両方有道理歟、不審事也、　同廿四日条ニ　郷秋参対面、定直参、山前湯起請事、両方無異失之由、飯尾公方伺申之間、此上者、可被如何候哉、ともかくも可為御意之由、以飯尾被尽御沙汰之条為悦、両方無其失之上者、可被中分歟、ともかくも可為御意之由、以飯尾被尽御沙汰之条為悦、両方無其失之上者、可被中分歟、ともかくも為可上裁之由御返事申了、　同閏五月六日条ニ　山前山相論落居、被成御教書、珍重也、　即チ此訴訟ハ係争地ノ中分ヲ以テ終局ヲ告ゲタルナリ」(註(276)所引中田博士論文、一四八一頁)。

なお、『大乗院寺社雑事記』文明六年六月十三日条に「窪城来、池田庄与井殿庄相論事、(中略)、窪城内々申分者、彼相論地(小溝)自池田方買取之、可渡十市方云々、或百貫、或五十貫之由池田申云々、仍当月中ニハ可計略、大略二十貫計之由云々、筑前守来、池田井殿相論事、古市所在ハ両庄古老者召出之、以湯起請可決之由、以窪城可申遣十市方云々、買得事ハ存外之由申之、只可依湯起請候、是非云々、万一此起請ニ両共ニ無失者、相論地半分宛配分也」とあるによれば、湯起請において両当事者ともに失なきとき、論所を中分する制度は、室町時代において武家・本所を通じて行われていたものといって差し支えないであろう。

(285)『離宮八幡宮文書』一、応永十四年九月四日幕府御教書に「石清水八幡宮大山崎神人等申、当宮四月三日々使頭役多年闕怠事、重訴状如此、播磨国坂越庄掃部男依難渋、度々其沙汰畢、訴陳之実否可及起請文(湯起請の意ならん)之旨、既乍令承諾、窮以逃下之条無理之至顕然也、彼等所訴申、非無其謂」、『看聞御記』永享九年六月五日の条に「重賢帰申云、盗人為糺明、地下人欲被書湯起請之処、郷法師従類両人昨日逐電」、同七月三日の条に「抑聞、医師三位房背上意、欲被書湯起請之間、昨日逐電云々」、『大乗院寺社雑事記』文正元年六月七日の条に「四恩院殺害人事、今

日可有湯起請之由治定之処、見塔院弁公子息法師没落了、令露顕上者自余不及咾文〔咾文は起請文〕」とあるがごとし。なお次註所引諸例をも参照。

(286)『御前落居記録』永享四年四月十四日記録に、註(277)所引の文章に引き続き「定日次、及三ケ度、雖触仰中村上月、終以不遂其節之上者、令参差者歟、此上者、社領内両人所帯被付社家之由被成御教書訖」とあるがごとし。

なお、『間藤文書』応永二十四年十一月十八日奉書に「紀伊国三上庄内重弥郷吉歌別所願成寺領之百姓等、就公事等相論之間事、惣郷之百姓如申者、雖寺領、於公事者、平均可相当之由申之、寺領之百姓如申者、自久寿年中以来、寺領百姓混惣郷、不勤平均公事之由申之間、以湯裁文〔湯誓文の訛か〕可明申之由雖加下知、惣郷百姓等不罷出上者、於寺領百姓者任先規不可致惣郷平均之公事者也」、『御前落居記録』永享三年十一月十四日記録に「如法輪院申者、山門領蒲生郡山上保当知行也、仍中下八田村者、為当保内之間、可致知行云々、如正脈院雑掌申者、為甲賀郡岩根朝国内中下八田村、多年知行之処、自山上保令越境之由申之、所詮、彼実否以湯起請為被糺決、両方地下人可参洛之旨就成奉書、於正脈院領百姓者、則令上洛訖、至山上保地下人者背度々召文、不可参決之由〔雑掌状在之〕申切之間、以違背篇、雖可有御下知、猶為被究淵底、被尋問守護人之処、彼中下八田村者、為甲賀郡内正脈院、数年知行之旨、注進分明之上者、不日山上保競望、可沙汰付論所於寺家雑掌由被成御教書於守護人并山門使節訖」(『山中文書』同日付幕府御教書参照)参看。

第三款　人　証

七三　室町時代の証人能力に関しては史料が少なく、わずかに当事者の一方と特別の利害関係を有する者は当該訴訟の証人たり得なかったことを知るにとどまる。(287)

(287)　『円覚寺文書』一、暦応元年十二月十五日兵庫允長章注進状に「次、尋問故老仁、可執進起請文之由雖被仰下候、彼論所近辺者、皆以為富田〔訴人方領〕一楊〔論人方領〕両方進止所領之間、彼所領内輩起請文不足信用之由令申之間、不及尋沙汰候」とあるがごとし。

なお、『小田文書』一、貞和六年正月二十二日地頭親方親房下知状に「〔上略〕而難決之間、相尋証人右衛門入道并中入道、五郎大夫入道、右近允等之処、於壱段者、譲与於虎女之由承及者□〔也か〕、至自余事者、全不存知之由、以起請文申之者、任両方承諾之証人等請文之旨、於壱段田者、虎女可令領知」とあり、また阿波三好氏の分国法『新加制式』にも、相論之時出証人事の条に「右双方共令領解、出証人、既糺明之処、無理之一方重而可出別之証人旨雖謝申之、不可有挙用」と見えている。

いずれも幕府裁判所の手続きを記したものではないが、かく両種の武家方史料がそろってみると、あるいは幕府においても、両当事者承諾の者でなければ証人たり得なかったのではあるまいか、との想像も起こり得るが、しばらく疑を存して、後考を待つこととする。

七四　証人は原則として、当事者の申請にもとづき、その指名にしたがって、裁判所においてこれを尋問するのであるが[288]、鎌倉時代におけると同じく、堺相論の場合にだけは裁判所より職権をもって近郷故老人に尋問する例であった[289]。

(288)　註(273)所引『親長卿記』の文章に引き続いて「是又誰人可云証人哉、為私難申入、為上被尋仰歟之由申之、為上難被尋仰」と見ゆ。これは公家の手続きであり、かつまた訴訟に関するものではないが、これによっても通例裁判所より進んで証人を尋問することのなかったことは推知されよう。

(289)　このことは註(287)所引、『円覚寺文書』の事件において、裁判所より故老人の尋問を命じたにかかわらず、当事者の申し立てによって尋問を中止したことによって知られる。

室町時代においても、いわゆる「故実之沙汰人、古老百姓等」が所領の所務の上においていかに重要な地位を占めていたかは、『三宝院文書』七、貞和三年九月十四日下郷寂蓮外二名連署請文に見える「右、当庄所務事、建長文永以後被閣惣検之間、御年貢追年令減少、併似有沙汰人百姓等私曲、依之且任旧規、且為興行、可遂正検之旨被成御教書、被差下検使之間、守文永取帳、欲遂其節之処、故実之沙汰人絶、古老百姓等令死亡畢、仍難引下地之図師〔ママ〕之間、無処于里坪之指南」という文章によって知ることができる。

七五　証人の証言を求めるには、本人を裁判所に召喚して、口頭をもって陳述せしめる方法と、その証言を文書（「証状」）に記載せしめて、これを裁判所に提出せしめる方法とがあった。

口頭証言の場合には証人の召喚は召文を用いた(290)。その証言はおそらく当事者の面前において行われたのであろう(291)。

書面証言の場合には、裁判所は問状をもって「起請之詞」を載せ、実正に任せて注進すべき由を証人に命じるのである(292)。この「起請之詞」を載せることは「証状(293)」の要件であって(294)、これを伴わぬ証言は証拠方法として無効であったのである。

(290)『東寺百合文書』あ二十四之二十七、文明十六年六月二日幕府奉書（東寺雑掌宛）〔あ五〇号〕に「下麓南庵雑掌与仰木佐渡入道相論花園田弐段事、可被尋仰之子細在之、当時承仕定仁後室并養子孫、同彼田地百姓等（注文在別紙）事、来四月可被召進之由候也」とあるは、すなわち東寺雑掌に仰せて寺領内の百姓らを証人として召喚した召文である。

(291)『建内文書』二六、暦応二年八月二十七日御判下知状に「以両奉行人（栄成、貞尚）書下并使者、召出円心代増海於引

付。尋問彼状真偽之処、於判形者、相似歟之旨雖申之、重称可申子細、遁避之」とあるは、その意味であろう。

(292)『諸家文書纂』所収「三刀屋文書」観応二年六月十三日幕府奉書に「磯武三郎五郎公武申、恩賞地出雲国岡本郷（笠門長門守跡）事、云郷保実否、将又小法師丸為長門守子息否、載起請詞、可被注申之由候也」とあるは、すなわち証人に証状の提出を命じた一例である。

(293) 証人の申状を「証状」ということ、鎌倉時代に同じ。『勧修寺文書』四、明応五年八月五日幕府奉書に「飯尾中務大夫行房申城州山科西山郷尾内跡所々散在田地（号西岩屋田）并山林等事、（中略）雖被申子細、既証人等証状、同西岩屋神人書状分明」とあるを参照。

証人証状の実例は『妙興寺文書』三に「被尋下候丹波国妙楽寺雑掌与尾張国妙興寺雑掌相論地尾張国鈴置郷事、右於彼地者、為熱田社領之処ニ、先大宮司荻□□入道常端時、妙興寺仁令寄進之間、至于今寺家知行之由承候、次彼在所妙楽寺知行事者不及承候、同相論之段不存知仕候、若此条偽申候者、八幡大菩薩御罰於可罷蒙候、以此旨可有御披露候、恐惶謹言、　応永十八年九月六日　（上条）左衛門尉久光請文　（朝日）修理亮範行同　進上御奉行所」、『薬師寺文書』に「尋被仰下候惣講師職松尾寺与穴師堂相論事、於我等候者、更理非之段不存知仕候、但、近年事者、穴師堂知行にて候、松尾寺以支証等被申上候之間、往古事者、不存知仕候、此旨偽申候者、可罷蒙日本国中大小神祇殊当国五社大明神御罰者也、仍起請文如件、　応永卅三年三月廿三日　（在庁田所）公景（在判）　（在庁惣官）秀景（在判）　御奉行所」（これは守護裁判所の事件なり）などとあるを参照すべし。

(294) 証状に起請文を載せしめたことは、前註所引諸例および『柞原八幡宮文書』三、至徳元年十一月十六日奉書に「由原社今度祭礼事、為千与丸名拾六町之役、地頭賀来掃部助令勤仕哉否被尋下当社宮師房等之処、各捧宝印裏誓文（宝印を捺せる牛王の裏に記せる起請文の意）」とあるを参照。

七六　偽証の罪科については適当な史料がみあたらないが、鎌倉時代においては所領の没収であり[295]、戦国時代阿波三好氏の分国法たる『新加制式』においても所領の没収あるいは死罪たること[296]をもってみると、幕府法においてもおそらく所領の没収、あるいは死罪であったろうと推定される[297]。

(295)　第一篇第八八項参照。

(296)　註(287)所引『新加制式』に引き続き、「将又件証人以贔負掠申之段顕著者、随其咎、或被没収所領、或可被行死罪」と見ゆ。

(297)　ただし、長禄四年九月五日幕府法令は「闕所証人」の偽証の咎を遠流と定めている(『建武以来追加』第一二九条)〔室追二六五条〕。

第四款　書　　証

七七　書証が不動産訴訟においてことに重要な意義を有していた[298]こと[299]は、室町時代においても、鎌倉時代におけると異なるところはない。

まず、その証拠力について記述するが、これを分かちて形式的証拠力と実質的証拠力とする[300]。

(298)　証文をそえぬ口状のみの申状は裁判所の受理するところでなかった。『伺事記録』天文八年五月十日の条に「長谷岩倉花園三郷与釜人相論柴木公事〔中略〕、釜人所申口状之間、不能許容之旨申之」とあるを参照。そのほか註(35)をも参照。

なお、公家法のものではあるが、註(94)所引「文殿雑訴条々」に「不備進自身相伝証文之族訴訟不被尋下」とあるを見よ。『法流相承両門訴陳記』延文二年十二月日法勝寺衆僧等追進申状（史料六之二十一、七六頁）に「一　同状云、〔中略〕不帯自身相伝証文之輩訴訟不可及御沙汰之由天下大法也」とある天下の大法とは、すなわちこの規定を指すのである。

(299)　本権の有無に関する訴訟は権利取得の由来を示す本証文によって決せられるのが常例である。『間藤文書』康暦元年六月一日遠江守下知状に「此段御沙汰及惣郷一同之御公事於寺領百姓〔論人〕勤否哉之支証御尋処、惣郷百姓〔訴人〕無支証由申上間、此上者、於寺領百姓不可致平均御公事者也」、『御前落居記録』永享四年十二月二十五日記録に「如雑掌訴申者、自大覚寺御門跡、為御寄進之地、帯御判并度々令旨、知行之処、去応永六年無故押領云々、如寺僧等支申者、号西霞寺田、致知行、於支証者、令紛失之由以長田状陳之、無文書上者旁非御沙汰之限間、如元被返付弘願院〔訴人〕、被成御判訖」、『妙心寺文書』四、文安元年七月十八日幕府下知状に「妙心寺領所々〔目録別紙在之〕事、自龍雲寺、称御寄進之地、雖被支申之、曾不帯寄付之所見上者、難及対論歟」、『実相院文書』一、寛正三年五月十二日幕府奉書に「山城国北岩蔵大雲寺領内氷室田事、主水司業隆可致直務之由就歎申、旧冬被糺決之処、業隆出帯之証文等不分明之間、不能許容」、『地蔵院文書』下、文明十一年四月二十七日丹波守護代内藤元貞下知状に「当郡河関村長興寺領内田弐段廿五代畠拾代事、今度寺家与作人両方糺明之処、彼作人根本支証無所持上者、如元被全寺家知行、於本役等者、可被致其沙汰由、可有成敗者也」、『本郷文書』三、永正八年十二月三十日幕府奉書に「若州本郷年貢半分、立帰人夫廿五人〔同名三郎扶泰跡〕事、為御料所、被仰阿野家雑掌之処、知行分彼郷年貢諸公事物以下称扶泰跡、恣掠給御下知之条、就被歎申之、雖被相尋之、扶泰領知之段証跡無出帯之者、任去文明十一年御判之旨、被返付訖」などとあるはその意味であると解する。なお、『建武以来追加』第一〇六〔室追一六九条〕・一一〇〔室追一七三条〕・一三〇〔室追二六九条〕および一五七〔室追一〇四条〕の諸条参照。

次に境相論のごとき場合には、論所の「差図」（地図）が有力な証拠として利用された。『蔭涼軒日録』文正元年卯

月五日の条に「臨川寺与大通院敷地相論、仍以開山国師差図伺之、臨川寺大通院諸奉行就于鹿苑院、以彼差図可経比判之由被仰出」とあるを参照。

以上にいわゆる証文は、すなわち本証文であって、本権そのものの争いに関して利用されたのであるが、その効果である所当の弁済につき、問題が起こったときには、鎌倉時代におけると同じく、返抄が最後の証拠となったのであろうと推察されるが、いまだにこれに関する適当な史料はみあたらない。

さて、上記のごとく、所領の知行権（本権）の有無は証文すなわち本証文（本権取得権原証文）によって決定されるのであるが、本証文なくして所領を知行し得る場合が一箇あった。すなわち朝廷よりの仏神寄進地には本証文がなくとも差し支えなかったのである。

『東寺百合文書』ヒ四十九之五十四、康永三年六月日東寺申状案〔ヒ四五ノ五号〕に「一　源氏女奸訴任式条年紀法并先例、可被棄捐事、〔中略〕凡仏神寄進之地雖不被副本券〔本券は本証文の意〕手継、寺社全知行者、古今通例也」とあるは、その意味である。

もっとも、この文書には、この規定の適用あるは朝廷よりの寄進地に限る旨の記載はないが、この文に引き続き、「就中、彼御起請符云、山城国上桂庄相伝無相違之地（云々取詮）、天子無二言、実証豈過之乎」とあり、また『同文書』レ五十之五十三、康永三年東寺申状案〔レ三五七号紙背〕に同じことを記して、「凡代々国主仏陀施入之時、不被副本券者、諸寺之通例也」といえるによって、かく制限を付して解釈するのが適当であると考えるのである。

(300)　文書の形式的証拠力の吟味は、その実質的証拠力の審理にさきだってなさるべきものであった。『法流相承両門訴陳記』連々訴状陳答条々大概（史料六之二十二、三六一頁）に「於謀実之論者、先被閣理非之御沙汰〔すなわち、いずれの証文の証拠価値が優れりや否やの審理〕、此一段可被糺決也、此段者、有限傍例也」とあるは、その意味である。

もっともこれは、公家裁判所の事件であるが、武家裁判所においてもまた同様であったろうと考えるのである。もつともこれは両当事者提出文書がともに実書であるならば、ほぼ同等の効力を有すべきものと認められる場合に限る。両当事者提出の文書の証拠価値に顕然たる軒輊のある場合には、劣等のほうの文書につき、真偽糾明の手続きをとることはなかったのである。註(309)参照。

七八　(一)　**形式的証拠力**　文書が形式的証拠力を有するがためには、第一に偽造文書であってはならぬが、文書が偽造であるか否かを判定する標準を実例によって挙示すると次のごとくである。

(1)　文書の名義人が文書作成のときに存在し、かつ所定の資格をそなえていること。(301)

(2)　文書の留書、(302)年号、(303)四至の書き方、(304)文字の使用法(305)などがいずれも定法にしたがっていること。

以上二箇の要件のうち、いずれか一を欠いた文書は偽造文書とみなされたのである。

(301)　『東寺百合文書』ト六十一之七十五、暦応二年十月日教王護国寺僧綱大法師等申状〔ト三二号〕に「一　氏女所進建武綸旨謀作事、定朝朝臣奉行綸旨、為実事者、豈不知行哉、又不申御牒乎、後日誘彼朝臣、令謀作者也、建武元年之比定親《東歟》南海道奉行也、全非五畿内奉行、争可書下山城国綸旨乎、但其比上卿何仁哉、定親現存之上者、有御尋、不可有其隠者也」とあるは、すなわち、問題の綸旨が、その作成当時の五畿内奉行(この奉行が該綸旨書下の権限を有する)の手になりしものなりや否やによって、謀書なりや否やを判定されんことを裁判所に求めたものである。

そのほか『東寺百合文書』ム「学衆奉行引付」観応元年五月日矢野庄条々（史料六之十四、一九七頁)に「一　散用状事、〔中略〕就中当庄散用状等事、代官并公文田所相共可載名字判形、若乍加判形等於散用状、就年貢等、参差子細出来者、別而可被処罪科之由、去康永四年二月条々載事書、被仰定畢、而沙汰人等背彼法之条、招罪科歟、向後猶以及自由散用者、可及厳密御沙汰者也」、『同文書』延文六年十月八日の条(史料六之二十三、八八九頁)に「一　彼帳〔上野庄

坪合帳〕寺家両公文并上使（頼慶）可書載之哉不〔之の誤〕事、於両公文者、可略之、至頼慶者、一事以上執沙汰之上者、可載之由治定了」、『同』八月十六日の条（同上）に「一　同庄〔上野庄〕坪合帳連署、以頼慶被載上判者、歎入之由、預所祐盛申子細事、此事於頼慶者、為検使之間、可加署之条勿論也、可為下判之条、又不応理、此上者、除祐盛、下司并頼慶両人、可加署之由治定了」とあるがごときは、すなわち文書作成名義人（加署人）の資格に関する二三の史料である。

（302）『大乗院寺社雑事記』文明七年四月二十日の条に「一　難波新左衛門為御使、上洛之間、次以大内方、遣書状、三宮領近来恐々と書之間、大名同篇間、恐々と書之、雖可為名字計、近日儀之間、加判、各背先規」、『後法興院記』長享元年十一月二十七日の条に「就中郷事、遣書状於右馬入道許、披見後普賢寺殿御書処、故右馬助入道許え謹言トアソハサル、仍余今日謹言ト書之、彼御書近日披見間、如之書之、先々三管領え謹言ト書之、其外諸大名計え状如件ト書之歟、但典厩別而依被執、如此歟」などとあるは、別に文書留書の形式が訴訟上問題となった事例ではないが、これらの史料によっても、文書の留書というものが、この時代において、少なからず関心されていたことをうかがい得るであろう。

留書に限らず、差出し書き、宛所、上所、脇付など、文書の各部分につき、煩瑣な先例が生じ、いわゆる書札礼に関する書物の多く著わされたことは、この時代の特徴である。しかし、ここにこれらの詳細を記述することは不適当でもあるし、また無意味であるから、これを省略する。『武家名目抄』文書部、『古事類苑』政治部三などを見れば、その大要を知ることができる。

（303）公家裁判所の訴訟に関するが、『東寺百合文書』イ二十五之四十五、康永二年六月日東寺学衆方申状〔メ一二〇号〕に「所謂、清章条々謀計内、如先度所進宝寿丸所得譲状者、元弘三年正月廿五日云々、忽破正慶改元哉、清章依作沙汰、如此参差之旨、文申之処、自科難遁之間、申定子息宝寿丸於謀書人之条奸謀之至賢察有余哉」（検非違使庁訴

訟）、『理性院文書』乾、康永二年六月二十四日文殿注進に「次笠取田貞正有助重里三名事、俊覚〔訴人〕所帯安貞以来手継、道賢〔論人〕令雌伏歟、但此内寛喜二年沽券、建長八年譲状、寛元四年院主免状、号位署年紀相違、加謀作疑難之処、或別当法印外題或院主僧都裏判共以依為後日、可参差之旨申子細〔下略〕」（文殿訴訟）、次註所引『東寺百合文書』に「全当御領中不相交他領之上、自承久至正安年中、称手継之状者、或無在所之名字、未来之年号、或時代七十余年中絶、謀作勿論也」、『東寺百合文書』リ二十四之三十四、延文六年二月日東寺申状〔リ五五号〕に「次良賢未処分之間、比丘尼宗賢以下分与懐運以一之状者、貞和元年卯月十日云々、十月廿一日改而号貞和、未来年号謀作顕然、罪科而猶有余」（以上二通の文書は公家方に提出されたものなることはほぼ疑いなきも、いずれの裁判所なるやは未詳）とあるがごときは、いずれも年号参差を理由として、文書の偽書なることを判断せんとした事例である。文書の真偽鑑定のために、かかる方法が幕府裁判所においても採用されたことは疑いをいれない。なお第一篇註(532)所引大谷村甚右衛門所蔵文書を参照。

(304)　第一篇註(534)所引『東草集』参照。なお、地積の書き方については、『東寺百合文書』ツ一之十、康永元年六月東寺学衆方雑掌陳状〔ツ二七号〕に「其故者、地券之習、積四方丈数、被書載券契者定法也」とあるを参照。

(305)　『宣胤卿記』文明十二年四月二十二日の条に「番着到籤年号等、一条前黄門今日書進之、伝奏執進之、小番着到文明拾二年四方ニ此分也、此拾字事自然世俗書之歟、公儀不可然、其上無十之心歟、緝韻字也、入能芸門、不入数量門、被書改者、可然之由退出之次令入魂之間、則書改了」、『宣胤卿記抜書』永正八年四月八日の条（史料九之三、二一六頁）に「左大弁宰相（尚顕）状到来、八幡田中坊跡事、両人相論、去春清徳丸閉籠及大訴之間、武家成安堵之奉書了、仍申綸旨、勅許、秀房可書遣由被仰下、草案送之、文章如何云々、相違所注付返遣了、一不可有知行、不可有相違、一庶子《麁歟》武家奉書如此、可為麁、一宛所田中清徳丸殿、丸字遣其人状不書之也、今度武家奉書書之、不可然」などとみえている。

これらの事案は直接訴訟上の文書真偽鑑定に関係あるわけではないが、文書の真偽鑑定についてはこれらの点が考慮されたにちがいないと考えるのである。

七九　上記内容および様式による真偽判定法のほかに、問題たる文書筆者の個人的特徴によって、その文書の真偽を鑑別するいわゆる「類書」「類判」の「比校」も室町時代において依然行われた(306)。その方法も鎌倉時代におけると異なるところはない。すなわち相手方が実書なることを承認し、あるいは実書たること疑いない同一筆者の書記せるほかの文書を所持人に命じて提出せしめ(307)、これと比較して当該文書の真偽を鑑別するのである(308)。

なお当該訴訟において「不能許容」すなわち証拠として採用せられざる旨、宣言された文書については、真偽の鑑定は無用であるから、これを行わぬ例であった(309)。

(306)『東寺百合文書』リ二十四之三十四、延文六年二月日東寺申状〔リ五五号〕に「其後僧懐運以一(南無阿弥孫子云々)号名主、捧申状於寺家畢、如彼状者、以南無阿弥雖号本主、曾不帯相伝本券、領知之条、濫吹無疑者歟、就中暦応二年卯月一日南無阿弥譲良賢之状者、比校于類書、判形相違、謀書難遁」、『建内文書』三一、応永六年正月日丹波国波々伯部保内極楽寺雑掌申状に「右如領家方雑掌申者、極楽寺々領売券判形不審云々、此事無跡謂也、彼寺領者買得以後数十年当知行無相違之処、去年始而及奸訴者也、所詮、於売券判形謀実者、被召出類判、被経糺明之御沙汰之時、聊不可有御不審者也」とあるがごときは、すなわち訴訟当事者において相手方提出文書を類書類判によって比校されんことを裁判所に請求した事例である。

(307)　この点については史料がいまだみあたらないが、けだし言うを俟たぬであろう。

なお本所裁判所のものではあるが、『長福寺文書』三、永徳二年十月十七日奉書に「山城国梅津庄内末時名々主職事、尊王丸所帯之性円状判形御不審之処、不備置類判間、所被奇〔棄〕捐訴訟也」とあるによれば、裁判所に証拠として提出した文書判形の真偽に不審をかけられ、しかも類書を提出し得ざる者は、そのゆえをもって敗訴となったのである。

(308)『東寺百合文書』レ一之十二、康永元年十二月山城国上桂庄領主藤原氏女妙光陳状〔レ三八号〕に「随而関白家宛中継之教明房、副院宣、同日雖被成下御教書、非領主教明房、当庄争可譲源氏女哉、教明房非光信之息女之上者、彼嘉元譲状謀書之条勿論也、於彼尼衆筆跡者、光台寺今林尚寺尼衆令存知之上者、有御尋、可令露顕者也」とあるによれば、文書真偽鑑別方法として、類書類判の比較のほかに、当該文書名義人（書記者）の筆跡を知れる者をして、これを鑑定せしめる方法も行われたらしい。

(309)『色部文書』貞和二年七月十九日御判下知状に「凡道祐所進公験与寺家所帯寄付状更難対揚、〔中略〕、次寺家所進平氏状〔寄付状〕真偽事、道祐雖申子細、彼状不及許容之条見先段、此上糺明無用也、仍不及沙汰」とあるがごとし。

八〇　実書であっても、「摺字」のある文書には変造の疑いがあるわけであるが、その文字の裏に文書名義人が判形を据えれば、文書の形式的効力に影響をおよぼすことはなかった。(310)この方法をとらずとも、鎌倉時代におけると同じく、文書全体の趣旨に影響をおよぼさぬ程度のものであれば、摺字は一般に文書の形式的効力を損ずることはなかったであろうと察せられるが、確証はない。

次に実書であっても、「幼少」の者が加判した文書は幕府法上無効であった。(311)老年の者加判文書の効力については史料が区々になっているが、おそらく有効だったのであろう。(312)

(310)『室町家御内書案』上に「一　急事之時由〔ママ〕御下知認候ニ、自然其内之文字ヲ摺事在之者、其字ノ裏ニ居判形儀ニ在之、故実也」と見ゆ。この記事は幕府下知状の書き方に関するが、おそらく一般の文書についても同様であったと解して差し支えないであろう。

「摺字」の意義については、『東寺百合文書』ル三十八之四十七、「学衆方評定引付抜書」康安二年矢野庄条々（史料六之二十四、七一四頁）に「一　和市事、貫別壱石七升云々、而如慶勝起請注進者、貫別壱石四合也、参差之至以外也、或以摺字成七升、或不載起請詞、私曲之条顕然也」とあるを参照。鎌倉時代にいわゆる「襲字上」と同義なのであろう。

(311) 註(21)所引『室町家御内書案』所掲、永正十五年幕府奉行人意見状参照。

(312) 問題は多く七十歳以上の老人の譲状が有効なりや否やについて生じた。これを有効なりとする史料には『建武以来追加』第二〇〇条〔室追八条〕に「一　七十以後譲状可有許容哉否事、（暦応）引勘之処、令条之文不分明、然而於祖父母父母譲者、数度雖改易、已後状可用之由、法家輩所勘来也、更無制禁、七十以後譲輩、不可有其難之由※（永正二十一七）被定置訖、然者旁無異儀哉」、『東寺百合文書』ツ一之十、貞治二年六月日賀茂氏女代僧快舜重陳状〔ツ五四号〕に「同状〔重訴状〕云、縦雖不思議後状、可為乞作上、八十有余行事〔行事は行為のこと〕非御沙汰限云々、（取詮）、此条後状之譲状既令承諾乎、将又八十有余行事被指南傍例繁多也、何況妙性〔問題の譲状の筆者〕之年齢者七十二也、失為方之余恣構出今案、令加増十余年之齢段、造意之至頗無比類」などがあり、これを無効とする史料には『日向記』三、明徳四年八月日伊東大和守祐安代申状（史料七之一、三一三頁）に「而慈証七十以後之計行事、如定法者、難達上聞者歟」がある。

『建武以来追加』第二〇〇条〔室追八条〕の文章（おそらく幕府奉行人意見状であろう）によって、永正二年十一月七日以後は、有効であることは疑いないから、問題はそれ以前においても有効であったか否かということである。が鎌倉時代においてすでに文書の効力（実質的）は書記者の年齢によらぬ（老齢でも差し支えないという意味）という原則が確立していたから、室町時代の制度としても、七十歳以上の老人の譲状は有効であったと解すべきであろう。

鎌倉時代の制としては、『阿蘇文書』二、正安元年十二月二十日関東下知状〔鎌二〇三三二〕に「爰氏女所進願西建長譲状者、為七旬以後状之間、難被許容、正嘉譲状無位署之上、令入筆畢、〔中略〕之由入阿〔論人〕雖申之、於建長状者、為願西自筆之条、入阿承伏之上、不可依年齢」、『新編追加』第三四六条〔鎌追六八七条〕に「一　七拾已後譲事、不可有其難矣」とあるを参照。

八一　(二)　実質的証拠力　まず文書の種類による価値の差等を研究する。これを(1)公文書と私文書、(2)先判文書と後判文書、(3)正文と案文　この三場合に分けて考える。

(1)　公文書と私文書　公文書の実質的証拠力が私文書のそれに優ったこと(313)は鎌倉時代におけると同様である。しかして公文書の間においても、種類ないし発布の形式によってその効力に差等を生じ(314)、また私文書においても譲与の証拠としては、譲状と書状との間で前者が有力であったことはいうまでもない(315)。

(313)　室町時代においては公文書のことを広く「公験」と呼んだ。公験と私文書との間において、前者が有力なりしことについては註(309)所引『色部文書』に「凡道祐所進公験与寺家所帯寄付状更難対揚」、『華頂要略』門主伝補遺、貞治六年条所掲、貞治六年九月十日足利義詮下知状に「上乗院宮雑掌申、遍照寺領山城国生田村田畠事、解状具書□□、宝蓮華寺雑掌称小早川安芸七郎濫妨、訴申之間、可止妨之由被成御教書畢、爰宮庁如出対勅裁以下者、遍照寺領所見也、宝蓮華寺所帯非指公験、仍難対揚歟、然者於件御教書者、所召返也」、『細川頼之記』に「尊氏卿之御時、師直執事たり、後には我意を振、我におろそかなる国人には尊氏の御教書ありといへども、其領を渡さず、又親きには、尊氏の御教書なかりしも、欠所の地を得させける事多し、〔中略〕丹波をば山名治めたりけれども、国人山名が成敗を受ず、依之山名都ちかき国なればとて、将軍へ帰し奉る、武州是を受取て、故将軍尊氏、直義、義詮御教書のある所領をば皆返しあたふ、御教書なく、師直が私の状のありしをば没収してけり」とあるを参照。

(314)　たとえば『御前落居記録』永享三年十一月三十日記録に「如雑掌訴申者、当所就本主之寄付、帯去応永廿年六月五日安堵、当知行之処、常仙掠給之条無謂之旨言上之、常仙者捧同廿三年九月八日御下文、当知行之旨論之、仍被訪評定衆并右筆意見訖、所詮、常仙所給者、云未施行、云後日御下文、難被許容之、雑掌所申非無其謂」とあるはその一例である。

これによると、「未施行」の下文(すなわちいまだ施行状の手続きにおよばない下文)や「後日御下文」はそれより以前の施行済み下文に対して、効力が劣っているのである(「難被許容」とあるところをもって見れば、あるいはこれらの文書はむしろ無効であるという意味と解すべきかもしれない。註(321)参照)。

なお、公文書と公文書との相対的価値の問題については、『相州文書』円覚寺亨(建武五年)陳状に「一　聖福寺奸訴条々、〔中略〕将軍家御判者、就綸旨之御施行也、正続院出帯之左馬頭殿御判者、御寄進之御下文也、御施行与御下文難対揚歟〔綸旨施行状のほうが有力の意〕」、『東寺百合文書』ヰ一之十五、暦応二年四月日東寺供僧学衆等代所司等庭中申状〔ヰ三二ノ一号〕に「次以四辻宮恩給令旨難棄破震〔宸〕筆御起請符、官符、庁符、関東御施行、当御代院宣等」、『伺事記録』天文十三年五月三日幕府奉行人意見状に「以綸旨、可被破上裁例不存知之」などとあるを参照。

(315)　このことに関する史料はいまだみあたらないが、譲状が処分文書であるに反し、書状はたんなる証明文書にすぎないのであるから、けだし当然というべきであろう。

八二　(2)　**先判文書と後判文書**　譲状について「後判」は「前判」を破るという原則は室町時代においても依然、行われた。(316)

(316)　『看聞御記』応永二十四年十月二十三日の条に「今御所有御対面、法安寺田事、委細申入了、所詮、法皇御書拝見、

応永三年六月十三日被染宸筆、真修院拝領無子細云々、法皇御沙汰乍恐参差也、同三年三月日教仲ニ被下了、（一町分）、不経幾日数、同六月真修院ニ被下云々、御寵愛之余歟、又御老蒙〔耄〕歟、時宜尤不審、然而沙汰之法用後判之間、此上者、難申異儀者也」とあるがごとし（ただし、『義治式目』第四七条の規定するところはこれと反対である）。

ただし、これは譲状（処分状）の場合に限る。それ以外の「他人契約」状（他人和与状の意と解す）においては前判が有効で、後判が無効であったのである。『伺事記録』天文十二年十一月二十七日幕府奉行人意見状に「惣別、於他人契約〔他人契約状の意〕者、被賞先判歟」とあるがごとし。

八三　(3)　正文と案文　正文と案文との関係は、鎌倉時代におけると同様である。すなわち正文なき案文は実質的証拠力を有せず(317)(318)、ただ次の三箇の場合にだけ訴訟法上正文と同一の取り扱いを受けることができたのである。その一は「校正符案」、「校正案文」あるいは「正案文」などと呼ばれるものであって、案文に対して裁判所が校正を行って、正文と同一の効力を付与した場合(319)、その二は紛失状をもって案文に正文たる効力を付与した場合(320)、その三はほかの証拠によって正文の存したことが明瞭である場合(321)である。

なお、所領の安堵下文が判決と異なり、当該所領に関する爾後の訴訟において一の証拠としてその価値を認められるにすぎず、訴の理非の判断につき、裁判所がこれに羈束されなかったこと(322)は、鎌倉時代におけると同様である。

(317)『毛利家文書一』一五号、永和二年五月事書に「観応元年、高越州、武田伊豆前司方状ニ、帯曽祖父譲之条明白也、但彼状正文武田方ニ留之間、為案文之間、支証不可立之由有其沙汰」、『後深心院記』康暦元年十月十九日の条に「賀茂与鞍馬堺相論及合戦云々、此事自旧院御代、再往有其沙汰、鞍馬寺寛和宣旨、嘉禎官符不備進正文之由有沙汰、旧院御代賀茂社得理了」とあるがごとし。

(318) かく案文は訴訟法上証拠力はなかったのであるが、裁判所に証拠書類を提出する場合には、案文をもってするのが通例で、相手方より請求ある場合にはじめて、正文を出帯（ことに判決の席に）する例であったのである。

『東寺百合文書』む一之二十、暦応四年十月日山門楞厳院般若谷住侶範恵重陳状〔む一〇号〕に「同状云、或構謀書之由称之、或実書之旨承伏之、亘両言歟云々、此条実書之旨承伏何事哉、正文披見之日可申所存者也」、『田代文書』四、貞和三年七月和泉国大鳥庄上条地頭田代豊前又次郎入道了賢陳状に「此条寛喜貞永関東御下知由事、尤所恐存也、但非当条事上者、雖不及子細、聊不審之間、被召出正文、可申所存之旨、度々雖令言上、不及出対上者、奸謀段弥令露顕畢矣」、『東寺百合文書』ツ一之十、貞治二年六月日賀茂氏女代僧快俊三答状〔ツ五四号〕に「有限理運之沙汰、当方強雖非可遁避申、且為傍例、且為外聞、被召出敵方所帯文書正文等、於御沙汰之砌、加一見之後、当方所帯後状之譲正文可令進覧者也」とあるを参照（なお『義治式目』第四二条も参看）。

(319) 案文校正方法の大要は『室町家御内書案』上に「右校正物裏ニ奉行両人加判形、紙継目ニ如此居判形也、永正松田丹後守長秀被相調畢、飯和亭ニテ写之」とあり、また同書他所に「校正事、飯賀貞広被封裏、越〔マヽ〕者紙ヲ続テ紙一枚之内ニ二ヶ条在之、一ヶ条ニ判形一ツ、在之、続目ニ無之、常ノ調ニハ相替候間、此段飯和州ヘ不審処ニ左モ可在之、其故ハ自然一ヶ条用時、続目ヲ取放事如何之間、如此モ在之、然共紙一枚之内ニ判形二所之儀者不存候旨、飯和被申之云々、亦第一ヶ条之始ニ校正畢ト書、点懸也、其次之ニハ同ト書テ点ヲ懸也、堯連ハ松田長秀相伝云々」とあるによって知れる。

『三宝院文書』一、建武三年十二月二十二日幕府御教書裏書の「正校了　建武四年四月九日　僧快公〔花押〕　藤原家秀〔花押〕」、『金剛三昧院文書』一に見える同院所蔵文書中のあるものの謄本に足利直義が加えた「高野山金剛三昧院券書等納置寺庫、不可輙出之、向後以此校正案文、可比正文也、貞和丙戌七月廿三日記　左兵衛督源朝臣〔花押〕」

の自書のごときは、すなわち校正文言の一二の例である。

　証文の校正は訴論人が三問三答をつがえるまで（三問状あるいは三答状を裁判所に提出するまで）は、これを受けることができた。『伺事記録』天文十四年九月一日意見状の前書に「今度富樫小次郎捧　御判両通、然此証文兄方在之、兄者国退出之人也、其証文預置者、差日限借之間、校正之儀申之、子細者、安威兵部少輔与富樫南白江相論之、番三問三答者也、就其証文之儀、如此也、然安威奉行申事ニ三問三答番内校正之儀無謂之旨支之、仍為内談衆被尋之、各白校正之儀古今無別儀三問三答番之中不校正之例不令存知之、縦雖其内校正之段不可有異儀歟、況此儀者可校正之段被仰出之条不及沙汰之旨申之（于時天文十四、八、十九）」とあるがごとし。

　『室町家御内書案』上にも「校正事、不伺儀、古今通法歟、三問三答之内校正事、不苦由各申之、就上意御尋、出座衆　諏信〔下略〕」と見ゆ。同書他所には「校正事、訴論人申之儀在之間、被尋下候、惣別者、不及伺申儀、古今御法被三問三答内校正不苦旨各申之、出座衆諏信州〔下略〕」とある。これによると、文書の校正は将軍にうかがうにおよばず、奉行人が単独にこれをなし得たのである。

　さて、校正を受けた案文は全然正文と同様に取り扱われたのである。『御前落居記録』永享四年十二月二日記録に「彼庄務以建保六年官符宣、募由緒、可預上裁之旨、長郷申之、爰件官符校正案文也、非無御疑《〔ママ〕》貽哉、而就被尋下、如評定衆等注申者、校正之物准拠正文之段古今傍例云々」とあるがごとし。

　なお、『東寺百合文書』カ十二之十九、延文三年九月十二日東寺学頭法印権大僧都深源申状〔カ四七号〕は公家に宛てられたものであるが、その一ヶ条に「一　不正交〔校〕文書不上覧、不逢沙汰者、古今准式也」、『島津文書』一、康安元年六月日島津上総入道々鑑代得貴申状に「欲早被経急速御沙汰、被引合譜代相伝重書等案文、被校正間事、副進一巻譜代相伝文書等案　右、道鑑自右大将家以来迄于今、代々相伝文書等九州御管領御下向之上者、正文等可持下之処、路次難儀之上者、被正校案文等、被順〔准〕正文、於鎮西為被経御沙汰、恐々言上如件」とあるを参照。

(320) 文書紛失の場合に「紛失状」を立てる慣例については、『近江蒲生郡志』巻九、一〇一頁所引「石山寺文書」建武三年六月日解状に「今月九当国守護代馬淵三郎左衛門尉厭勢多橋事、帯御教書下向之時、令破却彼寺庫、重書□子細彼□知畢、如此之時立紛失状者古今之例也、故自非立紛失状者、何事可為証拠哉」とあるを参照。

紛失状をもって案文に正文の効力を与えた例としては、『勧修寺文書』(編年文書所収)文安五年九月十六日幕府奉書に「冷泉治部卿家領山城国小野西庄文書事、去年十二月十八日夜鷹司町西頬私宅炎上之時令紛失畢、仍為後証、以案文之、所封裏也矣」とあるを参照。正文の効力を付与する旨の記載はないが、案文の裏を封じた(裏書裏判を加えること)のはその意味であること、疑いない。

(321) 『御前落居記録』永享二年十二月二十五日記録に「□広橋中納言家由緒被召出支証之処、明徳三年五月三日祖父以御書(但正文紛失)拝領以来当知行之処、去応永十五年大館申給云々、爰被召出彼証文訖、去明徳元(閏三十六)亡父以御下文被下之中間、広橋家雖被申賜、其後勝定院殿御代被返下、于今当知行之由申之、於大館者、御下文先日之間、所申雖非無其謂、未施行也、又応永年中御判為還補者争不載其詞哉、旁以無御不審、所詮、至広橋者、雖令紛失御書、既而施行分明之上細々奉公之間、難被対揚」とあるがごとし。

(322) 『色部文書』貞和二年七月十九日幕府下知状に「次同四年施行者、被遵行先日安堵之由所見也、難称裁断之上、理非者不依安堵之条定例也」とあるがごとし。

『御前落居記録』永享三年十一月十三日記録に「兼季如訴申者於小野社神主職者、小野六郎就時衆殺害之罪科、被闕所之、去応永十五年被成御下文之処、彼等違背御成敗、終不去渡下地云々、松夜叉丸如支申者、海老名雖致無理之競望、帯両度安堵(応永廿一年同廿九年)当知行云々、雖然、非還補之上、不申披所犯、旁以紕繆令露顕之趣有沙汰」とあるが、安堵は補任状(還補状)のごとく、権利の有無の証拠になるものでないという意味であるから、またもってこれが傍証となすことを得よう。

八四　以上のほか、文書の実質的証拠力が独立に変更を受けることがあった。その原因左のごとし。

(1) 当該文書が自発の状ではなく、強制によって書かれたものである場合には、証文としての効力を有しない。(323)

(2) 一定の時期以前に作成された文書は、その実質的証拠力を喪失することがある。(324)

(3) いわゆる「年紀馳過」の証文は無効である。(325)

(4) いうまでもないが、甲の事実を証するために、乙の事実に関する文書を提出するも無効である。(326)

(5) 特定の官庁が将来証文として使用すべからざる旨を命令した証文（「棄破証文」）は証拠力を有しない。(327)

(323) 『東寺百合文書』メ七十一之八十五、文明九年五月二十三日※俊忠請文〔メ二六三号〕に「故堯全僧都所帯之供僧職事、譲与慶清律師之由被申候之間、於此供僧者、為当坊自専之四箇供僧随一之間、申入寺家之処、任御文明競〔鏡〕之旨、御成敗承悦候、然而彼律師相語武辺之者、乱入当坊、以強々之儀出去状案文、押而取判形之間、当座之儀不及力次第〔中略〕、此上者、以前之去状不可為向後支証候」とあるは、その一例である。

(324) 『北野誌』首巻天一六三頁所引、明徳元年六月二十一日御判下知状に「右八幡雑掌者、領家分下地入勘之地之由申之、北野宮雑掌者、為地頭請所之旨、論之、所詮、於八幡宮所進建暦官符者、承久以前支証之間、対于地頭、不是非〔ママ〕之限者乎、其後不帯公験之間、胸臆之至也」とあるはその一例である。

(325) 鎌倉時代においては、年紀という語は主として不動産物権の取得時効の意に用いられたが、室町時代にいたってはそのほかに不知行不動産物権文書の有効期間をも意味するにいたり、この期間を経過した文書を「年紀馳過文書」、未経過の文書を「年紀未満文書」と称した。

『建武以来追加』第一一〇条（応永二十九年七月二十六日御成敗条々の中）〔室追一七三条〕に「諸人訴訟事、於或年紀馳過〔年紀馳過文書の意と解す〕、或不帯公験者、不可有御裁許焉」、同第一一二条（同上）〔室追一七五条〕に「一　充給替地事、以闕所申賜之者定法也、爰以年紀馳過文書、称由緒、望申得替之族惟多、自今以後固可被停止矣〔下略〕」、同第一一五条（同上）〔室追一七八条〕に「一　紛失安堵事、雖帯文書案文、於年紀馳過者、不可有御許容、至捧当知行并年紀未満文書案文者、非制限焉」、『室町家御内書案』上、応永八年十一月十六日幕府御教書に「大炊寮雑掌与権暦博士宣継朝臣相論山城国奥山田郷事、就訴諌〔陳〕有其沙汰之処、於大炊寮領与〔支の誤〕証者年糺〔紀の誤〕馳過之間、所被棄置也」とあるがごとし。

文書の年紀とは、不知行所領文書の年紀の意であることは、前記『建武以来追加』第一一五条に「当知行并〔不知行〕年紀未満文書」とあって、当知行文書と年紀未満文書を対照せしめていることによって知り得るのである。しからば、文書の年紀は何年であったろうか。

この点についてはいまだ史料がみあたらないが、不動産物権取得時効の制より推して、二十年と解して差し支えないのではあるまいか。

右に述べた意味の文書の年紀はもとより当該所領が不知行になったときより起算するのであるが、右年紀中に該文書を裁判所に提出して奉行人の「加銘」を受けると、年紀は延長（「相続」）されて、そのときより二十年となるのである。

『室町家御内書案』上、延徳三年六月二十四日幕府奉行人意見状〔室追参三三条〕に「以奉行人加銘、不可相続年紀之旨、上野民部大輔尚長申、被尋下先蹤事、〔中略〕度々所見之上者、以奉行人加銘、可相続年紀之条不可及子細者也」とあるはその意味である。なお、『建武以来追加』第一一三条〔室追一七六条〕を参照。

奉行人加銘とは、すなわち奉行人が文書に「銘」を書き加えることを意味する。この場合の銘の書きようについては、知るところがないが、『常総遺文』五、正和三年四月二十六日平胤貞置文に加えられた

為後証、所封裏也、
永享三年十二月廿四日　　（花押）

という裏封とだいたい同様なものであったと解して差し支えないのではあるまいか。なお文書の「年紀馳過」制、すなわち「文書年紀」制については第一篇註(5)所引拙稿（七六頁以下）参照。

(326)『東寺文書』応永八年十月二十八日御判下知状（史料七之五、一四七頁）に「東寺領山城国植松東庄拾町余地頭職事、松尾神主捧観応御下知状等、雖致訴訟、如彼御下知者、以元久嘉禄宣旨為支証、両通宣旨葛野一郡神事催促之官裁也、曾非下地知行之証文、将又条理相違以下参差非一、掠給之条顕然之間、所奇〔棄〕置貞和観応御下知也」とあるがごとし。

(327)『安国寺文書』寛正三年十二月日丹波国安国寺雑掌重申状に「抑亦和与状之子細者、応安年中曽祖父筑前守世貞代仁無謂及違乱之間、先為止一旦之妨、為時代官、相互有其契状、無理押妨之由、宝篋院殿様、鹿苑院殿様被聞食披、彼和与状已被帰〔棄〕破而帯寺家一円之御判等上者、於和与状、再不可帯支証」とあるがごとし。

八五　書証の手続きとしては、当事者が自ら証文を裁判所へ提出し(328)、あるいは当事者の申請によって、裁判所が当該文書の所持人（相手方あるいは第三者）をして、これを裁判所へ提出せしめる場合(329)のほか、室町時代に入っては、裁判所が職権をもって、訴訟当事者に証文の提出を命ずる制度が生じた(330)。しかして証文の提出を命ぜられた当事者が三ヶ度の命令に違背してこれを提出せぬときは、その科として敗訴となったのである(331)。

(328)これには当事者が自分所持（彼が訴訟の目的のために、当該文書の所有者より借り受けて所持する場合を含む）の文書を訴陳状にそえて、裁判所に提出する（ただし、この場合には通例案文を用いる。註（318）参照）と、問答のため裁判所へ出頭するとき、これを携帯して提出するとの二箇の場合が存したことは、鎌倉時代におけると異ならない。

（329）相手方所持文書の提出方命令の発行を裁判所に請求した例は、政所沙汰のものではあるが、『賦引付并徳政方』天文十六年十月日小嶋太郎三郎長次申状に「幸帯証文之由、〔相手方が〕申之上者、急度可致出帯之旨被成下問状、為預御糺明、粗言上如件」とあるを参照。

この種の申請にもとづいて裁判所より相手方（？）に出した命令の実例は、『宝鏡寺文書』延徳二年九月五日幕府奉書に「沼田三郎左衛門尉光延申、山城国西七条右京寮下司職散在名（号市町）事、来十一月以前可被進覧文書正文之由候也、仍執達如件」とあるを参照。

また『小早川家文書之二』五八二号、十月十三日彦部松寿丸請文写に「知行分江州浅井郡内大井郷南方地頭職本証文事、只今雖可備　上覧候、彼証文等親類僧仁預置之処、所用田舎辺罷下候、留主候間、不能撰出候、若此旨偽申候者任御法、可預御罪科候、此由可有御披露候」とあるは、すなわちこの種の命令に対して、文書所有者より提出した請文の一例である。第三者が文書を所持している場合についてはいまだ関係史料がみあたらないが、だいたい当事者所持の場合と同様な請文が出されたと見て差し支えないであろう。

（330）『東寺百合文書』（文明十四年）十一月十二日松田数秀（幕府奉行）書状〔せ武家御教書並達九八号〕に「柳原御支証事、先度御判案文一通給候ツる、彼在所の御支証正文悉可渡給候」とあるは、すなわち裁判所より職権をもって文書所持者に当該文書の提出を命じたものであると考える。

なお、守護裁判所のものなるも、『勝尾寺文書』五六号、応永八年七月日同寺衆徒等申状に

去二月廿一日同国宿久庄官百姓又小野原住民以下令同心、二三百人之山人等乱入制内、切取山木、〔中略〕散々之由告来、山伏以下走向之処、非于山人計、対〔帯〕甲冑（楯於持）弓箭、不知其数、被対甲冑者何里人哉、致問答之

処、宿久庄之仁也、令答此分、訴申守護方之処、早々之御糺明無之、数日之後宿久庄官等堺論之由申之、随而庄官等進上之証文案被下之、寺領支証等可持参之由承之、

本所裁判所のものではあるが、『東寺百合文書』ツ一之十、貞治元年十月日阿賀丸妹御々女重申状に

件職舎兄定夏(左近将監)并阿賀丸等代々相伝之子細、奉為寺家、致忠節之次第及御々女可令相続伝領之段載于目安状、先度具令言上訖、而如御奉行御返答者、可進覧相伝証文等云々　［ツ四九号］

とあるを参照。なお次註所引諸文書をも参照。

(331)『勧修寺文書』三、文明十四年七月三十日幕府下知状に「勧修寺常林申、田地壱段屋敷并重書等事、就参貫五百文之借銭、遣置慶珍比丘尼之処、慶珍死去後、拾取彼文書、田地等数年押領云々、言語道断次第也、爰道徳入道相語沢野井三郎兵衛尉、依申子細、為糺明可出帯文書正文之旨、及三ヶ度、雖被相触之、無音之上者以違背篇被裁許訖」、『同文書』三、明応九年十二月二十九日幕府奉行人意見状に「勧修寺宮御門跡雑掌与安祥院光意雑掌相論山城国宇治郡山科郷内安祥寺事、被尋下之趣、就文書出帯之儀、被差日限、被成召文之処、依其身在国、令随身之間、於日限中者、難出帯之由申之、既被成度々召文、写取訴状、及二問二答、申子細之上者、可致証文出帯之覚悟者歟、違背之段勿論也、次文書出帯召文事、可任上意之条雖無余儀、惣別可為引懸之間、被任本法(『御成敗式目』のこと)、可被成三ヶ度者哉、宜為上意哉矣」、『同文書』四、文亀元年六月二十日幕府奉書に「差日限、可出帯請取之趣雖被成御教書、無音之上者、云謀書、云違背、被付在所於御門跡者也」とあるがごとし。この最後の文書によって、三箇度召文違背のほか、日限召文違背の場合においても違背者の敗訴になったことを知り得る。

八六　謀書謀判人の処罰については、室町時代においても、『御成敗式目』第一五条前段の規定が適用された[332]。すなわち所領ある侍は所領を没収し、所領なき侍は遠流に処し、凡下の輩は火印をその面に捺し、執筆者もまた

同罪としたのである。しかして謀書は幕府に没収されたのである。(333)(334)

(332)『実相院文書』二、明応四年八月十七日幕府奉行人意見状に「然者、悉以為謀判、所詮、於此数通〔謀判証文〕者、被破之、至其身者、難遁罪科之上者、任本法可有御成敗哉」、『伺事記録』天文十四年七月十九日幕府奉行人意見状に「至謀書之科者、侍凡下条々本法在之〔下略〕」と見ゆ。これらの文にいわゆる「本法」とは『御成敗式目』第一五条の規定を意味すること、疑問の余地はない。

『香取文書纂』巻二、康永三年五月日下総国香取太神宮神主実材重申状に見える「所詮、於謀書咎者、任被定法被行重科」という文中の「被定法」とは、やはりこの規定をさすのであろう。

『慈照寺文書』文和四年十一月七日御判御教書には「山城国平等院末寺善縁寺同下司職以下事、本所進止之条、弘安六波羅状炳焉之上、預人村上河内守貞頼称武家領之支証、備進仁治下知、元亨外題譲状等之処、謀書顕然之間、所止貞頼知行也」とあり、謀書人の咎については何ら記載してないが、謀書人は右の規定によって処罰されたのであろうと推察される。

ただ、問題は『世鏡抄』下、第四七に「或謀書謀判アラハ、依事死罪流罪ニ行ヘ、扶持ノ郎等冠者ニ致〔至ってはの意〕依時儀可許之也、謀判ハ書手モ同罪、謀判ハ子迄モ可懸」とある文章の意味如何である。もし、この文章が幕府法を記述したものであるならば、同書作成時代〔未詳〕においては、謀書謀判の処罰につき、『御成敗式目』の規定とやや異なった法制が行われていたといわなければならない。しかし、右『世鏡抄』記載の法例が幕府法なりや否やについては疑問の余地が存するから、しばらく断定を避け、これが解決は他日を期することとする。なお分国法の規定としては、『義治式目』第四一条を参照。

(333) 前註所引『実相院文書』および同文書〔同年〕九月三日松田数秀書状に「尚茂書記跡福田庵分事、就数秀中風所労、愚息英致申沙汰仕、奉書調進候、以意見状案文、封裏進之、福田庵出対候謀書者、被召置候、可然存候」とあるを参照。

(334) 謀書ではないが、他人の証文を奪い取って奸訴をいたすときは、その文書は裁判所に「召置」かれる法であった。たとえば、『密井文書』貞和二年十月二十七日御判下知状に「世上擾乱之後、誘取他人之文書、致奸訴之輩惟多、定教為其随一歟、〔中略〕、次定教所帯状等事、為他人証文之条分明之間所召置也」とあるがごとし。召し置かれた文書類は、後日おそらく所有者に返付されたのであろう。

第五款　検　証

八七　室町時代においても、検証の制は行われ、これをやはり「実検」「検見」あるいは「検知」などと称した。

実検は主として境界相論の場合に行われたが(335)、そのほか、苅田狼藉の訴のごとき場合にも行われたことがある(336)。実検は幕府使節、守護、そのほか論所関係者などに命じてこれを行わしめた(337)。実検使は起請文を載せた請文をもって実検の結果を裁判所に注進しなければならなかったのであろう。

(335) 境論における実検の例は、『伺事記録』天文十三年十一月二十四日幕府奉行人意見状に「被尋下松橋院雑掌与徳大寺家雑掌相論城州醍醐田事、於院家者、清住寺之内醍醐田趣申之、至彼家者、為御称号之地縄内旨支言上条既被検知、御紀明之処、徳大寺家雑掌被引証文云々」とある文、および註(330)所引『勝尾寺文書』を参照。
分国法では『大内家壁書』に延徳三年九月十三日壁書として「堺目相論之時、余地并余得之事、諸人知行分堺目相論自地内及御沙汰、以上使被検知之時、各所給之地過分限、有分土余地并余得事者、此余地余得之事、以中途之儀、可為公用之由御定法也」、『今川仮名目録』に「一 田畠并山野を論ずる事あり、本跡紀明之上、剰新儀をかまふる輩、於無道理者、彼所領之内、三分一を可被没収、此義先年義定畢」、『信玄家法』上に「一 山野之地、就打越、四至傍示境論者、紀明本跡、可定之、若又依旧境不及分別者、可為中分、此上尚有相論之族者、可付別人」という規定がある。最後の二箇の規定中、本跡紀明という語の意義は実検によって旧境を明らかならしめる意と解する(『御成敗式目』第三六条参照)。

(336)『宗像文書』七に見える

筑前国朝町一方地頭佐々目孫太郎入道禅恵申、同国野坂庄地頭代神崎孫次郎等乱入当村、致苅田追捕以下狼藉由事、早野介辰殿相共莅彼所、且検見苅跡、一旦可被鎮当時狼藉候、恐々謹言、

康永三年九月廿三日　沙弥定智〔花押〕

沙弥妙雲〔花押〕

打橋兵庫次郎入道殿

『新編会津風土記』七に載せた

三池助太郎頼親代親資申、筑前国富中郷内牛丸成貞六郎丸、久富四十〔ケか〕名事、松浦正崎三郎打入彼名々、致苅田狼藉云々、守護代相共莅彼所、相尋実否、載起請之詞、可被注申也、仍執達如件、

観応二年十月廿日　筑後守〔花押〕

住吉神主殿

のごときはすなわち苅田狼藉実検の一二の例である。

(337)使節を派遣して検見せし例は前註所引『宗像文書』を参照。守護(代)あるいは論所関係者に検見を命じた例は前註

所引『新編会津風土記』所載文書を参照。

第九節　職権主義と当事者主義――裁判所と当事者との関係――

八八　本節論述の範囲は第一篇と同様である。

(一)　**権利保護を与える範囲**　この点については、鎌倉時代におけると同じく裁判所は当事者の申し立てない事項につき、判決をなすことを得ないという主義が行われた。(338)

(338)『田中教忠所蔵文書』四、貞和二年十月七日御判下知状に「押領已後得分物事、同咎事、不可憤申、先被返付下地於社家、可全神用之由、去月廿八日於内談之座、雑掌〔訴人〕所申請也、此上不及異儀」とあるは、すなわちこの主義にもとづいて下された判決である。

そのほか『建内文書』三、貞和四年十二月二十七日御判下知状に「如両使執進貞朝〔論人、今者死去〕子息貞直今年八月廿四日請文者、濫妨事、無跡方不実也、於社家知行分者、悉乍令管領、及奸訴之条無謂云々、爰恐罪科、遁申之上者、強不能憤申、為向後可預裁許之旨、松鶴女所捧状也、此上不及異儀之状、下知如件」とあるをも参照。

八九　(二)　**訴訟資料の蒐集**　この点については鎌倉時代の制度とやや異なるところがある。詳言すれば、

(1)　当事者が訴訟において訴訟物に関する自己の主張を抛棄し、あるいは相手方の主張を認諾するときは裁判所はこの抛棄あるいは認諾をそのまま承認する例であった。(339)裁判上の和与についても同様である。(340)

(2)　証拠についても通常は当事者が自らこれを裁判所に提出し、あるいはこれを特定して裁判所にその蒐集を

申請したのであるが、例外として鎌倉時代以来の堺相論における故老人の尋問および実検のほか、室町時代においては証文についても裁判所が職権をもってこれを蒐集するという制度が生じた(341)。

以上、㈠ならびに㈡および第二五項において記述したところを総合してみると、室町時代の不動産訴訟においては、訴訟の審理につき職権主義を加味した当事者主義が行われたといって差し支えないであろう。

(339) 認諾については『八坂神社記録』下、七六頁、貞和四年十二月七日御判下知状に「斎藤彦三郎秀定申、近江国朝日郷内久米名田畠事、右地者帯養祖父斎藤兵衛尉経清所給文永五年十月廿九日関東下文并養父貞利嘉暦三年三月十九日譲状、知行之処、惣領斎藤三郎左衛門尉貞基貞和二年以来押妨之由就訴申、尋下訖、如貞基五月二日請文者、件名田秀定相伝知行之上者、押妨事、無跡形不実云々、此上可預裁許之旨、秀定所捧状也〔中略〕者、旁不及異儀、然則於於〔ママ〕彼地者、秀行知行不可有相違之状下知如件」（この事件においては、論人は押妨の事実は争ったのであるが、訴人知行権はこれを認諾したのである）。

『北野神社目安以下色々事』応永二十六年七月二十五日御判下知状に「石清水八幡宮雑掌与北野宮雑掌相論加賀国笠間保領家年貢事、右年貢者、去明徳元年有其沙汰、任本司之例、為地頭請所、毎年五百疋可沙汰渡八幡宮之由、成下知畢、爰員数不足之旨、社務登清法印頻訴申之間、以別儀毎年千疋可致沙汰之由、法眼禅尋言上之処、登清令承諾畢、此上者、向後相互及異論者、可有其咎也、然早於毎年々貢者、可沙汰八幡宮之状、下知如件」とあるを参照。

抛棄についてはいまだ適例がいまだみあたらないが、認諾の例より推して、裁判所が訴訟当事者主張の抛棄をそのまま承認したのであろうことは容易に察し得るのである。

(340) 第五二項参照。

(341) 第八五項参照。

九〇　次に濫訴防止のために採られた手段について述べる。濫訴防止の手段は室町時代においてもいわゆる敗訴罰であるが、これを大別して「奸訴之咎」「御教書並奉書掠申之罪科」「不知行地押領後訴訟罪科」および「奏事不実咎」の四種とする。「堺打越」については、その存在を推測せしめる史料は存するが(342)、いまだ適確な史料に逢着せぬので、しばらく省略にしたがうこととする。

(1)　**奸訴之咎**　不当の訴は一般にこれを「奸訴」と称し、奸訴訴人は「奸訴之咎」に処せられた(343)。

(2)　**御教書並奉書掠申之罪科**　御教書並奉書を掠申す(すなわち奉行人をあざむいてこれを受ける)者は、所領を没収され、所帯なくんばその身を罪科に処せられたのである(344)。

(3)　**不知行地押領後訴訟罪科**　愁訴があらば、訴訟の手段によって、御成敗を仰ぐべきであるのに、みだりにまず論所を押領し、次に訴訟をいたすがごときは、甚だ不当であるから、かかる訴については、たとえ理運の申状たりとも、論所は相手方に付せられたのである(345)。

(4)　**奏事不実咎**　裁判所に対して虚偽の陳述をなした者は「奏事不実咎」に処せられた(346)(347)。

(342)　すなわち分国法にはこれに類似する規定が存するのである。たとえば『新加制式』に「一　改旧境、致相論事、右如式目者、割分訴人領地之内、被付論人云々、当時不合期、然則随成論之分限、令出過銭、可被付神社仏寺之修理、若不出過銭者、可被召放割分所領」、「雖無道理、無指損之故、企謀訴之輩、可被懸贖銅事、右式目之趣炳焉也、但或不致奉公、或無忠節之輩、割分件所領、可預新恩之段、非無其詮乎、自今以後於企謀訴之輩者、可有贖銅、(中略)則可被付寺社之修理」、『今川仮名目録』に「一　田畠并山野を論ずる事あり、本跡紀明之上、剰新儀をかまふる輩於無道理者、彼所領の内、三分一を可被没収、此義先年義定畢(下略)」、同追加に「一　田畠山野境問答対決之上、越度の方、知行三ヶ一を可没収之旨、先条雖有之、あまり事過たる歟のよし、各訴訟に任、問答之傍示境一はいを以、公事理運之方へ付置べき也」、『塵芥集』の「ふるきさかひをあらため、さうろんをいたす事」ならびに「田畠ならひニ山野やしきとうのさかひの事」の箇条のごとき、これである。

これらの史料より推測するときは、室町幕府においても、堺打越の制度が存したのであろうと考えられるのであるが、いまだ直接これを証する史料がみあたらぬのである。

なお、懸物押書の制も室町時代になっては消滅したようであるが、『義治式目』第六三条に「一　訴論致言上者、為訴訟銭、一貫弐百文宛、訴人論人共以、相副目安状、奉行所江可相渡之、有御糺明、理非治定之時、奸曲者之出銭於壱貫文者、可被付寺社修理料、道理之輩出銭於壱貫者、封侭如元可被返付、弐百文宛之事者、奉行人可執之事」とあり、また『長曾我部元親百箇条』に「一　堺論之事は如何様も検地帳次第たるべし、双方共ニ遂言上、沙汰分明上、非分者ニハ為過怠五百貫文可出之、但双方申分於不聞分者、論所之地可召上事」とある規定のごときは、この制度の系統を引いたものであろうと推定される。

(343)　『地蔵院文書』下、暦応三年卯月日陳状に「早被停止度重謀訴、被行其身於奸訴之咎、弥欲令知行矣」と見ゆ。不当の訴はすなわち奸訴であるから、次に述べる御教書並奉書掠申之罪科ならびに不知行地押領後訴訟の罪科のごときもまた奸訴の咎の一種とみることができる。

また讒言をもって訴えることも奸訴の一種であるが、これについては『建内記』永享十一年二月一日の条に「近日訴人等於文書之理非不申入之、只指敵方之紕繆、令讒言、仍尋御沙汰之時、為虚誕之時、結句及反座、先於紕繆沙汰送時日之間、自然延引、為希代之事云々、毎事政道厳重之処、以悪口讒言之間、或被罪之、反座者歟、人々邪路之所致歟」とあるを参照。

そのほか本奉行人をさしおいて別人について訴訟を企てるがごとき（『建武以来追加』第一四一条〔室追三五七条〕、『仁和寺文書』九、永禄十二年正月十四日殿中御掟、『今村具雄氏所蔵文書』天正十一年六月日羽柴秀吉掟、『信玄家法』上、第二七条）、また規定の日限以前に庭中を企てるがごとき（『建武以来追加』第八条）〔室追一一条〕、いずれも奸訴と称して差し支えないであろう。

（344）『建武以来追加』第一三一条（文明八年八月二十四日条々の中）〔室追二七〇条〕、同一六二条（文明九年八月二十七日条々の中）〔室追二七二条〕および第一九八条〔室追二七四条〕。『雨森善四郎氏文書』坤、永正六年十月五日幕府奉書にみえる「至院勝者以不知行之地称当知行、捧請文、掠給御下知、其咎在之」という文中の「其咎」とは、これら法令中に規定された咎を指すのであろう。

（345）『建武以来追加』第一二三条〔室追一九六条〕。『建内記』嘉吉三年七月二十日の条に「所詮被任壁書之面（管領有壁書）先可有御成敗哉、如壁書者不知行之地不致訴訟、令押領者、可被処罪科、依其咎可被付論所於敵人之由被載候」、『室町家御内書案』上、文明十一年十月二十一日幕府奉行人意見状に「上池院民部卿宗精与小河山城守成能相論丹波国木前庄事、就宗精訴状糺明之処、雖子細繁嫣、押領不知行之地、致訴訟事、縦雖為理運、被処彼咎、可被付論所於敵人之旨、御法炳焉也」とあるは、その実際の適用を示すものである。

（346）『勧修寺文書』（編年文書所収）明応五年十二月日香川五郎次郎満景陳状に「（上略）、何時代事哉、若被買得之彼院証文事、早可被召出之、無出帯者、奏事不実之咎難遁者也」、『林康員文書』永正五年十一月日布施貞清陳状に「一長享三年就被成下直務御下知、乍致去状、慈照院殿様御後、延徳二年貞清申掠一方向、申給御下知（中略）、去明応三年及三問三答之御沙汰、被成下社家直務御下知之間、数年之間日供神事遂無為節之処、去明応九年十二月日貞清重一方向仁掠給御下知之段、無其隠之上者、於奏事不実之咎者、為歴然者哉」などとあるがごときは、すなわちその実例である。

（347）法定の秩序維持の手段としての悪口の咎についてはほとんど史料がみあたらない。わずかに『長曾我部元親百箇条』

に「悪口咎之事、依題目軽重、可為成敗、題目軽者、科銭三貫之事」とあるを知るにとどまる。ただし、この規定も、とくに法廷の秩序維持のために作られたものではなくして、たんに一般的の規定たるにとどまるのである。

結　言

一　前二篇において私は中世すなわち鎌倉・室町両時代の幕府不動産訴訟手続きを叙述したのであるが、以下にはその特徴をあげて、本稿の結論といたしたいと考える。ただし、中世武家不動産訴訟法は鎌倉時代後半において完成の域に達したものであって、室町幕府の不動産訴訟法はだいたいにおいて鎌倉幕府のそれを模倣したものであるから、鎌倉幕府不動産訴訟法たる所務沙汰の特徴をもって中世武家不動産訴訟法の特徴とみなして差し支えないと考えるので、まずこれを記し、次にそれが室町時代になっていかに変化したかを記述することにする。

二　鎌倉幕府不動産訴訟法(所務沙汰)の特徴は次のごとくである。

(一)　訴訟資料について

(1)　訴訟資料の形式　この点より見て、文書が所務沙汰訴訟資料の大部分を占めていることはその大なる特徴である。元来文書を法律上の目的のために利用することは比較的法制の発達した時期において始めてこれを見るのが通例であるが、所務沙汰においては訴の提起は必ず訴状をもってするを要し、証拠方法としては証文が第一次的に認められ、ほかの証拠方法は第二次的にこれを利用することが許されたにすぎなかったので、この点よりみて本沙汰はかなり進歩せるものといわねばならぬ。

(2)　権利保護を与える範囲および訴訟資料の蒐集　この点においてはいわゆる当事者弁論主義の行われたこと、先に述べたごとくである。(1)当事者弁論主義の行われたということは、すなわち公益よりも私益の保護に重心が置かれたということにほかならぬ。専政政治が行われたるがごとく見える鎌倉時代にあって当事者弁論主義の採用されたのはおそらく行政上の問題は別として、(2)民事上の問題は事私人間の争いにかかるのであるから幕府はあえてこれに干渉することなく、これを可及的私人自身の処理にゆだね、もって人意民心を収攬せんとつとめたことにその理由の一部を求むべきではあるまいか。

(二)　訴訟手続きそのものについて

(1)　裁判所対当事者の関係　この点も当事者追行主義が行われていたが、鎌倉時代のごとく幕府が優越せる権力をもって裁判した時代にかかる主義の行われたということは、これをドイツ普通法において「訴訟当事者は裁判所より命ぜられざる限り、何らの行為をなすを要せず、事件を遅怠なく進行せしむるは裁判官の職務なり(3)」といわれたのに対比するときは、私権保護の点より見て所務沙汰訴訟手続きのかなり進歩せるものなることを思わしめるに足りよう。

(2)　両当事者間の関係　もとより身分によって、当事者の待遇に差別を生ずることはあったが、(4)同一身分の者の間にあっては幕府は両者を平等の地位において取り扱わんとし、一方当事者と裁判所との私的関係によって相手方に不利益なる地位(5)を与えざるようつとめていた。

(3)　審理手続きの慎重　所務沙汰の審理手続きは書面審理と口頭審理(弁論)との二に分かれているが、前者は後者の準備手続きではなくして、後者とはある程度において独立した価値を有する手続きである。それは前者すなわち書面審理のみをもって理非顕然たる場合には後者すなわち口頭審理に及ばず、ただちに判決すという規定の存することによって知り得るのである。[6]しかして右の理非顕然たる場合を除いては、書面審理と口頭審理とをあわせ行い、これをもってもなお不十分の場合には、追進状の提出および覆問をも許すことがあるのであって、両当事者をして審理未尽の感を懐かさしめざらんがために、十分慎重な手続きがとられているのである。

(4)　**法の尊重**　訴訟は「法」によって行わるべきものであって、[7]裁判所は恣意をもって法を破り得ないのであった。[8]ここに法というのは、成文法のみを意味するものではなく、成文法および慣習法の両者を包含するので、その重要部分をしめるのはむしろ、後者であったのである。訴訟が「法」によって行われ、法律生活の安定せること、これまた幕府が民心を得たる理由の一であろう。

(5)　**訴訟法理の発達**　この点は第一に訴繋属の効果[9]においてこれをみる。すなわちこの効果としてあげ得るは㈠に訴訟法上の効果として、(I)一事両様の訴提起の禁止(同一事件二重起訴禁止)(II)訴拡張の禁止および当事者の確定(いわゆる訴変更の禁止)、㈡に実体法上の効果として、(I)訴訟目的物処分の制限、(II)年紀の中断(時効の中断)などである(括弧内の記載はだいたい各効力に相当する現今訴訟法学上の名辞である)。訴訟目的物処分の制限は現行法に認められぬところであるが、一種の法定仮処分とでも見るべきものであろうか。第二にはいわゆる判決の実質的確定力(既判力)の問題である。[10]当初いわゆる不易之法が既判力に代わるべき役目をつとめたのであるが、後には不易之法に関係なく判決それ自身の効力として実質的確定力が認められるにいたったのである。

(6)　**手続きの各段階に現われた各種の主義**

(I)訴訟開始のためにはつねに訴人の訴状提出あることを要し、裁判所は職権をもってこれを開始し得ない。[11]

(II)訴が裁判所に繋属する時期を定めるについては、種々の立法例があるが、所務沙汰ではこれを訴状提出の時期に求めずして、引付で問状を発するときに求めた。(12) これけだし、賦方において訴を審理し、訴に一応の理由なきときは、これを引付に賦らず、したがって訴に裁判所繋属の効果を発生せしめざらんためであって、これによって濫訴の弊を防止せんとしたのであろう。

(III)問状(ならびに訴状)の送達については当事者送達主義が行われた。なぜかかる主義が行われたかの理由は明らかでない。(13)

(IV)裁判所の当事者審理についてはいわゆる当事者双方審問主義(Grundsatz des beiderseitigen Gehörs)が行われた。すなわち裁判所は訴人の訴に対して論人に弁明の機会を与え、訴論人双方の申状を審理したうえ、訴の理非につき判決を下す制であった。(14) もとより論人が裁判所の召文に違背して対決のために出頭せぬときは、裁判所は訴人の申状どおりに判決したのである(召文違背の制)が、弁明の機会を与えている以上、このことは必ずしも論人の保護が欠けていることを意味するものではなく、むしろこの召文違背の制度は、論人の保護と訴訟の迅速とを適当に調和した制度であるというべきであろう。

(V)論人の召文違背の場合に訴人勝訴の判決を下す、いわゆる召文違背の制は、法令の明文上は、法律秩序維持のためという形式的理由によって認められたごとく見えるにかかわらず、具体的にはその理由を実質的権利の不存在に求めた場合の存するのは、(15) 形式の中に実質を探究せんとする武家法の精神を示すものというべきであろう。

(VI)引付問答においては口頭主義、直接公開主義および当事者公開主義が行われていたが、(16) これは当時の社会状態に相応せる制度と言い得るであろう。

(Ⅶ)引付沙汰の是非を決する評定沙汰において評定会員が意見を述べる順序は鬮をもってこれを定め、かつ評定の手段として多数決の制度を採用したのは(17)進歩せる評議方法と言うて差し支えないであろう。

(Ⅷ)救済手続きとしては、これを判決の過誤に対するものと手続きの過誤に対するものとに分かち、各別の手続きを設けたのは(18)両者を分化せしめた意味において進歩的制度と言い得るであろう。

(Ⅸ)証拠方法においては、挙証事項を当事者の法律上の主張の当否に求めずしてこれを事実の真否に求め、(19)また証拠の提出時期についてはいわゆる同時提出主義を排斥するとともに随時提出主義にある程度の制限を加え、(20)かつ裁判官は証拠の証拠力を判断するにあたり、形式的規則に束縛されること少なく、比較的自由であり、(21)現今より見るもほぼ妥当と思われる制度を案出したことは注目に値するものといわねばならない。

(Ⅹ)所務沙汰において濫訴防止の手段として認められたいわゆる敗訴罰(22)は諸国の古代法制に見受けられるところであるが、わが国においてもまたこれを見出し得ることは比較法制史上、興味あることというべきである。

以上にあげた諸特徴によって明らかであるように、所務沙汰の訴訟手続きは当時のものとしてはかなり進歩したものというべきである。これらの特徴はその目的よりみれば審理の確実および裁判の公平を中心として統一しているが、訴訟手続きそのものの抽象的性質に着目すれば、当事者主義がその基礎をなすものといって差し支えないであろう。

（1）第一篇第一〇三および一〇四項。

（2）たとえば徳政のごときは重大な私権の侵害であるが、行政行為であって裁判ではない。

（3）Stein, Das Civilprozessrecht, in “Birkmeyers Encyklopädie der Rechtswissenschaft”, 1901, S. 1185.

（4）たとえば裁判所への召喚の方法のごとき御家人と平民とではかなり相違がある。

（5）一方当事者と裁判官との私的関係はこれを二に分かつことができる。その一は一方当事者と裁判官とが特定の親縁関係に立つ場合をいうので、この場合には相手方の者はその裁判官を忌避し得たのである（いわゆる「退座」の制）。その二は右の場合を除き幕府あるいは裁判官と一方当事者とが親密関係あるいは敵対関係にあるがごとき場合であるが、かかる場合、裁判に偏頗あるべからずとは幕府の伝統的政策であった。『御成敗式目』起請文、『吾妻鏡』仁治二年三月二十五日の条、『新編追加』第二五八条〔鎌追六三二条〕および『沙汰未練書』奥書などを参照。

（6）第一篇第三八項。

（7）このことは判決が「傍例」に違うのゆえをもって越訴し（第一篇註（467））、また手続きが「定法」に背くの由をもって庭中（第一篇註（483））するを許したことの反対解釈として、判決、手続きの両者がともに法にしたがって行わるべきものであったことによって、これを知り得る。

（8）『沙汰未練書』奥書に「法者雖破御下知、御下知者不破法則」と見ゆ。なお『吾妻鏡』建長二年九月十日の条参照。

（9）第一篇第二四項以下。

（10）第一篇第六二項。

（11）第一篇第三一項および註（178）参照。いわゆる Ne procedat iudeex ex officio の原則、これである。

（12）第一篇第二二項。

（13）第一篇第三四項。

（14）第一篇第二章第三節参照。

（15）第一篇第四四項。

（16）第一篇第四八項。

(17) 第一篇第五四項。
(18) 第一篇第七三項。
(19) 第一篇第八〇項。
(20) 第一篇第八二項。
(21) もとより裁判官は証拠の証拠力を判断するにあたり、私が先にあげたようなこれに関する法律(主として慣習法)上の種々の規律に拘束されたのであるが、彼にはなお広き範囲において自由裁量の余地が残されていたので、この意味において所務沙汰の訴訟法は一部につき法定証拠主義を認めるも、原則として自由心証主義を採用したといって差し支えないと思う。
(22) 第一篇第一〇五および一〇六項。

三　前項において鎌倉幕府不動産訴訟手続きの特徴としてあげたところは、室町幕府不動産訴訟手続きについてもだいたい適合するのであるが、室町時代に入って生じた主要な変化を述べると次のごとくである。

(1) **訴訟資料の形式**　鎌倉時代においては比較的稀にしか行われなかった私のいわゆる神証がひんぱんに行われるにいたったことは[23]、室町時代の特徴である。

(2) **訴訟資料の蒐集**　鎌倉時代以来行われた故老人の尋問および検証の二場合のほか、書証についても職権(蒐集)主義の行われるにいたったことは[24]室町時代の特徴である。

(3) **両当事者の関係**　鎌倉時代においては幕府は両当事者を平等の地位において取り扱わんとし、一方当事者と裁判所との私的関係によって相手方に訴訟上不利益なる地位を与えざるようにつとめたのであるが、室町時代になると、ある場合には将軍（鎌倉時代においては初期を除いて将軍の親裁は行われなかったのであるが、室町時代においては将軍親裁をもって原則とした）の恣意によって、一方訴訟当事者に不利益を与え得ることが法律上も認められるにいたった。(25)

(4)　鎌倉時代には存せずして、室町時代に入ってはじめて生じた訴訟手続きに私のいわゆる特別訴訟手続きがある。(26)これは純然たる占有訴訟手続きではないが、その要素を多分に包含した訴訟手続きである。もっとも、その前身とも見らるべきものはすでに鎌倉時代に存したのである。

(23)　第二篇第六七項および七二項。

(24)　第二篇第七四項および八五項。そのほか、室町時代少なくともその後半期以後においては、訴訟手続きの進行についても、たとえば二、三問状あるいは二度、三度の召文のごときは当事者の請求がなくとも裁判所より進んでこれを出すべきことに改まったのではあるまいかと推測せしめる史料がある。すなわち第二篇註(101)所引『評定始条目』所掲問状および召文の文例に七日・十四日などの数字が記載してあるのは初度問状あるいは召文発行後、むなしく七日あるいは十四日を経たらば、裁判所は当事者の請求がなくとも、進んで再度あるいは三度の問状あるいは召文を発すべしということを意味するとも解し得るのである。

しかしこれらの日数が書きそえてあるのは、また当事者の請求があっても、初度問状あるいは召文発行後、これだけの日数を経過しなければ、再度あるいは三度の問状あるいは召文を発し得ぬという意味であるとも解し得ぬことはないのである。

いずれの解釈を正当とすべきかについては、いまだこれを決定するに足る史料に逢着しないが、しばらく後の解釈にしたがって後考を俟つこととする。

(25) たとえば『建武以来追加』第一二一条〔室追一九四条〕、第一五三条〔室追三八二条〕および第二篇註(260)所引『書礼紛註集』参照。

(26) 第二篇第五五項以下参照。

四　さて、以上は手続きそのものを中心として中世武家不動産訴訟法の特徴を記述したのであるが、次には幕府司法政策を中心として、これを考察してみよう。

まず、鎌倉幕府の司法政策を見るに訴訟審理の正確および裁判の公平は最も幕府の重視したところであった。けだし当時人民(ことに御家人)の財産を構成するものの大部分は所領であり、しかして所領は私法上のみならず、経済上、政治上、公法上重要なる意義を有していたから、所領に関する訴訟の審理が正確なりや裁判が公平なりや否やは切実に各人の安危に関係するところであり、同時に幕府が民心をつなぎ得るや否やのかかるところであった。したがって、幕府が所領に関する相論を取り扱う所務沙汰の諸制度をかかる目的に適応するよう構成し、わが法制史上、ほかの時代に見るを得ざるほど実質的に完備せる訴訟法を創設したのもまた、いわれないことではなかったのである。

右のごとくいったん訴が提起され、かつ当事者がその裁判を希望する限りにおいて、幕府はその審理が最も正確、しかしてその裁判が最も公平たらんことをつとめたのであるが、他面において訴訟そのものの数の多きことは、幕府の望むところでなかった。したがって、幕府は当事者が欲せざる限り、自ら進んで訴訟手続きを進展せしめざらんとつとめた。

ここに所務沙汰において当事者主義の行われた真の理由があったのではあるまいか。幕府の欲したところは、当事者の相論が判決によって落着することにあらずして、当事者相互の和解によって終了することである。『沙汰未練書』にいわく「雖存道理至極之由、敵方有寛宥之儀者、閣是非、可和談、何況於非拠之沙汰哉、能々可思案也、（中略）所詮故実沙汰人者和与為本、非拠沙汰人者、以裁断為先、（中略）沙汰者守益之理也、不可致無益相論」と。幕府の司法政策を説明して遺漏なしというべきであろう。

これすなわち、「和与」が幕府によってつねに歓迎されたゆえんである。もとより先に各所にて述べたごとく所務沙汰における当事者主義の優越性は私権保護の目的にもその理由の一部が求めらるべきことはいうまでもないが、幕府の真の目的とせるところは、彼にあらずして、むしろここにあったというべきであろう。

五　上述した鎌倉幕府の司法政策は室町幕府によってもはたして採用されたであろうか。まず和与について考察するが、これについては室町時代を嘉吉・文安の頃を境として、前後二期に分かちて考えなければならぬ。(27)

前期はすなわち鎌倉幕府の司法政策を継受した時期である。すなわちこの時期においては裁判上の「和与」がしばしば行われたのである。もっとも、幕府が積極的に和与を奨励したか否かは不明であるが、鎌倉時代における全然同様な和与制度が行われていたことは、すなわちこの時代の司法政策が鎌倉時代のそれと同様であったこと、少なくともこれと方向を異にしたものでないことを推測せしめるに足るであろう。

後期はすなわち和与の制度が廃絶に帰した時期である。これすなわち幕府が鎌倉幕府以来、武家不動産裁判の伝統たる和与第一主義を廃棄したことを物語るものである。

和与の制度はもとより当事者弁論主義の基礎の上においてのみ存し得るものである。されば和与の制度が廃止されたということは、すなわちその範囲において当事者弁論主義が棄てられ、これに代わって職権主義が採用されるにいたったことを示すものにほかならぬ。このことと訴訟資料の蒐集において室町時代に入ってより、職権主義がいちじるしく加味されるにいたったこととを総合してみれば、中世武家不動産訴訟法の根本主義は、当初当事者弁論主義であり、それが室町時代に入ってより職権主義に移行したものということができよう。当事者弁論主義より職権主義への移行ということは、すなわち裁判制度の基調が私権尊重より公益尊重へと変化したことを物語るものである。

次に訴訟審理の正確および裁判の公平の点は室町時代にいたっていかに変化したかを記すわけであるが、後者についてはすでに第三項の(3)において述べたから、ここには前者のみについて記す。

さて、室町時代となって鎌倉時代におけるよりも訴訟の審理が不正確になったかと思われる点が二つある。その一は、湯起請がひんぱんに行われるにいたったことである。湯起請はすなわち形式的証拠方法であるから、これによる審理の結果が正確でないこと(すなわち必ずしも真実に適合しないこと)はいうまでもあるまい。[28]その二は特別訴訟手続きが発生したことである。特別訴訟手続きはすなわち論人尋問を省略して、一定の要件を具備した訴人申状のみによって、裁判所が論所を一応訴人に沙汰付ける手続きである。もとより論人は特別訴訟手続きによる論所の沙汰付に対しては異議を申し立てることができ、異議が適法であれば、沙汰付は中止されたのであるから、[29]理論上は特別訴訟手続きの発生そのものが審理不正確を招来することはないはずであるが、実際においては種々の事情に妨げられて、論人において異議を申し立て得ない場合も多かったであろうと想像される。

この場合には特別訴訟手続きによる沙汰付は事実において通常訴訟手続きの判決にもとづく沙汰付と同一の効

力を有するにいたるわけであり、しかもそれは一方申状の吟味のみという不十分な審理にもとづいてなされたものである。

(27) 以下和与制度に関する記述については第二篇第五三項参照。

(28) 湯起請の結果が必ずしも真実に適合するものでないことはいうまでもないが、民事訴訟証拠方法の一として、湯起請のごとき形式的証拠方法を採用することそれ自体は必ずしも不合理な思想にもとづくものということを得ない。けだし湯起請によって係争事実の真偽が判明するという一般的信仰が存するような時代においては、自ら非なりと考える訴訟当事者は湯起請のための裁判所の召喚に応じて出頭せぬことが少なくないであろうし、同時にこの点に着眼して裁判所が湯起請を証拠方法の一として採用することもあり得るからである。

わが中世武家法において湯起請が採用された理由にいたっては、いまだこれを詳らかにするを得ないが、室町時代において湯起請のための召喚に違背して出頭せざる者は一定の要件のもとに敗訴となる制であったこと、しかしてその実例の少なくなかったことはすでに第二篇第七二項、註(285)および(286)において記述したごとくである。

(29) 第二篇第六二項参照。

六　以上記述したところを総合すれば、中世武家不動産訴訟法は、鎌倉時代後半期において完成し、その主要特色は当事者主義、和与の奨励、審理の慎重および裁判の公平に存したのであり、しかして室町幕府は完成期の鎌倉幕府法を模倣したが、これらの特色にいたっては、次第にこれを喪失したということになろう。

いま、中世武家不動産訴訟法発達の段階を概観するならば、鎌倉幕府創設より嘉禄元年評定衆設置までは、その草創期というべく、その以後、建長元年引付衆設置まではこれが発育期であって、建長元年以後、鎌倉時代末期まではすなわちその完成期であり、室町幕府創設より嘉吉・文安[30]の頃までは前期制度の模倣期であり、しかしてそれ以後、幕府崩壊までの期間はこれが衰頽期であるということができよう。

(30)　嘉吉・文安前後に生じた室町幕府不動産訴訟法上の主要変化は次のごとし。(I)引付沙汰が廃絶し、御前沙汰がこれに代わるにいたったこと(第二篇第三項参照)。(II)裁判上の和与が廃絶したこと(第二篇第五三項参照)。(III)判決書の形式が下知状より奉書に変化したこと(第二篇第四三項参照)。

『新版 中世武家不動産訴訟法の研究』 編集後記

本書『中世武家不動産訴訟法の研究』は、日本法制史研究の泰斗、石井良助氏(一九〇七〜九三)の主著である。石井氏は、一九三〇年に東京帝国大学法学部を卒業し、同年より同学部助手に着任、三二年より同助教授となる。本書はその助教授時代、三十代前半にまとめられたものであり、これにより三七年、東京帝国大学から法学博士の学位を授与される(翌三八年十二月、弘文堂書房より刊行)。その後、石井氏は東京大学法学部教授、新潟大学人文学部教授、専修大学法学部教授、創価大学法学部教授などの重職を歴任し、『日本法制史概説』(弘文堂・一九四八年)、『日本不動産占有論』(創文社・一九五二年)、『大化改新と鎌倉幕府の成立』(創文社・一九五八年)など多くの著作を残した。

なかでも本書は、日本中世(鎌倉幕府・室町幕府)の訴訟制度を詳細に解明した研究として名高く、現在もなお当該分野の基本文献としての価値を失ってはいない。おそらく『新版古文書学入門』(法政大学出版局)、『中世法制史料集』全七巻(岩波書店)と並んで、研究者がまず座右に揃えるべき書籍と言えるだろう。しかしながら、なぜか本書は一九三八年に弘文堂書房より刊行された後、いちども増刷、改版されることなく今に至っており、日本中世史研究者必備の書と言われながら、近年では古書店の店頭にすら見かけることのなくなった超稀覯本となっている。もはやベテラン研究者ですら、かろうじて図書館で借りた本書のコピー製本を座右に置いているという状況であろう。

そこで、このまま人々に手にされる機会がないまま良書が埋もれていくのを見るに忍びず、このたび著作権継承者の石井朗氏のご諒解を得て、高志書院より約八〇年ぶりに新版として本書を再刊することとなった。新版の編集協力には桜井英治・清水克行があたり、若い読者への便宜を考え、旧版の旧仮名遣い・旧漢字をすべて新仮名遣い・新漢字に改め、一部の漢字をひらがなに開き、適宜改行を加えるなどした（凡例を参照）。

ただし、名著の誉れ高い本書にも、刊行当時の史料環境・印刷技術などに影響され、とくに掲載史料については正確とは言いがたい引用が多々見受けられる。新版にあたっては、これらを原本照合のうえ全面的に訂正することも考えたが、すでに研究史上の評価を得ている著作を改訂するのは憚られるうえ、万一本文の論旨に不整合が生じることを恐れ、これを見送った。かわりに参考までに、法制史料については佐藤進一・池内義資編『中世法制史料集』第一・二巻（岩波書店）の条文番号を、鎌倉期の文書については竹内理三編『鎌倉遺文』（東京堂出版）の文書番号、室町期の東寺百合文書については京都府立総合資料館の目録番号を付記することとした。また、掲載史料の年月日が明らかに誤っていると判断される場合、気づいた範囲で巻末の校訂注で訂正を行った。本書の利用にあたっては、掲載史料の最新史料集や原本写真による照合を読者諸賢にお願いしたい。

なお、本書刊行にあたっては、木下龍馬氏、野澤藍氏のご協力を得た。記して感謝申し上げる。

（編集協力者を代表して　清水克行）

【第一篇　校訂注】

註37　正応二年九月三日↓正応二年九月二日
註40　延慶二年↓延慶三年
註63　正中二年↓正安二年
註90　「鹿嶋　書」↓「鹿島大禰宜家文書」
註107　正中二年六月十三日↓正中二年六月十二日
註108　元亨三年↓元亨二年
註118　正安六年四月↓正安四年六月
註125　宝治二年五月二十五日↓宝治二年十二月五日
註134　正中二年八月二十七日↓正中二年九月二日
註140　(寛喜三年)十月二十五日↓(嘉禎三年)十二月十五日
註166　文保二年十二月十三日↓文保二年十二月十二日
註192　永仁二年七月二十九日↓永仁二年七月二十七日
註200　宝治三年↓宝治二年
註204　同月二十五日↓同月二十日
註223　文永六年十月日↓文永六年十一月日
註224　正和三年十一月二十一日↓正和二年十一月二十八日
註227　年月日不詳↓建武元年三月日
註230　文保三年十一月日↓文保二年十一月日
註231　(建長八年)↓(建長七年)
註238　弘安四年九月九日↓弘安八年九月九日
註241　嘉元三年二月廿二日↓嘉元三年六月廿二日
註241　(正安元年)十月十六日↓(正安元年)十月十三日
註253　嘉元三年二月廿二日↓嘉元三年六月廿二日
註257　永仁五年十一月日↓永仁元年十一月日
註267　寛喜三年五月十一日↓寛喜三年五月十三日
註285　正安元年十二月十四日↓正安元年十二月二十四日
註293　建治二年七月十六日↓建治二年七月十七日
註295　元徳二年九月十九日↓元徳二年九月二十九日
註295　延慶二年六月十三日↓延慶二年六月十二日
註305　嘉暦三年七月二十八日↓嘉暦三年七月二十五日
註315　正中二年四月日↓正中二年正月日
註341　寛喜三年十二月二十五日↓嘉禎三年十二月十五日
註360　弘安九年五月日↓弘安元年五月日
註375　弘安九年五月日↓弘安元年五月日
註379　正和二年十二月十二日↓文保二年十二月十二日
註383　延応二年↓延慶二年
註422　嘉元六年↓嘉元元年
註431　正安二年六月日↓正安二年六月三日
註436　建治六年↓建治元年

註446 正安六年四月↓正安四年六月
註449 元応元年後七月二十三日↓元応元年後七月二十二日
註450 正応元年↓正慶元年
註472 嘉元三年十二月廿五日↓嘉元三年十二月十五日
註473 弘安三年八月二十六日↓弘安三年八月二十日
註490 弘安三年↓弘安四年
註491 正応三年↓正安三年
註499 寛元四年十月八日↓寛元四年十月十八日
註508 正和元年↓正和二年
註513 仁治元年閏十一月↓仁治元年閏十月
註526 嘉暦二年↓嘉暦三年
註534 元弘三年六月日↓元弘三年十一月日
註554 文永五年↓文永元年
註563 仁治元年十月十一日↓仁治元年閏十月十一日
註567 年号不詳下知状↓元亨四年十二月十六日鎮西下知状
註584 嘉保二年↓大治五年
註584 弘安三年↓弘安四年
註598 正応三年十一月七日↓正応三年十一月十七日

【第二篇　校訂注】

註15 康安二年九月↓康安二年九月日
註24 貞和三年↓貞治三年
註69 寛正元年十二月二十六日↓寛正元年十二月二十七日
註77 明応五年八月二十五日↓明応五年八月二十八日
註87 文亀元年七月十二日↓文亀元年七月十九日
註109 永正三年十二月十三日↓永正三年十二月二十三日
註110 (康永四七四御沙汰)↓(康永三七四御沙汰)
註132 (永正十四年)五月十六日↓(永正十四年)五月十一日
註243 観応元年↓観応三年
註254 建武四年九月日↓建武四年九月二十日
註277 同年三月六日の条↓同年七月六日の条
註279 同年同月十九日の条↓同年五月十九日の条
註312 永正二↓正安二
註323 文明九年五月二十三日↓文明九年五月二十日

索　引

じ・ぢ

ゆ

よ

ら

り

る

ろ

わ

【著者略歴】

石井 良助（いしい りょうすけ）

1907年　東京府(現東京都大田区)生まれ

1930年　東京帝国大学法学部卒，同年より同学部助手

1932年　東京帝国大学法学部助教授

1937年　「中世武家不動産訴訟法の研究」により東京帝国大学から法学博士の学位を授与

1942年　東京帝国大学法学部教授

1968年　同大学退官後，名誉教授となり，新潟大学人文学部教授・専修大学法学部教授・創価大学法学部教授を歴任

1993年　没

勲二等旭日重光章，文化功労者，文化勲章。贈従三位 勲一等瑞宝章(没時陞叙)。

〔主な著書〕

『中世武家不動産訴訟法の研究』（弘文堂書房，1938年），『日本法制史概説』（弘文堂，1948年），『日本不動産占有論 中世における知行の研究』（創文社，1952年），『天皇 天皇統治の史的解明』（弘文堂, 1952年),『日本史概説』（創文社, 1953年），『大化改新と鎌倉幕府の成立』（創文社，1958年），『江戸の刑罰』（中公新書, 1964年),『略説日本国家史』（東京大学出版会, 1972年）など多数。

新版 中世武家不動産訴訟法の研究

2018年2月15日第1刷発行

著　者　石井良助
発行者　濱　久年
発行所　高志書院

〒101-0051 東京都千代田区神田神保町2-28-201
TEL03(5275)5591　FAX03(5275)5592
振替口座　00140-5-170436
http://www.koshi-s.jp

印刷・製本／亜細亜印刷株式会社
ISBN978-4-86215-177-3

中世史関連図書

書名	編著者	判型・頁数／価格
鎌倉の歴史	高橋慎一朗編	A5・270頁／3000円
鎌倉街道中道・下道	高橋修・宇留野主税編	A5・270頁／6000円
石塔調べのコツとツボ	藤澤典彦・狭川真一著	A5・200頁／2500円
中世武士と土器	高橋一樹・八重樫忠郎編	A5・230頁／3000円
十四世紀の歴史学	中島圭一編	A5・490頁／8000円
城館と中世史料	齋藤慎一編	A5・390頁／7500円
歴史家の城歩き【2刷】	中井均・齋藤慎一著	A5・270頁／2500円
中世村落と地域社会	荘園・村落史研究会編	A5・380頁／8500円
日本の古代山寺	久保智康編	A5・370頁／7500円
時衆文献目録	小野澤眞編	A5・410頁／10000円
中世的九州の形成	小川弘和著	A5・260頁／6000円
関東平野の中世	簗瀬大輔著	A5・390頁／7500円
中世熊本の地域権力と社会	工藤敬一編	A5・400頁／8500円
遺跡に読む中世史	小野正敏他編	A5・234頁／3000円
鎌倉考古学の基礎的研究	河野眞知郎著	A5・470頁／10000円
中世奥羽の墓と霊場	山口博之著	A5・350頁／7000円
中世奥羽の考古学	飯村均編	A5・250頁／5000円
霊場の考古学	時枝務著	四六・260頁／2500円
板碑の考古学	千々和到・浅野晴樹編	B5・370頁／15000円
中世城館の考古学	萩原三雄・中井均編	A4・450頁／15000円

室町・戦国期関連図書

書名	編著者	判型・頁数／価格
戦国法の読み方	桜井英治・清水克行著	四六・300頁／2500円
上杉謙信	福原圭一・前嶋敏編	A5・300頁／6000円
増補改訂版上杉氏年表	池享・矢田俊文編	A5・280頁／2500円
今川氏年表	大石泰史編	A5・240頁／2500円
北条氏年表	黒田基樹編	A5・250頁／2500円
武田氏年表	武田氏研究会編	A5・280頁／2500円
佐竹一族の中世	高橋修編	A5・260頁／3500円
校注・本藩名士小伝	丸島和洋解題	A5・220頁／4000円
北関東の戦国時代	江田郁夫・簗瀬大輔編	A5・300頁／6000円
中世の権力と列島	黒嶋敏著	A5・340頁／7000円
織豊権力と城郭	加藤理文著	A5・370頁／7000円
北陸の戦国時代と一揆	竹間芳明著	A5・350頁／7000円
戦国大名伊達氏の研究	小林清治著	A5・490頁／10000円
中世土佐の世界と一条氏	市村高男編	A5・400頁／8000円
戦国大名大友氏と豊後府内	鹿毛敏夫編	A5・420頁／8500円
関ヶ原合戦の深層	谷口央編	A5・250頁／2500円

［価格は税別］